Provence

mit Camargue

IWANOWSKI´S REISEBUCHVERLAG

Im Internet:

www.iwanowski.de

Hier finden Sie aktuelle Infos zu allen Titeln, interessante Links – und vieles mehr!

Einfach anklicken!

Schreiben Sie uns, wenn sich etwas verändert hat. Wir sind bei der Aktualisierung unserer Bücher auf Ihre Mithilfe angewiesen.

info@iwanowski.de

Provence

2., aktualisierte Auflage 2009

Salm-Reifferscheidt-Allee 37 • 41540 Dormagen
Telefon 0 21 33/26 03 11 • Fax 0 21 33/26 03 33
E-Mail: info@iwanowski.de
Internet: www.iwanowski.de

Titelbild: Zisterzienserkloster Sénanque, Plateau de Vaucluse, Bildagentur Huber
Alle anderen Farb- und Schwarzweißabbildungen: Cony Ziegler und s. Abbildungsverzeichnis S. 56
Redaktionelles Copyright, Konzeption und dessen ständige Überarbeitung:
Michael Iwanowski
Layout: Ulrike Jans, Krummhörn
Lektorat: Rüdiger Müller
Karten: Palsa Graphik, Lohmar
Reisekarte: © Mairs Geographischer Verlag
Titelgestaltung sowie Layout-Konzeption: Studio Schübel, München

Gesamtherstellung: B.O.S.S Druck und Medien, Goch
Printed in Germany

ISBN: 978-3-933041-54-8

Inhaltsverzeichnis

ÜBERBLICK

REISEROUTEN

REISEROUTEN

Außerdem weiterführende Informationen zu folgenden Themen:

Verzeichnis der Karten und Grafiken:

Farbkarten:

Benutzerhinweis:
Da wir unsere Bücher regelmäßig aktualisieren, kann es im Reisepraktischen Teil (Gelbe Seiten) zu Verschiebungen kommen. Wir geben daher im Reiseteil Hinweise auf Reisepraktische Tipps nur in Form der ersten Seite des Gelben Teils (ⓘ s. S. 131). Dort finden Sie alle im Buch beschriebenen Städte, Orte, Parks und Regionen in alphabetischer Reihenfolge.

Legende

Autobahn/beschriebene Route
Hauptstraße/beschrieb. Route
Nebenstraße/beschrieb. Route
Ortschaften
Sehenswürdigkeiten
Weltkulturerbe/Unesco
Berge
Aussichtspunkt
Flughafen
Segelflugplatz
Hafen
Jachthafen
Leuchtturm
Strand
Surfstrand
Fähre
Schaufelraddampfer
Bahnhof
Busbahnhof
Metro-Station
Tankstelle
Parkplatz
Elektrozug
Denkmal
arch. Ausgrabungen/Fossilien
Ruinen
Höhlen/Grotten
Amphitheater
Quelle/Thermalbad
Wasserfall
Windmühle
Turm
Burg/Burgruine
Schloss/Schlossruine
Bogenbrücke
Observatorium
Atommeiler

Information
Post
Telefon
Polizei
Toiletten
Krankenhaus
Einkaufsmöglichkeit
Markt
Fischmarkt
Kirche/Kirchenruine
Kathedrale
Kloster/Klosterruine
Synagoge
Friedhof
wichtiges Gebäude
hist. Gebäude/Palast
Triumpfbogen/Stadttor
Museum
Theater
Oper
Hotel
Restaurant
Internet-Café
Bar/Club/Disco
Campingplatz
Garten/Park
Weinanbau
Knoblauchanbau
Picknickplatz
Radwege
Wandermöglichkeit
Zoo
Dolmen
Flamingos
schwarze Stiere
Krokodilfarm
Rennstrecke

Wer die Provence liebt, liebt die Welt.

Es war einer dieser Abende, an dem einfach alles stimmte. Eine Villa in der Provence inmitten von Thymian und Lavendel, gute Freunde um sich, tiefroter Wein und nach Knoblauch duftendes Essen. Ralph, einer der Freunde, erzählte von einer Dichterlesung, die er einst in der Provence gehört hatte. Der Autor las aus seinem Buch, auf französisch, das Ralph nur wenig kann, aber der Autor schien ausschließlich für ihn zu lesen. Als chauvinistisch empfand das Ralph, denn die anderen Zuhörer waren meist Französinnen und die hätten des Dichters Worte ja weitaus besser verstanden. Ralph selbst hatte so gut wie nichts mitbekommen, außer den beiden Sätzen „*Le soleil brille*“ und „*Le ciel est bleu*“ – Die Sonne scheint, der Himmel ist blau. Reichlich banal erschienen uns diese Dichterworte, immer wieder wiederholten wir sie an diesem Abend und lachten darüber.

Nirgends ist die Welt so köstlich
wie vom Meer bis zur Durance
von der Rhône bis nach Vence
nirgends strahlt die Lust so festlich;
drum in ländlich freiem Glück
blieb mein Herz bei ihr zurück,
die in Freude löst das Bangen.
Nicht kann je ein Tag uns plagen,
wo wir ihrer uns besonnen;
ihr entsprießen alle Wonnen:
Was auch, um ihr Lob zu sagen,
einer sänne, es ist wahr;
sie allein ist unbestreitbar
aller Welten höchstes Prangen.

Pierre Vidal (ca. 1175–1215)

Am nächsten Tag fuhr ich mit meinem Mann weiter, vorbei waren die ruhigen Tage in der Villa. Es gab noch viel zu entdecken in der Provence. Wie wir da so fuhren, schaute ich hoch und meinte „*Le ciel est bleu*“ und wenig später „*Le soleil brille*“, es war auch dann noch ironisch gemeint. Die Tage gingen dahin, und immer wieder sagte ich diese beiden Sätze, bald nicht mehr komisch gemeint, bald nur noch als Erkenntnis, ja, der Himmel ist blau und die Sonne scheint. Und plötzlich hatte ich es verstanden. „*Le soleil brille*“ und „*Le ciel est bleu*“ in der Provence. Das kann man nicht übersetzen, denn das einer Region Eigene lässt sich nur in ihrer Sprache ausdrücken, und es scheint, als ob die französischen Begriffe „*brille*“ und „*bleu*“ hier in der Provence entstanden sind. Der Dichter hatte mit diesen beiden Sätzen das erfasst, was das Ureigene der Provence ausmacht, was der Mythos dieser Region ist, deren Licht das Werk van Goghs zum Strahlen brachte, wie es wohl nirgendwo anders geschehen wäre.

Zum Inbegriff des mediterranen Glücks wurde die Provence verklärt, so, als ob das Licht ohne Schatten auskäme, als ob man einfach nur irgendwo hingehen müsste und das Glück wäre da. Das ist es in der Provence genauso wenig wie auch anderswo. *Van Gogh* kam hier zu ungeheurer Schaffenskraft, aber auch zu ungeheurem Leid. *Jean Giono* hat die Haute-Provence dichterisch verklärt, verstand aber die Sprache der Hoch-Provenzalen nicht. *Peter Mayle* hat seine Provence-Bestseller geschrieben, und sah noch in den schwierigsten Situationen eine liebenswerte Komik. Er wurde gerade deswegen als oberflächlich und als arrogant kritisiert. *Lawrence Durrell*, der Reiseschriftsteller, der andere Regionen wie Zypern oder Korfu so trefflich skizziert hatte, dieser Dichter scheiterte an der Provence – seinen großen Provence-Roman hat er nie geschrieben. Das kann ich gut verstehen.

Überwältigend ist dieser Landstrich. Es macht mich staunen, wie viel die Provence in sich birgt: an wunderbaren Hotels, an guten Restaurants, an kulturhistorischen Stätten, an großen Menschen, an Geschichte. – Es ist von allem viel – immer gilt es auszuwählen und immer im Wissen, etwas wirklich Schönes nicht erwähnt zu haben.

Und dann gibt es noch Marseille, ein Kosmos für sich, ein multikultureller Schmelztiegel von schlechtem Ruf und doch so ganz anders. Eine mediterrane Leichtigkeit und eine prickelnde Energie liegen über dieser Stadt, von der der Schriftsteller *Jean-Claude Izzo* (ein renommierter Schriftsteller, dessen Kriminalromane in Marseille spielen) schreibt: „Marseille ist einem vertraut. Vom ersten Augenblick an. Deshalb liebe ich diese Stadt. Sie ist schön wegen dieser Vertrautheit, die wie das von allen geteilte Brot ist. Sie ist schön wegen ihrer Menschlichkeit". Besser kann man es nicht sagen.

München, im April 2009

In Roussillon – einem der schönsten Dörfer der Provence, wo Samuel Beckett einst auf Godot wartete.

Die Provence auf einen Blick

Da es sich bei der Provence heute nur um einen historisch-landschaftlichen Begriff handelt, ist diese Gegend nicht in genauen Zahlen zu fassen. Die folgenden Angaben betreffen auch Städte an der Côte d´Azur, also einem Gebiet, das in diesem Buch nicht beschrieben ist.

Name: Der Name Provence leitet sich von der römischen *Provincia Gallia Narbonensis* ab, der ersten römischen Provinz jenseits der Alpen.

Ausdehnung und Verwaltung: Die Provence liegt im Südosten Frankreichs zwischen Mittelmeer, unterer Rhône und den Alpen. Sie gehört zur Verwaltungsregion Provence-Alpes-Côte d´Azur (PACA), die wiederum in folgende Departements aufgeteilt ist: les Alpes-de-Haute-Provence (04), les Hautes-Alpes (05), les Alpes Maritimes (06), les Bouches-du-Rhône (13), le Var (83), le Vaucluse (84).

Die Verwaltungsregion Provence–Alpes–Côte d'Azur umfasst 963 Kommunen, von denen 34 mehr als 20.000 Einwohner haben. 90 % der Einwohner wohnen in den drei großen Städten Marseille, Nizza und Toulon und in den zahlreichen Dörfern mit mehr als 2.000 Einwohnern.

Geografische Lage und Fläche der Verwaltungsregion Provence–Alpes–Côte d'Azur: Mit 31.399 km² ist die Provence etwa so groß wie Brandenburg und etwas kleiner als die Schweiz. Sie erstreckt sich zwischen dem Mittelmeer im Südosten Frankreichs und der historischen Landschaft Dauphiné, eingebettet zwischen den Flüssen Rhône im Westen und Durance im Osten. Im vorliegenden Buch ist die Provence ab Montélimar im Nordwesten und Sisteron im Nordosten, im Osten bis Draguignan und im Westen bis Nîmes beschrieben – gemäß einer alten Überlieferung, nach der die Provence so weit reicht, wie der Mistral weht ...

„Die Provence ist kein konkreter Ort! Sie ist keine separate Einheit mit festen Grenzen und einer eigenen, selbst realisierten Seele wie, sagen wir, die Schweiz. Sie ist eine schöne Metapher, geboren aus Cäsars Ungeduld gegenüber einem geographischen Korridor, der voll gestellt war mit den Ruinen von hundert Kulturen, hundert Völkern und Stämmen, hundert Herren“, hatte Lawrence Durrell in seinem Buch „In der Provence“ geschrieben. Für Jean Giono hingegen war sie *„Wie ein zerfließender Ölfleck“*, denn *„so läuft die Provence über ihre historischen Grenzen.“*

Städte: Mit über 1,1 Millionen Einwohnern ist Marseille die größte Stadt der Provence und zugleich bedeutendes Wirtschaftszentrum mit Hafen, Petrochemie, Stahlverarbeitung, High-Tech-Industrien und Medizin-Forschung.

Bevölkerung: ca. 4,5 Mio. Einwohner, das entspricht 7,5 % der französischen Gesamtbevölkerung. Durch Landflucht veröden die Gebirgsregionen im Norden, während in den südlichen Hügellandschaften und Städten die Bevölkerung zunimmt (Bevölkerungsdichte der Alpes-de-Haute-Provence 18,9 pro km²), der Bouches-du-Rhône 345,8 Menschen). Die Provence ist seit der Antike eine Region mit ausgeprägter Stadtkultur und so liegt bis heute der Anteil der Stadtbevölkerung mit knapp 90 % deutlich über dem französischem Landesdurchschnitt. Insgesamt ist die Region Provence–Alpes–Côte d'Azur eine der dichtest besiedelten Regionen Frankreichs.

• **Die drei großen A's der Provence:** die Städte Arles, Avignon und Aix-en-Provence

• **Die drei Geißeln der Provence:** Die Zeit, als man den Mistral, das Parlament von Aix-en-Provence und den Fluss Durance als die drei Geißeln der Provence empfand, ist längst Geschichte. Der Mistral hat viel von seinem Schrecken verloren, da auch die abgelegensten Bauernhäuser mit Heizungen ausgestattet sind. Das Parlament von Aix, das sich durch eine furchtbare Verfolgung Andersgläubiger hervorgetan hat, wurde nach der Französischen Revolution aufgelöst. Und die Wassermassen der Durance scheinen durch Staudämme und Flussbegradigungen heute gebändigt. Allerdings haben manche Bewohner der Haute-Provence mittlerweile drei neue Geißeln der Provence ausgemacht: „Capital, tourisme et E.D.F." (Kapital, Tourismus und Electricité de France).

• **Die drei Schwestern der Provence:** die drei romanischen Zisterzienserabteien Sénanque, Silvacane und Le Thoronet. Sie ordnen sich den architektonischen Regeln des Ordens unter, der die vollkommene Harmonie von Mensch und Gott anstrebte. Alle drei sind bewusst in die Abgeschiedenheit gebaut worden.

Zisterzienserabtei Le Thoronet – im romanischen Kreuzgang

• **Die drei Marien der Provence:** die Büßerin Maria Magdalena, Maria Kleophas, die Mutter des Apostels Jakobus des Jüngeren sowie Maria Salome, die Mutter des jüngsten und des ältesten der Jünger Christi, Johannes und Jakobus

Landschaft: Sie ist ausgesprochen vielfältig, von Nordost nach Südwest abflachend und reicht von den ausgedehnten Salzsümpfen der Camargue über die Hochebene von Vaucluse bis zum kahlen, fast 2.000 m hohen Gipfel des Mont Ventoux. Dazwischen erstrecken sich Obstplantagen, Gemüsefelder und Weinberge.

Wirtschaft und Tourismus: Industrialisierte Gebiete mit hoher Bevölkerungsdichte wechseln mit intensiv bearbeitetem Agrarland ab. Vom Rhône-Tal über Avignon, Aix und Marseille bis nach Toulon drängt sich der überwiegende Teil der Industrie- und Dienstleistungszentren und der technisierten Intensivlandwirtschaft.

• Standortunabhängige Zukunftstechnologien wie Informatik, Elektronik und Umwelttechnik siedeln gerne in kulturell und landschaftlich anziehenden Regionen, besonders bei Avignon und Aix-en-Provence. Unternehmen wie Eurocopter (Hubschrauberhersteller mit 5.100 Angestellten), Sollac Mittelmeer (Eisen- und Stahlindustrie mit mehr als 3600 Beschäftigten) oder die Firma Gemplus, ein weltweiter Anbieter von Smart Cards (für die Zugangsberechtigung zum PC), in Gémenos nahe Marseille.

• Am Etang de Berre ist die Petrochemie mit jährlich 24 Millionen Tonnen raffiniertem Rohöl vorherrschend (das entspricht 30 % der nationalen Produktion).

• Ein ebenfalls wichtiger Wirtschaftsfaktor ist der Fremdenverkehr: Die Region Provence–Alpes–Côte d'Azur ist eine der touristisch erschlossensten Regionen Frankreichs mit einem Marktanteil von 12,5 %.

- Etwa drei Viertel der berufstätigen Bevölkerung in der Provence sind im Dienstleistungssektor beschäftigt, 22 Prozent in der Industrie. Nur etwa vier Prozent der Bevölkerung arbeiten in der Landwirtschaft – obwohl die Provence gerade für ihre landwirtschaftlichen Erzeugnisse bekannt ist. Ein bereits im 16. Jahrhundert begonnenes, von der Durance gespeistes Bewässerungssystem ermöglicht eine heute intensive Landwirtschaft. Durch Zypressenhecken vor dem Mistral geschützt reifen im Rhône-Tal Aprikosen, Pfirsiche und Kirschen, die in den Städten des Rhône-Tals und der Küste in zahlreichen Fabriken weiterverarbeitet werden. In den Gegenden intensiver Obst- und Gemüseproduktion bilden Handel und Transportwesen wichtige Wirtschaftszweige.
- Im Gegensatz zu früher herrscht heute kein Mangel an Wasser mehr, nachdem weit verzweigte Kanalwege angelegt wurden; auf früher kargen Flächen werden heute wieder Obst und Gemüse angebaut. In der ältesten Weinbauregion Europas gibt es rund 40.000 Weinbaubetriebe. Weitere provenzalische Exportgüter sind Olivenöl, Honig und Lavendel.

Die typischen Farben der Provence: Ocker, sonnengelb, lavendelblau, olivgrün und tomatenrot.

Erdlöcher und Erdbeben

Als ideologisch verwandten „laizistischen Jakobiner", der sein Land im Schweinsgalopp modernisieren wollte: So sahen die Franzosen vor Jahren den Ex-Diktator Saddam Hussein. Jacques Chirac, damals Premierminister, führte Saddam im Jahr 1975 durch das provenzalische Atomforschungszentrum von Cadarache südlich von Manosque und verkaufte ihm den Reaktor „Osirak". (Spötter nannten den Premierminister daraufhin „Ochirac".) Nach Problemen wegen der Nähe zur Erdbebenspalte der Durance wurde die Produktion von Brennelementen in Cadarache im Jahr 2002 endgültig eingestellt. Der „laizistische Jakobiner" Hussein wurde am 13. Dezember 2003 in einem Erdloch gefangen genommen.

I. DIE PROVENCE IM WANDEL DER ZEIT

Historischer Überblick

Ca. 900000 v. Chr.	Früheste Funde von bearbeiteten Handwerkzeugen in der Grotte du Vallonet bei Menton, der ältesten bekannten Wohnhöhle Europas.
Ca. 40000 v. Chr.	Der Homo sapiens verdrängt allmählich den Neandertaler.
Vor 6.500 J.	Erste bäuerliche Ansiedlungen in der Provence, Anfänge der Töpferei und verschiedener landwirtschaftlicher Aktivitäten. In Courthezon im Rhône-Tal zwischen Orange und Avignon wurde das älteste bekannte Bauerndorf Frankreichs mit Spuren von Getreideanbau entdeckt.
ab 800 v. Chr.	Die Keltoligurer dringen ins Land ein und gründen „Oppida" – so nannten die Römer befestigte Siedlungen der keltischen Stämme.
620 v. Chr.	Im Rahmen der griechischen Kolonisation, die die Griechen zuvor schon an die Küsten Kleinasiens, Süditaliens und Siziliens führte, gründen die Bewohner der ionischen Stadt Phokaia Massalia oder Massilia – das heutige Marseille. In den nächsten Jahrzehnten entstehen an der französischen Mittelmeerküste weitere griechische Städte, darunter auch Theline (Arles).
2. Jh. v. Chr.	Die von der kelto-ligurischen Urbevölkerung bedrängten Griechen rufen die Römer zu Hilfe. Diese gründen daraufhin unterhalb des Oppidums Entremont die Stadt Aquae Sextiae, das heutige Aix-en-Provence. Teile Südfrankreichs wurden im Jahre 121 v. Chr. zur römischen Provinz erklärt (daher auch der Name Provence) und rasch romanisiert.
410 n. Chr.	Der heilige Honoratius zieht sich mit ein paar Anhängern auf eine kleine, dem heutigen Cannes vorgelagerte Insel zurück, und gründet dort ein Kloster, das alsbald zu einem Zentrum des religiösen Lebens in Gallien und weit darüber hinaus werden sollte.
471	Im Zuge der Völkerwanderung erobern die Westgoten Arles, wenige Jahre später werden sie von den Burgundern, und diese wiederum von den Ostgoten in ihrer Vormachtstellung abgelöst.
536	Die Franken übernehmen die Herrschaft.
537	Nach dem Sturz von Theodahat verdrängen die Franken die Ostgoten und gewinnen dadurch einen eigenen Zugang zum

„Die schönste Gegend der Welt, wenn sie keine Vergangenheit zurückruft, wenn sie nicht Spuren irgendwelcher Begebenheiten trägt, ist ohne Bedeutung im Vergleich mit historischem Boden." – Gemessen an diesem Ausspruch Madame de Staëls gehört die Provence mit ihren zahlreichen historischen Monumenten zu den bedeutenderen Weltgegenden.

	Mittelmeer. Die Franken profitieren ungemein von dieser Mittelmeerpforte: Über die Rhône-Tal-Straße gelangt die geistige und materielle Kultur der Mittelmeerländer in das fränkische Gallien. Die Provence bewahrt sich dennoch eine relative Eigenständigkeit.
591	In Marseille bricht die Pest aus.
736	Der Hausmeier Frankens, Karl Martell, zieht mit einem Heer in die unter arabischem Einfluss stehende Provence und wird König der Provence und von Burgund. Noch zwei weitere Feldzüge – mit langobardischer Unterstützung – sind vonnöten, um die fränkische Oberhoheit endgültig zu festigen. Während dieser Zeit entstehen viele *villages perchés*, Schutzsiedlungen.
737	Karl der Große „befriedet" das Gebiet.
738	Die Araber erobern Arles.
855–863	Erstes Königreich Provence.
869	Karl der Kahle, König von Frankreich, annektiert die Provence.
879	Boso von Vienne begründet im Süden Frankreichs ein neues Herrschaftsgebilde.
Um 1140	Gründung der Zisterzienserklöster von Le Thoronet, Silvacane und Sénanque.
12. Jh.	Die Provence fällt an den Grafen von Toulouse, später an die Grafen von Barcelona.
1209–1229	Albigenserkriege.
1229–1230	Beginn des 100jährigen Krieges zw. England und Frankreich.
1305–1377	Bertrand de Got, der Erzbischof von Bordeaux, wird als Clemens VI. zum Papst gekürt. Vier Jahre später wählt er Avignon zu seiner „vorläufigen" Residenz. Bis 1377 lösen sich insgesamt sieben römische Päpste auf dem heiligen Stuhl in Avignon ab. Hinzu kommen noch zwei Gegenpäpste, die aber von der katholischen Kirche nicht anerkannt werden. Arbeitslose Söldnerbanden des Hundertjährigen Krieges, die Grandes Compagnies, verwüsten das Land.
1382	Nachdem er Königin Jeanne zwischen zwei Kissen hatte ersticken lassen, stirbt Charles von Duras kinderlos und vermacht Louis d'Anjou (einem jüngeren Bruder des französischen Königs) die Provence.
1434–80	Unter dem „guten König" René von Anjou erlebt die Provence eine kulturelle und wirtschaftliche Blüte.
1480	René von Anjou stirbt in Avignon; sein Neffe Karl III. von Maine kann sich nur eineinhalb Jahre an seinem Erbe erfreuen, dann folgt er seinem Onkel in den Tod. Ein entfernter Verwandter, der französische König Ludwig XI., erbt die Provence laut Testament, die Provence sinkt auf den Status einer französischen Provinz herab.

16. Jh.	Die Provence wird in die französischen Glaubenskämpfe verwickelt. In der größtenteils katholischen Region bilden sich im Lubéron und im Tal der Durance protestantische Gemeinden. 1545 kommt es zu einem Massaker an den im Lubéron lebenden Waldensern; im Gegenzug verwüsten Bauernaufstände mehrfach, vor allem 1571, das Land. Vagabundierende Räuberbanden treiben ihr Unwesen.
1660	Louis XIV. bürdet der mehr und mehr unterjochten Provinz hohe Steuern auf.
1720/21	Rund 40.000 Menschen sterben in Marseille während einer schweren Pestepidemie. Dies ist das letzte Mal, dass Europa vom „Schwarzen Tod“ heimgesucht wird.
ab 1765	Verstärkt verbringen englische Aristokraten aus dem regenverhangenen Norden ihren Winter an der sonnigen Côte d'Azur. (Damals war noch nicht zu ahnen, dass dies die ersten Vorboten einer neuen „Völkerwanderung“ waren.) Villenviertel entstanden, tropische Pflanzen wurden akklimatisiert und weitläufige Gärten angelegt.
1790	Frankreich wird in Departements aufgeteilt, die Provence hört auf, auf der Karte zu existieren.
1791	Das „Lied der Rheinarmee“, bekannt gemacht von einem Marseiller Freiwilligencorps, wird als „Marseillaise“ zur Nationalhymne.
1793	Napoléon macht von sich reden, als er die englische Besatzung von Toulon, dem bedeutendsten französischen Militärhafen am Mittelmeer, erfolgreich beendet. Zum Dank für diesen unerwarteten Sieg wird Napoléon in den Generalsrang erhoben.
1815	Napoléon flieht von Elba und landet am 1. März bei Cannes an der südfranzösischen Küste. Innerhalb einer Woche dringt er auf der sogenannten „Route Napoléon“ über Sisteron nach Grenoble vor. Am 20. März erreicht er unter Beifallsstürmen Paris.
1831	Gründung der Fremdenlegion. Der Hauptstandort der Legion war bis 1962 in Algerien. Seit dessen Unabhängigkeit befindet er sich in Aubagne nahe Marseille.
1831	Ausbruch der Cholera, die in diesem extrem heißen Sommer besonders in Aix-en-Provence wütet.
1860er J.	Bau von Straßen und Eisenbahnlinien durch die Täler von Rhône, Durance und Var.
1870/71	Deutsch-französischer Krieg
1904	Frédéric Mistral erhält den Literaturnobelpreis für sein in provenzalischer Sprache geschriebenes Versepos „Mireilles“.
1914–1918	Die Provence bleibt vom Ersten Weltkrieg unberührt.

1933	Südfrankreich wird zum begehrten Fluchtort deutscher Intellektueller. In Sanary-sur-Mer entsteht eine regelrechte Kolonie deutschsprachiger Exilanten.
Nov. 1942	Nach dem Einmarsch der Alliierten in Nordafrika hebt Hitler die bis dato „freie" Zone in der Provence auf; für ein knappes Jahr fungieren italienische Soldaten als Besatzer, bevor nach der Kapitulation Italiens die Deutschen an ihre Stelle treten.
15. 8. 1944	Alliierte Truppen landen an einem rund 50 Kilometer breiten Küstenabschnitt im Osten Toulons und beginnen mit der Befreiung Südfrankreichs von der deutschen Besatzung.
1962	Das Ende des algerischen Unabhängigkeitskrieges zieht einen massenhaften Zuzug von Algerien-Franzosen, den sogenannten „Pieds noirs" (Schwarzfüße), nach sich. Der Araberhass der „Schwarzfüße" verträgt sich wenig mit dem Zuzug nordafrikanischer Einwanderer. Zumal Paris die Einwanderer mit dem Versprechen auf Arbeitsplätze ins Land lockte, aber das Versprechen nicht einlöste. Als Folge driften viele der einstmals sozialistisch geprägten Städte in die rechte Ecke ab.
1970	Durch den Bau der Autobahnen A6 und A7 wird Paris mit Marseille verbunden. Der „Parc naturel régional de Camargue" wird eingerichtet.
1970er J.	Im Rahmen einer Regionalreform wird der Verwaltungsbezirk Provence-Alpes-Côte d'Azur geschaffen und Marseille die Hauptstadt einer Region mit einer dicht besiedelten, prosperierenden Küste und einem verarmenden, entvölkerten bergigen Hinterland.
1991	Der Tauchlehrer Henri Cosquer entdeckt bei Cassis in einer Grotte 18.000 bis 27.000 Jahre alte Felsmalereien.
1995	Landesweiter Aufschrei, als der rechtsradikale Front National nach den Kommunalwahlen in den Rathäusern von Toulon, Orange und Marignane den Bürgermeister stellt.
1998	Der Front National erreicht in Orange die absolute Mehrheit.
2001	Die TGV-Linie Méditerranée wird vollendet. Marseille ist nun in gut drei Stunden Fahrzeit von Paris aus zu erreichen. Die Züge halten auch in Montélimar, Orange, Aix-en-Provence und Avignon.
Juli 2003	Riesige Waldbrände an der Côte d'Azur und in ihrem provenzalischen Hinterland.
Herbst 2003	Jahrhundertflut in Südfrankreich fordert zahlreiche Tote.
2007	Nicolas Sarkozy wird am 16. Mai 2007 Staatspräsident.
Frühjahr 2009	Avignon feiert die Ankunft von Papst Clemens V. vor 700 Jahren in der Stadt, Er war der erste von sieben Päpsten, die hier residierten. Papst Clemens sorgte zusammen mit König Philipp dem Schönen für die Vernichtung und Auflösung des legendären Templerordens.

Vor- und Frühgeschichte – bis 600 v. Chr.

Die Provence gilt als **eines der am frühesten besiedelten Gebiete Europas.** Hier entdeckte man Spuren menschlichen Lebens aus einer Zeit vor über einer Million Jahre. Erste Äußerungen menschlicher Kultur entstanden etwa vor 500.000 Jahren: Die Prähominiden dieser Epoche wussten bereits um den Umgang mit dem Feuer und bearbeiteten Steine zu Werkzeugen.

„Wir besitzen nur einen Teilausschnitt unseres Paläolithikums, das Plaläolithikum der Provence befindet sich zu einem großen Teil unter dem Meeresspiegel", meinte Escalon de Fonton, der Nestor der Vorgeschichte der Provence, im Jahr 1950. Er sollte Rechtbehalten: Im Juli 1991 entdeckte der Taucher Henry Cosquer unter dem Meeresspiegel eine Höhle mit prähistorischen Zeichnungen.

Höhlen, Bories, Megalithe

Aus der Epoche von 150.000 bis 40.000 Jahren wurden zahlreiche Siedlungsplätze des *Homo sapiens* vom Typ des Neandertalers gefunden. Nach dem bis heute noch nicht ganz geklärten Aussterben des Neandertalers kam dann vor etwa 40.000 Jahren der Typ des heutigen Menschen, der Cro-Magnon-Mensch, der zwischen 40000 und 10000 v. Chr. im heutigen Südfrankreich lebte. Er hauste in Gegenden, wo Erosion und Korrosion Höhlen und Felsdächer in den Kalkformationen geschaffen hatten. Aus dieser Epoche stammen die sensationellen Höhlenzeichnungen, die im Jahr 1991 nahe Cassis, östlich von Marseille, in einer heutigen Meereshöhle gefunden wurden.

Wie weit die Bories der Provence, Steinbauten wie hier im Bild, bis tief in die Steinzeit zurückgehen, kann man heute nicht mehr nachvollziehen.

Mit dem Ende der letzten Eiszeit, am Übergang von der Alt- zur Jungsteinzeit, begannen sich aus den Jägern und Sammlern die Bauern und Hirten der Jungsteinzeit zu entwickeln. Ab 5000 v. Chr. hielten die Menschen Haustiere (bei Chateauneuf-les-Martigues hat man die ältesten domestizierten Schafe gefunden). In dieser Periode wurden erstmals Steinbauten errichtet, auf die die eigenartigen Bories der Provence zurückgehen könnten. Um 4500 v. Chr. wurde die Entwicklung vom Jäger und Sammler zum Bauern und Hirten vollzogen, auch wenn noch hier und da nomadisierende Jägersippen existierten.

Es entwickelten sich nun differenzierte Kulte. Aus dieser Zeit existieren noch viele Megalithgräber, dessen größtes der Dolmen „Pierre de la Fée" bei Draguignan ist. Da der Mensch nun lernte, Vorräte anzulegen, lernte er auch das Töpfern von Gefäßen, ab 4250 v. Chr. sind die ersten Keramiken bezeugt.

Die Ligurer

Um 1000 v. Chr. begannen die Ligurer einzuwandern, **eine vermutlich noch neolithisch geprägte Bevölkerung**, die somit nur wenige Spuren hinterließ. Über dieses Volk schrieb im 3. Jahrhundert v. Chr. der Historiker *Polybios*: „Sie wandern ziellos im Land umher, schlafen im Gras oder auf Stroh, ernähren sich ausschließlich von Fleisch und verstehen daher nichts vom Ackerbau. Sie kümmern sich nur um Krieg, Jagd und Fischerei und sehr wenig um den Anbau von Pflanzen. Sie treiben ihre Herden vor sich her und lassen sie weiden, wo immer sie gerade sind. Sie schätzen nur Gold, Waffen und Tiere, die einzigen Reichtümer, die der nomadische Abenteurer mit sich führen kann".

keine Ahnung von Ackerbau

Die griechische Kolonisation

Erst die Griechen lehrten die kelto-ligurische Urbevölkerung *„die Erde zu bebauen und die Städte mit Mauern zu umgeben, unter der Herrschaft von Gesetzen zu leben statt unter der von Waffen, den Weinstock zu beschneiden und den Ölbaum zu pflanzen"* schrieb der römische Geschichtsschreiber Pompeijus.

Bis dato kann die Geschichte der Provence nur stückweise durch archäologische Funde belegt werden. Mit dem Beginn der griechischen Kolonisation begann **ein neuer Abschnitt in der provenzalischen Geschichte.** Ab jetzt gibt es gesicherte Erkenntnisse durch schriftliche Überlieferungen. Die ersten Griechen aus dem kleinasiatischen Phokäa ließen sich damals in der Provence nieder. Nicht als Eroberer kamen sie, sondern als friedliche Kaufleute, die mit der Urbevölkerung Handel trieben.

Um 600 v. Chr. gründeten sie das Handelskontor Massilia (das heutige Marseille) und in der Folge Niederlassungen bei Avignon, Arles und Cavaillon. Die Vermischung verschiedener Bevölkerungsgruppen, von denen die heutigen Bewohner der Provence abstammen, nahm in dieser Zeit ihren Anfang.

Aufgabe Nr. 10
Herakles musste 12 Aufgaben bewältigen, um in den Rang eines Unsterblichen zu gelangen. Nach Aufgabe Nr. 10 hatte er die Rinder des Geryon nach Griechenland zu bringen, wobei er auf dem Landweg von Spanien entlang der Mittelmeerküste auch durch die Provence kam. Dort stellten sich ihm die Giganten entgegen – Sinnbild für die feindlichen Barbaren – die der starke Herakles kurzerhand mit den Steinen aus den Alpilles erschlug. Nach einer anderen Version standen die Giganten für die Gefahren des Rhônedeltas mit seinen zahlreichen Wasserläufen und die Steine waren als Tropfen vom Himmel geregnet (vielleicht ein Symbol für die Überschwemmungen). Auf jeden Fall ist der Ort des Kampfes, die Crau südöstlich von Arles, bis heute steinig und unfruchtbar. Auch zeugen von der Heldentat des Herakles noch heute zahlreiche Herkulesaltäre aus griechischer und römischer Zeit. In der Camargue gab es sogar eine Stadt, die Heraklea hieß. Plinius hat die längst versunkene Ansiedlung erwähnt – bis heute wurde sie nicht gefunden.

INFO **Gyptis und Protis**

Die Griechen, geborene Geschichtenerzähler, haben sich natürlich auch zur Gründung ihrer ersten Kolonie auf provenzalischem Boden eine schöne Gründungslegende einfallen lassen: *Protis*, der Anführer der Griechen, habe dem Fürst der ligurischen Urbevölkerung einen Antrittsbesuch gemacht, das aber ausgerechnet an dem Tag, als dieser den Bewerbern um seine Tochter ein Fest gab. Nach ligurischer Sitte sollte die Tochter des Ligurerfürsten, *Gyptis,* am Ende der Mahlzeit dem Mann ihrer Wahl einen vollen Becher anbieten. Nun war also auch der schöne Grieche *Protis* unter den Gästen, von dem *Gyptis* nicht wusste, dass er ein Grieche war. Ihre Wahl fiel ausgerechnet auf ihn, sie reichte ihm den Becher und beide heirateten. *Gyptis* brachte als Mitgift den Hügel in die Ehe, auf dem heute als Wahrzeichen von Marseille die Kirche Notre-Dame-de-la-Garde steht. Und was ist die Erkenntnis von der Geschicht': Die Beziehung zwischen beiden Völkern war die schlechteste nicht.

Was von den Griechen übrig blieb

- Olivenbäume
- Rebstöcke
- Stadtgründungen
- Handelswege
- Gesetze statt Waffen
- Geldhandel statt Tauschhandel
- griechisch-humanistisches Denken

Die Kelten dringen ein – ab 400 bis 200 v. Chr.

Ab etwa 400 v. Chr. drangen über einen Zeitraum von etwa zwei Jahrhunderten aus dem Norden verschiedene keltische Völkerstämme ins Rhône-Tal vor und ließen sich in Teilen der Provence nieder. Da die Kelten über eine fortgeschrittene Technik der Materialverarbeitung und über Eisenwaffen verfügten sowie in ihren Sippen- und Stammesverbänden gut organisiert waren, zeigten sie sich den Ligurern überlegen. Anpassungsfähig, wie sie sich schon in anderen Ländern gezeigt hatten, verschmolzen die Kelten, allerdings nach verschiedenen

Die Grotten von Calès bei Lamanon – einst Zufluchtsort der Ligurer.

kriegerischen Auseinandersetzungen, zum Teil mit den Ligurern, zu den Kelto-Ligurern, wobei jedoch die machtbewussteren Kelten eine Oberschicht bildeten. Nun wurden die aus dem Neolithikum verbliebenen Reste der matriarchalisch geordneten Gesellschaft durch eine patriarchalisch-hierarchisch geordnete Gesellschaft abgelöst. Die magisch-religiösen Riten der beiden Bevölkerungsgruppen vermischten sich und wurden wiederum von der Kultur der Griechen beeinflusst.

Patriarchat statt Matriarchat

Grausame Sitten sollen im Jungpaläolithikum geherrscht haben. Mündliche Überlieferungen berichteten von dem Volk der Azalai, dass sie den blutigen Brauch des Kopfabschneidens pflegten. Und ihre Nachfahren, die Kelto-Ligurer sollen diesen Brauch nach alter Tradition auch noch 20.000 Jahre später am Leben erhalten haben. Sie legten die Trophäen, also die Köpfe, in Wacholderteeröl ein, um sie haltbar zu machen, und hängten sie zu Ehren ihrer Götter in Bäumen oder zur Abschreckung ihrer Feinde in Türstöcken auf. Die Griechen und Römer waren über diese barbarischen Sitten entsetzt und hatten auch sonst keine sonderlich gute Meinung von den Kelto-Ligurern:

„*Roh und grausam*“ nannte der antike Reiseschriftsteller Rufus Festus Avienus die Bergstämme der Kelto-Ligurer.

„*Zu ihrer Geradheit und Leidenschaftlichkeit aber gesellt sich viel Torheit, Prahlerei und Putzsucht. Denn sie tragen viel Gold um den Hals, nämlich Ketten, um die Arme und Handgelenke Armbänder, und die Vornehmen tragen buntgefärbte und goldgestickte Kleider.*“ Weiterhin: „*Diese Barbaren schlugen die Köpfe ihrer im Kampf getöteten Feinde ab und dekorierten voll Stolz die Hälse ihrer Pferde und den Türsturz ihrer Häuser mit diesen finsteren Trophäen, die in der Sonne langsam verdorrten*“.

Der Grieche Strabo in seiner „Geographica“ über die gallischen Kelten

Die Römer dringen vor – 150 bis 125 v. Chr.

Bis ins 2. Jahrhundert vor Christus lebten die Eingeborenen und die Bewohner der mächtigen Handelsstadt Massalia in bestem Einverständnis, bis sich die provenzalischen Völker an der Vorherrschaft der Bewohner Massalias zu stoßen begannen. Mögliches Motiv mögen der Neid der Urbevölkerung auf den Reichtum und Wohlstand der griechischen Kaufleute gewesen sein. Auf jeden Fall kam es immer öfter zu Raubüberfällen auf griechische Händler und Reisende, die auf Kriege nicht vorbereitet waren. **Die Griechen riefen die Römer zu Hilfe,** die dann auch im 2. Jahrhundert v. Chr. mit einem starken Heer ankamen. Der Weltmacht Rom ging es nicht nur darum, die Verbündeten nicht im Stich zu lassen, sondern auch darum, den Landweg in die spanischen Provinzen zu sichern und Land

„*Sie bewohnen eine Ölbäume und Weinstöcke tragende, aber der Rauheit wegen an Getreide dürftige Gegend, weshalb sie, mehr der See vertrauend als dem Lande, mehr die zur Schifffahrt geeignete Lage benutzen. Später jedoch vermochten sie durch Tapferkeit einige umliegende Ebenen dazu zu erobern*“.

Der römische Geograph Strabo über die „Massilioten“.

in Besitz zu nehmen. Dieser Wunsch könnte auf Spannungen in Italien beruht haben, denn dort stand eine Reform an: Grundbesitz sollte umverteilt und auch an Arme gegeben werden. Leider gab es nicht genügend Land für eine solche Reform. So lag es nahe, das fehlende Land in Gallien, in Nachbarschaft zu Oberitalien, zu schaffen. Das Reformwerk scheiterte und trat in den folgenden Jahren mehr und mehr in den Hintergrund. Doch nun waren die Römer schon mal in Gallien, und jetzt ging es vermutlich nur noch um eines: Eroberung des Landes um der Eroberung willen.

Eroberung um der Eroberung willen

Festigung der römischen Herrschaft – 125 v. Chr. bis 2. Jh. n. Chr.

Die Römer nahmen 125–122 v. Chr. den südlichen Teil Galliens ein und zerstörten das von kelto-ligurischen Saluviern bewohnte Oppidum Entremont und gründeten in der Nähe Aquae Sextiae, das heutige Aix-en-Provence. Zwischen 121 und 119 v. Chr. vertrieb und versklavte *Domitius Ahenobarbus* die Keltenstämme entlang der Mittelmeerküste und begann mit dem Bau der Via Domitia und gründete Narbo (Narbonne).

Narbonne wurde Hauptstadt und Namensgeberin von Roms erster Kolonie außerhalb Italiens, der „Provincia Narbonensis", später einfach „Provincia" genannt. Die Städte Apt, Arles, Avignon, Carpentras, Cavaillon, Nîmes, Orange und Vaison-la-Romaine wurden gegründet. Natürlich verlief die Festigung der römischen Herrschaft nicht reibungslos. Es war im Jahr 102 v. Chr., als das Germanenvolk der Teutonen auf dem Rückmarsch von Spanien in der Narbonensis einfallen wollte. Dort trafen sie aber auf den Römer *Marius* und seine gewaltige Streitmacht. Nur zwei Tage dauerte der Kampf, 200.000 Teutonen sollen hier erschlagen worden sein. Wer überlebte – und das waren nicht viele – geriet in Gefangenschaft und wurde in die Sklaverei verkauft. Die Toten blieben auf dem Schlachtfeld liegen, die so blutig gedüngten Felder hießen später *campi putridi* – fruchtbare Felder. Übrigens: Noch heute ist *Marius* ein sehr beliebter Name in der Provence!

Montagne-Sainte-Victoire – Heiliger Siegesberg heißt der Berg südöstlich von Aix. Er könnte auch Schicksalsberg heißen. Denn hier verloren im Jahr 102 v. Chr. 200.000 Teutonen ihr Leben, hier verloren aber auch der Maler Cezanne und der Schriftsteller Peter Handke ihr Künstlerherz. Cézanne zählte den Berg zu seinen Lieblingsmotiven und Handke schrieb in seinem Buch: „Es war der Berg, der mich anzog, wie noch nichts im Leben mich angezogen hatte."

49 v. Chr. wurde Massalia, das heutige Marseille, von *Caesar* wegen der Unterstützung seines Kontrahenten *Pompeius* während des römischen Bürgerkriegs zerstört und entmachtet. Arles nahm nun Massalias Platz als ein wichtiger Handelsplatz ein. Höhepunkt der römischen Herrschaft in der Provence war die Regierungszeit von *Kaiser Antonius Pius* (138–161), dessen Vater aus Nîmes stammte. ***Kaiser Antonius Pius* symbolisierte das „Goldene Zeitalter" des Imperium Romanum.** Bis auf einen Krieg in Britannien und die Niederschlagung kleinerer Aufstände sind von ihm keine weiteren militärischen Aktionen bekannt. Sparsam war seine Hofhaltung, klug seine Finanzpolitik, das Straßennetz wurde unter seiner Herrschaft erweitert, viele neue Tempel und Theater errichtet und Pensionen für verdiente Rhetoriker und Philosophen eingerichtet. Unter seiner Führung wurde die Provence zum „Musterländle" des Reiches – seit damals ist dieser Landstrich als die Provence bekannt.

„... und wenn einmal ein Engel des Herrn die Bilanz aufmachen sollte, ob das von Antonius Pius beherrschte Gebiet damals oder heute mit größerem Verstände und mit größerer Humanität regiert worden ist, ob Gesittung und Völkerglück im allgemeinen seitdem vorwärts- oder zurückgegangen sind, so ist es sehr zweifelhaft, ob der Spruch zu Gunsten der Gegenwart ausfallen würde."
Theodor Mommsen, Römische Geschichte, Band 8

INFO Nackenrollen und Bienenwaben

Kaum ein Bereich, der von der römischen Kultur ausgespart blieb. Die Römer hatten nicht nur Einfluss auf das, was *in* den Köpfen der Menschen vor sich ging, sondern auch *auf* den Köpfen bewiesen sie viel Stil. Die einfachen Frauen banden sich die Haare über dem Kopf zusammen und steckten sie mit kleinen Nadeln fest. Oder sie trugen einen Mittelscheitel mit Knoten oder Nackenrolle.

Abbildung und Informationen aus dem archäologischen Museum von Vaison-la-Romaine.

Auf den Aristokratinnen-Häuptern ging es aber schon komplizierter zu: Im 1. Jahrhundert trugen sie zwar noch einen schlichten Mittelscheitel mit einem Nackenknoten (I.), aber schon Ende des 1. Jahrhunderts wurden die Locken wie Bienenwaben am Stirnansatz aufgetürmt. 98 bis 117 unter der späten Herrschaft des *Trajan* waren Locken out und Türme auf dem Kopf in, die man mit Bändern zusammenflocht, auf dass die Haare wie eine Helmbedeckung aussahen. Wem das zu kompliziert war, trug die Haare wie plissiert und rollte sie im Nacken zusammen. Im 2. Jahrhundert wurden die Haare elegant zu einem Nackenknoten geschlagen, im 4. Jahrhundert dann wieder mauerblümchenartig zu einem Knoten auf dem Oberkopf geschlagen.

Nach *Antonius Pius* kam *Marcus Aurelius* (161–180) an die Macht. An sich von klugem Wesen (er hatte den Bestseller „Selbstbetrachtungen" geschrieben), verlor er doch bald den Überblick über die heimischen Hofintri-

„Wo der Römer vordringt, da baut er, und wo er baut, da badet er", so lautete ein Sprichwort des Imperium Romanum.

Schön wie die Venus ist dieser Kopf aus dem 2. Jahrhundert n. Chr. Nachdem man den Kopf im Jahr 1925 gefunden hatte, meinte man lange, in diesem das Haupt der Venus zu sehen. Später stellte sich heraus, es ist der Kopf des Apollo. Zu sehen ist der Schöne in der Ausgrabungsstätte von Vaison-la-Romaine.

gen, weil er wegen Kriegsgeschäften selten zu Hause war. So setzte er einen unfähigen Nachfolger ein, und zwar seinen eigenen Sohn *Commodus*, ein brutaler Herrscher, der denn auch eines gewaltsamen Todes starb. Er war der erste einer Reihe von Soldatenkaisern. Von nun an sollten die Kaiser in rascher Folge wechseln: Zwischen 235 und 285 herrschten 15 Kaiser über die Provence, von denen nur einer eines natürlichen Todes starb. *Kaiser Diokletian* (284–305) sah schließlich ein, dass das große Reich zentral nicht mehr zu regieren war und gliederte es auf: Vier Kaiser teilten sich nun das hohe Amt.

Gesetze, Straßen, Städte

Die Römer, bereits sehr **erfahren im Umgang mit eroberten Völkern**, machten sich alsbald daran, die neu erworbene Provinz zu strukturieren. Sie führten römische Gesetze und Verwaltungsnormen ein, sie bauten Straßen (unter anderem zur schnelleren Truppenverschiebung) und Brücken und gründeten Städte, wo sie der Urbevölkerung die römische Kultur beibringen konnten. Zur Versorgung dieser Städte wurden Wasserleitungen gebaut. Die Menschen sollten aber auch unterhalten werden, also wurden Amphitheater errichtet. Für ausgediente Legionäre wurden Landgüter mit Weinbergen und Obstbaumplantagen gegründet.

Tradition der römischen Landgüter

Noch heute führen die abseits gelegenen Gutshöfe (Mas) der Alpillen die Tradition der römischen Landgüter fort. Auch die Kunst, einige immergrüne Pflanzen zu stutzen, geht auf die Römer zurück. Auch die Villen selbst wurden nach genauen Regeln gebaut, die Küchen waren nach Norden ausgerichtet, damit sich die Lebensmittel länger hielten, die Feuerstellen und die Thermen lagen nahe dem

Von den Römern soll der Brauch stammen, vor einer Unterkunft oder einem Kloster (wie zum Beispiel in Sénanque) drei Zypressen zu pflanzen. Schon von weitem konnten so Reisende erkennen, dass sie hier die „Dreieinigkeit" Essen, Trinken und Schlafen erwartete.

Eingang. Das erleichterte den Nachschub an Holz. Im ersten Stock befanden sich wegen der aufsteigenden warmen Luft die Schlafzimmer. Um die Wärme länger zu halten, waren die Schlafzimmer sehr klein gehalten.

Damit auch alle wussten, wer für den ganzen Segen verantwortlich war, wurden Stadtgründungsmonumente, unter anderem in Orange und bei Saint-Rémy, aufgestellt. Noch heute zeugen zahlreiche Ruinen von Pracht und Glanz der Römerzeit. Anders als das oftmals zerstörte und wieder neu aufgebaute Rom blieben in der abgelegenen Provence die Relikte der Römerzeit in ihrer ursprünglichen Form erhalten. Unmittelbarer als in der Provence kann man das Römische Reich heute woanders kaum erleben.

Es ist aus mit der Ruhe in der römischen Provincia – 2.–4. Jh. n. Chr.

Mit der Völkerwanderung begannen erste Einfälle der von den Römern als Barbaren bezeichneten Germanenstämme. Metropole der römischen Provence war ab 308 n. Chr. vorübergehend Arles. Überschwänglich rühmte es der Geschichtsschreiber *Ausonius* im 4. Jahrhundert n. Chr.: „Arles du doppelte Stadt, öffne deine Häfen, liebliche Gastgeberin. Arles, kleines gallisches Rom, wo sich Narbonne, der Reichtum Viennes und die Siedler in den alpinen Tälern ein Stelldichein geben". Im Jahrhundert des *Ausonius* hatte *Konstantin der Große* die Stadt zu seiner Residenz gemacht, ihr Bischof berief wichtige Konzile in ihre Mauern.

„Die antiken Kolonisatoren hinterließen uns ein Erbe: Agora und Forum. Die Liebe zum draußen leben, zur öffentlichen politischen Diskussion, zu Märkten und Plätzen."
der Schriftsteller Serge Bec.

Ende der Römerherrschaft

Als im 4. Jahrhundert das Römische Reich in Ost- und Westrom geteilt wurde, begann auch der **Untergang des provenzalischen Galliens**. In den Wirren der Völkerwanderung wanderten germanische Stämme ein, gefolgt von den Westgoten, Burgundern und Ostgoten.

Auch wenn das Römische Reich zerfallen war, seine Kultur und seine Administration blieben erhalten, denn die Eroberer hatten diesbezüglich der römischen Hochkultur wenig entgegenzusetzen.

Von den Römern sind beeindruckende Bauwerke übrig geblieben, so z.B. die Theater von Orange (hier in einer Gravur aus dem 19. Jh.) und Arles oder das Aquädukt von Nîmes, von denen die Provence noch heute profitiert. Wladimir von Hartlieb schrieb 1930 in seinem „Reisejournal": „Kein Zeitalter vermochte in seinen Bauten die Vorstellung der Macht so unwiderstehlich auszudrücken wie das römische. Das sieht man diesen triumphierenden Bauten an: das Freisein von aller Furcht, von allem auf Abwehr Berechneten".

Verbreitung des Christentums – ab dem 3. Jh. n. Chr.

Ausbreitung des Christentums

Der Legende nach soll der heilige *Trophimus* bereits 60. n. Chr. heidnische Statuen bei Arles zerschlagen haben – in Wirklichkeit traf er wohl nicht vor dem 3. Jahrhundert von Rom herkommend in der Provence ein. Auch ist er nicht als der erste Bischof der Provence nachweisbar. Historisch nachgewiesen ist jedoch der heilige *Marcian*, der im Jahre 254 zum ersten Bischof der Provence gewählt wurde. Zu dieser Zeit gewann das Christentum in der Provence nachhaltig an Einfluss.

Bernard von Clairvaux, Vorbild der Zisterzienser

Ende der Vielgötterei

Nach dem allmählichen Verfall der staatlichen Ordnung übernahmen die Klöster die Rolle einer ordnenden Kulturhoheit. Von den Kirchen und Klöstern jener Zeit sind nur kümmerliche Reste erhalten geblieben, da sie nicht von der massiven Bauweise für die Ewigkeit wie die römischen Bauwerke waren. *Johannes Cassianus* gründete Anfang des 5. Jahrhunderts Saint Victor in Marseille. Aus dieser Zeit sind Kunstdenkmäler wie die Sarkophage in Arles erhalten. Arles wurde Haupt- und Bischofsstadt der Provence, als der Prätorianerpräfekt seinen Sitz von Trier nach Arles verlegte. 392 untersagte das Edikt von Théodose das Heidentum. Es war das Ende der Vielgötterei der Kelto-Ligurer. **Das Ende einer Epoche.**

Invasionen, Wirren und Tragödien – ab dem Ende des 5. Jahrhunderts

Von 476 bis 508 herrschten die **Burgunder** und **Westgoten**, gefolgt von den **Ostgoten**, die etwa 30 Jahre an der Macht waren. Da sich die Ostgoten als Erben des oströmischen Kaisers sahen, führten sie wieder römische Institutionen ein. Das Christentum breitete sich mehr und mehr aus; das Konzil von Vaison beschloss, in jeder Gemeinde eine Schule zu gründen, damit auch die Bevölkerung auf dem Land christianisiert werden konnte. Ab dem ausgehenden 5. Jahrhundert drangen mehrmals **Franken** von Nordwesten bis zur Rhônemündung vor.

Ab 537, nach dem Sturz von *Theodahat* verdrängten sie die Ostgoten und gewannen dadurch einen Zugang zum Mittelmeer. Über die Rhône-Tal-Straße gelangte die geistige und materielle Kultur der Mittelmeerländer in das fränkische Gallien. Nominell ein Teil des fränkischen Großreichs, bewahrte sich die Provence dennoch eine relative Eigenständigkeit, da sich hier kaum Franken ansiedelten; nur

Teile der Oberschicht bestanden aus fränkischem Adel. In der ersten Hälfte des 8. Jahrhunderts machten die Mauren die Gegend zum Schlachtfeld, die wiederum von *Karl Martell* zwischen 736 und 740 mit gnadenloser Härte unterworfen wurden.

Als die Nachfolger *Karls des Großen* das Frankenreich 843 mit dem Vertrag von Verdun untereinander aufteilten, wurde die Provence Karls Enkel, Kaiser Lothar I., zugeschlagen. Der provenzalische Adel lehnte jedoch die karolingischen Herrscher als illegitim ab und wählte 879 *Boso von Vienne* zum Souverän, einen Schwager Karls des Kahlen. *Bosos* Königreich umfasste die Kirchenprovinz Arles, Aix, Vienne, Lyon (ohne Langres), wahrscheinlich Besancon sowie die Diözese Tarentaise, Uzes und Viviers.

934 fiel die Provence durch Erbfolge an Hochburgund und 1033 mit diesem als Lehen an den deutschen Kaiser: Von nun an war die Provence ein **Teil des Heiligen Römischen Reichs Deutscher Nation**.

Blütezeit im 12. Jahrhundert

Urbarmachung durch Klostergründung

Im 12. Jahrhundert erlebte die Provence ihre zweite große Blütezeit. Verbesserte Produktionstechniken und die Ausweitung des Mittelmeerhandels waren die Basis für einen wachsenden wirtschaftlichen Aufschwung. Damals wurden überall in der Provence romanische Kirchen und Klöster gegründet, auch die „drei provenzalischen Schwestern“ Le Thoronet, Sénanque und Silvacane. Die einer strengen Arbeitsethik unterworfenen und auf Expansion ausgerichteten Zisterziensermönche errichteten ihre Abteien, von denen wesentliche Entwicklungsimpulse vor allem für die Landwirtschaft ausgingen.

Große Gebiete bis dahin unfruchtbaren Landes wurden von ihnen urbar gemacht. Die Anlage zahlreicher provenzalischer Städte und Dörfer geht auf diese Epoche zurück. Der Lebensstandard der Bevölkerung stieg. In den Städten bildete sich eine Schicht wohlhabender Bürger und Kaufleute, die sich erste Formen kommunaler Selbstverwaltung schufen. An den Adelshöfen entfaltete sich ein reges, von Italien und dem maurischen Spanien beeinflusstes Kunst- und Kulturleben, das in der Liebeslyrik der südfranzösischen Troubadoure seinen höchsten Ausdruck fand.

Feldzug gegen die Katharer und andere sogenannte Ketzer im 13. Jahrhundert

„Ketzer“ verbreiteten sich seit der Mitte des 12. Jahrhunderts vor allem in Südfrankreich und in den oberitalienischen Städten. Noch bevor das Jahrhundert zu Ende ging, hatten die Katharer zwischen Rhein und Pyrenäen ein Netz aufbegehrender Christen gewoben, die nicht mehr in der römischen Kirche ihr Heil suchten, sondern als „Vollkommene“ immer radikaler der Welt und allen ihren irdischen Genüssen eine Absage erteilten. Sie predigten dem Totengräber, dass er

INFO Katharer, Albigenser und Waldenser

Katharer
Irgendwann im Jahr 1105 soll es gewesen sein, als ein gewisser *Peter von Bruis* durch das Gebiet östlich der Rhône zog. Peter von Bruis tat etwas, was bis dahin Aufgabe der Priester war – er predigte. Doch ganz anderes als sie. Denn *Peter von Bruis* verkündete, die Menschen müssten nicht in die Kirche gehen, um zu Gott zu beten. Sie könnten überall, auch im Wirtshaus, zu Gott beten. Und sie bräuchten keine Sakramente. Peter von Bruis starb 20 Jahre später als Ketzer auf dem Scheiterhaufen. Jahrzehnte später, im Jahr 1163, ist in Köln erstmals der Name *Catari* bezeugt (griech. katharoi = die Reinen). Daraus entstand dann die Bezeichnung „Ketzer" als Sammelbegriff für alle Glaubensrichtungen, die sich von der Weltkirche abwandten. Die Katharer, die größte Sekte des Mittelalters, werden heute oft ungenau Albigenser genannt.

Albigenser
Nach der Stadt Albi benannte Gruppe der Katharer. Sie vertraten radikale dualistische Anschauungen. So nahmen sie beispielsweise einen guten und einen bösen Gott an. Die Albigenser hielten Jesus nicht für Gott, sondern nur für einen Propheten. Sie lehnten eine kirchliche Hierarchie ab, waren gegen die Sakramente, insbesondere die Taufe und das Abendmahl, lebten (angeblich) mit ihren Ehepartnern in Keuschheit. Sie waren auch gegen die Anbetung des Kreuzes, ebenso gegen die Heiligenverehrung. Sie legten keinen Eid ab, besaßen kein Privateigentum und waren Vegetarier. Als Radikal-Pazifisten verteidigten sie nicht einmal ihr eigenes Leben. In den Albigenserkriegen (1209–1229), zu denen *Papst Innozenz III.* aufgerufen hatte, wurden sie grausam ausgerottet.

Waldenser
Die zwischen 1170 und 1176 innerhalb der katholischen Kirche Südfrankreichs gegründete und nach dem Vorbild Jesu in Armut lebende Laienbruderschaft war zunächst gegen die Katharer, übernahm aber später deren Organisationsform. Die Waldenser traten für Armut und eine Rückbesinnung auf das Evangelium ein und lehnten die Sakramente sowie die Kirchenhierarchie ab. Sie kannten keine Beichte, keine Vermittlung zwischen Gott und Mensch. Damit gerieten sie in Widerspruch zum Katholizismus. 1184 wurden sie exkommuniziert und von da an als Ketzer verfolgt. 1530 gerieten sie dann ins Visier der Inquisition, 1540 erließ das Parlament von Aix gegen 19 Waldenser das „Dekret von Merindol". In den Tagen vom 5. bis zum 10. April 1545 kam es dann zu einem furchtbaren Blutbad: Mehr als 20 Dörfer, darunter die Orte Cadenet, Ménerbes, Mérindol wurden geplündert und in Brand gesteckt. 3.000 Menschen kamen dabei um und 600 Männer wurden auf die Galeeren geschickt. Verantwortlich hierfür war *Jean de Maynier*, seit 1543 Präsident des Parlaments der Provence. Er wollte durch Heirat in den Besitz wohlhabender Waldenserorte wie Ménerbes kommen. Doch er handelte sich von der Umworbenen einen Korb ein. Aus Rache übernahm er die Ausführung des Beschlusses des Parlaments von Aix, die Bewohner dieser Orte „mit Feuer und Schwert zu bestrafen".

Die Waldenser gibt es noch heute, sie leben unter anderem in Italien, Uruguay und Argentinien.

Der Protestantismus verbreitete sich trotz aller Bekämpfung dennoch, vor allem westlich der Rhône. Am Ende entschied sich die Provence für den Katholizismus, auf der anderen Rhôneseite mit Zentrum Nîmes überwogen die Protestanten.

genau so viel wert sei wie Papst und König. Weil sie die Sexualität für des Teufels und somit eine Fortpflanzung des Bösen hielten, verlangten sie strengste Enthaltsamkeit. Ihre Botschaft tröstete nicht nur den armen Totengräber, sondern auch die Reichen, denn diese dürsteten nach Idealen. In Südfrankreich gewannen die Katharer angesehene Bürger und hoch adelige Familien. Vor allem die Frauen unterstützten diese Bewegung, denn sobald sie ihrer Sexualität abgeschworen hatten, galten sie als gleichberechtigte Mitglieder ihrer Gemeinschaft, die sogar **wie ein Mann predigen** durften.

Auf Grund der starken Stellung der Katharer und der Ausbreitung der Waldenser erreichten die gegen die Kirche gerichteten ketzerischen Strömungen um 1200 einen Höhepunkt ihres Einflusses. Ein Mann der Kirche, der Ordensgründer und Heilige Dominikus, zog mit Gleichgesinnten durch Südfrankreich, er lebte arm und bescheiden und versuchte die Ketzer für die Kirche zurückgewinnen.

Der Baron d´Oppède, Jean de Meynier (1495–1558), wurde durch seine blutigen Vernichtungsfeldzüge gegen die Waldenser berühmt-berüchtigt.

Die Amtskirche war auf das Phänomen der Ketzer nur wenig vorbereitet und reagierte zuerst mit Nachsicht. *Papst Innozenz III.* ließ den Bischöfen Südfrankreichs mitteilen, einen Kranken müsse man nicht mit ätzendem Wein, sondern mit mildem Öl behandeln. Die Ketzer solle man mit dem Wort überzeugen. Später dann verband er die Entschlossenheit zu harter Gewaltanwendung gegen die Ketzer mit Flexibilität und Bemühungen, gewisse Grundpositionen der Ketzer, so vor allem das Armutsideal, in entschärfter Form zu akzeptieren und für die Stärkung des Ansehens der Kirche zu nutzen.

Doch die Geduld des Papstes währte nicht lange. 1208 wurde sein Aufruf zum Kreuzzug gegen die Albigenser verlesen: „Damit die heilige Kirche Gottes gegen ihre grausamsten Feinde furchterregend als wohl geordnete Schlachtreihe zur Vernichtung der Anhänger der ketzerischen Bosheit, die schlangengleich fast die ganze Provence wie ein Krebs angesteckt hat, ausziehen könne, hielten wir es für geboten, die Truppen der christlichen Heerschar aus den umliegenden Gebieten zusammenzurufen“. Der **mit äußerster Grausamkeit geführte Kreuzzug** vermochte das Katharertum im Languedoc zwar nicht auszuschalten, doch verlor es in der folgenden Zeit an Anziehungskraft und Anhängern.

Die Tragödie des Südens begann. Was anfangs eine Angelegenheit der um ihr Seelenheil bangenden Christen war, wurde nun zur Staatsangelegenheit. In dem zwanzigjährigen Krieg, den die Menschen Südfrankreichs nun zu erdulden hatten – ob Katharer oder Katholiken – ging es nicht mehr um den himmlischen Segen, sondern um höchst irdische Güter. Der Blutrausch, der die Kreuzfahrer erfasste, kam am Ende nur einem zugute: Der König von Frankreich ergriff die Gelegenheit, endlich die Unabhängigkeit der Provence zu beenden.

Tötet sie alle

Mordend zogen die Männer des Königs das Rhône-Tal hinunter. 1226 wurde Avignon drei Monate lang belagert. Dann musste es sich zu harten Bedingungen ergeben. Es war an der Tagesordnung, alle Einwohner von besiegten Ketzer-Städten umzubringen. Als die Soldaten vor einer Erstürmung den kirchlichen Würdenträger fragten, wie sie denn die Katholiken von den Ketzern unterscheiden könnten, soll dieser geantwortet haben: „Tötet sie alle, der Herr wird die Seinen erkennen". Am Ende waren *Graf Raimund VI. von Toulouse* und seine Söhne, denen es natürlich nicht nur um den eigenen Glauben, sondern mindestens so sehr um die politische Unabhängigkeit gegenüber Paris ging, die Verlierer.

In dem Krieg, der bis 1229 dauerte, töteten die Kreuzfahrer im Languedoc über eine Million friedlicher Einwohner; sie verwandelten dessen blühende Städte und Dörfer in Ruinen. Die Katharer wurden im wahrsten Sinne des Wortes von der Erde ausgelöscht.

Sieben Päpste in sieben Jahrzehnten (1309–1376)

Anfang des 14. Jahrhunderts wüteten in Rom Kämpfe zwischen den einzelnen Adelsgeschlechtern. Die Kirche hatte Besitzungen in Südfrankreich, und der französische König war dem Papsttum wohl gewogen – also zog *Clemens V.* als erster von sieben, allesamt französischen, Päpsten in Avignon ein. Über diese Zeit schreibt *Barbara Tuchmann* in ihrem bekannten Buch „Der ferne Spiegel": „*In den nächsten Jahren wurde Avignon unter den französischen Päpsten praktisch ein weltlicher Staat, der aufwändigen Pomp trieb, große kulturelle Anziehungskraft ausübte und einer uneingeschränkten Simonie, dem Ämterkauf, huldigte. Geschwächt durch seinen Auszug aus Rom, versuchte das Papsttum, in weltlichen Dingen Ansehen und Macht zu erringen. Es konzentrierte sich auf jede Möglichkeit, die ertragreich zu sein versprach. Neben dem regulären Einkommen aus Zinsen und Pachtgeldern bestritt der Papst seine Ausgaben durch den Verkauf von allem und jedem, was die Kirche zu bieten hatte. Jedes Amt, jede Ernennung, jede Absprache über Vorrechte, jedes Ausnahmerecht, jede Nachfolgeregelung oder Garantie, jede Gnade, jede Lossprechung und Absolution, jeder Kardinalshut und jede Reliquie wurden verkauft. Zusätzlich nahm der Heilige Stuhl einen*

Einer für alle

In einer Galerie im Papstpalast sind alle sieben Päpste dargestellt und alle sehen sie sich merkwürdig ähnlich. Des Rätsels Lösung: Der Künstler hatte sie im 19. Jahrhundert nach einem einzigen Modell gemalt, jeweils aus einem anderen Blickwinkel und jeweils mit einer anderen Kleidung, letztere allerdings durchaus mit Bedacht gewählt.

Teil von freiwilligen Geschenken, Vermächtnissen und Messopfern, die auf dem Altar dargebracht wurden. (...) Kirchliche Pfründe in Gestalt von 700 bischöflichen Diözesen und Hunderttausende niedriger Ämter wurden zu einer schier unerschöpflichen Einkommensquelle des Heiligen Stuhls".

Der eher weltliche **Innocent VI.** mit Bart und Mütze

Clemens V. (1309–1314)

Der Papst *Clemens V.* verlegte unter Druck des französischen Königs Philipp dem Schönen, der eine Dauerfehde mit dem deutsch-römischen König *Heinrich VII.* hatte, den Papststuhl nach Avignon. Böse Zungen behaupteten, eine französische Mätresse hätte dem Papst den Umzug sehr erleichtert ...

Auf einen Papst in Avignon hatte der König wesentlich mehr Einfluss als auf einen Papst in Rom und entzog ihn damit dem Einfluss *Heinrichs VII. Clemens'* Einwilligung war ein folgenschwerer Entschluss: Zum einen wurde das Papsttum von der weltlichen Macht (in diesem Fall Frankreich) abhängig und zum anderen löste dieser Residenzwechsel ein späteres Schisma aus, das bis ins 15. Jahrhundert die katholische Kirche spaltete. In seinem Amt förderte *Clemens V.* die Vetternwirtschaft, immerhin ernannte er fünf seiner Verwandten zu Kardinälen, und so schreibt *Georg Schwaiger* in seiner „Geschichte der Päpste": „Das Urteil über seine Persönlichkeit und sein Pontifikat kann nicht günstig lauten". Gemeinsam mit König *Philipp* hatte *Clemens* V. die Templer bekämpft. Er scheute sich auch nicht, die Folter zu befehlen und an einem der ungeheuerlichsten Justizmorde der Geschichte mitschuldig zu werden. *König Philipp* und *Clemens V.* erlagen der Legende nach beide einem Fluch, den der letzte Templergroßmeister *Jacques de Molay* 1314 bei seiner Verbrennung über sie verhängt hatte.

kein günstiges Urteil

Johannes XXII. (1316–1334)

Als er gewählt wurde, war er schon 72 Jahre alt. Böse Zungen behaupteten, er wäre Papst geworden, weil sich die Kardinäle auf keinen anderen einigen konnten und er dank seines Alters sowieso nicht lange regieren würde. Welch ein Irrtum – *Johannes XXII.* blieb 18 Jahre an der Macht. Zu Beginn seines Pontifikats wollte ihn der *Erzbischof von Cahors* durch ein mit Arsen getränktes Brot vergiften.

Der Plan wurde entdeckt, der Bischof verhaftet und auf dem Scheiterhaufen verbrannt. *Johannes XXII.* war ein wissenschaftlich hoch gebildeter Mann, der Lehrstühle für Hebräisch, Arabisch und sogar für Chaldäisch an den Universitäten von Paris, Bologna, Oxford und Salamanca eingerichtet hatte. Andererseits galt er als eine streitsüchtige Nervensäge für seine Mitmenschen: Dem englischen König *Edward II.* beschied er, er solle seine kindischen Manieren ablegen, *Bonifaz VIII.* gar nannte er einen Narren und *Philipp V.* sollte nicht so kurze Röcke tragen.

gebildet und streitsüchtig

INFO Und alle waren zufrieden – Feste feiern unter Clemens V.

Wie man sich ein Fest zur Zeit von *Clemens V.* vorzustellen hat, berichtet ein Manuskript, das heute in einer Bibliothek in Florenz aufbewahrt wird. In diesem Dokument erzählt ein florentinischer Zeitgenosse von einem Gelage, das Kardinal *Arnaud de Pellegrue* zu Ehren seines Onkels, dem Papst, gegeben hat. Der Kardinal residierte in einem Palast gegenüber dem Palais des Papstes auf einem Gelände, gelegen im Windschatten des Mistrals und hoch genug, um nicht von den Überschwemmungen der Rhône unter Wasser gesetzt zu werden..

Für den Papst war es also nur ein Katzensprung, um bei seinem Neffen zu tafeln. Und das sah dann folgendermaßen aus (Bericht in Auszügen übersetzt):

Drei Tische sind gedeckt, zwei von ihnen bieten Platz für 50 Personen. Um *Clemens V.* sitzen der Kardinal *Pellegrue*, 16 weitere Kardinäle, 20 Prälaten und Messdiener. Das Mahl ist in neun Gänge mit je drei Gerichten und einem Dessert aufgeteilt, dazwischen erfolgen sechs unterhaltsame Einlagen. Als erstes bringen Diener unter den Klängen von Trompeten ein großes Schloss aus Blätterteig, in das ein Hirsch, ein Wildschwein, Rehe, Hasen und Kaninchen eingebacken sind und die, obwohl gekocht, äußerst lebendig wirken. Als zweites wird dann ein Brunnen in Form eines Turms hereingetragen, der auf einem großen Becken steht. Aus dem Brunnen sprudeln fünf verschiedene Weine ins Becken. Auf dem Beckenrand liegen mit gespreiztem Gefieder gekochte Pfauen, Fasanen, Rebhühner und Schwäne. Als drittes werden zwei Bäume hereingebracht: ein silberner, mit Früchten behangener, und ein grüner, beladen mit kandierten Früchten.

Skizze aus dem 18. Jahrhundert.

Dazwischen gab es Turnierkämpfe zu Pferde, Fechtkämpfe und Musikaufführungen, und die Köche tanzten mit Fackeln und Glocken dreimal um die Tische herum. Die anderen Personen, also das Gefolge und das Personal, die nicht im großen Speisesaal aßen, wurden in anderen Räumen mit neun Gängen zu je zwei Gerichten bewirtet. Und so schließt der Florentiner seinen Bericht über dieses Gelage: Es war „*in somma ogni cosa ridea*", kurzum: „Alles war zur Zufriedenheit.".

A
Vom ehemaligen Palast des Kardinals ist noch dieser Turm erhalten, der heute zum edlen und feinen Hotel Mirande in Avignon gehört.

B
Den Saal, wo das Gelage mit Clemens V. stattfand, gibt es nicht mehr. Ob er nun im Zuge der Französischen Revolution abgerissen wurde oder, wahrscheinlicher, um Platz für Truppenübungen zu gewinnen, das lässt sich heute nicht mehr nachvollziehen.

Johannes XXII. erweiterte das Ablassgeschäft und hortete ein Vermögen von 800.000 Golddukaten. Er galt als ausgezeichneter Verwalter, aber auch als einfach und sparsam – abgesehen von den horrenden Ausgaben für Gewänder aus Goldbrokat und kostbaren Pelzen für sich und sein Gefolge.

Benedikt XII. (1334–1342)

Ubi papa, ibi Roma

Der ehemalige Bäckersohn und spätere Zisterziensermönch kämpfte gegen die Exzesse der Kirche und trug auch als Papst das weiße Ordenskleid der Zisterzienser. Seine reformatorischen Bestrebungen in der Stellenbesetzung und im Steuerwesen waren langfristig ohne großen Erfolg. Für die Nachwelt ist er als Bauherr des Palastes von Avignon in Erinnerung geblieben. „Ubi papa, ibi Roma" – wo der Papst ist, da ist Rom, war von nun ab die Devise.

Clemens VI. (1342–1352)

Im Gegensatz zu *Benedikt XII.* war er ein Redner, Theologe und prunkvoller Herrscher, der von sich selbst meinte „Meine Vorgänger verstanden es nicht, Papst zu sein". *Clemens VI.* hingegen brachte es fertig, mit seiner Prunksucht bald das von seinen Vorgängern angesammelte Vermögen aufzubrauchen. Unter ihm stiegen die Ausgaben für Feste und Gastmahle von vorher 2,5 Prozent des päpstlichen Haushalts auf 14 Prozent an. *Clemens VI.* machte zusammen mit seiner Mätresse, der schönen *Cécile de Commingues*, seinen Hof zum glanzvollsten in ganz Europa.

Auf der anderen Seite kaufte er *Johanna von Anjou*, Gräfin der Provence, für damals läppische 80.000 Golddukaten die Stadt Avignon ab und gewährte ihr als Dreingabe die päpstliche Absolution. Johanna konnte die gut brauchen, unterstellte man ihr doch Gattenmord. Die große Pest, die damals Avignon erreichte, raffte auch neun Kardinäle und 70 andere kirchliche Würdenträger dahin. Der Papst selbst überlebte in seinem riesigen Palast mit seinen für damalige Verhältnisse einzigartigen sanitären Anlagen: Auf Rat

Jesus Christus kam bei der „Speisung der 5000" ja mit gerade mal fünf Broten und zwei Fischen aus. Sein irdischer Stellvertreter, *Clemens VI,.* brauchte für die 3.000 Gäste seines Krönungsmahls schon etwas mehr, wie eine erhaltene Einkaufsliste zeigt: 95.000 Brote, 118 Rinder, 1023 Hammel, 101 Kälber, 914 Zicklein, 60 Schweine, 69 Zentner Speck, 1023 Schafe, 1500 Kapaune, 7428 Hühnchen, 1195 Gänse, 50.000 Torten, 6 Zentner Mandeln, 2 Zentner Zucker, 39.980 Eier, 46.856 Käselaibe, 40 Pfund Ingwer, 6 Pfund Safran sowie mehrere tausend Liter Wein ...

seines Arztes hatte er sogar bei sommerlichen Hochtemperaturen zwischen zwei großen Feuern zu sitzen, in denen aromatische Substanzen verbrannt wurden. Eine überaus hilfreiche Kur, denn sie vertrieb einerseits die Flöhe, andererseits durfte der Papst den Raum nicht verlassen.

Als Kirchenmann eher eine zweifelhafte Gestalt, war *Clemens VI.* auf der anderen Seite ein großer Mäzen, der viele Wissenschaftler und Künstler, wie beispielsweise den Dichter und Humanisten *Petrarca,* um sich versammelte. Auch stellte er sich schützend hinter die Juden, als eine Pestepidemie ausbrach und man ihnen die Urheberschaft anlastete.

Innocent VI. (1352–1362)

Er war ein fähiger, für seine Lauterkeit bekannter Jurist, der mit dem prunkvollen Lebensstil *Clemens VI.* brach und das Vermögen der Kirche mehrte.

*Der gläubige **Urban V.** ohne Bart und mit der Mitra (die Mitra ist als Schutzhelm zu verstehen, die beiden „Schals" sind mit zwei Hörnern bzw. den beiden Testamenten zu versehen, zur Abschreckung der „Gegner der Wahrheit")*

Urban V. (1362–1370)

Er wollte das Pontifikat wieder nach Rom zurückführen, weil er die Würde des Papstamtes in Avignon in Gefahr sah. Als Papst behielt er weiterhin die Kutte seines Benediktinerordens an, dessen Regeln er auch einhielt. Stets in sein Ordensgewand gehüllt, fastete und kasteite er sich. Seine Regierungszeit war durch Ausgewogenheit und Güte gekennzeichnet und wurde selbst von *Petrarca* gerühmt. Fünf Jahre nach seinem Tod wurde er selig gesprochen.

Gregor XI. (1370–1376)

Nach langem Zögern und viel gutem Zureden von Seiten der heiligen *Katharina von Siena* führte *Gregor XI.* 1376 das Papsttum gegen den Widerstand der Kurie und des französischen Königs wieder nach Rom zurück. Dort wollte es ihm allerdings so gar nicht gefallen. Doch bevor er sich wieder nach Avignon zurückziehen konnte, ereilte ihn der Tod. Das römische Volk witterte seine Chance und zwang die Kardinäle, einen italienischen Papst zu wählen. Die in Avignon zurückgebliebenen französischen Kardinäle wählten ihrerseits nach Gregors Tod zwei Gegenpäpste, *Clemens VII.* und *Benedikt XIII.*, die beide in Avignon residierten.

Mit der Rückkehr der Päpste nach Rom erlosch auch der italienische Einfluss in der

Zurückblickend auf 70 Jahre Papsttum in Avignon soll Gregor XI. geäußert haben: *„Als wir vor 70 Jahren nach Avignon kamen, gab es vier Freudenhäuser in der Stadt: am Nordtor, am Südtor, am Osttor und am Westtor. Eines zumindest haben wir erreicht: Heute gibt es nur noch ein einziges Bordell – das allerdings erstreckt sich vom Nord- bis zum Südtor!"*

Die amerikanische Historikerin Barbara Tuchmann schrieb über die Grandes companies: *„Ihre Disziplin und ihre Organisation machten die Kompanien wirkungsvoller als die Ritterheere, die das Prinzip von Befehl und Gehorsam nicht kannten. Das Leben durch das Schwert wurde zum Selbstzweck; die Atmosphäre war vergiftet durch den brutalen Triumph der Gesetzlosen. Dem hilflosen Volk erschienen die Kompanien wie eine biblische Plage, die den Sternen oder Gottes Zorn zugeschrieben wurde".*
Der ferne Spiegel

Provence: Künstlerische Aufgaben wurden zur Zeit der Papstherrschaft in Avignon meist Italienern übertragen.

Ende des 14. Jahrhunderts erlebte die Provence Missernten, Hungersnöte, Pest und Plünderungen durch die bewaffneten Banden des *Raymond de Tuirenne*. In den Dynastiekämpfen des Hauses Anjou schlugen sich die Provenzalen auf die Seite *Karls von Durazzo.*

Gut organisierte Söldnerbanden, die *Grandes companies*, (ehemalige Söldner aus dem Hundertjährigen Krieg, zweite Söhne niederen Adels, ehemalige Mönche und Sektenführer) zogen während langer Friedenspausen zwischen England und Frankreich beschäftigungslos durch die Lande und sicherten sich ihren Unterhalt durch Raub und Plünderung.

Anschluss an Frankreich

1471 ließ *sich* König *René d´Anjou* (1434–1480) in der Provence nieder. Neben Kunst und Kultur förderte er auch Handel, Landwirtschaft und Weinanbau. So soll er die Muskatellertraube in der Provence eingeführt haben. In dieser wieder friedlicheren Zeit erholte sich die Wirtschaft langsam.

Wegen seines liberalen Regierungsstils wurde der Kunstfreund und Feinschmecker René d´Anjou vom Volk als der „gute König" bezeichnet.

Als das zweite Haus der Anjou 1481 *mit Charles II.*, dem Neffen und Nachfolger Renés, ausstarb, fiel die Provence an die französische Krone zurück. Der kinderlos gebliebene letzte Herrscher der Anjou-Dynastie hatte sein Reich per Testament dem französischen König vererbt, ein damals keineswegs ungewöhnlicher Vorgang. Die Sonderrechte der Provence wurden zwar im Rahmen der zunehmenden Zentralisierung Frankreichs immer weiter eingeschränkt, doch durfte sie unter anderem ein eigenes Parlament in Aix beibehalten.

Auch blieb das Provenzalische nicht nur Umgangs-, sondern auch Amtssprache. Und dennoch empfanden viele den Anschluss der Provence an Frankreich als Beginn einer Fremdherrschaft. Die dagegen gerichteten Proteste wurden zum Teil mit Waffengewalt unterdrückt. Mit der zunehmenden Zentralisierung Frankreichs verlagerte sich auch das kulturelle Leben nach Paris. **Wer etwas auf sich hielt, ging nach Paris**. Zurück in der Provence blieben die, die nicht genügend Geld, Besitz, Talent, Mut oder Einfluss besaßen, um den Sprung in die große Stadt zu wagen.

Die Provence wurde Provinz

Nach der Blütezeit des Mittelalters geriet die Provence politisch und ökonomisch ins Abseits, Handel und Landwirtschaft stagnierten. Die Provence wurde ihrem Namen gerecht: Sie wurde (wieder) Provinz. Nur das Verwaltungszentrum Aix mit seinen Verbindungen zum Königshof in Paris nahm an den Kunstströmungen der Zeit teil und schmückte sich mit schönen Barockbauten.

Von der Waldenserverfolgung bis zum Beginn der Französischen Revolution

Unter König *Franz I.* kam es im Lubéron zur Ermordung von 2.000 Waldensern. Sie waren seit 1184 exkommuniziert und immer verfolgt worden, hatten aber im Gegensatz zu den Katharern überlebt. 1532 schloss sich der größte Teil von ihnen den Genfer Calvinisten an. Der katholische Klerus befürchtete nun eine Ausbreitung der Sekte und stiftete Franz I. zu einem Kriegszug an, bei dem die Waldenser bis auf wenige Familien ausgerottet wurden.

Das Massaker an den Waldensern (1545) war der Vorbote der Religionskriege zwischen den Hugenotten und der Katholischen Liga, die in den letzten 40 Jahren des 16. Jahrhunderts das Land verwüsteten und 1598 mit dem von *Heinrich IV.* erlassenen **Toleranz-Edikt von Nantes** endeten.

„Der junge Löwe wird den alten bezwingen, /auf dem Schlachtfeld durch bemerkenswertes Duell /Im Käfig von Gold werden ihm die Augen brechen /Zwei Klassen, eine dann, sterben grausamen Tod." So hatte Nostradamus aus Salon-de-Provence 1555 prophezeit. Tatsächlich starb der unbarmherzige Hugenottenverfolger Henri II. im Jahre 1559 an den Folgen eines Duells während eines Ritterturniers. Sein Gegner hatte ihm im dritten Waffengang (*„zwei Klassen, eine dann"*) das abgebrochene Ende seiner Lanze durch das goldene Visier des Helms (*„der Käfig von Gold"*) in die Augen gestoßen. Soweit so richtig. Nur hat kein junger Löwe einen alten bezwungen, denn der Gegner von Henri II, der schottische Graf Delorges Montgomery, war damals ebenso wie Henri II. 40 Jahre alt ... Auch ist nicht sicher, ob Nostradamus wirklich einen Löwen gemeint hatte, denn in Vers 1/35 hatte er von Lyon geschrieben und das könnte ja dann auch der Name der Stadt sein.

Turniertod Heinrichs II. 1559

Mit *Ludwig XIV.* begann im 17. Jahrhundert **die Ära des Absolutismus**. Die Machtposition des Adels gegenüber dem König wurde gebrochen, die Rechte der Städte und Regional-Parlamente eingeschränkt. Marseille, das Ende des 16. Jahrhunderts keinen Protestanten als König anerkennen wollte, rebellierte 1660 gegen den katholischen König *Ludwig XIV.* wegen des royalistischen Dirigismus. Der Aufstand wurde unterdrückt, der König zog als Sieger in die Stadt ein.

1720–22 dezimierte **die letzte Pestwoge der europäischen Geschichte** einen Großteil der Provenzalen, betroffen war hauptsächlich die Stadt Marseille.

INFO Mauern gegen die Pest

Da gibt es die eine Geschichte von der Grand Saint-Antoine, dem Schiff, das an einem Sonntag, dem 25. Mai 1720, die Pest nach Marseille brachte: Ein kranker Matrose, ein Türke, habe seiner Frau seine schmutzige Wäsche mitgegeben, die sie sogleich in eine Wäscherei in der Rue de l´Echelle in Marseille brachte. Die Wäscherin starb in den folgenden Tagen an der Pest, eingeschleppt durch die Wäsche.

Und dann gibt es die andere, die wohl wahre Geschichte, die erzählt, dass die Grand Saint-Antoine, als sie in Marseille einlief, schon zwei an der Pest Erkrankte an Bord hatte und vierzig Tage auf einer kleinen vorgelagerten Insel, der Ile de Jarres, unter Quarantäne gestellt werden sollte. Doch das Schiff hatte kostbare orientalische Stoffe an Bord, und die sollten auf dem damals wichtigen Markt in Beaucaire verkauft werden, der nur einmal im Jahr stattfand. Nun begab es sich, dass einige Stoffhändler des Schiffes auf dem Festland medizinisch behandelt werden sollten – angeordnet von einigen Stadtoberen, unter anderem einem gewissen Monsieur Estelle, dem ein nicht unerheblicher Teil der Fracht gehörte! Mit den Händlern gelangten die Stoffe statt nach den vorgeschriebenen 40 Tagen Quarantaine (quarante = vierzig) schon nach 26 Tagen von Bord und mit ihnen die Pest.

Erst 67 Tage nach Ankunft der Grand Saint-Antoine in Marseille wurde die Seuche offiziell bekannt gegeben. Nun endlich beschlossen die Verantwortlichen zu handeln. Eine Mauer gegen die Pest sollte gebaut werden: 25 km lang und 2 Meter hoch, ausgestattet mit Wachtürmen und Lebensmitteldepots. Gebaut in aller Eile von Februar bis Juli 1721 von Landstreichern, Landarbeitern und Kindern, bewacht von 1.000 Soldaten. Mehrere Male gaben die Arbeiter den Bau mangels Proviant wieder auf. Auch bei den Soldaten kam es zu großen Ausfällen, da keine Ersatzmannschaft zur Verfügung stand – letztlich mussten auch viele der Soldaten und Arbeiter vor Erschöpfung aufgeben.

Der Schutzwall wurde zwar beendet, doch seinen Zweck erfüllte er dennoch nicht: Über Avignon erreichte die Pest auch die Grafschaft Venaissin. Sie verbreitete sich über die Handelswege bis nach Aix, in den Lubéron und die Alpilles. Zwei Jahre wütete sie, 50.000 Menschen sollen allein in Marseille an ihr gestorben sein. Es war die letzte wirklich große Pestepidemie Europas.

Nun gibt es aber noch eine dritte Geschichte über die Pest von Marseille: Zwanzig Tage vor dem Eintreffen der Grand Saint-Antoine in Marseille sollte diese in Cagliari auf Sardinien einlaufen. Doch dort verweigerte man ihr dies, und das Schiff musste wieder aufs offene Meer hinausfahren. Die Einwohner von Sardinien waren außer sich über die Entscheidung des Vizekönigs, denn zu dieser Zeit wusste man noch nichts von der Pest an Bord des Schiffes. Doch der Vizekönig hatte die Nacht zuvor einen Traum, in dem er sich selbst und seine Bevölkerung als von der Pest Befallene und ganz Sardinien von der Krankheit ausgerottet sah. Und so verhinderte er, dass die Pest nach Sardinien kam, indem er sie er sie nach Marseille weiterschickte ...

Der Kapitän des Pestschiffes Grand Saint-Antoine, *Jean-Baptiste Chataud*, wurde später im Château d´If vor Marseille interniert. Das Schiff selbst ruht noch heute auf dem Meeresgrund östlich von Marseille.

Die Pestmauer bei Methamis

Überreste der Pestmauer sind noch zu sehen:

• 2 km östlich von Fontaine-de-Vaucluse. Die GR97-6 führt von Fontaine-de-Vaucluse und von Lagnes, ca. 5 km südlich der Mauer dorthin. Der Wanderweg verläuft an langen Mauerstrecken entlang, die in recht gutem Zustand, aber nicht mehr von der einstigen Höhe sind.

• Ein anderes Teilstück ist links der D177 zwischen Venasque und Gordes, ca. 4 km nördlich der Abbaye de Senanque, erhalten geblieben.

• Westlich vom Col de la Ligne (mit Informationsschild) an der D15 zwischen Mur und Monieux am oberen Ende der Gorges de la Nesque.

• Einige niedrigere Abschnitte liegen 4 km nördlich von Murs, hinter dem Col de Murs. Zu den stark zerstörten Mauerresten geht man ca. 1 Kilometer und kommt dabei an einem Borie vorbei.

• bei Methamis, s. Seite 299.

Von der Revolution bis zum 20. Jahrhundert

1789 begann der Absolutismus unter dem Ansturm der Bevölkerung zu bröckeln, und der Sturm auf die Bastille fand statt. Die Provenzalen, traditionelle Widerständler, waren von Anfang an daran beteiligt. Zwei Söhne der katholischen Provence machten damals von sich reden: *Graf Mirabeau* aus Aix und *Abbé Sieyès* aus Fréjus. Ein Kontingent aus Marseille war die revolutionäre Speerspitze bei der Verhaftung des Königs, wobei die Revolutionäre permanent die Marseillaise sangen. Ursprünglich war die Marseillaise von dem Elsässer *Gouguet de Lisle* als Schlachtgesang für die französische Rheinarmee komponiert worden. Zum Revolutionsgesang wurde sie am 25. Juni 1792 in Marseille auf einem Parteifest der Jakobiner, und am 30. Juli 1792 wurde sie dann von einem Marseiller Freiwilligenbataillon beim Einzug in Paris gesungen.

„Denn in Zeitenwenden werden nicht Minderheiten überfordert, sondern die Mehrheiten. Wenn Scharlatane dieser Mehrheit einfache Erklärungen für die komplizierten und beängstigenden Vorgänge um sie herum mit nicht einfachen Rezepten gegen diese Vorgänge servieren können, dann kann diese Mehrheit niemand mehr aufhalten, und die Raserei ist da."
Reinhold Dörrzapf in seinem (sehr empfehlenswerten, leider vergriffenen) Buch „Eros, Ehe, Hosenteufel".

In dem noch von päpstlichen Legaten regierten Avignon kam es im Jahr 1787 zu schweren Auseinandersetzungen zwischen den Parteien. Auch in den Bergländern stand die Bevölkerung nicht völlig hinter den Revolutionären. Es zeigte sich aber bald, dass Kleinbürger und Kleinbauern vom großen Umbruch profitieren konnten, da der Besitz des Adels und der Kirche konfisziert wurde. Das Volk konnte so billig zu Land und Gut kommen, auch plündern. In diese Zeit fiel die Zerstörung vieler historischer Bauwerke und Kunstschätze, die bisher die Zeiten überdauert hatten. 1789 wurden die Kirchen geschlossen – das neue Zeitalter der Aufklärung begann. Vorbei war die Zeit des *ancien régime*, die heute nur noch in den Santons weiterlebt, den Krippenfiguren, deren Erscheinungsbild aus dieser Zeit stammt.

Wenn die Revolutionäre geahnt hätten, dass aus dem ehemaligen Karmeliterkloster des 17. Jahrhunderts in nachrevolutionärer Zeit das „dekante" Luxushotel Jules César wurde! Das César in Arles ist nicht das einzige Hotel in der Provence, das früher ein Kloster war.

1790–91 werden das päpstliche Avignon und der Vaissin französisch. Die Provence wird in die Departements Bouches-du-Rhône, Basses-Alpes und Var einge-

„Die Provenzalen sind ein bösartiges Volk. In der Revolution haben sie sämtliche Gräuel und Verbrechen begangen und sind bereit, sie wieder zu begehen, aber wenn es heißt, mutig zu kämpfen, dann sind sie Feiglinge. Die Provence hat mir nie ein einziges Regiment gestellt, auf das ich hätte stolz sein können."
Napoléon Bonaparte

teilt. Provence ist fortan nur noch ein historisch-landschaftlicher Begriff. Bei der Belagerung des königstreuen Toulon 1793, das von der englischen Flotte unterstützt wurde, begann die Karriere Napoleons, während in Marseille das Volk gegen die Terrorherrschaft des Nationalkonvents rebellierte.

Auch nach der Französischen Revolution blieb die Provence im Abseits. Das Provenzalische, eine der Hochsprachen des Mittelalters, das schon 1539 als Amtssprache abgelöst worden war, wurde nun auch als Umgangssprache unterdrückt. Die einsetzende industrielle Revolution wirkte sich nur in der Region um Marseille aus. Alle übrigen Gebiete blieben durch die Landwirtschaft geprägt, die wegen der schlechten natürlichen Gegebenheiten (steinige Böden, Wasserknappheit) vor allem in der Haute Provence oft nur eine kärgliche Existenzgrundlage bot.

Restaurant-Revolution
Vor der Revolution aß man in der Öffentlichkeit in Schänken oder auf öffentlichen Festen. Die Köche gehörten zum Gesinde des Adels. Und dem wurde der Garaus gemacht, den Köchen die Arbeit genommen. So blieb ihnen also nichts anderes übrig, als sich selbständig zu machen. Und so eröffneten sie die ersten Restaurants.

In der ersten Hälfte des 19. Jahrhunderts begann ein langsamer **wirtschaftlicher Aufschwung** in der Provence. Der Weizenanbau, bisher für den Eigenbedarf bestimmt, ging zurück zugunsten des Anbaus von Reben, Obst und Gemüse. Diese Produkte wurden nach und nach in nördliche Regionen transportiert. Dies wurde erst durch den Ausbau der Eisenbahn möglich: Mitte des Jahrhunderts wurde die Eisenbahn Avignon – Marseille in Betrieb genommen. Durch den Verkehr nicht erschlossene Gebiete wie die Haute-Provence blieben aber weiterhin wirtschaftlich benachteiligt.

Der Dichter Frédéric Mistral *forderte zu einer Erneuerung des Provenzalischen auf und gründete 1854 in der Rhône-Provence die Bewegung der* Félibrige. *1904 wurde er für seine Romane in provenzalischer Sprache mit dem Literatur-Nobelpreis ausgezeichnet.*

Eine Rolle für den Aufschwung spielte auch die Gründung des französischen Kolonialreichs in Nordafrika, das ab 1830 zu entstehen begann und zu dem bald Algerien, Tunesien und Marokko gehörten. Marseille entwickelte sich zum Umschlagplatz für die Kolonien und gewann besonders durch die Eröffnung des Suez-Kanals im Jahr 1869 an Bedeutung. Von 1870 bis zum Ausbruch des Ersten Weltkriegs verdoppelte sich die Einwohnerzahl der Stadt. Andererseits galten von nun an erste Regionen in den Bergen als „unterentwickelt". Insgesamt war „das Französische" auf dem Vormarsch, was auch zu Protesten führte.

Die Provence im 20. Jahrhundert

Im 20. Jh. erfuhren die ökonomischen und sozialen Strukturen der Provence einen erneuten Wandel. Die Region wurde rasch von einer **Industrialisierungswelle** erfasst, die sich aber regional sehr unterschiedlich auswirkte, in deren Verlauf die traditionelle Agrargesellschaft verschwand und große Gebiete der Haute Provence durch Landflucht entvölkert wurden. Gleichzeitig entwickelte sich an der Côte d´Azur das erste Massenreiseziel des modernen Tourismus. Die Provence entwickelte sich nach und nach zu einer Region, die kulturell und wirtschaftlich inzwischen zu den dynamischsten Frankreichs zählt. Die damit einhergehenden negativen Veränderungen der Umwelt machen sich jedoch noch nicht überall bemerkbar. Nach wie vor findet man in der Provence weite Gebiete einsamer und unversehrter Landschaften.

Landflucht

Im **Zweiten Weltkrieg** gehört die Provence zunächst zur freien Zone Frankreichs, dem Etat Français, und nahm politisch und rassisch Verfolgte auf. Am 11. November 1942 besetzte die deutsche Wehrmacht das bis dahin freie Südfrankreich. Schon ab 1933 hatten sich im Fischerdorf Sanary-sur-Mer zahlreiche, vor den Nationalsozialisten geflohene deutsche Künstler und Schriftsteller wie *Thomas Mann* und *Lion Feuchtwanger* niedergelassen. Nach Kriegsbeginn wurde dann Marseille der Anlaufpunkt für deutsche, österreichische und italienische Emigranten. Zum Retter für viele von ihnen wurde *Varian Fry*, der das amerikanische *Emergency Rescue Committee* leitete und die zur Ausreise notwendigen Papiere beschaffte. Im August 1944 landeten die Alliierten bei St. Tropez und St. Raphael und zogen alsbald, als Befreier begrüßt, das Rhône-Tal hinauf zum Rhein.

In den ersten **Nachkriegsjahren** verließen viele Provenzalen ihre Dörfer, um in die Städte zu ziehen. In den 1950er Jahren griff die Industrialisierung auf die bis dahin weitgehend ländlich-einsame Provence über. 1956 wurde in Marcoule im Rhône-Tal das erste einer Reihe von Kernkraftwerken in Betrieb genommen. 1956 suchte eine schwere Frostperiode die Provence heim, bei der Tausende von Olivenbäumen erfroren. Der Olivenanbau hatte bis dato für viele Dörfer die ökonomische Lebensgrundlage bedeutet. Nach dieser ökonomisch-ökologischen Katastrophe setzte verstärkt Landflucht ein, die Bodenpreise in den bergigen Gebieten fielen ins nahezu Bodenlose. Gleichzeitig stiegen die Bodenpreise an der Küste infolge der großen Bauvorhaben im Rahmen des Massentourismus stark an.

1960 wurde die Wirtschaftsregion Provence-Côte d´Azur-Corse gegründet (die Insel Korsika ist heute eine eigenständige Region). 1962 entstehen die ersten Kraftwerke an der mittleren Durance. Ab 1965 begann in Fos-sur-Mer zwischen Marseille und der Camargue der Ausbau eines riesigen Industrieterrains, das auf 20.000 Hektar Fläche zu einem **Ruhrgebiet am Mittelmeer** werden soll. Die Küstenlage und der billige Baugrund des ungenutzten Landstrichs zogen als erstes die Petrochemie an, deren Öltanks und **Raffinerieanlagen** heute die Landschaft östlich der Camargue verschandeln. So hässlich diese Anlagen auch sind, so gab es doch seinerzeit zwingende wirtschaftliche Gründe. Zum einen wurde der

neue Wirtschaftsregion

Mit dem Satz *„Je vous ai compris"* (Ich habe euch verstanden) wiegte De Gaulle die Algerien-Franzosen in Sicherheit. Doch während diese glaubten, er verteidige den Kolonialstatus, verhandelte er in Wirklichkeit bereits über die Unabhängigkeit Algeriens.

französische Süden Jahrhunderte hindurch von Paris wirtschaftlich vernachlässigt. Es galt also, das soziale Gefälle durch gezielte Wirtschaftsförderung abzubauen. Zum anderen wurde die Provence in der Nachkriegszeit von großen ethnischen Umschichtungen betroffen: der Reimmigration von einstmals nach Algerien ausgewanderten Franzosen.

Über hundert Jahre lang, von 1847 bis 1954, zählte Algerien mit zum wichtigsten Kolonialbesitz Frankreichs und wurde von vielen Franzosen als ein integraler Bestandteil ihres Heimatlandes betrachtet. Von 1954 an wütete der algerische Unabhängigkeitskrieg, bis Frankreich 1962 der einstigen Kolonie Algerien die uneingeschränkte Selbstständigkeit zugestand.

Nun strömten fluchtartig mehr als 1,3 Millionen Menschen aus Algerien in das französische Mutterland zurück – trotz der den Algerien-Franzosen zugesicherten Besitzstandsgarantien. Viele davon waren ehemals Ausgewanderte, aber auch Abhängige ihrer einstigen Kolonialherren, Terroristen, Fremdenlegionäre, Glücksritter und auch Menschen, die in Algerien keinen Fuß fassen konnten. Ihnen allen war eine meist bescheidene Bildung und Ausbildung eigen. Die meisten von ihnen ließen sich in der Provence nieder, weil sie ihnen klimatisch und auch von der Mentalität her am ehesten vertraut war. Es waren nur wenige, die der besseren Arbeitsbedingungen wegen nach Paris zogen. Etwa 10 bis 20 Prozent der Provenzalen stammen heute aus der einstigen Kolonie Algerien. Entsprechend auffallend ist der „negroide" Einschlag unter den heutigen Provenzalen.

Der Entlassung Algeriens aus der französischen Kolonialherrschaft verdankt Frankreich vermutlich seine Fußballweltmeisterschaft im Jahr 1998. Denn die gewann Frankreich dank Zinédine Zidane, einem Sohn von Algerien-Immigranten. Er wäre sicher nicht das geworden, was er ist, wenn Algerien noch eine französische Kolonie wäre. Das überlebensgroße Portrait dieses beliebten und stets auf dem Boden gebliebenen Fußballers ist in Marseille an der Corniche (Küstenstraße) beim Vallon des Auffes zu sehen. Zidane wurde übrigens in den Jahren 1998, 2000 und 2003 zum Welt-Fußballer des Jahres und 2004 zu einem der beliebtesten Franzosen gewählt.

Pieds noirs – Schwarzfüße

Die aus Nordafrika zurückströmenden Algerien-Franzosen fanden bei der angestammten Bevölkerung wenig Sympathie, stießen zunächst sogar auf Ablehnung und Feindschaft. „Pieds noirs" (Schwarzfüße) nannte man sie verächtlich. Ursprünglich war der Ausdruck für jene Hilfsarbeiter geprägt, die auf den zwischen Frankreich und Algerien verkehrenden Schiffen barfuß Kohlen schippten. Später setzte er sich als abwertender Sammelbegriff für alle Flüchtlinge und Rückkehrer durch. Die Algerien-Einwanderer heißen heute politisch korrekt „repatriés d´origine nord-africaine", kurz rona.

1980 wurde die Provence mit der Rhône-Tal-Autobahn und dem italienischen Autobahnnetz verbunden. Zumindest an der Küste ist seither der Fremdenverkehr ein wichtiger Wirtschaftsfaktor.

Mit **Mitterrands Regionalreform** erhielt die Provence 1982/83 einen direkt wählbaren Regionalrat mit eigenem Haushalt, ein Großteil der Macht liegt jedoch weiterhin in Paris. In den späten 1980er und frühen 1990er Jahren begannen steigende Arbeitslosigkeit, Industrie- und Landwirtschaftskrisen sowie der hohe arabische Bevölkerungsanteil Probleme zu verursachen. Viele Wähler schwenkten zum rechtsextremen Front National um.

„Seltsamerweise erlebt die Provence seit einigen Jahren eine wahre Invasion von asiatischen Sekten, die auf den Hügeln im Vaucluse, der Alpes de Haute-Provence und den Bouches-du-Rhône Tempel aller Art errichten. In Castellane, Auriol, Venasque, und in den Départements Gard, Hérault, Ardèche und Drôme wimmelt es von Swamis, Yogis, Lehrern des Zen, des Bogenschießens und der Meditation aller Art, und ihre Anhänger werden immer zahlreicher. Meistens befindet sich ihr Stützpunkt unweit einer der vier heiligen Berge der Provence. Ist es der verborgene Gral, der sie anzieht? Oder etwas anderes?"
Pierre-Jean Vuillemin, im Merianheft „Provence" vom Juli 1973

Beim Präsidentenvotum von 1995 wurde *Le Pen*, die Galionsfigur des Front National in Marseille, mit 22,3 Prozent an die Spitze gewählt. Der **Front National** bindet nicht nur die lange zerstrittenen extremen Rechten, sondern auch katholische Fundamentalisten um den vom Vatikan abtrünnigen Bischof *Lefébre*, Theoretiker aus neurechten Intellektuellenzirkeln um *Alain de Benoist*, neuheidnischen Rassisten um *Bruno Mégret*, und gleichzeitig auch Arbeitslose, Autofahrerbünde, Jäger, Tierschützer, Arbeiter und Unternehmer. Alles unter dem allumfassenden Deckmäntelchen „Préférence Nationale": Allen Interessen will der Front National gerecht werden, vorausgesetzt, die Interessen sind französische. *François de Closets*, ein bekannter französischer Fernsehjournalist analysiert die Wahlerfolge des Front National folgendermaßen: „Nicht die Vorrechte der wenigen Superreichen, sondern die in Beton gegossenen Gruppenprivilegien der französischen Mittelschicht haben Frankreich zu einer Klassengesellschaft gemacht, die die ärmere Bevölkerungsmehrheit ausschließt."

Das dritte Jahrtausend hat begonnen

Alain Duhame, ein Staatskritiker meinte angesichts der Präsidentenwahl vom 21. April 2002, als der rechtsradikale Front National Etappensieger wurde: „Es gibt ein zweites Frankreich, das nicht Raffarins France d'en bas, sondern France d'à côté ist, das Frankreich der Ausgeschlossenen und Marginalisierten."

„Im Jahr 1999 und sieben Monate /wird vom Himmel der große König des Terrors kommen, /er wird den König der Mongolen bringen. /Davor und danach wird der Krieg regieren."
Aus den Prophezeiungen des Nostradamus

Im **Januar 2003** bekräftigten Frankreich und Deutschland ihre freundschaftlichen Beziehungen: Mit der ersten gemeinsamen Sitzung von Bundestag und Nationalversammlung in der

Geschichte wurde im Schloss von Versailles die deutsch-französische Freundschaft symbolisiert. Der Präsident der Nationalversammlung, *Jean-Louis Debré*, erklärte, mit der Feier werde ein neuer Grundstein für die Intensivierung der Beziehungen gelegt.

An der Sitzung nahmen etwa 900 französische und deutsche Abgeordnete teil. Der deutsche Bundeskanzler *Gerhard Schröder* und der französische Staatspräsident *Jacques Chirc* nutzten den Jahrestag, um ihre Einigkeit in der Ablehnung eines Irak-Kriegs zu demonstrieren. Der amerikanische *Verteidigungsminister Donald Rumsfeld* sah darin die „Verkörperung des alten Europa". *Schröder* sagte während der Sitzung, dass „Europa ohne die deutsch-französische Freundschaft nicht werden kann. Aber dass auch die deutsch-französische Freundschaft ohne Europa nicht werden und gedeihen kann". Beide Länder sahen auch die Möglichkeit einer Doppel-Staatsbürgerschaft für Deutsche und Franzosen vor und beabsichtigen eine intensivierte Ausbildung in der Sprache des jeweiligen anderen Landes.

Bei den **Präsidentschaftswahlen im Mai 2002** konnte *Le Pen* in einigen Départements mehr als 30 Prozent der Wählerstimmen für sich verbuchen und ließ so die anderen Kandidaten, den späteren Präsident *Jacques Chirac* eingeschlossen, weit hinter sich – und das in einer Gegend, die traditionell links wählte. Es sind vor allem Städte wie Marseille, Avignon, Martigues, Arles, Cavaillon, Oranges oder Carpentras, in denen Le Pen oft deutlich mehr als 20 Prozent verbucht.

„Die Geschichte stirbt in diesem Land nicht. Sie dauert in den seltsamsten Formen in Sprache und Gebräuchen des Volkes fort."
Archibald Lyall

Die auffallend starke Akzeptanz Le Pens gerade im Süden Frankreichs erklärt sich aus der sozialen Basis des Front National. Sie rekrutiert sich vorzugsweise aus sogenannten Répatriées – Algerien-Franzosen, die nach dem verlorenen Kolonialkrieg 1962 nach Frankreich zurückkehren mussten und sich mit ihren Familien in einem Gebietsgürtel, der von Perpignan bis nach Nizza reicht, niederließen.

Nicolas Sarkozy wird am 16. Mai 2007 Staatspräsident der französischen Republik. Bei seinem ersten Staatsbesuch als französischer Staatspräsident in Berlin erklärt Sarkozy, die deutsch-französische Freundschaft sei für Frankreich „heilig" und könne durch nichts in Frage gestellt werden.

2. LANDSCHAFTLICHER ÜBERBLICK

Geologie

Im Erdaltertum vor etwa 600–225 Millionen Jahren bedeckte das Urmeer Thetys das heutige Gebiet der Provence. Vor 70 bis 2,5 Millionen Jahren begannen sich dann durch tektonische Plattenverwerfungen die Alpen und die Pyrenäen aufzufalten. Die Bergketten Alpilles, Lubéron, Sainte Victoire und Sainte Baume entstanden zum Ende der Kreidezeit. Sie verlaufen ausnahmslos in west-östlicher Richtung.

Plattentektonik

Als vor sich ungefähr 80.000 Jahren während der Eiszeit die Gletscher bis in das Tal der Durance vorschoben und die milde Provence zu einer sibirischen Tundra machten, siedelten die ersten Menschen an den Flanken des Mont Ventoux – früher als anderswo im Land. Die Schmelzwasser der Gletscher speisten Flüsse und Bäche, die sich wie Adern durch diese Urlandschaft zogen. Steinerne Felsdächer bildeten die ersten Unterkünfte der noch umherziehenden Horden. Dies war der Aufbruch zu einer der ältesten Kulturlandschaften Europas – der Provence.

Die Camargue ist erst in erdgeschichtlich jüngster Zeit entstanden, vor 10.000 Jahren, als sie nach der letzten Eiszeit von der Rhône angeschwemmt wurde.

Die Provence kann in **drei großräumliche Landschaftsbereiche** gegliedert werden: das untere Rhône-Tal, die Küste und das bergige Hinterland. So sehr touristische Provence-Träume mit Lavendelfeldern und einsamen Provence-Dörfern verbunden sind, so sehr pulsiert doch das Leben in den Flussebenen und an der Küste: Etwa 90 % der Bevölkerung arbeiten und leben in diesen Regionen.

15 % der Fläche der Provence sind höher als 1.500 m, jedoch setzt sie sich aus vielen Gebirgsblöcken mit tiefen Einschnitten zusammen. Der niedrigste Ausläufer der **provenzalischen Mittelgebirge** sind die Alpilles, die kleinen Alpen, die zwar nur etwa 400 Höhenmeter erreichen, aber durch ihre bizarren Formen mit dem großen Namensgeber durchaus mithalten können, auch als Wander- und Kletterparadies. Immerhin bis 800 m hoch sind dann die Gebirgszüge der Chaîne de l´Etoile, der Chaîne de l´Estaque, der Montagnette und den Dentelles de Montmirail, die nach Osten die Niederungen begrenzen. Aus ihnen wachsen wiederum weitere Gebirgsketten hervor, die Gebirge Ste. Baume (1.147 m), Ste. Victoire (1.102 m), de Lure (1.826 m), der weithin bekannte Lubéron (bis 1.225 m hoch) und der Mont Ventoux, der mit seinen 1.909 m der höchste Berg der Provence ist. Von Klüften und Schluchten durchzogen ist das Plateau de Vaucluse, auch bekannt als Vaucluse-Bergland, ein großes, trockenes Gebiet, das hauptsächlich für die Schafzucht und den Lavendelanbau genutzt wird.

„*Lauso la mare e tente n´terro*" – Preise das Meer und bleibe an Land.
provenzalisches Sprichwort.

In der noch heute in manchen Landstrichen einsamen Haute-Provence hat der Fluss **Verdon** die tiefsten Schluchten Europas in die mächtigen Jurakalkbänke gegraben. Fachleute kennen die Schlucht als ein Beispiel für ein *antezedentes* (schon vorher da gewesenes) Durchbruchstal.

tiefe Schluchten, schöne Buchten

Eine weitere landschaftliche Besonderheit der Provence sind die **Calanques** östlich von Marseille. Die tief eingeschnittenen gewundenen Buchten sind ehemalige Flusstäler, die nach den Eiszeiten des Quartärs durch den ansteigenden Meeresspiegel überflutet wurden und so eine der schönsten Landschaften der Provence schufen.

Geologisches Schutzgebiet der Haute-Provence

In der Region zwischen Digne-les-Bains und Barles liegt die 1984 gegründete Réserve Naturelle Géologique de haute Provence. Zu diesem außergewöhnlichen geologischen Naturschutzgebiet gehören 38, zwischen den Alpen und der Provence gelegene Gemeinden mit Digne-les-Bains als Zentrum. Weiter im Süden liegt Barrême, ein Ort, nach dem die gleichnamige geologische Stufe benannt wurde. Hier, in dieser kargen, felsigen Einöde, gediehen im Tertiär Palmen und tropische Blütenpflanzen. Aus dem „alpinen Meer" wurden versteinerte Reptilien geborgen. Geradezu spektakulär mutet das 4,50 Meter lange versteinerte Skelett eines etwa 185 Millionen Jahre alten Ichthyosaurus an (s. a. S. 547).

Versteinerte Ammoniten

Diese 145.000 Hektar große, europaweit einzigartige Region ist ein Freilichtmuseum, das einen Zeitraum von über 300 Millionen Jahre Erdgeschichte umfasst, und gleichzeitig ein Forschungs- und Bildungszentrum mit Kursen und Besichtigungen unter der Leitung von Geologen.

Kaltes Land mit heißer Sonne – Klima und Reisezeit

Nichts in der Provence ist irgendwie lauwarm – und auch das Klima nicht. Auch wenn die Provence im Süden 3000 und im nördlichen Teil immerhin noch 2200 Sonnenstunden pro Jahr aufweist, so kann es hier im Gebirge oder während des Mistral doch empfindlich kalt sein.

- **Januar**: Wechselhaftes Wetter mit sonnig-warmen und regnerisch-kühlen Tagen. Vorausgesetzt: Der Mistral bläst nicht!

- **Februar**: Die ersten Mimosen- und Mandelbäume blühen.
- **März**: In diesen beiden Monaten fällt der meiste Niederschlag. Der Frühling ist die beste Reisezeit, auch wenn noch gelegentlich mit kalten Gebirgswinden zu rechnen ist, es manchmal sogar noch lausig kalt sein kann.
- **April**: Jetzt blühen die meisten Pflanzen
- **Mai**: Ende Mai stabilisiert sich allmählich das warme Wetter.
- **Juni**: Außerhalb der Haute-Provence kann es schon recht heiß sein.
- **Juli**: Bis auf wenige Ausnahmen gibt es eine Sonnengarantie, selbst in den Bergen ist es jetzt sehr heiß. Juli und August ist ganz Frankreich in der Provence unterwegs.
- **August**: Es gibt allerdings einen – nicht unwesentlichen – Grund, in den heißen Monaten in die Provence zu fahren: Zu dieser Zeit blüht der Lavendel.
- **September**: Gelegentlich heftige Gewitter, insbesonders in der Haute-Provence.
- **Oktober**: Gelegentlich noch warme und sonnige Tage. Die Wälder der Gorges du Verdon und des oberen Var-Tals färben sich herbstlich bunt. Noch sind die Tage warm, wenn nicht der Mistral, der scharfe Nordwind weht.
- **November**: In der unteren Provence, der Vaucluse, kann man noch mit 15 °C rechnen, in der oberen Provence um Var und in den Alpes de Haute-Provence wehen kalte Winde und in Hochlagen liegt Schnee.
- **Dezember**: Meist ist der Himmel im Winter so blau wie das ganze Jahr über nicht, und die Hotelpreise sind deutlich niedriger als zu anderen Zeiten. Über der Provence liegt eine große Ruhe, viele Restaurants und Hotels haben allerdings von Allerheiligen bis März geschlossen. Trotzdem: Sogar zu dieser Jahreszeit ist es kein Problem, ein Zimmer zu finden. Und auch die meisten Sehenswürdigkeiten sind zugänglich – wenn auch teilweise mit eingeschränkten Öffnungszeiten.

„An diesem Sonntag ist die Luft von süßer Frühlingsmilde erfüllt: Auf den Wiesen am Ufer des Flusses, dessen Winterwasser jetzt wieder rein und blau dahinströmt, sprießt gleichmäßig hohes, zartes Gras, wie grüner, wolkiger Samt sieht es aus. An den Zweigen der Kirschbäume schwellen runde Triebfinger mit dicken Knospen, deren runzlige Schildkrötenhaut die Blütenbüschel gefangenhält, bis der erste warme Strahl sie sich entfalten lässt. Die Mispelbäume treiben zwischen ihren langen Blättern, die aussehen, als bestünden sie aus gepresstem Leder, wollige Kugeln hervor. Verheißungen künftiger Früchte.“ Thyde Monnier

„Eine Hölle im Hochsommer, wo ein Paradies sein könnte. Wälder ohne Schatten: Symbol der hiesigen Menschen, des Lebens, des Landes“. Peter Jokostra

„Ein ganzer Herbst: Die Linde blüht zu ihrer Zeit; die Reben blühen, die Olivenbäume blühen. Man pflückt die Lindenblüten, bevor die Fruchtknoten zu Samenkügelchen werden. Man trocknet sie, indem man sie auf dem Salontisch ausbreitet, und noch lange Zeit danach macht der Duft einen ganz benommen, wenn man ins Zimmer kommt, so wohlriechend ist er“. Thyde Monnier

Hinweis

Wer im Winter in die Provence reist, sollte unbedingt einen warmen Schlafanzug und eine dicke Decke dabei haben. Außerdem ist es ratsam, zu fragen, ob das betreffende Hotel eine Heizung (chauffage) in den Zimmern hat.

Die **beste Reisezeit** sind die Monate **Mai und Juni** sowie **September und Oktober**.

	Jan.	Feb.	März	Apr.	Mai	Juni	Juli	Aug.	Sep.	Okt.	Nov.	Dez.
Lufttemperatur	10°	12°	15°	18°	22°	26°	29°	29°	25°	20°	15°	11°
Wassertemperatur	12°	12°	13°	13°	15°	18°	21°	21°	20°	18°	16°	14°
Sonne	3	4	5	7	8	8	7	7	6	4	3	2
Niederschlag	8	6	7	6	7	4	2	4	6	8	8	10
Sonne: Stunden/Tag; Niederschlag: Tage/Monat – Messwerte Marseille												

Mistral, der Meister der Winde

Drei, sechs oder neun Tage hintereinander weht er. So sagt man. Der *Mistreau* (provenz.), der Meister der Winde. An 100 bis 150 Tagen im Jahr. Vor allem im Frühjahr weht er, urgewaltig rast er das Rhône-Tal hinunter, wird unterwegs stärker und kommt oft im Rhônedelta als Sturm an. Dann können die Temperaturen bis zu 10° sinken. Gewöhnlich beginnt der Mistral gegen 10 Uhr vormittags und dauert dann bis zum Sonnenuntergang an. Wer den Mistral erlebt hat, versteht, warum er als Meister bezeichnet wird. Mit nicht nachlassender Kraft wirft er um, was sich ihm in den Weg stellt, lässt Fensterläden und Türen klappern und zerrt unablässig an den Nerven. Depressiv, auch aggressiv kann er machen, Albträume oder Phantomschmerzen auslösen. Und viele Familien wissen von Vorfahren zu berichten, die der Mistral in den Wahnsinn getrieben hatte. Kein Dörfchen, in dem nicht erzählt wird, dass in Windnächten gezeugte Kinder an Schwindsucht starben. Auch an der hohen Zahl der Suizide im Vaucluse soll er schuld sein.

Die Glockentürme der Provence sind filigrane, schmiedeeiserne Kunstwerke, die dem Wind keinen Widerstand bieten.

Ihr in Marseille, pflanzt Feigenbäume!
Ihr in Aix, beackert die Olivenhaine!
Ihr in Brignoles, veredelt die Pflaumenbäume!
Ihr in Salon, beschneidet die Mandelbäume!
Ihr in Saint-Rémy, begießet die Auberginen!
Ihr in Cavaillon, sät Melonen!
Ihr in Mazan, pflückt Kirschen!
Ihr in Cucuron, zwickt eure Zucchini aus!
Ihr in Pertuis, rühmt euern Lauch!
Ihr vom Ventoux, buddelt nach euern Trüffeln!
Frédéric Mistral in „Der Mistral“

„Unter den Stößen des Nordwestwindes oder des Nordwindes fliegt die Tür auf, kreischt das Schilf, und alle diese Stöße sind nur ein winziges Echo der großen Erschütterungen der Natur, die mich umgibt. Die Wintersonne, von dem gewaltigen Luftstrom gepeitscht, löst sich in einzelne Strahlen auf, sammelt sie wieder und zerstreut sie von neuem. Große Schatten laufen unter einem wundervoll blauen Himmel dahin. Das Licht kommt stoßweise an, auch die Geräusche."
Alphonse Daudet

Doch nicht nur über die Menschen herrscht er, sondern auch über die Landschaft. Hecken und Mäuerchen sollen die Obst- und Olivenbäume und die Weinstöcke schützen. Auch sind die alten Dörfer und Städte so angelegt, dass die Gassen und Straßen dem Mistral keinen Einlass gewähren. Häuser und auch romanische Kirchen haben auf der Nordseite kein Fenster. Und selbst in der Kunst spielt er eine wichtige Rolle: Die so klaren und blauen Himmel auf den Gemälden wurden zuvor vom Mistral leer gefegt.

Vermutlich entsteht der Mistral durch ein Tiefdruckgebiet über dem Mittelmeer, das nördliche Festlandluft in Fahrt bringt und sie dann durch das enge Tal der Rhône zieht. Beim Austritt im Rhône-Delta stößt der Wind dann auf Gegenwinde vom Meer, die ihn verwirbeln und durch das Rhône-Tal wieder ins Landesinnere zurücktreiben.

Ruhe nach dem Sturm

Wenn der Mistral vorbei ist, folgt die Ruhe nach dem Sturm, eine Reihe schöner und windstiller Tage mit klarem blauen Himmel.

Die Pflanzenwelt

Einst war die Provence von dichten Eichen- und Kieferwäldern bedeckt. Intensiver Holzeinschlag schon in der Antike und eine Nutzung als Viehweiden und somit Verbiss ließen den Wald kontinuierlich zurückgehen. Bodenerosion war die Folge. Und so sind heute die typisch provenzalischen Vegetationsformen die Macchia (frz. Maquis) und die Garrigue, die vor allem auf trockenen und felsigen Böden gedeiht.

Die Macchia ist ein teilweise dichter Niederwald mit immergrünen Hartlaubgewächsen. Hier findet man häufig die immergrüne Steineiche mit ihren ledrigen dunkelgrünen Blättern. Weiterhin Kiefernarten wie Sternkiefer, Aleppokiefer und Schirmpinie. Unter den Sträuchern die Zistrosen, Buchsbäume, Baumheide, Wacholder, Pistaziensträucher und verschiedene Ginsterarten. An Kräutern wachsen hier Rosmarin, Thymian, Oregano, Salbei, wilder Lavendel und Bohnenkraut.

„Der Frühling kreuzte meinen Weg, der Frühling, wie man ihn sich im Märchen vorstellt, der üppige, vergängliche, unwiderstehliche Frühling des Südens, frisch und saftig, sprudelt er in brüskem Grün hervor, mit bereits langen Gräsern, die der Wind wiegt und moiriert, mit malvenfarbenen Judasbäumen, taubenblauen Paulowinas, mit Ebenholzbäumen, Glyzinien, Rosen ..."
Colette in „Train bleu"

Die Garrigue ist eine Macchia, die nur noch aus Sträuchern und stachligem Gestrüpp besteht. Die Gewächse der Garrigue sind angesichts der provenzalischen Sonnenglut wahre Überlebenskünstler: Durch mit Wachs beschichtete Blätter, Dufthüllen aus ätherischen Ölen und verfilzten Blattunterseiten verhindern sie eine Verdunstung des morgendlichen Taus. Dadurch kann die Garrigue sogar im Sommer ihr immergrünes Kleid behalten. Allerdings ist die Garrigue in manchen Gegenden nach Waldbränden von der Aleppokiefer verdrängt worden.

Klimaanpassung

Der nach Abholzungen und Waldbränden noch übrig gebliebene Eichenbestand hat sich dem Klima angepasst. Die Steineiche mit ihrer dichten Krone wird in der Garrigue zur **Kermeseiche**, einer buschartigen, ledrigen Art mit stachligen Blättern. Aus den auf den Kermeseichen nistenden Schildläusen gewann man früher das Cochenillerot, das Karminrot, benannt nach dem französischen Namen der Schildlaus, Kermès.

Die sich mit der Sonne dreht
ist die Tournesol, die Sonnenblume. Unter der glühenden Sonne der Provence malte van Gogh seine Meisterwerke, und deren bekanntestes wurden seine Sonnenblumen – das Symbol der Provence schlechthin.

Viele Pflanzen, die heute zum Bild der Provence gehören, waren hier nicht immer heimisch, sondern wurden eingeführt:
Der **Olivenbaum** wurde vor 2.500 Jahren von den Griechen nach Südfrankreich gebracht. Er wächst überall dort, wo das Thermometer im Winter nicht unter Null sinkt und wo der Boden trocken ist. Ein Vierteljahrhundert dauert es, bis er volle Erträge bringt. Grüne Oliven werden im September, der Rest wird bis Februar geerntet. Während des Reifens reichern sich die Früchte mit Öl an und wechseln ihre Farbe von grün zu schwarz. Im Alter bekommen die Olivenbäume bizarr gewundene, spiralig-knorrige Formen, ein schöner Kontrast zu den kleinen silbergrauen Blättern. Auch der **Weinstock** wurde von den Griechen in die Provence gebracht.

Im 15. Jh. führte *König René der Gute* aus Persien den **Maulbeerbaum** ein, mit dessen Blättern die Seidenraupen gefüttert wurden, auf dass sie fleißig viele kostbare Seidenfäden spinnen konnten.

Wann die heute für Frankreich so typische **Platane** *(Platanus Occidentalis)*, ins Land kam, ist heute nicht mehr genau nochvollziehbar. Man weiß, dass *Ludwig XIV* den Baum für militärische Zwecke nutzte, denn in Gegenden mit häufigen Truppenbewegungen schützten die Platanen die Soldaten vor der sengenden Sonne. *Napoleon* gar ließ im zentralstaatlichen Sinne im ganzen Land einheitliche, von Platanen gesäumte Plätze und Märkte gestalten. Per kaiserlichem Dekret mussten die Bäume gestutzt werden. Das machte sie nicht nur dichter, sondern auch langlebiger. Auch ihr Stammumfang

„In dem Zimmer, in dem du schlafen wirst – oder auch Gauguin, wenn er kommt –, werde ich die weißen Wände mit großen gelben Sonnenblumen schmücken und du wirst dann diese großen Gemälde mit Sträußen von zwölf oder vierzehn Sonnenblumen sehen, die zusammen mit einem hübschen Bett dieses winzige Zimmer ausfüllen ..."
Vincent van Gogh in einem Brief an seinen Bruder Theo
„Ach, diese Bauerngärten mit den großen roten Rosen der Provence, den Weinreben, den Feigenbäumen! Das ist sehr poetisch. Die ewige Sonne strahlt gewaltig. Trotzdem steht alles in frischem Grün."
Vincent van Gogh in einem Brief im Sommer 1888

INFO Und manchmal brennen die Wälder

Alljährlich im Sommerloch sind sie im Fernsehen zu sehen, die Waldbrände in südlichen Ländern. Im Juli 2003 brannten riesige Flächen an der Côte d´Azur und ihrem provenzalischen Hinterland bis Draguignan ab. Und wie jedes Jahr begann wieder das große Rätselraten, wer sie in Brand gesetzt hatte. Spekulanten seien es, hieß es einerseits, unachtsame Touristen andererseits. Das ist richtig und auch falsch. Denn die Gründe für die Brände sind vielfältig, wie Experten meinen. Natürlich liegt es nahe, bei einem Grundstückspreis von 3.000–5.000 € pro Quadratmeter (im Hinterland der Côte d´Azur) an Spekulanten zu denken. Auch werfen Touristen und Einheimische oft unachtsam Zigarettenkippen weg; Grillfeuer oder auch Schweißarbeiten oder, wie im Juli 1997 geschehen, illegal abgelagerter Industriemüll, können leicht zu einem Flächenbrand führen. Zu den Waldbränden trägt aber auch der bei, der das gar nicht ahnt. Denn die Hotels und Ferienvillen brauchen Wasser, und so wird der Grundwasserspiegel gesenkt, das Land ausgetrocknet und leicht entzündlich. Wenn dann noch der Mistral, der Totengräber der Natur, weht und wie ein Blasebalg die Flammen durch die Wälder treibt – dann artet das Feuer schnell zum Flächenbrand aus.

Ein paar Jahrzehnte ist es her, da hatten zwei Kinder einer Zikade die Flügel angezündet. Einfach, um zu sehen, was passierte. Die Zikade schwirrte los, mit brennenden Flügeln, landete in einem Weizenfeld, das eine Woche vor der Ernte Feuer fing, Tausende von Hektar Ackerland und Wald wurden ein Opfer der Flammen.

Auch im Sommer 2005 kam es wieder zu großflächigen Waldbränden im Süden Frankreichs. Aus Sicherheitsgründen musste für einige Stunden der Strom abgestellt werden, was unter anderem in Marseille zu chaotischen Zuständen führte: Der Verkehr brach zusammen und viele Geschäfte wurden geplündert.

Wenn alles abgebrannt ist, wird oft schnell wieder aufgeforstet. Statt mit langsam wachsenden und schwer entzündbaren Eichen mit schnell wachsenden Pinien, und die brennen ja dann wieder ganz schnell ... der lodernde Kreislauf hat sich dann geschlossen.

Nach den Feuern des heißen Sommers 2003 kamen dann die Wasserfluten des Herbstes 2003: In Folge der sintflutartigen Regenfälle Ende November waren sieben Tote und Milliardenschäden zu vermelden, unter anderem in den Städten Arles, Nîmes, Avignon und Marseille. Der Präfekt der Region Provence Alpes–Côte d´Azur, Christian Frémont, sagte, nun müsse das System des Deichschutzes im Rhône-Delta neu *„überdacht werden"*.

und ihre Speicherkapazität wurden erhöht, denn je dichter der Baum, desto weniger Verdunstung. Die Platane ist zudem schwer entzündbar und hat sich so in der trockenen Provence oft als Brandmauer erwiesen, da die dichten Baumreihen vom Feuer nicht immer übersprungen werden können.

Die Engländer brachten dann im 19. Jahrhundert viele Pflanzen in die Gärten ihrer Villen: aus Afrika die **Palmen**, aus Mexiko die **Agaven**, aus Australien den

Wilder Pflaumenbaum vor dem Kirchturm von Oraison

Eukalyptusbaum und aus Südamerika den **Pfefferbaum** und die **Aurakie**, aus Asien den **Mandelbaum**, der im Februar und März sein zartes Rosa über die Landschaften an der Rhône ausbreitet.

Auf vielen Abbildungen der Provence sind auch **Zypressen** zu sehen, diese für den Mittelmeerraum heute so charakteristischen Bäume, die für van Gogh das Sinnbild der Provence waren: ruhig, kerzengerade und dunkel. Auch sie wurden eingeführt, vermutlich von den Römern. Selbst wenn sie *van Gogh*, nachdem er 1888 in der Provence ankam, oft malte – zum typischen Bild der Provence gehörten sie damals erst seit einigen Jahrzehnten.

Die typische Pflanze der Provence ist der **Lavendel**. Kaum ein Buch über die Provence, auf dem oder in dem nicht ein violett leuchtendes Lavendelfeld abgebildet wäre. Ursprünglich stammt diese Pflanze aus Persien und von den Kanarischen Inseln und wurde gemeinsam mit den Reben und dem Olivenbaum in der Provence eingeführt. Schon in der Antike waren die heilenden und desinfizierenden Kräfte des Lavendels bekannt. Zur Zeit des *Ancien Régime* wurden wahre Massen an Parfums verbraucht, auf den Perücken bis hin zu den Handschuhen. Immerhin galt es gewisse Gerüche zu überdecken, denn die Sanitärausstattungen und somit die Hygiene waren damals noch nicht vom Feinsten.

Lavendelblüte
Der Lavendel blüht in der Zeit von Mitte Juni bis Ende August (wobei die Lavendelblüte und die Sommerferien zusammenfallen). Je nach Region variiert die Blütezeit etwas, je nachdem, ob es sich um Lavendel oder Lavandin, um die Ebene, das Hochland oder bestimmte geografische Zonen handelt.

Echter Lavendel (lavandula angustifolia). Er gedeiht in kleinen Büschen in kargen und kalkhaltigen Höhen zwischen 500 und 1.800 m und entsteht durch Samenvermehrung. Aus dem Destillat des echten Lavendels wird das ätherische Öl „lavande fine AOC“ gewonnen, das besonders von Parfümeuren und in Labors sehr gefragt ist. Für einen Liter Lavendelblüten-Essenz braucht man 140 Kilo Lavendelblüten. Lavendel wird seit jeher als Heilmittel verwendet und war einst, als er wegen seines sehr feinen Duftes von den größten Parfümherstellern begehrt wurde, das „Blaue Gold der Region“. Er wächst oft an Hängen – so in den Bergen von Albion und Lure bei Sault – und muss mit der Sichel geerntet werden.

Mit der Erstarkung des Bürgertums und dem nachlassenden Einfluss der Adels änderten sich auch die Werte des Lebens, und es gab wegen besserer Sanitäreinrichtungen nicht mehr gar so viel zu überduften. Vorbei war es mit der Dekadenz und deren schwülen Gerüchen, nun ging es um so grundsolide Werte wie Sauberkeit, Sparsamkeit und Tugend-

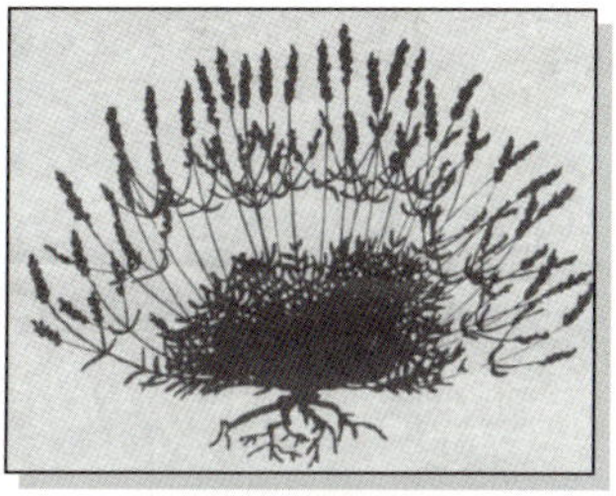

Lavandin. Diese Hybride entstand aus der Pollination zwischen echtem Lavendel und dem großen Speik und wächst in dichten, kugeligen Büschen. Dieser beständige, robuste und ergiebige Lavendel wird besonders für die Seifenindustrie angebaut. Die Blütenrispe wird für die Herstellung von „Lavendelsäckchen“ verwendet. Frankreich erzeugt etwa 90 % der Weltproduktion. Dem Lavandin wird eine gute Wirkung für körperliche und geistige Vitalität nachgesagt, auch soll er Emotionen besänftigen. Auch kann man ihn unverdünnt auf kleine Wunden, Schnittwunden und Insektenstiche träufeln.

haftigkeit – Eigenschaften, die der Lavendel hervorragend verkörpert, immerhin kommt sein Name aus dem lateinischen *lavare*, waschen. Der Duft stand und steht für alles mögliche, nur nicht für Erotik und wer noch Großmutters Uralt-Lavendel kennt, wird dem zweifellos zustimmen.

Zu einem weiträumigen Lavendel-Anbaugebiet wurde die Provence ab dem Jahr 1920, damals wurden die ersten echten Lavendelplantagen angelegt. Der Grund dafür war die damalige Landflucht der Bevölkerung aus den hoch gelegenen Landesteilen, weite ehemalige Ackerflächen lagen brach und wurden nun für den Lavendelanbau genutzt. Ob der Lavendel nun mit seinen Produkten oder als pittoreskes tourismusträchtiges Symbol für die Provence wirtschaftlich ergiebiger ist, wird wohl offen bleiben. Nur soviel ist sicher: Nichts verkörpert die Provence so sehr wie der Lavendel.

Speiklavendel (lavandula latifolia). Er ist in kalkhaltigen Gegenden zwischen 100 und 700 m Höhe zu finden, wird allerdings in Frankreich wenig angebaut. Er unterscheidet sich vom echten Lavendel durch seine breiten Blätter und den langen Blütenschaft mit mehreren Grannen.

Tabernaemontanus – Neu vollkommen Kräuter Buch

Basel, J. König – J. Brandmyllern, 1687

Eusserlicher Gebrauch des Lavendel-Wassers

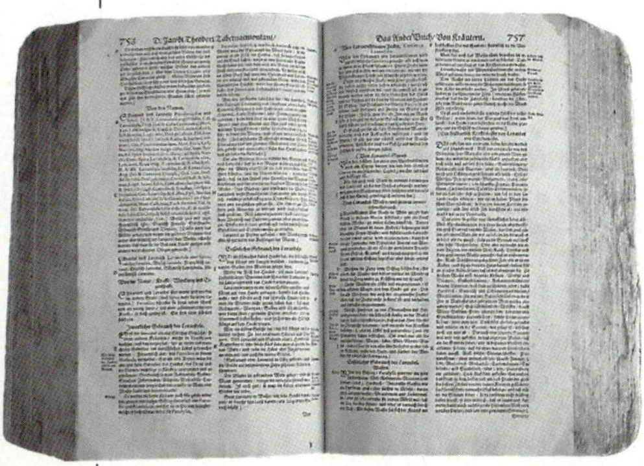

Dieses wird von vielen ein gulden Wasser genannt /seiner fürtrefflichen Tugend halben /denn es stärcket alle inerliche und äusserliche Glieder dermassen /daß sie von seinem Gebrechen leichtlich verlezt mögen werden /und sonderlich werden das Hirn /Herz und Leber samt die Geister erquicket /Sinn/Vernunft und Gedächtnis geschärfet: hilft der Dauung getrunken /oder

„Hirn/Herz und Leber erwärmen. Geister erquicken. Sinn/ Vernunft und Gedächtnis schärffen. Schwindel. Fallendsucht.“

übergelegt. Täglich nüchtern auf ein halbes Nußschalen getrunken /und wohl darauf gefastet /nimt den Schwindel und Fallendsucht.

„Schlag, Erlahmte Zung."

Es ist eine gewisse Arznei denen /so sich vor dem Schlag besorgen /oder jetzt mit getroffen sind /Abends und Morgens davon getruncken. Die Zungen so erlahmt /dadurch die Rede gelegen ist /darmit gerieben /bringt sie wiederum zu recht.

„Gestank un Fäule des Mundes. Böser Geruch der Nasen-Ohrenwürm."

Den Mund damit geschwencket /oder ein Weil im Mund gehalten /nimt allen Gestanck und Fäule desselben /vertreibet den bösen Gestanck des Athems und bösen Geruch der Nasen. Ein Tröpflein in ein Ohr gethan /tötet die Würm darinn /und bringet zu zeiten das Gehör wieder.

„Weiber fruchtbar machen."

Von erkalteten Weibern ist es ein nuzliche Arnei /machet sie fruchtbar / verzehret alle böse Feuchte ihrer Geburtglieder /so die Empfängnis hindern. Mit folgenden beiden Wassern underweilen den Tranck vermischet /und getruncken haben sie wunderbarliche Krafft und Tugend.

Von Lavendelwein

„Alte kalte Leut. Überschüssige Feuchte des Haubts. Schwindel."

Zu einem Lavandelwein soll man nemmen ein kleines Fäßlein /solches mit Wein füllen /darnach soll man die Lavandelblumen in ein Zindel oder seiden Tüchlein thun /und ein Säcklein daraus machen /wie ein Haubtsäcklein /so gestipt ist /und solches in das Fäßlein hencken. Dieser Wein ist gut den alten und kalten Leuten /dan er verzehrt die übrige Feuchte des Haubts und des Hirns /dienet wider den Schwindel und alle andere Gebrechen des Hirns und des Magens /darvon bei dem eingemachten Lavendelzucker ist geredt worden. Es sollen sich aber dieses Weins diejenigen fleissig gebrauchen /so mit dem Schlag gerühret sind /und mit dem Bauchgrimmen geplaget werden /und die so einen kalten Magen haben.

Von Lavendelessig

„Ohmacht."

Es wird ein köstlicher Essig von dem Lavendel gemacht /also daß man die Blume zuvor laß dürr werden /darnach in guten Wein oder Weinessig leget/ gleich wie von dem Nägleinessig ist bericht gegeben.

Dieser Essig wird für ein sonderlich gute Herzstärckung gehalten /wann man dem ohmächtigen Menschen die Pulsadern damit reibet /oder aber seine Tüchlein darinn netzet /und über die Pulsadern leget.

Desgleichen auch soll man ein Schwämmlein darinn netzen /und stätigs daran riechen. Auch soll man die Hände damit waschen oder feucht machen /und daran riechen.

Von Lavendelöl

Aus den Lavendelblumen wird auch ein Oel gemachet /wann man sie in Baumöl wirfft /und in eim Glas an die Sonne stellt /wie das Nägleinblumenöl: Dieses Oel wird äusserlich gebrauchet zu den erlahmten Gliedern /und die so erkaltet sein /und mit Wachs zu einem Sälblein gemachet /und die Glieder im Bad damit geschmieret.

Diese Oel zertheilen /heilen die kalte und blästige Zufäll des Hirns/Magen/ Leber/Milz/Nieren und Blasen: reinigen und öffnen die Beermutter aussen / und von unden zu gebraucht /die lahme und zitternde Glieder bringen sie zu recht: milteren Ohrenwehe.

Dieses Oel ist zu allen oberzehlten Gebrechen viel nützlicher äusserlich zu gebrauchen /dann das Wasser: Ist eine gemeine Arnei des Weibern für das Leib- und Mutterwehe (so man ihnen den Nabel damit schmieret: bringt auch den verstopften Harn /so man allein ausserhalb den understen Bauch / und um die Lenden darmit schmieret /dessen ij. Tröpflein in Wein eingenommen /treibt die Würm aus dem Leib.

Die Augbrauen damit gesalbet /bewahret sie vor dem ausfallen und macht die wieder wachsen. Ein Tropf warm in die Ohren gethan /benimt alle kalten Feler /das Sausen und Schmerzen der Ohren.

Ein wenig von diesem Oel in die Blasen gesprüht /erwärmt dieselbige kräfftiglich.]

Äußerlicher Gebrauch des Lavendels

Wer ein blödes Gesicht hat /der soll stätigs an lavendel riechen. Zu den erlahmten Händen und Fingern. Nim Lavendel und Salvien jedes Handvoll / Kramerbeer vj. loht /solche stück siede man in gutem firnen Wein /und reibe die Händ oder Finger darmit wo man wil /und auch die andere Glieder.

Spicanard oder Lavendel in Essig gesotten /und die Brühe auf den wütenden Zahn gehalten /stillet den Schmerzen.

Sied Lavendel in Wasser /netz dein Hembd darinnen /es kreucht kein Laus darein /als lang es den Geruch behält.

„Erlahmte Glieder."

„Kalte blästige Zufäll des Hirns/ Magens/ Leber/Milz/ Nieren und Blasen. Ohrenwehe."

„Mutterweh. Verstanden harn. Würm austreiben."

„Würm aus dem Leib. Bauch stopfen. Blähen. Unfruchtbare Weiber."

„Augbrauen wachsen machen. Kalt ohrenmögel. Blasen erwärmen."

„Alt Gesicht."

„Zahnwehe."

„Läus vertreiben."

INFO Herbes de Provence – Kräuter der Provence

Als wolle die Natur etwas wiedergutmachen, wachsen die Kräuter der Provence überall dort, wo die provenzalischen Böden trocken und ausgedörrt sind. In früheren Zeiten wurden diese Kräuter gleichberechtigt neben Gold und Silber als Tauschgeld gehandelt. Dank ihrer beruhigenden und heilenden Wirkung galten sie als Arzneien. Das 18. Jahrhundert verdammte sie zwar für eine gewisse Zeit als »Hexenkräuter«, doch bereits vor Beginn des 19. Jahrhunderts wurden die Kräuter der Provence wieder zu medizinischen Zwecken eingesetzt.

Eine Sucht wie der Tabak

Es ist himmlisch, ich berausche mich jeden Tag daran, ich habe es in meiner Tasche. Es ist eine Sucht wie der Tabak, wenn man sich dran gewöhnt hat, kann man es nicht mehr entbehren. So schrieb Madame de Sevigné über das Eau de la reine de Hongrie, ein Gemisch aus Lavendel, Rosmarin und Majoran.

Eine bestimmte Zusammenstellung dieser Kräuter gibt es nicht, die meisten provenzalischen Hausfrauen mischen sich ihr eigenes Gewürz. Die eigentlichen *Herbes de Provence* vereinen Thymian, Rosmarin, Lorbeer, Bohnenkraut oder Majoran. Die *fines herbes* (feine Kräuter) dagegen setzen sich aus fein gehackter Petersilie, Estragon, Kerbel und Schnittlauch zusammen. Ein *bouquet garni* (Gewürzsträußchen) schließlich besteht meist aus einem kleinen Sträußchen Petersilie, Thymian und einem Lorbeerzweig. Man sollte diese Kräuter nie pflücken, wenn sie bereits blühen. Sie sind dann weniger geschmacksintensiv, die ätherischen Öle sitzen in den Blättern. Am besten trocknet man die jungen Zweige an einem schattigen Plätzchen und bewahrt sie anschließend in kleinen, luftdicht verschlossenen Behältern im Dunkeln auf.

Thymian (thym)

Er ist vielleicht das typischste Gewürzkraut der Provence, für ein *bouquet garni* ist er unerlässlich. Thymian wächst fast überall in den Gärten und auf sonnenbeschienenen Hügeln. Das besondere Aroma seiner winzig kleinen Blätter entfaltet der Thymian am besten, wenn er an einem schattigen Ort in der Küche zu Bündeln zusammengefasst trocknet und dann über Gegrilltem zerrieben oder in Marinaden eingerührt wird. Mit dem Thymian hatte es in der Provence in früheren Zeiten übrigens eine besondere Bewandtnis: Ein an die Tür gehängtes Sträußchen aus ein paar Thymianzweiglein offenbarte einem jungen Mädchen die Liebe dessen, der es dort anbrachte. Als Kräutertee hilft er bei Magenverstimmungen. Und in einem Kräuterbuch aus dem Jahr 1687 ist zu lesen: *Die melancholischen Leute sollen sich fleissig des Apithymi gebrauchen /denn es schreibt Fernelius, daß er das schwartzte /grobe melancholische Geblüt zertheile / reinige den Milz /wiederstrebe allen Schwachheiten /so von der Melancholen ihren Ursprung haben. Aber er bringe große Hitz und Durst /soll derowegen nicht allein / sondern mit kleinen Rosinlein oder Biolensafft eingenommen werden.*

Pflanze von Adel

Bis zur Revolution galt das Basilikum als königliche Pflanze, die nur mit einer goldenen Hippe geschnitten werden durfte.

Rosmarin (romarin)

Seinen Namen verdankt er den Römern, die ihn mit der *rosé marine* verglichen. Er breitet als Busch ein strahlenförmiges Bündel von langen Ästen aus, die dicht mit grünen Nadeln besetzt sind. Sein intensiver Duft erinnert an Baumharz, und man sollte ihn mit Vorsicht verwenden. Nach einer langen Nacht wirkt ein auf nüchternen Magen getrunkener Rosmarintee wahre Wunder. *Nostramus*, der provenzalische Prophet, sah das Rosmarin als das beste Mittel gegen schlechte Laune.

Salbei (sauge)

Er passt hervorragend zu Schweinebraten. Allerdings sollte man die kleinen, flaumigen Blättchen nur solo genießen und nicht mit anderen Kräutern der Provence mischen. Dem Salbei werden viele Tugenden zugeschrieben. Zweifellos kannte man bereits in der Antike seine heilende Wirkung. Sein Name kommt aus dem Lateinischen: salvare bedeutet retten – wie wahr: *Der Salbei von den Alten als ein sonder Frauenkraut gerühmt wird/: die Löwinnen /wann sich die Geburt nähert /solches Kraut suchen und essen /damit sie leichte gebären mögen. /Sei auch gut wieder die giftige Stich der Natern. „Fürnehmlich aber stärcke und kräftige sie die nerven // und komme zu Hülff allen den Schwacheiten /so von Verstopfung oder Verletzung des Hirns /oder der Nerven herkommen (aus dem oben benannten Kräuterbuch aus dem Jahr 1687).*

Tipp
Kräuter sollten am besten in den frühen Morgenstunden gesammelt werden, und zwar als junge Pflanzen. Dann sollten sie getrocknet werden – ausgenommen Basilikum und Minze. Denn getrocknete Kräuter haben einen intensiveren, feineren Geschmack.

Die Tierwelt

Doch, es gibt sie schon: die großen Tiere der Provence. Die aber haben zwei Beine, leben vorzugsweise in Ferienhäusern im Lubéron und neigen dazu, sich in ihren steinernen Fluchtburgen zu verschanzen. Unter den Vierbeinern aber sind die größten und wildesten Tiere die **Wildschweine**, die angesichts der ausgeprägten Jagdleidenschaft der Provenzalen kein leichtes Leben haben – wie auch die Hasen, Rehe und Hirsche, Fasane, Rebhühner und diverse Singvögel. Oftmals auf den Tellern landen auch **Meeresgeschöpfe** wie Tintenfische, Garnelen, Meeraale, Brassen, Wolfsbarsche, Thunfische, Sardinen, Seebarben und Rochen. Insgesamt am vielfältigsten sind die Reptilien, die Insekten und die Vögel – Tierarten, die in der wasserarmen Provence ohne viel Wasser auskommen.

große und kleine Tiere

Bei den großen Bränden des Juli 2003 kamen 2.000 Tiere der geschützten **Griechischen Landschildkröten** um. Sie gehören zu der letzten der in Frankreich wild lebenden Schildkröten-Unterart *Testudo hermanni hermanni* und kommen nur noch in den Wäldern des Küstendepartements Var und auf Korsika vor. Wie der Reptilienexperte des provenzalischen „Schildkrötendorfes" Gonfaron, *Bernard Devaux*, sagte, hatten die Tiere auf beiden Seiten der Autobahn 7 auf Höhe der Stadt Vidauban gelebt, wo ein verheerendes Feuer wütete. „Wenn der Panzer einmal angesengt ist, ist nicht mehr viel zu machen", meinte Devaux. Zuletzt lebten in den Büschen und Sträuchern der Region rund 85.000 Griechische Landschildkröten. Die schwarzgelben Griechischen Landschildkröten können etwa 20 Zentimeter groß und bis zu 60 Jahre alt werden. Als so genannte Anhang-A-Art der Europäischen Artenschutz-Verordnung genießen sie den höchsten möglichen Schutzstatus und stehen auch auf den „Roten Listen". In Terrarien und im Freiland dürfen sie nicht ohne Sondergenehmigung und nur unter Auflagen gehalten werden.

Freie Jagd für freie Bürger

König René wird zwar der Gute genannt, aber er verbot seinen Untertanen im Jahr 1451 auch die Jagd. Bis zur Französischen Revolution war es den Franzosen untersagt, auf Tiere zu schießen. Vielleicht ist das eine Erklärung dafür, warum die Franzosen heute so zäh an ihrem Jagdrecht festhalten, als ob es sich um ein menschliches Grundrecht handle – sie sind zusammen mit den Korsen die europäischen Spitzenreiter unter den Jägern. Mitte September bis Mitte März ist alljährlich für die provenzalische Tierwelt Stress angesagt: Was nicht schnell wegläuft oder -flattert, ob Kaninchen, Hase, Feldhühner, Fasane, oder Kleinvögel, landet im Kochtopf.

Die Schildkröten sind nicht die einzigen **Reptilien** der Provence, in den Calanques bei Marseille schlängeln sich die bis zu 60 cm lange Smaragdeidechse und die Eidechsennatter, die längste in Europa beheimatete Schlange. Die bis 1,50 m lange, harmlose Äskulapnatter und die kleine, giftige Aspisviper, deren Biss gefährlich sein kann, sind vor allem im Lubéron und in der Haute-Provence heimisch. Also Vorsicht bei Streifzügen durch das Gelände.

Die Camargue im Westen des Gebietes ist für ihre **weißen Camarguepferde**, **schwarzen Stiere und rosa Flamingos** berühmt. Die Camarguepferde und -stiere sollen vom Solutré-Pferd und vom *Bos Taurus asiaticus* der Altsteinzeit abstammen, also von Tieren, die vor 20.000 Jahren lebten. Was die Flamingos anbetrifft, so haben Wissenschaftler herausgefunden, dass die rosa Flamingos alles andere als wankelmütige Wechselsteher sind: ein Flamingo, der sich entschieden hat, auf seinem rechten Bein zu stehen, steht auf demselben sein Leben lang. Umgekehrt verharren die „linken Vögel" lebenslänglich auf der linken Beinposition. Rötlich angehaucht sind aber sowohl die Rechts- als auch die Linkssteher, denn sie ernähren sich von Krebsen, die ihrem Gefieder die zartrosa Färbung verleihen. Das ist nicht nur gut für die Optik, sondern auch für die Erotik, denn die Flamingofrauen finden nur die rosa Flamingos sexy. Zoos, die ihren Flamingos die falsche Nahrung und somit die falsche Gefiederfarbe gaben, mussten das mit Nachwuchsmangel büßen.

INFO Ode an die Zikade

„Freude aller Händlersleute, überall bist du zu sehn. Deine Schürzen, deine Seifen, nichts scheint ohne dich zu gehen. Ohne Gnade, ohne Schranken ...“

Kränze müssten sie ihr flechten, Oden verfassen: die provenzalischen Souvenirhändler der Zikade. Denn was gibt es nicht alles in einer mehr oder weniger geschmackvollen Form der Zikade zu kaufen: Seifen, Anstecker, Tischdeckenbeschwerer, Salz- und Pfefferstreuer, Messerbänkchen, Wanduhren und -lampen, Kopftücher, Schürzen, Servietten, Tischdecken, Kühlschrankmagnete, Korkenzieher, Flaschenöffner, Feuerzeuge, Zahnstocherbehälter, Tischlampen, Wandhaken, Aschenbecher und Wäschesäcke – um nur mal die gebräuchlisten Zikaden-Souvenirs zu nennen.

Die Geschichte der Zikade als Souvenirträger begann 1895, als ein Steingutfabrikant namens *Louis Sicard* den Auftrag erhielt, ein Firmengeschenk herzustellen, das an die Provence erinnert. Er fertigte seine erste Steingutzikade. Diese wurde als Briefbeschwerer in die ganze Welt versandt und fand großen Anklang. Daraufhin entschloss sich *Louis Sicard,* sie auf all seinen Erzeugnissen nachzubilden. Seine Kollektion fiel zunächst in ziemlich bunten Pastelltönen aus, später kreierte er einen ganz bestimmten Orangegelb-Ton. Bald wurden die künstlichen Zikaden von allen provenzalischen Steingutfabrikanten kopiert. Mit dem Aufblühen des Tourismus in der Provence, Ende der 1950er Jahre, wurden dann die Steingutartikel mit der Zikade zum charakteristischen Souvenir.

Überall gibt es sie in der Provence zu kaufen: Die Zikade im Papierschächtelchen, überzogen mit farbenfrohem Papier in provenzalischen Mustern. Öffnet man das Kästchen, fängt die Zikade mit Zirpen an. Anders als alle anderen Souvenirs gaukelt einem dieses keinen Nutzen vor, es ist nur für eines da: für die Freude am Zirpen der Zikaden.

Ihr Vorbild, die echte Zikade, ist weniger zu sehen, aber dafür um so mehr zu hören. Aber mindestens 25 °C im Schatten müssen es sein, es dürfen auch keine Geräusche in der Umgebung stören und keine starken Winde wehen sowie kein Wölkchen vor der Sonne stehen, damit es der Zikade zum Singen zumute ist. Nur die männlichen Zikaden singen, um damit die Weibchen anzulocken. Das Zirpen entsteht durch Muskelkontraktion zweier am Hinterleib sitzender Schallmembranen, die 500 Mal pro Sekunde vibrieren. Sobald das Weibchen mit seinen ebenfalls am Hinterleib sitzenden Ohren den Gesang vernimmt und lokalisiert, folgt es ihm und gibt dem Werben nach.

„... Und um mich vollends zu erledigen, werde ich den ganzen Tag verrückt gemacht von einer Unmenge Zikaden, die überall singen, aber mit dem durchdringendsten und lästigsten Gesang der Welt.“
aus einem Brief des Dichters Jean Racine vom 13. Juni 1662

In der Provence leben etwa **15 verschiedene Arten** von Zikaden: die bekannteste ist die ***Cicada oral.*** Sie ist sogar das Wappentier der Provence und hängt als Keramikzikade über so manch einer provenzalischen Haustür, um eintretende Gäste willkommen zu heißen. Der große provenzalische Dichter *Frédéric Mistral* (1830–1914, 1904 Nobelpreis der Literatur) gar erhob sie zum Symbol der Provence unter dem Motto: Lou souèu mi fai canta – Die Sonne bringt mich zum Singen.

Pauschalurteile über die Provenzalen

Die Provenzalen sind in der Vergangenheit häufig Opfer von Pauschalurteilen, Übertreibungen und übler Nachrede geworden:

„Die Provenzalen im Innern des Landes sind denn auch keine lauten, lärmenden und immer fröhlichen Menschen wie die Küstenbewohner, die gern Geschichten erzählen oder singen und tanzen. Die Menschen dort sind eher still und abwartend. Erst im bunten Treiben ihrer Märkte und vielen Volksfesten erkennt der Fremde, dass auch sie südländisches Temperament besitzen."
D. Thierry vom Maison de la France

„Mit Ausnahme einiger Nebenfiguren sind dies alles Menschen aus Marseille, also äußerst entzündbare Menschen, gleich heftig in Freude und Schmerz, fast ohne Übergang von einem zum anderen wechselnd, übertrieben in allen Äußerungen. Man nimmt es hier mit der Wahrheit nicht so genau, aber die Lügen sind harmlos, da der andere das Nötige schon abzieht. Im ganzen ein fröhliches, gutmütiges und kindliches Volk."
Marcel Pagnol

Auf dem Fischmarkt in Marseille – die Zeiten, als „die Luft in dieser Stadt noch im Großen und Ganzen ein wenig schurkisch war", wie Madame de Sevigné einst schrieb, sind schon lange vorbei. Viele Marseiller sind offene und gesprächsbereite Menschen wie diese Fischverkäuferin.

„Sie wirkte etwas zu heftig, laut und theatralisch."
Jean de la Varende über die Geliebte Flauberts, die Schriftstellerin Louise Colet, die aus Aix stammte.

„... stolzem betonten Einzelgängertum, Scheuheit und hervorbrechender Heftigkeit, Schwäche und Schwerfälligkeit in Dingen des äußeren Lebens“
Fritz Novotny über Cézanne

„Ich bin in einem heißen Klima geboren, und die Sonne peitscht das Blut der Provenzalen.“
Abbé de Sade, Onkel des berühmt-berüchtigten Marquis

Und dann gibt es noch die überheblichen Äußerungen von sogenannten Intellektuellen aus Paris, die vermutlich mehr über die Intellektuellen selbst aussagen als über die Provenzalen: Der französischer Milieutheoretiker *Hippolyte Taine* (1828 bis 1893) schrieb über sie, dass sie »zu einer sinnlichen, cholerischen und groben Rasse, ohne intellektuelle oder moralische Qualitäten« gehörten. Der Schriftsteller *Joris-Karl Huysmans* gar kam zu dem Urteil: »Diese Schokoladenrührer und Knoblauchfresser sind überhaupt keine Franzosen, sondern Spanier oder Italiener« – was ja nun so schlimm auch nicht wäre. *Prosper Merimée* befand die Mädchen aus Nîmes »recht hübsch« – so weit so gut, aber leider auch so „dumm und unsauber wie alle Provenzalinnen“. Und was den weltberühmten und geächteten großen französischen Schriftsteller und Faschisten *Louis-Ferdinand Céline* anbetrifft, so zeigt er wie kein anderer, wie hochmütig manch einer im französischen Norden, vor allem in Paris, über den Midi denkt: “Zone des Südens, bevölkert von degenerierten mediterranen Bastarden, Handlangern, vertrottelten Heimatdichtern, arabischen Parasiten, die Frankreich lieber hätte über Bord werfen sollen. Jenseits der Loire nichts als Fäulnis, Faulenzerei, schmuddelige Vernegerung“.

Man sagt, dass man in der Provence langsamer alt werde als anderswo.

Auch einer der berühmtesten Dichter der Provence, *Alphonse Daudet*, zeigte ein nicht immer schmeichelhaftes Bild des Provenzalen. Dazu sei angemerkt, dass *Daudet* selbst kaum je in der Provence, sondern in Lyon gelebt hat. Er entwickelte mit seinem „Tartarin von Tarascon“ den Charakter eines zugleich aufschneiderischen Phantasten und biederen Kleinbürgers.

Ein anderer Provenzale, *Jean Giono*, der in Manosque geboren war und die Provence zeitlebens kaum verlassen hatte, schrieb: „Wohl bin ich in diesem Land geboren und habe fast sechzig Jahre lang ununterbrochen hier gelebt, doch ich kenne es nicht. Ich habe es in allen Richtungen durchstreift: zu Fuß, zu Pferde, im Auto und doch könnte ich niemals die Reihe seiner Tugenden und Laster ganz aufzählen. [...] Es gibt wohl eine klassische Provence, ich habe sie nie gesehen; seit 30 Jahren wohne ich in Manosque. Ich kenne nur ein wildes Land. Die Naturgesetze, die Form, Farbe und Charakter seiner Landschaft bestimmen, bestimmen auch den Charakter ihrer Bewohner“.

Landschaft formt Charakter

„Nichts ist romantischer als diese Mischung aus Felsen und Abgründen, aus grünem Wasser und purpurnen Schatten, aus diesem Himmel wie das homerische Meer und aus diesem Wind, der mit der Stimme toter Götter spricht“ schrieb *Jean Giono* über die **Verdon-Schlucht**, die als Europas schönste Schlucht gilt. Ihr Name geht vermutlich auf das smaragdgrün leuchtende Wasser zurück, dessen Farbe durch hohen Fluorgehalt entsteht.

Der **Pont du Gard** bei Nîmes ist nicht nur ein technisches Meisterwerk, sondern auch ein ästhetisches!

In keinem anderen römischen Theater vermeint man das Spielgeschehen der damaligen Zeit so sehr zu spüren wie hier – es ist, als ob die Bühnenwand des Theaters von **Orange** die Geschehnisse römischer Epoche bewahrt hat.

Das romanische Portal von **St. Trophime in Arles** zählt zu den bedeutendsten der provenzalischen Romanik. Dargestellt ist hier das Jüngste Gericht; die Löwen zu Füßen der Heiligen Petrus und Paulus sind Symbole für den Sieg des Glaubens, also des Sieges des Guten über das Böse.

Die romanische Kirche von **Vaugines** – eine stille Insel der Kontemplation, wie man sie in der Provence sehr oft findet: Ruhe und Einssein mit sich und der Welt.

Der heilige Véran soll hier einst einen Drachen aus der Quellgrotte vertrieben haben. So sicher ist das aber nicht, denn noch heute ist die **Fontaine-de-Vaucluse** bis in ihre tiefsten Abgründe nicht erforscht. Und wer weiß, welcher Drachen ganz tief da unten haust, da, wohin noch kein Taucher vordringen konnte.

Schon von fern wirkt **Moustiers-Sainte-Marie** schön wie ein Gemälde der Romantik. Zur Kapelle hoch über Moustiers führt ein kurzer, aber steiler Pilgerweg – Atmosphäre und Ausblick von dort lohnen die Mühen des Aufstiegs.

Die weitläufigen **Ockerbrüche von Rustrel** sind ein einziges leuchtendes Farbenspiel der Natur – ein besonders auch für Kinder aufregendes Wander- und Entdeckerparadies.

Wer in der Zeit von Weihnachten bis Ende Januar **Grambois** besucht, sollte unbedingt die Krippe in der Kirche genauer anschauen. Denn die **Santons** sind allesamt lebenden oder verstorbenen Einwohnern von Grambois nachgebildet.

Die **Farben der Provence** sind die der Natur ringsum: das Blau des Lavendels und des Meeres, das Gelb der Sonne, das Grün der Olivenbäume, das Rot der Tomaten und das Ocker der Erde. Man findet sie nicht nur an und in Häusern, sondern auch auf den Stoffen, wie hier bei diesen farbenfrohen Trachten.

Seifen, Sägen, Saftkaraffen - die Auswahl im „Kaufhaus" von **Cotignac** ist groß und sogar fürs Jenseitige ist gesorgt, denn auch „articles funéraires" gibt es hier. So altertümlich der Laden und das ganze Dörfchen auch wirken mögen, Cotignac war der erste elektrifizierte Ort Frankreichs.

Schon den Päpsten von Avignon soll beim Gedanken an die kandierten Früchte von **Apt** das Wasser im Mund zusammengelaufen sein. Aber nicht nur für den Gaumen sind sie ein Genuss, sondern auch für die Augen. Schön wie ein Gemälde sind die Schaufenster der Confiserien von Apt.

Weiß sind die Pferde, schwarz die Stiere und rosa die Flamingos der **Camargue**. Die Camargue-Pferde gehören einer sehr alten Rasse an, die vermutlich auf prähistorische Zeiten zurückgeht und die den Pferdedarstellungen in den Höhlen von Lascaux ähnelt.

Abgelegen im Schutz eines Felsens liegen die Überreste der kleinen **Prieuré de Carluc** aus dem 11. Jahrhundert. Wie auch im Mutterkloster von Carluc, in Montmajour, sind auch hier in den Felsen geschlagene Gräber der Mönche zu sehen.

Oberhalb des idyllischen Parks von **Villecroze** hat ein Adliger eine Fluchtburg in den weichen Felsen graben lassen – heute eine herrlich kühle Zuflucht an heißen Sommertagen!

Die romantische **Villa St. Louis** in Lourmarin wurde schon in vielen Magazinen rund ums schöne Wohnen abgebildet. Die fotogene Villa ist das Haus von sehr herzlichen Menschen mit viel Sinn für das Schöne. Zur sympathisch-lässigen Atmosphäre des Hauses tragen auch Huhn und Katze, Hase und Hund bei.

Das stilvolle **Hotel Mirande** in Avignon war einstmals die standesgemäße Residenz eines Kardinals, ein sogenanntes „Livrée“. Stilvoll wie hier der Salon Rouge mit Kronleuchter, tiefen Fauteuils und mit Stoff bespannten Wänden ist das ganze Haus. Jeder Raum ist anders, jeder Raum ist schön wie ein Gemälde der Romantik.

Wer im Hotel La Mirande in Avignon in die Küche im Keller kommt, der gelangt ins Herz des Hauses, ins **Reich der guten Kochkunst**. Hier kann man bei Köchen der Spitzenklasse – wie hier bei Jean-Claude Altmeyer – in ein- oder mehrtägigen Kursen die Kochkunst erlernen.

Lavendel sei die Seele der Provence – ist oft zu lesen. Der Geruch der Provence ist er auf jeden Fall. Er blüht nur in den heißen Monaten Juli und August und taucht dann weite Teile des Landes in ein violett-blau leuchtendes Farbenmeer. Zu anderen Zeiten gibt es ihn zumindest als Trockenstrauß zu kaufen.

Keine Kirche der Provence wurde so oft fotografiert wie die von **Eygalières**, erbaut auf den Fundamenten eines heidnischen Silvanustempels.

Oberhalb des Toulourenc liegt einsam und weltentrückt die im Winter fast vollständig verlassene Siedlung **Brantes**. Das Gassenlabyrinth des Ortes mit seinen Arkaden und alten Häusern wird von den spärlichen Ruinen eines Schlosses gekrönt – von hier aus liegt der dunkle Rücken des **Mont Ventoux** zum Greifen nah.

Nur Jahrzehnte lang war das Papsttum in **Avignon** zuhause – diese kurze Zeit, die schon mehr als 700 Jahre zurück liegt, sollte die Stadt prägen wie keine andere. Das von Macht kündende, kahle Trutzgemäuer des **Papstpalastes** kann man am Wochenende auf sonst nicht zugänglichen Wegen erkunden, dazu gibt es provenzalische Spezialitäten. Die Führung findet allerdings auf Französisch statt.

Ganz einsam ist **Sivergues** besonders im Winter. Der Ort ist ein schöner Ausgangspunkt für Wanderungen, unter anderem auf den höchsten Berg des Lubéron, den *Mourre Nègre*.

In **Aix-en-Provence** gehen gediegene Bürgerlichkeit und fröhliches studentisches Leben eine geglückte Symbiose ein. In kaum einer französischen Stadt wurden soviele Filme gedreht wie hier.

Dicht an dicht liegen die Yachten im alten Hafen von **Marseille**. Die Sehenswürdigkeiten der Stadt sind nicht ersten Ranges. Und gerade dieses wenig Spektakuläre von Marseille macht diese Stadt so erlebenswert.

Jeden Morgen bieten die Fischhändler am **Vieux Port** von Marseille die Fische an, die in eine richtige *Bouillabaisse* gehören.

Ein kurzer Spaziergang führt zum Wasserfall von **Sillans-la-Cascade**, der aus 40 m Höhe in ein leuchtend türksfarbenes Wasserbecken prasselt.

3. DIE PROVENCE ALS REISEREGION

Benutzerhinweis
Die Gelben Seiten werden regelmäßig aktualisiert, so dass sie auf dem neuesten Stand sind. In den Allgemeinen Reisetipps (ab S. 81) finden Sie – alphabetisch geordnet – reisepraktische Hinweise für die Vorbereitung Ihrer Reise und Ihres Aufenthaltes in der Provence. Die Regionalen Reisetipps (ab S. 131) geben Auskunft über Unterkunftsmöglichkeiten etc. in den – ebenfalls alphabetisch geordneten – Städten/Regionen.

News im Web: www.iwanowski.de

Allgemeine Reisetipps von A–Z

Inhalt

A

⇨ Abkürzungen

av.	Avenue
bd.	Boulevard
B.P.	Boîte postale (Postfach)
NN	Diese Abkürzung bei Hotels bedeutet, dass es über eine Ausstattung entsprechend seiner Kategorie verfügt
Ste	Sainte
ZA	Zone d´activité
ZI	Zone industrielle

⇨ Anreise

Mit dem Auto

Aus Süddeutschland und der Schweiz sowie Westösterreich ist die Anreise in die Provence an einem Tag zu bewältigen.

- über Saarbrücken, Metz, Nancy, dann von Dijon auf die 1998 eröffnete A39 nach Lyon, weiter auf die A7 (Autoroute du Soleil) in Richtung Valence
- über Kehl, Freiburg im Breisgau zum Autbahndreieck Neuenburg, weiter über Mulhouse und Beaune auf die Rhône-Tal-Autobahn
- Von Schaffhausen über Basel und Genf nach Grenoble. Von Grenoble sind es dann nochmals 155 Kilometer nach Montelimar, dem westlichen Tor zur Provence, von Grenoble nach Sisteron in der östlichen Provence sind es 142 km auf der N75, einer landschaftlich ungemein schönen Strecke, die durch viele Dörfer führt, einen herrlichen Blick auf den Mont Aiguille bietet und viel Muße lässt, um die Gegend anzuschauen, da man ständig hinter irgendwelchen Wohnmobilen herzuckelt. Eine ebenso interessante Alternative ist die Fahrt von Grenoble auf der Route Napoléon (RN85) über Gap nach Sisteron.
- Eine Alternative ist für Reisende aus Süddeutschland und Österreich auch die Route über Turin oder Mailand und Genua über die A10, die teilweise an der Mittelmeerküste entlangführt.
- Reisende von Bayern und Österreich, die in die Haute Provence möchten, können auch die Anreise über den Brenner und dann mit einem kleinen Umweg entlang dem Westufer des Gardasees wählen.

Kommend von Grenoble sieht man auf der rechten Seite der N75 in Richtung Sisteron den Mont Aiguille, der vielleicht einer der ungewöhnlichsten Berge der Alpen ist – nicht nur seiner einsam-majestätischen Form und Lage wegen: Wie ein gigantischer Schiffsbug ragt er inmitten der lieblichen Landschaft auf. Auch spielt er in der Geschichte des Alpinismus eine bedeutende Rolle: Der 2.097 m hohe Mont Aiguielle wurde bereits 1492 vom Söldnerführer Antoine de Ville in Begleitung seines Kammerherren Julien de Beaupré und sieben weiterer Mannen über die Westwand bezwungen.

Die Autobahnen in Frankreich, Italien und der Schweiz sind außerhalb des städtischen Einzugsbereichs gebührenpflichtig, hinzu kommen in Österreich und der Schweiz die Kosten für das „Pickerl" bzw. die Autobahnvignette. Sowohl in Frankreich als auch in Italien zieht man bei der Einfahrt an der Zahlstelle ein Ticket und zahlt bei der Ausfahrt.

Unter www.viamichelin.de und www.frankreich-info.de/reisen/infos/routenplaner.htm finden Sie Routenplaner, die Ihnen wahlweise die kürzeste, schnellste oder attraktivste Route in die Provence sowie die anfallenden Mautgebühren anzeigen.

***Entfernungen** (km)*

	Mulhouse	*Lyon*	*Marseille*
Basel	*36*	*400*	*713*
Berlin	*782*	*1.182*	*1.495*
Dresden	*787*	*1.187*	*1.500*
Düsseldorf	*530*	*930*	*1.243*
Frankfurt/Main	*337*	*737*	*1.050*
Hamburg	*733*	*1.133*	*1.466*
München	*428*	*828*	*1.141*
Wien (über Mailand)	-	*1.663*	*1.350*
Zürich (über Genf)	-	*444*	*757*

Hinweis

Die zwei berühmt-berüchtigten Wochenenden, um den 14. Juli (Nationalfeiertag) und um den 1. August herum, sollten möglichst zur Anreise vermieden werden. Denn dann, zur Zeit der französischen Ferien, sind kilometerlange Staus vorprogrammiert!

Mit dem Flugzeug

Direkte Flugverbindungen nach Marseille bestehen ab Basel, Berlin, Bremen, Dresden, Düsseldorf, Frankfurt, Genf, Hamburg, Hannover, Köln/Bonn, Leipzig, München, Nürnberg, Stuttgart, Wien, Zürich (Lufthansa, Air France, Swissair, Austrian Airlines, Eurowings, Twin Jet, Germanwings).

Mit der Bahn

- **Von Bayern:** am schnellsten über Lindau-Zürich-Genf, am preisgünstigen über Kehl/Straßburg.
- **Von Nord- und Westdeutschland:** am schnellsten über Brüssel/Midi, am preisgünstigsten über Kehl/Straßburg-Lyon. Seit 2007 fährt der TGV auch von Stuttgart nach Paris (in dreieinhalb Stunden Fahrt mit Halt in Karlsruhe).
- **Von der Schweiz**: über Genf
- **Von Österreich**: über Venedig-Ventimiglia-Nizza.
- **Von Paris:** Mit der superschnellen Bahnlinie TGV Méditerranée fährt man ab Paris in zwei bis drei Stunden nach Avignon, Aix-en-Provence und Marseille. Von dort ist dann fast jede Kleinstadt mit Regionalbahnen erreichbar. Dann weiter mit öffentlichen Verkehrsmitteln aufs Land zu kommen, ist schwierig, denn die meisten Dörfer sind nicht mit dem öffentlichen Nahverkehr zu erreichen.

Hinweis

Die italienischen Staatsbahnen sind preisgünstiger als die französischen, die schweizerischen und die österreichischen.

Mit dem Auto-Zug

Von Mai bis Oktober mehrmals wöchentlich Verbindung mit dem Bahn-Autozug von Hamburg, Berlin, Hildesheim, Düsseldorf, Frankfurt/Neu Isenheim, München, Lörrach. Infos unter www.dbautozug.de.

Mit dem Expressbus

Ettenhuber Busreisen bietet täglich von München einen Expressbus-Service an die Côte d´Azur, Fahrzeit nach Nizza: 11 Stunden. Infos unter Tel. 089/2163360, www.ettenhuber.com.

⇨ Ausrüstung

Ins Gepäck gehören:
- selbst im Sommer ein **Anorak**, der vor dem kalten Mistral schützt.
- **Mückenschutzmittel**, vor allem in der Camargue
- ein **Fernglas**, zum Beispiel zum Beobachten der Flamingos in der Camargue
- **festes Schuhwerk**, nicht nur für Wanderungen, sondern auch für die Erforschung der zahlreichen Burgruinen
- in den Herbst- und Wintermonaten eine **Decke für kühle provenzalische Nächte**
- Picknickausrüstung

Ob auch eine Sonnenbrille ins Gepäck gehört, muss jeder selbst entscheiden. Jean Giono, der große Provence-Dichter und Zivilisationshasser meinte, sie würde *„den Blick verstellen"*. Und wer die Sonne der Provence nicht möge, solle gefälligst im Schatten bleiben!

⇨ Auto fahren

Die Provenzalen pflegen einen mediterranen Fahrstil. Das heißt, sie fahren sportlich-mutig, überholen vorzugsweise in extrem unübersichtlichen Kurven und halten Höflichkeitsgesten wie Hereinwinken für überflüssigen Firlefanz, auf der anderen Seite aber cholerisches Herumschreien und wichtigtuerisches Kräftemessen für einen vermeidbaren Kräfteaufwand.

Das französische Straßennetz ist in vier Kategorien unterteilt (A, N, D und C). Diese Klassifizierung ist allerdings nicht unbedingt ein Hinweis auf die Verkehrsdichte und die Qualität der Straße. D-Straßen (als Ausweichstraße zu den gebührenpflichtigen Autobahnen) zum Beispiel können sehr dicht befahren sein, andererseits kann es sich bei einer D-Straße auch um ein nicht asphaltiertes Sträßchen handeln.

A **Die Autobahnen (A)** sind kostenpflichtig (péage), was zwei Vorteile hat:. 1. Sie sind weniger frequentiert als die Nationalstraßen. 2. Fährt auf der französischen Autobahn nur, wer wirklich schnell vorankommen will. (Es entfallen also die rechthaberischen „Ich-darf-langsam-links-fahren"-Fahrer, die man von deutschen Autobahnen kennt!)

N Die **Nationalstraßen** (N) entsprechen den deutschen Bundesstraßen und sind teilweise vierspurig ausgebaut.

D Die **Departementstraßen** (D), die Landstraßen, sind in unterschiedlichem Zustand, von gut ausgebauten Straßen bis zu schmalen Holpersträßchen.

C **örtliche Nebenstraßen**

Geschwindigkeitsbegrenzungen	
Innerhalb geschlossener Ortschaften	50 km/h
Außerhalb geschlossener Ortschaften	90 km/h (bei Nässe 80)
Auf Autobahnen	130 km/h (bei Nässe 100)
Parken	
Blaue Zone (Zone Bleue)	Parkzone (mit Parkscheibe)
Gelbe Streifen	Parkverbotszonen

Die Promillegrenze beträgt 0,5 %, bei Überschreitung ist sofortiger Führerscheinentzug und im Fall von Unfällen (auch ohne Verletzte) unter Umständen Gefängnisstrafe von zwei Monaten bis zwei Jahre zuzüglich Geldstrafe möglich. Es besteht Anschnallpflicht. Die Französische Polizei ist besonders dafür bekannt, die **Geschwindigkeit** der Autofahrer streng zu kontrollieren und bei einer hohen Überschreitung der Geschwindigkeit droht der sofortige Führerscheinentzug, wenn in diesem Falle kein Mitreisender einen gültigen Führerschein vorweisen kann, wird das Fahrzeug beschlagnahmt und der Urlaub ist zu Ende.

Auch in Frankreich ist das **Telefonieren** während des Fahrens verboten. Vom **Übernachten** im Auto auf Autobahnraststätten und anderen Parkplätzen wird dringend abgeraten. Besonders in Südfrankreich hat es laut ADAC in der Vergangenheit Raubüberfälle auf Urlauber gegeben.

B

⇨ Baden

- Flach, lang und feinsandig sind die Strände der **Camargue** bei Les Saintes-Maries-de-la-Mer und bei Salin-de-Giraud.
- Die sandigen **Plages du Prado bei Marseille** sind so riesig, dass die halbe Stadt sich dort in der Sonne aalen könnte.
- Als Geheimtipp gelten die **westlich von Marseille** versteckten kleinen Buchten und Strände der Côte Bleue (Blaue Küste), wo man die Fauna und Flora des felsigen Meeresuntergrundes beobachten kann.
- Nur wenige Minuten vom Stadtzentrum von **Cassis** entfernt liegt der schöne und familienfreundliche Sandstrand Plage de la grande mer.
- **Ebenfalls nahe Cassis liegt an der dramatisch in Kalksteinfelsen eingeschnittenen Calange d´En Vau** ein wunderschöner Sandstrand mit kristallklarem Wasser.
- Im Binnenland locken Strände am riesigen Stausee **Lac de Sainte Croix** nahe der Verdon-Schlucht sowie am **Plan d´Eau** in Sisteron, am **Lac des Ferréols** in Digne,

Der Lac de Ste. Croix am westlichen Ausgang des Verdonschlucht zählt zu einem der schönsten Seen Südfrankreichs. In diesem türkisblauen See lässt es sich herrlich baden, segeln und windsurfen.

am **Plan d´Eau des Vannades** bei Manosque und am **Petit Lac** bei Les-Moustiers-Ste-Marie.

Wassertemperatur an der Mittelmeerküste *(Durchschnittswerte, wobei im Juli und August die Wassertemperatur zwischen 15 und 30° schwanken kann)*											
Jan.	Feb.	März	Apr.	Mai	Juni	Juli	Aug.	Sep.	Okt.	Nov.	Dez.
13	12	13	15	18	20	22	22	21	18	16	14

Die Gezeiten machen sich im Mittelmeer nur wenig bemerkbar, durchschnittlich schwankt die Höhe des Meersspiegels um 25 cm.

⇨ Banken

s. Stichwort „Geld"

⇨ Behinderte

Ein in Deutschland ausgestellter Internationaler Schwerbehinderten-Ausweis wird in Frankreich anerkannt. Moderne Hotelketten sind verpflichtet, einen bestimmten Prozentsatz rollstuhlgerechter Zimmer anzubieten.

⇨ Benzin

Das Tankstellennetz ist dicht. Fast überall kann man mit Karte bezahlen.

essence	Benzin
gazole, gasoile	Diesel
sans plomb	bleifrei
Essence 95	Super
Essence 98	Super plus

Tipps

Bei Anreise über Luxemburg lohnt es sich, noch mal voll zu tanken, da dort das Benzin deutlich billiger ist als in Deutschland, Österreich oder der Schweiz.

In der Provence lohnen sich Preisvergleiche zwischen den einzelnen Tankstellen. Besonders preisgünstig tankt man meist in den großen Einkaufszentren am Stadtrand.

⇨ Botschaften und Konsulate

Ausländische Vertretungen in Frankreich

- **Consulat Géneral de la République fédérale d'Allemagne**, 338, Avenue du Prado, F-13295, Marseille, Cedex 8, Tel. 04/91167520, Fax 04/91167528.
- **Honorarkonsulat Avignon**, c/o ADAC Avignon, Z. I. Courtine, 185 Avenue des Rémouleurs, 84000 Avignon, Tel. 04/90829871
- **Österreichisches Konsulat**, 27, cours Pierre-Puget, 13006 Marseille, Tel. 04/91530208.
- **Schweizer Generalkonsulat**, 7, rue d´Arcole, 13006 Marseille, Cedex 6, Tel. 04/96101410.

Französische Vertretungen

• **in Deutschland**

- **Französische Botschaft**. Pariser Platz 5, 10117 Berlin, Tel. 030/590039000, Fax 030/590039110, www.botschaft-frankreich.de
- **Generalkonsulate** in Düsseldorf, Frankfurt am Main, Hamburg, München, Saarbrücken und Stuttgart.

• **in der Schweiz: Französische Botschaft**, Schosshaldenstr. 46, 3066 Bern, Tel. 031/432424. Konsulate gibt es in Basel, Zürich und Genf.

• **in Österreich**: **Französische Botschaft**, Wipplingerstraße 24-26, A-1010 Innere Stadt, Wien, Tel. 0043/1536120.

C

⇨ Camping

Campingplätze gibt es in Frankreich unzählige, so auch in der Provence, wo jeder halbwegs interessante Ort meist nicht nur einen, sondern mehrere Campingplätze (Terrains de camping) hat. Die Campings municipal sind Campingplätze unter städtischer Regie. Wildcampen ist wegen der Waldbrandgefahr verboten. In der Hauptsaison sind die Campingplätze am Meer meist ausgebucht. Oft sind die Plätze im abgelegenen Hinterland preiswerter und großzügiger in der Aufteilung als die am Meer.

Die Verdonschlucht und ihre Umgebung sind ein Paradies für Camping-Urlauber, Naturfreunde, Wanderer, Kletterer und Drachenflieger

Die französischen Campingplätze sind in vier Kategorien unterteilt, wobei die Anzahl der Sterne nichts über die Lage, sondern einzig etwas über die Ausstattung aussagt.

*	Unbewachte Anlage, meist nur mit minimalsten Sanitäranlagen und Kaltwasserduschen.
**	Parzelliertes Gelände mit Warmwasserduschen, Waschbecken mit Steckdosen sowie einem Kinderspielplatz.
***	Bewachter Campingplatz mit kleinem Geschäft, Stellplätzen mit eigenem Stromanschluss, einem Kinderspielplatz und manchmal auch einem Swimmingpool und einem Tennisplatz.
****	Plätze wie ein kleines Dorf mit Swimmingpool, Sport- und Animationsangeboten, Geschäften, Restaurants.

Darüber hinaus gibt es noch „Camping à la Ferme“: Zelten beim Bauern auf meist einfachen und kleinen, aber ruhig und schön gelegenen Plätzen.

Ein wahres Paradies für Camper sind die Haute Provence und die noch heute von Touristenströmen wenig besuchte Var, also die Gegend südlich der Verdon-Schlucht, die bis hinunter an die Küste reicht.

E

⇨ Einkaufen

Strenge Ladenschlusszeiten gibt es in Frankreich nicht. Man muss aber mit einer Mittagspause von 12 bis 15/16 Uhr rechnen. Abends schließen dann die meisten Geschäfte zwischen 19 und 20 Uhr, wobei die Einkaufszentren oft noch länger geöffnet sind. Viele Lebensmittelgeschäfte uns Supermärkte haben am Sonntagvormittag geöffnet, viele Geschäfte sind aber montags geschlossen.

Souvenirs

... zum Aufstellen

In fast jedem Souvenirgeschäft sieht man die Santons, die berühmten Ton-Krippenfiguren der Provence. Santons bedeutet auf Provenzalisch so viel wie „die kleinen Heiligen". Einst verbreitete die Kirche nach der Französischen Revolution diese Figuren, um verloren gegangene Seelen wieder zu gewinnen: Mit den einfach und billig herstellbaren Figuren konnten die Pfarrer der des Lesens unkundigen Landbevölkerung auf plastische Weise die biblischen Geschichten demonstrieren. Um zu zeigen, wie volksnah die Kirche war, nahm man dafür Figuren aus der ländlichen Alltags- und Arbeitswelt. Und so sind die Santons, die auf den ersten Blick etwas kitschig wirken, ein Abbild einer längst untergegangenen bäuerlichen Welt der Provence. Das Aufstellen der Krippe ist in vielen provenzalischen Familien noch heute ein wichtiger Augenblick: Jede Familie bereitet mit viel Liebe und Einfallsreichtum ihre eigene Krippe vor. Man holt seine Santons aus den Schachteln: das Jesuskind und alle legendenumwobenen Gestalten – den Müller, den Scherenschleifer, den Trommler mit seiner Flöte, den Fischer, die Fischverkäuferin, die Wasserträgerin. Auffallend viele Santons sind übrigens mit dem Thema Essen verbunden, man sieht oft Bäcker und Gemüsehändler. Und neuerdings sind neben Jesus, Maria und Josef auch weniger friedliche Szenen zu finden, z.B. ein Mann, der eine Frau erwürgt.

Ob Maria, Marktfrau oder Mörder – allen Santons gemeinsam ist, dass sie scheinbar in Bewegung sind.

Weitere Souvenirs sind allerhand **aus Olivenholz gefertigtes** wie Salatschüsseln sowie **Töpferwaren** und **Kunst und Krempel von einem der zahlreichen Flohmärkte** (Brocantes).

... zum Aufhängen und Hinlegen

Lavendel: Den gibt es getrocknet oder im Duftbeutel – in allen Formen und überall. Die mit Lavendel und anderen duftenden Bergkräutern gefüllten Leinwandsäckchen mit den farbigen Handdruckmustern des Midi stammen vermutlich noch aus der Zeit des *Ancien Régime*, als man mit Wasser äußerst sparsam umging, dafür aber einen erhöhten

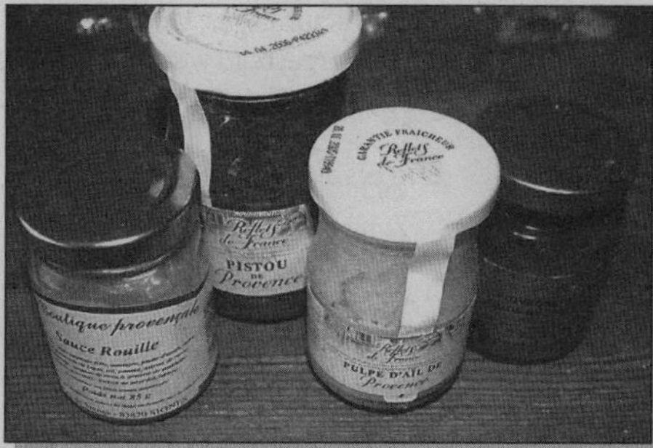

Verbrauch an Puder, Duftwässerchen und Parfums hatte. Erstmals schriftlich erwähnt wurden sie in einem Brief von Madame de Sevigné. Schön und praktisch sind auch die gelochten Kugeln aus Ton und Holz, die mit Lavendelblüten gefüllt werden.
Weiterhin: **Reproduktionen von Bildern der Provence-Maler.**

... zum Aufessen
Selbstverständlich **Olivenöl** und die **Kräuter der Provence**. Dann **Tapenade, Rouille, Poivronade, Pulpe d'Aïle** und **Pistou** sowie **Senf in allen erdenklichen Variationen,** besonders letzterer ist sehr preisgünstig in den riesigen Supermärkten erhältlich. Es zählt zu den südfranzösischen Eigenarten, nahezu alles, was essbar ist, schön „einzumachen", und so ist die Auswahl an kulinarischen Souvenirs wirklich beeindruckend. Schleckermäuler decken sich mit Nougat aus Montélimar oder Sault ein, den Calissons aus Aix-en-Provence, den kandierten Früchten aus Apt oder Lavendel- oder Thymianhonig. Wer in der Trüffelsaison kommt, kehrt mit einer solchen Knolle heim.

... zum Austrinken
Weine: zum Beispiel Côte du Rhône oder Châteauneuf du Pape.

In ein Stück Butter gedrückt oder in Reis gelegt, lässt sich ein Trüffel ohne Aromaverlust gut transportieren, zu Hause im Kühlschrank hält er sich dann noch etwa vier Wochen. Die Butter schmeckt dann übrigens fast so intensiv wie der Pilz selbst.

Sonnenfarbene Stoffe von *Soleiado*

Sie strahlen mit der Sonne der Provence um die Wette, die indisch inspirierten, farbenfrohen Stoffe der Provence. Die ersten dieser exotischen indischen Baumwollstoffe kamen um 1650 in Marseille an. Die Provenzalen, die bis dato nur bestickte oder gewebte Stoffe kannten, begeisterten sich schnell für diese neue Art von Tuch. Damals mussten die Stände eine bestimmte Kleidung tragen. Die einfachen Leute aber liebten es, diesen bunten Stoff zu tragen und sich somit frei zu fühlen. Die Kartenmeister von Marseille, Hersteller von Spielkarten, beherrschten damals die Technik des Holzdrucks und begannen bald, in Marseille und Avignon die bis dahin eingeführten Stoffe selbst herzustellen. Die Farben wurden aus provenzalischen Pflanzen gewonnen, dominierend sind Ginstergelb, Tomatenrot und Lavendelblau. Nach einem Niedergang der Stoffherstellung erleben die *Indiennes* heute wieder eine ungeheure Renaissance. Besonders edle Stoffe kommen von der Firma *Soleiado* – benannt nach einem provenzalischen Wort des Dichters Mistral, das so viel bedeutet wie *„Sonnenstrahlen, die durch Wolken dringen"*. Soleiado hat Filialen in einem Dutzend provenzalischer Städtchen und auch in Übersee. Etwa 100 verschiedene Mus-

Verweichlichung durch Waren
Julius Cäsar wusste zu berichten, dass die Leute im Norden Galliens den Händlern aus dem Süden niemals Waren abgekauft hätten. Zumindest keine, die *„geeignet waren, sie zu verweichlichen"*.

ter hat jede Filiale auf Lager. Und in ebenso vielen Variationen gibt es die Produkte, die aus den Stoffen hergestellt werden: Tischtücher und Küchenhandschuhe, Hemden, Krawatten; und sogar Schuhe sind mit den Mustern bedruckt.

⇨ Einreise

Ein gültiger Personalausweis/Reisepass reicht für EU-Angehörige. Kinder unter 16 Jahren müssen entweder im Pass eines Elternteils eingetragen sein oder einen Kinderausweis dabei haben.

⇨ Entfernungen

s. nebenstehende Tabelle.

⇨ Essen und Trinken

Nun sagt man ja, für die Provenzalen sei Essen nur ein Vorwand, um Knoblauch zu sich zu nehmen. Stimmt. Nur – um den Knoblauch ist ja auch etwas drum herum und das ist in der Provence meist frisch und verfeinert mit den berühmten Kräutern der Provence. Da Fleisch früher teuer und eine reine Sonntagsspeise war, findet man noch heute viele Gemüsegerichte. Ob gebraten, gedünstet, überbacken, gefüllt, zu Fleisch, Fisch oder Suppen, als Püree, Salat oder in einem Teigmantel in Öl ausgebacken, kommt Gemüse auf den Tisch. Eine große Rolle spielt auch der Ziegenkäse, den man sogar auf den meisten Pizzen findet.

In der Provence ist das Meer nie weit. Und so sind auch in den küstenabgewandten Landstrichen die Spuren des Meeres auf den Tellern präsent, als Fische, Tintenfische, Krustentiere und Muscheln.

Seit jeher ein offenes Land, kamen viele Menschen, ob nun in feindlicher oder friedlicher Absicht, in die Provence, und bereicherten so die provenzalische Küche mit italienischen, spanischen und orientalischen Elementen. Besonders Pizzerien scheinen in der Provence wie Pilze aus dem Boden zu schießen.

Bei den Süßspeisen spielen die Mandeln, eine wichtige Rolle. Die Kerne der reifen Mandelfrüchte dienen nicht nur den Confiseuren als Zutat für die Herstellung ihrer süßen Köstlichkeiten. Auch salzigen Speisen verleihen sie ein zusätzliches Aroma und mehr Biss, zum Beispiel als geröstete Stäbchen auf dem roten Camargue-Reis.

French Paradox

In den 1970er Jahren fand der Amerikaner Ancel Leys den Grund heraus, warum die Bevölkerung des Mittelmeerraums weniger als die Bevölkerung des europäischen Nordens an Herzgefäßkrankheiten, Krebs, Übergewicht, Diabetes und Osteoporose litt: Sie ist auf Grund ihrer Ernährung gesünder. Das erschien zunächst als paradox, denn Kalorienhaltiges wie Olivenöl, Butter und Rahm sowie Rotwein mit seinem starken Gehalt an Tannin schien der Gesundheit nicht besonders zuträglich. Wie sich später herausstellen sollte, sind es genau diese Nahrungsmittel, die, zusammen mit Gemüse und Zitronen, so gesund sind.
Wie wichtig das Thema Essen bei den Franzosen ist, zeigt das Einkommen des in der Provence ansässigen Starkochs Alain Ducasse. Mit 14 Millionen € Jahresgehalt kann er fast mit großen Pop- und Fußball-Stars mithalten.

	Aix	Arles	Aubagne	Avignon	Carpentras	Cassis	La Ciotat	Marseille	Salon	St. Rémy	Stes-Maries-de-la-Mer	Sault	Sisteron	Tarascon	Flughafen Marseille
Aix	-	76	38	81	94	48	51	30	35	71	111	85	105	91	30
Arles	76	-	109	34	59	121	122	92	43	25	38	102	175	15	74
Aubagne	38	109	-	114	123	12	14	17	69	104	145	124	141	125	42
Avignon	81	34	114	-	28	126	128	97	46	19	79	68	159	25	79
Carpentras	94	59	123	28	-	135	137	103	60	47	104	41	105	49	83
Cassis	48	121	12	126	135	-	9	29	81	117	156	136	153	137	53
La Ciotat	51	122	14	128	137	9	-	31	83	120	158	138	155	139	55
Marseille	30	92	17	97	103	29	31	-	51	89	127	114	132	108	22
Salon	35	43	69	46	60	81	83	51	-	38	79	77	135	59	36
St. Rémy	71	25	104	19	47	117	120	89	38	-	67	70	151	14	71
Stes-Maries-de-la-Mer	111	38	145	79	104	156	158	127	79	67	-	144	211	56	112
Sault	85	102	124	68	41	136	138	114	77	70	144	-	64	90	104
Sisteron	105	175	141	159	105	153	155	132	135	151	211	64	-	167	127
Tarascon	91	15	125	25	49	137	139	108	59	14	56	90	167	-	92
Flughafen Marseille	30	74	42	79	83	53	55	22	36	71	112	104	127	92	-

Hinweis
Rindfleisch ist auch heute noch weder zart noch billig. Lamm hingegen ist eine Delikatesse.

Eine sehr detaillierte Liste zum französischen Speisekartenkauderwelsch finden Sie im Internet unter http://frederic.seux.free.fr/memo_gourm_fr.txt.

Abats: Innereien
Able: lachsähnlicher Fisch
Ablette: Weißfisch
Abricot: Aprikose
Agneau: Lamm
Aïgo boulido: Knoblauchsuppe mit Salbei, Lorbeer, Olivenöl und Croutons. In früheren Zeiten sagte man dieser Suppe heilende Kräfte nach.

Aïgo boulido
Zutaten: 3 bis 4 Knoblauchzehen pro Person, Thymian, 1 Lorbeerblatt, Salbei, Gruyère oder Emmentaler, getoastete Brotschnitten
Die Knoblauchzehen nicht schälen, sondern nur ein bisschen zerdrücken. Zehn Minuten lang in gesalzenem Wasser kochen lassen. Die Kochplatte ausschalten, etwas Thymian, Lorbeerblatt und viel Salbei hinzufügen, zudecken und ziehen lassen. Die Bouillon abgießen und aufwärmen, ohne kochen zu lassen. Das Toastbrot mit etwas Olivenöl beträufelt und mit feinen Gruyère- oder Emmentaler-Streifen servieren.

Aïgo saou: Suppe aus weißem Fischfleisch und Kartoffeln
Ail: Knoblauch
Ail doux: junger Knoblauch

Knoblauch-Puree
20 ungeschälte Knoblauchzehen 10 Minuten in kochendes Wasser geben (nach fünf Minuten das Wasser wechseln). Nach dem Kochen die Schalen entfernen, den Knoblauch zerpressen und ein bisschen vom Kochwasser zufügen. Das Puree, das gut zu Lamm und Schweinefleisch passt, ist fertig!

Aïoli: So etwas wie das Nationalgericht der Provenzalen. Eine kräftige, in der Provence schon im 18. Jahrhundert bekannte Mayonnaise aus viel Knoblauch (wichtig; der Knoblauch muss noch jung und darf nicht vertrocknet sein), Olivenöl und Eigelb, die man zu gekochtem Fisch, Stockfisch, Gemüse, hartgekochten Eiern und Lamm isst. In früheren Zeiten kam Äioli immer freitags

Gefährliche Nebenwirkung

Monsieur Lavallée, ein Pariser Revolutionär, beanstandete „*den Verbrauch von außerordentlichen Mengen Knoblauchs in Marseille, dazu jenen erstaunlichen Überfluss an Pfeffer, Sardellen, gesalzenen Sardinen und anderen Gewürzen, die im Blut eine unheilvolle Wirkung entfalten müssen, ganz zu schweigen von der gemeinsamen Erhitzung all dieser Ingredienzien in Olivenöl, durchaus geeignet, aus einem simplen Meerfisch ein gefährliches Aphrodisiakum zu machen*".

Marcel Pobé, ein Autor der 1960er Jahre, meinte hingegen: „*Nur müssen wir aus alter Erfahrung den Rat beifügen: Nimm, auch wenn's dir schmeckt, nicht zuviel, es sei denn, du wollest den Nachmittag verschlafen. Jedermann weiß, dass Knoblauch die Arterienverkalkung bekämpft, dass er in dieser verwandelten Form [als aioli] als Schlafmittel wirkt, merkt man erst, wenn man sich vom Tisch erhebt.*"

Übrigens: Scorophobiker – Menschen mit Angst vor Knoblauch – sollten die Provence meiden…

zusammen mit Kartoffeln bei armen Leuten auf den Tisch. Zur Bindung der Aïoli nimmt man manchmal statt Eigelb heiße Pellkartoffeln, dadurch wird die Aioli zwar leicht, aber auch weniger stabil. Man streicht sie auf frische oder getoastete Baguette-Scheiben. Prinzipiell geht es bei der Aioli nicht darum, Mayonnaise mit Knoblauch zu würzen, sondern den Knoblauch zu essen ... In der Provence wird das Aioli oft als Tagesgericht am Freitag in vielen Restaurants angeboten.

Frédéric Mistral schrieb über Aioli, dass *„es in seinem Wesen die Hitze, die Stärke, die Liebenswürdigkeit der Provence vereint und daneben die angenehme Eigenschaft besitzt, Fliegen zu verjagen"*.

Aiguilettes: Fisch- oder Fleischstreifen

Aillage: Knoblauchsoße, ähnlich wie Vinaigrette. Gelegentlich auch die Bezeichnung für eine geröstete Scheibe Brot mit Knoblauch und Olivenöl.

à la fariboule: mit Thymian gewürzt

Alouettes sans tête: Ein Gericht aus dünnen Rindfleischscheiben, um gepökeltes Schweinefleisch gerollt. Mit klein gehacktem Knoblauch und Petersilie bestreut und in Olivenöl, trockenem Weißwein, Rinderbrühe und Tomaten eingelegt. Warum dieses Gericht wörtlich übersetzt "Lerchen ohne Kopf" bedeutet, bleibt ein Geheimnis des Erfinders.

Aloyau: Lendenstück

Amandes: Mandeln

Amuse bouche oder Amuse gueule: Appetithappen, vor dem Menü als Überraschung des Hauses serviert

Anchoide: Sardellenpaste, auf geröstetem Weißbrot zur Vorspeise gereicht

Anchois: Sardellenfilets

Anchoiade: Paste aus Sardellen und Kapern, Essig und Öl, auf Toast als Vorspeise serviert

Andouilette: Bratwurst aus Innereien

à point: (Rindfleisch) medium

Arapèdes: Napfschnecken

Araignées: Spinnenkrebse

Artichauts: Artischocken. Die violetten Artischocken aus der Provence werden von März bis zu den ersten Winterfrösten geerntet. In Südfrankreich werden sie oft roh verzehrt.

Asperges: Spargel. In den provenzalischen Garriguen wächst der Spargel auch im wilden Zustand. Er ist grün, violett oder weiß, seine Produktion ist auf die Zeit von März bis Juni beschränkt.

Asperges à la Fontenelle: Spargel mit Eiern und zerlassener Butter

Assiette de crudités: Rohkostteller

Asiette de charcuterie: Wurstteller (als Entré)

Bagna cauda: Rohes Gemüse wird in ein heißes Gemisch aus zerstoßenen Sardellen, Knoblauch, Olivenöl und in Milch aufgeweichtem Brot getunkt.

Banon: Ziegenkäse im Kastanienblatt

Bargue: Meerbutt

Baudroie: Seeteufel

Bette: Mangold

Baignet: Krapfen
Baignets de fleurs d´acacia: Krapfen mit Akazienblüten
Bœuf: Rindfleisch
- saignant: blutig, also nur leicht angebraten
- à point: halb gebraten, medium
- bien cuit: gut durchgebraten
Beurre: Butter
Bien cuit: (Rindfleisch) durchgebraten
Bifteck-frites: Hamburger à la francaise
Beuf à la Gardienne: einem Gulasch ähnlicher Eintopf aus Rindfleisch.
Bohémienne: Ein Gericht aus Auberginen, Tomaten und Zwiebeln in Olivenöl, gewürzt mit Kräutern der Provence.
Bouillabaisse: „auf kleiner Flamme gekocht", nach einer anderen Version „koch, und komm runter". Das einstige Arme-Leute-Essen bestand aus den Fangüberschüssen der Fischer des Vieux Port von Marseille. Heute ist die Fischsuppe ein Feinschmeckergericht. Laut der „Bouillabaisse-Charta" von Marseille, die 1980 gegründet wurde, um die Qualität der Bouillabaisse zu überwachen, gehören hinein: Drachenkopf, Knurrhahn, Meerspinne und Seeaal. Die Fische werden unzerteilt und unverkocht mit einer Fischbouillon übergossen und mit Olivenöl, Tomaten, Kartoffeln, Zwiebeln, Fenchel, Knoblauch und Safran gegart. Je nach Geschmack können Fische und Suppe in einem Suppenteller gemischt oder getrennt serviert werden. Kenner aber lassen zuerst die sämige Suppe mit Knoblauchmajonäse und dann den Fisch auf der Zunge zergehen. Auf jeden Fall aber muss der Fisch unbedingt vor den Gästen zerlegt werden. Dazu werden verschiedene Soßen serviert: Rouille oder Aïoli, zusammen mit Brotkrusten, die mit Knoblauch gerieben sind. Auf jeden Fall gilt: Eine billige Bouillabaisse ist keine Bouillabaisse, 30 € sollte man für eine gute Bouiollabaisse schon berappen.

Poisson sans boisson c'est poison – Fisch ohne Getränk ist Gift

Bouillabaisse royale: mit Hummer
Bourride: eine einfachere Version der Fischsuppe Bouillabaisse, die aus Weißfischen zubereitet wird
Brandade de morue: pürierter Stockfisch (der Fisch – möglichst ein Schwanzstück – wird mit Olivenöl, einem halben Liter Milch, einer Knoblauchzehe, einem Teelöffel gehackter Petersilie, einer Sardelle, Pfeffer und der Schale einer Zitrone püriert)
Brousse: Schafskäse, der natur oder mit Orangenblütenwasser serviert wird

Cabillaud: Kabeljau
Cailettes: „Wachteln" genannte Mangoldklopse mit Kartoffel- oder Kräuterfüllung
Calamar: Tintenfisch
Calissons d´Aix Konfekt aus Mandelteig mit Melonen und Honig
Canard: Ente
Carline: Frischkäse aus Kuhmilch, der mit Honig gegessen wird
Carrelet: Scholle
Caviar d´aubergines: Paste aus Auberginen, wird gerne zum Aperitif gereicht.

Chapon: rote Rascasse
Chèvre: Ziege, Ziegenkäse
- à l´ail: mit Knoblauch vermengt
- à l´huile: in Olivenöl eingelegt
Der Ziegenkäse ist in der Provence unumgänglich, ob er nun warm mit einem Salat serviert wird oder auf einer Käseplatte thront, süß oder salzig angerichtet oder – auch sehr köstlich – als Pizzabelag verwendet wird. Je nach Alter sind der Geschmack und das Aussehen des Ziegenkäses veränderlich: frisch ist er weiß und sanft, trocken wird sein Geschmack viel stärker, manchmal durchzieht ihn blauer Schimmel. In der Provence gibt es verschiedene Ziegenkäsearten, darunter die Sorten *Tome* in runder Scheibenform, manchmal mit „Pèbre d'ail" parfümiert, den *Banon*, der in Kastanienblätter gehüllt wird, und den *Brousse du Rove*, der aus der Vorstadt von Marseille stammt und als Dessert gereicht wird.
Charcuterie: Wurst- und Schinkenteller, oft als Vorspeise serviert
Chichi fregi: Knuspriges Gebäck aus süßem Brandteig
Cèpes: Steinpilze
Clafoutis: Auflauf mit Obst
Clovisses: Teppichmuscheln
Colin: Seehecht
Congre: Meeraal
Coques: Herzmuscheln
Coquillages: Schalentiere
Corail oursins: (aphrodisierende!) orange Drüsen von Seeigeln
Courgettes: Zuchini
Coussins de Lyon: Süßigkeit aus mit Curaçao verfeinerter Schokoladencreme und Mandelpaste, überzogen mit giftgrünem Zuckerguss
Côte: Kotelett
Crème brûlée à la lavande: Lavendelcrème mit karamelisierter Kruste
Crevettes: Garnelen
Crudité: Rohkost mit Essigsauce, als Vorspeise gereicht
Crustacés: Krustentiere

Daube, provenz. Adobo: Eine typisch provenzalische Zubereitungsart von Fleisch. Es wird in kleine Stücke geschnitten und mit verschiedenen Zutaten stundenlang geköchelt.
Daube de boeuf: Mit Speck, Zwiebeln und Knoblauch in Rotwein geschmortes Rinderragout
Daurade: Goldbrasse
Dindon: Truthahn

Echalote: Schalotte
Écrevisse: Krebs
Engrain: Dinkel, der auch „Weizen der Gallier" genannt wird, auf dem Plateau de Sault und den angrenzenden Bezirken der Departements Drôme und Alpes-de-Haute-Provence angebaut. Die Ernte findet im August statt.
Entrecôte: Lendenstück

Entrée: Vorspeise
épicé: gewürzt, scharf
Escalope: Schnitzel
Escargots: Schnecken
Estocaficada: geräucherter, mit Tomaten, Zwiebeln, Paprika und Kartoffeln gekochter Stockfisch

Farandole de: verschiedene Arten von etwas
farci: gefüllt
Faux (Filet): Filet (es gibt viele Gerichte, die die Provenzalen erheblich besser zubereiten können als ein Filet …)
Favouille: eine grüne Krabbe, die meist zu einer Krabbensuppe, der Soupe aux Favouilles verarbeitet wird.
Ficelle: ein dünnes, langes Weißbrot
Flétan: Heilbutt
Fleurs de courgettes farcies: gefüllte Zucchiniblüten
Fleurs pralinées: kandierte Blüten
Fenouil: Fenchel
Focaccia: eine Art Croque-Monsieur, statt mit Baguette mit Pizzateig, nach Belieben gefüllt und heiß serviert.
Foie gras: Gänseleberpastete
Fougasse: Leicht salziges, typisch provenzalisches Brot, dessen Baguetteteig mal mit Olivenöl, mal mit schwarzen Oliven oder Walnüssen, mal mit Zwiebeln und Käse vermengt wird und lauwarm am besten schmeckt.
Fraises: Erdbeeren
Frit: gebacken
Fromage blanc: Käse, Quark
Fromage de chèvre et de brebis Ziegen- und Schafskäse
Fruits: Obst
- confits: kandiertes Obst, zum Beispiel aus Apt oder Saint-Rémy-de-Provence
- de mer: Meeresfrüchte
Die üblichen, in der Provence geernteten Obstsorten sind Aprikosen, Kirschen, Erdbeeren, Feigen, Melonen (Cavaillon ist bekannt als Hauptstadt der Melonen), Pfirsiche, Nektarinen, Birnen, Trauben und Äpfel (die Provence ist die führende Apfelproduktionsregion Frankreichs)
fumé: geräuchert
Fumeton: Geräuchertes vom Schaf

Gambas: Garnelen
Gardiano: Schafsragout mit Kartoffeln, einer Spezialität der Camargue
Gâteau: Kuchen

Die Zutaten machen es aus …
und nicht die Zusammenstellung – so könnte man das Motto von Alain Ducasse, dem großen provenzalischen Koch, nennen. Manch einer wirft ihm vor, dass er ja gar nicht selbst am Herde stünde und somit kein großer Koch sein könnte. Ducasse sieht das anders, für ihn ist nicht die Erfindung eines neuen Aromas beglückend, sondern die Entdeckung von Gemüsegärtnern, Metzgern oder Geflügelzüchtern, die hervorragende Qualität produzieren. Und Wolfram Siebeck, der bekannte Gastrokritiker, stimmt ihm zu: *„Genies am Herd? Vergessens Sie's"*, so titelte er in DIE ZEIT.

Gaufrettes: Waffeln
Gibier: Wild
Gigot: Lammkeule
Glâce: Eis
Glaçons: Eiswürfel
Gratiné: mit Käse überbacken
Grenouilles: Froschschenkel (doch, doch, die gibt´s noch!)
Grillade: gegrilltes Fleisch

Haricots: Bohnen
Herbes: Kräuter
Hors-d´oeuvre: kalte Vorspeise
Huile: Öl
Huîtres: Austern

Jambon: Schinken
Julienne de: feingeschnittene Streifen von…

Im Mai können hell violett blühende Thymianzweige nicht nur Käseplatten schmücken. Es lohnt sich auch, die wild wachsende Gewürzpflanze zu pflücken und ein bis zwei Monate zu trocknen. Zwischen den Händen gerieben ist es dann ein köstliches Gewürz für Grillgerichte oder Pastasaucen mit Hackfleisch.

Laitue: Kopfsalat
Langoustes: Langusten
Langues de tarasques: blanchierte, in Streifen geschnittene Paprika, mit Knoblauch in Olivenöl mariniert
Lapin: Kaninchen. Von der Haute Cuisine weitgehend ignoriert, war es einst ein beliebtes Sonntags- und Festtagsgericht der einfachen Leute. Meist wurde es als Ragout zusammen mit allerlei Gemüse, Oliven und Wein zubereitet.
Lapin à la provençale: Auf kleiner Flamme mit Knoblauch, Senf, Tomaten, Gewürzen und Weißwein gegartes Kaninchen
Lardon: Speckwürfel
Lentilles: Linsen
Lièvre: Hase
Lotte de mer: Seeteufel (der Fisch ist so hässlich wie köstlich)
Loup: Seewolf, Wolfsbarsch
Loup grillé au fenouil: Über Fenchelzweigen gegrillter Seewolf. Vor dem Servieren wird er oft mit Pastis flambiert.

Marcassin: Frischling
Mérou: Meru
Miel: Honig
Morille: Morchel
Moules: Miesmuscheln
Moutarde: Senf
Mouton: Hammel
Mulet: Meeräsche

Nougat glacé: gefrorene Mandel- und Nussmasse
Noisette: Haselnuss

Œuf: Ei
Oie: Gans
Oignon: Zwiebel
Olives: Oliven
Oursins: Seeigel

Pageot: Rotbrasse
Pain: Brot
Panisses: frittierte oder überbackene Küchlein aus Kichererbsenmehl
Pasta: Wie im benachbarten Italien spielen Nudeln auch in der Provence eine wichtige Rolle. Allerdings werden hier gerne mal Nudeln mit Kartoffeln zusammen gekocht.
Paté: Fleischpastete
Pâtes: Teigwaren (in der Provence meist Eiernudeln)
Pâtisserie: Gebäck
Pélardon: Ein kleiner runder Ziegenkäse, der auf allen Märkten der Provence zu finden ist. Er wird im westlich des Rhône-Tals gelegenen Hinterland hergestellt. Es gibt ihn in verschiedenen Reifestadien, von frischcremig bis gereifttrocken.
Picodon: Ein kleiner, runder Ziegenmilchkäse. Der alte, trockene und scharfe Käse wird Bouton de culotte (Hosenknopf) genannt
Pieds de cochon: Schweinsfüße
Pieds et paquets (Füße und Pakete): Viele Orte und Länder haben ja Gerichte, deren Zusammenstellung Nicht-Einheimischen äußerst merkwürdig erscheint. Dieses Gericht ist so eines. Es geht auf das frühe 19. Jahrhundert zurück und stammt aus dem Dorf La Pomme bei Marseille. Heute werden die „Füße und Pakete“ aber an vielen Orten in der Provence serviert. Es wird aus Schafmagen (Pansen) zubereitet, der in Quadrate geschnitten und mit Knoblauch, Petersilie und Speckwürfeln gefüllt wird. Echte „Pakete“ sind auf keinen Fall mit Schnur umbunden, sondern werden mit einem „Knopfloch“ verschlossen. Auch die „Pieds“, die

Pizza hat in der Provence eine vergleichbar lange Tradition wie im italienischen Neapel und schmeckt hier mindest so gut wie in Italien. Eine provenzalische Pizza muss aus dem Holzofen kommen, zum Verfeinern und Verschärfen wird noch eine Flasche Olivenöl mit eingelegten Kräutern und Peperoni auf den Tisch gestellt. (Angesichts provenzalischer Busse mit eingebautem Holzofen wendet sich der sicherheitsbedürftige Deutsche allerdings mit Grausen ab ...)

Zerschlagene Oliven
Wenig bekannt sind die zerschlagenen Oliven von Les Baux, die dort im Winter für den heimischen Gebrauch produziert werden. Dabei werden im Winter unreife grüne Oliven gepflückt, mit einem Holzhammer gespalten und anschließend neun Tage in klares, täglich erneuertes Wasser gelegt, um ihren bitteren Geschmack auszuschwemmen. Dann werden sie neun Tage in Salzlake eingelegt und mit Lorbeer und Fenchel gewürzt.

Schafsfüße, enthalten ein Gemisch aus Speckwürfeln, Knoblauch, Petersilie und Tomaten, das in Olivenöl angebraten ist. Danach werden Weißwein (zum Beispiel Cassis) und verschiedene Kräuter hinzugefügt und alles bei geringer Hitze mindestens sieben Stunden gekocht.

Pieuvre: Krake
Pigeon: Taube
Pignons: Pinienkerne
Pissaladière: Zwiebelkuchen mit Sardellen und Oliven und mit *pissala*, einer Paste aus Anchovis, Öl und Essig bestrichen
Plat du jour: Tagesgericht
Poéllée: aus der Pfanne
Pois chiches: Kichererbsen
Poivrade: Pfeffersoße
Poivre: Pfeffer
Poivron: Paprikaschote
Polenta: gekochter und mit Parmesan gewürzter Maisgries
Pommes: Äpfel
Pommes de terre: Kartoffeln
Porc: Schwein
Porchetta: Spanferkel
Potage: Suppe
Poulet: Hähnchen
Poutargue: Provenzalischer Kaviar aus Meeräsche-Eiern, eine Spezialität der Camargue. Poutargue wird auf eine Scheibe Brot oder auf gebutterten Toastbrot gestrichen und leicht mit Zitronensaft beträufelt (s. auch S. 219)
Pistou: Mus aus Basilikum, zerstoßenem Knoblauch und Olivenöl, das in die Gemüsesuppe „soupe au pistou" eingerührt wird oder als Spaghettigericht serviert wird.
Praires: Venusmuscheln
Prix nets: Preise inkl. Bedienung

Raioles: Ravioli, deren Form und Name erinnern zwar an Italien, nicht aber ihr Inhalt. Die *raioles* sind in der Provence meist mit getrockneten Walnüssen gefüllt und werden zu Spinat oder Kürbis gegessen.
Raisins: Weintrauben
Rascasse: roter Drachenkopf
Ratatouille: Arbeitsaufwändiges Gemüsepotpourri aus geschmorten Paprika, Zucchini, Zwiebeln, Auberginen, Tomaten und vielen Kräutern.
Rellettes: Schweinepastete
Rouget: Rotbarbe
Roille: Eine durch roten Pfeffer oder Peperoni verschärfte Variante der Aioli-Mayonnaise, die mit Olivenöl angerührt wird und die man mit geröstetem Weißbrot zu Fischsuppe isst.
Rôti: Braten
Rouget: Streifenbarbe. Ein köstlicher, allerdings mit tückischen, kurzen Gräten bewaffneter Fisch, der am besten über Fenchelzweigen gegrillt schmeckt.
Rouille (= Rost): scharfe rote Sauce

saignant: (blutig) englisch gebraten
Salade Niçoise: Salat aus Tomaten, grünen Bohnen, Kartoffeln, hart gekochtem Ei, Oliven und Tunfisch. Der weltberühmte Salat kann eine herrliche Delikatesse oder ein schlichter Mischmasch sein, je nachdem, ob die Böhnchen frisch oder aus der Dose, die Tomaten gehäutet, die Zwiebeln hauchfein gehobelt und die Kartoffeln am selben Tag gekocht sind. In den Salat gehören auf jeden Fall Tomaten hinein, laut dem Original-Rezept halbiert und gesalzen, um ihnen das Wasser zu entziehen und sie noch etwas aromatischer zu machen. Das geht aber auf Kosten der Frische – monieren Kochpuristen. Auch streiten sich die Gemüter, ob hart gekochte Eier hinein dürfen, Tunfisch schon eine Verfälschung ist und gekochte Kartoffeln ein Sakrileg sind.
Sardines: Sardinen. Sie zählen, ob mariniert, frittiert oder gegrillt, zu den beliebtesten *Hors-d'œuvres* der Provence.
Saucisse: Würstchen
Saucisson d´Arles: Wurst aus Arles, die Schweine- und Eselsfleisch enthält
Saumon fumé: geräucherter Lachs
sauté: geschmort
Seiche: Tintenfisch
Sel: Salz
Socca: Fladenbrot aus Kichererbsenmehl, mit Olivenöl beträufelt und mit Pfeffer bestreut.
Sole: Seezunge
Sucre: Zucker
Suppléments: Aufpreis

Dreierlei

Es passt zu allen drei Hauptmahlzeiten, dauert drei Minuten, erfordert drei Zutaten und macht Eindruck: Rührei mit Trüffel. Einfach über drei Rühreier so viele schwarze Trüffeln reiben, wie der Geldbeutel erlaubt. Dann einen Klacks Sahne darüber geben – fertig ist die Spezialität des berühmten Restaurants *La Petite Maison* in Nizza.

Quenelles: Klöße aus Fleisch, Fisch oder Geflügel

Tapenade: Oliven- und Sardellenpaste, gelegentlich auch die schwarze Butter der Provence genannt. Sie wird auf geröstetes Weißbrot gestrichen und zu Vorspeisen gereicht. Sie passt auch sehr gut zu Geflügel oder als Füllung eines Bratens. Ein Gläschen *Tapenade* pro Tag gegessen und man wird 100 Jahre alt, so zumindest geht die Legende.

Tapenade
200 g Fleisch schwarzer Oliven
100 g Sardellenfilets
200 g Kapern
ein oder zwei Gläschen Cognac
2 Deziliter feines Olivenöl
Alle Zutaten pürieren, durch ein Sieb drücken. Mit dem Schneebesen Olivenöl, eine Fingerspitze Gewürze, Pfeffer und ein oder zwei kleine Gläschen Cognac einarbeiten. Die Tapenade *kann in einem geschlossenen Gefäß aufbewahrt werden.*
Zu diesem Rezept gibt es Abwandlungen: Man kann auch marinierten Tunfisch und einen Esslöffel englischen Senf hinzufügen.

Tarte: Torte

Tellines: auch bekannt als *Haricot de mer*, Seebohne. Vor allem in der Camargue servierte winzige Dreieckmuscheln, die man gekocht oder mariniert zum Aperitif, als Vorspeise oder Hauptspeise serviert.

Tomate: Tomate, auch *Pomme d´amour* – Liebesapfel – genannt. Im Mittelalter schrieb man der – damals noch feuerroten – Tomate allerdings noch teuflische Kräfte zu und pflanzte sie ausschließlich als Zierpflanze an. Tipp von einer Markfrau: Tomaten vom Markt sollten eine glänzende Haut und noch den Stängel haben, so bleibt die Tomate frisch. Auch sollte man sie nicht im Kühlschrank unter 12 °C aufbewahren, weil sie sonst an Geschmack verliert. Die Provence ist die führende Tomatenproduktionsregion Frankreichs. Die Hochsaison erstreckt sich von Mai bis September.

Tomate à la provençale: Mit Olivenöl, jeder Menge Knoblauch und Petersilie gegarte Tomate

Tomate à la provençale

Zutaten

2 bis 3 Tomaten pro Person

Knoblauch, Olivenöl, Petersilie, Salz, Pfeffer, Puderzucker

Die Tomaten halbieren und entkernen. Ein großes Glas Olivenöl in einer Pfanne erhitzen. Die halbierten Tomaten mit der Schnittfläche ins heiße Öl legen. Zudecken und 15 Minuten garen. Dann die Pfanne von der Platte nehmen und die Tomaten sorgfältig umdrehen. Mit sehr fein gehacktem Knoblauch, Petersilie, Zucker, Salz und Pfeffer bestreuen. Die Pfanne wieder auf die Platte stellen und das Garen während der nächsten Stunde überwachen. Es muss besonders langsam gegart werden. Kaffeelöffelweise kaltes Wasser hinzufügen. Die Tomaten können auch im Backofen zubereitet werden. In diesem Fall Paniermehl hinzufügen.

Tarte de bléa: Spinatpastete mit Pinienkernen und Rosinen

Tournedos: Rinderfilet

Tourte de veau: (Kalbfleischpastete). Eine zarte Kalbsschulter wird in Würfel geschnitten und mit Zwiebeln und Knoblauch mariniert; in einen Teigmantel gehüllt wird sie dann im Backofen gebraten. Sie kann heiß oder kalt gegessen werden.

Tripes: Kutteln

Truffes: Trüffel. Eine Wissenschaft für sich, eine Weltanschauung, die – abhängig von der jeweiligen Nase – nach einer kulinarischen Offenbarung oder nach feuchten, lange getragenen Wollsocken riecht. Echte Trüffel (*Tuber*) und Mäandertrüffel gehen mit höheren Pflanzen, meist Bäumen, eine Lebensgemeinschaft ein. Der Trüffel ist ein Fruchtkörper aus einem feinen Fadengeflecht, das die Wurzeln des Baums umspinnt und ihm lebensnotwendige Kohlenhydrate entzieht, der Baum erhält im Gegenzug Wasser und Nährelemente. Da der Pilz lebender Baumwurzeln bedarf, kann er auch nicht so gezüchtet werden wie zum Beispiel Champignons oder Austernseitlinge. Man kann allerdings Wurzeln mit Trüffelmyzel „beimpfen“ und die

Die Trüffeln sollen Frauen nachgiebiger und Männer liebenswürdiger machen.

so präparierten jungen Bäume mit einiger Aussicht auf Erfolg im Freiland aussetzen. Mittlerweile stammen 90 % der provenzalischen Trüffel aus solchen angelegten Hainen.
Den schmackhaftesten und edelsten Trüffel, den der echten „Tuber melanosporum" erkennt man daran, dass auch die zweite Schicht unter der obersten Hautschicht braun ist (man kratzt den Trüffel mit dem Fingernagel an). Lässt sich die Haut abziehen wie bei einer Kartoffel und ist es darunter hell, dann handelt es sich um den „Tuber brumale", der nur rund ein Drittel der „melanosporum" wert ist. Der „Brumale" muss im Gegensatz zum „Mélano" gekocht werden, damit sein strenger Geruch verschwindet. Er wird dann nur für einfache Nudelgerichte etc. verwendet. Übrigens: Im Mittelalter war der Trüffel in Frankreich wegen seiner dunklen Farbe als satanisch verpönt. Louis XIV, der Sonnenkönig, gab ihm jedoch den renommierten Ruf als Luxusprodukt wieder, den er heute noch genießt.

Nach den Trüffeln schnüffeln

• **Mit Schwein.** Es ist rein theoretisch die beste Trüffel-Suchmaschine, denn das Schwein zählt die Trüffel zu seiner Leib- und Magenspeise. Deshalb lässt es sich auch um nichts in der Welt davon abhalten, gefundene Trüffel auch selbst zu fressen. Aus diesem Grund lässt heute kaum noch jemand die Sau raus, wenn er auf Trüffelsuche geht.
• **Mit Hund**. Mit dem Nachteil, dass der Hund die Trüffel nicht zu seinen Leibspeisen zählt. Aber mit dem Vorteil, dass er sich auch schon mit nach Trüffel riechender Wurst zufrieden gibt. Aber zuerst muss man dem Hund beibringen, dass Trüffel gut schmecken und das geht nur mit Trüffeln, die man zuvor finden muss …
• **Mit Fliegen**. Mit dieser Methode sucht man Trüffel mit kleinen Fliegen mit durchsichtigen Flügeln, die sich von Trüffeln ernähren. Wenn man Sand auf den Boden wirft, fliegen sie hoch und dort wo sie aufsteigen, kann man dann im Erdreich die Trüffel finden.
• **Mit Stecken**. Mit dem Vorteil, dass diese Methode nicht so auffallend ist wie das Suchen mit Tieren und die Konkurrenz somit nicht gleich informiert ist. Mit dem Nachteil, dass diese Methode als äußerst frevelhaft gilt.
• **Mit biomechanischen Elektronasen**. Mit dem Vorteil, dass diese Methode ziemlich effizient ist. Mit dem Nachteil, dass sie in der kulinarischen Einöde Großbritannien erfunden wurde und somit unter der Würde eines echten Provenzalen ist …
Man erkennt die von Trüffeln befallenen Bäume daran, dass rund um den Baum nichts mehr wächst.

Trüffel-Tipps
• Die Trüffel zwischen rohe Eier legen, dort 24 Stunden ruhen lassen und anschließend ein Rührei (im Wasserbad!) zubereiten – es wird intensiv nach Trüffeln schmecken, ohne dass auch nur ein einziges Trüffelstück verarbeitet wurde.

• Die Trüffeln nicht mit Wasser, sondern mit einer Zahnbürste reinigen und dünn schälen (zu dick geschältes einfach in eine Flasche Olivenöl geben).
• Eine Anschaffung, die lohnt: Mit einem Trüffelhobel lassen sich nicht nur Trüffeln, sondern auch Knoblauchzehen hauchfein hobeln.

Trüffel-Julienne in der Eierschale
Zutaten für 4 Personen:
4 Eier vom Bauernhof
1dl Crème fraîche
50 g Trüffel
Salz – Pfeffer
Pinienkerne
Die Eier mittels eines Eierschneiders köpfen, sodass die Schalen heil bleiben, und das Eiweiß vom Eigelb trennen. Das Eigelb mit der Crème fraîche mischen und mit Salz und Pfeffer würzen (falls vorhanden auch mit Trüffelsaft). Die Eiweiße mit einer Prise Salz zu Schnee schlagen und die Eigelbmasse unterziehen. Den Trüffel in Streifen schneiden und in die Eierschalen verteilen, die Eier-Deckelchen wieder aufsetzen und 2 Minuten bei 180 °C vorwärmen (die Eier auf grobes Salz stellen, damit sie nicht umfallen). Die Eiermasse mit einem Löffel oder einem Spritzbeutel in die Eierschalen füllen, Pinienkerne drauf verteilen, den Deckel aufsetzen und wieder 2 Minuten bei 180 °C backen. Vor dem Servieren, nochmals den Deckel entfernen und mit einer Lamelle Trüffel, die in Butter angebraten und gewürzt wurde, dekorieren. Dazu wird getoastetes Brot gereicht. (Das Rezept stammt von Franck Gomez von Restaurant La Table du Comtat *in Séguret.)*

Cuisine Sadique
„Ich werde es Cuisine Sadique nennen: Das Marquis-de-Sade-Kochbuch. Alle Zutaten werden geschlagen, ausgepresst, zerstoßen und angebraten. In den Beschreibungen werden zahlreiche schmerzbezogene Wörter verwendet, und damit, da bin ich mir sicher, wird das Buch in Deutschland ein succès fou."
entnommen aus „Toujours Provence" von Peter Mayle. Deutschland muss allerdings bis heute auf den succès fou, den riesigen Erfolg, warten …

Besichtigungstipp
Im Maison de la Truffe et du Tricastin dreht sich alles um die Knolle, s. S. 267.

Truite: Forelle

Viande haché: Hackfleisch
Vinaigre: Essig
Violet: Meeresveilchen. Ein bis zu 8 cm großer Meeresbewohner voller Dellen und Buckel, dessen Haut fast wie Leder, der gelbe Teil im Inneren hingegen wie Rührei aussieht. Der Violet wird roh mit einem Weißwein genossen.
Viandes: Fleischgerichte
Volaille: Geflügel
Vol au Vent: Ein Blätterteiggebäck, das mit einer Sahnesoße mit Huhn, Fisch, Fleisch oder Gemüse gefüllt und als Vorspeise serviert wird. Die Bezeichnung Vol-au-vent, „fliegend in den Wind", bezieht sich die auf unglaubliche Leichtigkeit des Gebäcks.

Yaourt: Joghurt

Getränke (boissons)

„Im römischen Gallien trank man nicht nur Wein, sondern kannte auch mehrere Sorten Bier. Auf einer Ringflasche aus jener Zeit kann man lesen: ‚Hospita, reple lagnona(m) cervesa! copo, c(on)ditu(m) habes! Est. Reple, da!' (‚Wirtin, fülle meine Flasche mit Bier. Wirt, hast du Würzwein? Hab ich. Dann gib her, schenk ein.')“
aus „Gallien“ von Paul-Marie Duval

Bière: Bier
- **à la pression:** Bier vom Fass
- **blonde**: helles Bier
- **brune**: dunkles Bier
- **en bouteille**: Flaschenbier
- **étrangère**: ausländisches Bier

Café: Espresso
- **crème**: Kaffee mit Dosenmilch getrunken, Milchkaffee
- **au lait**: Milch (wird in Frankreich nur vormittags, niemals nach dem Essen getrunken)
- **liégois:** Eiskaffee

Carafe d´eau: eine Karaffe Wasser
Chocolat chaud: Kakao
- **liégois:** Eisschokolade

Cidre: Apfelmost

Der Pastis hat einen provenzalischen Zwillingsbruder: das Petanque-Spiel. Wer verliert, bezahlt eine Runde Pastis …

Eau: Wasser, die Franzosen trinken in der Regel viel Wasser zum Essen
- **plate**: ohne Kohlensäure
- **gazeuse**: mit Kohlensäure
- **une carafe d´eu**: Kostenloses Leitungswasser. Meist wird eine Karaffe oder eine Flasche davon ohne Nachfrage auf den Tisch gestellt.

Grenadine à l´eau: Granatapfelsaft mit Wasser
Lait: Milch
Menthe à l´eau: Pfefferminzextrakt mit Wasser
Infusion: Kräutertee
Panaché: Bier mit Limonade (Radler, Alsterwasser)
Pastis: Ein angeblich von einem Eremiten erfundener Kräuterschnaps, der nicht nur den Durst stillt, sondern auch vor der Pest schützte. Populär wurde der Pastis allerdings erst 1932, als ein gewisser Paul Ricard nach einem Nachfolgeprodukt für den verbotenen Absinth suchte, den Pastis fand und clever vermarktete. Der Pastis ist eine Mischung aus Anis, Lakritz und Fenchel, mit Zucker gesüßt und 45-prozentigem Alkohol ergänzt. Verdünnt

wird er mit Leitungswasser (ein Fünftel Pastis plus vier Fünftel Wasser), aber nicht mit Eis verwässert! Er gilt als hervorragender Durstlöscher. In Mitteleuropa ist der Pastis meist unter Handelsmarken wie Pernod und Ricard bekannt – in Frankreich gibt es mindestens 20 weitere Sorten. Mit Pastis verhält es sich übrigens so ähnlich wie mit dem griechischen Ouzo: So wie der Ouzo nur unter griechischer Sonne schmeckt, so braucht auch der Pastis seine provenzalische Umgebung, um sich zu entfalten.

Provenzalisches Pastis-Trio
Perroquet: 1 Volumen Pastis, 1 Volumen Pfefferminzsirup, 5 Volumen Wasser
Tomate: 1 Volumen Pastis, 1 Volumen Grenadine-Sirup, 5 Volumen Wasser
Mauresque: 1 Volumen Pastis, 1 Volumen Mandelmilchsirup, 5 Volumen Wasser

Thé: Schwarztee
Tisane: Kräutertee

Vin (un pichet de vin): (offener) Wein. Ein Pichet Wein ist überall zu bekommen, preisgünstig und selten ein Reinfall.
- **blanc:** Weißwein
- **rose**: Roséwein. Anna Seghers schreibt darüber in „Transit“: „Er trinkt sich, wie er aussieht: wie Himbeersaft. Sie werden unglaublich heiter. Wie leicht ist alles zu tragen. Wie leicht alles auszusprechen. Und dann, wenn Sie aufstehen, zittern Ihnen die Knie. Und Schwermut, ewige Schwermut befällt Sie – bis zum nächsten Rosé“.
- **rouge**: Rotwein

Rund 60 % der Provence-Weine sind Roséweine, 35 % sind Rotweine und etwa 5 % Weißweine.

Lange Zeit hatten die Weine der Provence nicht den besten Ruf, wurden die einfachen Rosé-Weine doch in Massen produziert. Inzwischen hat sich aber Qualität durchgesetzt, fast die Hälfte der provenzalischen Weine kommt aus Anbaugebieten der höchsten Qualitätsstufe, der A.O.C. (Appellation d´Origine Controlée). Der teuerste ist der Châteauneuf-du-Pape, ein roter und schwerer Wein, der mehr als sechs Jahre Lagerung braucht. Spitzenlagen kommen auch aus der Gegend um Gigondas. Dann gibt es noch ein paar feine Rote aus Bandol. Der Weißwein von Cassis ist so gut und so rar, dass er fast nur dort getrunken wird. Gute Weiß- und Roséweine kommen aus der Gegend von Aix.

F

⇨ Feiertage

1. Januar	Jour de l´An (Neujahr)
beweglich	Pâcques (Ostersonntag und Ostermontag)
1. Mai	Fête du Travail (Tag der Arbeit)
8. Mai	Armistice (Ende des Zweiten Weltkriegs 1945)
beweglich	Ascension (Christi Himmelfahrt)
beweglich	Pentecôte (Pfingstsonntag und -montag)
14. Juli	Fête Nationale (Ausbruch der Französischen Revolution 1789)
15. August	Assomption (Mariä Himmelfahrt)
1. November	Toussaint (Allerheiligen)
11. November	Armistice (Ende des Ersten Weltkriegs 1918)
25. Dezember	Noël (Weihnachten)

⇨ Feste

Was gibt es nicht alles zu feiern in der Provence! Weinfeste, Lavendelumzüge, Reisernte-feste, Opernfestivals und auch der Frage, wer den besten Käse hat, will nachgegangen werden! Im Folgenden ein Überblick über die schönsten Feste:

Januar

- **Carpentras**: Die Fête de la Truffe, die **Trüffelmesse mit Markt und Trüffel-menus** am ersten Sonntag im Januar, ist für Feinschmecker ein Pflichttermin.
- **Richerenches**: Zum Dank für die wohl schmeckende Wunderknolle wird am dritten Sonntag im Januar die **Trüffelmesse** gefeiert. Anschließend werden die bei der Kollekte gespendeten Trüffel versteigert. Der Herr hat sie gegeben, ein Herr hat sie genommen …

April

- **Arles**: **Beginn der Stierkampfsaison**. Die Camargue-Stiere werden für die Stierkämpfe von ihren Weiden in die antike Arena getrieben. Gefeiert wird bis in die Puppen, auch ohne Stierkampfbesuch ein Erlebnis.
- **L´Isle-sur-la-Sorgue**: Die wichtigste **Antiquitätenmesse** (Foire des Antiquaires) der Provence findet an Ostern und dann nochmals im August statt, die Auswahl ist umso größer!

Mai

- **Arles**: Am 1. Mai **Fest der Bruderschaft der Viehhirten des Heiligen Georg** von 1512. Umzug hoch zu Ross mit Camargue-Cowboys, die in traditionelle Trachten gekleidet sind.
- **Cucuron**: Fête de l´Arbre de Mai, **Maibaumfest**, am Samstag nach dem 21. Mai. Die Bewohner von Cucuron sägen die höchste Pappel des Dorfes ab, die dann bis zum 15. August vor der Kirche zu bewundern ist. Dieser Brauch des Maibaums wird seit der Pest von 1720 zu Ehren von Ste.Tulle gepflegt.
- **Les Saintes-Maries-de-la-Mer**: Am 24. und 25. Mai versammeln sich Tausende von Sinti und Roma zur **Zigeunerwallfahrt**.

Juni

- **Tarascon**: am letzten Sonntag im Juni findet die **Fête de la Tarasque** statt mit Kostümumzug und mittelalterlichem Bankett. Und ganz zum Schluss windet sich das Monster Tarasque in Begleitung des Lokalhelden Tartarin durch die Stadt.
- **Aix-en-Provence**: Opernfestival im Hof des Bischofspalais
- **Simiane**: Bei der **Nuit du Petit St.Jean** am 23. Juni ziehen 400 kostümierte Darsteller zum Spiel um ein Findlingskind von der Kirche Notre-Dame zum Château de Simiane.
- **St.Rémy-de-Provence**: Pfingstmontag wogt ein Meer von Schafen durch die Stadt.

Juli

- **Arles:** Beim **Le Pegoulado** ziehen Hunderte von prächtig gewandeten Arlesiennes durch die Stadt, und die sind ja für ihre Schönheit berühmt!
- **Avignon**: In Avignon findet nun schon seit über 50 Jahren das weit über die Grenzen Frankreichs hinaus renommierte **Tanz- und Theaterfestival d´Avignon** statt. Wie wichtig die Musikfestivals von Avignon und Aix sind, zeigt eine Meldung der süddeutschen Zeitung vom 9. Juli 2003, die einem Bühnenarbeiterstreik und dem damit drohenden Ausfall des Festivals einen eigenen Artikel im Feuilleton widmete.
- **Salon-de-Provence: Internationales Jazz-Festival**

August

- **L'Isle-sur-la-Sorgue**: Am ersten Wochenende im August werden beim **Marché flottant** am Ufer der Sorgue Melonen, Salz und Knoblauch verkauft
- **Forcalquier**: Am ersten Augustwochenende kann man sich bei der **Foire aux produits de Haute-Provence** mit köstlichem Honig, Käse und Gewürzen eindecken
- **Châteauneuf-du-Pape**: Ende des Monats wird die Weinlese mit einem historischen Markt eröffnet
- **Sault:** Mitte August wird in Sault die **Fête de la Lavande**, das Lavendelfest, gefeiert.

September

- **Les Baux-de-Provence:** Olivenfest
- **Arles:** Prémices du riz (Reiserntefest)

Oktober

- **Les Stes-Maries-de-la-Mer**: Mitte Oktober finden Strandprozessionen statt.
- **Castellane-Moustiers-Ste-Marie**: Läufer aller Länder laufen Anfang Oktober beim **Marathon des Gorges du Verdon** entlang der gesperrten D952.

November

- **Avignon: Baptême des Côtes-du-Rhône primeurs.** Anlässlich des neuen Weins ziehen traditionell gekleidete Winzerbruderschaften durch die Gassen
- **Saintes-Maries-de-la-Mer**: Mitte November findet beim **Festival d'abrivados** ein traditioneller Umzug statt.

Dezember

- **Carpentras**: Beim **Salon des Santoniers** stellen die Krippenschnitzer der Region ihre hölzernen Geschöpfe aus
- **Bandol**: Bei der **Fête du Millésime** (dem Weinfest am Hafen) am ersten Dezembersonntag wird der neue Jahrgang verkostet.

⇨ FKK

Oben ohne ist an der französischen Mittelmeerküste allgemein üblich, komplett textilfrei nur an ausgewiesenen FKK-Stränden – oder in versteckten Buchten. Ausgewiesene FKK-Ferienanlagen gibt es in der Provence etwa 15, unter anderem bei Forcalquier oder Cadenet. Die FKK-Campingplätze bieten in den meisten Fällen zusätzlich Unterkünfte wie Caravans (Wohnwagen) oder Chalets an. Informationen über den Club Français du Naturisme erhält man beim Maison de la France, dort gibt es auch eine Frankreichkarte, auf der sämtliche FKK-Campingplätze eingezeichnet sind.

⇨ Fotografieren

Fotoapparate, Filme, Batterien und sämtliches Fotozubehör sind in Frankreich erheblich teurer als in Deutschland, da sie dem Luxussteuersatz unterliegen. Die nicht besteuerte Filmentwicklung hingegen liegt ungefähr auf unserem Preisniveau. Für Freiluftaufnahmen sind wegen des hellen Lichtes 100 ISO-Filme und ein UV- oder Polarisationsfilter empfehlenswert. In vielen Museen darf fotografiert werden, oft sogar mit Blitzlicht (allerdings meist gegen eine geringe Gebühr, die man an der Kasse entrichten kann).

G

⇨ Geld

Landeswährung ist seit 2001 der Euro (sprich öro). Da die Umrechnung von Franc in Euro (1 € entspricht 6,559 FF) erheblich komplizierter ist als zum Beispiel Mark auf Euro, sieht man heute noch oft den Preis zusätzlich auch in Franc angegeben. Während die Vorderseiten der Münzen der EU einheitlich gestaltet sind, zeigen ihre Rückseiten je nach Land andere nationale Symbole. In Frankreich ist auf den Münzen zu 1, 2 und 5 Cent die Jeanne d'Arc, auf denen zu 10, 20 und 50 Cent die „Marianne" (die personifizierte französische Republik mit einer Jakobinermütze auf dem Kopf), und auf denen zu 1 und 2 Euro die Parole der Französischen Revolution „Liberté, Egalité, Fraternité" (Freiheit, Gleichheit, Brüderlichkeit) zu sehen.

Geldautomaten sind nicht nur an fast allen Banken, sondern auch in fast allen Supermärkten zu finden. Sowohl mit Euroscheckkarten als auch mit gängigen Kreditkarten gibt es kaum Probleme. Händler weisen im Aushang oft einen Mindestbetrag für Kreditkarteneinkäufe aus.

Deutsche Notfallnummern bei Verlust von Scheck- und Kreditkarten
- **Eurocard-Mastercard**: Tel. 069/79331910, www.eurocardmastercard.tm.fr.
- **Visa:** Tel. 069/79332525, www.carte-bleue.com
- **Diner's Club:** Tel. 069/260350, www.dinersclub.fr/
- **American Express:** Tel. 069/97971000, www.americanexpress.fr/

Die Öffnungszeiten der Banken sind nicht einheitlich geregelt, manche Banken haben montags geschlossen, andere zusätzlich samstags geöffnet. In der Regel kann man aber von „Kernöffnungszeiten" von 9–12 und 14–16 Uhr, in Großstädten von durchgehenden Öffnungszeiten von 9–16.30 Uhr ausgehen.

⇨ Geschäfte

Es gibt in Frankreich keine gesetzlich vorgeschriebenen Öffnungszeiten. Man kann aber im Allgemeinen davon ausgesehen, dass die Geschäfte zwischen 9 und 12 Uhr und 14.30 und 19 Uhr geöffnet sind. Die großen Supermärkte wie Carrefour sogar bis 21 oder 22 Uhr. Montags haben viele Geschäfte ganztags oder vormittags geschlossen, dafür kann man aber vielerorts am Sonntagvormittag Lebensmittel und Brot einkaufen.

Krankheit der alten Steine
Eine schwere, meist unheilbare Krankheit ist die maladie des vieilles pierres – die Krankheit der alten Steine. Wenn Sie anfangen, von einem Häuschen in der Provence zu träumen, sind Sie davon befallen …

⇨ Gesundheit

Grundsätzlich ist das Netz an Ärzten, Krankenhäusern und Apotheken in Frankreich relativ dicht. Ärztliche und zahnärztliche Behandlungen müssen zunächst selbst bezahlt werden, wobei die Rechnungen der französischen Ärzte im Allgemeinen niedriger ausfallen als die der deutschen. Auch wenn Deutschland und Österreich dem EU-Abkommen über soziale Sicherheit unterliegen, das heißt, man kann auch als Deutscher oder Österreicher in Frankreich eine gesetzliche Krankenkasse in Anspruch nehmen, so empfiehlt sich doch der Abschluss einer Auslandskrankenversicherung, die schon ab 8 € pro Person zu haben ist. Sie deckt nicht nur die Kosten für einen eventuellen Rücktransport, sondern auch Selbstbeteiligungen, da manche Ärzte nicht bereit sind, gesetzlich Krankenversicherte zu den Krankenscheinsätzen zu behandeln.

Eau bouillie (gekochtes Wasser)
gilt in Südfrankreich als eine Art Jungbrunnen, der munter- und tatendurstig macht und gegen allgemeine Schlappheit und Erkältung hilft.
Rezept: 1,5 Liter Wasser kochen, ca. 10 zerquetschte Knoblauchzehen dazu geben, weiterhin Thymian, 4–5 Salbeiblätter und einige Lorbeerblätter, ein paar Tropfen Olivenöl sowie ordentlich Salz und Pfeffer. Aufkochen und eine halbe Stunde auf kleinster Flamme köcheln. Durch ein Sieb schütten, trinken.

In fast jedem Dorf blinkt das grün-blaue Apothekenschild auf. Außerhalb der normalen Öffnungszeiten 9–12.30 und 14–18.30 Uhr kann man einem Hinweisschild entnehmen, welche Apotheke (pharmacie) gerade Notdienst hat.

⇨ Getränke

s. Stichwort „Essen und Trinken"

H

⇨ Haustiere

Hund und Katz benötigen für die Einreise einen internationalen Impfpass und ein amtstierärztliches Gesundheitszeugnis (nicht älter als fünf Monate). Sie können Ihr Haustier mit nach Frankreich nehmen, wenn es mindestens 3 Monate alt ist, gegen Tollwut geimpft ist und eine Marke trägt. Die Tollwutimpfung muss mindestens 30 Tage, darf aber nicht älter als ein Jahr alt sein. Tiere, die jünger als drei Monate alt sind, dürfen nicht mitgenommen werden. Kampfhunde wie Pitbulls und Hunde, die aufgrund ihrer morphologischen Merkmale den Hunden der Tosa-Rasse zuzuordnen sind, dürfen nicht nach Frankreich einreisen, Wach- und Schutzhunde nur mit Maulkorb und Leine. Auch dürfen Hunde (zumindest dem Gesetz nach) nicht mit an den Strand genommen werden.

Am Zebrastreifen: Hier geht's lang für Hunde.

In den meisten Hotels sind Haustiere erlaubt, teilweise aber gegen einen Aufpreis. Viele Häuser akzeptieren Hunde auch nur mit der Einschränkung „gut erzogen," wobei man schon mal gelegentlich ein Hotel findet, das Haustiere uneingeschränkt erlaubt, aber nur gut erzogene Kinder akzeptiert.

I

⇨ Information

Fremdenverkehrsämter der Region Provence
Bei den französischen Fremdenverkehrsämtern (Maison da la France) erhält man Informationsmaterial wie Hotel-, Restaurant- und Campingverzeichnisse, aber keine Beratung oder Vermittlung von Unterkünften. Internet: www.franceguide.com, franceinfo@mdls.de.

Informationsstellen für Frankreich und die Provence
- **Maison de la France**, Zeppelinallee 37, 60325 Frankfurt, Infotelefon 0190/570025, Fax 0190/599061, franceinfo@mdlf.de

- **Maison de la France**, Argentinierstr. 41a, 1040 Wien, Tel. 01/5032890, Fax 01/5032872
- **Maison de la France**, Löwenstr. 59, 8023 Zürich, Tel. 01/2113085, Fax 01/2174617

Informationsstellen der Départements

- **Comité régional du tourisme Provence-Alpes-Côte d'Azur**, 10, Place Joliette, BP 46214, 13567 Marseille, Cedex 02, Tel. 04/91564700, Fax 04/91564701.
- **Comité régional du tourisme Rhône-Alpes**, 104, route de Paris, 69260 Charbonnières-les-Bains. Tel. 04/72592159, Fax 04/72592160, www.cr-Rhône-alpes.fr.
- **Comité départemental du tourisme des Bouches-du-Rhône**, Le Montesquieu, 13, rue Roux-de-Brignoles, 13006 Marseille, Tel. 04/91138413, Fax 04/91330182.
- **Comité départemental du tourisme du Vaucluse**, im alten Palais de l'archevêché, 12, rue Collège-de-la-Croix, BP 147, 84008 Avignon, Cedex 1, Tel. 04/90804700, Fax 04/90868608, www.provenceguide.com.
- **Comité départemental du tourisme (maison des Alpes-de-Haute-Provence)**, 19, rue du Docteur-Honorat, BP 170, 04005 Digne-les-Bains Cedex. Tel 04/92315729, Fax 04/92322494.

Diese Webseite ist
(d) deutschsprachig
(e) englischsprachig
(f) französischsprachig

⇨ **Internet**

Frankreich allgemein

(d) www.botschaft-frankreich.de: Interessante Informationen zu Frankreich (Medien, Politik, Tourismus, etc.) sowie Links zu den jeweiligen Seiten.
(d) www.franceguide.com: Ein bisschen unübersichtlich, aber durchaus einen Besuch wert ist die Seite des französischen Fremdenverkehrsamtes.

Provence

(f, e) www.provenceguide.com: Schön gestaltete Webseite über das Vaucluse mit Adressen der lokalen Fremdenverkehrsbüros, umfangreicher Auflistung von Hotels und Restaurants, mit Beschreibungen, teilweise auch Bildern und Verlinkung zu deren Homepages. Auch Detailangaben, wie zum Beispiel, ob Haustiere erlaubt sind.
(f, e) www.provenceweb.fr: Umfangreiche, umfassende und aktuelle Seite mit Tipps zu Unterkünften, Jugendherbergen und Freizeitaktivitäten sowie Veranstaltungshinweisen.
(d) www.crt-paca.fr: Die Seite des Departements Provence. Alpes-Côte d´Azur ist sehr übersichtlich, umfassend mit allgemeinen Informationen und kurzen Infos zu Sehenswürdigkeiten, Küche, Unterkünften und mit Kochrezepten.
(e, f) www.visitprovence.com: Die Website des Departements Bouches-du-Rhône enthält Verzeichnisse über Unterkünfte, Restaurants. Online-Buchung von Zimmern in den Gîtes de France möglich.
(f) www.laprovence-presse.fr: Nachrichten und Veranstaltungskalender der Woche.
(d) www.drometourisme.com: Portal des Département Drome (Nordprovence)
(e) www.avignon-et-provence.com/avi/gb/pres/p1.htm: Große Auswahl an Übernachtungsmöglichkeiten in Bed & Breakfasts, Landhäusern und Schlössern. Weiterhin Veranstaltungskalender, Restaurant-Tipps und allgemeine Infos zu den Reisezielen
(d) www.provence-campings.com: Liste der Campingplätze des Departement VAR mit Anschriften und Links zu den einzelnen Plätzen.

Sonstiges

(d) www.atelier-cezanne.com: Gut aufgemachte Seite über Paul Cézanne und sein Werk.

(d) www.van-gogh-in-der-provence.de: Schön aufgemacht und informativ.

(d, f) www.gay-provence.org: Sehr detaillierte Seite einer privaten Lesben- und Schwulenvereinigung. Die Seite informiert über Hotels, Restaurants und ist nicht nur für Homosexuelle interessant. Leider nur in französischer Sprache.

(d) www.sprachkurse-weltweit.de: Links zu zahlreichen Sprachschulen, unter anderem auch in der Provence und an der Côte d'Azur.

K

⇨ Kinder

Die Provence mit ihren vielen Campingplätzen, Ferienhäusern und Gîtes ist sicher ein Paradies für den Urlaub mit Kindern. Ein spezielles Angebot bieten die Kinder-Gîtes, die Gîtes d´Enfants, wo Kinder von 4 bis 16 Jahren ihre Ferien gemeinsam mit den Gastfamilien verbringen. Die Kinder-Gîtes sind in drei Altersgruppen aufgeteilt, 4–10, 6–13 und 11–16 Jahre, entsprechend sieht dann das Freizeitangebot aus.

Einen Überblick über interessante Ausflugsziele für Kinder finden Sie in der vorderen Umschlagklappe.

⇨ Kleidung

Im Frühjahr sollte man unbedingt wasserdichte Kleidung mitnehmen, da mit sintflutartigen Regengüssen gerechnet werden muss. Auch im Sommer braucht man wärmere Kleidung, da die Temperaturen zwischen der Ebene und dem gebirgigen Hinterland stark schwanken und während des Mistral auch an warmen Sommertagen plötzlich um 10 Grad fallen können.

⇨ Kreditkarten

s. Stichwort „Geld"

⇨ Kriminalität

Leider sind Autoeinbrüche keine Seltenheit, nicht nur an touristischen Attraktionen, sondern auch an einfachen Provinzstraßen, wo man gar nicht damit rechnet. Also: Nichts im Fahrzeug liegen lassen, Handschuhfach öffnen (auch an Details denken: Schon ein billiger CD-Player auf dem Rücksitz kann ein Anreiz zum Einbruch sein!). Es empfiehlt sich, vor Antritt der Reise eine Reisegepäckversicherung abzuschließen. Fahrzeuge werden selten gestohlen (außer Limousinen von BMW oder Mercedes).

M

⇨ Märkte

Beim Thema „Kriminalität" in Reiseführern geht es ja meist darum, dass die Touristen beklaut werden. Aber manchmal sind es auch die Touristen, die ihrerseits klauen. In der Provence ist die Verführung groß, von einem blühenden Lavendelfeld ein paar Zweige abzubrechen. Sind ja noch genug da. Die Provenzalen sehen das ganz anders – und greifen auch mal gerne zur Schrotflinte angesichts langfingriger Lavendelpflücker.

Man geht nicht einfach auf den Markt, um mal kurz was zu besorgen. Nein – für einen provenzalischen Markt macht man „sich fertig" und stellt sich auf ein Treffen oder einen kurzen Plausch mit Bekannten ein. Oft müssen dann auch so essentielle Fragen geklärt werden, welches ist denn nun das beste Olivenöl und welches der beste Ziegenkäse. Das Obst und Gemüse wird nicht nur per Augenschein gekauft, sondern befühlt und gedrückt, etwas, was in Mitteleuropa als verpönt gilt. Ein Marktbesuch ist eine feste Größe im Terminkalender eines Provenzalen. Und das wortwörtlich, denn oft sagt man nicht, dies oder jenes ist letzten Mittwoch passiert, sondern „letzten Markttag". Nahezu jeder Ort hält seinen eigenen Markt für den schönsten, und das zu recht, denn der schönste provenzalische Markt ist immer derjenige auf dem man gerade ist.

- **Marché Paysan** (Bauernmarkt): Obst, Gemüse, Käse, Fleisch und Fisch, Kräuter und Gewürze, Oliven und Olivenöl.
- **Marché Provençal** (provenzalischer Markt): Bekleidung, Stoffe, Tischwäsche, Töpferwaren, Körbe, Blumen, Uhren und Unterhosen.
- **Marché brocante**: Trödelmarkt.

Montag	Dienstag	Mittwoch	Donnerstag	Freitag	Samstag	Sonntag
Bédoin, Cadenet Cavaillon Forcalquier Lauris Mazan Saint Didier	Aix-en Provence Apt Banon, Cucuron Gordes L'Isle-sur-la-Sorgue Vaison-la-Romaine	Avignon Malaucène Monteux Pertuis (Bauernmarkt) Sault	Carpentras L'Isle-sur-la Sorgue, Les Baux Orange Roussillon Villeneuve-les-Avignon	Bonnieux Carpentras Châteauneuf-du-Pape Eygalières Lourmarin Pertuis	Apt Avignon Carpentras (Antiquitäten) L'Isle-sur-la-Sorgue Manosque Monteux Pernes-les-Fontaines Pertuis (Bauernmarkt)	Cadenet (Bauernmarkt) Coustellet L'Isle-sur-la-Sorgue
Die Märkte finden Montag bis Samstag jeweils von 8 bis 12.30/13.00 Uhr statt.						

Themen-Märkte

- **Krippenfigurenmarkt:** („Santons") in Apt und Carpentras.
- **Trüffelmarkt:** von Nov. bis März: Freitagvormittag in Carpentras (gilt als Richtpreisreferenz für alle anderen Märkte), Samstagvormittag in Richerenches. Die Trüffeln werden nicht ausgestellt, der Handel findet von Händler zum Käufer statt, bezahlt wird in

Die Märkte der Hochprovence

Morgendliche Märkte

Montag:	La Brillanne
Dienstag:	Oraison, Volx, Les Mées
Mittwoch:	Digne-les-Bains, Pierrevert, Sisteron
Donnerstag:	Malijai, La Motte du Caire
Freitag:	Les Mées, Peyruis, Volonne
Samstag:	Digne-les-Bains, Sisteron, Manosque
Sonntag:	St. Auban

Ganztagsmärkte (Foires)

Jeden 1. Samstag des Monates in Digne-les-Bains
Jeden 2. Samstag des Monats in Sisteron

Der Kauf von Trüffeln auf dem Trüffelmarkt ist eine hochkonspirative Angelegenheit. Nur wenige Trüffeln werden ausgestellt, Schecks so gut wie nie ausgeschrieben, bezahlt wird in bar. Menge und Preis werden mit Handzeichen festgelegt. Für Außenstehende ein Schauspiel, bei dem sie nur eines verstehen: Hier geht's um die Trüffel.

bar. Meistens kennen sich die Parteien schon vorher und die Verkaufskurse waren schon im Vorfeld abgesprochen.

- **Lämmermarkt:** im Mai in Grillon, Anfang August in St. Christol d'Albion,
- **Trödelmarkt:** wöchentlich in Avignon und im Mekka der Antiquitätenhändler, in L'Isle sur la Sorgue.

⇨ Mietwagen

Internationale und nationale Autovermieter sind nur in größeren Städten zu finden. Ein Auto darf nur mieten, wer mindestens 21 Jahre alt und seit einem Jahr im Besitz des Führerscheins ist. Grundsätzlich gilt: Meist ist es günstiger, schon zu Hause einen Mietwagen zu buchen. Wer per Flugzeug anreist, kann bei vielen Fluggesellschaften vergleichsweise günstig einen Leihwagen im Rahmen eines Fly-and-drive-Angebotes mieten.

Hinweis
Mietautos mit Automatikgetriebe sind in Frankreich die große Ausnahme.

⇨ Motorrad fahren

Enge kurvige Sträßchen durch eine wunderschöne Landschaft mit romantischen Dörfern und historischen Städtchen – die Provence ist zweifellos ein Paradies für Motorradfahrer.

Besonders attraktive Strecken:

- Über die **Chaîne de la Sainte Baume** und den **Col du Trets.** Beide Höhenzüge ragen nur wenige Kilometer nach dem Motodrom „Paul Ricard" von Le Castellet auf.
- Schleifen rund um und über den **Mont Ventoux**, den Leidensberg der Tour de France
- Die **Gorges de la Nesque**
- Rund um den Lac de St. Croix und den **Grand Canyon du Verdon**, wobei besonders das Dorf Moustiers-Saint Marie oft wie ein einziger großer Biker-Treff wirkt.

Verkehrsregeln für Motorradfahrer:
Höchstgeschwindigkeit auf Landstraßen 90 km, auf Schnellstraßen 110 km und auf Autobahnen 130 km/h.
Bei Nässe muss die Geschwindigkeit außerorts um 10, auf Autobahnen um 20 km/h verringert werden.
Wer seinen Führerschein noch keine zwei Jahre besitzt, darf außerorts höchstens 80, auf Schnellstraßen 100 und auf Autobahnen 110 km/h fahren.

N

⇨ Notfälle/Notrufnummern

- Ärztlicher Notdienst, SAMU (Rettungsdienst): 15
- Polizeinotruf, Unfallhilfe: 17
- Feuerwehrnotruf (pompiers): 18
- Europäischer Notruf: 112
- ADAC in Lyon: 0472/171222: Dieses Notruftelefon ist ganzjährig rund um die Uhr mit deutschsprachigem Personal besetzt

O

⇨ Öffentliche Verkehrsmittel

Eisenbahn (www.sncf.fr)
Es gibt nur noch wenige Bahnlinien mit Personenverkehr.
- Lyon – Valence – Avignon/Nîmes – Marseille – Nizza
- Marseille – Salon – L´Isle-sur-la-Sorgue – Cavaillon – Avignon
- Marseille – Aix – Sisteron

- Der **schnellste Zug**: Der TGV ist der französische ICE, nur schneller und besser als dieser. Für die Strecke Marseille – Paris, die noch zu Cézannes Zeiten mehr als 30 Stunden dauerte, braucht der TGV (Train à grande vitesse) heute gerade mal drei Stunden. Der TGV kann so schnell sein, weil er auf einem eigenen Streckennetz fährt, also nicht durch Bummelzüge behindert wird. Allerdings liegen die Bahnhöfe des TGV außerhalb der Stadtzentren.
- Der **nostalgischste Zug**: die Pinienzapfenbahn zwischen Digne-les-Bains und Nizza (S. 545).

- Die **kürzeste Eisenbahnstrecke** verbindet Arles und Fontvieille auf einer Strecke von 20 km und führt durch Sonnenblumen- und Reisfelder, s. S. 383.
- Der **touristischste Zug**: der „Petit train", der in fast allen bekannten Orten der Provence an Sehenswürdigkeiten entlangtuckert. Für Gehbehinderte und Hitzegeplagte sind diese Züglein ein wahrer Segen.
- Der **aussichtsreichste** Zug fährt entlang der Côte Bleue, der „Blauen Küste" zwischen Marseille und Martigues, s. S. 428.

Busse
Zwischen den Städten sind die Busverbindungen der *Francelignes* relativ häufig. In die abgelegenen Dörfer hingegen sind die Verbindungen dürftig, meist fährt nur jeweils morgens und abends ein Bus. Und an den Wochenenden verkehren selbst auf Hauptstrecken keine Busse.

⇨ Öffnungszeiten

s. auch Stichworte „Banken" und „Geld"

Museen und Kirchen sind dienstags (in Marseille montags) und an gesetzlichen Feiertagen geschlossen.

⇨ Organisierte Touren

Die Offices de tourisme der größeren Städte bieten meist Stadtführungen an, aber fast ausschließlich auf Französisch oder gelegentlich Englisch.

P

⇨ Polizei

Die französische Polizei besteht aus der *Police Nationale* und der *Gendamerie Nationale*, wobei erstere dem Verteidigungsministerium und die zweite dem Innenministerium untersteht. Ansprechpartner in Notfällen sind aber alle beide.

R

⇨ Radio

Deutsche Nachrichten sind täglich von 8 bis 9 Uhr und von 19 bis 20 Uhr auf der Deutschen Welle auf Mittelwellenfrequenz 702 zu empfangen.

⇨ Rauchen

Nachdem Ärzte, Minister, Wirte, Industrie und Tabaklobby einen erbitterten Kampf ausgetragen haben, gilt seit 1992 ein strenges Raucher- bzw. Nichtrauchergesetz zum Schutz der Nichtraucher. In öffentlichen Verkehrsmitteln, am Arbeitsplatz und in Gaststätten sowie in Schulen darf nicht mehr geraucht werden – außer in besonders gekennzeichneten Räumen mit Belüftung oder Klimaanlage bzw. (für das Gastgewerbe) Raumteilern.

„Was soll nur aus Frankreich werden, dessen Seele sich, wie jeder Filmfreund weiß, vor allem im blauenden Gewölk einer Zigarette vermuten ließ? Als Nichtraucher gingen allenfalls Komiker wie Louis de Funès durch. Aber die echten Kerle, die Kommissare und Gangster nicht nur des film noir, Jean Gabin, Jean-Paul Belmondo, Michel Piccoli, Alain Delon, Lino Ventura und nicht zu vergessen Maurice Chevalier? Was wären die ohne Glimmstengel?"
aus dem Streiflicht der Süddeutschen Zeitung, anlässlich der Anhebung der französischen Zigarettensteuer um 20 Prozent im Oktober 2003

Rauchwaren gibt es nur in den Bar-Tabacs und in Läden mit der roten Raute (bureau de tabac).

⇨ Reiseveranstalter

Die Auswahl an Provence-Reiseveranstalter ist riesig, Neckermann und TUI machen´s natürlich möglich, aber auch eine Reihe von Spezialreiseveranstaltern:

Geführte Motorradtouren
- **HIT-Motorradreisen GmbH**, Glockendonstraße 2, 90429 Nürnberg, Tel. 0911/ 2878505, Fax 0911/263976, www.hit-motorradreisen.de

Radtouren
- **Natours Reisen**, Untere Eschstr. 15, 49179 Ostercappeln, Tel. 05473/92290, Fax 05473/8219, www.natours.de
- **Terranova Touristik**, Hirschsprung 8, 63263 Zeppelinheim, Tel. 069/3054, Fax 069/ 693498, www.terranova-touristik.de
- **Weinradel Velomar**, Weststr. 7, 52064 Aachen, Tel. 0241/876262, Fax 0241/875307, www.weinradel.de
- **Schimmel-Reisen**, Daimlerstr. 4, 67141 Neuhofen, Tel. 06236/55555, Fax 06236/ 55545, www.schimmel-reisen.de
- **Rückenwind Reisen**, 26133 Oldenburg, Industriehof 3, Tel. 0441/485870, Fax 0441/ 4859722, info@rueckenwind.de, www.rueckenwind.de

Flusskreuzfahrten, Hausboote, Haussbootfahrten in der Camargue
- **Peter Deilmann Reederei**, Am Holm 25, 23730 Neustadt/Holstein, Tel. 04561/ 3960, Fax 04561/8207, www.deilmann-kreuzfahrten.de **Locaboat Holidays**, Postfach 867, 79104 Freiburg, Tel. 0761/2073737, Fax 0761/2073773, www.locaboat.de **Crown Blue Line**, Marktplatz 4, 61118 Bad Vilbel, Tel. 0601/501033, Fax 06101/ 501066, www.crownblueline.com

Auf Schusters Rappen
- **Natours Reisen**, Untere Eschstr. 15, 49179 Ostercappeln, Tel. 05473/92290, Fax 05473/8219, www.natours.de

Französisch lernen
- **Créa-Langues**, Le Monastère de Ségriès, 04360 Moustiers-Ste-Marie, Tel. 04/92777458, www.crealangues.com
- **SKR Studien-Kontakt-Reisen**, Kurfürstenallee 5, 53177 Bonn, Tel. 0228/935730, Fax 0228/9357350, www.skr.de

Kochen lernen mit den Sterneköchen
- **Feinschmecker-Seminare**, Neptunweg 9, 82205 Gilching, Tel. 08105/4249, Fax 08105/1822, www.feinschmecker-seminare.de

Verschiedenes, wie Radwanderungen, Klettertouren, Kochkurse, Sprachreisen

- **stb-Reisen**, Platter Str. 87, 65232 Taunusstein, Tel. 06128/982513, Fax 06128/982515, www.stb-reisen.com
- **Französisches Reisebüro**, Schillerstr. 7, 10625 Berlin, Tel. 030/2611019, Fax 030/2629684, www.franzoesischesreisebuero.de

Ferienwohnungen und Landhäuser

- **Domizile Reisen**, Plangger Str. 9A, 81241 München, Tel. 089/833084, Fax 089/8341780, www.domizile.de e-Domizil, Eschborner Landstr. 41–51, 60489 Frankfurt, Tel. 069/743050, Fax 069/74305159, www.domizile.de
- **Gitta's Landhäuser**, Postfach 550272, 22562 Hamburg, Tel. 040/862075, Fax 040/862085, www.gittas-landhäuser.de
- **Inter Chalet**, Postfach 5420, 79021 Freiburg, Tel. 0761/210077, Fax 0761/2100154, www.interchalet.de (mit einer riesigen Auswahl!)
- **Marion Kutschank Feriendomizile**, Schlesierstr. 10, 79117 Freiburg, Tel./Fax 0761/67766, www.ferienhaus.com
- **Coquelicot Ferienhäuser**, Wiesbachstr. 23, Tel. 06701/911035, www.coquelicot.com: schöne Ferienhäuser in einem schönen Katalog.

⇨ Restaurants

Die französischen Tischsitten lockern sich immer mehr, aber in der Provinz ist man noch eher konservativ. Hier ist es im Restaurant eigentlich nicht üblich, »nur einen Salat« zu bestellen, es sei denn in einer der vielen Pizzerien, dort kann man sich durchaus mit einer Pizza oder einem Salat begnügen. In Restaurants hingegen ist es ein absoluter Fauxpas, abends nur einen Salat oder eine Vorspeise zu bestellen, wohingegen das mittags schon eher möglich ist.

Zu einer gepflegten Mahlzeit gehören mindestens drei Gänge. Mittags wird in vielen einfacheren Lokalen aber ein oft gutes Tellergericht (plat du jour) serviert. Viele Spitzenrestaurants bieten in der Woche mittags ein vergleichsweise preiswertes Menü an – eine Gelegenheit, große Kochkunst zu relativ niedrigen Preisen zu erleben. Mitteleuropäische Gäste kommen da schon mal ins Staunen angesichts der um diese Tageszeit oft brechend vollen provenzalischen Gourmet-Restaurants.

Besonders am Wochenende sollte man im Restaurant einen Tisch reservieren. Das Telefonat führt man im Hotel gern für den Gast, weniger gern natürlich, wenn das Hotel selbst ein Restaurant hat. Sonntagabends sind fast alle Restaurants geschlossen. Viele Bars, Cafés und Salons de thé, die in etwa unseren Konditoreien entsprechen, bieten Tellergerichte, Salate und Sandwichs an – eine Alternative zum Restaurantbesuch.

> *„Nur wenn wir zugeben, dass der Sinnengenuss nur von der Phantasie abhängt, ja dass er immer von ihr gelenkt wird, dann darf man sich weder über die zahlreichen Abarten der Befriedigung verwundern, noch über die unendliche Vielzahl der verschiedenen Neigungen und Leidenschaften. Es besteht keine Veranlassung, eine wunderliche Tischsitte weniger bemerkenswert zu finden, als eine sonderbare Bettgewohnheit."*
> Marquis de Sade

Einige Besonderheiten gelten für den Restaurantbesuch:

- Wichtig!!!: Man setzt sich nicht einfach an einen freien Tisch, sondern wartet, bis einem der Ober einen Tisch zuweist. Selbstverständlich kann man dann aber auch um einen anderen bitten.
- Menüs sind billiger als Essen à la carte und die Mittagsmenüs günstiger als die Abendmenüs. Wer kein ganzes Menü essen kann oder will, bestellt das Tagesgericht, le plat du jour.
- Öffnungszeiten der Restaurants: Mittagstisch 12–14 Uhr, Abendkarte 19–22 Uhr. Die Restaurants auf dem Land schließen manchmal sehr früh, nach 21 Uhr ist „dann der Ofen aus".
- Die Kellnerin bzw. der Kellner werden mit Madame bzw. Monsieur angesprochen und keinesfalls mit garçon, wie es früher in der Schule gelehrt wurde.
- Das Trinkgeld lässt man nach dem Bezahlen auf dem Teller liegen.

Auberge: In der Regel ein ländliches Gasthaus, meist mit Übernachtungsmöglichkeit, aber immer mit Restaurant.
Bar: für das Getränk und in vielen Fällen den Imbiss im Stehen
Bar-comptoir: Stehkneipe
Bar-dégustation: eine Bar
Bistro: Einst ein einfaches Restaurant, wo es Kleinigkeiten zum Essen gab. Heute kann ein Bistro auch Sterne-Küche zu entsprechenden Preisen anbieten. Was geblieben ist vom ehemaligen Bistro, ist der im Gegensatz zum Restaurant etwas legerere Rahmen.
Bôite de nuit: Nachtlokal, Disko
Brasserie: Bierkneipe mit Restaurantbetrieb
Buffet: Schnellimbiss
Buvette: Kiosk
Cabaret: Nachtlokal
Cave: Kellerkneipe
Caveau: Weinkeller
Châteaux Hôtels de France: Zu Hotels umgebaute Schlösser, meist mit Restaurant.
Établissement: Lokal
Dégustation: Probierstube für lokale Spezialitäten
Guingutte: Kneipe
Glacier: Eisdiele
Hostellerie: veralteter Ausdruck für ein Hotel (meist mit Restaurant)
Relais: Einst eine Poststation, wo die Pferde gewechselt wurden, sind die Relais heute individuelle Häuser für gehobene Ansprüche.
Relais routiers: Meist von Fernfahrern frequentierte Unterkünfte/Restaurants, die einfach, in der Regel aber gut sind.
Restaurant libre service: Selbstbedienungs-Restaurant
Restoroute: Autobahnraststätte
Rôtisserie: Grillrestaurant

Geborgenes Heer
Das französische Wort Auberge geht auf die deutsche Herberge zurück, die – französisch ausgesprochen – zur Auberge wurde. Das deutsche Wort geht auf Heer und bergen zurück, also auf eine Unterkunft für das Heer.

Salon de dégustation: Bar, auch Probierstube für Wein
Salon de thé: Café, Konditorei, vergleichbar mit englischen Teestuben
Table d´Hôte: Gemeinsames Abendessen mit den Besitzern und anderen Gästen eines *chambre d´hôte* (bed & breakfast), serviert wird ein Menü nach Absprache.

Im Restaurant

Haben Sie einen freien Tisch?: Avez-vous une table de libre?
Ich möchte einen Tisch reservieren: Je voudrais réserver une table
Die Speisekarte bitte: la carte, s´il vous plaît

„Die jüngste Sternstunde für Frankreichs Gastronomie schlägt nicht in Küche, Keller oder gar dem Teller, sondern beim Finanzamt. Endlich wird für Restaurants die Mehrwertsteuer von 19,6 auf den Vorzugssatz von 5,5 Prozent gesenkt, den bisher nur vaterlandslose Hamburger-Bratereien, noch dazu mit angelsächsischem Firmennamen, genießen. Warum Fast Food gegenüber den nationalen Institutionen Bistro und Haute cuisine steuerlich bevorzugt wurde, weiß niemand genau … Jetzt werden die Restaurants billiger, frohlockt die Europa-Ministerin, nicht zuletzt mit Blick auf ausländische Touristen. Keine Rede. Sofort stellen Sprecher des Not leidenden Gastgewerbes klar, dass die Wirte seit Jahrzehnten an der Existenzgrenze kochen. Und da sie Rückenwind spüren, wollen die Restauranteure gleich noch eine andere gesetzliche Last abschütteln: das Gratis-Brot. Den General de Gaulle hatte es wie viele geärgert, wenn auf der Rechnung am Ende mit Brot, Service und Steuer fast das Doppelte von dem stand, was die Speisen kosteten. Auf der Höhe seiner Macht verfügte er deshalb Inklusivpreise für sämtliche Menüs, eine Reform, die dauerhafter zu sein schien als die politischen Institutionen der Fünften Republik.“

Aus dem Streiflicht der Süddeutschen Zeitung vom 25. Juli 2003

Ich nehme…: Je prends
Bedienung: Madame, Mademoiselle, Monsieur
Speisekarte: le menu, la carte
Tagesmenü: le menu du jour/à prix fixe
Weinkarte: la carte des vins
Glas: le verre
Flasche: la bouteille
Messer: le couteau
Gabel: la fourchette
Löffel: la cuillère
Frühstück: le petit déjeuner
Mittagessen: le déjeuner
Abendessen: le dîner
Hauptgericht: le plat prinçipal
Vorspeise: l´entrée, le hors-d´œuvre
Tagesgericht: le plat du jour

Orije-wu dö lanàt e dü perßil?
Fremdsprachenkenntnisse darf man in Frankreich im Hotel oder Restaurant nicht voraussetzen. Man sollte also sein Schulfranzösisch aus- und ein Wörterbuch einpacken. Richtig kompliziert aber wird es bei französischen Speisekarten, die sind eine Wissenschaft für sich und mit reinem Schulfranzösisch schlichtweg unverständlich. Hier helfen spezielle Essdolmetscher, am besten gefallen hat das handliche Buch von Gaby Kalmbach **Französisch für Restaurant und Supermarkt** aus der Reihe Kauderwelsch aus dem Reise Know-How Verlag. Und dann wird es auch klappen mit „Haben Sie Dill und Petersilie?“, siehe Überschrift.

Weinlokal: le bar à vin
Café: le café
Die Rechnung bitte: l´addition, s´il vous plaît
Lange Hosen: tenue correcte (werden in guten Restaurant erwartet)

S

⇨ Schiffsverbindungen

Ab Marseille bestehen regelmäßige Schiffsverbindungen nach Korsika, Sardinien, Tunesien und Algerien.

⇨ Schwule und Lesben

Hier sei auf die schöne und informative (leider nur französischsprachige) Webseite der Agentur Gay Provence verwiesen: www.gay-provence.org., die auch Restaurant- und Hoteltipps enthält.

⇨ Souvenirs

s. Stichwort „Einkaufen"

⇨ Sprache

Sollten Sie auf dem Markt Worte wie „Perdoun" (Entschuldigung), Moussu (Herr) oder Vai bèn (In Ordnung!) hören, dann handelt es sich um provenzalisch, eine Sprache, die von älteren Provenzalen auf dem Land noch gelegentlich gesprochen wird. Das Provenzalische mit seinen regionalen Idiomen und Dialekten ist dem Okzitanischen (langue d´Oc) verwandt. Diese Sprache hat sich nach der Völkerwanderung aus dem Vulgärlatein entwickelt, das mit der römischen Kolonisation in der Provence verbreitet wurde. Auf der Basis des Okzitanischen entwickelte sich um die Wende vom ersten zum zweiten Jahrtausend die Sprache der Troubadoure und Minnesänger. Ab dem 13. Jahrhundert kam dann für diese seinerzeit „Lenga Romana" genannte Sprache der Begriff „Provensal" auf.

1539, als König Franz I. die im Norden Frankreichs gesprochene langue d´Oil zur Amtssprache erklärte, wurde das Okzitanische wie die anderen Regionalsprachen Bretonisch oder Katalanisch immer mehr zurückgedrängt. Die gebildete Schicht begann nun mehr und mehr Französisch zu sprechen. Mit der Revolution von 1789 und der Einführung der allgemeinen Schulpflicht, bei der Französisch als einzige Unterrichtssprache zugelassen war, verloren die Regionalsprachen endgültig an Bedeutung. In der zweiten Hälfte des 19. Jahrhunderts, als sich politisch Nationalstaaten zu formieren begannen, kulturell die rückwärts bezogene Romantik aufkam, entstand in der Provence die sprachlich-kulturelle Erneuerungsbewegung des Félibres mit Frédéric Mistral (1830–1914). Als prominentester Vertreter dieser Bewegung gab Mistral unter anderem ein provenzalisches Wörterbuch heraus.

Auch wenn Provenzalisch heute wieder als Wahlfach in den Schulen gelehrt wird – größere Bedeutung wird es sicher nicht mehr haben, nach einer Untersuchung von 1987 sprachen noch etwa 1 % der Provenzalen französisch und provenzal zugleich. Wer heute durch die Provence reist, begegnet dem Provenzalischen dennoch in fast jedem Ort: Auf den Ortsschildern, die französisch und provenzalisch beschriftet sind.

⇨ Sport

Golf

Insgesamt gibt es in der Provence an die 50 Golfplätze, einige davon zählen zu den schönsten Europas. Der „Golfpass Provence" ist ein Zusammenschluss von 13 Golfanlagen zu einer gemeinsamen Werbegemeinschaft. Der nicht übertragbare Pass ist für jeweils 5 der 13 Plätze und für die gesamte jeweilige Saison gültig, jeder Platz kann nur einmal bespielt werden. Die Golfplätze der Werbegemeinschaft liegen in Brignoles, Nans-les-Pins, Marseille, Mouriès, Les Baux de Provence, Mallemort, Vedène bei Avignon, Saumane, Morières-les-Avignon, Pierrevert bei Manosque, Dignes-les-Bains. Dazu gehören auch die beiden, in diesem Buch in den regionalen gelben Seiten nicht beschriebenen Plätzen von Gap und Saint-Cyr sur Mer.

Rad fahren

Außerhalb der Ballungszentren Marseille und des Rhône-Tals ist die Provence mit ihrem dichten Netz kleiner Nebenstraßen ein Paradies für Radfahrer. Da die Gegend hügelig und teilweise auch bergig ist, braucht man allerdings neben einem guten Rad auch etwas Kondition. Und bei der Reiseplanung und -vorbereitung nicht vergessen: Schon im Frühjahr kann die Sonneneinstrahlung sehr intensiv sein, andererseits aber auch der Mistral sehr stark wehen!

Routenempfehlungen

- von Sisteron durch die Nesque-Schlucht bis Orange
- von Avignon über L´Isle-sur-la-Sorgue, Roussillon, Gordes, Bonnieux, Cavallon wieder zurück nach Avignon
- von Avignon über Apt, Manosque, Aix-en-Provence, Salon-de-Provence zurück nach Avignon
- von Avignon zum Pont du Gard nach Arles.
- um **Vaison-la-Romaine** (18–37 km, ausgeschildert)
- **Tour um Valréas** im Vaucluse (37 km, ausgeschildert)
- Alpes-de-Haute-Provence (ausgeschildert, grünes Dreieck mit zwei gelben Punkten)
- **Tour-de-France-Route auf den Mont Ventoux:** Bedoin (275 m) – St. Esteve (498 m) – Abzweig Sault (1.419 m) – Mount Ventoux (1.902 m) – Malaucène (375 m) – Col de Madeleine (490 m) – Bedoin (275 m)

Auffahrt:	*Länge:*	*Höhendifferenz:*
Westrampe von Malaucène	21 km	1.679 hm
Südrampe von Bédoin	21 km	1.609 hm
Ostrampe von Sault	20 km	1.149 hm

- **Mont Ventoux**. Dieser Berg ist ein Mythos der Tour-de-France, der Titel „Tour der Leiden" soll hier entstanden sein. (Der englische Rennfahrer Tom Simpson erlag

Ausgeschilderter Radweg durch den Parc Natural Régional du Lubéron

Dieser insgesamt 236 km lange Radweg ist einer der wenigen beschilderten Radwege Frankreichs. Er beginnt in Cavaillon und führt auf Nebenstrecken in Ost-West-Richtung durch den Lubéron über Apt nach Forcalquier. Zwischendurch gibt es Schilder mit Hinweisen auf Unterkünfte, Dienstleistungen, Naturschönheiten und Wanderwege. Rund um Forcalquier verläuft ein Teilstück dieses Radweges.

Die markierte Strecke ist in beiden Richtungen problemlos zu befahren, da an jeder größeren Kreuzung Richtungspfeile aufgestellt sind (weiß in Richtung Forcalquier, ockerfarben in Richtung Cavaillon).

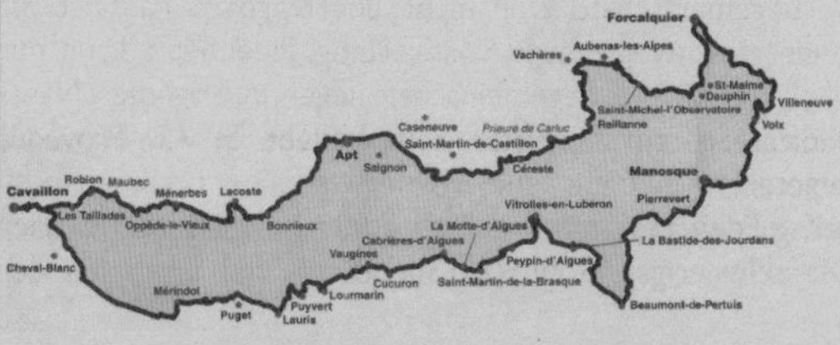

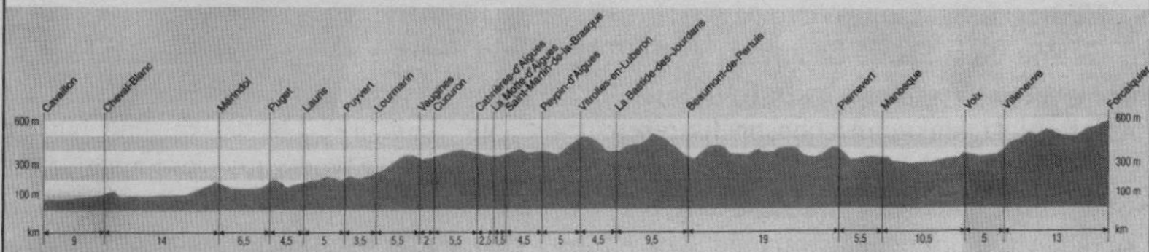

Vélo Loisir en Lubéron, BP 14, 04280 Céreste, Tel. 04/92790582, Info@veloloisirluberon.com, www.verloloirluberon.com: Infos zu organisierten Touren mit Gepäcktransport sowie Adressen von Reparaturwerkstätten

1967 bei der Tour de France hier den großen Anstrengungen gepaart mit Doping. Kurz vor dem Gipfel steht ein Denkmal.) Und die „L' Equipe" titelte (etwas übertrieben) über die Etappe auf den Mt. Ventoux: „Rendez-vouz auf dem Mond".

Reiten

Besonders interessante Gebiete für Ausritte hoch zu Ross:

- **Camargue**: das Top-Ziel für Reiturlaub in der Provence
- **Lubéron**: mit Ausritten in hoch gelegene Bergdörfer
- Um die **Gorges du Verdon**: Hier im Gebirge sind etliche Höfe auf Reiturlaub eingestellt

Info:

- **Comité Départemental de Tourisme Equestre**, Mas de Recaute, 84360 Lauris, Tel. 04/90084144, Fax 04/90084137.
- **Association Régionale de Tourisme Equestre**, 28, place Roger Salengro, 84300 Cavaillon, Tel. 04/90780449, Fax 04/90783373.

Klettern

Südfrankreich ist unter Sportkletterern und Alpinisten sehr beliebt. In der Provence unter anderem in folgenden Gebieten:

- Gorges du Verdon: Etwa dreißig Felswände mit mehr als 2.000 Kletterrouten wollen hier bezwungen werden. Die schwierigste Tour, *Les Spécialistes*, hat immerhin den Schwierigkeitsgrad von 11–.
- Montagne de Sainte-Victoire
- Chaîne de la Sainte-Baume
- Alpilles
- Tal des Aigebrun im Lubéron (Buoux)
- oberes Durance-Tal
- die Calanques bei Marseille

Wandern

Nirgendwo in Frankreich sind die Wanderwege so gut ausgebaut und markiert wie in der Provence. Es gibt zum einen die Fernwanderwege (Sentiers de Grande Randnonnée – GR) und daneben natürlich noch viele kleinere Rundwanderwege.

Interessante Wandergebiete

- **Plateau de Vaucluse**,
- **Lubéron**,
- Montagne Sainte-Victoire,
- Dentelles de Montmirail
- **Alpilles** bei Les Baux-de-Provence
- Küstenabschnitt **Calanques** östlich von Marseille
- **Gorges du Verdon**: Populärer Ausgangspunkt für Hikingtouren ist der Bergsteigercampingplatz in La Palud-sur-Verdon. Durch den Canyon führt ein Fußweg, auf dem man einige Kletterpassagen mit Stufen und Leitern bewältigen muss. Gute Kondition ist unbedingte Voraussetzung.

Fern- und Rundwanderwege

Die Fernwanderwege für geübte Wanderer (Sentiers de Grande Randonnée) sind mit rot-weißen Markierungen gekennzeichnet, die Rundwanderwege (Sentiers pédestres) mit gelben Strichen. Ein waagrechter Strich bedeutet: es geht geradeaus weiter, ein gekrümmter Pfeil bedeutet eine Richtungsänderung. Bei gekreuzten Strichen hat man sich verlaufen.

GR9 Der aus Richtung Grenoble kommende Fernwanderweg führt im hier beschriebenen Reisegebiet am Nordhang des Mont Ventoux entlang zu den Gorges de la Nesque, nach Apt und Boux, von dort führt er auf die Montagne du Lubéron am Mourre Nègrel, nach Vauvernargues und auf zum Croix de Provence auf der Montagne Sainte-Victoire. Über Trets führt er dann zum Massif de la Sainte Baume und von dort weiter östlich zum Meer.

GR4 Von den Gorges de l´Ardèche führt der GR4 bei Pont-St.Esprit über die Rhône nach Vaison-la-Romaine und weiter zum Mont Ventoux. Teilweise mit dem GR9 identisch, führt er über Sault, Simiane-la-Rotonde und den Canyon d´Oppedette in den östlichen Lubéron und nach Manosque. Bei Greoux-les-Bains erreicht er dann den Verdon, führt durch die Schlucht und erreicht Castellane.

GR6 Er bietet einen sehr schönen Blick über die Crau und führt von Saint-Rémy-de-Provence über die Alpilles nach Eygalières und die einsame Montagne de Lure in gebirgige Höhen von 1.800 Metern.

GR98 Der Klassiker führt von den Calanques-Buchten östlich von Marseille auf das Massif de la Sainte-Baume.

Kanu, Kajak, Rafting

Kanu fahren

- Von Fontaine-de-Vaucluse führt eine 8 km lange Strecke bis Isle-sur-la-Sorge, bei höherem Wasserstand im Frühjahr und September ist sie um weitere 7 km länger.
- auf der Sorgue
- auf dem Lac de Ste-Croix

Wildwassertouren

- Gorges du Verdon, Info: Fédération française de Canoe-Kayak, Quai de la Marne 87, 94340 Joinville-le-Port

⇨ Strände

s. Stichwort „Baden"

⇨ Straßenverkehr

s. Stichwort „Auto fahren"

⇨ Strom

220 Volt Wechselstrom. Für die französischen Steckdosen braucht man flache Eurostekker oder Adapter (in Supermärkten oder Elektrogeschäften erhältlich).

T

⇨ Taxi

Die können, wie andernorts auch, entweder auf offener Straße angehalten, per Telefon bestellt oder an einem mit „T" gekennzeichneten Taxistand bestiegen werden.

⇨ Telefonieren

Die meisten öffentlichen Telefonzellen funktionieren mit Telefonkarten, die man bei der PTT (Post) oder in Tabakgeschäften bekommt. Manche Restaurants und Bars haben auch Münztelefone, die hierfür nötigen Jetons bekommt man an der Theke.

Vorwahlen

Bei Anrufen aus dem Ausland muss man die 0 der Regionalvorwahl weglassen.
Billigtarifzeiten in Frankreich: tgl. 21.30–8 Uhr, Sa 14 Uhr bis Mo 8 Uhr sowie an Feiertagen.

Innerhalb von Frankreich werden Vorwahlen/Ortskennzahlen immer gemeinsam mit der Telefonnummer gewählt, auch wenn man sich in derselben Ortschaft befindet. Vorwahl für die Provence 04, dann folgt die achtstellige Nummer des Teilnehmers.

Von Frankreich	nach Deutschland 0049
	in die Schweiz 0041
	nach Österreich 0043

⇨ Trinkgeld

Im Restaurant ist es üblich, gut 5 Prozent des Rechnungsbetrags als Trinkgeld zu geben. Zunächst gibt die Bedienung das Wechselgeld komplett heraus. Man lässt dann einen Betrag auf dem Tellerchen, auf dem die Rechnung gebracht wird, liegen. Bezahlt man mit Kreditkarte, lässt man ebenfalls den Betrag des Trinkgeldes in bar auf dem Teller. Auch im Café oder in der Bar ist es üblich, ein paar Münzen auf dem Tisch zurückzulassen.

U

⇨ Unterkunft

In Frankreich sind die Hotels mit ein bis vier Sternen klassifiziert. Maßgeblich für die Einordnung sind Kriterien wie die Größe eines Zimmers (ein Zimmer in einem Vier-Sterne-Hotel muss mindestens 14 Quadratmeter groß sein), ein Drei-Sterne-Hotel muss einen Fön anbieten und das Frühstück auf Wunsch im Zimmer servieren. Das heißt, man kann von den Sternen auf eine bestimmte Einrichtung schließen, aber nicht auf einen guten Service. Auch variieren die Preise in einer Kategorie oft ganz erheblich. In der Nebensaison findet man relativ problemlos eine Unterkunft, wohingegen in der Hochsaison, vor allem im August, eine Vorausbuchung auf jeden Fall empfehlenswert ist.

Während der Hochsaison von Ende Juni bis Anfang September können die Zimmerpreise bis zu 30 Prozent über dem Nachsaisonpreis liegen!

Hinweise

- *Meist gilt der Preis für ein Doppelzimmer, Singles zahlen also in der Regel genauso viel wie Paare!*
- *Das meist sehr einfache Hotelfrühstück ist im Allgemeinen nicht im Übernachtungspreis eingeschlossen. In den meisten Fällen kann man sagen: das Preis-Leistungsverhältnis beim provenzalischen Hotelfrühstück ist noch sehr verbesserungswürdig.*
- *In den meisten Fällen haben die Zimmer ein Doppelbett (grand lit, wobei der Name täuscht, für ein Doppelbett ist das grand lit eher klein …). Nicht nur, dass das „große Bett" relativ klein ist, muss man sich auch noch eine einzige Decke teilen. Die Zimmer mit grand lit sind in der Regel preisgünstiger als die Zimmer mit deux lits (zwei Betten). Wenn man ein Zimmer mit zwei Betten möchte, dann fragt man nach „deux lits" oder, wenn die Betten zusammenstehen sollen, nach „lits jumeaux".*
- *Ein „Cabinet de toilet" bietet, anders als der Name vermuten lässt, nur ein Waschbecken und ein Bidet.*

Hotelketten und -vereinigungen

Die Übernachtungskategorien in diesem Buch

€	*bis 35 €*
€€	*35–50 €*
€€€	*50–70 €*
€€€€	*70–100 €*
€€€€€	*über 100 €*

„Logis de France" (mit einem gelben Kamin auf grünem Schild gekennzeichnet): Die Hotels dieser Kette sind meist gut geführt, relativ preiswert und von einer heimeligen Gemütlichkeit. Auch die angeschlossenen Restaurants sind in der Regel empfehlenswert. Wer also auf großen Zimmerkomfort, aber nicht auf gutes Essen verzichten kann, der ist hier richtig. Infos: Féderation Régionale des Logis de France Provence-Alpes-Côte d´Azur, Paca, 8, rue Neuve St. Martin, 1322 Marseille. www.logis-de-France.fr.

Formule-1-Hotels, Première Classe, Campanile: Diese Kettenhotels liegen meist wenig romantisch inmitten von Einkaufszentren oder Gewerbegebieten, und nahe an Autobahnen oder Schnellstraßen.
Die Zimmer der Formule-1-Hotels sind funktional-unpersönlich, aber unschlagbar preiswert. Sie sind schallisoliert mit Fernseher, Duschen und Toiletten meist auf dem Gang (werden automatisch mit Heißdampf gereinigt). Preis pro Zimmer um die 25 €. Das preiswerte, aber einfache Frühstücksbuffet geht extra. ww.hotelformule1.com.
Ähnlich in Preis (etwas höher) und Ausstattung sind die Hotels der Kette Première Classe, www.premiereclasse.fr/
Geräumiger und auch teurer (46–72 €) sind die Zimmer bei der Kette Campanile, www.campanile.fr/.

Gîtes Rureaux: Ferienwohnungen auf dem Land, die wochenweise vermietet werden. Infos: Fédératon Nationale des Gîtes ruraux de France, 35, rue Godot de Mauroy, 75009 Paris, Tel. 033/0149707575.

Chambre d´Hôtes, Maison d´hôtes, Demeure d´hôtes: Private Gästezimmer, oft mit Frühstück oder Halbpension vergleichbar mit dem internationalen bed & breakfast.

Ein Chambre d'hôte kann auch so edel sein wie dieses hier. Die ehemalige Komturei des Templerordens, Une campagne en Provence, liegt äußerst idyllisch in der Gegend südlich der Verdonschlucht und wird von einem sehr sympathischen deutschsprachigen Besitzerehepaar geführt. www. provence4u.com

Chambres d'hôtes anzubieten ist auch in Frankreich nicht neu; aber so richtig durchgesetzt hat sich die Idee erst in den letzten Jahren. Das ganz besonders in der Provence, wo sich viele Franzosen aus anderen Regionen niedergelassen haben und verlassene Bauernhäuser wieder instand setzen. Dabei helfen Mieteinnahmen, Gebäude und Anlage in gutem Zustand zu erhalten. Viele der Hausbesitzer haben auch ihren alten Beruf aufgegeben und widmen sich der neuen Tätigkeit mit ganzem Herzen. So ist das Wohnen in einer «chambre d'hôte» normalerweise keine unpersönliche Angelegenheit, egal ob man eine exklusive oder eine einfache Unterkunft wählt. Häufig steht den Gästen das Haus im wahrsten Sinne des Wortes offen; man kann auf der Terrasse oder am Swimmingpool in der Sonne liegen, in der Bibliothek schmökern oder im Kaminzimmer Musik hören.
Die chambres d´hôtes sind nicht unbedingt preiswerter als Hotels, einige, die unter dem Namen Maison d´hôtes oder Demeure d´hôtes laufen, sind in luxuriösen Anwesen untergebracht und können durchaus 100 € kosten.

Auf der übersichtlichen deutschsprachigen Homepage www. Gîtes-de-france.fr sind folgende Unterkünfte aufgelistet und auch buchbar:

Gîte rural	Ferienhaus auf dem Land
Chambre d´Hôte	Gästezimmer
Gîte d´enfants	Kinderferienhaus
Gîte d Etape et de séjour	Etappen-Ferienhaus
Chalet-Loisirs	Ferien-Chalet
Camping à la ferme	Camping auf dem Bauernhof
Séjour thématique	Themenferien

Gîtes d´etape et de séjour: Einfache Unterkünfte, nicht mehr Jugendherberge, aber auch nicht richtig Hotel. Die meisten dieser Häuser haben neben einem Schlafsaal auch einfache Zimmer. Meist wird in Mehrbettzimmern geschlafen, Bettwäsche und Handtücher werden nicht immer zur Verfügung gestellt. Die Mitnahme eines Leinenschlafsacks ist empfehlenswert. Diese Gîtes sind mit Ähren kategorisiert. Die Gîtes de séjour werden in der Regel wochenweise vermietet.

Relais & Châteaux: Eine internationale Kette, der exklusive Schlösser und Herrenhäuser mit viel Atmosphäre angehören, für die auch entsprechend viel berappt werden muss. Info: Relais & Châteaux, Schumannstr. 1–3, 60325 Frankfurt, Tel. 069/9758, www.relaischateaux.fr. Hier kann man auch kostenlos den über 600 Seiten starken Relais & Chateaux-Katalog erhalten.

Châteaux et Hôtels de France: Etwas preisgünstiger als die oben genannte Organisation. Man erkennt die Schlösser, Herrenhöfe oder Gutshöfe dieser Kette am stilisierten Ritterhelm. www.chateauxhotels.com. (Hier kann man auch den Hotelkatalog bestellen.)

Unter www.frankreich-hotel.de kann man unkompliziert Hotels in ganz Frankreich buchen, ob für eine Zwischenübernachtung, einen Ferienaufenthalt oder eine Rundreise. Der Reservierungsdienst ist kostenlos und bietet zahlreiche, unabhängige Hotels der Kategorien 2 bis 4 Sterne sowie die Hotelketten, Alliance, Best Western, Charmotel und Interhotel.
HIF – Hotels Indipendants Francais, Friedrichstraße 37, 60323 Frankfurt, Tel. 069/727633, Fax 069/172661, individual@frankreich-hotel.de (für Individualreisende), gruppen@frankreich-hotel.de (für Gruppen)

Jugendherbergen

Die französischen Jugendherbergen sind mit einem bis zu vier Tannen-Symbolen bewertet, die vier-Tannen-Häuser sind meist ganzjährig geöffnet. Ein internationaler Jugendherbergsausweis ist Voraussetzung und kann beim Jugendherbergswerk des Heimatlandes gekauft werden. Eine Altersbegrenzung gibt es nicht, zu Zeiten großer Nachfrage kann die Verweildauer auf drei Tage beschränkt sein. Jugendherbergen findet man in der Provence in Aix, Arles, Cassis, Fontaine-de-Vaucluse, La-Palud-sur-Verdon, Saintes-Maries-de-la-Mer, Manosque, Marseille (wunderschön gelegen nahe den Calanques), Saignon, Séguret und Tarascon. Infos bei Fédération Unie des Auberges de Jeunesse /FUAJ), 27, rue Pajol, 75018 Paris, Tel. 01/44898727, www.fuaj.org.

V

⇨ Verkehrsregeln

s. Stichwort „Auto fahren"

⇨ Versicherungen

Auf jeden Fall zu empfehlen: eine Auslandsreise-Krankenversicherung.

⇨ Vorwahlnummern

s. Stichwort „Telefonieren"

W

⇨ Weine

s. Stichwort „Essen und Trinken"

Z

⇨ Zeitungen

Deutschsprachige Zeitungen von der BILD über die Süddeutsche Zeitung bis hin zur ZEIT sind in allen größeren Städten und touristischen Zentren spätestens einen Tag nach Erscheinen in den *Maisons de la Presse* oder manchmal auch in den *Bureaux de Tabac* zu finden.

An überregionalen französischen Zeitungen sind die eher rechts-konservativen *Le Monde* und *Le Figaro* zu nennen und die eher links orientierte *Libération*. Über regionale Ereignisse informiert bunt bebildert und kurz und bündig die Tageszeitung *Le Provençal*.

⇨ Zoll

Reisende innerhalb der Europäischen Union unterliegen seit 1993 keinen Beschränkungen bei Einkäufen für den persönlichen Bedarf (außer beim Kauf eines Neuwagens und bei Versandgeschäften). Für Zigaretten sollte eine Grenze (800 Stück), für Zigarillos (400 Stück) und für Tabak (1 kg) eingehalten werden, ebenso für Alkohol (10 Liter Spirituosen, 90 Liter Wein, 60 Liter Schaumwein).

Reisende aus Drittländern (außerhalb der EU) müssen mitgeführte Waren deklarieren und auf Waren mit einem Wert über 175 € Zollgebühren oder Steuern entrichten. Bestimmte Waren sind für die Ein- und Ausfuhr völlig verboten oder strengen Regelungen unterworfen: Rauschgift, Markenfälschungen, Waffen, Pflanzen, Elfenbein etc.

Aktuelle regionale Reisetipps von A–Z

Die hier angegebenen Preise können nur Anhaltspunkte für die jeweilige Preiskategorie sein. Sie basieren auf den Preisen pro Zimmer, ohne Frühstück, da dies in Frankreich meist nur bei „chambres d´hôtes" im Preis enthalten ist.

€	*bis 35 €*
€€	*35–50 €*
€€€	*50–70 €*
€€€€	*70–100 €*
€€€€€	*über 100 €*

News im Web: www.iwanowski.de

Aigues-Mortes (S. 421)

Postleitzahl: 30220

Information

***Office de Tourisme**, Porte de la Gardette, Tel. 04/66537300, Fax 04/66536594, OT.aiguesmortes@wanadoo.fr*

Internet

www.ot-aiguesmortes.fr

Camping

***Village La Petite Camargue**, Tel. 04/66539898, Fax 04/66539880, petite.camargue@yellohvillage.com, www.yellohvillage.com: Eine kleine Welt für sich, wo es an nichts fehlt: Von Läden über eine Wäscherei, Bars, Restaurants bis hin zu einem riesigen Swimmingpool (so „groß wie die Camargue") ist alles vorhanden, was des Urlaubers Herz begehrt. Für die Kinder gibt es ein wöchentlich wechselndes Animationsprogramm. Tiere allerdings haben draußen zu bleiben.*

Unterkunft/Restaurants

- ***€€€€–€€€€€ Les Templiers**, 23, rue de la République, Tel. 04/66536656, www.villagallici.com: Mitten in der Altstadt liegt das schönste Hotel von Aigues-Mortes mit geschmackvoll ausgestatteten Zimmern. Nov. bis Feb. geschl.*
- ***€€€€ Les Arcades**, 23, Boulevard Gambetta, Tel. 04/66538113, Fax 04/66537546, www.hotel-augustins.com: Liebenswertes, mit Blumen geschmücktes altes Haus innerhalb der Stadtmauern. Das gleichnamige Restaurant gilt als das beste der Stadt.*
- ***€€€€ Le Saint Louis**, 10, rue A. Courbet, Tel. 04/66537268, Fax 04/66537592, www.lesaintlouis.fr, hotel.saint-louis@wanadoo.fr: Elegantes Hotel nahe dem Constance-Turm mit 22 ansprechend eingerichteten Zimmern.*
- ***€€€ Les Remparts**, 6, Place Anatole France, Tel. 04/66538277, Fax 04/66537377, www.hotel.leprieure.free.fr: Sehr schön möblierte Zimmer in einer Residenz aus dem 18. Jahrhundert, einige sogar mit einem steinumfriedeten Kamin.*
- ***€€ Chez Carriere**, 18, rue Pasteur, Tel. 04/66537307, Fax 04/66538475, chezcarriere@aol.com, www.lesquatredauphins.fr: Nahe dem zentralen Platz in der Altstadt gelegen.*

Märkte/Weingut/Kunsthandwerk

- ***Wochenmarkt:** mittwochs- und sonntagsmorgens.*
- ***Trödel- und Flohmarkt:** jeweils freitags und samstags auf der Avenue Frédéric Mistral*
- ***Caveau du Chêne**, in Montcalm zwischen Aigues-Mortes und Les Saintes-Maries-de-la-Mer, geöffnet tgl. 9.30–19 Uhr: Ein Weinmuseum, wo auch Weinproben geboten werden; Verkauf von offenen und Flaschenweinen, unter anderem einem „Sandwein" (vin de sable), das heißt, einem duftigen und sehr säurearmen Wein, der aus Trauben von auf Sandböden gepflanzten Rebstöcken gekeltert wird.*
- ***Sophie Coll**, rue de la République, mosaiqueCsophie@aolcom: Alte Teller, Spiegeltische und andere dekorative Gegenstände gibt's hier, und jedes ein Unikat.*

Ausritte

***Pony Ranch**, Tel./Fax 04/66538689: Ponyreiten für Kinder. Man spricht auch Deutsch.*

Sehenswertes

• *Musée Maison romane:* *Geöffnet tgl. 9–12 und 14–18 Uhr.*

• *Saline d'Aigues-Mortes:* *Tel. 04/66734024, Fax 04/66734021. Geöffnet März, April, Mai, Sept. und Okt. 10–17 Uhr, Juni bis Aug. 9.30–18.30 Uhr.*

• *L'église Notre-Dame-de-la-Mer:* *Geöffnet tgl. 8–12.30 und 14–19 Uhr.*

• *Le Musée Baroncelli:* *rue Victor-Hugo, Tel. 04/90978760. Geöffnet März bis Okt. tgl. 10–12 und 14–18 Uhr (in der Nebensaison Di geschl.)*

Aix-en-Provence (S. 433)

Postleitzahl: 13605

Information

Office de tourisme, 2, Place du Général de Gaulle, Tel 04/42161161, Fax 04/42161162, infos@aixenprovencetourism.com: Großes, umtriebiges Büro, das in der Hochsaison bis 22 Uhr geöffnet ist. Hier erhält man bergeweise Infomaterial. Einige Mitarbeiter sprechen auch deutsch.

Internet

www.aix-en-provence.com, www.aixenprovencetourism.com, www.bestofaixenprovence.com, www.cityvox.com, www.mairie-aixenprovence.fr, www.provenceweb.com, www.schwarzaufweiss.de, www.univ-aix.fr

Camping

• *Chantecler, Val Saint-André (erreichbar über die Straße nach Nizza), Tel. 04/42261298, www.campingchantecler.com: Komfortabler Campingplatz mit Swimmingpool und Sauna. Restaurant und kleiner Laden. Vermietung von Chalets für sechs bis sieben Personen sowie Wohnmobilen. Ganzjährig geöffnet.*

• *Arc en Ciel, Pont des Trois Sautets (nahe dem Chanteclerc-Platz, aber auch nahe der Autobahn), Tel. 04/42261428: Ein kleinerer Platz, ebenfalls mit Pool. Geöffnet von Mitte März bis Ende Sept.*

Jugendherberge

Auberge de Jeunesse, 3, avenue Marcel Pagnol, Quartier Jas de Bouffan, Tel. 04/42201599, Fax 04/42593612: 2 km außerhalb des Zentrums nahe der Fondation Vasarely.

Unterkunft

• *€€€€€ Le Pigonnet, 5, avenue du Pigonnet, Tel. 04/42590290, Fax 04/42594777, reservation@hotelpigonnet.com, www.hotelpigonnet.com: Nur einen Bummel vom Zentrum der Stadt entfernt liegt das Luxushotel in einem hübschen Park. Hohe Pinien werfen ihre Schatten auf den Swimmingpool. Die Zimmer sind komfortabel und mit Klimaanlage ausgestattet. Kostenloser Privatparkplatz. Vom Hotelgarten aus malte Cezanne den Mont St. Victoire.*

• *€€€€€ Villa Gallici, avenue de la Violette, Tel. 04/42232923, Fax 04/2963045, gallici@relaischateaux.fr, www.villagallici.com: Nahe dem Zentrum von Aix gelegenes, intimes und luxuriöses Relais & Chateaux mit nur 14 Zimmern und fünf Suiten, die äußerst geschmackvoll mit Antiquitäten und kostbaren Stoffen eingerichtet sind. Um das Landhaus aus dem 19. Jahrhundert liegt ein verträumter Garten mit Swimmingpool, drum herum duftet der Lavendel und die Zikaden singen.*

• *€€€€–€€€€€ **Hotel des Augustins**, 3, rue de la Masse, Tel. 04/2272859, Fax 04/2267487, www.hotel-augustins.com: Geschickt in ein ehemaliges Augustinerkloster aus dem 12. Jahrhundert integriertes Hotel mitten in der Altstadt. Die 29 Zimmer sind sehr komfortabel möbliert im Stil Louis XIII. und alle unterschiedlich, auch in der Qualität der Ausstattung. Die Preise sind recht hoch, aber das Hotel liegt absolut zentral und doch ruhig. (Dem Rezeptionisten scheint sein Wirken in der ehemaligen Klosterkapelle und somit die Nähe zum Göttlichen und Geistlichen allerdings etwas zu Kopfe gestiegen zu sein…)*

• *€€€–€€€€ **Le Manoir**, 8, rue d'Entrecasteaux, Tel. 04/42262720, Fax 04/42271797, msg@hotelmanoir.com, www.hotelmanoir.com: Stilvolles Hotel in einem ehemaligen Kloster aus dem 14. Jahrhundert, das im 16. Jahrhundert rekonstruiert und 1980 restauriert wurde. Zentral und doch ruhig gelegen mit einem schönen Innenhof. Garten und Parkplatz in mittelalterlichem Ambiente in der Innenstadt, Frühstück im Klostergang aus dem 16. Jh. In manchen Räumen Holzbalken an der Decke, das dunkelbraune Mobiliar in den Zimmern wirkt etwas düster.*

• *€€€ **Cardinal**, 24, rue Cardinal, Tel. 04/42383230, Fax 04/42263905: Ruhig in einer Seitengasse unweit vom Cours Mirabeau gelegenes Haus aus dem 17. Jahrhundert mit 24 unterschiedlich ausgestatteten Zimmern im Stil etwas altmodischer elegant-gutbürgerlicher Wohnkultur. In einigen Zimmern hängen hohe Spiegel über dem Kamin. Zimmer Nr. 3 hat eine Terrasse. Erwähnenswert die großen, verschiedenfarbig gekachelten Bäder. Im Annex gegenüber befinden sich die Suiten.*

© igraphic

Boulevard Aristide Briand
Bd. François et Émile Zola
Manosque (53 km), Sisteron
Avenue Sainte Victoire
Parc Rambot
nach Vauvernargues
Cours des Arts et Métiers
Cours Saint-Louis
Cathédrale St.-Sauveur
Rue Pierre et Marie Curie
Lubet
Neuf
Puits
Rue Boulegon
Rue Gibelin
Rue Paul Bert
Gaston de Saporta
Rue Matheron
R. des Epinaux
Rue Mignet
Chastel
Suffren
Rue Granet
Rue de Montigny
Rue Rifle-Rafle
Tr. Bressier
F. David
Lacépède
Manuel
Rue Peyresc
Rue du Marchal Foch
Rue de la Verrerie
R. L. Fauchier
Rue des Chaudronniers
Musée d'Histoire naturelle
Rue Monclar
Emeric
Rue Aude
Rue Marius Reinaud
Rue Thiers
Ganay
David
Noire
Rue Fabrot
Rue Clemenceau
Rue Papassaudi
Rue Espariat
Mule
Rue de l'opera
Rue du Maréchal Joffre
Fontaine du Roi René (Standbild von König René)
Cours Mirabeau
Le Tholonet, Route Cézanne u. Sainte Victoire
4. Septembre
Rue Fernand Dol
Musée Arbaud
Mazarine
Cabassol
Laroque
Goyrand
Musée Granet
Quartier
Alphéran
Bd. du Roi René
Cardinale
Roux
Mazarin
Boulevard du Roi René
Cours Gambetta
Pont des trois Sautets, Palette, Pont de Bayeux, Meyreuil, A6 u. A7
Hotels
1 Hotel des Augustins
2 Hotel Paul
3 Hotel des Arts
4 Hotel Cardinal
5 Le Prieuré
6 Le Manoir
7 Hotel Villa Gallici
8 Le Pigonnet
9 Jugendherberge
10 Hotel des Quatre Dauphins
Restaurants
1 Amphitryon
2 Les Bacchanales
3 L'Aixquis
4 Le Petit Verdot
5 Café Les Deux Garçons
6 Le Café Grillon
7 Bistro Le Passage
8 La Casbah
Stadtrundgang auf den Spuren Cézannes (mit Metallplatten markiert)

• ***€€€ Le Prieuré**, Route de Sisteron, Tel. 04/2210523, Fax 04/42216056, www.hotel.leprieure.free.fr: Wer ein ruhiges Hotel in Aix-en-Provence sucht, dem sei das Hôtel de Prieuré empfohlen. Es handelt sich dabei um einen ehemaligen erzbischöflichen Landsitz, dem ein kleiner Park vorgelagert ist, der vom legendären Le Nôtre (1613–1700, berühmter Gartenarchitekt des Barock) höchstselbst gestaltet wurde und bewundert, aber nicht betreten werden darf – da er leider nicht zum Hotel gehört. Alle Zimmer sind gemütlich und geschmackvoll im Stil des 18. Jahrhunderts eingerichtet. Eigene Parkmöglichkeit.*

• ***€€€ Des Quatre Dauphins**, 55, rue Roux Alpheran, Tel. 04/42381639, Fax 04/42386019, www.lesquatredauphins.fr: Nur zwei Häuserblocks vom Course Mirabeau entferntes kleines charmantes Hotelchen mit nur zwei Sternen (für einen weiteren Stern bräuchte es einen Lift). Sehr freundliches Personal, kleine, aber im provenzalischen Stil ausgestattete Zimmer. Ein einfaches, preisgünstiges, aber sehr liebenswertes kleines Hotel!*

• ***€ Paul**, 10, avenue Pasteuer, Tel. 04/42232389, Fax 04/42631780: Ruhig am Altstadtring gelegenes, liebenswert ausgestattetes Haus mit einem guten Preis-Leistungsverhältnis und einem freundlichen Empfang. Abstellmöglichkeit für Motorräder und Fahrräder. In dieser Preisklasse die erste Wahl in Aix.*

• ***€ Hotel des Arts**, 69, Boulevard Carnot, Tel. 04/42381177, Fax 04/42267731: Wenn das Hotel Paul schon ausgebucht ist, ist dieses eine gute, noch etwas preisgünstigere Alternative. Der Empfang ist außerordentlich freundlich, die Zimmer klein, aber Bett, Tisch, Stuhl, Nachttisch, Dusche, WC – das Notwendigste ist da, darüber hinaus ist das Hotel sehr sauber. Wer eine preisgünstige Unterkunft sucht und sowieso den ganzen Tag unterwegs ist, ist hier gut untergebracht.*

Hinweis

In den Sommermonaten, ganz besonders während des Musikfestivals, sind in ganz Aix nur schwer freie Zimmer zu finden.

Gastronomie

GEHOBENE KLASSE

• ***Amphitryon,** 2, rue P. Doumer, Tel. 04/42265410, So und Mo (außer abends) geschlossen: Beste provenzalische Küche hinter einer schon etwas angejährten Fassade. Besonders gut zum Beispiel die Ente in Thymiansaft oder der Lammbraten auf Provenzalisch.*

• ***Les Bacchanales**, 10, rue Couronne, Tel. 04/42272106, Di und Mittwochmittag geschl.: Hier sind die Rindfleischgerichte mit Auberginen, Kräutern der Provence und Knoblauch besonders gut. Die Nachspeisen zergehen auf der Zunge und auch die Auswahl an Spitzenweinen kann sich sehen lassen.*

MITTLERE PREISKLASSE

• ***L'Aixquis,** 22, rue Leydet Aix-en-Provence Tel. 04/42277616, So Ruhetag: Fantasie in der Zubereitung und in der Darbietung zeichnen die Speisen dieses Restaurants aus.*

• ***Le Petit Verdot**, 7, rue Entrecasteaux, Tel. 04/42273012: Schon äußerlich mehr ein Weinlokal denn ein Restaurant. Doch nicht nur die Weinkarte ist gut bestückt, auch die kleine Speisekarte überzeugt. Leise Jazzmusik spielt, die Atmosphäre ist gemütlich, die Inhaberin eine sympathische Deutsche.*

Cafés/Bistros/Brasserien

Der Cours à carrosses, *1876 in* Cours Mirabeau *umbenannt, entstand ab 1651 und entwickelte sich im 18. Jahrhundert zu einer schicken Flaniermeile, wo auf der Nordseite bald die ersten Cafés eröffnet wurden. Bis heute ist nur diese Seite von Cafés, Restaurants und Geschäften gesäumt.*

> „Gestern abend war ich ungefähr von vier bis sieben Uhr, vor dem Abendessen, mit Capdeville (Apotheker), Niolon (Maler) und Fernand Bouteille (Präsident der Anwaltskammer)... im Café Les Deux Garçons",
> schrieb Paul Cézanne am 7. Oktober 1906 an seinen Sohn.

• ***Les Deux Garçons**, 53, cours Mirabeau, Tel. 04/4226005: Sicherlich die bekannteste Adresse mit der meist besuchten Terrasse des Cours Mirabeau. Benannt wurde das Haus nach den beiden Garçons (Jungen), die es im Jahr 1840 kauften. Seit der Eröffnung im Jahre 1702 wurde hier nicht viel verändert. In den weitläufigen, stilvollen Räumlichkeiten lässt es sich stundenlang bei Kaffee oder Wein sitzen, oder auch etwas essen – die Atmosphäre hier ist so elegant-entspannt, wie sie wirklich großen Kaffeehäusern eigen ist. Berühmte Namen sind mit dieser Gastroadresse verbunden, schon Cézanne und Zóla saßen hier auf der Terrasse und verplauderten die Zeit. Allerdings stand das Deux Garçons bis vor wenigen Jahren nicht jedermann offen: Nordafrikaner hatten draußen zu bleiben.*

• ***Le Café Grillon**, 49, cours Mirabeau, Tel. 04/4227588: „In"-Café, Studententreff und Treffpunkt älterer Damen in einem. Hier nimmt man seinen Apertif ein, wahlweise auf einem der Korbstühle draußen oder im edlen verspiegelten Café innen. Beim Essen hat man die Wahl zwischen sättigenden Menüs und leichter Brasserieküche.*

• ***Le Passage**, 6 bis Rue Mazarine, Tel. 04/42370900, www.le-passage.fr: Bistro im Loftstil auf drei Etagen. Auch Vinothek, Teesalon, Buchladen und Kochschule.*

Übrigens: der Pizzastand neben dem Deux Garçons ist sehr zu empfehlen!

Märkte

• ***Lebensmittel:** jeden Morgen auf der Place Richelme, dienstags, donnerstags und samstags auch auf der Place de la Madeleine.*

• ***Blumenmarkt:** Place de la Mairie (im Schatten des Uhrturms, der die vier Jahreszeiten anzeigt), dienstags, donnerstags, samstags.*

• ***Markt für Sträucher und Bäume:** donnerstags bei der Fontaine Pascal am Cours Sextius.*

• ***Flohmarkt, Antiquitäten, antiquarische Bücher, Kunstgewerbe**: auf der Place de Verdun dienstags, donnerstags, und samstags.*

• ***Markt der Antiquare**: am ersten Sonntag jeden Monats auf der Place de l'Hôtel de Ville.*

• ***Verkauf von Restbeständen und Second-Hand-Bekleidung:** Hinter dem Aixer Gerichtsgebäude dienstags, donnerstags und samstags.*

Geschäfte

• ***Bechard**, 12, Cours Mirabeau: Hier gibt's die besten Calissons (Marzipankonfekt).*

• ***Chocolatier Puyricard**, 7, rue Rifle-Rafle: Hier wird die wohl beste Schokolade Frankreichs angeboten.*

• ***Bianchi,** rue Granet 3: Wem es alte provenzalische Möbel angetan haben oder wer sein provenzalisches Zweitheim auszustatten hat, der ist hier an der richtigen Adresse.*

• ***Mazarin-Antiquites**, 8, rue Frédéric Mistral, Tel. 04/42271666: Hier gibt´s ein riesiges Sammelsurium an Antiquitäten vom Reiseklavier bis hin zu alten Postkarten.*

Festivals/Konzerte

• *Festival International d'Art lyrique et de Musique. Seit mehr als 50 Jahren tritt Aix in jedem Frühsommer in Konkurrenz zu Salzburg und lädt in den glanzvollen Rahmen des Theaters im erzbischöflichen Palais ein. Neben Mozart bieten die Festspiele Werke von Bach, Monteverdi, Purcell, Offenbach und Bela Bartok.*

• ***Aix-en-Musique,** Espace Forbin. Ganzjährig Konzerte klassischer und zeitgenössischer Musik, Barockmusik und Jazzabende. Infos unter Tel. 04/42216969.*

• ***Aix Jazz Festival:** jeweils Ende Juli.*

Taxi

• ***Flughafentaxis:** Tel. 04/42782424*

• ***Funktaxidienst** Aix: Tel. 04/42277111*

Sehenswertes

• ***Kathedrale St. Sauveur:** rue Gaston-de-Saporta. Geöffnet 8–12 und 14–18 Uhr (sonntags nur 14–18 Uhr).*

• ***Musée Granet:** Place Saint Jean de Malte, geöffnet Juni bis Sept. tgl. 11–19 Uhr, Okt. bis Mai tgl. 12–18 Uhr.*

• ***Musée Paul-Arbaud:** rue du 4 Septembre, geöffnet tgl. außer So 14–17 Uhr. Mitte Sept. bis Mitte Okt. geschl.*

• ***Musée des Tapisseries:** rue Gaston-de-Saporta. Geöffnet tgl. außer Di 10–11.45 und 14–17.45 Uhr.*

• ***Musee du Vieil-Aix:** 17, rue Gaston-de-Saporta, Tel. 04/42214355. Geöffnet April bis Sept. tgl. außer Mo 10–12 und 14.30–18 Uhr, von Nov. bis März tgl. außer Mo 10–12 und 14–17 Uhr.*

• ***Musee d'Histoire Naturelle im Hôtel Boyer d'Eguilles:** rue Espariat. Geöffnet Mo bis Sa 10–12 und 14–18 Uhr, So 14–18 Uhr.*

• ***Pavillon Vendome:** 32, rue Célony. Geöffnet im Sommer tgl. außer Di 10–12 und 14–18 Uhr, im Winter bis 14–17 Uhr.*

• ***Cité du Livre:** Geöffnet tgl. außer Mo 14–18 Uhr.*

• ***Les jardins d'Albertas:** Ca. 10 km südlich von Aix über die N 8 und die D 59 erreichbar. Tel. 04/42222977. Geöffnet Juni bis Aug. tgl. 15–19 Uhr, Mai, Sept. und Okt. am Wochenende und an Feiertagen 14–18 Uhr.*

• ***Atelier Cézanne:** Tel. 04/42210653. Geöffnet April bis Sept. tgl. außer Di 10–12 Uhr.*

• ***Fondation Vasarély:** Tel. 04/42200109, Fax 04/42591465, fondation.vasarely@wanadoo.fr, www.fondationvasarely.com. Geöffnet tgl. 10–13 und 14–18 Uhr, am Wochenende durchgehend ohne Mittagspause geöffnet.*

• ***Oppidum d'Entremont:** Geöffnet tgl. außer Di 9–12 und 14–18 Uhr (Eintritt frei!)*

• ***Village des Automates:** An der Nationalstraße westlich von Aix in Richtung St. Cannat. http://village.automates.free.fr/. Geöffnet April bis Sept. 10–18 Uhr, Okt. bis März nur Mi, Sa und So*

Drehort gesucht?

Aix ist die Stadt Frankreichs, die dem Film am meisten zugetan ist – hier wurden in weniger als 10 Jahren mehr als 200 Filme gedreht! Hier gibt es sogar ein eigenes Büro, das **Bureau du Cinéma et de la Télévision**, das Film- und Fernsehteams berät und Leistungen anbietet. Auskünfte Tel. 04/42161178. Institut de l'Image, Cité du Livre, 8–10 rue des Allumettes: Retrospektiven, Filme zu den Ausstellungen der Cité du Livre, Vorführungen zum Thema Filmgeschichte, Kurse für Filmanalyse, Workshops u.a. Auskünfte unter Tel. 04/42268182.

Allemagne-en-Provence (S. 526)

Postleitzahl: 04500

Unterkunft

• **€€€€–€€€€€ Château d'Allemagne-en-Provence**, *mitten im Ort gelegen, Tel. 04/92774678, Fax 04/92777384, www.chateau-allemagne-en-provence.com: Wenn das nicht international ist!? Dieses Schloss in der Provence wird heute von einer Schwäbin aus Stuttgart, Doris Himmel, und einem Belgier geführt. In einem der drei Gästezimmer des Anwesens, im größten, stehen die aus dem ausgehenden 18. Jahrhundert stammenden Möbel eines portugiesischen Erzbischofs, der in Brasilien wirkte: ein mit einem fein gearbeiteten Baldachin gekröntes Bett und zwei Kommoden. Eine der Kommoden war eine Herrenkommode, die andere eine Damenkommode – was letztere im Haus ein Erzbischofs zu suchen hatte, wird wohl für immer ein Rätsel bleiben. Von ehrwürdigem Alter ist auch die Kassettendecke aus dem 16. Jahrhundert. Mancher Gast stellt staunend fest, dass dieses Gästezimmer (ca. 140 qm) größer als die eigene Wohnung ist. Es gibt auch kleine Kühlschränke in den Zimmern, damit die Gäste ihren Rosé kalt stellen können, wie Frau Himmel anmerkt. Ein Fernseher hingegen kommt nicht ins Zimmer, denn in der Umgebung gäbe es genug zu sehen – das sagt Frau Himmel mit aller Entschiedenheit.*

Warum nur, warum, stand im Schlafzimmer eines Erzbischofs eine Damenkommode herum?

• **€–€€ Chez Diane et Gérard Angelvin**, *rue des Jardins, Tel. 04/92774276, angelvin.gerard@wanadoo.fr, ganzjährig geöffnet: Ein Chambre d'hôtes in einem ansehnlichen Bürgerhaus aus dem 19. Jahrhundert gegenüber dem Schloss. Vermietet werden zwei nette Zimmer. Zum Haus gehört auch ein Garten.*

Einkaufen

Maison des Produits du Pays du Verdon, *3 km außerhalb an der Straße nach Riez, Tel. 04/92774024, ganzjährig geöffnet: Das Geschäft ist eine Leistungsschau der Bauern, Handwerker und Künstler der Umgebung. Ob es den Picknickkorb zu füllen, ein Andenken zu kaufen oder die Wohnung auszustaffieren gilt – hier wird man fündig.*

Apt (S. 333)

Postleitzahl: 84400

Information

Office de tourisme, *20, avenue Philippe-de-Girard, Tel. 04/90740318, Fax 04/90046430*

Internet
www.ot-apt.fr.

Camping
- ***Camping le Luberon**, Route de Saignon, Tel. 04/90048540, leluberon @wanadoo.fr www.camping-le-luberon.com/: Im Grünen gelegen mit Blick auf den Mont Ventoux. Swimmingpool und Restaurant. Vermietung von Chalets, Maisonettes und Wohnmobilen. Geöffnet von Anfang April bis Ende Sept.*
- ***Camping municipal Les Cèdres**, Route de Rustrel, Tel./Fax 04/90741461: 300 m vom Stadtzentrum entfernt. Ruhiger und schattiger Platz. Von Mitte Feb. bis Mitte Nov. geöffnet.*

Unterkunft
- ***€€€ Auberge du Luberon**, 8, Place du Faubourg du Ballet, Tel. 04/90741250, Fax 04/90047949, www.auberge-luberon-peuzin.com: Auf altväterliche Weise charmantes Hotel. Von der von einer Sykomore überschatteten Terrasse aus schweift der Blick auf Apt. Die alle etwas unterschiedlich ausgestatteten Zimmer verteilen sich auf zwei Häuser: die Auberge du Luberon und das Petit Luberon, beide an einem kleinen Platz mit einem Brunnen gelegen. Auch im Winter kann man sich hier am Kaminfeuer wohl fühlen.*
- ***€€ L´Aptois**, 289, cours Lauze-de-Perret, Tel. 04/90740202, Fax 04/90740202, www.Aptios.fr, Aptois@wanadoo.fr: Seit seiner Renovierung 2004 ist dieses Hotel die erste Wahl in dieser Preisklasse in Apt. Neu renoviert ist zum Beispiel Zimmer Nr. 112, es erstrahlt in leuchtendem gelb-orange, mal kein provenzalischer Stil zur Abwechslung! Das Hotel liegt zentral am Hauptplatz (für diese Lage relativ ruhig).*
- ***€€ Le Ventoux**, 785, avenue Victor-Hugo, Tel./Fax 04/90047460: Gegenüber dem Bahnhof, etwa 1 km vom Stadtzentrum. Ein renoviertes Bürgerhaus mit hellen, sauberen und lärmisolierten Zimmer, die nach hinten raus mit Blick ins Grüne. Im Erdgeschoss liegt ein großes und sehr beliebtes Café.*
- ***€€ du Palais**, 24, Place Gabriel-Péri, Tel. 04/90048932, Fax 04/9004716: Ein eher einfaches Haus. Empfehlenswert ist die Suite für vier Personen.*

UNTERKUNFT AUSSERHALB VON APT
- ***€€€–€€€€ Hôtel Restaurant Relais de Roquefure**, Domaine de Roquefure Tel. 04/90048888, Fax 04/90741486, www.relaisderoquefure.com: Ca. 6 km außerhalb von Apt in Richtung Cavaillon sehr ruhig gelegenes, ehemaliges Bauernhaus in einem vier Hektar großen Garten mit Swimmingpool. Schön im ländlich-provenzalischen Stil eingerichtete Zimmer. Das Haus ist ein Logis de France. Wie für diese Kette üblich, gibt es in diesem Hotel provenzalische Küche.*
- ***€€€ Chambres de séjour avec vue**, im Herzen von Saignon, südöstlich von Apt, Tel./Fax 04/90048501, www.chambreavecvue.com: Vielleicht eines der originellsten Häuser in der Provence, ein sogenanntes „Haus für Kunst und Gäste", von der aus Polen stammenden Künstlerin Kamila Regent und ihrem französischen Ehemann geführt. Im Haus haben Künstlergäste ihre Werke hinterlassen: ausgefallene Kleiderhaken im Badezimmer, eine Eselskulptur im schattigen Obstgarten, tanzende Bären auf der Treppe oder einen blinkenden Buddha im Gästezimmer. Das alles ist interessant und amüsant (teilweise aber auch leicht verwirrend, denn manchmal kommen schon Zweifel auf, ob es sich bei einem Objekt um Kunst oder schlicht um einen Stuhl handelt).*
- ***€€–€€€ Bergerie des Millanes,** Les Tourettes, in Richtung Lourmarin gelegen, Tel./Fax 04/90046374: Fünf Zimmer, geschmackvoll und jeweils anders eingerichtet, gruppieren sich*

um einen arabisch-andalusisch angehauchten Patio. Und ringsum die wunderschöne Landschaft des Luberon, zu genießen von der schattigen Terrasse bei einem köstlichen Mahl… Verweile Augenblick, du bist so schön!

Restaurants

• ***Le Carré des Sens,*** *cours Lauze de Perret, Place Saint-Martin, Tel. 04/90747400, www.carredessens.com: Im historischen Ortszentrum gelegenes Bürgerhaus aus dem 17. Jahrhundert, seinerzeit über antiken Mauern errichtet. Heute ist das schön restaurierte Gebäude Restaurant, Weinkeller und Vinothek in einem.*

• ***Le Platane****, 13, Place Jules-Ferry, Tel. 04/90047436, sonntags und montagsabends geschl.: Draußen eine schattige Terrasse, drinnen ein intimer Gastraum. Besonders zu empfehlen: die Gemüselasagne.*

Markt

Jeden Samstagmorgen findet im Stadtzentrum einer der buntesten und größten ***Bauern- und Trödelmärkte*** *der Provence statt, zusätzlich dienstagsmorgens ein* ***Bauernmarkt*** *auf dem Cours Lauze de Perret.*

Einkaufen

Diätwillige Schleckermäuler sollten einen großen Bogen um Apt, bzw. seine vielen Confiserien machen! Die Spezialität von Apt, die kandierte Früchte haben der Stadt zum Titel „Herausragende Stätte des Geschmacks" verholfen, verliehen vom „Nationalrat für Kochkunst" und vom Kultusministerium. Diese kandierten Früchte waren schon die Lieblingsleckerei von Berühmtheiten wie Papst Clemens VI. und Madame de Sévigné. Eine Spezialität unter den kandierten Früchten sind die Galapian, die unter anderem Lavendelhonig und Mandeln enthalten.

• ***Confiserie Richaud****, 48, quai de la Liberté, Tel. 04/90741356: Hier gibt´s kandierte Früchte, die ausschließlich aus frischen Produkten der Saison hergestellt sind. Das hat natürlich seinen Preis.*

• ***Confiserie Ceccon****, 60, quai de la Liberté, Tel. 04/90742190: Eine weitere gute Adresse nahe der oben genannten.*

• ***Kerry Aptunion****, 2 km außerhalb von Apt an der N100 Richtung Avignon, Tel. 04/90763143, www.kerryaptunion.com: Zum Herstellerpreis gibt´s hier nicht nur kandierte Früchte, sondern auch Nougat und eingelegte Kirschen.*

• ***Boiseries et Décorations****, Le Chêne, in Gargas, 5 km nordwestlich von Apt, Tel. 04/90741571, Fax 04/90745624, boisdeco@boiseries-deco.fr: Hier gibt´s eine große Auswahl an Haustüren, Schranktüren, Fensterläden, Möbeln und Täfelungen aus Kiefer, Kirsch- und Nussbaum, die nach alten Traditionen patiniert wurden.*

Sehenswertes

• ***La Maison du Parc régional du Luberon:*** *60, place Jean-Jaurés, Tel. 04/90044200, Fax 04/90048115, www.parduluberon.org. Geöffnet Mo bis Sa 8.30–13 und 13.30–19 Uhr (von Okt. bis Ostern ab 18 Uhr und samstagnachmittags geschl.)*

• ***Le musée d´Histoire et d´Archéologie:*** *27, rue de l´Amphithéâtre., Tel. 04/90747845. Di geschl. Juni bis Sept. geöffnet 19–12 und 14–17.30 Uhr, So 14–18 Uhr. Okt. bis Mai Mo, Mi, Do und Fr 14–17.30 Uhr, Sa 10–12 und 14–17.30 Uhr.*

• ***La cathédrale-basilique Sainte-Anne:*** *Geöffnet von April bis November Di bis Sa 10–12 und 16–18 Uhr (im Winter 14–16 Uhr).*

Arles (S. 373)

Postleitzahl: 13200

Information
Office de Tourisme, Esplanade des Liches und im Bahnhof, Tel. 04/9018414, Fax 04/90184129. Von Juli bis Sept. finden jeweils geführte Touren „Arles et Van Gogh" statt.

Internet
www.arles.org und www.ville-arles.fr

Camping
• ***City**, 67, Route de Crau, Tel. 04/90930886, Fax 04/90963126, www.camping-city.com: Schattiger, aber nicht besonders ruhiger Platz mit Swimmingpool. Mückenschutzmittel mitnehmen! Von März bis Okt. geöffnet.*

• ***les Rosiers**, Pont de Crau, Tel. 04/90960212, Fax 04/90933672, www.arles-camping.com: Ruhig, schattig und gut geführt. Mit Schwimmbad. Geöffnet von Mitte März bis Okt.*

Jugendherberge
***Auberge de Jeunesse**, 20, Avenue Maréchal Foch, Tel. 04/90961825, Fax 04/90963126, arles@fuaj.org: Nur fünf Minuten vom historischen Zentrum gelegen. Schlafsäle mit acht Betten. Vom 5. Feb. bis 20. Dez. geöffnet.*

Unterkunft
• ***€€€€€ Jules César**, 9 Boulevard des Lices, Tel. 04/90934320, Fax 04/90933347, julescesar@wanadoo.fr, www.hotel-julescesar.fr: Nur fünf Gehminuten von der Arena entfernte Nobelherberge mit äußerst prachtvoller Säulenfassade. Dahinter verbirgt sich ein ehemaliges Karmeliterkonvent aus dem 7. Jahrhundert mit Kreuzgang und Kapelle. Die 50 Zimmer und vier Apartments sind geräumig und exklusiv mit alten provenzalischen Möbeln ausgestattet. Trotz der Lage des Hauses an einem stark befahrenen Boulevard sind die Zimmer ruhig, da sie zum Klostergarten, zum provenzalischen Garten oder zum Schwimmbad hinaus liegen. Zum Hotel gehören zwei exklusive Restaurants.*

• ***€€€€€ Grand Hôtel Nord Pinus**, Place Forum Arles Tel. 04/90934444, Fax 04/90933400, www.nord-pinus.com: Manchmal sind es kleine Details, die viel aussagen: Beim Nord Pinus ist es der schief hängende Schriftzug des Hotels, der dem Haus von außen ein leicht vergammeltes Aussehen gibt. Und das hat seine Geschichte: Das seit 1865 bestehende Hotel wurde zuletzt von einer exzentrischen ehemaligen Cabaret-Tänzerin geführt, zu deren Stammgästen Persönlichkeiten wie Hemingway, Picasso oder Jean Cocteau und nicht zuletzt die stolzen Matadore, die Stars der Stierkampfarenen, gehörten. Extravagante Parties fanden statt, Kartenspiele bis in den frühen Morgen,*

Der Place du Forum mit dem Hotel du Nord zur Postkutschenzeit. Der Platz verdankt seinen Namen seiner einstigen Nähe zum anitken Forum, aus dieser Zeit stammen noch zwei korinthische Säulen.

Arles
Hotels und Restaurants
0
100 m
N
Rhône
Georges
Guynemer
Robespierre
R. du Four Banal
Quai Saint-Pierre
Pont de Trinquetaille
zum Musée de l'Arles Antiques
Quai Marx
Dormoy
Rue Marius Jouveau
Rue Léon Blum
Place Lamartine de France
nach Terascon, Avignon (36 km)
Rue Jules Ferry
Rue Terrin
Internet-Café
Rue A. France
R. du Docteur Fanton
Rue du Septembre
R. Barbès
Rue de l'Amphithéatre
Rue Voltaire
Rue Portagnel
Rue des Suisses
Rue de l'Hôtel de Ville
Place H. Clair
Place du Forum
Rue des Arènes
Rond Point des Arènes
Place de la Mayor
Rue Gambetta
Rue Balze
Rue de la République
Place de la Républic
R. de la Calade
Place Bornier
Rue du Cloître
Rue Porte de Laure
Place de la Redoute
Boulevard Emile Combes
Rue Molière
R. de la Rotonde
Théatre d'Arles
nach Les Saintes-Maries (37 km), Nîmes (31 km), zum Museum des antiken Arles (1km)
Boulevard des Lices
Jardin d'Eté
Montée Vauban
R. de l'aqueduc romain
Rue Férigoul
nach Aix-en-Provence (63 km), Marseille (80 km)
Avenue Victor Hugo
Jardin d'Hiver
Rue Emile Fassin
Boulevard Emile Zola
Blvd. Georges Bizet
Boulevard Alphonse Daudet
Boulevard Marcellin
Rue Jacquemin
Av. des Alyscamps
Canal
Rue du Docteur Zamenhof
Chemin des Muraillettes
de la Craponne
Chemin Marcel Sembat
Rue E. Vaillant
Boulevard Huart
Hotels
1 de l'Amphitheâtre
2 du Musée
3 Gauguin
4 Jules César
5 d'Arlatan
6 Le Cloître
7 Nord Pinus
8 Jugendherberge
9 Le Calendel
10 Rhodania
11 du Forum
Restaurants
12 L'Oliver
13 L'Affenage
14 Le Cafe du Nuit
15 Vitamine
16 Bodégo la Cueva

und Germaine nahm jeden Nachmittag zur Erholung ihr Meeresalgenbad. Doch Germaine wurde müde, das Hotel immer verkommener, die Gäste blieben aus. Schließlich war das Dach in einem so desolaten Zustand, dass Germaine nur noch das Erdgeschoss mit der Rezeption in eine kleine Wohnung umfunktionieren konnte, in der sie ihre Tage fristete. Bis dann in den 1980er Jahren eine junge Dame aus der Camargue namens Anne Igou das Hotel kaufte. Sie wollte ihm seinen alten Glanz wiedergeben. Mit Hilfe des aus Arles stammenden Coutouriers Christian Lacroix verwandelte sie das Haus wieder in das Traumhotel, das es auch heute noch ist. Die 25 Zimmer sind mit viel Mut für das Dramatisch-Opulente, aber nie schwülstig eingerichtet. Am beliebtesten ist die Suite Nr. 10, in der nicht nur der große Picasso einst logierte, wenn er den Stierkampf von Arles besuchte, sondern auch Legionen von Torreros. Hier nahm der große Dominguin in seinem weiß-goldenen blutbefleckten Matadorgewand nach seinem dramatischsten Triumph die Huldigungen der Menge entgegen. Und hier entstand Helmut Newtons berühmtes Portrait von Charolotte Rampling vor dem Spiegel. Und was hat der eingangs erwähnte hängende Schriftzug mit all dem zu tun? Anne Igou sieht ihn als Reminiszenz an die bewegte Vergangenheit des Hauses. Welch schöne Geste.

- ***€€€€–€€€€€ D´Arlatan**, 26, rue du Sauvage, Tel. 04/90935666, hotel-arlatan@wanadoo.fr, www.hotel-arlatan.fr: Ein sehr stilvolles Hotel in einem ehemaligen Stadtpalais der Grafen von Arlaten de Beaumont, dessen verschiedene Bauabschnitte ins 4. bis 17. Jahrhundert datieren. Eingerichtet ist das Hotel mit alten provenzalischen Möbeln; es verfügt über einen schönen Innenhof. Auch wer nicht im Hotel logiert, bekommt von außen interessante Einblicke: Als 1988 ein Fahrstuhl eingerichtet werden sollte, stieß man, was in Arles wenig verwunderlich ist, auf antike Fundamente. Und so kann man durch eine Glasscheibe auf den Sockel einer Statue aus dem 1. Jahrhundert n. Chr. und einen Teil der Basilika des Konstantin blicken.*
- ***€€€–€€€€ du Forum**, 10, Place du Forum, Tel. 04/90934895, Fax 04/90939000: Ein altehrwürdiges Haus mit altväterlichem Charme und familiärer Atmosphäre. Romantisch und malerisch: der abends beleuchtete Swimmingpool.*
- ***€€€–€€€€ de l'Amphithéâtre**, 5, rue Diderot I, www.hotelamphitheatre.fr: Ein Hotel du charme in einem malerischen Gebäude aus dem 17. Jahrhundert, 1998 total renoviert, mitten im historischen Zentrum gelegen und überschattet von alten Platanen. Besonderes der Aufenthaltsraum mit seinen roten Wänden, seiner inszeniert wirkenden Einrichtung und seiner klassischen Musikbeschallung hat etwas Bühnenhaftes an sich. Der Frühstücksraum leuchtet in den Farben der Provence, zum Thema passt auch die kleine Sammlung von Santons. Alle 27 Zimmer sind komplett unterschiedlich, eines davon ist behindertengerecht ausgestattet. Am schönsten und am teuersten ist das Belvedere oben auf dem Dach mit – getreu seinem Namen – acht Fenstern mit Aussicht. Weiterhin gibt es noch eine Suite für vier Personen.*

Vom Regen in die Traufe

„Es gibt zwei alte schäbige Gasthöfe in Arles, die heftig um Sie als Kunden buhlen. Wenn Ihre Wahl auf das Hotel du Forum fällt, wird das Hotel du Nord, das in rechtem Winkel danebensteht, dies, mit kaum verhohlener Missbilligung beobachten… Die beiden stehen zusammen am Place des Hommes (heute du Forum), einem kleinen Platz, der irgendwie nicht richtig seine Wirkung entfalten kann. Tatsächlich entfaltet auch Arles seine Wirkung nicht richtig, und wenn es trotzdem ein reizvoller Ort ist, wie ich ja finde, so kann ich den Grund hierfür nicht angeben. Ich habe vergessen, für welches dieser beiden Etablissements ich mich entschieden habe; welches es auch immer war, ich wünschte sehr, dass es das andere gewesen wäre…“,
befand 1883 der amerikanische Schriftsteller Henry James.

- ***€€–€€€ Le Calendal**, 22, Place Pomme, Tel. 04/90961189, Fax 04/90960584: Ruhig, gemütlich und zentral zwischen Arena und Antikem Theater gelegen. In den provenzalischen Farben gelb und blau gehaltene Zimmer. Kleiner Garten.*
- ***€€–€€€ Hotel du Musée**, 11, rue Grand Prieuré, Tel. 04/90938888, Fax 04/90499815, contact@hoteldumusee.com.fr, www.hoteldumusee.com.fr: Auch dieses Hotel ist in einem historischen Gebäude aus dem 17./18. Jahrhundert untergebracht. Und auch dieses hat wie das l´Amphitéâtre eine wie inszeniert wirkende Innenausstattung. Am schönsten ist der Aufenthaltsraum mit gedämpft ockerfarbenen Wänden, von einer Schlichtheit, wie sie romanischen Kirchen eigen ist. Sehr reizvoll ist der Kontrast von schmiedeeisernen, hölzernen und ledernen Sitzgelegenheiten. Die 28 unterschiedlich ausgestatteten Zimmer sind klimatisiert. Bildschön ist auch der Innenhof, auf zwei Etagen stehen hier blaue Tische und viele, viele Blumentöpfe – eine malerische Szenerie.*
- ***€€–€€€ Le Cloître**, 16, rue du Cloître 16, Tel. 04/90962950, hotel_cloitre@hotmail.com: Ruhig und zentral, mit hübschem Garten. Das alte Stadthaus hat auch einige Zimmer mit Blick auf das Kloster St.-Trophime. Le Cloître ist an der Stelle eines Klosters aus dem 13. Jh. erbaut, von dem einige Bögen im Frühstücksraum erhalten sind.*
- ***€ Gauguin**, 5, Place Voltaire, Tel. 04/90961435, Fax 04/90189887: Ein ziemlich einfaches, aber preiswertes Hotel am Rande der Altstadt. Reichlich Staubwolken unter dem Bett, dafür aber ein ausreichendes Frühstück.*
- ***€ Rhodania**, 1, rue du Pont, Tel. 04/960814: Plastikblumen und schreiende Farben muss man schon mögen, wenn man sich in dieses Hotel mit „Themenzimmern" begibt. Die Unterkunft ist aber preisgünstig und das Frühstück gibt´s bis in den späten Vormittag.*

UNTERKUNFT AUSSERHALB VON ARLES

- ***€€€€€ Mas de la Chapelle**, petite Route de Tarascon, 4,5 km nördlich vom Zentrum von Arles, Tel. 04/790930045; masdelachapelle@voila.fr, www.masdelachapelle.fr/: Ein ehemaliger Sitz des Malteserordens, im Jahr 2000 vollkommen renoviert, hinter dessen Mauern sich eine Kapelle aus dem 16. Jahrhundert verbirgt. Sehr schön ist der Kontrast zwischen den klösterlichen Steinmauern und dem neueren, sonnengelb gestrichenen Gebäude mit himmelblauen Fensterläden. Herrliche Plätzchen an heißen Sommertagen sind der Swimmingpool und die orientalisch anmutende schattige Sitzecke. Nicht alle Zimmer des Mas sind stilsicher ausgestattet, in manchen gibt es der Malereien und Stoffe etwas zuviel. Und die Zimmer „Cassis" und „Parme" sind etwas schwülstig geraten – oder für Hochzeitsreisende und andere Liebende gedacht.*

Restaurants

GEHOBENE PREISKLASSE

- ***€€€€€ Mas de peint**, le Sambuc, Tel. 04/90972062: Gutshof aus dem 17. Jahrhundert mit 500 Hektar Land, hier züchten die Gutsbesitzer Pferde und Rinder und bauen biologischen Reis an. Stilsicher, elegant und unaufdringlich ist dieses Anwesen. Das Haus liegt mitten in der Camargue und die lässt sich am besten zu Pferde erkunden; im Mas de peint kann man sich welche mieten. Fünf Minuten entfernt liegt das Restaurant La Hassagnette, Tel. 04/90972692, mit einem herrlichen Gemüsegarten. Serviert werden sage und schreibe zwanzig Gänge, begleitet von zwölf verschiedenen „tapas carmarguises" und anschließend folgen acht Desserts.*

MITTLERE PREISKLASSE

• ***L´Oliver**, 27, rue Porte-de-Laure, Tel. 04/90497177: Ein schickes Lokal, eingerichtet mit antiken Möbeln und Tapisserien an den Wänden, mit dezenter klassischer Musik im Hintergrund. Hier wird klassische provenzalische Küche neu definiert.*

• ***le Blanche**, 9, rue du Président Wilson Arles 9, Tel. 04/90939854: Gewölberestaurant mit Charme, Gemütlichkeit und Klavier in der Ecke neben dem Eingang. Letzteres ist nicht nur Dekoration, sondern an vielen Abenden Stimmungsträger, wenn die Zuschauer nach einem Stierkampf von der Arena in die Lokale der Stadt strömen. Die auf einer Anrichte ausgestellten glasierten Kuchen und bunten Süßspeisen lassen einem das Wasser im Mund zusammenlaufen. Zudem gibt es eine große Auswahl an Salaten.*

• ***L´Affenage**, 4, rue Molière 4, Tel. 04/90960767: In einer ehemaligen Posthalterei. Reichhaltiges, provenzalisches Vorspeisenbuffet.*

Abends im „Café de Nuit". Van Gogh malte das Café gegenüber dem „Nord-Pinus" 1888, in dem Funzellicht, das es heute noch hat. In einem Brief an seinen Bruder Theo schrieb van Gogh 1888: *„In meinem Caféhausbild versuchte ich auszudrücken, dass das Café ein Ort ist, wo man verrückt werden und Verbrechen begehen kann. Dies alles drückt die Atmosphäre von glühender Unterwelt aus, ein bleiches Leiden."*

UNTERE BIS MITTLERE PREISKLASSE

• ***Le Café de Nuit (Café van Gogh)**, 11, Place Forum Arles, Tel. 0033/ 490964456. Das Café ist nicht das berühmte Original, das Van Gogh einst malte, sondern nur eine etwas seelenlose Rekonstruktion. Innen sind die Wände des Lokals teilweise mit Reproduktionen von Van-Gogh-Werken und Plakaten dekoriert. In lauen Provence-Nächten kann man auch draußen mit Blick auf die Place du Forum sitzen. Bei soviel Historie darf man allerdings von der Küche nicht allzu viel erwarten.*

• ***Vitamine**, 16, rue du Docteur-Fanton, Tel. 04/ 90937736: Hier kann man zwischen 50 Salaten wählen. Als Alternative gibt´s ein vegetarisches Menü.*

• ***Bodéga La Cueva,** rue Tour de Fabre, Tel. 04/90939111, Mo geschl.: Außen unscheinbares, innen recht nettes Lokal. Gute Tapas und gegrillte Tintenfische.*

Wochenmarkt/Einkaufen

• ***Wochenmärkte (jeweils vormittags)**: Samstag auf dem Boulevard des Lices, Mittwoch auf dem Boulevard Émile Combes und Montag und Freitag auf der Place Paul Doumer. Einkaufstipp: Die Tomme de Camargue und die Tomme Arlesienne, sahneweiße Käselaibe, aus einer Mischung aus Kuh- und Ziegenmilch hergestellt und mit Kräutern gewürzt.*

• ***Dorelle et Milhau**, 11, rue Réattu, Tel. 04/90961605, Mo geschl.: Hier gibt es die berühmte Saucisson d´Arles, die Wurst von Arles, die allein aus dem Fleisch von Camargue-Stieren bestehen darf und mit Speckwürfeln, Kräutern der Provence und rotem Côte du Rhône verfeinert wird. Der Legende nach wurde sie im 17. Jahrhundert von den Nachkommen eines jungen sarazenischen Sklaven, historischen Quellen zufolge allerdings am 6. Juli 1655 vom Wurstwarenhändler Godard geschaffen. Die Wurst von Dorelle et Milhau wurde übrigens bei zahlreichen Wettbewerben und Messen als die beste aller besten Würste aus Arles prämiert!*

Feste und Veranstaltungen

*Auskunft über alle Festivals von Arles erhält man beim **Comité permanent des Fêtes d´Arles**, 35, Place de la République, Tel. 04/90964700.*

Course und Corrida

Ein Herz für Stiere beweisen die Arlesier bei ihrer **Course**, denn bei ihr endet der Stier nicht mit dem Tod, sondern er darf nach dem Kampf auf seine heimischen Sumpfwiesen zurückkehren. Auch steht bei der Course nicht der Torero im Mittelpunkt des Geschehens, sondern es ist der Name des Stieres, der in großen Lettern auf den Plakaten steht.
Ganz anders ist es bei der in Südfrankreich immer beliebter werdenden spanischen Corrida, die in Arles sonntags zwischen Ostern und September stattfindet und bei der der Torrero im Mittelpunkt steht und der Stier nicht überlebt (wer sich das Spektakel nicht antun will: „mise à mort" lautet der Warnhinweis).
Dann gibt es noch die Abrivados, bei denen die Stiere durch die Straßen getrieben werden, was nicht ungefährlich für die Zuschauer ist: 1994 kamen dabei in Les Saintes-Maries und Saint Rémy einige Touristen ums Leben.

- ***Stierkampfsaison*** *ist von April bis September. Karten gibt´s beim Bureau de la Feria – Spectacles Touromachie, Les Arènes, Tel. 04/90960370, Fax 04/9096643.*
- ***Feria Pascale:*** *am Osterwochenende mit Corridas, unblutigen Stierkämpfen und Stiertreiben.*
- ***Fête des Gardians:*** *alljährlich am 1. Mai mit Hirtenumzug. Nachmittags finden in der Arena Veranstaltungen statt und dann kann man auch die berühmten schönen Arlesienerinnen in ihrer wunderbaren Tracht bestaunen. Diese stammt aus dem frühen 20. Jahrhundert. Es dauert Stunden und braucht viele Nadeln und Bänder, um das Wunderwerk zu vollenden. Alle drei Jahre (2011, 2014) wird die Königin von Arles gewählt*
- ***Rencontres Internationales de la Photographie****, Tel. 04/90967606, Fax 04/90499439: seit 1970 alljährlich Anfang Juli mit Diashow (im antiken Theater), Workshops und Ausstellung (die im Allgemeinen bis Ende August dauert) mit Bildern der wichtigsten Fotografen der Welt.*
- ***Les Prémices du Riz:*** *Volksfest Mitte September anlässlich der bevorstehenden Reisernte mit Stierkampf, Straßenumzug und Wahl der Reiskönigin.*

Die Arlesierinnen sind berühmt für ihre Schönheit.

Autovermietung

- ***Avis****, avenue Talabot, Tel. 04/90968242*
- ***Hertz****, Boulevard Victor Hugo, Tel. 04/0967523*

Fahrradverleih

Am SNCF-Bahnhof (normale Fahrräder, Rennräder und Mountain-Bikes)

Zug-/Busverbindungen

- *Ab dem* ***SNCF-Bahnhof*** *am Nordrand der Altstadt (Tel. 04/90493801) täglich etwa stündlich Zugverbindungen nach Marseille und Avignon, auch nach Tarascon.*
- *Gare routière: Der* ***Busbahnhof*** *befindet sich beim Bahnhof. Täglich vier- bis fünfmal Busverbindungen nach Avignon, Les Saintes-Maries-de-la-Mer, Salin-de-Giraud, Les Baux und Salon-de-Provence.*
- ***Les Train des Alpilles:*** *17, avenue de Hongrie, Tel. 04/90188131. Der Zug verkehrt von Mitte April bis Anfang Sept. jeweils Mittwoch und Samstag. Abfahrt vom Bahnhof von Arles um 10, 13.30 und 15.10 Uhr. Mitnahme von Fahrrädern möglich.*

Golf

Club de Servanes, im Dörfchen Mouriès, östlich von Arles, Tel. 04/90475995, servanes@opengolfclub.com. www.opengolfclub.com: Er ist der schönste der provenzalischen Golfplätze und landschaftlich sehr abwechslungsreich. Spielbahnen entlang einer Felswand, Olivenhaine, Seen und golferische Herausforderungen wie die am zwölften Loch, Par-3, dessen 190 Meter entferntes Halbinselgrün mit einem Schlag über den See erreicht werden muss. 18 Löcher, 6.141 Meter, Slope 130–138.

Sehenswertes

- ***Théâtre Antique – Antikes Theater:*** *rue de la Calade, Tel. 04/9049367. Geöffnet von Mai bis Sept. tgl. 9–19 Uhr, März und April 9–12 und 14–18 Uhr, im Okt. 10–12 und 14–17 Uhr und von Nov. bis Feb. 10–12 und 14–17 Uhr.*
- ***Le Arènes Romaines – Amphitheater:*** *1, rond-point des Arènes, Tel. 04/90960370, Fax 04/90184129. Geöffnet 9–19 Uhr von Mai bis Sept. 9–18 Uhr im März, April und Okt. 10–17 Uhr von Nov. bis Feb.*
- ***Die Kryptoportiken des Forum:*** *Tel. 04/90493674. Geöffnet 9–19 Uhr von Mai bis Sept. 9–18 Uhr im März, April und Okt, 10–17 Uhr von Nov. bis Feb.*
- ***Musée de l´Arles antique – Museum des antiken Arles:*** *Tel. 04/90188888, Fax 04/90188893. Geöffnet von März bis Okt. tgl. 9–19 Uhr. Nov. bis Feb. 10–17 Uhr.*
- ***Musée Réattu:*** *10, rue du Grand Prieuré, Tel. 04/90493758. Geöffnet Mai bis Sept. tgl. 9–19 Uhr. Sonst wechselnde Öffnungszeiten.*
- ***Fondation Van Gogh:*** *Palais de Luppé, 24, rond-point des arènes, Tel. 04/90499404. Geöffnet tgl. außer Mo 10–19 Uhr.*
- ***Gräberstraße Les Alyscamps (Alissii Campi = Gefilde der Seligen):*** *Außerhalb der Altstadt, geöffnet von Mai bis Sept. tgl 9–19 Uhr, März und April 9–12 und 14–18 Uhr, im Okt. 10–12 und 14–17 Uhr und von Nov. bis Feb. 10–12 und 14–17 Uhr.*
- ***Le Musée Arlaten****, rue de la République, im Hôtel de Laval-Castellane. Tel. 04/9093581. Geöffnet Juni bis Ende August tgl. 9.30–13 und 14–18.30 Uhr. April, Mai und Sept. 9.30–12.30 und 14–18 Uhr. Okt. bis März 9.30–12.30 und 14–17 Uhr.*

Aubagne (S. 490)

Postleitzahl: 13400

Information

Office de tourisme*, esplanade Charles-de-Gaulle, Tel. 04/42034998.*

Internet

www.provenceweb.fr

Camping

Claire Fontaine*, Route de la Tuilière, Tel. 04/42030228, Fax 04/42013418*

Unterkunft

- ***€€ Le relais d'aubagne****, Chaîne Arcantis c. Commercial la Martelle Tel. 04/42843233, Fax 04/42726522, www.hotel-relais-aubagne.com: Ein angenehm unprätentiöses Hotel mit Swimmingpool und Restaurant. .*

• *€€ **Hotel de l'etoile**, Logis de France, RN 98 Pont de l'Etoile, Tel. 04/42 04/55 54, Fax 04/42 04/5978: Ruhiges Logis de France mit Garten und Schwimmbad.*
• *€ **du Parc**, Le Charrel, Route Nationale 8, Tel. 04/42032985: Kleines, familiäres Hotel mit einfachen und sauberen Zimmern mit Dusche und WC, Toilette auf der Etage.*

Sehenswertes
***Le Musée de la Légion étrangère:** Tel. 04/4218824. Geöffnet Juni bis Sept. tgl. außer Mo und Freitagmittag 10–12 und 15–19 Uhr. Okt. bis Mai Mi, Sa und So 10–12 und 14–1 Uhr. Eintritt frei.*

Avignon (S. 345)

Postleitzahl: 84000

Information
***Office de Tourisme**, 41, cours Jean-Jaurès Tel, 04/32743274, Fax 04/90829503, information@ot-avignon.fr, täglich geöffnet.*

Internet/Internetcafé
• *www.avignon-tourisme.com, www.ot-avignon.fr, mairie-avignon.fr, provenceweb.com, festival-avignon.com/fr, vignon-en-provence.com, schwarzaufweiss.de*
• ***Chez M@W**, 41, rue du Vieux Sextier, Tel. 04/90861903: Tgl. von 8 Uhr bis Mitternacht geöffnet.*

Camping
Die beiden unten genannten Campingplätze liegen auf der Ile de la Barthelasse.
• ***Saint Bénézet**, Tel. 04/90826350, Fax 04/90852212, info@camping-avignon.com, www.camping-avignon.com: Schön angelegter Platz mit hohen Bäumen, Büschen und Hecken, gegenüber der berühmten Brücke von Avignon gelegen. Hütten für vier bis sechs Personen und Hauszelte zu mieten. Erlebnisbad mit Whirlpool, im Juli und August Freizeitprogramm für Kinder. Fahrradverleih, Tennis, Bogenschießen. Gaststätte, Imbiss, Kiosk vorhanden. Niedrige Preise in der Nebensaison. Das Sanitärgebäude ist von außen eine „Tropfsteinhöhle", die Duschen sind oben offen und nicht beheizt. Geöffnet von Ende März bis Ende Okt.*
• ***Bagatelle**, Tel. 04/90863039, Fax 04/90271623, bagatelle@aol.com: 300 m vom Stadtkern gelegen, der zentralste der Campingplätze von Avignon. Jahrhunderte alte Pla-*

Avignon Passion

Der Avignon-Pass ist für 15 Tage gültig und ermöglicht einen um 20–50 % ermäßigten Eintritt für alle Sehenswürdigkeiten der Stadt. Man fragt einfach beim ersten Museumsbesuch danach, da muss man noch den vollen Preis bezahlen, erhält aber gratis den Avignon Passion-Pass dazu sowie einen Stadtplan mit genauer Auflistung der Sehenswürdigkeiten des Avignon Passions-Projektes. Weiterhin erhält man mit dem Pass 20 Prozent Ermäßigung auf touristische Transportmittel.

Neben ermäßigten Eintrittspreisen in Museen kann man auch günstiger mit den Ausflugsschiffen, -bussen und Elektrobahnen fahren.

Der Pass gilt für eine Familie mit bis zu 5 Personen.

tanen spenden Schatten. Großes Schwimmbecken, Planschbecken. Bars und Restaurants. Jan. und Feb. geschl.

Unterkunft

• €€€€€ **Hôtel-Restaurant la Mirande**, *4, Place de l'Amirande 4, Tel. 04/90859393, Fax 04/90852685, mirande@la-mirande.fr, www.la-mirande.fr: 1990 eröffnetes Nobelhotel, mit viel Liebe und viel Geschmack vom deutschen Ehepaar Stein renoviert und eingerichtet. Die Geschichte des Hauses reicht bis ins 14. Jahrhundert zurück: Kardinal de Pellegure, Neffe von Papst Clemens V., hatte sich hier im Jahr 1309 ein livrée (Kardinalspalast) erbauen lassen. Die Restauration des zuletzt im Besitz eines Bürgermeister befindlichen Hauses wurde zum Vorbild für Dutzende anderer Hotels in der Provence. Kristalllüster, Gobelins, Kandelaber, Seide und Brokat, wohin das Auge blickt – und dennoch wirkt nichts überladen. In der Mitte des Hotels locken in einem überglasten Patio stilvolle Korbmöbel. Im Speisesaal tafelt man unter einer bemalten Balkendecke aus dem 15. Jahrhundert, in einem der Salons klebt eine im 17. Jahrhundert mit chinesischen Motiven bemalte Tapete und im Frühstücksraum hängen provenzalische Landschafts- und Genrebilder aus dem 19. Jahrhundert. Jedes der 20 Gästezimmer ist unterschiedlich mit edlem Mobiliar vor antikisierenden Tapetenmustern ausgestattet, die meisten Zimmer blicken auf den Papstpalast. Tipp: Nr. 36, mit sehr schönem Palastblick u n d kleinem Balkon, Nr. 38 hat keinen so schönen Blick, aber dafür sogar eine abgeschirmte Terrasse. Die Badezimmer sind im Fin de Siècle-Stil eingerichtet, und natürlich ist*

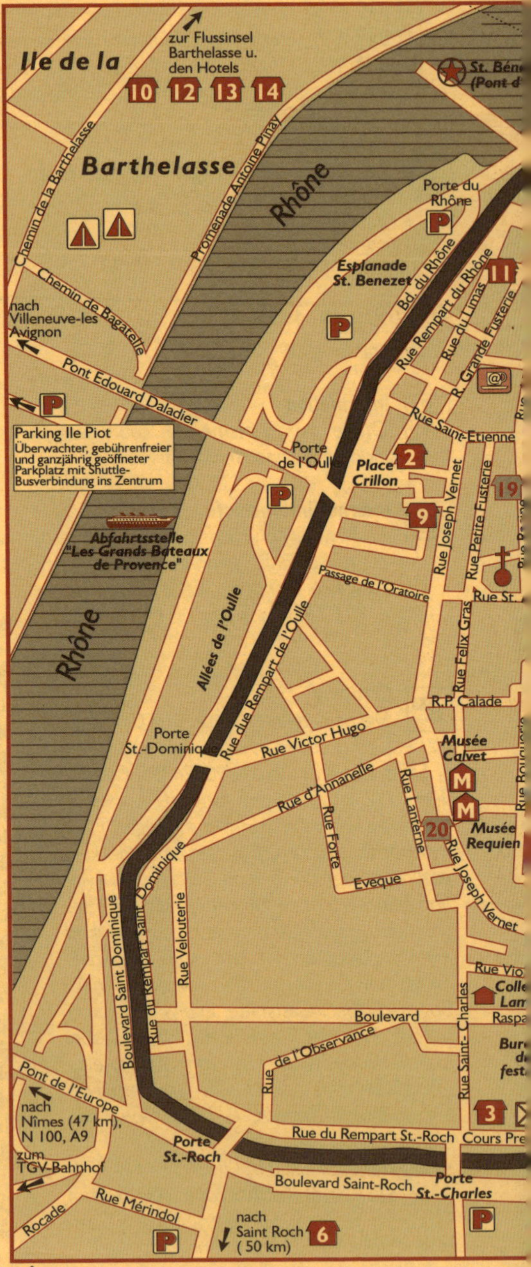

© igraphic

Avignon Hotels & Restaurants
Hotels
1 Hotel-Restaurant Mirande
2 d'Europa
3 Hotel-Restaurant Cloître Saint Louis
4 de l'Horloge
5 de Blauvac
6 Saint Roch
7 de Mons
8 le Splendid
9 Mignon
10 La Ferme Jamet
11 Le Limas
12 La Ferme
13 l'Anastasy
14 de l'Ile
15 La Treille
Restaurants
16 Christian Etienne
17 de la Mirande
18 Hiély Lucullus
19 Fourchette
20 Rose au Petit Bedon
21 La Vache à carreaux
22 Tapalocas
23 Le Woolloomooloo
24 Le Jardin de la Tour
25 Le Grand Café
Flussinsel Barthelasse (kostenlos)
Porte de la Ligne
Porte St.-Joseph
nach Lyon A7, Le Pontet u. Châteauneuf-du-Pape (18 km) Orange (32 km)
Musée du Petit Palais
Parking des Italiens
Überwachter, gebührenfreier und ganzjährig geöffneter Parkplatz
Espace Jeanne-Laurent
Sonnenuhr
Rocher des Doms
Cathédrale Notre-Dame-des Doms
Place du Palais
Chapelle des Pénitents Noirs
Place St.-Joseph
R. du Rempart de la Ligne
Rue du Rempart Saint-Lazare
Rue Saint-Joseph
Rue Banasterie
Rue Bertrand
Rue du Four
Rue Sainte Catherine
Rue Saluces
Rue de la Croix
Rue des Infirmières
Rue de la Carreterie
Porte Saint-Lazare
Rue St.-Bernard
nach l'Isle sur la Sorgue (23 km), Fontaine-de-Vaucluse (30 km)
Rue Campane
Rue Ledru Rollin
Place des Carmes
Rue Portail Matheron
Rue Guillaume Puy
Rue Pommer
Rue Louis Pasteur
Place L. Pasteur
Rue Carnot
Place Costebelle
Place des Châtaignes
Place St.-Pierre
Place Carnot
Place Jerusalem
Place St.-Jean le Vieux
Place Pie
Place de la Pignotte
Les Halles
Rue Trial
Rue Paul Sain
Rue du Pont Trouca
Rue du Vieux Sextier
Place de la Principale
Rue Thiers
Rue de la Bonneterie
Rue des Fourbisseurs
R. du Four de la Terre
Rue Philonarde
Rue Bourgneuf
Rue Franche
Rue Saint-Christophe
Rue du Roi René
Rue de la Masse
Pl. Saint Didier
Rue Petramale
Rue des Lices
Rue des Teinturiers
Chapelle des Cordeliers
Chapelle des Pénitents Fris
Musée Lapidaire
Musée Angladon
R. des 3 Faucons
Rue Henri-Fabre
Pl. des Corps Saints
Rue Baracane
Rue du Portail Magnanen
Rue Bon Martinet
Rue Ninon Vallin
Rue du 58e R.I.
Boulevard Limbert
Sorgue
Route de Montfavet
Porte Limbert
Rue St.-Michel
Rue P. Manivet
Rue Rempart Saint-Michel
Boulevard Saint-Michel
Avenue du 7éme Genie
Porte St. Michel
nach Marseille, A7 zum
nach Beaucaire (26 Km), Tarascon (23 km), Saint-Remy-de-Provence (32 km) Arles (36 km), N 570
N
0
200 m

auch hier alles vom Feinsten mit Carraramarmor und Retroarmaturen aus England ausgestattet. Edel auch die Stoffe und die Fliesen in den Bädern. In der warmen Jahreszeit wird das Frühstück auf der Terrasse inmitten von Zitronenbäumchen serviert. Nun aber zum Herz des Hauses: der Originalküche aus dem 19. Jahrhundert, wo die besten Köche wirken und wo eine Kochschule beheimatet ist. Der Weinkeller des Hotels gilt als einer der besten der Region. Auch das sei noch bemerkt: Im Hotel ist noch nie etwas gestohlen worden: Die Steins haben Vertrauen in die Gäste und die danken es ihnen (siehe auch Farbteil).

Livrierte im Livrée
Der Name Livrée (Cardinalice) hat seinen ethymologischen Ursprung in der Zeit, als Avignon als Papstresidenz Rom den Rang ablief. Damals wurden den Kardinälen je nach Bedeutung teilweise ganze Stadtviertel ausgehändigt (livriert), um ihre Paläste zu bauen. Davon lässt sich wiederum die Bedeutung von Livrée als Uniform ableiten, da die Zugehörigkeit des den Kardinälen dienenden Personals durch Ihre Uniformen zu erkennen war.

- **€€€€€ del´Europe**, *12, Place Grillon 12; Tel. 04/90147676, Fax 04/90147671, reservations@hotel-d-europe.fr, www.hotel-d-europe-fr: Hier residiert man in einem Palais aus dem Jahr 1580 zwischen Empiremöbeln, Aubusson-Tapisserien und Vitrinen. Die Zimmer sind um einen eleganten, mit Bäumen bestandenen Innenhof gruppiert. Zum Papstpalast geht man fünf Minuten. In diesem Haus befindet man sich in wirklich prominenter Gesellschaft, waren hier doch schon Chateaubriand, Viktor Hugo oder Napoleon Bonaparte zu Gast. Zum Hotel gehört ein renommiertes Feinschmeckerrestaurant.*
- **€€€€€ Chambres d´hôtes Le Limas**, *51, rue du Limas, Tel./Fax 04/90146719, lelimasavignon@hotmail.com, www.le-limas-avignon.com: Das Haus liegt nur 100 m vom Papstpalast hinter Mauern aus dem 18. Jahrhundert. Die vier Zimmer sind hell und freundlich mit Korbmöbeln und hier und da einem antiken Stück eingerichtet. Die Besitzerin spricht deutsch und englisch und gibt ihren Gästen gerne Tipps zu Avignon und Umgebung. Das Frühstück wird auf der Terrasse serviert, das Auto kann unweit des Hauses auf einem bewachten Parkplatz abgestellt werden.*
- **€€€€€ La Treille**, *Auberge – Restaurant, Chemin de l'Ile Piot, Tel. 04/90164620, Fax 04/90164621, la-treille@avignon-et-provence.com, www.avignon-et-provence.com/sejour-avignon/la-treille/: Das romantische Haus mit dem ebenso romantischen Namen „Weinlaube" ist umgeben von der Rhône und Jahrhunderte alten Platanen. Das nostalgische Haus ist von einem altmodischen Charme mit Spiegeln, Lüstern, gerafften Vorhängen und Perserteppichen sowie gemusterten Tapeten. Wenige Gehminuten vom Stadtzentrum entfernt und doch auf einer Insel, der Flussinsel Piot, gelegen. Und einen schattigen Garten hat es auch noch!*
- **€€€€–€€€€€ Hotel-Restaurant Cloître Saint Louis**, *20, rue du Portail Boquier, Tel. 04/90275555, Fax 04/90822401, hotel@cloitre-saint-louis.com, www.cloitre-saint-louis.com: Das Hotel besteht aus einem ehemaligen Jesuitenkloster aus dem 16. Jahrhundert und einem neueren Teil aus dem Jahr 1991, gestaltet vom Star-Architekten Jean Nouvel. 80 Zimmer und Suiten, klar und modern ausgestattet in hellen beige-braunen Farben. Ein Ort der Ruhe zentral in der Stadt ist der Innenhof mit einem Brunnen in der Mitte. Es gibt auch behindertengerechte Zimmer und einen Swimmingpool.*
- **€€€€–€€€€€ de l´Horloge**, *1–3, rue Félicien David, Place d l´Horloge, Tel. 04/90164200, Fax 04/90821732, hotellelhorloge@web-office.fr, www.hotels-ocre-azur.com: Nahe dem Papstpalast gelegen, in einem Gebäude aus dem 19. Jahrhundert untergebracht. 67 komfortable Zimmer, eines mit Terrasse und Blick auf den Papstpalast.*

• *€€€* **de Blauvac**, *11, rue Bancasse, Tel. 04/90863411, Fax 04/9086274, www.hotel-blauvac.com: Hübsches, renoviertes Stadtpalais aus dem 17. Jahrhundert. 16 Zimmer, alle unterschiedlich ausgestattet mit verschiedenen provenzalischen Stoffen, die sehr gut mit den Steinwänden harmonieren.*

• *€€€* **Hôtel de Mons**, *rue de Mons, Tel. 04/90825716, Fax 04/90 851915, hotel-mons@avignon-club-hotels.com, www.hoteldemons.com: In einem Palais aus dem 13. Jahrhundert untergebrachtes Hotelchen mit 11 Zimmern, mitten in der Altstadt, 200 m vom Papstpalast.*

• *€€* **Saint Roch**, *rue Paul Périndol, Tel. 04/90821863, Fax 04/90827830. Schönes provenzalisches Haus am südlichen Rand der Altstadt mit 27 Zimmern und großem Garten, wo im Sommer das Frühstück serviert wird.*

• *€€* **Hôtel le Splendid**, *17, rue Agricol Perdiguier 17, Tel. 04/90861446, Fax 04/90853855, contacthotel@infonie.fr, www.avignon-splendid-hotel.com: Innerhalb der Stadtmauern, ruhig in Bahnhofsnähe gelegenes Hotel mit 17 Zimmern. Familiäre Atmosphäre.*

• *€€* **Hotel Mignon**, *12, rue Joseph Vernet, Tel. 04/90821730, Fax 04/90857846, hotel-mignon@wanadoo.fr, www.hotel-mignon.com/: In dieser Preiskategorie sicher die beste Wahl in Avignon! 17 freundliche und unterschiedlich ausgestattete Zimmer mit doppelt verglasten Lärmschutzfenstern, am schönsten sind die Zimmer Nr. 2, 6 und 8. Freundlicher Service, zentrale Lage.*

UNTERKUNFT AUF DER ILE DE LA BARTHELASSE

• *€€€€€* **La Ferme Jamet**, *chemin de Rhodes, Tel. 04/90861674, Fax 04/90861772, www.domainederhodes.com, von Ende Okt. bis Ende Feb. geschl.: Landhaus aus dem 16. Jahrhundert mit fünf Zimmern, sechs modernen und gut ausgestatteten Apartments, drei rustikalen Bungalows, ausgestattet mit antikem Mobilar. Swimmingpool und Tennis. Ein Hotel von einer ganz eigenen verwunschenen Atmosphäre. Man spricht auch deutsch.*

• *€€€€* **La Ferme**, *chemin des Bois, Tel. 04/90825753, Fax 04/90271547, info@hotel-laferme.com, www.hotel-laferme.com, von Anfang Okt. bis Ende Februar geschl.: Ruhig gelegenes Logis de France (nahe La Ferme Jamet) in einem restaurierten alten Bauernhaus (was man allerdings nur noch erahnen kann) mit schweren Deckenbalken. Rustikaler Speiseraum mit Kamin. Swimmingpool, schattiger Garten.*

• *€€€€* **L'Anastasy**; *chemin des Poriers, Tel. 04/90855594, Fax 04/90825940, www.avignon-et-provence.com/bb/anastasy/: Stilvoll renoviertes, ehemaliges Bauernhaus aus dem 19. Jahrhundert inmitten von Obstgärten. Terrasse, Kräutergarten und Terrasse vor dem Haus. An den Wänden Bilder des Großvaters, einem französischen Vertreter des Fauvismus. Die fünf Zimmer sind eher einfach mit wenigen Antiquitäten möbliert. Olga Manuin, die Inhaberin führte früher ein berühmtes Lokal in Avignon, heute kommen die Gäste im L´Anastasy in den Genuss ihrer Kochkünste.*

• *€* **de l'Ile**, *chemin de la Barthelasse 12, Tel. 04/90866162: Einfache und preiswerte Zimmer mit Blick auf die Rhône oder auf Avignon. Zum Haus mit lässiger Atmosphäre gehört eine Bar.*

UNRERKUNFT AUSSERHALB VON AVIGNON

• *€€–€€€* **Castel Mouisson**, *Quartier Castel Mouisson, in Barbentane ca. 5 km südwestlich von Avignon, Tel. 04/90955117, Fax 04/90956763, contact@hotel-castelmouisson.com, www.hotel-castelmouisson.com: Manche Hoteltipps müsste man eigentlich für sich behalten, so gut sind sie. Dieses hier ist so einer: Ein Landhaus nahe der Stadt und doch inmitten von Olivenbäumen und Zypressen, überragt von den Felswänden der Montagnette. Dazu* *ein Garten mit Swimmingpool, eine herrlich entspannte Atmosphäre und – das zu einem erschwinglichen Preis.*

Gastronomie

GEHOBENE PREISKLASSE

- ***Christian Etienne*** *10, rue de Mons, Tel. 04/90861650: Der Michelin-besternte Starkoch Christian Etienne gehört zu den großen Küchenchefs der Provence. Im Januar und Februar gibt´s Trüffelmenus. Wunderbar auch seine Hummergerichte, Teigtaschen mit Artischocken und Trüffeln, oder mit Trüffeln gespickte gefüllte Wachteln. Der Speisesaal selbst mit seinen Rundbögen stammt aus dem 14. Jahrhundert, wurde aber modern eingerichtet.*
- ***Restaurant Mirande****, s. „Unterkunft"*
- ***Hiély Lucullus****, 5, rue de la République, Tel. 04/90861707: Seit über 60 Jahren strömen Gourmets in das Gebäude aus den 1950er Jahren. Die Einrichtung mit Parkett und hübschen Sitzgelegenheiten ist seit damals nahezu unverändert geblieben. Zu den zahlreichen Spezialitäten gehören foie gras mit Morcheln und eisgekühlte Meringue mit Mandeln. Das Hiély-Lucullus ist ein weiterer Schauplatz in Peters Mayles Buch „Toujours-Provence". Er beschreibt wie er hier in die Kunst des Genießens eingeführt wurde, denn hier hatte sein Lehrmeister „nie ein enttäuschendes Mahl" genossen.*

MITTLERE PREISKLASSE

- ***Fourchette****, 17, rue Racine, Tel. 04/90852093: Die „kleine Schwester" des Hiély-Lucullus bietet ihren Gästen eine weniger steife Atmosphäre und niedrigere Preise, aber ebenso gutes Essen, zum Beispiel feuilleté de rascasse (Drachenkopf in Blätterteig) und warmen Wachtel-und Entenbrustsalat. Ebenfalls sehr gut sind die Desserts.*
- ***Rose au petit Bedon****, 70, rue Joseph Vernet, Tel. 04/90823398, So und Mo geschl.: Das Lokal ist in Avignon so etwas wie eine Institution. Empfehlenswert sind unter anderem die Ravioli oder die Pieds-Pacquets oder das ris de veau à la moutarde (Kalbsbries mit Senf).*
- ***Le Grand Café****, La Manutention, 4, rue des escaliers Ste-Anne, Tel. 04/90868677, So und Mo geschl.: Hinter dem Papastpalst trifft sich hier Avignons Künstlerszene. Man sitzt unter fünf Meter hohen Decken, umrahmt von gusseisernen Säulen und großen Spiegeln, die der einstigen Lagerhalle einen Schuss „Schloss" geben . Hier kann man nur einen Wein trinken oder eine Kleinigkeit essen, zum Beispiel die tarte aux olives.*
- ***La vache à carreaux*** *14, rue Peyrollerie, Tel. 04/90800905: Intimes, liebevoll ausgestattetes Weinlokal mit Karte auch für den kleineren Hunger. Groß hingegen ist hier die Auswahl an Käsesorten und Weinen.*
- ***Tapalocas,*** *10, rue Galante, Tel 04/90825684, tgl. von 11.45 bis 1 Uhr geöffnet: Hier gibt es in einer Kneipenatmosphäre mehr als 50 Tapas zur Auswahl, auch Salate oder Suppen (sehr gut ist die Linsensuppe). Das Publikum ist sehr gemischt, während des Festivals kommen gerne Künstler hierher. Dem Urteil des Gault/Millau „Große Auswahl, niedere Preise" kann man sich nur anschließen! Übrigens: Bill Clinton und Johannes Paul II. waren auch schon hier.*
- ***La Ferme****, Chemin des Bois, Île de la Barthelasse Tel 04/90825753, Fax 04/90271547, Samstagmittag und von Nov. bis März geschl. Hier sitzt man schön im Schatten von Bäumen und genießt einfache und schmackhafte provenzalische Küche. S. auch „Unterkunft".*
- ***Le Woolloomooloo****, 16, rue des Teinturiers. Tel 04/90852844, www.woolloo.com, im Winter Mo geschl.: In der Aboriginesprache soll Woolloomooloo „Paradies auf Erden" bedeuten. In Avignons irdischem Paradies, einer ehemaligen Druckerei, sind Skulpturen,*

Masken, chinesische Kommoden, Batik und Kerzenleuchter unter einem Dach vereint. Kunterbunt wie die Einrichtung ist auch die Speisekarte. Dieses eigenwillige Lokal passt gut in die malerische rue des Teinturiers.

• **Le Jardin de la tour**, 9, rue de la Tour, Tel. 04/90856650, Sonntagabend und Mo geschl.: Aus einer ehemaligen Fabrikhalle entstand dieses gemütliche Restaurant, wo man bei schlechtem Wetter innen oder bei Sonnenschein außen gleichermaßen schön sitzen kann. Moderne Kunst und alte Maschinen gehen hier optisch eine schöne Symbiose ein.

Einkaufen

• **Mallard Chocolates & Sweets**, 32, rue des Marchands, Tel. 04/90824238, Fax 04/90824238, patisseriemallard@yahoo.fr: Hier werden die Papalines hergestellt, eine 1960 erfundene, zu Ehren der Päpste benannte Süßigkeit aus Schokolade, Zucker, Oregano und einem Kräuterschnaps (mit einem solchen Kräuterschnaps soll man übrigens 1884, als in Avignon die Cholera grassierte, die Erkrankten eingerieben haben).

• **Les Truffières de Rabasse**, Route de Noves – in Morières les Avignon westlich von Avignon, Tel. 04/90020120, www.rabasse.com: Dieses Unternehmen aus dem Vaucluse hat sich der Verarbeitung von Trüffeln verschrieben in Form von Trüffelbutter, Truffenade mit schwarzen und grünen Oliven, Olivenöl mit Trüffeln, Balsamico-Essig mit Trüffeln… Die Rezepte hierzu hat der Starkoch Christian Etienne aus Avignon (s. „Restaurants") ausgearbeitet.

Markt/Einkaufen

• Unweit vom Papstpalast kann man dienstags bis sonntags morgens an der Place Pie in Les Halles, den **Markthallen** der Stadt, französische Marktatmosphäre erleben – je früher am Tag desto intensiver. Und was auch zu einem Besuch der Markthalle gehört: ein Besuch in einer der drei Bars! Auch die „Halles" sind ein Schauplatz in Mayles Provence-Buch, so viele frische Lebensmittel in solcher Vielfalt auf solch begrenztem Raum habe er noch nie gesehen.

• Samstagsmorgens findet ein **Blumenmarkt** und sonntagsmorgens ein **Flohmarkt** statt.

• **Mouret Chapelier**, 20, rue des Marchands, Tel. 04/90853938: Aus dem einzigen denkmalgeschützten Hutladen der Welt (Original Napoleon III, das Geschäft besteht seit 1860) muss niemand unbehütet herausrauskommen. Allein 18 verschiedene Panama-Hüte stehen zur Auswahl, weiterhin Militärkäppis oder Baskenmützen und Accessoires für die Braut, die sich traut.

Festival

Das **Festival d´Avignon** verwandelt seit 1947 in jedem Juli die Stadt in eine riesige Bühne. Die Bevölkerung wächst dann auf rund das Dreifache. Zwischen Papstpalast und romantischer Rue des Teinturiers bespielt das Theaterfestival so ziemlich jede Nische zwischen den mittelalterlichen Mauern, den engen Gassen und dem Papstpalast. Geboten werden täglich rund 500 Inszenierungen mit Theaterstücken und artistischen Darbietungen, unter Dach oder Open-Air. Was hier gezeigt wird, so heißt es, sieht man nach drei Jahren auf den großen Bühnen von Paris oder London.

Unterschieden wird zwischen dem etablierten **Festival „in"** (Theater- und Ballettaufführungen, Lesungen, Ausstellungen und Konzerte im Ehrenhof des Papstpalastes, im Stadttheater und in Klöstern und Kirchen der Stadt) sowie dem eher alternativen **Festival „off"** (Open-air-Veranstaltungen auf dem Place du Palais des Papes und an anderen Orten der Stadt).

Infos Festival „in": *Festival d´Avignon, Espace Saint-Louis, 20, rue du Portail Boquier, Tel. 04/90141460 (ab Anfang Mai), Fax 04/90276683, www.festival-avignon.com.*
Festival „off": *Avignon Festival & Compagnies – Le OFF, Tel. 04/90851308, contact@avignonleoff.com, www.avignonleoff.com.*

Golf

• ***Golf de Chateaublanc****, Route de Chateaublanc, in Morières-les-Avignon (östlich von Avignon), info@golfchateaublanc.com, www.golfchateaublanc.com: 18 Löcher, von Thierry Sprecher und Géry Watine auf ehemaligen Schafweideplätzen aufgereiht. 18 Löcher, 6.033 Meter, Slope 121–125.*
• ***Golf du Grand Avignon****, Les chênes verts, in Vedène nordöstlich von Avignon, Tel. 04/90314994, contact@hotelgrandavignon.com, www.hotelgrandavignon.com: Eine ruhige Golfoase vor den Toren von Avignon. Die weitläufige Anlage ist mit uralten Eichen, Platanen, neu angepflanzten Zypressen und Palmen, Oleanderbüschen und Olivenbäumen, Lavendel und Rosmarin bewachsen. Dazwischen liegen sechs kleine Seen, auf dass sie während des Mistral die Bälle verschlucken…*

Mietwagen, Mountainikes und Motorräder

• ***Rent a Car****, 130, avenue Pierre Sémard, Tel. 04/90880802, Fax 04/90893874*
• ***Sixt Locagest****, 3, boulevard St. Ruf, Tel. 04/90860661, Fax 04/90823233*
• ***Provence Bike****, 52, boulevard St. Roch, 200 m vom SNCF-Bahnhof, Tel. 04/90279261, Fax 04/90956641, contact@provence-bike.com, www.provence-bike.com: Vermietung von Mountainbikes und Motorräder von 50 bis 1.100 cc.*

Rhône-Kreuzfahrten – Golfkreuzfahrten
Rhône croisière, 30127 Bellegarde, Tel. 04/42411914, Fax 04/42411915, www.rhone-croisiere.com: Einwöchige Kreuzfahrten von Avignon nach Aigues-Mortes. Die Firma (2000 von einem sehr ambitionierten Team gegründet) bietet auch Rhône-Kreuzfahrten an.

Flussfahrten auf der Rhône

Les Grands Bateaux de Provence*, Allée de l´Oulle, Tel. 04/90856225, Fax 04/90856114, www.avignon-et-provence.com/mireio: Le Mireio Bateau Restaurant (ganzjährig Fahrten nach Arles, Châteaufneuf du Pape, Preis pro Person 41 € inkl. Mittagessen). Le Bateau Bus (mehrmals täglich vom 15. bis 30. Juni und 1. bis 15. Sept. Fahrten Avignon – Ile de la Barthelasse – Villeneuve-les-Avignon), La Saône (abendliche Fahrten ab 21 Uhr). Saint Nicolas (ganzjährig Flugfahrten, Abfahrten um 15 und 16.15 Uhr).*

Taxi

Taxi Radio avignonnais*, Place Pie, Tel. 04/90822020*

Anreise und Weiterreise

• ***Flugverbindungen*** *mehrmals täglich nach Paris-Orly. Der Aéroport Avignon-Caumont liegt etwa 8 Kilometer außerhalb des Zentrums, Tel. 04/90815151, www.avignon.aeroport.fr.*
• ***Bahnverbindungen****: Avignon liegt auf der TGV-Strecke Paris-Marseille. Gare Avignon TGV, Quartier de Courtine (2,40 Stunden Fahrtzeit zwischen Avignon und Paris). Regionale Verbidnungen ab dem Gare Avignon Centre, Boulevard St. Roch, Tel. 08/92353535, www.sncf.com.*

Sehenswertes

• ***Palais des Papes – Der Papstpalast:*** *Kernöffnungszeiten 9–18.30 Uhr, im Juli bis 20 Uhr geöffnet, im August sogar bis 21 Uhr. Nov. bis Ende Feb. nur bis 17.45 Uhr. Eintritt inkl. deutschsprachigem Audioguide). Tel. 04/90275073, Fax 04/9027508, www.palais-des-papes.com.*

• ***Führungen Palais Secret:*** *Sept. bis Juni jeweils samstags um 12.30 und sonntags um 10.30 Uhr (Juli/Aug. keine Führungen).*

• ***Pont St. Bénézet:*** *Geöffnet April bis Sept. tgl. 9–19 Uhr, Juli bis 20 Uhr, Aug. bis 21 Uhr, Okt. bis März 9–17.30 Uhr.*

• ***Musée Calvet (Musée des beaux-arts d'Avignon):*** *65, Rue Joseph Vernet, Tel. 04/90863384, Fax 04/90146245. Geöffnet tgl. außer Di 10–13 und 14–18 Uhr.*

• ***Musée du Petit Palais:*** *Place du Palais des Papes Tel. 04/90864458. Geöffnet Juni bis Sept. tgl. außer Di 10–13 und 14–18 Uhr. Okt. bis Mai tgl. außer Di 9.30–13 Uhr und 14–17.30 Uhr.*

• ***Musée Lapidaire:*** *27, Rue de la République, Tel.04/90863384, Fax 04/90146245. Geöffnet tgl. außer Di 10–13 und 14–18 Uhr.*

• ***Le musée-fondation Angladon-Dubrujeaud:*** *5, Rue Laboureur. Tel. 04/90822903, Fax 04/90857807, www.angladon.com. Geöffnet Mi bis So 13–18 Uhr (Juli und Aug. bis 19 Uhr). An Feiertagen 15–18 Uhr, in der Hochsaison auch Di geöffnet.*

• ***Musée Louis Vouland:*** *17, rue Victor-Hugo, Tel. 04/90860379, Fax 04/90851204, www.vouland.com. Geöffnet tgl. außer Mo 10–12 und 14–18. Nov. bis April nur 14–18 Uhr.*

• ***Collection Lambert:*** *Hôtel de Caumont, 5, rue Violette, Tel. 04/90165620, www.collectionlambert.com. Geöffnet tgl. außer Mo 11–18 Uhr, im Sommer bis 19 Uhr.*

Bandol (S. 488)

Postleitzahl: 83150

Information

Service du tourisme*, allées Vivien, Tel. 04/9294135, Fax 04/92325039*

Internet

www.bandol.fr

Camping

Camping Vallongue*, 936, avenue Reganeou, Tel./Fax 04/94294955, www.camping.vallongue@wanadoo.fr: 2 km vom Meer entfernt, recht schattiger, komfortabler Platz, der einzige des Ortes. Vermietung von Bungalows.*

Unterkunft

• ***€€€ L'Oasis****, 15, rue des Écoles, Tel. 04/94294169, Fax 04/94294480, www.oasisbandol.com: Ein angenehmes Haus mit schattigem Garten und Restaurant, während der Hochsaison nur mit Halbpension. Die Zimmer zur Straßenseite sind laut.*

• ***€€–€€€ des Roses Mousses****, 22, rue des Écoles, Tel./Fax 04/94294514: Nahe dem Oasis, ruhiges und herzlich geführtes Haus mit kleinem Garten.*

Banon (S. 514)

Postleitzahl: 04150

Information

Syndicat d'initative de Banon, Place de la République, Tel. 04/92733637: Hier gibt's auch einen Internetzugang.

Camping

L'Epi Bleu, Tel. 04/92733030, Fax 04/92733110, www.campingepibleu.com: Kleiner netter Campingplatz mit wenig Schatten, aber einem Pool. Von April bis Okt. geöffnet.

Unterkunft

€€ Les voyageurs, Place de la Republique, Tel. 04/92732102: Die ehemalige Postkutschenstation ist das erste und einzige Haus am Platze. Der Stuck in den Zimmern blättert schon ab, auch sonst ist nicht mehr alles vom Neuesten und die Toiletten sind auf dem Flur. Aber unten im Lokal gibt's gute Küche, auch ein Käsemenü.

Einkaufen

• Charcuterie/Epicerie Melchio Maurice, Place de la République, Tel. 04/92732305, Di geschl. (So geöffnet!): Würste hängen von der Decke und runde Käselaibe sind zu Türmen aufgestapelt – in Melchio Maurice' Laden ist man im provenzalischen Schlemmerparadies angekommen. Er verkauft nicht nur Brindilles, fingerdünne ellenlange Salamis, die mit Pinienkernen, Paprika, Wacholder und Pastis gewürzt sind, sondern auch feine Käsespezialitäten wie den Cacheille, einen Ziegenkäse in Trester.

• La librairie du Bleuet, rue Saint-Just, Tel. 04/2732585: Ein paar Postkarten, Straßenkarten und Bücher über die Provence – was erwartet man schon mehr in einer Buchhandlung in einem so kleinen abgelegenen Dorf wie Banon? Aber die Buchhandlung du Bleuet ist eine der zehn besten Frankreichs. Ihr Inhaber, Joël Gattefossé, ehemals Tischler und Schreiner, hatte in den 1980er Jahren seine Eltern verloren und war in eine Depression verfallen. Bald lernte er aber eine Provenzalin kennen und verliebte sich in sie, wodurch – nebenbei – seine Leidenschaft für die Literatur neu auflebte und er 1990 diesen Buchladen eröffnete. Heute soll angeblich ganz Banon lesen, sogar die „Analphabeten, die Blinden und die Gendarmen", wie im

Banon Chèvre: Ein römischer Kaiser des 2. Jahrhunderts soll sich an diesem Käse zu Tode gegessen haben und Jules Verne und Frédéric Mistral haben ihn literarisch verewigt: den Banonkäse, den es woanders auch zu kaufen gibt, der aber in Banon am besten sein soll. Dieser Weichkäse ist im Allgemeinen ein nur 80 Gramm schwerer Käselaib, der mit Trester mariniert, dann in Kastanienblätter eingeschlagen und mit Bast aus Madagaskar umwickelt wird. Diese Affinierungsprozedur diente einst dazu, die hergestellten Tommes bis in den Winter hinein, wenn die Ziegen keine Milch geben, haltbar zu machen. Vermutlich trägt heute diese ausgefallene Verpackung nicht unwesentlich zum Ruhm dieses etwas geschmacklosen Käse bei. Der Banon wird von Frühling bis Herbst aus Ziegenmilch, sonst aus Kuhmilch hergestellt. Ebenso wie der griechische Fetakäse schmeckt der Banon aber nur wirklich gut, wenn er aus Ziegenmilch hergestellt wird. Achtung: Da der Banon einer der teuersten Käse der Welt ist, gibt es viele Kopien von minderwertiger Qualität. Beim Kauf sollte man also darauf achten, dass die Blätter braun und nicht grün sind und dass der Käse von der Fermentation stammende braune Spuren aufweist. Auch ist der Banon für den raschen Verzehr bestimmt.

Joël Gattefossé, der Inhaber der Buchhandlung von Banon, gibt gerne und äußerst kompetent Auskunft über Literatur und die Provence, allerdings auf Französisch. Ansonsten: bei ihm reinschauen, eine Postkarten kaufen und staunen, staunen über das „Königreich der Bücher" im kleinen Banon in der abgelegenen Haute-Provence.

Nouvel Observateur zu lesen war. (Denn auch der hatte neben vielen anderen französischen Zeitungen über diese Buchhandlung berichtet.)

Fest
Ende Mai wird hier rund um die ***kulinarische Dreifaltigkeit Brot-Käse-Wein*** *gefeiert. Außerdem wird die wichtige Frage eruiert, welches denn nun der beste Banon-Käse ist.*

Barbentane (S. 359)

Postleitzahl: 13570

Information
Syndicat d'initive, *Tel. 04/90908585.*

Unterkunft
€€–€€€ Castel Mouisson, *Quartier Castel mouisson, in Barbentane, ca. 5 km südwestlich von Avignon, Tel. 04/90955117, Fax 04/90956763, contact@hotel-castelmousson.com, www.hotel-castelmousisson.com: Ein Landhaus nahe der Stadt und doch inmitten eines großen, ruhigen Gartens mit Olivenbäumen und Zypressen, überragt von den Felswänden der Montagnette. Dazu ein Garten mit Swimmingpool, eine herrlich entspannte Atmosphäre und das zu einem erschwinglichen Preis. Betriebsferien Ende Oktober bis 1. März.*

Sehenswertes
Schloss von Barbentane: *Tel. 04/90955107, www.barbentane.fr. Geöffnet von Ostern bis Allerheiligen 10–12 Uhr und 14–18 Uhr. Mi geschl. außer Juli und Aug. Von Allerheiligen bis Ostern nur sonntags geöffnet.*

Bonnieux (S. 330)

Postleitzahl: 84480

Information
Office de Tourisme, *Place Carnot, Tel. 04/90759190, Fax 04/90759294.*

Camping
Le Vallon, *Tel. 04/90758614: Ruhiger und teilweise schattiger Platz ca. 500 m außerhalb des Ortes. Geöffnet von Mitte März bis Anf. Nov.*

Unterkunft
- ***€€€€€ La Bastide de Capelongue***, *Tel. 04/90758978, Fax 04/90759303, www.capelongue.com: Wunderbar inmitten eines weitläufigen Anwesens gelegenes Hotel mit Blick auf Bonnieux. Hell, freundlich und von beschwingter Leichtigkeit ist die Ausstattung des Hauses und seiner 17 lichten Zimmer mit Stilmöbeln aus dem 18. Jahrhundert. Von einigen hat man einen Blick aufs Dorf. Ein provenzalischer Traum ist der Swimmingpool, eingebettet in Lavendelfelder. Die Zimmer können nur mit Halbpension gebucht werden, das Restaurant der Bastide ist allerdings sehr empfehlenswert.*

• **€€€€ Hostellerie du Prieuré**, *rue Jean Baptiste Aurand, Tel. 04/90758078, Fax 04/90759600, www.hotelprieure.com: Nächtigen in historischen Mauern aus dem 17. Jh. Die hellen, ehemaligen Krankenzimmer des Spitals aus dem 18. Jahrhundert – ein Hôtel Dieu – sind mit alten Möbeln eingerichtet. Von den ruhigen hinteren Zimmern Blick auf Aprikosen- und Pflaumenbäume. Überdachte Terrasse. Sehr einladende Räumlichkeiten im Erdgeschoss. Von Anf. Nov. bis Anf. März geschl.*

• **€€€€ Le Clos du Buis**, *rue Victor Hugo, Tel. 04/90758848, Fax 04/90758857; www.leclosdubuis.fr: Das Haus wird von dem ehemaligen Botschaftskoch Pierre Maurin geführt, man merkt es: Die Zimmer sind so groß und so komfortabel, dass sich hier auch Staatsoberhäupter wohlfühlen dürften. Entspannen kann man sich im Kaminsalon, im Garten, am Pool oder auf der Terrasse, von hier bietet sich ein Panoramablick auf den Mont Ventoux.*

• **€€ Hôtel-Restaurant le César**, *Place de la Liberté, Tel. 04/90759635, Fax 04/90758638, www.hotel-cesar.com: Ein angenehmes, im oberen Ortsteil gelegenes Hotel mit schöner Aussicht.*

• **€–€€ Hôtel-Restaurant-Pizzeria la Flambée**, *Place du 4 Septembre, Tel./Fax 04/90758220: Ein trubeliges, gut besuchtes Restaurant in der Ortsmitte. Spezialität: die Holzofenpizzen oder überbackener Ziegenkäse, auch sehr gut: der Rindschmorbraten. Qualität, Preis und Service stimmen. Hier sitzt man nicht nur schön im rustikalen Innenraum mit dunkler Holzdecke, sondern auch auf der Terrasse mit Blick auf den Mont Ventoux. Schlicht und kuschelig sind die fünf Zimmer, die das Flambée vermietet, am preisgünstigsten Zimmer Emmanuelle, sonnenblumengelb gestrichen und gerade mal zum Ums-Bett-Herumgehen groß genug. Im Preis enthalten: der herrliche Blick auf Lacoste und die Burgruine des berüchtigten Marquis de Sade. Morgens sitzt man vor dem Flambée beim für französische Verhältnisse üppigen Frühstück und beobachtet das Dorfgeschehen.*

UNTERKÜNFTE AUSSERHALB VON BONNIEUX

• **€€€€€ L´Auberge de l'Aiguebrun**, *Domaine de la Tours (zu erreichen über die D 943), Tel. 04/90044700, Fax 04/90044701, www.aubergedelaiguebrun.fr: Ein Landhaus inmitten von Wiesen in idyllisch ruhiger Lage. Hier hat man die Auswahl zwischen Zimmern, Apartments und Bungalows, teilweise mit Antiquitäten ausgestattet. Die Leidenschaft der Inhaberin gehört dem Kochen und so wird provenzalische Küche in diesem Haus ganz groß geschrieben.*

• **€€€€€ Chambre d´hôte La Vieille Bastide**, *chemin du Four, Tel. 04/90756011: Nordwestlich außerhalb von Bonnieux. Die sechs Zimmer mit Klimaanlage, nach den schönsten Provencedörfern benannt, sind allesamt unterschiedlich und mit exquisitem Geschmack in dezent gehaltenen Farben der Provence gestaltet. Alle haben eine Terrasse. Inmitten des ehemaligen, 300 Jahre alten bäuerlichen Anwesens liegt ein Swimmingpool. Vermietung nur wochenweise, außer von Nov. bis April, dann aber Mindestaufenthalt von drei Tagen.*

• **€€€–€€€€ Chambres d´hôte les Trois Sources**, *Saint-Victor, Tel. 04/90759558, Fax 04/90758995: Ein Landgut, teilweise auf das 16. Jahrhundert zurückgehend. Die äußerst geräumigen Zimmern sind traumschön eingerichtet, morgens frühstückt man unter einem alten Maulbeerbaum, tagsüber spendet ein kleiner Swimmingpool Abkühlung. In dieser Preisklasse die beste Empfehlung in Bonnieux. Hinkommen: über die D94 in Richtung Goult, nach der Domaine viticole de Châtreau Luc nach rechts in ein kleines Sträßchen einbiegen.*

Restaurants

• **La Cavette**, *2, rue Lucien Blanc, Tel./Fax 04/90758862: Von außen sieht das La cavette bildschön und einladend aus mit seinen alten Mauern und den vielen Blumentöpfen. Innen in den alten Gewölben herrscht der „horror vacui" – die Angst vor der Leere vor: ausgefallene Lampen, Kerzenleuchter, Körbe, Töpfe, mehr Krempel als Kunst, mehr Schein als Sein. Etwas weniger Dekoration im Lokal und etwas mehr Qualität auf dem Teller täten dem Restaurant gut, vor allem bei den nicht eben niedrigen Preisen! Wer es dennoch nicht lassen kann: der intime Nebenraum für acht Personen ist wirklich wunderschön.*

• **Le Fournil**, *5, Pace Carnot, Tel. 04/90758362; Mo geschl.: Fournil heißt Ofen und das Lokal war früher tatsächlich eine Backstube. Draußen wie drinnen sitzt man hier gleichermaßen schön: Der Saal ist aus dem Fels gehöhlt, aber auch die Tische am Brunnen vor dem Restauranttor sind verlockend, man sitzt hier unter Schatten spendenden Bäumen. Serviert wird innovative provenzalische Küche wie zum Beispiel Kichererbsen- und Stockfischpüree oder Spanferkel mit Feigen. Das Fournil gilt als eines der stimmungsvollsten Lokale des Luberon, es ist immer gut besucht, man sollte also reservieren.*

• **de la Gare**, *chemin de la Gare, D 36 (5 km nordwestl. an der D36, Tel. 04/90758200; sonntagabends und Mo geschl. Aus dem ehemaligen Bahnhof wurde ein Café und dann eine Kunstgalerie. Das Restaurant ist aber geblieben, hierher kommen mittags auch gerne die Weinbauern der Umgebung. Bemerkenswert günstiges Mittagsmenü (Di bis Fr), Klassiker auf der Abendkarte ist zum Beispiel das Lammkarree in Petersilie.*

Einkaufen

• **Château La Canorgue**, *Route du Pont-Julien (D 149), Tel. 04/90758101, April bis Okt. Mo bis Sa 9–12 und 15–17 Uhr. Im Winter nur Verkauf, keine Weinprobe, Mo–Sa 9–12 und 16–17.30 Uhr. Weine der AOC Côtes du Lubéron. Ausgezeichnete Weine aus biologischem Anbau. Ausgewogene Rosés, Weißweine mit dem Aroma von Heckenrosen, Rotweine mit dem Aroma von Gewürzen und roten Früchten. Der Inhaber des Weinguts, Jean-Pierre Margan, wurde vom Magazin »Le Nouvel Observateur« unter Frankreichs 500 beste Winzer gewählt. Warum er so gute Weine produziert, ist für ihn ganz einfach: »Ich bin glücklich in Bonnieux.«*

• **Pâtisserie Henri Tomas**, *7, rue de la République (neben dem Bäckereimuseum), Tel. 04/90758552. Dorfbäckerei mit salon de thé. Man kommt wegen der galette provençale (mit Nougat- und Mandelcreme gefülltes Gebäck) – feine gefüllte Galettes – die Konditorei ist bekannt für ihr Louis-Phillippe-Gebäck. Eine kleine Sehenswürdigkeit gibt es auch noch: eine Ölmühle aus dem 12. Jahrhundert.*

> Auf dem traumhaft schönen Weingut La Canorgue mit altem Herrenhaus, wurde im Jahr 2006 der Film „Ein gutes Jahr" mit Russell Crowe gedreht. Darin geht es um einen Londoner Börsenmakler, der ein Weingut in der Provence erbt und sich in dieses – naturellement – verliebt. Der Film wurde nach dem gleichnamigen Bestseller von Peter Mayle gedreht, dem Autor von „Mein Jahr in der Provence".

Markt

• **Wochenmarkt**: *jeden Freitagmorgen. Im Dezember verwandelt sich der Wochenmarkt mit Glühwein und Maronen, Bratäpfeln und Lichterketten in einen romantischen* **Weihnachtsmarkt**.

• **Töpfermarkt**: *sonntags*

Brignoles (S. 496)

Postleitzahl: 83170

Information

***Office intercommunal de Tourisme de la Provence Verte**, Carrefour de l'Europe, Tel. 04/94720421, www.la-provence-verte.org. Ein großes, äußerst gut sortiertes Büro am Rande der Altstadt. Mit „Provence Verte", also „Grüne Provence", ist das Gebiet im Umkreis von rund 10 km um Brignoles gemeint, eine sehr fruchtbare Gegend, in der es sich auch im heißen Sommer relativ gut aushalten lässt und die noch wenig überlaufen ist.*

Unterkunft

- ***€€€€€ Hostellerie de l'Abbaye de La Celle**, Place du Général de Gaulle, 83170 La Celle (südwestlich von Brignoles), Tel. 04/98051414, www.hostellerie-abbaye-celle.federal-hotel.com: Eine der edelsten Adressen der Provence hinter ehemaligen Klostermauern. Frankreichs Strahlestern am Gastrohimmel, Alain Ducasse hat sich des Gemäuers bzw. seiner Küche angenommen und sie auf Vordermann gebracht. In einem Gebäude aus dem 18. Jahrhundert liegen neben dem Restaurant fünf Zimmer, weitere fünf in einem ehemaligen Stall mit Blick auf Reben, Baumpflanzungen und den Swimmingpool. Zimmertipp für kältere Tage: Das Zimmer „General de Gaulle" hat nicht nur Gartenblick und einen begehbaren Eichenwandschrank, sondern auch einen Kamin. Die Zimmer sind übrigens nach Bäumen benannt, die hier wachsen, oder nach Personen, die hier einmal waren.*
- ***€ Formule 1**, Quartier Raton (an A 8 und der RN 7 ausgeschildert): Wo das de La Celle vornehm und edel ist, ist das Formule schlicht und funktional. Ein sauberes und sehr preisgünstiges Dach über dem Kopf. Nicht mehr. Aber auch nicht weniger.*

Golf

***Golf de Barbaroux**, Route de Cabasse, contact@barbaroux.com, www.barbaroux.com: Von Peter Dye und P.B. hervorragend gestalteter Platz.*

Buoux (S. 331)

Postleitzahl: 84480

Unterkunft

***€–€€ Auberge des Seguins**, Tel./Fax 04/90741637, www.aubergedesseguins.com: In göttlicher Ruhe schön gelegenes ländliches Gehöft mit einem Quellwasser-Schwimmbad. Geöffnet von März bis Mitte Nov. Nur buchbar mit Halbpension.*

Restaurant

***Auberge de la Loube**, Tel. 04/90741958: Ein urgemütliches Restaurant mit mehr als zwanzigjähriger Tradition. Wunderbar die Terrasse mit vielen Blumen und Grünpflanzen. Empfehlenswert: der Vieux Marc du Chateauneuf du Pape. Gewarnt sei hingegen vor dem Marc du Provence, der wie Feuer brennt und deswegen mit einem Würfelzucker serviert wird...*

Cadenet (S. 342)

Postleitzahl: 84160

Information
Syndicat d´Initiative, Place du Tamour d´Arcole, Tel. 04/90683821

Camping
Messidor, Route de Saint Canadet, Tel. 04/42619028, Fax 04/42500707, www.messidor.fr: FKK-Anlage in Le Puy Ste Réparade südöstlich von Cadenet.

Unterkunft
€€€ Chambres d´hôtes La Tuilière, Tel./Fax 04/90682445, www.latuiliere.com: Altes Gemäuer aus dem 18. Jahrhundert mit modernen Zimmern und einem Swimmingpool inmitten eines über 100 Jahre alten Baumbestandes. Übrigens: der Besitzer ist Mykologe, also Pilzkundiger.

Markt
- *Samstag und Montag ist **Wochenmarkt**.*
- ***Bauernmarkt** jeweils samstags von Anfang Mai bis November (sehr pittoresk).*

Sehenswertes
Musée de la Vannerie: Avenue Philippe-de-Girard, April bis Okt. tgl. außer Di und Sonntagvormittag 10–12 und 14.30–18.30 Uhr.

Carpentras (S. 281)

Postleitzahl: 84200

Information
Office de tourisme, 97, Place du 25 Août 1944, Tel. 04/90630078, Fax 04/90604102, www.carpentras-ventoux.com.

Internet
www.carpentras.fr

Camping
Unweit des Zentrums am Boulevard de la Pyramide befindet sich eine Servicestelle mit Abwassersäule. Hier kann auch das Wohnmobil geparkt werden.
Lou Comtadou, 881, avenue Pierre de Coubertin 881 (an der Straße nach St. Didier), Tel. 04/90670316, Fax 04/90866295: Kleiner Campingplatz am Ortsrand von Carpentras.

Unterkunft
- *€€€€ Chambre d´hôte La Salamandre, rue de la Monnaie, Tel. 04/32850753: Ein Bürgerhaus aus dem 18. Jahrhundert mit drei sehr stilvoll eingerichteten Zimmern, einer Suite und einem begrünten Innenhof. Kostenloser Internetzugang.*
- *€€€–€€€€ Le Comtadin, 65, Boulevard Albin Durand, Tel. 04/90677500, Fax 049/0677501,www.le-comtadin.com: Nur wenige Schritte von der Fußgängerzone von Carpen-*

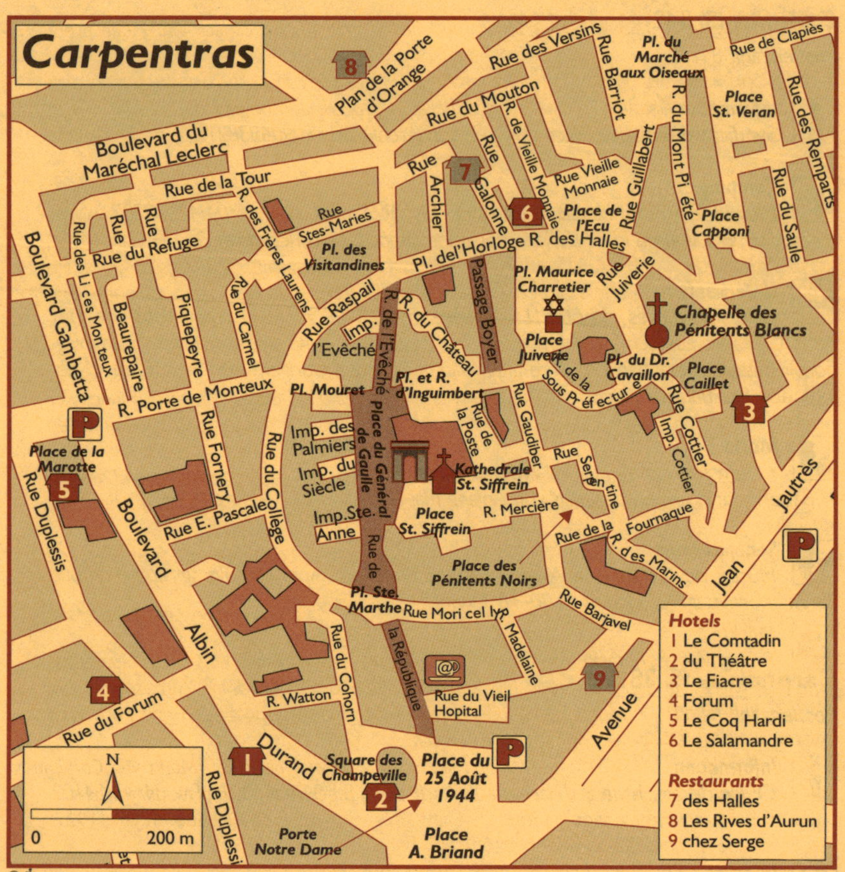

tras gelegen. Renoviertes Haus aus dem 18. Jahrhundert, im provenzalischen Stil ausgestattet. Kleiner Innenhof.

- **€€€ de Fiacre**, *153, rue Vigne, Tel. 04/90630315, Fax 04/90604973, www.hotel-dufiacre.com: Das Haus liegt recht ruhig und doch im Zentrum von Carpentras direkt neben der Touristeninformation. Im Stil des 18. Jahrhunderts liebevoll mit antiken Möbeln eingerichtet, sehr schöner begrünter Innenhof, in dem man herrlich frühstücken kann. Hallenbad.*
- **€€–€€€ Le Forum**, *24, rue du Forum, Tel. 04/90605700, Fax 04/90635265, www.hotel-forum-provence.com: Ein charmantes Hotel mit 28 schönen, klimatisierten und lärmgeschützten Zimmern. Zum Hotel gehören auch noch eine Bar, ein einladender Frühstücksraum und eine Frühstücksterrasse.*
- **€–€€ La Lavande**, *282, Boulevard Alfred Regler, Tel. 04/90631349, Fax 04/90635512, www.la-lavande.com: Am Altstadtring von Carpentras gelegen, liebevoll geführt, teilweise mit Etagenduschen und -toiletten. Im Parterre des Hauses liegt ein Restaurant.*

- **€ du Théâtre**, 7, Boulevard Albin-Durand, Tel. 04/90630290: Einfach und sehr preisgünstig.
- **€ le Coq hardi**, 36, Place Marotte, Tel. 04/90630035, Fax 0490604076, www.hotelcoqhardi.com: Ehemalige Poststation in einem Gebäude aus dem 18. Jahrhundert (aus dieser Zeit ist noch eine Tür erhalten). Die Zimmer gehen auf den Garten oder die Place de la Marotte hinaus.

UNTERKUNFT AUSSERHALB VON CARPENTRAS

- **€€ Les Géraniums**, Place de la Croix, in le Barroux ca. 10 km nördlich von Carpentras, Tel. 04/90624108, Fax 04/90625648: In zwei Häusern je 9 rustikale Zimmer mit schwerem Holzgebälk und einer sehr schönen Aussicht auf die Ebene, einige Zimmer haben eine Terrasse. Geschl. von 12. Nov. bis 16. März.

Restaurants

- **Les Rives d´Auzon**, 47, Boulevard du Nord, Tel. 04/9060626, Mi geschl.: Eines der besten, wenn nicht sogar das beste Restaurant von Cavaillon mit einem ambitionierten jungen Koch.
- **des Halles**, 41, rue Galonne, Tel. 04/90632411, So, Montag- und Dienstagabend geschl.: Ein familiäres Restaurant ohne Schnickschnack, sowohl in der Ausstattung als auch in der Küche. Schöne Terrasse.
- **Chez Serge**, 90, rue Cottier, Tel. 04/90632124, So geschl.: Loftähnliches Lokal, hier sind besonders die Pizzen sehr empfehlenswert!

Märkte

- Der **Wochenmarkt** von Carpentras zieht sich jeden Freitagmorgen wie ein Labyrinth durch die Straßen der Stadt. Die Qualität der Produkte und die Atmosphäre des Marktes haben ihm 1996 den Titel „außergewöhnlicher Markt" eingetragen und zwar vom „Nationalen Rat für Kochkunst" höchstpersönlich.
- **Trüffelmarkt**: Ab Ende Nov. bis Anfang März stapeln sich hier jeden Freitag die schwarzen Trüffel auf den Verkaufstischen vor dem Hôtel de Dieu am Place Aristide Briand. Punkt 9 Uhr ertönt vor der Bar „Le Club" gegenüber dem elegant-klassizistischen Hotel Dieu die Trillerpfeife – der Markt ist dann eröffnet.

> „Wer nicht den Markt von Carpentras gesehen hat, hat nichts gesehen."
> André de Richaud im Jahr 1927

- **Saint-Siffrein-Handelsmesse:** Letztes Drittel im November.

Einkaufen

Chocolats Clavel, 30, Porte d´Orange, Tel./Fax 04/90630759: Schon beim Eintreten umfängt einem ein verlockender Duft. Süße Verführungen wie die Rocailles de Provence, Schokoladen, kandierte Früchte oder die berühmten Berlingots-Pfefferminz-Bonbons gibt es hier. Das bunte Bonbon ist angeblich dem Zuckerbäcker von Papst Clemens V. zu verdanken.

Sehenswertes

- **Cathedrale Saint-Siffrein:** Geöffnet 8–12 und 14–18 Uhr.
- **Synagoge:** Place Maurice Charretier, Tel. 04/90633997. Geöffnet Mo bis Fr 10–12 und 15–17 Uhr, freitags nur bis 16 Uhr. Feiertags geschlossen.
- **Hôtel-Dieu:** Nur gelegentlich zu besichtigen, Auskunft beim Office de Tourisme.

Cassis (S. 485)

Postleitzahl: 13260

Information

***Office de tourisme**, Quai des Moulins, Tel. 0892 259 892, Fax 04/42012831, www.ot-cassis.com*

Internet

www.cassis.fr; www.cassis-online.com, www.marseille-cassis.com

Camping

***Les Cigales**, Avenue de la Marne, Tel. 04/42010734, Fax 04/42013418, www.campingcassis.com: 1 km vom Meer entfernt. Nach Möglichkeit einen ruhigen Platz möglichst weit weg von der Straße suchen! Einkaufsmöglichkeit, Diskothek, Bar. Geöffnet von Mitte März bis Mitte Nov.*

Jugendherberge

***Auberge de jeunesse La fontasse**, Tel. 04/42010272: 4 km westlich von Cassis im Massif des Calanques gelegen. Hier lebt man nicht nur mitten in der Natur, sondern auch mit ihr und badet in Regenwasserbassins, Sonne und Wind sorgen für die Energie. Eine Küche ist vorhanden, aber sämtliche Nahrungsmittel muss man sich mitbringen.*

Unterkunft

- ***€€€€–€€€€€ Le Royal Cottage**, 6, avenue du 11 novembre, Tel. 04/42013334, Tel. 04/42010690, info@royal-cottage.com, www.royal-cottage.com: Typisches Urlaubshotel wie aus dem Reiseprospekt mit geschwungenem Swimmingpool im üppig begrünten Garten.*
- ***€€€–€€€€ Hotel-Restaurant Le Jardin d'Emile**, 23, Boulevard Amiral Ganteaume, Tel 04/42018055, Fax 04/ 42018070, www.lejardindemile.fr: Ein reizendes Hotelchen. Sieben Zimmer stehen zur Auswahl, jeweils nach einem anderen Farbthema ausgestattet: Ocker, Lavendel, Aprikose, Holz, Blau, Himmel und Ziegel. Zum Haus gehört ein elegantes Restaurant, man kann dort auch im Garten unter Jahrhunderte alten Pinien, Oliven- und Feigenbäumen und im Schatten von Zypressen speisen. Kostenlose Parkmöglichkeit.*
- ***€€€ Du Grand Jardin**, rue P. Eydin 2, Tel. 04/42017010, www.hotel-grand-jardin-cassis.com: In Hafennähe neben dem Office de Tourisme. Entgegen seinem Namen ist der Hotelgarten eher klein.*
- ***€€€ Hotel-Restaurant Le Clos des Aromes**, 10, rue Abbé Paul Mouton, Tel. 04/ 42017184, Fax 04/42013176, www.le-clos-des-aromes.com: Charmantes Haus in Zentrumsnähe mit Zimmern in provenzalischen Farben. Besonders reizvoll: der mit Blumen geschmückte Innenhof, Frühstücksterrasse und Restaurant zugleich.*
- ***€€€ Le Liautaud**, Place Clemenceau, Tel. 04/42017537, Fax 04/42011208, www.hotel-liautaud-cassis.com: Direkt am Hafen liegt dieses Hotel, gebaut 1875, als Cassis noch ein kleiner Fischerhafen war. Innen ist das Hotel mehr dem Stil der 1960er Jahre zuzuordenen, auch die Eisdiele im Parterre ist eine Reminiszenz an diese Zeit. Einige Zimmer haben Logenplätze mit Blick aufs Meer.*

Gastronomie

Cassis ist für seine hervorragenden Fischgerichte berühmt, als lokale Delikatesse gelten frische Seeigel. Andererseits ist Cassis sehr überlaufen und entsprechend oft wird Nepp geboten.

- ***Chez Nino**, Quai Barthélémy, Tel. 04/42017432: Von den Restaurants entlang des Hafens ist dieses eines der besten. Empfehlenswert sind sardines in escabeche, der gegrillte Fisch und die bouillabaisse.*
- ***La Table du Boucher**, 6, rue Adolphe-Tiers, Tel. 04/42017095: Sympathisch-einfaches Um-die-Ecke-Lokal, wo besonders die Fleischgerichte empfehlenswert sind.*
- ***La Marine**, 5, quai des Baux, Tel./Fax 04/42017609: Wer hier seinen Cassis zu sich nimmt, befindet sich in guter Gesellschaft. Brigitte Bardot, Gilbert Bécaud und Pagnol, alle waren sie schon im La Marine und schauen nun in Schwarz-Weiß von den Wänden herab.*
- ***La Presqu'île**, Route de Port-Miou, Les Calanques, Tel. 04/42010377: Wunderschön mit Blick aufs Meer in Richtung Calanque de Port-Miou gelegen. Die Fischgerichte hier sind sehr gut, die Preise allerdings hoch.*

Markt/Einkaufen

- *Jeweils mittwochs und freitags findet der **Wochenmarkt** statt.*
- ***Clos Ste-Madeleine**, Avenue du Revestel: Eine gute Adresse, um Cassis-Wein zu kaufen.*

Strände

- ***Plage du Grand Larte**, der Hauptstrand (Kies) östlich des Hafens.*
- ***Plage du Bestouan**, westlich des Zentrums in Richtung Calanques, hier findet man schöne Bade- und Schnorchelbuchten*

Bootstouren ab Cassis

Am Hafen gibt es mehrere Anbieter für verschiedene, mehrmals täglich startende Bootstouren in die Calanques.

Hinweis

Sie sollten die Tour zu den Calanques am Vormittag machen, da die Calanque d'en Vau ab dem frühem Nachmittag im Schatten liegt.

Tauchen

***Tauchclub Narval**, 11, avenue de la Viguerie, Tel. 04/42018759, www.narval-plongee.com*

Sehenswertes

***Le musée des Arts et Traditions populaires – Volkskundemuseum**, rue Xavier-d'Authier, Tel. 04/018866. Geöffnet April bis Sept. Mi bis Fr 10.30–12.30 und 15.30–18.30.*

Castellane (S. 537)

Postleitzahl: 04120

Information
***Office de tourisme**, rue Nationale, Tel. 04/92836114, Fax 04/92838689*

Internet
www.castellane.org

Camping
In der Welthauptstadt der Camper gilt es zwischen 16 Campingplätzen auszuwählen! Daher kann die folgende Aufstellung nur ein Anhaltspunkt sein.

- ***Camp du Verdon**, Tel. 04/92836129, Fax 04/92836937, www.camp-du-verdon.com: Etwa 2 km außerhalb von Castellane an der Straße zur Verdon-Schlucht am Ufer des Verdon gelegen, mit 500 Stellplätzen der größte Campingplatz der Gegend. Beheizter Swimmingpool, Animation, Angelmöglichkeit, Kinderspielplatz, Restaurant und Bar. Geöffnet von 15. Mai bis 15. Sept.*
- ***International**, Route Napoleon, Tel. 04/9283666, Fax 04/92837767, info@campinginternational.fr, www.campinginternational.fr: Ca. 1,5 km außerhalb von Castellane mit Blick auf den 1.542 m hohen Mont Destourbes. Schwimmbad, Restaurant, Bar, und Animationsprogramme. Geöffnet von Ende März bis Anf. Okt.*
- ***Chasteuil-Provence**, Tel. 04/92836121, Fax 04/92837562, www.chasteuil-provence.com: Schattiger Platz, 8 km außerhalb von Castellane am Ufer des Verdon. Mit beheizbarem Swimmingpool. Geöffnet von Mai bis Mitte Sept.*
- ***Des Gorges du Verdon**, Tel. 04/92836364, Fax 04/92837472, www.camping-gorgesduverdon.com: Familiärer Platz, 9 km außerhalb von Castellane in Richtung La Palud gelegen. Beheizter Swimmingpool. Vermietung von Bungalows und Chalets. Geöffnet 1. Mai bis 15. Sept.*
- ***Frédéric Mistral**, Tel. 04/92836227: Ein einfacher Platz am Ortsrand, vom Schwimmbad 200 m entfernt.*
- ***Les Lavandes**, Tel. 04/92836878, Fax 04/92836992, www.camping-les-lavandes.com: 150 m weiter ortsauswärts. Geöffnet von Ende März bis Mitte Okt.*

Unterkunft

- ***€€–€€€ Novotel Hotel du Commerce**, Place centrale, Tel. 04/92386100, Fax 04/92837282, www.hotel-fradet.com: Geräumige und komfortable Zimmer. Empfehlenswert ist auch das Restaurant. Von Anfang März bis Ende Okt. geöffnet.*
- ***€€–€€€ Bon Accueil**, Place Marcel Sauvaire, www.auberge-du-bon-accueil.com: Direkt am zentralen Platz von Castellane, mit liebevoll eingerichteten Zimmern. In Nr. 101 sitzt man auf dem Balkon wie auf einem Logenplatz und schaut auf das Treiben unten auf dem Platz. Im Restaurant im Erdgeschoss des Hotels sind die Pizzen weniger, die Pasta schon eher, das hausgemachte Eis sehr empfehlenswert, aber geradezu perfekt sind die Croissants auf dem Frühstückstisch.*
- ***€€–€€€ Ma Petite Auberge**, 8, Boulevard de la Republique, Tel. 04/92836206, Fax 04/92836849: Nettes kleines Hotel mit schattigem Park.*

UNTERKUNFT AUSSERHALB VON CASTELLANE

- ***€€€€€ Domaine du Château de Taulane,** Route Nationale 85, Le Logis du Pin, Tel. 04/93406080, www.chateau-taulane.com: Golfhotel mit 18-Loch-Anlage auf einsamem Hoch-*

tal in ruhiger Bergwelt, nahe der Route Napoleon (N 85), südöstlich von Castellane in La Martre. Auch Nichtgolfer fühlen sich im gediegenen Ambiente des Golfhotels wohl.

- ***€€ du Teillon**, 5 km außerhalb in Richtung Grasse in La Garde, Tel. 04/92836088, Fax 04/92837408: Ein Logis-de-France mit nur 9 Zimmern. Es empfiehlt sich, Halbpension zu buchen, der Speiseraum des Hotels ist sehr gemütlich und das Essen gut. Achtung: die Zimmer zur Nationalstraße können etwas laut sein.*
- ***Le Gite de chasteuil**, info@gitedechasteuil.com, www.gitedechasteuil.com: Liebenswerte Frühstückspension in einem kleinen Schlösschen aus dem 16. Jahrhundert. Der Weg GR4 führt direkt durch das Dorf. Manche Zimmer haben eine Kochnische.*

Märkte und Feste

- ***Wochenmarkt:** mittwochs und samstags.*
- ***Kunsthandwerkermärkte:** an wechselnden Terminen im Juli und August.*
- ***Fête du Pétardier:** jeweils am 31. Januar wird der Widerstandskämpferin Judith Andrau gedacht.*
- ***Veillée aux flambeaux – die Fackelwache:** am 14. August.*

Busverbindungen

Busverbindungen ab der Place Marcel Sauvarie über Palud, Riez, Moustiers und Aix nach Marseille. Weiterhin nach Nizza sowie Digne und Sisteron. Juli und Aug. auch Busverbindungen nach Palud-sur-Verdon.

Sport

- *Anfang Oktober findet alljährlich der **Marathon des Gorges du Verdon** statt, der von Moustiers-Sainte-Marie nach Castellane entlang der Schlucht führt.*
- *Adressen von Agenturen, die Rafting, Hydrospeed und Canyoning-Touren durch die Verdon-Schlucht anbieten:*

- ***Buena Vista Rafting**, 31, rue Nationale, Tel. 04/92837798, www.buenavistarafting.com: Rafting, Canyoning und Kayak-Rafting.*
- ***Montagne et Rivière**, Tel./Fax 04/92836724, www.rafting-castellane.com*
- ***Aboard Rafting**, Tel. 04/92837611, www.aboard-rafting.com*
- ***Aqua Viva Est**, Tel./Fax 04/92837574, www.aquavivaest.com*

Sehenswertes

- ***Le Musée Sirènes Fossiles** und das **Vallée des Sirènes:** place Marcel-Sauvaire. Geöffnet Mai bis Sept. tgl 10–13 und 14–18 Uhr. April und Okt. 9–12 und 14–18 Uhr.*
- ***Le conservatoire des Arts et Traditions populaires – Volkskundemuseum:** 34, rue Nationale, Tel. 04/92837180. Geöffnet im Sommer tgl. außer Mo 9–12 und 14–18 Uhr.*

Cavaillon (S. 317)

***Postleitzahl:** 84300*

Information

***Office de Tourisme**, Place Francois-Tourel, Tel. 04/90713201, Fax 04/90714299: Hier gibt ein engagiertes Team gerne Auskunft, ein Mitarbeiter spricht deutsch.*

Internet
www.availlon-luberon.com

Internetcafé
Cyberporte, 123, rue Lamartine.

Camping
***La Durance**, 495, avenue Boscodomini, Tel. 04/90711178, Fax 04/90719877, www.camping-durance.com: Ebenes, schattiges Wiesengelände. Vermietung von Chalets für 2, 4, 5 oder 6 Personen. Geöffnet von April bis Ende Sept. Vermietung von Chalets ganzjährig.*

Unterkunft
- ***€€€ Du Parc**, 183, Place François Tourel, Tel. 04/90715778, Fax 04/90761035, www.hotelduparccavaillon.com: Ein Bürgerhaus aus dem 19. Jahrhundert, schräg gegenüber vom römischen Bogen gelegen. Sehr ansprechende Gemeinschaftsräume, die Zimmer sind im provenzalischen Stil gehalten. Das Haus ist sehr freundlich geführt.*
- ***€€ Toppin**, 70, cours Gambetta, Tel. 04/90713042, Fax 04/90719194, www.hotel-toppin-cavaillon.federal-hotel.com: Ein zentral gelegenes Logis-de-France Hotel, wie fast alle Hotels dieser Kette von einem liebenswerten Charme. Nicht nur das Haus ist sehr einladend, sondern auch seine Besitzer sind außerordentlich zuvorkommend. Eigene Garage.*
- ***€€ Bel Air**, 62, rue Bel Air, Tel. 04/90781175: Kleines, einfaches und sympathisches Hotel mit nur sieben Zimmern. Beim Frühstück sitzt man mit den anderen Gästen an einem gemeinsamen großen Tisch.*

Restaurants
- ***Restaurant Jean-Jacques Prévôt**, 232, Avenue de Verdun, Tel. 04/90713243, Fax 04/90719705, www.restaurant-prevot.com, So und Mo geschl.: November und Dezember gibt´s hier Wildgerichte, Januar und Februar Trüffelgerichte, März und April ist der Spargel das kulinarische Thema und dann von Mitte Mai bis Mitte September dreht sich ein ganzes Menü um eine einzige Frucht: Melonen, Melonen, Melonen. Das alles in einem äußerst edlen Ambiente mit ausgefallenen Kronleuchtern, feinem Tischlinnen, goldgerahmten Bildern und dezenter Beleuchtung.*
- ***Fleur de Thym**, 91, rue Jean-Jacques-Rouseeau, Tel. 04/90711464, www.restaurant-fleurdethym.com, Do und Mo geschl.: Gewölbelokal mit Kaminfeuer im Winter. Provenzalische Küche mit frischen Zutaten.*
- ***Le Gourmet Provencal**, 19, rue Pasteur, Tel. 04/32502260: Hier speisen provenzalische und andere Gourmets in einem kleinen Restaurant mit nur sechs Tischen. Die Qualität des Essens ist gut, die Atmosphäre entspannt und die Preise sind moderat.*
- ***Le Fin de Siécle**, 46, Place du Clos, Tel. 04/90711227: Mit dem wunderbaren Flair und der Ausstattung aus dem Jahr 1899. Im Erdgeschoss gibt es Brasserieküche, im ersten Stock liegt das Restaurant. Man kann zwar auch draußen sitzen, aber innen ist es noch schöner.*
- ***Restaurant – Piscine La colline**, hermitage St.-Jacques, Tel. 04/90714499, Mo und Di geschl.: Sehr idyllisch auf dem Saint-Jacques-Hügel gelegenes Restaurant mit provenzalischer und internationaler Küche (D´ici et d´ailleurs). Zum Restaurant gehört ein Schwimmbad.*
- ***Auberge Ferme La Bastide**, nordwestlich von Cavaillon, Tel. 04/90710181, Fax 04/90781675, http://auberge.labastide.free.fr: Ein ländliches Anwesen, das dank Peter Mayle Eingang in die Literatur gefunden hat (im Buch „Tourjours Provence"). Hier aß sich der*

Brite wie ein „Athlet" durch die provenzalische Küche und verleibte sich unter anderem „kopflose Lerchen" ein, die sich dann allerdings als Rindfleisch um gepöckeltes Schweinefleisch entpuppten. Wer nach dem üppigen Mahl nicht mehr fahren möchte: Die Ferme bietet auch sieben Zweibett- und ein Vierbettzimmer an.

Markt
Montagvormittag auf der Place François Tourel

Einkaufen
***Chez Auzet**, 61, cours Bournissac, Tel. 04/90780654: Peter Mayle berichtet in seinem Buch „Mein Jahr in der Provence" von immerhin 17 Bäckereien, die er im Telefonbuch von Cavaillon gefunden hat. Ein palais de pain (Brotpalast) sei diese Bäckerei, wo das Backen und Essen von Broten und Kuchen auf das Niveau einer Volksreligion erhoben sei. Wie wahr: Im Auzet gilt es zwischen 21 Arten von Brot auszuwählen, unter anderem mit Walnuss, Olive, Sardelle oder das Brot zur Fischsuppe Bouillabaisse. Und wem das nicht reicht, der kann weitere 11 Sorten vorbestellen.*

Hinweis
In Cavaillon haben dienstags sehr viele Geschäfte geschlossen.

Tourenräder und Mountain Bikes
***Vermietung und Reparatur** bei **Cycles Christian Rieu**, 25, avenue Mar. Joffre, Tel. 04/90714555, Fax 04/90761134*

Sehenswertes
- ***Le Musée de l´Hôtel Dieu:** an der Porte d'Avignon, Tel. 04/90760034. Geöffnet Juni bis Sept. tgl. außer Di 9.30–12.30 und 14.30–18.30 Uhr; im Winter nur bis 14 Uhr.*
- ***Synagoge:** rue Hébraïque, Tel. 04/90760034. Mi ganzjährig geschl. Geöffnet April bis Sept. 9.30–12.30 und 14.30–18.30 Uhr. Okt. bis März 9–12 und 14–17 Uhr. Mi, Sa und So geschl.*
- ***Le Musée de la Crèche provençale - Museum der provenzalischen Weihnachtskrippe:** route de Robion, Tel. 04/90712597, Fax 04/90714746. Geöffnet 9–12 und 14.30–18.30 Uhr. Sonntagmorgens geschl.*

Château-Arnoux und südliche Umgebung (S. 549)

Information
***Office de Tourisme du District de la Moyenne Durance**, Château Arnoux, Tel. 04/92640264, Fax 04/92625455, www.valdedurance-tourisme.com*

Camping
- ***Les Salettes**, Tel. 04/92640240: Ganzjährig geöffneter komfortabler Platz mit Swimmingpool.*
- ***L´Hippocampe**, Tel. 04/92335000: Schattiger, ebenfalls gut ausgestatteter Platz bei Volonne.*

Unterkunft

• **€€€€€ La Bonne Etape,** *Chemin du Lac, Château-Arnoux, Tel. 04/92640009, Fax 04/92643736, www.bonneetape.com: Ehemalige Postkutschenstation, heute zur Relais& Chateaux-Kette gehörend und somit ein edles Haus. Preisgekrönte Küche, stilvoll eingerichtete Zimmer.*

• ***€€ Campagne du Barri****, bei den „Büßern" von Les Mées südlich von Château-Arnoux (das Haus ist ausgeschildert), Tel. 04/92343693, Fax 04/92343906, www.provence.guideweb.com/bb/campagne-barri: „Wer dem verlorenen Paradies nachspürt, sollte in Frankreich danach suchen. „Campagne du Barri ist sein Name", schrieb Ulf Merbold, der deutsche Astronaut in den Kalender, den er Olga, der Besitzerin des Hauses gewidmet hat. Mehrbold hält sich oft hier auf und hat einen eigenen Kalender mit selbst fotografierten Bildern dieser rosafarbenen Villa mit ihren hellblauen Fensterläden herausgebracht. „Geheimtipp" ist ein abgenutzter Begriff, sicher, aber hier passt er! Schon die Geschichte des Hauses ist eine Besondereheit: Jean-Jacques Esmieu aus Les Mées war ein Archivar und Philantrop aus Marseille, ein überaus belesener Mann, der zur Zeit der Französischen Revolution lebte und in jenen Jahren schrieb: „Ich, der ich mich mein Leben lang von der Lektüre der alten und neuen Philosophen ernährt habe, der ich eingetaucht bin in ihre Schriften über unsere heilige Revolution", er, der überzeugt war von der Revolution, wurde doch beinahe ihr Opfer. Denn er weigerte sich, die alten Schriften zu verbrennen und entkam nur knapp dem Schafott. Und blieb ihr doch treu, denn als er sich in dieses Haus zurückzog, ließ er über der Eingangstür den Spruch einmeißeln „1792, Jahr I der Republik", der Spruch steht noch heute da. Über dem Kamin seines Arbeitszimmers (heute das „gelbe Zimmer") ließ er einmeißeln „Was du nicht willst, das man dir tu, das füg auch keinem anderen zu". Das Haus war bis in die 1930er Jahre bewohnt, um dann bis 1992 leer zu stehen, als es von Olga Mancin zu neuem Leben erweckt wurde. Das schon von außen so pittoreske Haus ist innen mit liebenswert verschlissenen Stühlen und anderem alten Mobilar ausgestattet. Die fünf Zimmer sind nach Begriffen benannt, so das „Gelbe Zimmer" mit einem Hochzeitsbett mit Cupidi und Nachttischen mit Turteltäubchen, oder das „Moustiers-Zimmer" mit Moustiers-Fayence oder das „Grüne Zimmer", geeignet für eine Familie mit Kindern. Am schönsten aber ist das frei stehende Gartenhäuschen „Cabanon" mit Blick auf die Felsformation der Büßer von Mées. Einen kleinen Pool gibt es auch, dahinter ein Gewächshaus, das dort gezüchtete Gemüse bringt Olga abends auf den Tisch. Dort wird gemeinsam gefrühstückt und gegessen. Im Sommer natürlich draußen.*

Sogar die Tapete im Salon des Hauses hat Geschichte: Sie stammt aus den Jahren 1794/95 und zeigt antike Motive.

Châteauneuf-du-Pape (S. 279)

Postleitzahl: 84230

Information
Office de Tourisme, Place du Portrail, Tel. 04/90837108, Fax 04/90835034, chateauneufdupape@paysprovence.fr

Internet
www.chateauneuf.com

Camping
Islon Saint Luc, chemin des Grandes Serres, Tel. 04/90837677: Schattiger Platz am Flussufer.

Unterkunft/Restaurants
Die Restaurants der unten genannten Hotels sind alle in der oberen Preisklasse angesiedelt.

- ***€€€€€ Hostellerie du Château des Fines Roches**, 2 km außerhalb in Richtung Sorgues gelegen. Tel. 04/90837023, Fax 04/90837842: Von der Landstraße D 17 führt eine Zypressenallee durch Weingärten zum kleinen Schloss mit Zinnentürmen und herrlichem Park. Der Gast hat die Wahl zwischen sechs südseitigen Zimmern, meist mit Doppelbetten und eigenen Bädern. Eines hat die Dusche in einem der Ecktürme des Château. Antikes Mobiliar, Teppiche und Wandschmuck sorgen für gemütliche Atmosphäre. Im ausgesprochen stilvollen Speiseraum speist man wie ein Schlossherr am großen Kamin, in dem Eichenscheite knistern.*
- ***€€€€ La Sommelerie**, Route de Roquemaure, Tel. 04/90835000, Fax 04/90835185, la-sommelellerie@wanadoo.fr, www.hotel-la-sommellerie.com: Außerhalb des Orts mitten in der Landschaft gelegenes Hotel-Restaurant, im 17. Jahrhundert als Schäferei gebaut. Die von Efeu überwucherte Fassade mit blauen Fensterläden umschließt einen subtropisch anmutenden Garten mit Swimmingpool. Die Zimmer und Suiten sind wohnlich und geschmackvoll gestaltet. In der warmen Jahreszeit kann man in der Gartenlaube oder am Rand des Schwimmbeckens im Garten speisen und sich von der lauschigen Atmosphäre des mitten in den Weinkulturen liegenden Restaurants verzaubern lassen. Für ein Feinschmeckerlokal sind die Preise hier vergleichsweise niedrig.*
- ***€€€ Hotel Restaurant La Garbure**, 3, rue Joseph Ducos, Tel. 04/90837508, Fax 04/90835234, www.la-garbure.com/: Die etwas kleinen Zimmer sind verschieden gestaltet in blau, orange-gelb, grün oder geblümt. Das elegante Restaurant gilt als eines der besten der Region, die Atmosphäre ist allerdings etwas steif.*
- ***€€€ Hôtel Restaurant La Mère Germaine**, 3, rue du Commandant Lemaitre, Tel. 04/90835437, Fax 04/90835027, resa@lameregermaine.com, www.lameregermaine.com: Acht Zimmer, die etwas liebevoller eingerichtet sein könnten. Das Restaurant gilt als eines der besten der Region. Hier gibt's Gerichte wie Gazpacho mit Shrimps. Oder das 7-Gänge-Menü, jeweils mit einem anderen Wein.*

Gastronomie
***Restaurant und Bar La Mule Du Pape**, 2, rue de la Republique, Tel. 04/90837922, Fax 04/90835509: Teurer und edler isst man im Restaurant, preiswerter in der Brasserie.*

Weingüter
Die renommiertesten Güter heißen **Chateau Beaucastel, Rayas** *und* **Vieux Telegraphe**, *Besucher müssen sich vorher allerdings telefonisch anmelden.*
Ohne Voranmeldung willkommen ist man hingegen bei der **Domaine de Beaurenard**, *Tel. 04/90837179, http://www.beaurenard.fr: 170 Medaillen hat die Familie Coulon in nunmehr sieben Generationen „geerntet". Sie krönte ihr Werk mit einem winzigen Winzermuseum in Rasteau. Lohnenswert ist die Domaine deshalb, weil man auch ältere Jahrgänge kaufen kann.*

Feste
Fête de la Véraison *(Weinfest mit mittelalterlichen Aufführungen): am ersten Wochenende im August.*

Sehenswertes
Musée des Outils des Vignerons: *Route d'Avignon, Tel. 04/90837007, Fax 04/90837434, www.brotte.com. In den Sommermonaten tgl. 9–13 und 14–19 Uhr geöffnet. In den Wintermonaten 9–12 und 14–18 Uhr.*

Cotignac (S. 504)

Postleitzahl: *83570*

Information
Office de tourisme, *Pont de la Cassole, Tel. 04/94046187, http://ot-cotignac.provenceverte.fr (nur im Sommer geöffnet, Di bis Do 10–12 und 15–18 Uhr).*

Camping
Les Pouverels, *Route de Sillans, Tel. 04/94047191, 1 km außerhalb des Ortes über die D 22 zu erreichen. Kleiner idyllisch und ruhig gelegener Platz. Von März bis Okt. geöffnet.*

Unterkunft
Es gibt keine Hotels, sondern nur chambres d'hôtes im Ort.

- **€€€ Domaine de Nestuby**, *Route de Montfort, 6 südwestlich von Cotignac, Tel. 04/94046002, Fax 04/94047922, nestuby@wanadoo.fr: Vier komfortable Gästezimmer auf einem Weingut inmitten von ausgedehnten Rebenfeldern. Mit Platanen bestandene Liegewiese.*
- **€€€ La Radassière**, *Quartier les Bfabres, Route d'Entrecasteaux, 1,5 km südöstlich von Cotignac, Tel. 04/94046333, Fax 04/94046699, www.sejour-en-provence.com/radas01.htm: Neubau inmitten von Olivenbäumen. Vier Zimmer mit Designermöbeln und Terrasse.*
- **€€€ Maison Gonzagues,** *9, rue Léon Gérard, Tel. 04/94728540, www.maison-gonzagues-cotignac.com: Chambres et Table d'Hôtes in einem altehrwürdigen Herrenhaus aus dem 18. Jahrhundert mitten in Cotignac.*
- **€€€ Marie et le Roy**, *7, rue Gabriel Philis, Tel./Fax 04/94777441, www.marieetleroy.com: Auch dieses Chambres et Table d'Hôtes liegt im Ortszentrum*

Restaurants

• ***La Table de la Fontaine***, *am Marktplatz: Touristenfalle mit edel gedeckten Tischen, hohen Preisen und niedriger Qualität.*

• ***Café au Cours***, *am Marktplatz, Tel. 04/94047850: Ins Café gegenüber gehen eher die Einheimischen rein. Bodenständige Gerichte zu reellen Preisen.*

• ***Le Temps de Posé***, *Place de la Mairie 10, Tel. 04/94777207: Fotostudio, Galerie und Salon de thé in einem. Leckere Kleinigkeiten wie Sandwiches, Quiches oder Kuchen.*

• ***Le Clos des Vigens***, *Route de Montfort, Tel. 04/94047219, Sonntagabend und Mo geschl.: Winzerhaus in den Reben. Gute provenzalische Küche und freundlicher Service.*

Markt

Auf dem Cours Gambetta. Dienstags findet ein größerer Markt statt, freitags ein eher kleiner und feiner mit Kunsthandwerk und Bioprodukten.

Cucuron (S. 339)

Postleitzahl: 84160

Information

Office de Tourisme, *rue Léonce Brieugene, Tel. 04/90772837*

Unterkunft

• ***€€€ de l´Etang***, *Place de l´Etang, Tel. 04/90772125, Fax 04/90772125, www.hoteldeletang.com: Sowohl die ältliche Ausstattung als auch die etwas herbe Art der Inhaberin sind nicht die beste Empfehlung des Ortes, aber die Lage, die macht´s. Denn das L´Etang liegt seinem Namen gemäß direkt am örtlichen Löschteich, umstanden von Jahrhunderte alten Platanen. Hier trifft man sich, und hier sitzt man auch im Sommer relativ kühl.*

• ***Hôtel-Restaurant L´Arbre de Mai***, *rue de l´Eglise, Tel./Fax 04/90772510: Schmal und hoch in eine Häuserzeile eingequetschtes Logis de France-Hotel, einst ein bürgerliches Wohnhaus des 18. Jahrhunderts. Liebevoll im Puppenstubenstil eingerichtet mit bunten Bildern, Wandtellern und Häkelbordüren an den pastellfarbenen Wänden. Zum Hotel gehört auch ein heimeliges Restaurant.*

Restaurants

• ***La Petite Maison***, *Place de l´Etang, Tel. 04/90771860, Mo und Di geschl.: Michelin-besterntes Lokal, das überdies vom Feinschmecker-Guide Pudlowski als beste Auberge Frankreichs gewählt wurde. Michel Medhi, der Inhaber, kocht mit Raffinesse nach den Rezepten seiner Schwieger-Großmutter.*

• ***de l´Horloge***, *rue Léonce Brieugne, Tel. 04/90771274, Mi geschl.: Gehobenes Restaurant im Ortszentrum.*

Markt

Der Wochenmarkt findet dienstags statt.

(Dörfer der) Dentelles de Montmirail (S. 293)

Information

• *Office de Tourisme (Gigondas), rue du Portail, 84190 Gigondas, Tel. 04/90658546, Fax 04/906588432, tourisme.gigondas@hotmail.fr, www.gigondas-dm.fr: Hier gibt´s auch Listen örtlicher Weingüter sowie Wanderkarten.*

• *Office de Tourisme (Beaumes-de-Venise), Place du Marché, 84190 Beaumes-de-Venise, Tel. 04/90629439, Fax 04/9062953225, www.ot-beaumesdevenise.com.*

• *Office de Tourisme, Place de la Mairie, 84190 Vacqueyras, Tel. 04/90123902, Fax 04/90658328, tourisme.vacqueyras@wandadoo.fr.*

Unterkunft

• ***€€€€–€€€€€ Hôtel Restaurant la Table du Comtat**, Séguret, Tel. 04/90469149 Fax 04/90469427, www.table-comtat.fr: Terrasse mit weitem Ausblick. Swimmingpool. Das Restaurant La Table du Comtat fand schon Erwähnung in den Feinschmeckerbibeln Guide Michelin und Gault et Millau.*

• ***€€€€ Les Florets**, Gigondas, etwas außerhalb des Ortes an der Straße zu den Dentelles, Tel. 04/90658501, Fax 04/90658380, www.hotel-lesflorets.com: Mo geschl.: Am Fuße der majestätischen Dentelles de Montmirail auf 400 Meter Höhe mitten im berühmten Weinbaugebiet von Gigondas gelegen. Blumen, wohin man schaut: in den Hügeln um das Hotel, in Töpfen und Vasen, im Esszimmer, auf den Vorhängen auf der Bettdecke, den Lampenschirmen und auf dem handbemalten Geschirr. Für diese Kategorie außergewöhnlich: die Bäder mit hochwertigen Fliesen. Am schönsten sind die Zimmer im Garten-Annex mit jeweils einer kleinen Terrasse. Im Sommer kann man auf der großen und schattigen Terrasse mit Blick auf die Dentelles de Montmirail speisen. Zum Hotel gehören auch die Weinkeller der „Domaine La Garrigue" mit Weinen von Vacqueyras und Gigondas.*

• ***€€–€€€ Montmirail**, Gigondas, Tel. 04/90658401, Fax 04/90658150, www.hotelmontmirail.com: Das 3-Sterne-Haus ist ein ehemaliges Kur-Hotel aus dem frühen 19. Jahrhundert und liegt einige Kilometer oberhalb von Gigondas inmitten einer grünen Oase neben einem Schloss. Rundherum befinden sich Weinberge und Olivenbäume sowie schöne Wanderwege.*

Restaurants

• ***Les Florets**, s. „Unterkunft".*

• ***L'oustalet**, Gigondas, Place de la Mairie, Tel./Fax 04/90658530, www.restaurant-oustalet.fr: L'oustalet (provenzalisch: kleines Haus) wurde Anfang des 19. Jahrhunderts gebaut und ist seit 1956 ein Restaurant. Vor dem Haus eine schattige Terrasse. Die Küche zeichnet sich durch frische Zutaten aus, das wurde mit einem Michelin-Stern belohnt. Deutschsprachige Besitzer.*

Digne-les-Bains (S. 539)

Postleitzahl: 04000

Information
Office de tourisme, *Place du Tampinet, Tel.04/92366262, Fax 04/92322724.*

Internet
www.ot-dignelesbains.fr

Internetcafé
Cyber G@mes café, *48, rue de l'Hubac, Tel. 04/92320019, Fax 04/92316232.*

Camping
- **Camping les Eaux-Chaudes**, *2 km außerhalb des Zentrum in Richtung Thermalbad gelegen, Tel. 04/92323104, www.campingleseauxchaudes.com: Vermietung von Wohnmobilen. Geöffnet von April bis Ende Okt.*
- **Camping Notre-Dame-du-Bourg**, *ca. 1,5 km außerhalb des Ortes in Richtung Barcelonette gelegen, Tel./Fax 04/92310487: Gut geführter Platz am Flussufer. Vermietung von Wohnmobilen. Geöffnet von April bis Ende Okt.*

Unterkunft
- **€€€€–€€€€€ du Grand Paris**, *19, Boulevard Thiers, Tel. 04/92311115, Fax 04/92323282, www.hotel-grand-paris.com: Hier residiert man im ersten Haus am Platze in einem ehemaligen Kloster aus dem 17. Jahrhundert. Vermietet werden neben Gästezimmern auch Apartments. Von Jahrhunderte alten Platanen beschattetes Terrassen-Restaurant.*
- **€€ de Provence**, *17, Boulevard Thiers, Tel. 04/92314839: Zentral am Rande der Altstadt neben dem Hotel du Grand Paris gelegen. Nette in blau und gelb gehaltene Zimmer, freundlich geführt.*
- **€–€€ Central**, *26, Boulevard Gassendi, Tel. 04/92313191: Fax 04/92314978, www.lhotel-central.com: Ehemalige Kaufsmannsvilla aus dem 19. Jahrhundert mit 12 großzügig bemessenen und sauberen Gästezimmern, teilweise mit Möbeln aus der Entstehungszeit. Nach den Zimmern zur Fußgängerzone (sur la rue piétonne) fragen, die auf den Boulevard hinaus können schon früh morgens sehr laut sein.*
- **€–€€ Le Petit Jean**, *14, Cours des Arés, Tel. 04/92311004, Fax 04/92360580: Kleines, freundliches Hotel. Im angeschlossenen preisgünstigen Restaurnt gibt´s provenzalische und spanische Spezialitäten.*
- **€ Hotel-Restaurant L´Origan**, *Tel./Fax 04/92316213: Einfach, aber sauber sind die Zimmer dieses Hotels, besonders zu empfehlen ist sein Restaurant, siehe unten.*

HOTEL AUSSERHALB VON DIGNE LES BAINS
- **€€€€ Villa Gaïa**, *24, Route de Nice, Tel. 04/92312160, Fax 04/92312012, hotel.gaia@wanadoo.fr, www.hotel-villagaia-digne.com: Anwesen aus dem 19. Jahrhundert mit geräumigen Zimmern, etwa 2 km außerhalb des Zentrums in einem Park gelegen.*

Restaurant

L'Origan, rue Pied-de-Ville, Tel. 04/92316213, Fax 04/92316213: Ein bisschen plüschig-bourgeois wirkendes Mini-Restaurant in der Fußgängerzone mit einer sehr herzlichen Patronne. Nomen est omen – und so wird hier viel mit Oregano gekocht. Auch Zimmervermietung.

Café

Le Grand Café Gassendi, 3, Boulevard Gassendi, gemütliches Café beim Kreisverkehr.

Markt

Jeweils mittwochs- und samstagsvormittags. Zusätzlich jeden ersten Samstag im Monat ein großer Ganztagsmarkt.

Veranstaltungen

***Rencontres Cinématographiques:** Alljährlich im März werden hier Experimentalfilme gezeigt.*

Sport

- ***Baden:** Am künstlich angelegten Lac de Ferrols an der Straße nach Nizza. Im Thermalbad an der Route des Bains, von Mitte Feb. bis Anfang Dez. geöffnet.*
- ***Montainbike-Verleih:** GB Sports Cycles, 8, cours des Arès, Tel. 04/92310529.*
- ***Gleitschirmfliegen:** Dinovol, Ecole de parapente de Digne-les-Bains, Tel. 04/92324206.*
- ***Golf:** Golf de Digne La Lavande, 57, Route du Chaffaut, Tel. 04/92305800, www.golfdignelalavande.com: 6 km außerhalb des Ortes gelegener Platz, umgeben von einigen Lavendelfeldern. Ganzjährig geöffnet. Kurios: Der Pinienzapfenzug, der von Digne nach Nizza tuckert, hält auch an diesem Golfplatz.*

Baden

- ***Lac de Ferrols:** Der künstlich angelegte See liegt an der Straße nach Nizza.*
- ***Thermalbad**, Route des Bains, Tel. 04/92323292: Das Thermalbad ist von Mitte Feb. bis Anfang Dez. geöffnet.*

Bus- und Bahnverbindungen

- ***Zugverbindungen** nach Marseille, Lyon und Paris*
- ***Busverbindungen** ab der Place Tampinet mit Verbindungen Manosque, Aix-en-provence und Marseille sowie über Forcalquier, Apt, Cavaillon nach Avignon.*

Sehenswertes

- ***Fondation Alexandra David-Néel:** 27, Avenue Maréchal Juin (in Richtung Nizza), Tel. 04/92313238, Fax 04/92312808, www.alexandra-david-neel.org, neel@alexandra-david-neel.org: Juni bis Sept. tgl. Führungen um 10, 14 und 15.30 Uhr. Dauer der französischsprachigen Führung: ca. 1,5 Stunden, Teile der Führung können per Audioguide auf deutsch verfolgt werden. Der Eintritt ist frei, der Führung endet im wirklich gut sortierten Museumsladen, dessen Erlös tibetischen Flüchtlingsorganisationen zugute kommt.*
- ***Musée de la Seconde Guerre Mondiale:** Place des Récollets, Tel 04/92315480. Geöffnet von Juli bis Aug. Mo bis Fr 14–18 Uhr, zu anderen Zeiten Mi 14–17 Uhr.*

• ***Musée des arts religieux**, 2, rue du Trulus, Tel. 04/92367500. Geöffnet Juli bis 30. Sept. tgl. 10–18 Uhr.*
• ***Musée de Digne:** 64, Boulevard Gassendi, Tel. 04/ 92314529: Öffnungszeiten unter Tel. 04/92314529.*
• ***Kathedrale Saint-Jérôme:** Geöffnet Di, Mi, Do und Sa 15–17 Uhr.*
• ***Kathedrale Notre-Dame-Du Bourg:** Geöffnet Juni bis Okt. tgl. 15–18 Uhr, Nov. bis April So 15–16.30 Uhr.*
• ***Jardin botanique des Cordeliers:** Place des Cordeliers. Geöffnet Juli und Aug. Di bis Sa 9–12 Uhr und 15–19 Uhr, April, Mai, Juni und Sept. und Okt. 9–12 und 14–18 Uhr. Eintritt frei.*

Pinienzapfenzug von Digne-les-Bains nach Nizza
Chemins de fer de Provence, 41, avenue Pierre Sémard, Tel. 04/92310158, trainpigne@aol.com, www.trainprovence.com. **Hinweis**: Von Digne-les-Bains hat man von der rechten Sitzreihe die schönere Aussicht.

Digne	07.00	10.33	13.58	17.25
Nizza	10.18	13.49	17.15	20.35
Nizza	06.42	09.00	12.43	17.00
Digne	09.53	12.12	16.02	20.13

• ***Réserve Géologique de Haute Provence – Geologisches Museum der Haute-Provence:** Musée Promenade, Parc Saint Benoît, Tel. 04/92367070, Fax 04/92367071. Geöffnet von April bis Okt. tgl. 9–12 und 14–17.30 Uhr Nov. bis März 9–12 und 14–17.30 Uhr, freitags bis 16.30 Uhr.*

Draguignan (S. 500)

Postleitzahl: 83300

Information

***Office de tourisme**, 2, avenue Carnot, Tel. 04/98105105, Fax 04/9810510: Hier gibt´s auch eine Broschüre mit Wanderwegen in der Umgebung.*

Internet

www.draguignan.com

Unterkunft

• ***€€€ du Parc**, 21, Boulevard de la Liberté, Tel. 04/98101450, Fax 04/98101455, www.hotel-duparc.fr: Gemütliches Hotel mit schattigem Garten, in dem man auch sehr gut isst. Am besten nach den Zimmern zur Gartenseite hinaus fragen.*
• ***€€–€€€ Les Oliviers**, 814, chemin du Bagnier/Route de Flayosc, Tel. 04/94682574, Fax 04/94685754: Ruhig gelegenes Hotel mit Swimmingpool.*

Markt

Die wichtigsten Märkte finden mittwochs und samstagsmorgens in der Markthalle statt.

Sehenswertes

***Le Musee des Arts et Traditions Provencales:** 15, rue Joseph-Roumanille, Tel. 04/ 94470572. Geöffnet tgl. außer Mo und Sonntagmorgen 9–12 und 14–18 Uhr.*

Eygalières (S. 391)

Postleitzahl: 13810

Unterkunft

• ***€€€€€ Le Mas de la Brune**, Tel. 04/90959077, Fax 04/90959921: Renaissanceschlösschen aus dem Jahr 1572 mit 12 geräumigen und geschmackvoll ausgestatteten Zimmern mit Baldachinbetten. Kaminzimmer, Pool, Gemüsegarten. Das Haus ist in einen herrschaftlichen Park eingebettet.*

• ***€€€€€ Le Mas du Pastre**, Quartier St-Sixte, Tel. 04/90959261, Fax 04/90906175, www.masdupastre.com/: Provenzalisches Gehöft gegenüber der Chapelle St-Sixte mit individuellen, äußerst liebevoll gestalteten Zimmern und als originelle Alternative: drei luxuriös gestaltete Zigeunerwagen der Camargue. Großer Garten mit Pool. Das Hotel ist ein Hort von vielen kleinen Sammlungen vom Santon bis zum Kürbis.*

• ***€€€€ La Bastide d'Eygalières**, Chemin de Pestelade, Tel. 04/90959006, Fax 04/959977, www.labastide.com.fr: Kleines Hotel am Dorfrand. In herrlicher Landschaft gelegen, um den Hotelpool wachsen Lavendel und Olivenbäume.*

• ***€€€€ Auberge Provencale**, Place de la Mairie, Tel. 04/90959100: Mitten im Ort gelegene ehemalige Poststation. Die Pferdetränken sind noch vorhanden und das Auto parkt man im ehemaligen Kutschenhaus. Die Räume blicken teilweise auf den gepflasterten Innenhof mit Bäumen, Pflanzkübeln und kleinen Marmortischchen. Die Auberge ist für ihre hervorragende provenzalische Küche bekannt, Spezialität: die cailettes (Kutteln).*

Restaurants

• ***€€€€€ Le Bistro d'Eygalieres,** rue de la république, Tel. 04/90906034, Fax 04/90906037, www.chezbru.com: Die Besitzer des ehemaligen Dorfladens und heutigen Edelrestaurants sind Flamen: Wout Bru gilt als aufgehender Stern am provenzalischen Gastronomenhimmel. Seine Küche ist schnörkellos, sehr gut und von gesalzenen Preisen. Man isst à la carte. Auch Vermietung von Suiten.*

• ***Le Petit Bru**, Avenue Jean Jaurès, Tel. 04/90959889: Das Bistro d'Eygalieres in einer einfacheren und preisgünstigeren Ausgabe.*

• ***Auberge Provencale**: siehe „Unterkunft".*

• ***Sous les Micocouliers**, Traverse Montfort, Tel. 04/90959453: Auf der schattigen Terrasse im Sommer ein Ort zum Sehen und Gesehen werden*

Feste

***Fest der Kürbisse**: Ende Oktober*

Fontaine-de-Vaucluse (S. 303)

Postleitzahl: 84800

Information

***Office de Tourisme**, Chemin de la Fontaine, Tel. 04/90223222, Fax 04/90202137.*

Camping

***Camping municipal Les Prés**, an der Straße nach Gordes, Tel. 04/90203228: Mit gebührenpflichtigem Schwimmbad. Ganzjährig geöffnet.*

Jugendherberge

Auberge de jeunesse Quartier la Vignasse, chemin de la Vignasse, Tel. 04/90202620: Etwa 800 m außerhalb des Ortes an der Straße in Richtung Gordes. Von 1. Febr. bis 15. November geöffnet. Schlafräume mit vier bis 11 Betten. Zum Haus gehört auch ein kleiner Campingplatz mit Aussicht auf den Fluss. Fahrradverleih. Geöffnet von Mitte Feb. bis Mitte Nov.

Unterkunft

- *€€€€–€€€€€ du Poète, Les Bourgades, Tel. 04/90203405, Fax 04/90203408, contact@hoteldupoete.com, www.hoteldupoete.com: Im Ort inmitten eines Parks gelegenes Hotel du Charme. Die 23 Zimmer sind alle verschieden, aber alle sehr geschmackvoll ausgestattet. Im nicht eben niedrigen Zimmerpreis enthalten: der Blick von der Terrasse auf den Fluss. Die Zimmer sind mit schmiedeeisernen Betten ausgestattet, alles ist hell, leicht und luftig – eben poetisch.*
- *€€€ du Parc, Les Bourgades, Tel. 04/90203157: Ein weiteres Hotel an den Gestaden der Sorgue. Das kleine ruhige Logis-de-France-Hotel hat auch einen Garten.*
- *€€€ Villa Chante Coucou, Bed & Breakfast and Gites, Tel./Fax 04/90202056, www.villachantecoucou.com: Mit kleinem Swimmingpool, im Sommer Frühstück im Patio, im Winter beim Knistern des Kaminfeuers.*
- *€ Hostellerie du Château, quartier Petite-Place, Tel. 04/90203154, in einem alten Gebäude am Flussufer, bei der Brücke über den Fluss: Fünf einfache, aber saubere Zimmer mit Blick auf die Sorgue. Auch von der Veranda der Hostellerie hat man einen schönen Blick.*

Golf

Provence Country Club, Route de Fontaine-de-Vaucluse, in Saumane-de-Vaucluse, Tel. 04/90202065, Fax 04/ 90203201, www.provencecountryclub.fr: Der Golfplatz liegt in einem hügeligen Waldgebiet. Er bietet einen technisch recht schwierigen Parcours mit schönen Ausblicken auf den Lubéron. 18 Löcher, 6.099 Meter, Slope 124–128.

Kajak und Kanu

- *Kayak-Vert, Tel. 04/90203544, Fax 04/90202028, www.canoe-france.com: Begleitete Kayakfahrten von Fontaine bis L'Isle-sur-la-Sorgue (Dauer 2,30 Std.). Die Fahrten finden von April bis Okt. täglich statt.*
- *Canoe Evasion, an der D 24, neben dem Camping la Couteliére, Tel./Fax 04/90382622, www.canoe-evasion.net. Angebot wie oben.*

Sehenswertes

- *Le Monde Souterrain de Norbert Casteret: An der Sorgue auf dem Weg zur Quelle. Geöffnet 1. Feb. bis 15. Nov. 10–12 und 14–18 Uhr (Juni bis September ganztägig geöffnet).*
- *Musee de l'Appel de la Résistance: Chemin de gouffre. Juli und Aug. tgl. außer Di 10–19 Uhr geöffnet, von Mitte April bis Juni und Sept. bis Mitte Okt. 10–12 und 14–18 Uhr, Mitte Okt. bis Dez. nur Sa und So 10–12 Uhr und 13–17 Uhr. März bis Mitte April Sa und So 10–12 Uhr und 14–18 Uhr.*
- *Petrarca Museum: Chemin de gouffre. Geöffnet Juni bis Sept. tgl. außer Di 9.20–12 Uhr und 14–18.30 Uhr, von Mitte April bis Mai und in der ersten Oktoberhälfte tgl. außer Di 10–12 Uhr und 14–18 Uhr.*

• ***Le Musée du Santon et des Traditions de Provence:*** *place de la Colonne, Tel. 04/90202083. Geöffnet in den Sommermonaten tgl. 10–19 Uhr, in der Nebensaison 10–12 und 14–18 Uhr.*

Fontvieille (S. 404)

Postleitzahl: 13990

Information

***Office de Tourisme**, 5, rue Marcel Honnorat, Tel. 04/90546749, Fax 04/90546982.*

Internet

www.fontvieille-provence.com

Camping

***Les Pins**, rue Michelet, Tel. 04/90547869, Fax 04/90548125, contact@fontvieille-provence.com: In einem schattigen Pinienwald gelegen nahe dem öffentlichen Schwimmbad, 1 km östlich von Fontvieille. Von Anfang April bis Mitte Okt. geöffnet.*

Unterkunft

• ***€€€€€ La Regalido**, rue Frédéric Mistral, Tel. 04/90546022, Fax 03/905464, www.laregalido.com: Eine liebevoll restaurierte alte Ölmühle am Stadtrand mit Michelin-besterntem Restaurant. Gut ausgestattete Zimmer.*

• ***€€€€ La Peiriero**, Avenue des Baux, Tel. 04/90547610, Fax 04/90546260, www.hotel-peiriero.com: Ein ehemaliges provenzalisches Landhaus (Châteaux et Hôtels de France) im Zentrum des Ortes. Swimmingpool, abgeschlossener Parkplatz.*

• ***€€€ Le Daudet**, 7, avenue de Montmajour, Tel. 04/90547606, 04/90547695: Am Ortsausgang in Richtung Arles gelegen. Sehr schön ist die Terrasse des Hauses.*

• ***€€–€€€ La Ripaille**, Route des Baux, Tel. 04/90547325, Fax 04/90546069, www.laripaille.com: 3 km östlich des Ortes. Das Haus liegt an der nachts wenig befahrenen Straße nach Baux. Eher durchschnittliche Zimmer, beheiztes Schwimmbad, schöne schattige Terrasse.*

• ***€–€€ Laetitia**, 21, rue du Lion, Tel. 04/90547214, Fax 04/90548175: Ein preiswertes, sehr liebenswertes Logis de France im provenzalischen Stil. Das Haus mit sehr netter Terrasse und kleinem Restaurant liegt mitten im Ort.*

Restaurants

• ***Le Chat Gourmand,** 14, Route du Nord, Tel. 04/90547317, Di und Mi geschl. außer Juli, Aug. und Sept.*

• ***La Regalido** (s. Unterkunft), hier wird Michelin-besternte Küche geboten.*

Einkaufen

***Château d'Estoublon,** Route de Maussane, Tel. 04/90546400, Fax 04/90546401: Das Schloss, das wie ein richtiges Märchenschloss eine Freitreppe hat, war Vorbild für Elisabeth Margiers Roman „Die Leute von Mogador". Umgeben von Weinbergen und Olivenhainen liegt es im Vallée des Baux nahe Fontvieille in einer Gegend, wie sie provenzalischer nicht sein könnte. 1999 wurde der Besitz von der Schweizer Familie Schneider gekauft, die auch die Breitling-Uhren produzieren. Das hier hergestellte Olivenöl ist nicht* *ganz billig, pro 75 cl muss man um die 30 € veranschlagen, aber es ist eines der besten Olivenöle der Provence, wenn nicht der ganzen Welt, wie so mancher Kenner behauptet. Im kleinen Laden des Schlosses kann man auch sehr schöne Geschenke und feine Marmeladen kaufen.*

Forcalquier (S. 519)

Postleitzahl: 04300

Information

***Office de Tourisme**, 8, place du Bourguet, Tel. 04/92751002, Fax 04/92752676, oti@forcalquier.com: Das Office de Tourisme schräg gegenüber der Kirche ist nett dekoriert und das Team sehr ambitioniert, teilweise auch deutschsprachig. Hier kann man auch Ballonflüge der Firma „La Montgolfière du pays de Forcalquier" buchen. Vor dem Office de Tourisme werfe man einen Blick auf die steinerne dahingestreckte Schönheit mit dem Wallehaar und der Hand auf ihrem Busen – nach einer provenzalischen Legende soll sie sich aus Liebeskummer das Leben genommen haben. War´s ein Templer, der ihr das Herz geraubt hat? Immerhin trägt sie das Templerkreuz auf ihrem Schuh.*

Internet

www.forcalquier.com

Camping

- ***Camping Indigo Forcalquier**, Route de Sigonce, Quartier St Promasse, Tel. 04/927527 94, Fax 04/92751810: Am Stadtrand von Forcalquier und doch mitten im Grünen gelegener, familienfreundlicher Campingplatz, auf dem soviel als möglich aus Holz gebaut wurde. Vermietung von Wohnmobilen, Chalets und mit Kochecke ausgestatteten Zelten. Wer gerne seine Ruhe hat, kann sich einen 120 m² großen Zeltplatz mieten.*
- ***Lac du Moulin de Bentre**, Tel. 04/92786331: Ca. 7 km östlich von Forcalquier bei Niozelles am Ufer eines kleinen Sees gelegen. Von April bis Sept. geöffnet.*
- ***Saint Promasse**, Tel. 04/92752794: Etwa 1 km außerhalb des Zentrums nahe dem Schwimmbad. Fahrradverleih. April bis Okt. geöffnet.*
- ***Les Lauzons**, Tel. 04/92730060, Fax 04/92730431, leslauzons@wanadoo.fr, www.camping-lauzons.com: Nordwestlich von Forcalquier gelegener, schattiger FKK-Platz.*

Unterkunft

- ***€€€ Hostellerie des Deux Lions**, 11, Place de Bourguet, Tel. 04/92752530, Fax 04/92750641: Die ehemalige Poststation aus dem 17. Jahrhundert liegt mitten im Ort und gibt sich gehoben bürgerlich mit allem was dazugehört: steinernen Löwen, Kunstblumen und kunstvoll geblümten Tapeten im Flur, marmoriertem Tisch und einer dicken grünen Kordel als Treppengeländer, einer steinernen Aphrodite aus der Muschel und Schmiedeeisen- und Messinggestühl. Im ebenfalls ziemlich plüschigen Restaurant wird gehobene Küche geboten. Schlichter, wenn auch nicht schlicht sind die Zimmer ausgestattet.*
- ***€–€€ Grand Hôtel**, 10, Boulevard Latourette, Tel. 04/92750035, Fax 04/92750632: Ebenfalls mitten im Ort, einfacher als das Deux Lions und mit sehr gutem Preis-Leistungsverhältnis. Der Patron des Hotels ist von zurückhaltender Freundlichkeit, die meist geräumigen Zimmer sind hel, die Fenster geräuschisoliert. Im Frühstücksraum mit mintfarbenen*

Wänden sind Vasen und Spiegel zu malerischen Stillleben arrangiert. Zum Haus gehört ein kleiner Garten mit schöner Aussicht.

UNTERKUNFT AUSSERHALB VON FORCALQUIER

- ***€€€–€€€€ La Bastide Saint Georges**, Quartier de la Beaudine, Route de Banon 04300 Forcalquier, Tel. 04/92721427, Fax 04/92725304, www.bastidesaintgeorges.com: Ca. 1 km außerhalb von Forcalquier im Jahr 2003 neu eröffnetes Hotel mit traumhaftem Rundumausblick. Die Zimmer und Suiten sind teilweise mit Antiquitäten eingerichtet.*
- ***€€–€€€€ Auberge Charembeau**, Route de Niozelles, Tel. 04/92709170, Fax 04/92709183, contact@charembeau.com, www.charembeau.com: Ca. 4 km außerhalb von Forcalquier in Richtung Niozelles/Oraison gelegenes ehemaliges bäuerliches Anwesen aus dem 18. Jahrhundert, eingebettet in ein sieben Hektar großes Grundstück – das Haus ist in dieser Gegend eines der schönsten seiner Art. Im Sommer sorgt ein Swimmingpool für Abkühlung, an kühleren Tagen ist er beheizt. Die Gegend ist auch ein ideales Terrain für Radtouren.*
- ***€€–€€€€ Hostellerie Le Colombier**, Auberge de Campagne, an der D 16, 3 km südlich von Forcalquier, Tel. 04/92750371, Fax 04/92751430, info@lecolombier.fr, www.lecolombier.fr: Inmitten eines 2 Hektar großen Parks verstecktes ländliches Anwesen aus dem 18. Jahrhundert mit Swimmingpool. Bei Buchung von Halbpension sehr günstiges Preis-Leistungsverhältnis.*
- ***€€–€€€ Hotel-Restaurant l´Observatoire**, Place de la Fontaine, in St. Michel-L´Observatoire, 12 km südwestlich von Forcalquier, Tel. 04/92766362, Fax 04/92766316: Gegenüber der Kirche unter Schatten spendenden Bäumen mitten im Miniweiler St. Michel L´Observatoire. Nur vier kleine, nett renovierte und in provenzalischen Farben gehaltene Zimmer, im Restaurant gibt es provenzalische Küche. Das Hotel wirbt übrigens damit, unter dem reinsten Himmel Frankreichs zu liegen (weswegen auch das Observatorium in diesem Ort steht).*
- ***€€–€€€ Le Séminaire**, in Lurs, Tel./Fax 04/92799419, www.hotel-leseminaire.com: Ein schönes Logis-de-France am Felsabhang mit überdachtem Swimmingpool und Restaurant in einem Gewölbekeller. Im Sommer kann man selbstverständlich auch im Garten sitzen. Ergänzend zu der an sich schon entspannenden Umgebung kann man es sich im Whirlpool, in der Sauna oder im Hammam gut gehen lassen, oder den Körper per Body modeling auf Vordermann bringen. Nichtraucherzimmer.*
- ***€€ Ferme Auberge du Bas Chalus**, Route de Niozelles, Tel. 04/92750567, Fax 04/92753920, baschalus@forcalquier.com, www.baschalus.forcalquier.com: 2 km westlich von Forcalquier mitten im Grünen gelegene, weitläufige Anlage. Cathy, Mireille und Henri und ihre Menagerie von Kühen, Ziegen, Eseln, Hirschen, freundlich dreinblickenden Zebus und sechs Pfauen warten hier auf Gäste. Vermietung von rustikalen Zimmern und Ferienwohnungen in zwei 100 m voneinander entfernten Gebäuden. Die dicken Wände und die Höhenlage bieten selbst im Hochsommer einen gewissen Schutz vor der Hitze. Zwei kleine Swimmingpools. Campingmöglichkeit und Vermietung von Wohnmobilen. Man kann im Restaurant der Ferme Auberge auch sehr gut essen, besonders Käsespezialitäten oder Wild – der monumentale Hirsch, der das Gegessenwerden schon hinter sich hat, schaut von der Wand dabei zu. Besonders für Familien mit Kindern ist diese Ferme sehr empfehlenswert.*

Restaurants

• *L'Aïgo Blanco, 5, Place Vieille, Tel. 04/92752723, in der Nebensaison Montagabend und Di geschl.: Ein Geheimtipp ist das Lokal wahrlich nicht, es liegt mitten im Ort am Platz hinter der Kirche und jedermann „d´ici et d´ailleurs" trifft sich hier. Zu Recht: die Atmosphäre ist so richtig romantisch, der Service ungemein flink und freundlich und das Preis-Leistungsverhältnis stimmt auch. Eine Empfehlung sind zum Beispiel die Lammnüsschen. Im Sommer wird provenzalische Küche und im Winter savoyische Küche serviert.*

• ***Epicerie-Restaurant Oliviers & Co.**, 3, rue des Cordeliers, Tel. 04/92750075: Direkt neben dem **L'Aïgo Blanco***

• ***L´Estable**, 4, place du bourguet, Impasse Louis Andrieux, Tel./Fax 04/92753982: Gewölbelokal etwas abseits vom Trubel, mit Eisenstühlen, dezent dekoriert und entfernt toskanisch anmutend.*

• ***Le Jam**, 2, rue Mercière, Tel. 04/92752202, in der Nebensaison Mi geschl.: Kulinarisch in die Ferne schweifen, nach Marokko zu Herrn Kaboouri. Am Eingang zur Altstadt versteckt sich sein Restaurant in einem Gewölberaum. Tahina, Couscous, Salate, Brick und natürlich herrliche orientalische Desserts zergehen einem hier auf der Zunge!*

Markt

Jeden Montag verwandelt der Markt das Städtchen in einen Basar, wo man von Oliven und Honig über Blumen, Bilder und Bücher so ziemlich alles findet, was das Herz begehrt. Die Markttradition von Forcalquier reicht bis ins Mittelalter zurück und zählt somit zu den ältesten der Provence.

Einkaufen

• ***Oliviers & Co.**: Eine schicke Ölboutique, wie man sie auch in Großstädten kennt (s. auch unter „Restaurants").*

• ***Cave de Forcalquier**, Boulevard des Martyrs, Tel.04/92723044: Hier kann man sich nicht nur mit Wein, sondern auch mit Trüffelöl, Olivenöl, Tapinade und eingemachten Pieds et Paquets eindecken.*

• ***Distilleries et Domaines de Provence**, Z.A. Les Chalus, Tel. 04/92750058, Fax 04/92751185, distilleries.domaines@wanadoo.fr: Hier wird seit 1898 die Hausmarke „Pastis Henri Bardouin" produziert. Wer's lieber etwas süßer mag, versucht sich am Pfirsichlikör Rinquinquin und im Winter ist der vin cuit, eine Art Glühwein, ein guter Tipp.*

Rinquinquin

Dieses Getränk mit dem Gaumenbrechernamen ist ein sehr fruchtiger, leichter Aperitif mit nur 15% Alkohol. Hinein kommen sieben Sorten Pfirsiche, Weißwein sowie ein Sud aus Pfirsichblättern und Rohrzucker.

Veranstaltungen

• *Anfang August zeigen beim **Festival „Les Vois"** internationale Chöre ihre Stimmgewalt.*

• *Juli und August finden jeweils sonntags in der Kathedrale **Orgelkonzerte** statt (Eintritt frei).*

Gémenos (S. 493)

Postleitzahl: 13420

Information

Office de Tourisme, Cours Pasteur, Tel. 04/42321844, Fax 04/42321549

Camping

Le Clos, RN 396 Richtung Toulon, Tel. 04/42321824, Fax 04/42320356: Ruhiger und schattiger, familiär geführter Campingplatz mit Tennisplatz.

Unterkunft

- **€€€€€ Hotel-Restaurant Le Relais de la Magdelaine**, *Tel. 04/42322016, Fax 04/42320226, www.relais-magdelaine.com: So sieht es aus, das provenzalische Traumhotel: Eingebettet in einen herrlichen grünen Park mit plätschernden Brunnen, etwas versteckt ein Swimmingpool, lindgelb die Hausfassade mit grünen Fensterläden und eine Terrasse unter riesigen Linden und Platanen. Das Haus aus dem 18. Jahrhundert hat sich in seinen verschiedenen Räumen im Erdgeschoss den Charakter eines Privathauses bewahrt mit Bücherwänden, Gobelins, Ölgemälden, Antiquitäten und kunstvollen Intarsienfußböden. Kaum zu glauben: So viel Idylle liegt mitten im Ort Gémenos!*
- **€€€–€€€€ Hotel-Restaurant du Parc**, *Vallée de Saint-Pons, Tel. 04/42322038, Fax 04/42321026, www.hotel-parc-gemenos.com: Ein Logis de France im Vallée de Saint-Pons, mitten im Grünen mit ausgedehntem, schattigem Garten.*
- **€€€ Les Balladins**, *Tel. 04/42320708, Fax 04/42320291, balladins.gemenos@wanadoo.fr; www.hotel-balladins.com: Sicher, dieses Hotel mitten im Gewerbegebiet von Gémenos ist alles andere als ein provenzalischer Urlaubstraum. Es ist eher für Geschäftsleute gedacht, die gut und relativ preisgünstig wohnen wollen. Und es bietet etwas, was man in typisch provenzalischen Häusern selten findet: ein sehr üppiges Frühstücksbuffet.*
- **€–€€€ Le Provence**, *Route d´Aix, Tel. 04/42322055, www.le-provence-hotel.com: In Männerwirtschaft geführte Unterkunft (die Herren Hotelführer sind übrigens Bergsteiger) mit lässiger, aber keineswegs schlampiger Atmosphäre. Im Seitentrakt kleine Studios mit Kochgelegenheit, teilweise geeignet für bis zu fünf Personen. Durch die mit Holz vertäfelten Wände haben die Studios einen berghüttenähnlichen Charakter. Le Provence ist ein äußerst günstiger Ausgangspunkt für Entdeckungen in der Provence und für Leute, die einerseits auf den Euro schauen müssen, andererseits gelegentlich außerhalb essen (zum Beispiel in der Pizzeria Chez Marius schräg gegenüber), manchmal aber auch selbst kochen möchten.*

Restaurants

- **Restaurant-Pizzeria Chez Marius**, *Quartier du Charron (schräg gegenüber dem Hotel Provenzal), Tel. 04/42322216, www.chezmariusrestaurant.fr, Mo geschl.: Äußerst freundlich und zuvorkommend geführtes Lokal (Begrüßung mit Handschlag), wo unter anderem die Pizzen sehr empfehlenswert sind. Hinter der unscheinbaren Fassade verbirgt sich ein ausgedehntes Lokal mit einem großen Garten.*
- **Goutez la Provence**, *Place Maréchal Foch, Tel. 04/42321722, Fax 04/42320517: Serviert werden typisch provenzalische Spezialitäten wie Alouette sans tête oder Pieds et Paquets.*
- **Le Moulin de Gémenos**, *Vallée de Saint-Pons, Tel.04/42322226, Fax 04/42322619, www.moulin-gemenos.fr: Traumhaft schön am Eingang ins Vallée de Saint-Pons in einem ausgedehnten Park gelegene Mühle aus dem 16. Jahrhundert. Ein herrlich schattiges Plätz-*

chen fürs Mittagmenü (kein Abendessen), Sonntags lockt ein provenzalisches Vorspeisenbuffet nebst Nachspeisenbuffet und Hauptgang à la carte. Im Winter isst man beim Prasseln eines Kaminfeuers, im Sommmer plätschert der Springbrunnen im schattigen Innenhof vor sich hin.

Gordes (S. 307)

Postleitzahl: 84220

Information
***Office de Tourisme**, Le Château, Tel. 04/90720275, Fax 04/90720226, office.gordes@wanadoo.fr*

Internet
www.gordes-village.com

Camping
***des Sources**, Route de Murs, Tel. 04/90721248, Fax 04/90720943, www.campingdessources.com: 2 km außerhalb in Richtung Murs. Schattiger Platz in terrassierter Hanglage mit Pool, Minigolf und Fahrradvermietung. Von März bis Mitte Okt. geöffnet.*

Unterkunft
Die Hotels in Gordes sind zumeist in der oberen Preiskategorie angesiedelt und hier nur der Vollständigkeit halber aufgeführt. Grundsätzlich gibt es im übrigen Lubéron genauso gute Hotels, die aber weniger kosten.

- ***€€€€€ Domaine de l'Enclos**, Route de Senaque, Tel. 04/90727100, Fax 04/90720303: Luxushotel inmitten eines ausgedehnten Parks mit Swimmingpool, etwa 5 Gehminuten außerhalb von Gordes gelegen.*
- ***€€€€€ le Gordos**, Route de Cavaillon, Tel. 04/90720075, Fax 04/90720700, mail@hotel-le-gordos.com, www.hotel-le-gordos.com: luxuriöses Hotel, geräumige, luftige Zimmer mit jeweils eigener Terasse. Wer mag – und wessen Portemonnaie es erlaubt – der kann eine von schönen Eichen umgebene Villa mit Terrasse und Kamin im Park des Hotels mieten.*
- ***€€€€€ La Bastide de Gordes**, Le Village, Tel. 040/90721212, Fax 04/90720520, www.bastide-de-gordes.com: Stadtpalais aus dem 16. Jahrhundert in der Ortsmitte. Das Gebäude, das auch schon die Polizei beherbergte, ist heute ein ruhiges Luxushotel. Swimmingpool, Sauna sowie Aussichtsterrasse. Zum Restaurant des Hauses, dem Michel del Burgo, war in der Süddeutschen vom 27. Sept. 2003 zu lesen: „Die Tomaten schmecken derartig – fast aggressiv – nach Tomate, dass man die holländische Treibhausmatsche zum Teufel wünscht." Über das Essen insgesamt: „sehr traditionelle Zubereitung, keine effekthaschenden Experimente".*
- ***€€€€€ Les Bories**, Route de Sénanque, Tel. 04/90720051, www.hotellesbories.com: Eine luxuriöse Hotelanlage inmitten von Borries-Bauten, in denen man auch wohnen und tafeln kann. Swimmingpool und Gourmet-Restaurant, untergebracht in einer der Borries.*
- ***€€€€ La Gacholle**, Route de Murs, Tel. 040/90720136, Fax 04/90720136: Ruhig gelegenes Hotel mit im provenzalischen Stil ausgestatteten Zimmern. Swimmingpool. Frühstück auf der überdachten Terrasse.*
- ***€€ Le Provençal**, Place du Château, Tel. 04/90721001: Preiswertes Hotel mit sieben zweckmäßigen Zimmern.*

UNTERKUNFT AUSSERHALB VON GORDES

- ***Les Romarins**, Route de Sénanque, Tel. 04/90721213, Fax 04/90721313: Wunderschöner alter Landsitz mit herrlichem Blick über Gordes. Im Januar geschl.*

Restaurant

*Restaurant **Michel de Burgo**, im Hotel Bastide de Gordes, s. „Unterkunft"*

Markt/Feste

- ***Markt:** am Dienstagmorgen*
- ***Weinfest:** Mitte Juli*

Sehenswertes

- ***Schloss von Gordes:** geöffnet tgl. 10–12 und 14–18 Uhr.*
- ***Musée de l´Histoire et du Vitrail:** Route de Saint Pantaléon, geöffnet Mai bis Mitte Dez. tgl. außer Di 10–12 und 14–18 Uhr (Feb. bis April nur bis 17 Uhr geöffnet).*

Gréoux-les-Bains (S. 526)

***Postleitzahl:** 04800*

Information

***Office de Tourisme**, 7, Place de l'Hôtel de Ville, Tel. 04/92780108, Fax 04/92781300*

Internet

www.greoux-les-bains.com

Camping

***La Pinède**, route de Saint-Pierre, Tel./Fax 04/92780547, www.camping-lapinede-cazin.com: Familienfreundlicher, schattiger Platz, 1,5 km außerhalb des Ortes in Richtung Saint-Pierre gelegen. Schwimmbad, Kinderspielplatz und Stellplatz für Wohnmobile. Von März bis Nov. geöffnet.*

Unterkunft

- ***€€€ Villa la Castellane**, avenue des Thermes, Tel. 04/92780031, Fax 04/92780977, hotelcaste@aol.com, www.villacastellane.com: Ehemaliges Jagdschlösschen des Marquis de Castellane im Ortszentrum, gegenüber dem Casino gelegen. Das Haus ist von einem Park mit Jahrhunderte alten Zedern umgeben, hier liegt auch der Swimmingpool. Im Restaurant gibt es ein provenzalisches Vorspeisenbuffet.*
- ***€€–€€€ Grand-Hôtel des Colonnes**, 8, avenue des Marroniers, Tel. 04/92704646, Fax 04/92776437, www.grandhoteldescolonnes.com: Ein familiär geführtes Hotel mit Swimmingpool, schattigem Garten und rustikalem Restaurant mit Holzdecken und Steinbögen. Auch Vermietung von Studios.*

Die zwei oben genannten Hotels gehören zur Logis-de-France-Kette.

- ***€€ L´Auberge**, avenue des Thermes, Tel. 04/92780026, Fax 04/92780844, http://auberge.greoux.free.fr: Sehr gastfreundlich geführtes, preiswertes Haus mit Restaurant. Ein Hotel mit Geschichte, denn hier hat Jean Giono begonnen, seinen Roman „Der Husar auf dem Dach" zu schreiben.*

Einkaufen
- *Wochenmarkt: jeweils donnerstags.*
- *Calissons Durandeu, 46, Grand-Rue: Für ihr Mandelgebäck berühmte Confiserie.*

Grignan (S. 263)

Postleitzahl: 26230

Information
Office de tourisme du Pays de Grignan, Tel. 04/75465675, Fax 04/75465589, info@tourisme-paysdegrignan.com

Internet
www.guideweb.com/grignan

Camping
Les Truffières Tel./Fax 04/75469362, www.lestruffieres.com: Mit Schwimmbad und Restaurant. Auch Vermietung von Wohnmobilen und Caravans.

Unterkunft
- *€€€€€ Hostellerie-Manoir La Roseraie, Tel. 04/75465815, Fax 04/75469155, roseraie.hotel@wanadoo.fr, www.manoirdelaroseraie.com: Altehrwürdiger Herrensitz aus dem 19. Jahrhundert inmitten eines ausgedehnten Parks mit vierhundert Rosenstöcken am Fuße des Schlosses von Grignan. Das Haus ist mit exquisitem Geschmack eingerichtet und mit zahlreichen provenzalischen Stoffen ausgestattet. Selbstverständlich gibt es auch einen Swimmingpool. La Roseraie zählt zu den besten der an guten Hotels nicht armen Provence. Übrigens, falls jemand vorbeikommt, der aussieht wie der Restaurantkritiker Wolfram Siebeck – Herr Siebeck soll in der Nähe wohnen.*
- *€€€€–€€€€€ Le Clair de la Plume, Tel. 04/75918130, Fax 04/75918131, www.clairplume.com: Ehemaliges Stift direkt im Ort Grignan unterhalb des Schlosses. Jedes der zehn Zimmer ist individuell im provenzalischen Stil eingerichtet, jeder Raum duftet anders, jeder Raum ist in einer anderen Farbe eingerichtet.*
- *€ Chambres d'Hôtes Ferme Le Grand Cordy, Tel. 04/75465181: Fünf private Gästezimmer in einem alten Gut inmitten von Weinreben und Lavendelfeldern.*

UNTERKUNFT AUSSERHALB VON GRIGNAN
- *€€–€€€ Chambre d'hôte Château-Vert, in Visan, 12 km südöstlich von Grignan, Tel. 04/90419121, Fax 04/90419463, www.hebergement-chateau-vert.com: Mitten im Trüffelland steht das „Grüne Schloss" aus dem 18. Jahrhundert, heute ein imposantes bed and breakfast mit Swimmingpool und großer Terrasse inmitten eines mit vielen Bäumen bestandenen Anwesens. In der Umgebung führen Spazierwege vorbei an Lavendelfelden und Olivenhainen. Während der Trüffelsaison von Dezember bis Februar werden auch „Trüffelwochenenden" angeboten.*

Sehenswertes
- *Château de Grignan: Geöffnet tgl. 9.30–11.30 und 14–17.30 Uhr (Juli und Aug. bis 18 Uhr). Von 1. Nov. bis 31. März Di geschl. Täglich finden Schlossführungen und audiovisuelle Spektakel zum Thema Madame de Sévigné statt. Von Juni bis Sept. auch in*

Deutsch. Tel. 04/75465156, Fax 04/75469405. Im Sommer werden im Schloss regelmäßig Theaterveranstaltungen und Konzerte angeboten.

• ***Le Village Provençal Miniature:*** *Geöffnet 14. Juli bis 31. Aug. 10–19 Uhr, im Winter tgl. außer Di 10–12 und 14–18 Uhr, von 15. Jan. bis 15. Feb. nur von 14–18 Uhr geöffnet. Tel. 04/75469168, Fax 04/75465998, www.village-miniature.com.*

La Ciotat (S. 487)

Postleitzahl: *13600*

Information

Office de tourisme de La Ciotat*, Boulevard Anatole France (am Meer), Tel. 04/42086132, Fax 04/42081788, tourismeciotat@wanadoo.fr, www.tourisme-laciotat.com*

Internet

www.laciotat.com, www.tourisme-laciotat.com

Camping

Saint Jean*, 30, avenue de Saint Jean, Tel. 04/42831301, Fax 04/42714641: 2 km vom Zentrum an der Straße nach Toulon. Gut ausgestattet, relativ wenig Schatten, mit direktem Strandzugang. Von April bis Okt. geöffnet.*

Unterkunft

• ***€€€ De la Corniche****, Corniche Liouquet, Tel. 04/42091120, Fax 04/42716834, www.hoteldelacorniche.fr: Modernes Hotel in Strandnähe zwischen La Ciotat und Les Lecques. Sehr geräumige Zimmer. Schönes Terrassenrestaurant im Grünen. Nahe dem Hotel liegt ein Golfplatz (18 Löcher).*

• ***€€€ Chez Tanja*** *R.I.F. République Indépendante de Figuerolles, Calanque de Figuerolles, in der Calanque de Figuerolles, ca. 1 km westlich des Hafens, Tel. 04/42084171, Fax 04/42719339, www.figuerolles.com: Herzlich willkommen in der Unabhängigen Republik Figuerolles (R.I.F). Herzlich willkommen im Paradies. Herzlich willkommen in dieser kleinen Hotelanlage, deren frühere Besitzer 1956 das Terrain kurzerhand zur „unabhängigen Republik" ausgerufen hatten. Wirklich traumhaft schön liegt die Republik in einer kleinen, gut besuchten Badebucht. Auch im Hotel selbst herrscht im Sommer eine etwas trubelige Atmosphäre sowohl auf dem Terrassenrestaurant mit Blick auf die Bucht als auch rund um die drei Gästezimmer, die zwei Apartments und den Bungalow. Die Gästezimmer teilen sich eine Terrasse – und ein WC, die Duschen allerdings sind auf dem Zimmer. Selbstverständlich gibt es in der R.I.F. auch eine eigene „Währung", eine Währungseinheit besteht aus vier reifen Feigen. Auch der Verkehr ist geregelt: Man fährt links – auch wenn es hier überhaupt keine Straßen gibt!*

> 87 Stufen führen von einem Parkplatz hinunter in die „Unabhängige Republik von Figuerolles", gegründet 1956 von Igor, dem Piloten, und Tanja, seiner Frau. Genau genommen ist die Republik ein kleines Hotelareal, traumhaft eingebettet in die Calanque von Figuerolles mit ihrem bizarren Felsen.

• ***€€ Provence Plage****, avenue de Provence, Tel. 04/2830961, Fax 04/42081628: Schneeweiß gestrichenes Logis de France mit hellblauen Fensterläden, 50 m vom Strand. Schattige Terrasse und – in La Ciotat einmalig – eine Whiskybar.*

• *€€* ***Hotel Les Lavandes****, 38, Boulevard de la République, Tel. 40/42084281, Fax 04/ 42719576, www.hotel-les-lavandes.com: Gemütliches, kleines Hotel mit 15 Zimmern in einem alten Bürgerhaus. Einige auch mit Klimaanlage. Restaurant.*

Märkte

• ***Wochenmarkt****: mittwochs auf der Place Evariste-Gras und sonntags am alten Hafen.*

• ***Kunsthandwerkmarkt****: allabendlich im Juli und Augst am alten Hafen.*

Sehenswertes

Le Musée Ciotaden: 1, quai Ganteaume, Tel. 04/42714099. Im Sommer geöffnet von 16–19 Uhr, im Winter 15–18 Uhr.

Lacoste (S. 326)

Postleitzahl: 84480

Unterkunft/Restaurant

• ***€€€€€ Relais Procureur****, 80, rue Basse, Tel. 04/90578228, Fax 04/90758694: Wie so viele Hotels in der Provence ist auch dieses in einem altehrwürdigen Haus aus dem 17. Jahrhundert untergebracht. Das liebevoll restaurierte Gebäude hat geräumige Zimmer mit antikem Mobiliar sowie einen kleinen Swimmingpool. Kleinkinder und Haustiere sind nicht erwünscht. Etwa 50 m vom Relais bietet das Restaurant „Table du Procureur" mediterrane und provenzalische Küche, sommers auf einer schattigen Terrasse und im Winter im Kaminzimmer.*

• ***€€ Café de Sade****, im Ortskern, Tel. 04/90758229, Mo geschl.: Man isst auf der grün überrankten Terrasse oder in der Bar einfache, preisgünstige Gerichte. Besonders außerhalb der Saison bietet die Kneipe viel provenzalisches Leben, da sich hier im kleinen Wirtsraum die Einheimischen treffen. Die Zimmer sind einfach, aber liebevoll mit Trockengestecken, Kätzchenbildern und gemusterten Tapeten ausstaffiert.*

• ***€–€€ Café de France****, am Fuß des Dorfes in der rue basse, Tel. 04/90759443: Die acht einfachen Zimmer des etwas heruntergekommenen Hotels blicken auf Bonnieux und den Grand Luberon, eines davon hat auch einen Balkon. Henry Miller soll im Café de France seinen Roman „Stille Tage in Clichy" begonnen haben. Von der etwas kahlen, strohgedeckten Terrasse weiter Ausblick auf die Ebene und den Mont Ventoux.*

Restaurants

Loofoc*, rue Basse, Tel. 04/90759076: In einer Grotte mit surrealistischen Bildern an der Wand oder im Sommer auf der sehr schönen, überwucherten Terrasse wird eine ausgefallene Kombination von provenzalischer und indischer Küche serviert.*

Übrigens:
Wer das Restaurant Le Simian aus Peter Mayles „Mein Jahr in der Provence" sucht, wo dieser ein opulentes sechsgängiges Neujahrsessen gleich zu Beginn seines Buches einnahm, der tut dies vergebens, denn um die Jahrtausendwende hat das Le Simian seine Pforten geschlossen.

Festival

Musikfestival von Lacoste: Unter den Fittichen von Pierre Cardin entstandenes und im alten de-Sade-Gemäuer stattfindendes Musik-Festival, Infos unter: www.lacoste.easyclassic.com.

La Palud-sur-Verdon (S. 536)

Postleitzahl: 04120

Information

Maison des Gorges du Verdon, Tel. 04/92773202, von Mitte März bis Mitte Nov. tgl. außer Di 10–12 und 16–18 Uhr geöffnet. Hier ist auch eine interessante Ausstellung zu Natur und Kultur der Verdon-Schlucht zu sehen.

Internet

www.lapaludsurverdon.com

Camping

- *Le Grand Canyon, an der Straße nach Castellane, Tel. 04/92773813: Wenig schattiges Wiesengelände, junges Publikum. Von Mai bis Sept. geöffnet.*
- *Bourbon, an der Straße nach Moustiers-Sainte-Marie, Tel. 04/92773817: Kleiner, einfacher Platz mit wenig Schatten. April bis Mitte Okt. geöffnet.*

Unterkunft

- *€€€€€ des Gorges du Verdon, Tel. 04/92773826, Fax 04/92773500, www.hotel-des-gorges-du-verdon.fr: Modernes, etwas unpersönliches Hotel, was aber durch seine schöne Lage auf einem Hügel gegenüber dem Point-Sublime wieder wettgemacht wird. 27 helle und ruhige Zimmer, Zimmer Nr. 12, 14 und 16 zum Beispiel haben auch eine schöne Aussicht. Schwimmbad und Tennisplatz.*
- *€€ Le Panoramic, Route de Moustiers, Tel. 04/92773507, Fax 04/92773017, www.hrpanoramic.com: Modernes Hotel mit komfortablen Zimmern.*
- *€€ Auberge du Point-Sublime, in Rougon an der D952, Tel. 04/92836035, Fax 04/92837431, geöffnet von Anfang April bis Mitte Okt.: Am Wochenende nur mit Halbpension buchbar.*
- *€ Chalet de la Maline, La Palud-sur-Verdon (D 23), Tel./Fax 04/92773805: Eine Wanderhütte des Club Alpin Français in schwindelnder Höhe über dem Verdon. Die Zimmer sind schlicht, das Essen deftig. Nahe dem Chalet beginnt der Wanderklassiker Sentier Martel.*
- *Hotel-Restaurant Le Provence, Tel. 04/92773888, Fax 04/92773105, www.verdonprovencehotel.com, von April bis Nov. geöffnet: im Sommer Halbpension obligatorisch. Freundlich geführtes kleines Hotel nahe dem Ortszentrum von La Palud-sur-Verdon.*

Sport

Aventures & Nature, Tel. 04/92773043, www.aventuresetnature.com: Die richtige Adresse für Sportarten wie Canyoning oder Klettern

Taxi

- *Taxi Adrien, Tel. 04/92773820*
- *Taxi Roger, Tel. 04/92836534*

La Tour d'Aigues (S. 338)

Postleitzahl: 84420

Sehenswertes

Le Château: Geöffnet April bis Juni sowie Sept. tgl. außer Dienstagnachmittag und Samstag- und Sonntagvormittag 9.30–11.30 und 15–18 Uhr, Juli und Aug. 10–13 und 15.30–18.30 Uhr. Okt. bis März. tgl. außer Dienstagnachmittag sowie Samstag- und Sonntagvormittag 9.30–11.30 und 14–17 Uhr, www.chateaulatourdaigues.com.

Les Baux-de-Provence (S. 397)

Postleitzahl: 13520

Information

Office de tourisme, maison du Roy, Tel. 04/90543539, Fax 04/90545115: Das Büro ist in einem markanten Gebäude aus dem 16. Jahrhundert untergebracht.

Internet

www.lesbauxdeprovence.com

Unterkunft

- *€€€€€ **L'Oustau de Baumanière**, Tel. 04/90543307, Fax 04/90544046, contact @outaudebaumaniere.com, www.oustaudebaumaniere.com: Ein unglaublich romantisches Hotel, mit dem die ganze Geschichte rund um den Tourismus von Les Baux begann: Ein gewisser Raymond Thuillier eröffnete 1945 ein Restaurant, das schon bald zum legendären Gourmettempel aufstieg, bekannte Größen wie De Gaulle oder die Queen haben hier gespeist. Mit dem Lokal wurde auch das seinerzeit noch verschlafene Les Baux bekannt, Raymond Thuzillier selbst wurde 1971 Bürgermeister des Ortes, was er auch bis zu seinem Tod im Jahr 1992 geblieben ist. Jean-André Charial, sein Enkel, setzt heute die Tradition seines genialen Großvaters fort. Das Oustau selbst, ein Haus aus dem 16. Jahrhundert, birgt zwei Apartments und sechs Zimmer. Weiterhin gibt es La Ghuigou, 500 m vom l'Oustau entfernt mit drei Apartments und zwei Zimmern sowie das Le Manoir mit sieben Apartments und sieben Zimmern sowie ein Haus aus dem 15. Jahrhundert mit Swimmingpool, 800 m vom l'Oustau im Vallon de la Fontaine. Als Klassiker im hervorragenden (und teuren!) Restaurant gelten die „Ravioli de truffes aux poireaux" oder das phantastische „gigot d'agneau en croûte". Selbstverständlich ist auch der Weinkeller in einem so luxuriösen Haus von ausgesuchter Qualität!*
- *€€€€€ **La Riboto de Tavern**, im Val d'Enfer, Tel. 04/90543423, Fax 04/90543888, www.riboto-de-taven.fr: Das berühmte La Riboto de Taven am Fuße der Zitadelle, früher nur ein Restaurant, vermietet heute auch sechs Gästezimmer in einem alten Bauernhaus aus dem 18. Jahrhundert sowie zwei Suiten, die in Höhlenwohnungen integriert sind. Traumhafte schattige Terrasse, Swimmingpool, wunderschöner Garten. Das hervorragende Restaurant des Hotel gehört zu den besten der Gegend, bietet täglich ein wechselndes Menü und ist auch erheblich preisgünstiger als das „L'Oustau".*
- *€€€€–€€€€€ **Hotel-Restaurant Le Cabro d'Or**, Tel. 04/90543321, Fax 04/90544598, contact@lacabrodor.com, www.lacabrodor.com: Unauffällig wie ein provenzalischer Landsitz liegt dieses Luxushotel inmitten von Feldern und Pinienwäldchen zu Füßen der steinernen*

Bergfestung Les Baux, über die D 78 F erreichbar. Vom Speisesaal gelangt man über eine kleine Terrasse in den hübschen Garten mit Blumenrabatten, niedrigen Hecken und Goldfischteichen. Hinter dem Gebäude steigen die zerklüfteten Felshänge unterhalb der Festung an. Am Schwimmbad lässt es sich, von subtropischen Pflanzen umgeben, im Schatten von blütenweißen Sonnenschirmen relaxen. Das Schwesterrestaurant des L´Oustau ist die qualitativ auch gute, aber preisgünstigere Variante der beiden Restaurants. Auch das Hotel an sich ist weniger luxuriös, bodenständiger und provenzalischer.

- ***€€€€ Le Prince Noir**, Cité Haute, rue de Lorme, Tel. 04/90543957, Fax 04/90543957, www.leprincenoir.com: Chambre d´hôte an der Felswand direkt unterhalb der Burg Es birgt drei außergewöhnliche Zimmer, eine Dachterrasse mit phantastischer Aussicht über die Burg und das Dorf und wird von Benoit und seiner deutschen Frau Ute geführt.*
- ***€€€ Hostellerie de la Reine Jeanne**, Grand-Rue, Tel. 04/90543206, www.lareinejeanne.com: Hotelchen im Stil der 1920er Jahre. Von einigen Zimmern Blick auf das Val d´Enfer. Restaurant mit Aussicht und Kamin, schattige Terrasse. Serviert wird provenzalische Küche zu mittleren Preisen.*
- ***€€€ Chambre d´hôte Le Mas de l´Esparou,** Route de Saint-Rémy, Tel. 04/90544132, Fax 04/90542562: Fünf Gästezimmer inmitten von Pinien und Olivenbäumen, Swimmingpool mit Blick auf die Alpilles und die Festung von Les Baux. Die Besitzer, er malt gerne und sie kocht gerne Marmeladen ein, empfangen ihre Gäste mit großer Herzlichkeit.*

Fest

*An Heiligabend wird in der alten Kirche die **Mitternachtsmesse** mit einer ‚lebenden Krippe' gefeiert.*

Busverbindungen

Täglich zweimal nach Saint-Rémy, Avignon und mehrmals täglich nach Salon-de-Provence, Arles und Marseille.

Golf

***Golf des Baux de Provence**, Tel. 04/90544020, www.golfbauxdeprovence.com: Die Fairways verlaufen entlang von Weinfeldern vor der Kulisse der Burgruine von Baux. Neun Löcher inmitten von unterschiedlichsten Bäumen. Der Platz rangiert unter den 144 Neun-Loch-Anlagen Frankreichs als Nummer vier. 5.670 Meter, Slope 114–122.*

Les Saintes-Maries-de-la-Mer (S. 417)

***Postleitzahl:** 13460*

Information

***Office de tourisme**, 5, avenue Van-Gogh, Tel. 04/90978255, Fax 04/90977115, info@saintesmaries.com*

Internet

www.saintesmaries.com

Camping

• ***Le Clos du Rhône**, westlich von Les Saintes-Maries-de-la-Mer, Route d´Aigues-Mortes, Tel. 04/90978599, Fax 04/90977885, www.camping-leclos.fr: Ganzjährig geöffnet.*

• ***Camping La Brise**, rue Marcel-carrière, Tel. 04/90979467, Fax 04/90977201, www.camping-labrise.fr: Eine riesige Anlage nahe dem Ort und dem Meer. Wenig Schatten, viel Rummel. Mitte Nov. bis Dez. geschl.*

Jugendherberge

***Auberge de jeunesse,** Pioch-Badet, Tel. 04/90975172, Fax 04/90975488: 10 km außerhalb von Saintes-Maries (Busverbindung, Haltestelle vor der Jugendherberge). Schlafräume für 3–10 Personen.*

Schaufelraddampfer Tiki III

Le Grau d´Orgon, Tel. 04/90978168, Fax 04/90979947, www.tiki3.fr

Westlich von Saintes-Maries, nahe dem Campingplatz Le Clos du Rhône, legt der Schaufelraddamper Tiki III täglich zwischen Mitte März und Mitte November zur Mini-Kreuzfahrt über die Petite Rhône ab. Die Rundfahrt dauert etwa anderthalb Stunden.

Unterkunft

• ***€€€€–€€€€€ Hostellerie du Mas de Cachael**, Route de Cacharel, Tel. 04/90979544, Fax 04//90978797, www.hotel-cacharel.com: 4 km außerhalb des Zentrum über die D85a zu erreichen. Eines der ältesten Mas der Camargue mit geschmackvoll eingerichteten Zimmern. Vom Speisesaal schweift der Blick über die Camargue und den l'Étang. Schwimmbad. Reitmöglichkeit.*

• ***€€–€€€ Le Mirage**, 14, rue Camille-Pelletan, Tel. 04/90978043, Fax 04/90977222, www.lemirage.camargue.fr: Das große weiße Hotel wurde in den 1950er Jahren gebaut und war zwischenzeitlich auch mal ein Kino. Zum Haus gehören ein Innenhof mit Garten und ein einladendes Restaurant.*

• ***€€–€€€ Le Bleu Marine**, 15, avenue du Docteur-Cambron, Tel. 04/90977700, Fax 04/90977600, www.hotel-bleumarine.com: Ein modernes Haus mit Swimmingpool.*

• ***€€–€€€ Le Petit Mas des Barres**, Route d´Arles, Tel. 04/90975071, www.mas-des-barres.com: Inmitten eines schattigen Gartens mit Pool gelegen. Rustikale Bar.*

• ***€€ Le Mithra,** rue d'Aigues Mortes, Tel. 06/73809760, www.lemithra.camargue.fr: 4 km nordwestlich der Stadt gelegenes Hotel, das man von weitem durchaus für eine mexikanische Hacienda halten könnte. Die ansprechend eingerichteten Gästezimmer sind um einen Innenhof mit einem großen Swimmingpool gruppiert.*

• ***€–€€ Méditerraneé**, rue Frédéric-Mistral, Tel. 04/90978209, Fax 04/90977631: Im Stadtzentrum gelegen, Parkmöglichkeit in der Nähe. Ein sauberes kleines Hotel, über und über mit Pflanzen und Blumen geschmückt.*

Märkte

• ***Wochenmarkt**: montags und freitags.*

• ***Antiquitäten- und Trödelmarkt**: von Juni bis Sept. jeweils am ersten und letzten Dienstag im Monat.*

Feste

• ***Abrivados:** jeweils sonntags im April, Mai und Juni, im Sept. mittwochs. Bei den Abrivados werden Stiere unter Gejohle und regem Anteil der Bevölkerung durch die Straßen in die Arenen getrieben.*

- *Pélerinage de Sara: alljährlich am 24./25. Mai wird ein Pilgerfest zu Ehren der heiligen Sara gefeiert. Wann zum erstenmal diese Wallfahrt stattfand, weiß man nicht mehr genau. Es muss Ende des 19. Jahrhunderts gewesen sein. Anfangs nur ein lokales Ereignis, zieht heute die Wallfahrt Zigtausende von Zuschauern an.*

Warnung:
Zur großen Wallfahrt der Sinti und Roma im Mai reisen nicht nur Gläubige, sondern auch beutegierige Taschendiebe an.

- ***Journée de la Mémoire du Marquis de Baroncelli**, am 26. Mai.*
- ***Fête du Cheval**, das Fest des Pferdes findet von 11. bis 14. Juli statt.*
- ***Feria du Taureau**, am 15. August ist dann der Stier an der Reihe, gefeiert zu werden.*

Strände
Um die Stadt gibt es lange, schöne Sandstrände. Einen FKK-Strand findet man 6 km westlich von Saintes-Maries.

Schiffsfahrten
Von Mitte März bis Mitte Sept. fahren vier Ausflugsschiffe die kleine Rhône entlang.

Radverleih
***Le Velo Saintois**, 19, avenue de la République 19, Tel. 04/90977456, Fax 04/90976081, www.camargue.fr/velosaintois: Fahrräder für Große und Kleine und Paare (Tandems). Die Räder werden auch ins Hotel gebracht.*

Reiten
- ***Cabanes de Cacharel**, route de Cacharel, Tel. 04/90978410, www.camargueacheval.com: Ein-, zwei-, dreistündige oder ganztägige Ausritte. Ganzjährig geöffnet.*
- ***Promenades des Rièges**, Route de Cacharel, Tel./Fax 04/90979138, www.promenadedesrieges.com: Neben Ausritten auch 4x4-Touren oder Kanufahrten.*

Jeeptouren
***La Camargue en 4x4**, manade Gilbert Arnaud, mas Lou Rayas, Route de Sylvéréal, Tel. 04/90975252: Zweistündige Ausfahrt mit dem Allrad, man muss mit ca. 30 € pro Person rechnen (Kinder bezahlen die Hälfte). Eine Investition, die sich lohnt, denn Gilbert Arnaud fährt und führt kompetent durch die Camargue.*

Les Salles-sur-Verdon (S. 533)

Postleitzahl: 83630

Information
***Office de Tourisme**, Place Fontfreye, Tel. 04/94702184, www.sallessurverdon.com*

Unterkunft
***€€–€€€ Auberge des Salles**, rue Ste-Catherine, Tel. 04/94702004, Fax 04/94702178, auberge.des.salles@wanadoo.fr: Langgestrecktes, modernes Gebäude mit traumhaftem Aus-*

blick auf den Lac de Sainte-Croix. Die Auberge hat helle Zimmer mit zweckmäßiger Einrichtung.

Camping
Wohnmobile können auf einem eigenen Platz im Ort abgestellt werden (gebührenpflichtig).
• ***Les Pins**, Tel. 04/98102380, Fax 04/94842327, www.campinglespins.com: Die Stellplätze sind terrassenförmig angelegt und durch Hecken parzelliert. Von April bis Oktober geöffnet.*
• ***La Source**, Tel. 04/94702040, Fax 04/94702074, www.camping-la-source.eu: Terrassengelände direkt am See. Von April bis Sept. geöffnet.*
• ***Les Ruisses**, Tel. 04/94702167, http://campinglesruisses.blogspot.com: Städtischer Campingplatz, ca. 100 m vom Lac de Sainte-Croix. entfernt. Weihnachten bis Februar geschlossen.*

Markt
Donnerstagvormittag

Bootsausflüge
***Verdon navigation**, Tel. 04/94842247*

L´Isle-sur-la-Sorgue (S. 302)

Postleitzahl: 84800

Information
***Office de tourisme**, Place de la Liberté, Tel. 04/90380478, Fax 04/90383543*

Internet
www.oti-delasorgue.fr

Camping
***Camping municipal La Sorguette**, Route d´Apt, Tel. 04/90380571, Fax 04/90204861, www.camping-sorguette.com: 1,5 km außerhalb der Ortes an der N100. An den Ufern der Sorgue mitten im Grünen gelegen. Die Anlage erstreckt sich über ein 5 Hektar großes, flaches und halbschattiges Gelände. Die Stellplätze sind mit Hecken verschiedener Art begrenzt. Vermietung von Wohnmobilen und Bungalows. Geöffnet vom Mitte März bis Mitte Oktober.*

Unterkunft
• ***€€€ Lou Soloy du Luberon**, 2, avenue Charles-de-Gaulle, Tel. 04/90380316: Charmantes Hotel mit 8 in beige und weiß gehaltenen Zimmern, Zimmer Nr. 1 mit Blick auf die Sorgue. Am schönsten aber ist die Terrasse, ein Teil davon verläuft entlang der Sorgue.*
• ***€€ Cantosorgue**, 75, Cours Fernande Peyre, Tel. 04/90208181, Fax 04/90384030, www.hotel-cantosorgue.com: Ein modernes Hotel an einem der Flussarme. Mit Swimmingpool und kleiner Bar.*

• *€ **du Vieux-l´Isle**, 15, rue Danton, Tel. 04/90380046: Freundlich geführtes Hotel mit acht Zimmern.*

UNTERKUNFT AUSSERHALB VON L´ISLE-SUR-LA-SORGUE

• *€€€€€ **Chambres d´hôte Le Haras d l´eau**, chemin de Reydet, in Le Thor, Tel. 04/ 90023098, Fax 04/90023099: Etwa 2,5 km außerhalb von L´Isle-sur-la-Sorgue liegt dieser Traum von einem provenzalischen Landhaus! Nach einer Nacht in einem der sechs großen und wundervoll eingerichteten Zimmer frühstückt man draußen am Ufer der Sorgue. Die Zimmer tragen so poetische Namen wie Quinta, Poème d'amour (merkwürdigerweise mit zwei getrennten Betten!), Ultima und La Divine. Doch nicht genug der Idylle: Der ausgedehnte Park des Anwesens wird von einigen Pferden – hölzernen und echten – bevölkert.*

• *€€€€–€€€€€ **Mas de la Cure Bourse**, 3 km außerhalb des Ortes an der Straße nach Caumont, Tel. 04/90381658, 04/90385231, www.masdecurebourse.com: Das mitten im Grünen gelegene Haus aus dem 18. Jahrhundert war einst eine Poststation. Die Zimmer sind im provenzalischen Stil eingerichtet, im Restaurant gibt´s einen großen Kamin und im Sommer sorgt ein Swimmingpool für Erfrischung.*

Restaurants

• *__La Prévoté__, 4, rue Jean-Jacques-Rousseau, Tel. 04/90385729: In einem ehemaligen Waschhaus direkt an der Sorgue wird gehobene Küche serviert, der Service ist sehr gut, der Weinkeller ebenso, das Ambiente elegant-rustikal.*

• *__l' Oustau de l'Isle__ 21 avenue des 4 Otages, Tel. 04/90385484, Fax 04/903854 84, Mi und Do geschl.: Hier gibt´s provenzalische Küche auf einer begrünten schattigen Terrasse.*

• *__La Saladelle__, 33, rue Carnot, Tel. 04/90206859: Ein einfaches Restaurant bei der Kirche. Auch Zimmervermietung.*

Trödel- und Antiquitätenmärkte

Nach Paris ist L'Isle sur la Sorgue eine international anerkannte Hochburg für Antiquitäten und Trödelwaren. An die 300 Händler haben sich hier in sieben „Dörfern" zusammengeschlossen. Sonntags gibt es einen offenen Markt, der sich durch das Ortszentrum zieht. Er besteht aus einem Trödelmarkt und einem provenzalischen Markt mit Lebensmitteln, Kleidung, Haushaltswaren und ähnlichem. Ein frühes Kommen ist empfehlenswert, da ab dem späten Vormittag kaum noch Parkplätze zu finden sind.

Hinweis

Lassen Sie während des Antiquitätenmarktes keine Wertsachen im Auto liegen und lassen Sie auch das Handschuhfach offen, damit potenzielle Diebe kein Interesse am Aufbrechen Ihres Autos haben.

Lorgues (S. 500)

Postleitzahl: 83510

Information

Syndicat d´initiative, Place d´Entrechaus, Tel. 04/94739237, Fax 04/94676761.

Unterkunft

- *€€€€€ L'Auberge Hostellerie, Chateaux & Hotels de France, 3 km außerhalb in Richtung Salernes: Ein stilvolles Nichtraucherhaus, die Zimmer sind nach Früchten und Kräutern benannt: Aprikose, Kirsche, Liebesapfel, Lavendel oder Mimose.*
- *€€€€ Chambres d´hôte La Maison du Midi, 14, rue de l´Église, Tel. 65/0506375, www.maisondumidi.eu: Eindrucksvolles Haus mitten im Herzen des Ortes mit großen, hellen Gästezimmern.*
- *€€ Hôtel-Restaurant du Parc, 25, Boulevard Clemenceau, Tel. 04/94737001, Fax 04/94676846: Ein sehr charmantes Hotelchen mitten im Ort, man isst im mit Stuck verzierten Speisesaal oder im Sommer im Garten hinter dem Haus. Besonders empfehlenswert ist das Spanferkelragout. Die Zimmer nach vorne raus sind laut, nach den Zimmern zur Gartenseite hinaus fragen.*

Restaurant/Einkaufen

Chez Bruno, Champagne Mariette, Route du Vidauban, Tel. 04/94859393, Fax 04/94737811, www.restaurantbruno.com, vom 15. Sept. bis 15. Juni Sonntagabend und Montag ganztags geschl.: Der Küchenchef: ca. 160 Kilo auf 1,90 m. Speisekarte: keine. Verarbeitete Trüffel: etwa 2 Tonnen pro Jahr. Anzahl der Menüs: eines. Immer dabei: eine in Teig eingebackene GANZE schwarze Trüffel. Wunderbar: die kleine getrüffelte Pizza mit Olivenöl oder die Brouillade mit schwarzen Trüffeln. Einkaufen: in der Boutique neben dem Lokal. Ins Auge fallend: eine Darstellung des Letzten Abendmahls mit Monsieur Bruno in der Mitte. Zusammenfassend: ein Besuch bei Bruno ist ein kulinarisch-visuelles-akustisches Gesamterlebnis, für das manche sogar mit dem Hubschrauber einfliegen.

Lourmarin (S. 340)

Postleitzahl: 84160

Information

Office de Tourisme, Avenue Philippe de Girard Tel. 04/90681077, Fax 04/90681077, ot@lourmarin.com

Internet

www.lourmarin.com

Camping

Les Hautes Prairies, Route de Vaugines, Tel. 04/90680289, s. „Unterkunft"

Unterkunft

- *€€€€€ Le Moulin de Lourmarin, Tel. 04/90680669, Fax 04/90759303, www.moulindelourmarin.com, zentrale Res. Relais & Châteaux: www.relaischateaux.fr/lourmarin:*

Sie funktioniert noch, die alte Ölmühle mit ihren intakten Mahlsteinen. Heute ist das alte Gemäuer ein Luxushotel, in dem man überdies hervorragend tafeln kann. Auf der zum Teil ausgefallenen Speisekarte findet man Gerichte in allen Preisklassen. Besonders empfehlenswert sind die Wildspezialitäten. Extravagant wie die Speisekarte ist auch die Einrichtung, und so wächst der Weizen hier nicht am Boden, sondern an der Decke.

- **€€€€€ de Guilles**, Tel. 04/90683055, www.guilles.com: *Wunderschön restauriertes Gehöft der Relais-du-Silence-Kette, umgeben von einem ausgedehnten Garten. Die Anlage aus dem 17. Jahrhundert liegt ruhig nahe der Straße von Lourmarin nach Vaugines.*
- **€€€€€ Auberge La Fenière**, Route de Cadenet, Tel. 04/90 681179, Fax 04/90681860, www.reinesammut.com, Dienstagmittag (Oktober bis Mitte Juni) und Montag geschlossen: *Reine heißt Königin und eine Königin der Kochkunst ist Reine Sammut, frankreichweit als Superköchin bekannt. Ihr Reich ist eine cuisine de tolérance, eine Verbindung von Provenzalischem mit Elementen verschiedenster Mittelmeerländer. Vor einigen Jahren haben die Sammuts die «Fenière» in eine ehemalige Poststation verlegt, die von einem großen, parkähnlichen Garten umgeben ist. Da das Haus zu einer der bekanntesten Gastroadressen der Provence gehört, sollte man im Sommer schon einige Tage im Voraus einen Tisch reservieren. In diesem Paradies gibt´s nicht nur hervorragende Küche, sondern auch sieben Gästezimmer, selbstverständlich mit Pool, Garten und Terrasse.*
- **€€€ Hostellerie du Paradou-Les-Cascades**, an der Route d´Apt, Tel. 04/90680405, Fax 04/90085494, www.hostellerieleparadou.com: *Paradiesisch ruhig gelegenes Hotel mit gutem Restaurant und Gartenterrasse. Von April bis Okt. werden die Zimmer nur mit Halbpension vermietet.*
- **€€€ La Bastide aux Oiseaux**, Tel./Fax 04/90085167: *Bastide, etwa 1 km außerhalb von Lourmarin gelegen. Die Zimmer „The Swallows" bieten eine kleine private Terrasse mit Blick auf den Swimmingpool und den Garten.*
- **€€€ Les chambres de la cordiere**, rue Albert Camus, Impasse de la Cordière, Tel./Fax 04/90680332, www.cordiere.com: *Liebenswertes Hotel in einem Gebäude aus dem Jahr 1585 mit drei Gästezimmern. Zwei davon sind mit einem Kühlschrank ausgestattet und einer kleinen Kochmöglichkeit.*
- **€€–€€€ Villa-St. Louis**, 35, rue Henri-de-Savourin, Tel. 04/90683918, Fax 04/90681007, www.villasaintlouis.com: *Eine Villa wie aus einem Traum. Im 17. Jahrhundert gebaut, war das Anwesen zuerst die Gendamerie und später die Postation von Lourmarin. Bis dann ein Ehepaar aus Paris vor zwei Jahrzehnten kam, und nirgendwo anders Platz für seine vielen Antiquitäten fand als in dieser Villa. Heute wird das Haus von der sportlich-quirligen Tochter geführt. Wo man hinschaut, überall pittoreske Stillleben – und hier und da ein klein wenig Staub. Wie eine Inszenierung oder wie ein ferner Traum wirkt Villa St.Louis auch im verwunschenen, von Platanen beschatteten Garten. Gefrühstückt wird auf der italienisch wirkenden Terrasse, Garten u n d Terrasse, das ist eine Seltenheit in der Provence. Weil Villa-St.Louis in vielen Hochglanzmagazinen abgebildet ist, aber eben keine Hochglanzidylle ist und zudem moderate Preise hat, ist sie sehr gut gebucht. Als man sollte schon Monate im Voraus reservieren. Mindestaufenthalt: drei Tage.*

Ferienhaus

La ferme de gerbaud, Tel. 04/90681183, Fax 04/90683712, 6-Personen-Ferienhaus aus dem 19. Jarhundert, inmitten einer 26 Hektar großen Kräuterfarm gelegen.

Markt/Feste

- *Wochenmarkt: freitags*
- *Rencontres Mediterranéennes: im August*
- *Fest des Hundes: Schaulaufen und Preiskämpfe für Hunde, im August.*

Sehenswertes

- *Château Lourmarin: Tel. 04/90681523. In den Monaten Juli und August halbstündlich Führungen von 10–11.30 und 15–18 Uhr. Mai, Juni und Sept. um 11, 14.30, 15.30, 16.30 und 17.30 Uhr. Von Okt. bis Dez. und von Feb. bis April um 11, 14.30, 15.30 und 16.30 Uhr.*
- *Ferme Gerbaud: Ca. 2 km nordöstlich von Lourmarin. Tel. 04/90681183, Fax 04/90683712. Führungen von April bis Okt. tgl. 17.00 Uhr, Nov. bis März Sa und So 15.30 Uhr.*

Manosque (S. 506)

Postleitzahl: 04100

Information

Office de tourisme, Place du Dr. Joubert, Tel. 04/92721600, Fax 04/92725898.

Internet

ville-manosque.fr

Camping

Les Ubacs, avenue de la Repasse, Tel. 04/92722808, Fax 04/92877529: Schattiger Platz am Ortsrand mit Schwimmbad und Tennisplatz. Von April bis Sept. geöffnet.

Jugendherberge

Auberge de jeunesse, Parc de la Rochette, Avenue Argile, Tel. 04/92875744, Fax 04/92724391: 800 m vom Ortszentrum, Zimmer mit zwei bis sechs Betten. Campingmöglichkeit. Dez. und Jan. geschlossen.

Unterkunft

- *€€ Hotel Terreau, 21, Place du Terreau, Tel. 04/92721550, Fax 04/92728042, hotelduterreau@wanadoo.fr, www.hotelduterreau.fr: Mitten im Ort gelegenes Nichtraucherhotel, von den Zimmern Nr. 4 und 5 hat man besonders am Samstag einen guten Blick auf das Marktgeschehen unten. Die Besitzer sind sehr freundlich, was einen klappernde Toilettentüren und einen heruntergerissenen Vorhang übersehen lässt.*

UNTERKUNFT AUSSERHALB VON MANOSQUE

- *€€€€€ Hostellerie de la Fuste, Lieu de la Fuste – Route d´Oraison, Tel. 04/92720595, Fax 04/92729293, www.lafuste.com: Sechs Kilometer östlich von Manosque in Richtung Valensole gelegenes, sehr renommiertes Haus, dessen Ursprünge in das 17. Jahrhundert zurückreichen. Sehr gutes Restaurant.*
- *€€€–€€€€ Le Pré Saint Michel, Route de Dauphin, Tel. 04/92721427, Fax 04/92725304, www.presaintmichel.com: 1,5 km außerhalb des Ortszentrums. Helle und große Zimmer, eingerichtet im provenzalischen Stil, einige von ihnen mit Terrasse. Swimmingpool, Restaurant.*

Markt/Fest

Samstags breitet sich innerhalb der ganzen Altstadt ein wunderschöner Markt aus, wo neben Lebensmitteln, Kleidern und Schuhen auch Trödel verkauft wird

Les fêtes médiévales de Manosque (Mittelalterfest): *alle zwei Jahre im Juni. Eine Woche lang versinkt Manosque wieder im Mittelalter und in den Restaurants wird nach mittelalterlichen Rezepten gekocht.*

Einkaufen

Fabrikverkauf bei L'Occitane*, Zone Industriale, Saint Marice, Tel. 04/92701950, www.loccitane.com: Die Occitane-Kette ist mittlerweile fast in der ganzen Welt für ihre edlen Düfte, Seifen und Wässerchen aus der Provence bekannt.*

Zug-/Busverbindungen

- *Vom SNCF-Bahnhof (ca. 1,5 km südöstlich der Altstadt, Busverbindungen) mehrmals täglich Zugverbindung nach Sisteron, Aix-en-Provence, Riez, Marseille und Moustiers-Sainte-Marie.*
- *Vom Gare Routière regelmäßig Busverbindung nach Marseille (75 Minuten) und nach Avignon (2 Stunden)*

Golf

Golf du Luberon „La Grande Gardette"*, in Pierrevert südwestlich von Manosque, Tel. 04/92721719, Fax 04/92725912, www.golf-du-luberon.com: In diesem von Schluchten durchzogenem Golfplatz kann man ganzjährig golfen. Erholung von einigen richtig vertrackten Löchern, wie zum Beispiel Loch 14, findet man dann im schönen Clubhaus oder im renommierten Restaurant der Anlage. 18 Löcher, 5.583 Meter, Slope 125–139.*

Sehenswertes

- ***Jean-Giono-Zentrum:*** *Tel. 04/92705454, Fax 04/92872521, www.centrejeangiono.com: Geöffnet Di–Sa 9.30–12.30 und 14–18Uhr. Eintritt frei.*
- ***Fondation Carzou in der Kirche des Couvent de la Présentation:*** *Tel. 04/92874049. Geöffnet Fr, Sa und So 10–12 und 14.30–18.30 Uhr.*

Marseille (S. 452)

Information

Office de tourisme et des Congrès*, 4, la Canebière, Tel. 04/91138900, Fax 04/91138920, info@marseille-tourisme.com*

Internet

www.marseille-tourisme.com, www.madeinmarseille.fr

Internetcafés

- ***Infocafe****, 1, quai de Rive-Neuve, Tel. 04/91337498, Fax 04/91335305: Tgl. 9–22 Uhr geöffnet, sonntags 14–19 Uhr.*
- ***Web Bar****, 114, rue de la République: Schöner surfen in diesem trendy und ausgefallenen Internetcafé. Täglich wechselnde Tagesgerichte.*

Camping

In Marseille selbst gibt es keinen einzigen Campingplatz, der unten genannte liegt in Marignane.
***du Jai**, 95, Avenue Henri Fabre, Plage du Jai, 13700 Marignane, Tel. 04/42091307, Fax 04/42091307, camping-le-jai@wanadoo.fr; schattiger Platz beim Étang de Berre, vom Strand durch eine kleine Straße getrennt.*

Jugendherbergen

- ***Auberge de jeunesse de Bois-Luzy**, Château de Bois-Luzy, allée des Primevères, Tel. 040/33491490618: Eine schmale Straße führt zu der etwa 5 km außerhalb von Marseille gelegenen Jugendherberge, von man einen herrlichen Blick auf die Bucht von Cassis und das höchste Kap Europas hat. Zum Meer und den Calanques sind es etwa 30 Minuten Gehweg. Das Haus selber ist völlig autark, das Wasser ist Regenwasser aus der Zisterne (das bedeutet, es gibt nicht immer Wasser...), der Strom wird aus Wind und Sonne gewonnen. Das Gebäude selbst stammt aus dem 19. Jahrhundert und bietet Zwei- bis Acht-Bett-Zimmer und einen kleinen Campingplatz.*
- ***Auberge de jeunesse de Bonneveine**, Impasse du Docteur-Bonfils, Tel. 04/91176330, Fax 04/91739723, marseille-bonneveine@fuaj.org, Bus Nr. 44, Haltestelle „Place Vonnefon": Moderne Jugendherberge ohne Charme, aber ruhig gelegen und nahe dem Strand.*

Unterkunft

HOTELS UM DEN ODER NAHE DEM VIEUX PORT

- ***€€€€€ Sofitel Vieux Port**, 36, Boulevard Ch. Livon, Tel. 04/91592222, Fax 04/91311548, www.sofitel.com: Das Businesshotel bietet zweifellos einen der schönsten Ausblicke auf Marseille.*
- ***€€€€€ Mercure Beauvau Vieux-Port**, 4, rue Beauvau, Tel. 04/91549100, Fax 04/915641576, www.mercure.com: Ein ruhiges, elegantes und diskretes, 200 Jahre altes Hotel. Ob Chopin und seine Geliebte George Sand im Jahr 1839, als sie in diesem Hotel weilten, auch wirklich die Suite Frédéric Chopin hatten (mit Blick auf den Hafen), das müsste noch bewiesen werden. Aber das älteste Hotel der Stadt mit dem Charme eines Grand-Hôtels ist es mit Sicherheit. Und so sind sogar die preisgünstigsten Zimmer mit Antiquitäten ausgestattet. Zentral am Vieux Port gelegen, ist das Hotel dennoch ruhig, da die Zimmer mit Lärmschutzfenstern ausgestattet sind. Die hauseigene Bar The Cintra stammt aus den 1920er Jahren und erinnert an ein britisches Pub. 30 verschiedene Whiskysorten und mehr als 15 Biere aus aller Welt stehen hier zur Auswahl.*
- ***€€€€€ New Hôtel Vieux Port**, 3, rue Reine Elisabeth, Tel. 04/91992323, Fax 04/91907624, www.new-hotel.com: Ausgesprochen zuvorkommend geführtes Haus. 2003 total renoviert, jedes Stockwerk ist einem anderen Ethno-Thema gewidmet, Afrika, Arabien, ferner Osten oder Indien. Die Themen sind dezent-geschmackvoll durch wenige Formen und Farben umgesetzt. Tipp: Alle Zimmer mit den Endnummern 1, 2 und 3 haben (teilweise seitlichen) Blick auf den Vieux Port.*
- ***€€€€–€€€€€ Belle-Vue**, 34, quai du Port, Tel. 04/96170540, Fax 04/96170541: Direkt am alten Hafen gelegenes Hotel ohne Sterne, aber mit Charakter. Das 2002 komplett renovierte Haus hat 18 in den Farben hellblau-beige gehaltene Zimmer, einige mit Blick auf den Hafen. Im Treppenhaus hängt moderne Kunst, im ersten Stock ist die Bar La Caravelle etabliert. Dort gibt es auch das Frühstück, an sonnigen Tagen auf dem Balkon mit Traumausblick auf den Hafen (s. auch „Bars").*

• ***€€€€ de Rome et St Pierre**, 7 cours St-Louis, Tel. 04/ 91541952, www.hotelmarseille-romestpierre.com: Älteres, aber freundlich geführtes Hotel, zentral gelegen. Parken kann man entweder vor dem Hotel oder auf einem preiswerten Parkplatz in der Nähe.*

• ***€€€€ Saint Ferréol**, 19, rue Pisançon (Ecke rue Saint-Ferréol) Tel. 04/91331221, Fax 04/ 91542997, www.hotel-stferreol.com: Ein Hotel mit dem gewissen Etwas! Zudem zentral in einer der schönsten Fußgängerzonen von Marseille gelegen. Im Eingangsbereich empfängt einem ein trompe l'oeil von der Bucht von Marseille. Dann innen ein in zarten Pfirsichfarben ausgestattetes Hotel von einer etwas altmodischen Eleganz. Die neuen ungemein freundlichen Besitzer (seit Sommer 2003) frischen die ganze Einrichtung mit*

Die Zimmer im Saint Ferréol sind Malern gewidmet. Zimmer Nr. 10 birgt einige „van Goghs" und Nr. 12 direkt nebenan immerhin neun „Cézannes".

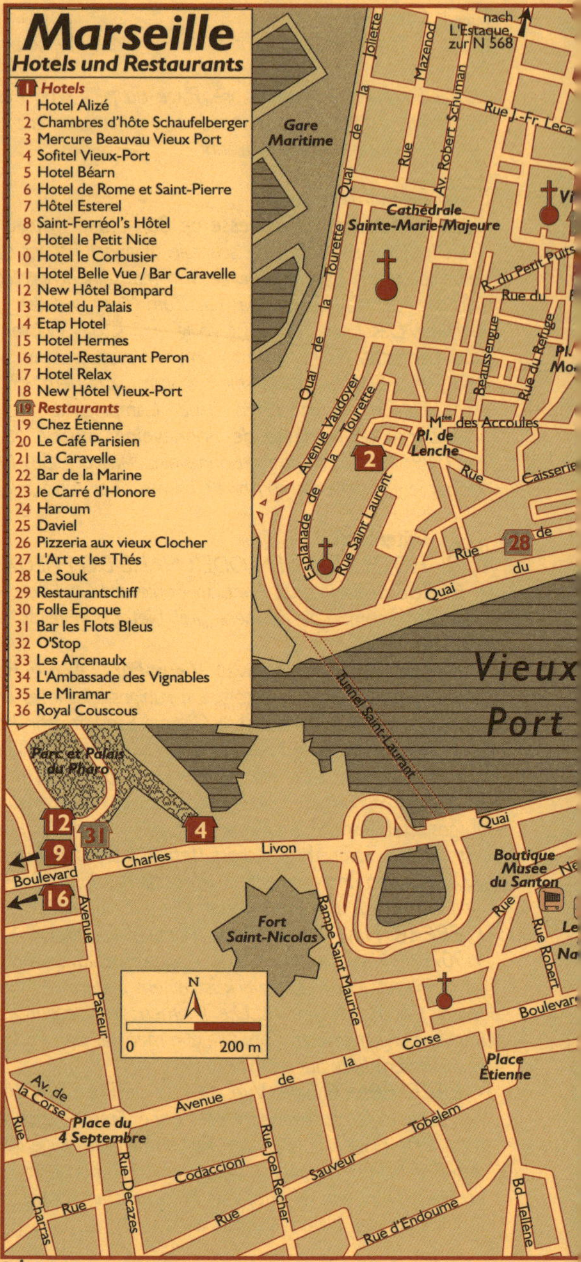

© graphic

zur Web Bar
Rue de la Joliette
Jules Guesde
Pl. Jules Guesde
Bd. Ch. Nedelec
St. Charles SNCF-Bahnhof Abfahrt/Ankunft Flughafenbus
Square de Narvik
Rue Flegier
Rue des Abeilles
Boulevard des Dames
Colbert
Rue Bernard du Bois
Gare St-Charles
Pl. des Marseillaises
Rue Marcel Sembat
Liberté
Bd. de la Liberté
Pl. A. Labadie
Coq
Rue des Héros
R. Gr. Armée
Villeneuve
Rue J. Trinquet
Pl. des Carmes
R. F. de Pressensé
Rue des Petites Maries
Rue des Dominicaines
Boulevard d'Athènes
Rue St. Bazile
Crs. J. Thierry
Sq. Stalingrad
R. Jemmapes
Rue d'Aix
Rue Convalescents
Longue
Nationale
Pl. des Capucins
Allées L. Gambetta
Sq. de Verdun
Réformés
St. Antoine
Pl. S. Carnot
Rue Colbert
Cours
R. du Petit Saint Jean
Rue Tapis Vert
Dugommier
Canebière
Rue Méry
Rue H. Barbusse
Jardin des Vestiges
Rue Thubaneau
R. V. Scotto
La Canebière
Noailles
Rue Mazagran
Rue Curiol
Rue A. Thiers
Place Daviel
Place V. Gelu
Loge
Coutellerie
République
Centre Bourse
Rue Bir Hakeim
Belsunce
Crs. St. Louis
Bd. Garibaldi
Rue du Musée
Place A.Etf. Carli
R. de la Bibliothèque
R. Sibié
Rue des 3 Mages
Place J. Jaurès
Vieux-Port
La Samaritaine
Place G. Péri
Quai des Belges
Alter Hafen
Place du Gen. de Gaulle
Rue Pavillon
Vacon
Rue Jean Roque
Cours Julien
Rue des 3 Rois
R. Pythéas
Rue Saint Saens
Saint Ferréol
Rue de Rome
R. Moustier
Cours d'Aubagne
R. des 3 Frères
Internetcafé Info café
R. Corneille
Neuve
Rive
Pl. Thiars
R. A. Thiars
Cours
Rue Francis Davso
H. d'E. d'Orves
Sainte
Rue Lulli
Paradis
Grignan
R. Dieudé
Rue Fongate
Place P. Cézanne
Lieutaud
Sainte Catherine
Rue de la Paix
Rue Fortia
Mode- und Schuhgeschäfte in der Rue Paradis
Montgrand
Place F. Baret
Place de Rome
Pl. de la Préfecture
Bd. Salvator
Notre-Dame-du-Mont
Rue Perrin
Rue de la Croix
Place de la Corderie
Place Montyon
Estrangine Préfecture
Place E. Patré
R. Armeny
R. A. Chabanon
Corderie
Pierre
Puget
Cours
Rue R. de Brignoles
Sylvabelle
R. Bel Air
R. Berlioz
Rue Sollier
Jardin Puget
Boulevard Notre Dame
Delanglade
Jaques
Rue de Marengo
Rue R. Jules Moulet
Saint
Dragon
R. de Village
Rue Edmond Rostand
R. Aldebert
Rue d'Italie
Lieutaud
Boulevard André Aune
Breteuil
Torrents
Saint Suffren
R. Ste. Victoire
La Maison des Sawons
1
3
5
6
7
8
10
11
13
14
15
17
18
19
20
21
22
23
24
25
26
29
30
32
33
34
35
36

schönen Stoffen und modernen Korbmöbeln auf. Wie eh und je aber sind die Zimmer nach Malern wie Monet, van Gogh, Cézanne oder Picasso benannt und natürlich hängen auch Reproduktionen des jeweiligen Künstlers in den Zimmern. Zimmer Nr. 10 und 12 verfügen über ein Jacuzzi. Übrigens: die Bartheke ist mit einem seltenen grünen Granit aus Korsika bedeckt – es gibt nur einen vergleichbaren Stein: in der San Lorenzo-Kapelle in Florenz.

- ***€€€ Alizé**, 35, quai des Belges, Tel. 04/91336697, Fax 04/33491548006, info@alize-hotel.com, www.alize-hotel.com: Zentral mit Blick auf den Hafen gelegen: Ein moderner Bau, aufgepeppt mit provenzalischen Stoffen, alten Fotos an der Wand, Fässern im Treppenaufgang und einigen Möbeln aus dem 18. Jahrhundert hier und da. Nett also, aber sicher nicht die erste Wahl in dieser Preisklasse in Marseille. Die Zimmer sind klimatisiert.*
- ***€€–€€€ Relax**, 4, rue Corneille, Tel. 04/91331587, Fax 04/91556357: leuchtend gelbes Hotelchen, 100 m vom Vieux Port. Die Zimmer sind klein (die Bäder noch kleiner), aber sehr komfortabel und mit einem filmreifen Blick auf die Oper (zum Beispiel Nr. 7 und Nr. 14).*
- ***€€ Hermes**, 2, rue Bonneterie, Tel. 04/96116363, Fax 04/96116364, hermes@hotelmarseille.com, www.hotelmarseille.com: Direkt am alten Hafen liegt Hermes Heim, getreu seinem Namen ein Frühstücksraum im kitschig-griechischen Stil und – ganz ungriechisch – mit reichhaltigem Frühstücksbuffet. Alle Zimmer mit der Endnummer 1 sind den Nichtrauchern vorbehalten, Nr. 106 liegt ruhig nach hinten. Am schönsten aber ist Zimmer Nr. 501, wie ein Adlerhorst ganz oben auf dem Dach gelegen, über eine Eisentreppe zu erreichen. Zwei Erwachsene und zwei Kinder haben hier Platz und können wie die Götter ihr Marseille überblicken. Die Dachterrasse ist allen Hotelgästen zugänglich: Hier oben stehen einige Liegestühle, Getränke muss (oder darf) man selbst mitbringen. Hier oben abends liegen und über den Vieux Port blicken – herrlich!*

***Tipp:** Am 14. Juli gibt's alljährlich eine tolle Hafenbeleuchtung – Zimmer Nr. 501 ist dann schon lange vorher ausgebucht.*

- ***€€ Etap-Hotel**, 46, rue Sainte, Tel. 04/91902902, www.etaphotel.com: Leicht zurückgesetzt vom Vieux Port versteckt sich dieses Kettenhotel ohne besonderes Flair. Allerdings auch ohne Mängel!*
- ***€€ Esterel**, 124–125, rue Paradis, Tel. 04/91371390, Fax 04/91814701: Wenige Gehminuten vom Vieux Port, in einer Straße, in der ein Modegeschäft neben dem anderen angesiedelt ist. Gemütlich ist das Esterel, ein Sich-schnell-wie-zu-Hause-fühlen-Hotel, das allerdings etwas eng geraten ist, besonders die Einzelzimmer sind äußerst übersichlich. Dunkel und klein mit schweren Ledersitzgarnituren die Lobby, sehr schön hingegen der helle und lichte, einem Wintergarten ähnelnde Frühstücksraum (mit für französische Verhältnisse üppigem Frühstücksbuffet). Fast schon museal: das Ungetüm von einem Telefax im Empfangsbereich, sehr alt nach Bekunden des Rezeptionisten, aber immer noch tadellos funktionierend! Vor dem Hotel hauseigene (kostenfreie) Parkplätze).*
- ***€€ du Palais**, 26, rue Breteuil, Tel. 04/91377886, Fax 04/91379119, www.hoteldupalaismarseille.com: Zentral gelegen, ohne besondere Ausstrahlung, sauberer als das Hotel Béarn, aber nicht mit dessen Atmosphäre. Zimmer Nr. 10 (45 €) ist ruhig und hat ein Bad mit Fenster. Dunkler, unscheinbarer Frühstücksraum.*
- ***€–€€ Béarn**, 63, rue Sylvabelle, Tel. 04/91377583, Fax 04/91815498, hotelbearn@aol.com: In einer ruhigen Seitenstraße nahe dem Esterel-Hotel, also sehr zentral gelegen. Ein in sonnengelb und lindgrün aus-*

In der rue Sylvabelle 82 soll Joseph Conrad, der Autor von „Im Herz der Finsternis" in den frühen 1870er Jahren gelebt haben.

gestatteter Frühstücksraum stimmt herrlich auf den Marseille-Tag ein. Die Zimmer sind alle etwas unterschiedlich, die billigsten mit Etagendusche und -toilette, es gibt auch ein Fünfbettzimmer. Ein zentrales Haus mit internationaler Atmosphäre, nur allzu pingelig sollte man nicht sein. Das Hotel bietet auch Tauchkurse und Tauchexkursionen an.

HOTELS IN ANDEREN STADTTEILEN

- **€€€€ New Hôtel Bompard**, rue des Flots-Bleus, Tel. 04/91992222, Fax 04/91310214, www.new-hotel.com: 1968 in einem ehemaligen Bürgerhaus eröffnetes Hotel von altmodischem Charme. Swimmingpool und kostenlose Parkmöglichkeit.
- **€€ Saint Louis**, rue des Récollettes 2, Tel 04/91540274, Fax 04/91337859, www.hotel-st-louis.com: Nahe der Canbière mit ordentlichen Zimmern.
- **€€ Chez Pia Schaufelberger Bed & Breakfast**, 2, rue St Laurent, Tel. 04/91902902, schaufel@wanadoo.fr: Bed & Breakfast in einem äußerlich wenig anziehenden Wohnklotz. Aber welch Ausblick über Marseille, die Frioul-Inseln und auf die Kathedrale Notre-Dame-de-la-Garde! Zu den beiden Zimmern gehört nur ein einziges Bad.
- **€€ le Corbusier**, 280, Boulevard Michelet Tel. 04/91167800, Fax 04/91167828, www.hotel-st-louis.com: Das Hotel liegt im berühmten Corbusier-Haus „Cité Radieuse" (s. Info S. 473), östlich des Zentrums, seine Empfangsräumlichkeiten sind etwas heruntergekommen und die Zimmer sauber, aber nicht sonderlich schön. Aber was soll´s, es ist das geschichtsträchtige Corbusier-Haus, und das muss genügen.
- **€ le Little Palace**, 39, Boulevard d'Athènes Tel. 04/91901293, Fax 04/91907203: Nahe der Canebière gelegen. Sehr hilfsbereites Personal an der Rezeption. Das gegenüberliegende Restaurant steht unter der gleichen Leitung und ist auch zu empfehlen.

HOTELS ENTLANG DER CORNICHE

- **€€€€€ Le Petit Nice**, Corniche Kennedy (bei der Hausnummer 160 rechts abbiegen), Tel. 04/91502592, www.petitnice-passedat.com: Ein sehr luxuriöses, kleines und feines Relais&Châteaux-Hotel, das einer Villa ähnelt. Die Luxuszimmer wurden von einem mutigen Designer gestaltet mit gekrümmten Wänden, warmem Holz und gedämpftem Licht. Zum Haus gehört ein mit zwei Michelinsternen gekröntes Restaurant, das als eines der besten der Region gilt.
- **€€€ Peron**, 119, Corniche Kennedy, Tel. 04/91310141, Fax 04/915942011, www.hotel-peron.com: Das Art Déco-Hotel aus dem Jahr 1925 ist nun schon in vierter Generation in Familienhand. Es liegt an der Corniche, zwischen dem Meer und dem Hotel verläuft die Straße, aber der Blick von den Zimmern aufs Meer und die vorgelagerten Inseln (unter anderem die Ile d´If) ist wirklich Atem beraubend. Und was für Zimmer! Alle unterschiedlich (und nicht frei von Kitsch) ausgestattet, marrokanisch, asiatisch, provenzalisch oder – ganz exotisch – holländisch. Die Besitzer kennen sich in Marseille sehr gut aus und geben ihr Wissen auch gerne weiter.
- **€–€€ Chambre d'Hôtes Mme Conte-Champigny**, 12, rue des Pêcheurs, Tel. 04/91592073: In einem Haus mit einem kleinen Garten und einer Terrasse, mit Blick aufs Vallon des Auffes, bietet die Hausbesitzerin ein Zimmer für zwei Personen mit einer gepflegten Innenausstattung und ein Zimmer für drei Personen mit einem gemeinsamen Bad. Die Preise sind niedrig und die Lage ist wirklich außergewöhnlich.

Gastronomie

„Marseille ist nicht provenzalisch und ist es niemals gewesen. In den meisten Restaurants isst man daher einfach und für wenig Geld ungekünstelte, bodenständige Speisen, und *zwar nicht einer Tradition folgend, sondern in unbeugsamer Treue zu den Ursprüngen… Marseille ist eine Stadt, in der man zwar nie schlecht, aber auch nie sehr gut isst", schreibt der Schriftsteller Jean-Claude Izzo in einem seiner Marseille-Krimis. Dem wäre noch hinzuzufügen, dass man in Marseille sehr viele internationale, besonders arabische Restaurants findet.*

- ***La Ferme**, 23, rue Sainte Marseille, Tel. 04/91332112: Jeder Tisch in diesem lang gezogenen Lokal steht in einer Nische. Die Bilder vermitteln freundliches mediterranes Flair.*
- ***Lámbassade des Vignobles**, Place aux Huiles, Tel. 04/91330025: Sa mittags und So geschl.: Gute Weine gibt´s hier auch glasweise.*
- ***Le Sud du Haut**, 80, cours Julien, Tel. 04/91926664, www.hotel-st-louis.com, Di–Sa mittags, Do–Sa auch abends. Es gehört schon zu den besonderen Lokalen, auch im Ausgehviertel, aber keineswegs wegen der Preise, sondern wegen der ausgezeichneten Küche nach alten Rezepten und der liebevoll zusammengetragenen Antiquitäten.*
- ***Le Marseillois**, Quai d´Honneur, Tel. 04/91907252, Fax 04/91906680, www.lemarseillois.com: Der ehemalige, 188 erbaute Orangenfrachter ist heute ein Restaurantschiff, das im Vieux Port vor sich hindümpelt. Die Küche ist eher durchschnittlich.*
- ***Les Arcenaulx**, cours d´Estienne d´Orves, Tel. 04/91598030, Fax 04/91547633, www.les-arcelnaulx.com: Hier ist das „neue", das kultivierte, das zukunftsorientierte Marseille spürbar, das allerdings auch seinen Preis hat, denn speisen und einkaufen ist in Les Arcenaulx nicht eben billig. Eine Buchhandlung, ein sehr edles Geschäft rund um die Tischkultur sowie ein Restaurant sind hier in die hohen Gewölbe des ehemaligen Arsenals der Galeeren eingezogen. Die Preise sind hoch, aber die Atmosphäre hier ist einmalig!*
- ***Au Pescadou**, Place Castellane, Tel. 04/91783601, So im Juli und August geschl.: Hier gibt's frischen Fisch.*
- ***Le Carré d´Honoré**, 34, Place aux Huiles, Tel. 0/41331680: Luxuriöses im Stil eines Mas eingerichtetes Restaurant. Die Atmosphäre, das Essen und das Umfeld – hier stimmt alles.*
- ***Miramar**, 12, quai du Port, Tel. 04/9191041, www.bouillabaisse.com, So und Mo mittags und die ersten 3 Augustwochen geschl.: Wer mal eine richtig gute Bouillabaisse essen möchte, kann es hier tun – die Bouillabaisse des Miramar gilt als die beste der Welt. Qualität hat allerdings ihren Preis: um die 60 € kostet die Fischsuppe. Das Restaurant liegt direkt am Vieux Port, innen ist das Lokal im dezenten 1960er-Jahre-Schick. Gegründet wurde es von einem mittlerweile legendären Brüderpaar, das hier, als Marseille noch ein „heißes Pflaster" war, des Öfteren auch Mafiabosse bewirteten. As time goes by…*
- ***Le Mas de Lulli**, 4, rue Lulli, Tel. 04/91332590: Hier treffen sich die Opernszene, Rotlichtmilieu und Szenevolk – eine interessante Mischung. Kein Wunder, denn das Mas ist im Besitz einer Unterweltgröße alter Schule. Zu empfehlen: die Pasta.*

Cours Estienne d´Orves

Einst befand sich hier der königliche Galeerenkanal mit Galeerenarsenal, der im 17. Jahrhundert trockengelegt wurde. Später stand dann ein schnödes Parkhaus hier. Heute sind die Häuser und Fassaden rings um den langgezogenen Platz frisch renoviert, der Boden gepflastert, das Parkhaus abgerissen und das Les Arcenaulx gebaut – Restaurant, Ladengeschäft, Galerie, ein Hort der Kultur. Der weite Platz selbst ist frei von Parkbänken, Palmen oder anderem Stadtverschönerungs-Mobiliar. Nur ein traumschönes Karussell, Caféhaus-Tische und -Stühle stehen hier. Sehen und gesehen werden. Italienisches Lebensgefühl mitten in Marseille.

*• **O´Stop**, 16, rue Saint-Saëns, Tel. 04/91338534 l: Eine Institution gegenüber der Oper mit bunt gemischtem Publikum vom Bühnentechniker bis zur herausgeputzten Opernbesucherin. Die Spezialität des O´Stop sind alouettes (Fleischbällchen) und Basilikumpaste sowie Sandwiches. Rund um die Uhr geöffnet, außer an Weihnachten.*

*• **La Table des Accoules**, 28, rue Caisserie, Tel. 04/91901809, So und Mo geschl.: Hierher kommt man eher wegen der guten Küche denn wegen der schönen Ausstattung des Lokals.*

PANIERVIERTEL

*An der Place Adaviel mitten im Panier-Viertel liegen sich vier nette Gastroadressen gegenüber: Das **Restaurant Daviel** mit provenzalischen Spezialitäten, daneben eine **spanische Tapas-Kneipe**, schräg gegenüber eine Art **intellektueller Szenetreff** mit unzähligen Teesorten und einem Buchladen und diesem wiederum schräg gegenüber die **Pizzeria aux vieux clocher**, die auch sonntags geöffnet hat und herrliche Pizzen (zum Beispiel die Pizza royale) und eine entspannte Atmosphäre bietet.*

INTERNATIONALE KÜCHE

*• **Chez Etienne**, rue de la Lorette, im Panier-Viertel nahe der Vieille Charité, So und feiertags geschl.: Im Ambiente einer einfachen italienischen Trattoria gibt es hier die besten Pizzen von ganz Marseille und auch die Cannelloni sind ein Traum. Preise und Öffnungszeiten sind flexibel, eine Reservierung ist möglich, aber nur persönlich! Man sollte rechtzeitig kommen, da das Lokal immer rappelvoll ist. Etienne ist k e i n Geheimtipp: Es ist nicht nur in Jean-Claude Izzos Marseille-Krimi „Total Cheops" in die literarische Unsterblichkeit eingegangen, sondern wird auch in unzähligen Reiseführern und Reiseberichten empfohlen, aber trotzdem gleichbleibend gut.*

*• **Au vieux clocher**: Wenn bei Etienne kein Platz mehr zu bekommen oder wenn das Lokal geschlossen ist, dann ist diese Pizzeria ganz in der Nähe an der Place Adaviel eine gute Alternative.*

*• **Pizzeria au Feu du Bois**, 10, rue d'Aubagne, Tel. 04/91543396, So geschl.: Alteingesessene Pizzeria, die für ihre Pizzen aus dem Holzofen bekannt ist. Zum Beispiel die Pizza royale, belegt mit Champignons, Knoblauch, Wurst und Käse, oder die Pizza orientale mit bastourma (dünne, eingelegte Rindfleischscheiben), Ei und Tomate.*

Nichts zu sehen in Marseille – auf den Spuren des Kriminalschriftstellers Jean-Claude Izzo

„Marseille ist keine Stadt für Touristen. Es gibt dort nichts zu sehen. Seine Schönheit lässt sich nicht fotografieren. Sie teilt sich mit. Hier muss man Partei ergreifen. Sich engagieren. Dafür oder dagegen sein. Erst dann wird sichtbar, was es zu sehen gibt" schreibt Jean-Claude Izzo in seinem Krimi „Total Cheops".

Für Izzo ist das Panier-Viertel „Das Viertel der Seeleute und Huren. Das Krebsgeschwür der Stadt. Das große Bordell. Für die Nazis, die es nur zu gern zerstört hätten, ein Herd der Entartung des Abendlandes." Im Panier nimmt die Marseille-Trilogie von Jean-Claude Izzo ihren Ausgang. Weiterhin schreibt er: *„Immigranten, Exilanten – sie landeten alle eines Tages in einer dieser Gassen, die Taschen leer und das Herz voller Hoffnung".*

Vom Hauptquartier der Polizei im Panier-Viertel ist es nicht weit zur „Bar des 13 coins", an einem kleinen Platz am Ende der Rue du Panier gelegen, im Krimi „Total cheops" die Kantine des Expolizisten Fabio Montale. Am Hafen liegt das „Samaritaine", das Lieblingscafé von Montale. Hier kann man das Licht von Marseille auf sich wirken lassen, von dem Fabio Montale behauptet, wer diesem gegenüber unempfindlich sei, der begreife Marseille nicht.

Marseiller Nächte sind lang…
und das ganz besonders in den Gässchen rund um die Place Jean-Jaurès. Hier trifft sich die Jugend besonders an Wochenenden in den Cafés, Bars und zahlreichen exotischen Restaurants. Hier brodelt das Leben. Einmal rund um die Welt essen, das kann man rund um die Rue d'Aubagne, wahlweise beim Griechen, Italiener, Türken, Libanesen, Thailänder, Vietnamesen, Algerier, Tunesier oder Madegassen.

- ***Le Souk**, 100, quai du Port, Tel. 04/91912929, Fax 04/91911370, Mo geschl.: Sehr schön in marokkanischen Stil eingerichtetes, anheimelnd dunkles Restaurant, man kann abends auch draußen sitzen.*
- ***Royal Couscous**, 28, Boulevard Notre Dame, Tel. 04/91330068: Relativ einfaches Um-die-Ecke-Restaurant nahe den Hotels Esterel und Bearn. Spezialität: Couscous in allen Variationen.*
- ***Haroun**, 3, rue Glandeves, Tel. 04/91544252: Ein lang gezogenes, gemütliches tunesisches Restaurant nahe dem Vieux Port. Sehr zu empfehlen: Couscous und Brik. Am Wochenende Bauchtanzvorführungen.*

Nicht nur ethnisch, sondern auch kulinarisch ist Marseille ein multikultureller Schmelztiegel. Folgende arabische Gerichte findet man sehr oft auf Marseiller Speisekarten:

- **Tajine** (sprich: Taschien) ist ein in Marokko handgefertigter traditioneller Tonkochtopf. Durch das schonende Dämpfen im gemüseeigenen Saft gelingen auf einfache Art schmackhafte Gerichte. Auch das Anbraten, beispielsweise von Zwiebeln oder Gewürzen, ist möglich.
- **Couscous**, das tunesische Nationalgericht, wird aus Hartweizen oder Gries hergestellt und im sogenannten Couscousier mit Fleisch, Fisch oder Gemüse sowie mit Kichererbsen und Brühe serviert.
- Und einfach köstlich: **Brik**, die beliebte arabische Vorspeise. Sie ist ein Dreieck aus einem hauchdünnen Teig (Malsuka), der entweder mit Ei oder Spinat gefüllt und in heißem Öl frittiert wird, bis er knusprigbraun ist.
- **Zaalouk**: marokkanischer Auberginen-Salat.

RESTAURANTS AN DER CORNICHE

- ***Le Peron**, Corniche Kennedy 7e, Tel. 04/91521522: Hier lebt noch der Glanz vergangener Tage der Corniche, allerdings ohne die Mafia-Meute, die hier einst verkehrte. Das Lokal bietet einen einzigartigen Blick auf das Meer und die Schiffe.*
- ***Le Petit Nice-Passédat**, Anse de Maldormé, Corniche Kennedy, Tel. 04/91592592, Hôtel@petitnice-passedat.com: Lámbassade des Vignobles, Place aux Huiles, Tel. 04/91330025: Sa mittags und So geschl.: Für seine beignets von Seeanemonen, die Krustentiere und das getrüffelte Stockfischpüree wurde der Koch des Passédat mit zwei Michelin-Sternen gekrönt. Der „Roncon de loup" (Seewolf) wird noch nach einem Rezept der Großmutter*

des Patrons, der schönen Lucy, zubereitet. Gäbe es Sterne für die Aussicht, dann hätte das Passédat die auch verdient, durchs Panoramafenster sieht man die Schiffe in Richtung Afrika fahren (siehe auch „Unterkunft").

• **L'Epuisette**, *Anse du Vallon des Auffes, Tel. 04/91521782, www.l-epuisette.com, geöffnet tgl. außer samstagmittags, sonntagabends und montags: Marseilles jüngstes Sternerestaurant liegt an einer Landzunge, die sich beim Vallon des Auffes pittoresk ins Meer hinausschiebt. Das lang gestreckte Lokal mit Glasfront ist nach einem langen Kescher benannt, und der ist dazu da, die Krustentiere aufzunehmen, die sich die Gäste in einer unterirdischen Grotte selbst aussuchen können. Ob man dann das Tier aufisst oder unverspeist wieder in die Meeresfreiheit entlässt (wie einst eine Demoiselle, die ein Herz für Hummer hatte), das bleibt Jedem selbst überlassen. Das Epuisette, eine einstige Fischerhütte, wurde 1940 zur Taverne, damals gab es nur fünf Tische, serviert wurden Bouillabaisse und das Fischragout Bourride, beides steht noch heute auf der Karte. Hinzugekommen sind neben weiteren Tischen auch so originelle Gerichte wie Seeteufel mit Seeigelsauce – und seit 2002 der Michelin-Stern.*

Einer der jüngsten Sterneköche von Marseille ist Guillaume Sourrieu, Sohn von repatriierten Algerienfranzosen. Über die Einwanderer, die übers Meer nach Marseille segelten, schrieb einst der Schweizer Dichter Blaise Cendrars: *„Marseille gehört denen, die vom Meer kommen."*

„Marseille ist ganz nach meinem Herzen, und wenn ich in einem der schönen Stühle am Mittelmeerufer sitze, gefällt mir, wie es dem Meer den Rücken zuzukehren scheint, als ob es schmolle", so schrieb der Schriftsteller Blaise Cendrars.

Bars, Cafés, Brasseries

• **La Caravelle**, *34, quai du Port, Tel. 04/91903664, Fax 04/91925088: Trendig-traditionelle Tapas-Bar im 1. Stock mit einem kleinen Balkon mit fantastischem Blick auf den Vieux Port. Am Wochenende auch Jazzmusik (s. auch „Unterkunft").*

• **Café Parisien**, *Place Sadi Carnot: Die Bar stammt aus der Zeit um die Wende vom 19. zum 20. Jahrhundert, hat aber nach der jüngsten Renovierung viel von diesem Flair verloren. Stilvoll ist sie aber immer noch mit ihren weißen Stuckwänden. Das Parisien ist in einen Cafébereich und in einen Restaurantbereich aufgegliedert. Und wirklich originell: im Keller befindet sich eine Pétanque-Bahn – wer auf die Toilette geht, kommt daran und am Weinkeller vorbei.*

• **Bar de la Marine**, *quai Rive-Neuve: Der richtige Ort für einen abendlichen Pastis (wer nach einem Pernod fragt, outet sich als Tourist). Marcel Pagnol soll in dieser Bar seine Inspiration für das legendäre Kartenspiel in „Marius" gefunden haben, auch wurden Teile des Films hier gedreht. Spezialität des Hause ist ein Rosé von Rousset.*

• **Brasserie Vieux-Port New-York**, *3, Quai des Belges, Tel. 04/91339179: Hier treffen sich gerne Künstler.*

• **L'Art et les Thés**, *centre de la Vieille-Charité, 2, rue de la Charité, Tel. 04/91145871: Café mit Blick im Innenhof der Charité, ein idealer Ort, um die müden Museums-Beine auszuruhen. Zu essen gibt es hervorragende „Kleinigkeiten" wie Schafskäse im Blätterteig. Der schwarz gekleidete Patron gibt sich bei Nichtstammgästen etwas abgehoben, aber was solls, bei diesem Essen und diesem Umfeld darf er das.*

• **Folle Epoque**, *10, Place Félix Baret, Tel. 04/91333824: Gelegen an einem der schönsten Plätze von Marseille. Innen ist das Lokal im Jugendstil durchgestylt von der Lampe über die Türklinke bis zur Toilettentür. Abends keine Küche, nur Getränke. Mittags bietet das*

Folle leichte, originelle Bistro-Küche, gut und preiswert. Abends keine Küche, dann empfiehlt sich das asiatische Fast-Food-Restaurant direkt nebenan.

- ***Bar les flots bleus**, 82, promenade de la Corniche Kennedy, Tel. 04/91521034: Von der Terrasse von Les Flots Bleus können Sie (fast) die ganze Bucht von Marseille mit ihren Inseln übersehen. Die Aussicht ist von morgens bis abends außergewöhnlich und die Plätze sind, vor allem bei schönem Wetter, oft besetzt. Sehr empfehlenswert, um etwas zu trinken, ein Eis zu genießen, zu Mittag zu essen oder … das haushohe Portrait von Ziédine Zidane, dem Fußbaldweltmeister von 1998, zu bewundern.*

*Eine moderne Version des Vieux Port ist mit der U-Bahn in etwa 20 Minuten zu erreichen: Escale Borély, avenue Mendès-France, hier reihen sich am Hafen Cafés und Restaurants aneinander. Eine gute Empfehlung für Fischgerichte ist **L'Assiette Marine**, Tel. 04/91710404.*

Märkte

Die Wochenmärkte finden jeden Tag außer an Sonn- und Feiertagen statt, der Fischmarkt am Vieux Port auch sonntags.

- ***Marché du vieux Port**, am alten Hafen entlang dem Quai des Belges, Metro 1 Vieux-Port. Fischmarkt mit Lokalkolorit, hier werden alle Fische verkauft, die in eine Bouillabaisse hineingehören. Aber nicht alle Fische, die hier verkauft werden, sind fangfrische Fische des Tages. Gerüchten nach sollen nur die Verkäufer auf der linken Seite Fischer sein, die noch selbst auslaufen.*
- ***Marché du Prado**, zwischen Place Castellane und Avenue du Prado, Metro ½ Castellane oder Metro 2 Périr: auf dem größten und lebhaftesten Markt der Stadt gibt´s Obst, Gemüse und viel Fisch.*
- ***Marché des Capucins**, Place des Capucins, Metro 2 Noailles: Exotischer Markt mit Billigware, Kräutern wie frischer Minze, eingelegten Oliven und Bohnen aus dem Jutesack.*
- ***Cours Julien**, Notre-Dame du Mont, Obst, Metro 2 Notre-Dame du Mont: Gemüse, Nahrungmittel, freitags auch Bioprodukte, Di und Do auch sonstige Waren*
- ***Marché aux Puces** (Flohmarkt), avenue du Cap Pinède: Nahrungmittel, Antiquitäten*

Einkaufen

In Frankreich bieten nur noch Paris und Lyon eine solche immense Auswahl an verschiedenen Geschäften und Waren. Vor allem die Modeboutiquen sind hier eine Versuchung. Die Rue Saint-Ferréol ist die große Fußgängerzone der Stadt, wo die großen Geschäfte und Einkaufspassagen wie Nouvelles-Galeries, La Redoute und Virgins liegen. Diese Einkaufscenter sind genauso gesichtslos wie überall auf der Welt, aber – sie haben öffentliche Toiletten!

KULINARISCHES

- ***Le Four des Navettes**, rue Sainte 136, Tel. 04/91333212, Fax 04/91336569, www.fourdesnavettes.com: Schon seit 1781 werden hier die navettes de St. Victor, schiffchenförmige, mit Orangenblüten aromatisierte, knochentrockene Biskuits, hergestellt, die auf den ersten Biss unspektakulär schmecken, aber dann einen feinen Geschmack auf dem Gaumen hinterlassen.*
- ***Terres d´Épices**, Place Jean Jaurès: geöffnet Di bis Sa 8–13 und 15–19 Uhr: Ein einfaches Geschäft mit einer riesigen Auswahl von angeblich 300 Gewürzen aus fünf Kontinenten. Ein typisches Gewürz zum Färben des Reises aus der Gegend um Marseille ist der spigol: eine Safran-Mischung aus süßem Pfeffer, Kurkuma, drei Prozent Safran und Farbstoffen.*

• ***La Fromagerie Marrou**, 2, Boulevard Baille, Tel. 04/91781768: Schon seit 1902 bestehender Delikatessenladen.*

• ***La Maison du Pastis**, 108, quai du Port, Tel. 04/96908677: Immerhin ist Marseille die Heimat des Pastis, des Anisschnaps, von dem man hier zwischen 65 Sorten wählen kann. Denn wie meint der Besitzes des Geschäfts: „Die Welt des Anis ist sehr komplex, ähnlich reich wie beim Wein. Mal duftet er nach Orangen, mal nach Lakritz, mal schmeckt er nach Eukalyptus, mal nach Estragon – jeder ist ein Fest für die Sinne."*

NACHGEMACHTER ANTIKER SCHMUCK

• *Eine riesige bezahlbare Auswahl gibt´s bei **Gyptis** in der rue Vacon 56 oder am Boulevard du Jardin Zoologique 7.*

MODE- UND SCHUHGESCHÄFTE

• *Marseilles Modeindustrie floriert, besonders entlang dem Cours Julien und der rue paradies und der rue de la Tour findet man Dutzende von Boutiquen und Schuh- und Taschengeschäften. Was auffällt: Viele Entwürfe sind afrikanisch beeinflusst.*

FOLKLORE & SOUVENIRS

• *Santons gibt's oberhalb des Vieux Port hinter dem Théâtre National de la Criée in den **Ateliers Marcel Carbonel**, 47 rue Neuve-Ste-Catherine, Tel. 04/91542658.*

• ***Faiences Figures**, 10–12, rue Lauzier: Obst und Gemüse zum Mit-nach-Hause-Nehmen, da täuschend echt aus Faience geformt.*

• ***Boutique Musée du Santon**, 49, rue Neuve Sainte Catherine, Tel. 04/91136136, www.santonsmarcelcarbonel.com: Herstellung, Ausstellung und Verkauf von all den Hirten, Fischern, Melonen-Trägerinnen und all dem anderen Santon-Volk.*

Savon de Marseille – So eine Seife

Sie enthält natürliche Rohstoffe auf der Basis von Olivenöl (72 %!) und natürlichem Soda.
Sie ist mild, sie reizt die Haut nicht und eignet sich für die Intimwäsche.
Sie desinfiziert und hat nahezu heilkräftige Eigenschaften.
Sie ist umweltfreundlich, wird im Wasser schnell biologisch abgebaut.
Sie benötigt wenig Verpackungsmaterial aus Plastik.
Sie ist ökonomisch im Verbrauch.

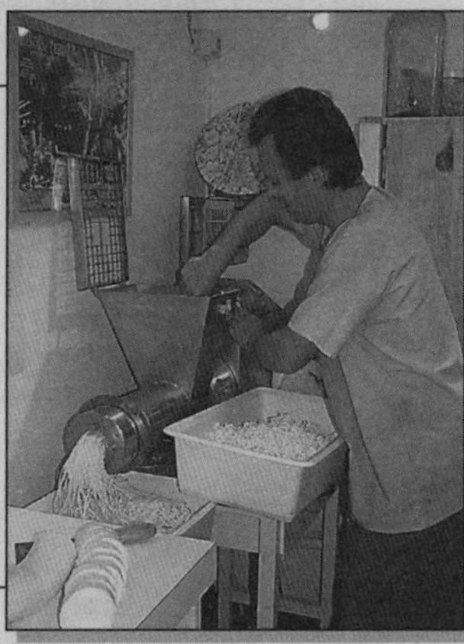

***La Maison des Savons**, 294, rue paradis, geöffnet Di bis Fr 9.30–12.30 und 14–19 Uhr, Sa 10–12.30 und 15–18 Uhr, www.maisons-des-savons.fr: Ein nur kleiner Laden, aber man kann dem Meister beim Herstellen seiner Seifen zuschauen. Und in die mischt er nicht nur allerhand Wohlriechendes wie Orangen oder Zitronen rein, sondern auch Salat oder Petersilie…*

Sport

***Fußball**: Marseille ist eine Fußballhochburg! Olympic Marseille spielt hier, nein, tritt hier im Vélodrome auf.*
***Joggen**: Entlang der Corniche und im Parc Borély.*
***Pétanque**: Alljährlich werden im Parc Borély die Weltmeisterschaften im Pétanque-Spiel ausgetragen.*
***Skating**: Europas schönster Skating-Platz ist in Marseille an der Corniche.*

Golfplatz: Marseille la Salette, 65, Impasse des Vaudrans, La Valentine, Tel. 04/91271216, Fax 04/91272133, lasalette@opengolfclub.com, www.opengolfclub.com: 1990 vor der Haustür Marseilles angelegter 18-Loch-Golfplatz der Kette Open Golf Club, der durch einen kompakten 9-Loch-Platz ergänzt wird. Im mit vielen Baumarten bewachsenen Gelände wechseln flache und abschüssige Bereiche einander ab, jedes Loch hat spezielle Eigenheiten – hohe technische Meisterschaft ist also gefragt. Blick auf das Massif du Garlaban. 18 Löcher, 5.539 Meter, Slope 129–145.

Tauchen: Nahe Marseille sind immerhin mehr als 50 antike Wracks zu entdecken, unter anderem das Wrack des Pestschiffes von 1720, die Grand Antoine.

- **Centre ucpa cap croisette**, Auskunft und Reservierung: UCPA, 27, cours Gouffé, Cantini Cedex, Tel. 04/91296474, www.ucpa.com.

Klettern: Le serac, 28, rue Kruger, Tel. 04/91074696: Dieser Verein ist eine gute Möglichkeit für Anfänger und Fortgeschrittene, die Calanques durch verschiedene Sportarten kennen zu lernen. Serac bietet das ganze Jahr über verschiedene Programme vom «tyrolienne» bis zu einfachen Wanderungen: Einführungskurse zum Klettern an Felshängen, Tagesausflug «Abenteuerroute» (Klettern, Abseilen, «tyrolienne»).

Strände

Eine Kläranlage macht es möglich: Marseille wurde mehrere Male mit der europäischen blauen Fahne (Garant für gute Wasserqualität) ausgezeichnet.

Die Prado-Strände mit einer Länge von fast drei Kilometern und 45 Hektar Grünflächen gehören zu den schönsten Badeorten Europas. Hier treffen sich auch Drachenflieger, Windsurfer und Skateboardfahrer.

Flughafen/Busbahnhof/Bahnhof

Aéroport Marseille-Provence, in Marignane ca. 25 km östlich von Marseille, Tel. Auskunft 04/42141414. Bus zum Flughafen: Abfahrt alle 20 Minuten ab 5.30 bis 21.50 Uhr vor dem Bahnhof Saint-Charles. Busverbindungen Flughafen-Bahnhof 6.15–22.50 Uhr. Fahrtdauer: 25 Minuten.

La Navette fährt auch nach Aix-en-Provence, tgl. von 6.30–20.40 Uhr, Fahrtdauer ca. 20 Minuten. Von Aix geht es dann weiter nach Cavillon und Carpentras.

Autovermietung

Am Bahnhof Saint-Charles befinden sich zwei Autovermieter: Avis, Tel. 04/01647100 und die Firma National, Tel. 04/91059086.

Schiffsverbindungen

bestehen regelmäßig nach Korsika, Sardinien, Tunesien und Algerien.

Notfallnummern

- **Notärzte:** Tel. 04/91529152
- **Apotheke**: 154, Boulevard National, gegenüber dem Bahnhof: tgl. außer Sa 8–21 Uhr geöffnet.
- **SOS Voyageurs**, gare Saint-Charles, quai A, Tel. 04/91621280, geöffnet 9–19 Uhr: Eine Art Bahnhofsmission für Reisende mit Problemen aller Art (meist handelt es sich um Diebstahl).

Sehenswertes

• ***Abbaye de St. Victor**: Östlich des Fort Saint-Nicolas. Busse 54, 55, 60, 61, 80. Geöffnet tgl. 8–12 und 14–18 Uhr.*

• ***Basilique Notre-Dame-de-la-Garde**: Geöffnet 7–19 Uhr, im Sommer bis 20 Uhr. Zu erreichen ab dem Vieux Port mit dem petit Train, Bus Nr. 60 oder dem Bus „Le grand tour". Auch per pedes: 30 Minuten.*

• ***Centre de la Vieille Charité:** Metro 2 Joliette, Bus 49a, 49b, rue de la Charité, www.vieille-charite-marseille.org. Geöffnet tgl. außer Mo Juni bis Sept. 11–18 Uhr, sonst 10–17 Uhr.*

• ***Musée de la Marine et de l´Economie (Marinemuseum):** Metro 1 Vieux Port, Palais de la Bourse, Tel. 04/91933333. Geöffnet tgl. 10–18 Uhr.*

• ***Musée de la Mode:** Metro 1 Vieux Port, 11, La Canebière, Tel. 04/91565957, www.espacemodemediterranee.com.*

• ***Musée des Beaux-Arts – Museum der schönen Künste:** Im linken Flügel des Palais Longchamps. Tel. 04/91145930. Geöffnet von Juni bis Sept. tgl. außer Mo 11–18 Uhr, von Okt. bis Mai tgl. außer Mo10–17 Uhr.*

• ***Musée d´Histoire Naturelle – Naturkundemuseum im rechten Flügel des Palais Longchamp:** Metro 2, Avenues Longchamp, Bus 81, im rechten Flügel des Palais Longchamps, Tel 04/91145950*

• ***Musée Grobet-Labadié:** Metro 2 Avenues Longchamp, Bus 81, 140, Boulevard Longchamp, Metro: Longchamp-Cinq Avenues Tel. 04/91622182, Fax 04/ 9956031.*

• ***Musée d'Histoire de Marseille und Jardin des Vestiges:** Place Belsunce, im Untergeschoss des Einkaufszentrums Centre Bourse, Tel 04/91904222, Fax 04/9190437. Geöffnet tgl. außer So 12–19 Uhr (Beschriftungen teilweise in Blindenschrift).*

• ***Musée de la Moto – Motorradmuseum:** Busse 33, 34, Traverse St.Paul, Le Merlan (13e), Tel. 04/91022955. Das Motorradmuseum ist in einer ehemaligen Mühle, einem schönen Beispiel der Industriearchitektur vom Ende des 19. Jh. untergebracht. Die Sammlung zeigt die Entwicklung der Technologie und der Mechanik von 1898 bis heute.*

• ***Musée des Arts et Traditions Populaires du Terroir Marseillais:** Château Gombert, 5 place des Héros (13e). Tel.04/91681438, geöffnet tgl. außer Di und feiertags 9–12 und 14–18 Uhr, Sa und So 14.30–18.30 Uhr.*

• *Moderne Kunst sieht man im **Fonds régional d´art contemporain (Frac)**, 1, place Francis Chirat, Tel. 04/91912755. Geöffnet tgl. außer So 10–12.30 und 14–18 Uhr. Neben diesem renommierten Zentrum für Gegenwartskunst, untergebracht in einem ehemaligen Kloster, auch im **Musée d´Art Contemporain**, 69, avenue de Haïfa, Tel. 04/91250107, Geöffnet tgl. außer Mo 11–18 Uhr, Okt. bis Mai 10–17 Uhr. Moderne Kunst ab 1960, unter anderem César, Rauschenberg und Balkenhol.*

• ***Musée Cantini:** Metro Estrangin-Préfture, 19, rue Grignan, Tel. 04/91547776.*

Buchtipps

Vom Marseiller Hafen liefen einst die Schiffe der Kreuzfahrer ins Heilige Land aus. Verantwortlich für die Logistik der Kreuzzüge waren die legendären Tempelritter, die auch in Marseille ansässig waren.

Wer Marseille auf den Spuren der Templer entdecken möchte, der ist mit folgenden Büchern gut beraten:

• *dem Reiseführer Provence – auf den Spuren der Templer, Cornelia Ziegler, Reihe Reise-Know How*

• *dem Thriller Alpha et Omega, Steve Berry, Blanvalet*

Saint-Charles
Gare Sainte-Charles
Hotel Splendide
Bd. Dugommi
Bvd. Charles Nédélec
Allées L. Gambetta
La Canebière
Noailles
Rue Curiol
Place Jean Jaurès
Rue des Trois Mages
Rue de la Loubière
Rue de Lodi
Rue Perrin Solliers
Boulevard Baille
Avenue de Toulon
Avenue Jules Cantini
Bd. Garibaldi
Rue Longue des Capucins
Notre Dame Du Mont
Cours Lieutaud
Castellane
Place Castellane
H13
Avenue
Jules Guesde
Aumage-Hotel
Rue d'Aix Cours Belsunce
Rue de Rome
H14
Place de la Préfecture
Colbert
Einkaufszentrum Centre Bourse
Rue Edmond Rostand
Rue Paradis
Estrangine Préfecture
Boulevard des Dames
Rue Colbert
Rue de la République
Vieux Port
H1
H2
H15
Carénage
Rue Breteuil
Place du Mazeau
Rue du Panier
PANIER
Prado
Boulevard Vauban
Bd. G.Crémieux
Rue Fort-Notre-Dame
Cours Pierre Puget
Boulevard Notre-Dame
Vieux Port
Quai du Port
Quai de Rive Neuve
Ave. R. Schuman
Cathédrale La Major
Ave. de St. Jean
Tunnel
Jardin Public
Montée de l'Oratoire
H6
Notre Dame de la Garde
Avenue Vaudoyer
Quai de la Tourette
H16
Tunnel de Vieux Port
H3
Abbaye St. Victor
Boulevard de la Corderie
Ave. du Bois Sacré
Boulevard
Korsika
Fort Entrecasteaux
H7
Blvd. Georges
Chemin du Roucas Blanc
Fort Saint-Nicolas
Jardin du Pharo
Boulevard Charles Livon
Rue Joël Recher
Cours
Ave. Pasteur
Chemin du Vallon
Bd. Amédée Autran
Avenue des Roches
Rue Emile
Blvd. M. Thomas
Rue des Catalanes
Avenue
Rue Charras
Boulevard Bompard
H8
Corniche
Rue Samatan
Rue du Docteur Frédéric Garnier
H5
Rue du Vallon
Bd. Bensa
Restaurant L'Epuisette
H4
Président
H9
Corniche Président Kennedy
Hotel Péron
Kennedy
Hotel Petit Nice
Rue de la Douane
Mittel
N
0
500 m

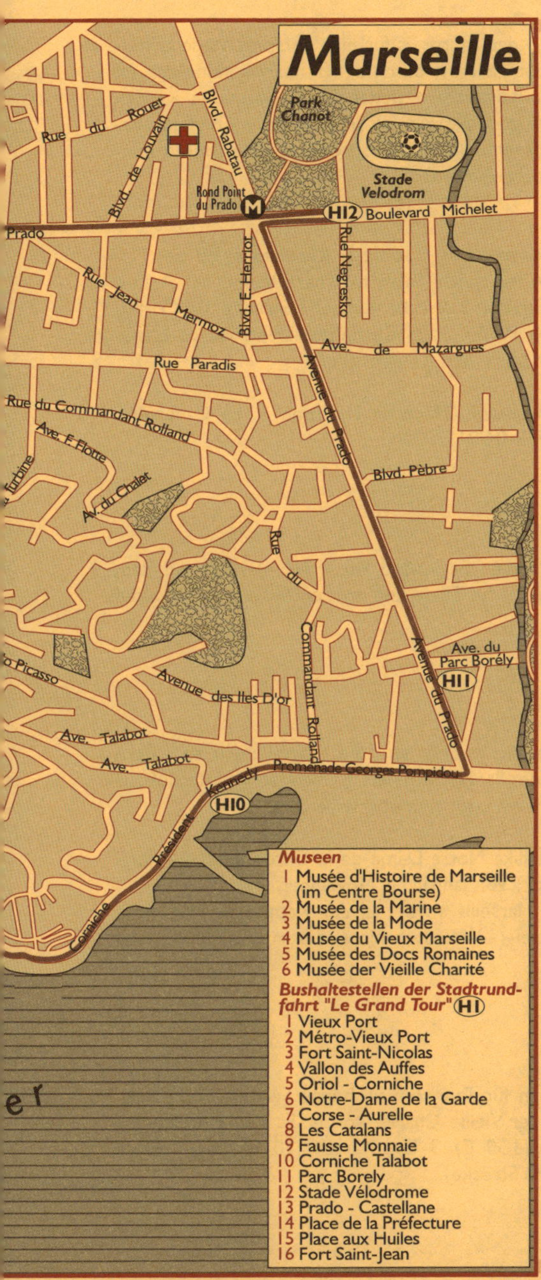

Marseille entdecken

per „Le Grand Tour“

Diese Bustour ist zweifellos die schönste Art, Marseille kennen zu lernen, vorausgesetzt es ist schönes Wetter. Aber auch bei schlechtem Wetter ist diese Tour absolut zu empfehlen. Im Oberdeck sitzt man unter freiem Himmel, Kopfhörer im Ohr (auch deutscher Kommentar) und fährt rund um den Vieux Port, an den drei großen Kathedralen vorbei, entlang der Corniche und zurück über die Avenue du Prado. 16 Haltestellen hat der Bus, man kann einen ganzen Tag lang beliebig zu- und aussteigen, Kosten: 18 € für Erwachsene, 15 € für Senioren und Kinder von 4 bis 11 Jahre 8 €. Anhaltspunkt für Abfahrzeiten: der Bus fährt ganzjährig tgl. um 10 und 12 Uhr am Vieux Port ab, www.marseillelegrandtour.com.

Marseille City Card
Mit der Marseille City Card bekommt man freien Eintritt in Museen, kann auf manchen Schiffen und mit dem Elektro-Zug sowie mit öffentlichen Verkehrsmitteln kostenlos mitfahren.
Die Karte gibt es für ein (ca. 20 €) oder zwei Tage (ca. 27 €) im Office de tourisme.

per Taxi Tourisme Marseille

Das Office de tourisme bietet vier Rundfahrten per Taxi an.

Der Preis (ca. 66 €) ist niedriger als der Fahrpreis für eine entsprechende Entfernung in Kilometern. Im Taxi wird der Fahrgast durch den Tonbandkommentar auf Französisch, Englisch, Deutsch oder Italienisch begleitet. Diese Kassetten werden den Taxis vom Verkehrsamt zur Verfügung gestellt. Sie sind wie eine Rundfunksendung gestaltet und berücksichtigen eventuelle Verkehrsprobleme. Die Touren können 5 Minuten vor der Abfahrt gebucht werden.

Route:
Marseille Fremdenverkehrs- und Kongressamt, Rue de la République, Bd des Dames, Altstadt Marseille, Le Panier, Alter Hafen, Palais du Pharo, Vallon des Auffes, Küste, Notre Dame de la Garde Basilika, Corniche Kennedy, Strände, Le Corbusier, Vélodrome Stadion, Avenue du Prado, Place Castellane, Zentrum, La Canebière Strasse, Marseille Fremdenverkahrs- und Kongressamt

Auskunft und alleiniger Fahrkartenverkauf: Office de tourisme, 4, La Canebière, 13001 Marseille, Tel. 04/91138900, Fax 04/9113820.

Per Pedes

Stadtrundgang entlang dem roten Faden: Beginnend am Hafen, verläuft auf dem Bürgersteig eine rote Linie, die durch die Stadt und an den Sehenswürdigkeiten vorbei führt.

Per Petit Train touristique

Die kleinen Zügelchen fahren vom Vieux Quai ab. Sie mögen noch so albern aussehen, aber sie ersparen einem den langen, Schweiß treibenden Weg hinauf zur Basilika Notre-Dame de la Garde! www.petit-train-marseille.com.

- **Nr. 1**: Vom alten Hafen zur Basilika Notre-Dame de la Garde über die Abtei St.Victor (50 Minuten hin und zurück). Von Januar bis November.
- **Nr. 2**: Durch die Altstadt von Marseille vorbei an der Kathedrale, der Vielle Charité und durch das Panier-Viertel (40 Minuten hin und zurück), Fahrten von Ostern bis Oktober.

Per Metro

Die zwei Metrolinien führen auch an für Touristen wichtigen Sehenswürdigkeiten wie dem Palais Longchamps oder der Vieille Charité vorbei. Es gibt Einzelkarten (1,70 € pro Strecke), Tageskarten (4,50 €), 3-Tage-Karten (10 €) oder Cartes Libertés für 6 oder 12 € (1,20 € pro Strecke).

Per Kalesche

Abfahrt tgl. ab Anfang Juni bis Ende Sept. ab dem Quai des Belges, die Tour dauert 40 Minuten.

Per Fähre

In Pagnols Trilogie verewigt: Die mehr als 100 Jahre alte Fähre, die in 10 Minuten von einer Seite des Vieux Port zur anderen übersetzt, und das zu einem Spottpreis.

Martigues (S. 429)

Postleitzahl: 13500

Information
***Office de tourisme**, rond-point de l'Hôtel-de-Ville, Tel. 04/42423110, Fax 04/42423111, office-tourisme@martigues.com*

Internet
www.martigues-tourisme.com

Unterkunft
***€–€€ Le Cigalon**, 37, Boulevard du 14 Juillet, Tel. 04/42804916, Fax 04/4249267, www.lecigalon.fr: Ein kleines Hotel mit 18 Zimmern mit Klimaanlage im Stadtzentrum. Das Haus ist liebevoll geführt, bietet eine gute Küche und ist in dieser Preisklasse eine Empfehlung. Privater Parkplatz.*

Restaurant
***Le Miroir**, quai Brescon, Tel. 04/42805045, Fax 04/42805045: Direkt am malerischen alten Hafen gelegen. Der Name des Restaurants geht auf eine Gruppe von Sonntagsmalern zurück, die sich „Le Miroir" (Spiegel) nannte und bevorzugt den Hafen von Martigues malte. Sehr gute Küche zu angemessenem Preis.*

Hier kann man auch die Spezialität von Martigues probieren, die poutargue, auch der provenzalische Kaviar genannt.

Poutargue – der provenzalische Kaviar

Die **Meeräsche** ist ein gewöhnlicher Fisch, der sich in den wärmeren Küstengewässern wohl fühlt. Der Name kommt vom arabischen **boutarkha** und ist über das italienische **bottarga** zum provenzalischen **houtargo** – oder auch **oeufs de poissons salés**, also gesalzene Fischeier – geworden. Wie viele Delikatessen, war auch die poutargue einst ein Alltagsgericht, das man heute in Feinkostläden kaufen kann, pro Kilo muss man mit etwa 150 € rechnen.

Augen zu und durch ist das kulinarische Motto bei der poutargue, da sie nicht sonderlich appetitlich aussieht – bis sie dann förmlich auf der Zunge zergeht. Sie besitzt ein ausgeprägtes Jodaroma. Die echte poutargue aus Martigues – das heute der wichtigste Hafen für den Sardinenfang in Frankreich ist – ist nicht von einen Wachsmantel umgeben wie manche andere poutargue und hat an ihrem oberen Ende noch die natürliche Aufhängung, einen Rest getrocknetes Fleisch der Meeräsche, von der sie stammt.

Besonders köstlich schmeckt sie in Scheiben geschnitten, mit Olivenöl und Zitronensaft beträufelt oder über Nudeln geschabt, zusammen mit Knoblauch, Olivenöl und gehackter Petersilie. Ihr Geschmack wird dadurch auf dezente Art unterstrichen.

Sehenswertes

Le Museé Ziem: *Boulevard du 14 Juillet, Tel. 04/42806606. Geöffnet Juli und Aug. 10.30–12 und 14.30–18.30 Uhr (außer Mi), Sept. bis Juni Mi und So 14.30–18.30 Uhr.*

Maussane-les-Alpilles (S. 403)

Postleitzahl: 13520

Information

***Office de tourisme**, Place Joseph-Laugier-de-Monblanc, Tel. 04/90545204, www.maussane.com.*

Camping

***Les Romarins**, chemin départemental 5, Tel. 04/90543360, Fax 04/90544122: Wiesengelände am nördlichen Ortsrand. Vom 15. März bis 15. Okt. geöffnet.*

Unterkunft

- ***€€€€ Le Val Baussenc**, 122, avenue de la Vallée-des-Baux, Tel. 04/90543890, Fax 04/90543336, www.valbaussenc.com: Hotel mit 22 Zimmern, ruhig gelegen. Zum Haus gehören auch ein Schwimmbad und auch ein Restaurant*
- ***€€–€€€ L´Oustaloun**, Place de l'église, Tel. 04/90543219, Fax 04/90544557, www.loustaloun.com: Ein Hotel-Restaurant hinter einer Fassade aus dem 18. Jahrhundert mit Schlafzimmern unter ebenfalls sehr alten Balken.*

Restaurants

- ***Ou Ravi Provencau**, 24, avenue de la Vallée des Baux, Tel. 04/90543111: Ein Restaurant wie aus einem Geschäft für provenzalisches Interieur. Kupferkessel an der Wand, Holzdecke und die bunten Stoffe von Olivades. Die Küche setzt eher auf Einfachheit bei gehobenen Preisen. In dieses Restaurant kommt neben vielen anderen Prominenten gerne Wolfram Siebeck.*
- ***Le Petit Maussanais**, 35, avenue de la Vallée des Baux, Tel. 04/90543892: Gemütliches, familiäres Restaurant, besonders beliebt wegen seiner Mittagsmenüs.*

Einkaufen

- ***Moulin Jean-Marie Cornille**, Coopérative Oléicole de la Vallée des Baux, Rue Charloun Rieu, Tel. 04/90543237. Direktverkauf und mitunter die Möglichkeit, einen Blick in die Mühle zu werfen.*
- ***Moulin René Quénin**, Mas des Barres, Tel. 04/90544432. Olivenöl-Direktverkauf.*
- ***Confiserie et Boutique Jean Martin**, 8, rue Charloun-Rieu, Tel. 04/90543463. Eine Boutique, die hochwertige Produkte mit Olivenöl verkauft, alles eigene Kreationen.*

Das beste Olivenöl gibt's in Maussane

Mazan (S. 287)

Postleitzahl: 84380

Information

Office de Tourisme, *Place du 8 Mai, Tel. 04/90697427, Fax 04/90696631, info@mazantourisme.com: Für einen so kleinen Ort hat Mazan eine erstaunlich große Touristinformation. Hier bekommt man freundlich und kompetent Auskunft.*

Internet

www.mazantourisme.com

Unterkunft

- ***€€€€€ Château de Mazan***, *Place Napoléon, Tel. 04/90696261, Fax 04/90697662, www.chateaudemazan.fr: Abbé de Sade, der Onkel des berühmt-berüchtigten Marquis de Sade ließ dieses Schloss einst bauen. Hier fanden Feste statt, vielleicht auch rauschende, aber auch 1772 das ersten Theaterfestival Frankreichs. Das Weltabgeschidene, aus der Zeit gefallene von Mazan haftet auch diesem romantischen Chateau der Luxusklasse mit einem großen Garten und einem Swimmingpool an.*
- ***€€€€ Clos Saint-Paul***, *la Venue de St. Pierre de Vassols, Tel./Fax 04/90698819, www.clos-saintpaul.com, Tel. 04/90697662, Fax 04/90697662: Über 200 Jahre altes Landhaus am Fuße des Mount Ventoux. Keine Haustiere, keine Raucher und keine Kreditkarten erwünscht. Man spricht englisch, deutsch, französisch und holländisch. Kleiner Swimmingpool.*
- ***€€ Le Siècle***, *18, Place des Terreaux, Tel. 04/90697570, Fax 04/90698075, www.le-siecle.com: Geschützt und wie aus einer anderen Zeit steht dieses ockergelbe Bürgerhaus aus dem 16. Jahrhundert mit den grünen Fensterläden in einem ruhigen Winkel bei der Kirche. 14 Zimmer hat es und gleich einer Portraitgalerie hängen Zeichnungen von ihnen in der Rezeption, Zimmer Nr. 4 sogar in Öl. Klein, kuschelig und etwas kitschig wie ein verschwiegenes Liebes- oder Lesenest sind diese Zimmer, mit gemusterten Tapeten, Deckchen unter der Lampe, künstlichen Blumen auf der Kommode und hinter der Toilette und einem neuzeitlichen Fernsehapparat. Leuchtend gelb der Frühstücksraum mit Gemälden im Stile Van Goghs. „Geschützt vor dem Zorn des Mistral durch den Riesen vom Provence, den Mont Ventoux" ist sprachlich nicht ganz korrekt im Prospekt des Hotels zu lesen, und doch – der Satz trifft.*

Restaurant

Pizzeria, *11, Boulevard des Innocents, Tel. 04/90696050: Neben provenzalischen Menüs gibt es in dieser gemütlichen, gut besuchten Pizzeria auch hervorragende Pizzen.*

Ménerbes (S. 324)

Postleitzahl: 84560

Unterkunft

- ***€€€€€ La bastide de marie***, *Route de Bonnieux, Quartier de la Verrerie, Tel. 04/90723020, Fax 04/90725420, www.labastidedemarie.com: Ein stattliches Anwesen inmitten von Reben und malerisch von diesen bewachsen. So poetisch wie die Namen der Zimmer, Vert Tilleul, Mauve d'Aster oder Miel d'Oranger, so geschmackvoll und edel ist die*

Zimmereinrichtung der Bastide. Dieses Hotel ist einfach bildschön, und – kein Wunder – deswegen schon in verschiedenen Hochglanzmagazinen wie „House und Garden" abgebildet.

• ***€€€€ Hostellerie le Roy Soleil**, Le Fort, D 103, Route des Beaumettes Tel. 04/ 90722561, Fax 04/90723655, www.roy-soleil.com: Ein ruhig gelegenes Bauernhaus aus dem 17. Jahrhundert mit Blick auf den Luberon. Die Zimmer sind geräumig und haben private Terrassen, die auf eine schöne Parkanlage hinausgehen. Einige der Möbel sollen noch aus dem Besitz Ludwig XIV stammen, wie auch immer, die Zimmer sind auf jeden Fall nach den diversen Mätressen des Sonnenkönigs benannt.*

Markt

• ***Marché aux fromages de chèvre – der Ziegenkäsemarkt:** Am dritten Sonntag im April.*

• ***Der kleine Trüffelmarkt:** Am letzten Sonntag im Dezember. Hier werden die Trüffel nicht von Profis kiloweise ver- und gekauft, sondern hier können sich Privatleute mit der schon sortierten und geputzten Zauberknolle eindecken, aber auch mit Pâtés und Terrinen.*

Sehenswertes

***Musée du Tire-Bouchon – Korkenziehermuseum** in der Domaine de la Citadelle: www.domainedelacitadelle.com. Geöffnet tgl. vom 1. April bis 31. Okt tgl. 10–12 und 14–19 Uhr. Vom 1. Nov. bis 31. März Mo bis Fr 10–12 und 14–18 und Sa 9–12 Uhr.*

Trittbrettfahrer

Peter Mayle hat in seinem Buch „Mein Jahr in der Provence" sehr anschaulich das Café du Progrès beschrieben, das noch heute existiert, und auch noch immer dieses – entgegen seinem Namen – leicht altmodische Flair aus dem Buch hat – aber auch eine wunderbare verglaste Aussichtsterrasse und einen gut bestückten Andenken- und Postkartenladen. Unweit des Café du Progrès am Parkplatz liegt die Pizzeria „Café le Progrès", die manch einer mit dem wahren Schauplatz des Romans verwechseln könnte!

Montélimar (S. 260)

***Postleitzahl:** 26200*

Information

***Office de tourisme**, Allées Provençales, Tel. 04/75010020, Fax 04/75523369, info@montelimar-tourisme.com*

Internet

www.montelimar-tourisme.com

Camping

• ***Le Barry**, in Bollène, südlich von Montélimar beim Höhlendorf Barry, Tel. 04/ 90301320, Fax 04/90404864, lebarry@avignon.pacwan.net: Sehr stimmungsvoller Platz mit dichtem Baumbestand. Swimmingpool, Restaurant, Einkaufsladen. Auch Vermietung von Chalets. Ganzjährig geöffnet*

• ***Camping l'Ile Blanc de Rochemaure**, Tel. 04/75512005, www.camping-montelimar.com: Von Mitte April bis Ende September geöffnet.*

Unterkunft

• *€€€ **du Printemps**, 8, chemin de la Manche, Tel. 04/75920680, Fax 04/75460314, hotel-du-printemps@wanadoo.fr, www.hotel-du-printemps.com: Ein herzlich geführtes Haus mit gutbürgerlicher Einrichtung. Zum Haus gehören ein mit vielen Bäumen bepflanzter schattiger Garten mit Sitzgruppen und Schwimmbad sowie eine eigene Parkgarage.*

• *€€ **Le Sphinx**, 19, Boulevard Desmarais Tel. 04/75018664, Fax.04/75523421, reception @sphinx-hotel.fr, www.sphinx-hotel.fr: Mitten im Ort gelegenes, sehr freundlich geführtes Haus aus dem 17. Jahrhundert von altmodischem Charme. Mit farbigen Tapeten und Bordüren ansprechend gestaltete Zimmer. Der klösterlich anmutende Innenhof dient als abschließbarer Parkplatz. Der Name des Hauses ist so rätselhaft wie die Sphinx selbst: Es ist nach der Nougatfabrik des früheren Besitzers benannt.*

• *€€ **Hotel-Restaurant Dauphiné-Provence**, Boulevard Général de Gaulle, Tel. 04/ 75924040, Fax 04/75924041, www.logis-de-france.fr: Ein Logis de France-Hotel.*

• *€€ **Hôtel Beausoleil**, 14, Boulevard du Pêcher, Tel. 04/75011980, www.beausoleil-montelimar.com: Ruhig und doch zentral gelegenes altes Haus voller Charakter, preiswert und in zentraler Lage.*

• *€€ **Auberge La Pignata**, 106, avenue Jean-Jaurès, Tel. 04/75018700, Fax 04/75009210: Das türkis-knallrosafarbene Neongeblinke an der Front der Auberge lässt an nichts sonderlich Seriöses denken. Aber nur Mut, auch wenn die Zimmer nicht sehr ruhig und nicht viel größer als ein Doppelbett sind. Aber alles ist sauber, neu und recht adrett. Unten im Restaurant der Auberge prasselt im Winter das Kaminfeuer, Holzbalken vermitteln rustikales Flair und allerhand Trödel wie eine alte Schreibmaschine (gelobt sei der Computer!) gemütliche Stimmung. Im Sommer sitzt man draußen. Und schmecken tut es auch noch – bei durchaus reellen Preisen und sehr freundlichen Inhabern. In dieser Preisklasse für eine Zwischenübernachtung zu empfehlen.*

• *€€/€ **Le Relais de l´Empereur**, 1, Place Marx Dormoy, Tel. 04/75012900, Fax 04/ 75013221, www.relaisdelempereur.com: Ein Haus mit Tradition! Immerhin war Napoleon persönlich ein paarmal hier zu Gast, unter anderem nach seinem Ägyptenfeldzug, aber auch, als er auf die Insel Elba unterwegs war. Aber nicht nur weltliche Größen waren hier, sondern auch die Geistlichkeit: Am 3. August 1809 übernachtete Papst Pius VII im Relais. Zum Haus gehören ein gutes Restaurant, ein schattiger Garten und eine eigene Garage.*

Restaurants

• *__La petite france__, 34, impasse Raymond Daujat, Tel. 04/75460794, Samstagmittag und So und vom 20. Juli bis 20. Aug. geschl.: Kleines gemütliches Gewölberrestaurant, das an eine Elsässer Weinstube erinnert. Hier gibt´s Bistroküche zu einem bemerkenswert guten Preis-Leistungsverhältnis.*

• *__Bistro Latin__, 3, rue collège, Tel. 04/75519076, Fax 04/75512568, www.bistro-latin.com: Kleines, helles Restaurant mit abendlichem Pianospiel.*

• *__Le Lion d´Or__, Tel. 04/75537229, Samstagmittag und So geschl.: Mitten in der Altstadt gelegenes Restaurant. Spezialität des Hauses: Hühnchencurry auf thailändische, indische oder vietnamesiche Art und Lammschmorbraten an wildem Thymian. Zum gegrillten Fleisch werden je nach Saison interessante Senfsorten mit Pistou, Heidelbeer, Lavendelhonig, getrockeneten Tomaten oder Curry serviert. Zur Trüffelzeit gibt´s hier Trüffelomelette.*

Einkaufen

• *__Chabert et Guillot__, 9, rue Charles Chabert: Hier gibt es den besten Nougat der Stadt.*

• **Nougathèque Arnaud Soubeyran:** *Von Mo bis Fr stündlich Führungen von 9.30–14 Uhr. Seit 1837 hat sich diese Familie der Nougatherstellung verschrieben. Wie der Nougat im Wasserbad in Kupferkesseln entsteht, kann man hier verfolgen. Auch gibt es eine kleine Ausstellung rund um die süße Köstlichkeit.*

Sehenswertes

• **Musée de la Miniature:** *19, rue Pierre Julien (gegenüber der Post), Tel. 04/75537924, Fax 04/75000155, www.montelimar.fr. Geöffnet vom 1. Juli–30. August Di–Sa 15–19 Uhr, 1. September–30. Juni Mi–Sa 14–18 Uhr. Im Januar geschlossen.*

• **Château des Adhémar:** *Geöffnet tgl. 9.30–11.30 und 14–17.30 Uhr (Juli und August bis 18 Uhr). Von 1. Nov. bis 31. März Di geschl.*

Moustiers-Sainte-Marie (S. 531)

Postleitzahl: 04360

Information

Office de Tourisme, *Tel. 04/92746784, Fax 04/92746065: Groß ist die Auswahl an Prospekten und groß das Uhrwerk, das hier steht. Es gehörte einst zum alten Glockenturm des Ortes.*

Internet

www.moustiers.fr

Camping

• **Le Vieux Colombier**, *Quartier Saint-Michel, Tel./Fax 04/92746189, www.pagesperso-orange.fr/camping.vieux.colombie: Etwa 600 m außerhalb des Ortes. Schattig. Vermietung von Wohnmobilen.*

• **Saint Jean**, *Tel. 04/92746685: Wiesengelände ohne viel Schatten. Die untere Hälfte des Platzes ist ruhiger als die obere.*

Unterkunft

• **€€€€€ La Bastide de Moustiers**, *Tel. 04/92704747, Fax 04/92704748, contact@bastide-moustiers.com, www.bastide-moustiers.com: Wunderschön restaurierte ehemalige Töpferei, in der Alain Ducasse, der Große, kochen lässt. Zwölf nach Blumen und Pflanzen wie Lavendel oder Sonnenblume benannte, vollkommen unterschiedlich ausgestattete, klimatisierte Zimmer (auf der Homepage der Bastide sind sie einzeln mit Fotos dargestellt). Aber nicht nur die Einrichtung ist liebevoll im Detail, auch der Service. Und so liegen jeden Abend neben den obligatorischen Süßigkeiten auch Informationen übers morgige Wetter und wo der nächste Markt stattfindet, Fußschlappen und eine kleine Gute-Nacht-Geschichte auf dem Zimmer. Von Zypressen überragter Swimmingpool.*

• **€€€–€€€€€ La Ferme Rose**, *Tel. 04/92757575, Fax 04/92737373, www.lafermerose.free.com: Rosa gestrichener, kleiner Gasthof mit nur zwölf Zimmern, südöstlich des Dorfzentrums gelegen. Das Mobilar im Garten stammt aus dem frühen 20. Jahrhundert. Sehr ruhige Zimmer. In der Rezeption eine kuriose Sammlung von alten Ventilatoren und Siphons. Urige kleine Bar, in der auch das Frühstück serviert wird. Auch hier sind wieder viele liebenswerte kleine Details zu finden wie eine Juke-Box aus den fünfziger Jahren oder eine Fayence aus einer alten Bäckerei.*

• **€€€€ La Bastide du Paradou**, Tel. 04/92746797, Fax 04/927413 61, www.bastide.paradou.free.fr: Etwas düstere Zimmer, aufgehellt durch weiß getünchte Wände, weiße Bettlaken und -decken und nach verschiedenen Planeten benannt. Ausgedehnter, romantischer Garten mit verschnörkelten weißen Stühlen. Überdachte Terrasse, Schwimmbad, Kaminsalon und Bibliothek. Empfehlenswertes Restaurant.
• **€€€ Le Clos des Iris**, chemin de Quinson, Tel. 04/92746346, Fax 04/92746359, www.closdesiris.fr.fm: Ein Schatzkästchen von einem Hotel, genauer gesagt, ein Anwesen aus dem 19. Jahrhundert, etwa 400 m vom Ort entfernt inmitten göttlicher Ruhe. Liebevoll eingerichtete acht Zimmer. Eine idyllische Adresse zu einem erschwinglichen Preis!
• **€€€ Le relais**, Tel. 04/92746610, Fax 04/92746047, info@lerelais-moustiers.com: Logis de France mitten im Ort neben der Brücke. Pablo Picasso höchstpersönlich speiste hier und hinterließ auf einer Serviette „Ici, on mange très bien – Hier speist man sehr gut!" 18 Zimmer. Überdachte, romantische Terrasse
• **€€ Le Vieux Castel**, 1, route des Châteaux, in Roumoules, (12 km südwestlich von Moustiers), Tel./Fax 04/92777542, vieuxcastel@free.fr: Gîtes de France in einem Gebäude aus dem 17. Jahrhundert, einst im Besitz einer berühmten Dynastie von Fayence-Produzenten. In den fünf geräumigen Zimmern können bis zu vier Personen unterkommen. Gemütlicher Aufenthaltsraum mit Holzdecke und Kaminfeuer.

Gastronomie
Les Santons, Place de l'Eglise, Tel. 04/92746648, www.lessantons.com, Montag- und Dienstagabend geschl.: Hier setzt man seit Jahren auf Bewährtes wie Hasenkeule mit wildem Thymian oder Freilandhähnchen mit Lavendelhonig. Im Sommer sitzt man auf der Terrasse hoch über dem Fluss, bei kühlerem Wetter in den verwinkelten Räumen unter Deckenbalken.

Einkaufen
Atelier Bondil, Place del 'Eglise, Tel. 04/92746702: Wie einst zu Hochzeiten der Fayenceherstellung in Moustiers wird im Atelier Bondil mit aufwändiger Technik gearbeitet. Die Fayencen sind originalgetreue Kopien antiker Stücke, gearbeitet nach Vorbildern der Grotesken des Ancien Régime oder der patriotischen Teller von 1789.

Sehenswertes
Fayence-Museum. Tel. 04/92746164. Geöffnet vom 1. April bis Ende Okt. tgl. außer Di 9–12 und 14–18 Uhr (Juli/Aug. bis 19 Uhr).

Nîmes (S. 366)

Postleitzahl: 30020

Information
Office de Tourisme, 6, rue Auguste, Tel. 04/66583800, Fax 04/66583801, info@ot-nimes.fr: Das Personal hier ist sehr bemüht, man spricht auch deutsch.

Internet
www.ot-nimes.fr, www.ville-nimes.fr, www.nimes-romaine.com

Unterkunft

• *€€€€–€€€€€* **New Hôtel La Baume,** *21, rue Nationale, Tel. 0033/ 466762842 Fax 0033/ 466762845, nimeslabaume@new-hotel.com, www.new-hotel.com: Im Herzen der Stadt gelegenes Hotel mit 34 unlängst renovierten Zimmern. Die einzelnen Räume sind riesig und erinnern an einen verwinkelten venezianischen Palast. Prachtstück des Hotels ist eine historische, aus dem 17. Jahrhundert stammende, drei Etagen miteinander verbindende Innentreppe.*

• *€€–€€€* **de Provence**, *5, square de la Couronne, Tel. 04/66368356, Fax 04/66212740, www.provencehotel.net: Ca. 100 m von der Arena gelegenes Hotel, die Zimmer sind sehr schön ausgestattet im provenzalischen Stil, das Gebäude selbst stammt aus dem 19. Jahrhundert.*

• *€–€€€* **Amphithéâtre**, *rue des Arènes 4, Tel. 04/66672851, Fax 04/66670779, hotel-amphitheatre@wanadoo.fr: Zentral und preisgünstig.*

• *€€* **Plazza**, *10, rue Roussy, Tel. 04/66761620, Fax 04/66676599: Im Zentrum ruhig in einer Seitengasse gelegen. 29 kleine, gemütliche Zimmer, einige mit Terrasse mit Blick auf die Altstadt.*

• *€–€€* **Lisita**, *Boulevard des Arènes, Tel. 04/66676620, Fax 04/66762230: Zentral gelegenes Stammhotel der Toreros. Einige Zimmer mit schmiedeeisernen Betten. Zur Féria immer ausgebucht.*

Restaurants

• **La Belle Respire**, *12, rue de l´Etoile, Tel. 04/66212721: Der „schöne Seufzer" war einstmals ein Bordell. Heute gibt´s hier andere fleischliche Genüsse: die gardiae de toros de corrida (Fleischtopf der Torreros).*

• **Jardin de Bernis**, *6, rue de Bernis, Tel. 04/66679010: Gartenlokal in der Altstadt.*

• **Vintage Café**, *7, rue de Bernis, Tel. 04/66679010, Fax 04/66210445: Kleines Restaurant im Zentrum.*

Golf

Nîmes-Vacquerolles, *Tel. 04/66233333: Wenige Jahre alte Anlage mit noch sehr offenen und breiten Fairways. Das wellige Gelände bietet noch wenig Schatten. Rinnen muss der Schweiss, von des Golfers Stirne heiß: Nach dem 14. Loch schraubt sich die 15. Spielbahn steil einen Berg hinauf…*

Sehenswertes

• **Maison Carrée:** *Geöffnet in den Sommermonaten 9.30–18.30 Uhr, in den Wintermonaten 9–17 Uhr. Eintritt frei.*

• **Carrée d´Art:** *Place de la Maison Catrée, Tel. 04/66763535, Geöffnet tgl. außer Mo 10–18 Uhr .*

• **Amphitheater:** *Geöffnet 15. Okt. bis 15. März tgl. 10–17 Uhr und 16. März bis 14. Okt. tgl. 9–19 Uhr.*

Orange (S. 273)

Postleitzahl: 84100

Information

Office de Tourisme, Cours Aristide Briand 5, Tel. 04/90347088, Fax 04/90349962, officetourismeorange@wanadoo.fr

Internet

www.otorange.fr, www.ville-orange.fr

Camping

***Camping Le Jonquier**, 132, rue Alexis-Carrel, Tel. 04/90344948, Fax 04/90511697, www.campinglejonquier.com: Nordwestlich des Stadtzentrums. Wenig schattiger Platz mit Schwimmbad. Vermietung von Wohnmobilen und Chalets. Schnellimbiss. Kiosk und Lebensmittelgeschäft. Von Anfang April bis Ende Sept. geöffnet.*

Unterkunft

- ***€€€€€ Aréne**, 8, Place de Langes, Tel. 04/90114040, Fax 04/90114045, www.hotel-arene.fr: Etwas düsteres Hotel mit Atmosphäre mitten im historischen Zentrum in der Fußgängerzone. Die 30 Zimmer sind etwas klein, aber sehr nett eingerichtet. Einige haben auch einen kleinen (Frühstücks-)Balkon.*
- ***€€€ Louvre & Terminus**, 9, Avenue Frédéric Mistral, Tel. 04/90341008, Fax 04/9034687, info@hotel-louvre-orange.com, www.hotel-louvre-orange.com: Ein 1854 erbautes Haus von etwas ältlichem Charme, die 32 Zimmer sind aber neu renoviert. An sonnigen Tagen wird das Frühstück im Garten am kleinen Swimmingpool serviert.*
- ***€€–€€€ St. Jean**, 7, cours Poutoules, Tel. 04/90511516, Fax 04/90110545, www.hotelsaint-jean.com: Ehemalige Poststation aus dem 17. Jahrhundert, im Zentrum der Stadt gelegen. In der gewölbeartigen Lobby wird neben dem Goldfischbecken das Frühstück serviert, bewacht von einer schwarzen Ritterrüstung. Im Sommer gibt's das Frühstück im Innenhof unter einer Platane, hier kann auch das Auto abgestellt werden. Alle Zimmer des verwinkelten markant roten Hauses mit den grünen Fensterläden sind unterschiedlich, besonders gefallen haben Zimmer Nr. 11 mit einer Tuffsteinwand und Zimmer Nr. 18, sonnengelb mit aufgemaltem grünen Efeu und niedlich klein.*
- ***€€–€€€ le Glacier**, 46, cours Aristide Briand, Tel. 04/90340201, Fax 04/90511380, www.le-glacier.com: Logis-de-France-Hotel mit 28 kleinen, unterschiedlichen Zimmern, die alle mit provenzalischen Stoffen ausgestattet sind. Das Haus wird schon in der dritten Generation im Familienbetrieb geführt.*
- ***€–€€€ Saint Florent**, 4, rue du Mazeau, Tel. 04/90341853, Fax 04/90511725, www.hotelsaintflorent.com: Nur wenige Schritte vom antiken Theater von Orange in einer ruhigen Seitengasse gelegenes, originelles Hotelchen. Mutig sind hier in den Zimmern Wandgemälde der bunt-esoterisch-mystischen Art mit Betten im Stile Louis XV. kombiniert. Lage, Preis und Atmosphäre stimmen!*
- ***€€ de la Gare**, 60, Avenue Frédéric Mistral, Tel. 04/90340023, Fax 04/90349172: Seit mehreren Generationen im Familienbesitz. 18 geräuschisolierte Zimmer mit Bettdecken und Vorhängen aus provenzalischen Stoffen. Das Auto kann kostenlos in der Garage geparkt werden.*
- ***€–€€ Arcotel**, 8 Place aux Herbes, Tel. 04/90340923, Fax 04/90516112: Einfaches, sauberes, nett geführtes kleines Hotel.*

UNTERKUNFT AUSSERHALB VON ORANGE

• *€€€€€* **Chateau de Massillan**, *Chemin Hauteville Uchaux, Tel. 04/90406451, Fax 04/90406385, www.chateau-de-massillan.com: Kleines, 2002 eröffnetes Luxushotel, 14 km nördlich von Orange inmitten der weltberühmten Weinberge der Côtes du Rhône. Die Zimmer werden mit Halbpension vergeben. Das Château gehörte einst Diane de Poitiers, der Geliebten von Henri II., einer intelligenten Frau, die sich ihre Schönheit bis ins Alter bewahren konnte.*

• **€€€ Auberge de l'Orangerie**, *4, rue de l'Ormeau, 6 km außerhalb von Orange in Piolenc, Tel. 04/90295988, Fax 04/90296774, orangerie@orangerie.net www.orangerie.net: Im Herzen von Piolenc steht dieses Gebäude aus dem 18. Jahrhundert mit fünf Gästezimmern. Im wahrsten Sinne des Wortes malerisch schön ist das Zimmer „George Sand", das nach einem alten Gemälde gestaltet wurde.*

• **€€ Le Manoir**, *avenue Jean-Moulin, in Mornas-en-Provence, ca. 10 km nordwestlich von Orange, Tel. 04/90370079, Fax 04/90371034, info@lemanoir-mornas.fr, www.lemanoir-en-provence.com: Ein äußerst liebenswürdiges Logis de France. Das Gebäude stammt aus dem 18. Jahrhundert, geschützt von einem Felsen und im Innenhof beschattet von einer mehr als 100 Jahre alten Sykomore. Dort wird das Frühstück serviert, im Winter auch im Restaurant, wo das Kaminfeuer prasselt. Von den 25 Zimmerl haben 11 eine Klimaanlage.*

Restaurants

• **Le Parvis**, *3, cours Poutoules range, Tel. 04/90348200: Von außen nüchternes, innen gemütliches Lokal mit Teppichen auf dem Dielenboden, Balkendecke und Wandmalereien. Auswahl: Fleisch, Geflügel, Fisch oder Meeresfrüchte.*

• **Le Bec Fin**, *rue segond Weber, gegenüber dem antiken Theater, Tel. 04/90340510, Fax 04/.90346027: Im Winter prasselt das Kaminfeuer, im Sommer isst man auf der Terrasse provenzalische Küche. Gute Auswahl an Côtes-du-Rhône und Châteauneuf-du-Pape-Weinen.*

• **La Roselière**, *4, rue du Renoyer. Tel. 04/90345042: Steinmauern, Tafeln, auf die die Menüs mit Kreide geschrieben sind, und von der Decke baumelnde saucissons (Würste) kennzeichnen das Ambiente des Restaurants. Die Küche ist traditionell und modern-innovativ zugleich.*

• **Yaca**, *24, Place Silvain, Tel. 04790347003: Das Lokal ist schon seit Jahren gut besucht und sehr beliebt. Hier gibt es traditionelle provenzalische Küche und Wildgerichte.*

Markt

Der **Wochenmarkt** *findet donnerstagmorgens statt und jeweils samstags von Juni bis Anfang September der* **Marché Provençal**.

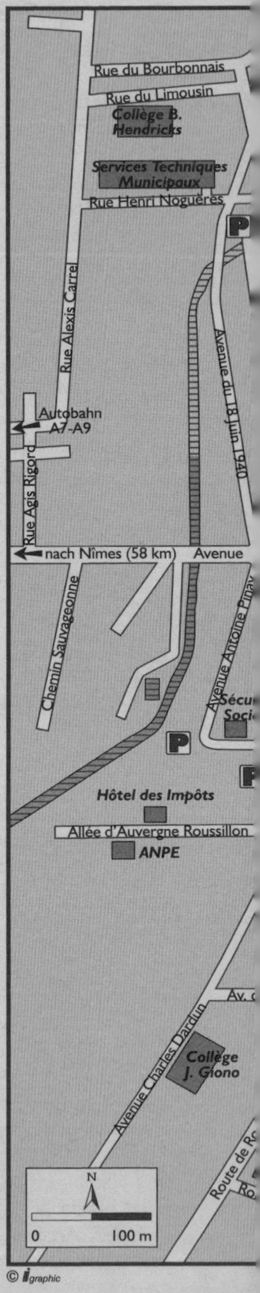

© igraphic

Orange
Römischer
umpfbogen
Camping Le Jonquier
zum Hotel Manoir
Rue de la Levade
SNCF-Linie
Trésor Public
des Phocéens
Rue du Noble
Rue Saint Jean
Avenue de l'Arc de Triomphe
Boulevard Edouard Daladier
Rue du Noble
Rue du Terrier
Saur
Rue Auguste Lacour
Rue du Renoyer
Place du Cloître
Rue Caristie
Avenue Jean-Henri Fabre
Av. Frédéric Mistral
Hotel Louvre & Terminus, Bahnhof SNCF
Rue Notre Dame
Rue du Pont Neuf
Cours Aristide Briand
Rue Victor Hugo
Place de Langes
Rue de la République
Rue G. Mille
Place de la République
Place des Sept. Cantons
Rue Contrescarpe
Rue Saint Martin
Rue Stassart
Rue Segond Weber
Rue Caristie
Rue Saint Florent
Boulevard Edouard Daladier
Place A. Bruey
es de Gaulle
Place des Frères Mounet
Museum Municipal
Esplanade Verdi
Cours Aristide Briand
Antikes Theater
Rue Pourtoules
Rue Pontillac
Rue M. Roch
Vestiges romains
Cours Pourtoules
Rue des Vieux Fossés
Cours Pourtoules
Escalier ouest
Parc colline Saint-Eutrope
Rue Général Leclerc
Rue Saint Clément
e Bretagne
rbeits-
edizin
Friedhof
Kinderspielplatz
Montée des Princes d'Orange
Descente des Princes des Baux
Freibad
Haupteingang in den Park
Collège et Lycée St.Louis
Sens obligatoire de circulation
Hotels
1 Florent
2 Saint Jean
3 Arcotel
4 de la Gare
5 Le Glacier
6 Arène
Restaurants
1 Le Yacca
2 Le Parvis
3 Le Bec Fin
4 La Roselière

Feste

• *Die aufs Jahr 1869 zurückgehenden* **Les Chorégies** *finden seit 1902 alljährlich im Juli im antiken Theater statt. Informationen über dieses renommierte Festival mit Tragödien, Opern und Symphoniekonzerten unter www.choregies.asso.fr.*

• *Seit 2001 bestehendes, kostenloses und noch vollkommen unbekanntes 8-tägiges Theaterfestival sind die* **Rencontres classiques**, *über die ihr künstlerischer Leiter Jacques Lorcey 2002 sagte: „Ich will zeigen, was das französische Theater sein könnte, wenn es sich nicht zu diesem elenden Regietheater entwickelt hätte – wo der Regisseur wichtiger ist als der Autor und die Texte nicht mehr respektiert werden". Die Stücke sollten frei sein von jeder politischen Botschaft, denn „Theater soll Zerstreuung sein, sonst können die Menschen gleich Zeitung lesen oder fernsehen." Bei den Klassikern Molière, Corneille und Courteline würden die Probleme der Welt zwar auch verhandelt, aber eben auf einer höheren, philosophischen Ebene.*

Sehenswertes

Théâtre Antique - Römisches Theater: *Geöffnet März und Okt. tgl. 9–18 Uhr, April, Mai und Sept. bis 19 Uhr, Juni, Juli und August bis 20 Uhr, Nov. bis Feb. bis 17 Uhr. Im Eintrittspreis enthalten ist ein deutschsprachiger, sehr interessant erzählender Audioguide.*

Pernes-les-Fontaines (S. 300)

Postleitzahl: *84210*

Information

Office de Tourisme, *Place Gabriel Moutte, Tel. 04/90613104, Fax 04/90613323, ot.pernes@axit.fr;*

Internet

www.ville-pernes-les-fontaines.fr

Unterkunft

• **€€€€€ Chambre d´hôte Château la roque**, *Chemin du Chateau, südwestlich von Pernes in La Roque sur Pernes, Tel. 04/90616877, Fax 04/90616877, www.chateaularoque.com: Trutzig und abweisend wirkt die Burg aus dem dem 11. Jahrhundert von außen – bis der Burgherr das Eisentor öffnet und auf die große Terrasse bittet, von der sich ein weiter Blick ins Tal auf Obst und Olivenplantagen bietet. Der Wirtschaftsberater aus Paris und seine Frau haben das alte Gemäuer wieder instand gesetzt und dabei auch geräumige und sparsam, aber geschmackvoll ausgestattete Gästezimmer eingerichtet.*

• **€€€ l'Hermitage**, *Route de Carpentras, Tel. 04/90665141, Fax 04/90613641, www.hotel-lhermitage.com: An der D938 Richtung Carpentras gelegen. Ein ansehnliches Bürgerhaus in einem Park mit Zimmern von altmodischem Charme. Schwimmbad.*

Restaurant

Dame l´Oie, *56, rue T.-Durand, Tel. 04/90616243, Mo und Dienstagmittag geschl.: Mitten im Lokal steht ein Brunnen, an der Wand ein Küchenschrank, übers Fenster laufen künstliche Hühner – nett und originell ist das Restaurant dekoriert. Ausgesprochen freundlich die Wirtin. Und das Essen obendrein von einem sehr guten Preis-Leistungsverhältnis.*

Markt
Bauernmarkt: täglich, samstags ist er besonders schön.

Plateau de Valensole zwischen Malijai und Oraison (S. 548)

Information
***Office de tourismes**, place du kiosque, 04700 Oraison, Tel. 04/92786080, Fax 04/92798901, info@oraison.com (Frau Mariethé spricht deutsch und gibt gerne und kompetent Auskunft!)*

Internet
www.oraison.com

Unterkunft
- *in Le Castellet: **€€ Le Grand Pré Hôtel-Restaurant**, Quartier Combe Croix 04700 Le Castellet Tel./Fax 04/92798191: Sehr günstige Menüs!*
- *in Oraison: **€€ La Grande Bastide** , Hôtel restaurant, Route de Valensole, Lotissement les Grandes Bastides, Tel. 04/92786256, Fax 04/92786293: Entgegen ihrem nach „alt" klingenden Namen ist die Bastide erst 1990 gebaut wurden. Swimmingpool und Fitnessraum. Restaurant mit provenzalischer Küche.*
- ***€€ Chambre´Hôtes Louis et Andrée Bonnet**, Chemin de Thuve, route des Buissonades, Tel. 04/92786254: Vermiet werden zwei Zimmer, das „blaue" mit Balkon und das etwas rustikalere rosa Zimmer. Kinderspielplatz, Garten. Ganzjährig geöffnet. Hund erlaubt.*
- *in Puimichel: **La Remise**, Tel. 04/ 92799500, Fax 04/92796241: Einfache und familiäre Unterkunft, vergleichbar mit einer Jugendherberge. Vier Räume für je 4 Personen sowie zwei Zweibettzimmer, mit Toilette und Waschgelegenheit. Man muss einen Schlafsack mitbringen, Bettwäsche hingegen wird gestellt. Selbstverpflegung möglich aber auch Übernachtung mit Frühstück oder Vollpension. Wein, Wasser, Kaffee und Tee werden zu den Mahlzeiten gereicht und sind im Preis mit eingeschlossen.*

Café
***Café du Commerce**, Oraison: Herrlich nostalgisches Kaffeehaus aus dem Jahr 1900; es ist eines der ältesten der Provence mit hohen Decken, Stuck und Spiegel sowie Marmortischen. Restauriert, aber nicht überrestauriert, vermittelt es noch viel vom Flair des frühen 20. Jahrhunderts, als es noch ein politischer Gewerkschaftsraum war.*

Wunderbar nostalgisch: das Café du Commerce in Oraison.

Veranstaltungen
*In Oraison: Im Juni **Biker-Treffen** mit **Rock-Konzert**, im September das **Traktor-Pulling-Rennen***

Einkaufen
- ***Moulin à huile**, paschetta henry, Oraison; Tel. 04/92786102: Verkauf von kalt gepresstem Olivenöl.*

• *Confiseur François Doucet*, Tel. 04/92786115, Fax 04/92798500: Schokolade und kandierte Früchte direkt vom Hersteller. Witzig: die Schokoladenoliven.

Sport

• *Baden*: im örtlichen Badesee

• *Angeln*: Unter anderem Karpfen und Regenbogenforellen im Angelsee. Weitere Angelmöglichkeiten in der Largue und im Canal des Bars.

• *Radverleih: Locabikes (04 Cycles services)*, 23, rue Abdon Martin 04700 Oraison, Tel. 04/92786693.

• *Wandern*: Die Gegend um den Ort ist sehr gut mit Rundwegen verschiedener Länge und Schwierigkeitsgrade ausgeschildert.

Riez (S. 530)

Postleitzahl: 04500

Information

Bureau de tourisme, 4, allée Louis-Gardio, Tel. 04/92779909, Fax 04/92779908, www.ville-riez.fr.

Internet

Salon de thé-Cybercafé La Tartea Net, 12, rue du Marché, Tel. 04/92777087: Salon de thé im alten Stadtkern mit großer Auswahl an verschiedenen Teesorten, Fruchtsäften und Kuchen.

Camping

• *Rose de Provence*, 500 m vom Ortsrand entfernt, Tel./Fax 04/92777545, info@rose-de-provence.com, www.rose-de-provence.com: Schattiger Platz, Vermietung von Bungalows.

• *du Petit Arlane*, westlich von Riez in Richtung Valensole gelegen, Tel. 04/92748270, Fax 04/929935, www.domainepetitarlane.fr: Idyllisch gelegener, schattiger Platz an zwei Seen. Eigenes FKK-Terrain. Restaurant, Swimmingpool. Vermietung von Chalets.

Unterkunft

• *€€ Hôtel Restaurant du Château de Pontfrac*, Route de Valensole, Tel. 04/92777877 oder 04/90709900, Fax 04/92778272, www.chateaudepontfrac.com: Ruhig, abgeschieden inmitten eines großes Parks steht dieses Schloss aus dem 16. Jahrhundert. Schlossatmosphäre – die auch für kleinere Geldbeutel zu haben ist! Lebhaft und ungezwungen. Verleih von Mountainbikes.

• *€€ Carina*, rue Hilarion Bourret, Tel. 04/92778543, Fax 04/92779544, geöffnet von Anfang April bis Ende Nov.: Modernes nüchternes Hotel nahe dem Baptisterium.

• *€€ Cigalou*, westlich von Riez, Route de Roumoules, 04/92777560, jc.metzger@wanadoo.fr: Kleines Hotel im Grünen.

Markt

Jeweils Mittwoch- und Samstagvormittag am Rand der Altstadt.

Roussillon (S. 314)

Postleitzahl: 84220

Information

Office de Tourisme, *Place de la Poste, Tel. 04/90056025, Fax 04/90056331, ot-roussillon@axit.fr*

Internet

www.roussillon-provence.com

Camping

L´Arc-en-ciel, *Route de goult, Tel. 04/90057396: 3 km außerhalb von Roussillon unter Pinien gelegen. Kinderplanschbecken. Vom 15. März bis Ende Okt. geöffnet.*

Unterkunft

• ***€€€€–€€€€€ Mamaison***, *quartier les Devens, Tel. 04/490057417, Fax 04/90057563: Ein malerisches Gemäuer aus dem 18. Jahrhundert, vier Kilometer außerhalb von Roussillon inmitten eines riesigen Paradiesgartens mit Blick auf Lacoste und Bonnieux. Mittendrin ein großer Swimmingpool und eine „Sommerküche" für die Gäste, vier Zimmer und zwei Suiten, eine schöner als die andere und dazu noch überaus reizende Gastgeber… hier wird einem viel Gutes auf einmal beschert.*

Im Mamaison – ach, so richtig nett ist es doch nur im schmiedeeisernen Bett!

• ***€€€ Le Buisson***, *84220 Goult, www.le-buisson.com: Von einem bayrischen Innenarchitektenpaar geführtes Chambre d´Hôte inmitten von Weinbergen und Olivenhainen. Die fünf großen Suiten haben alle eine eigene Terrasse mit Blick in den großen Garten. Jeden dritten Abend kocht die Hausherrin für alle mit Produkten aus dem eigenen Garten. Das Haus liegt 6 km von Roussillon entfernt.*

• ***€€/€ La Petite Auberge***, *Bois de la cour, Tel. 04/90056546, Fax 04/90057225: Etwas außerhalb des Ortes. Ein ordentliches Haus mit zweckmäßigen Zimmern, einem Swimmingpool und bodenständiger Küche.*

• ***€ Chambre d´hôte chez Mme Cherel Lie***, *Tel. 04/90057171: Das Haus liegt an der Hauptstraße zwischen der Tankstelle und der Schule und bietet einfache, saubere preisgünstige Zimmer (allerdings sind die Toiletten ins Zimmer integriert).*

Restaurants

• ***Restaurant Mincká´s***, *Place de la Marie, Tel. 04/90056622, Do geschl.: Ein Zweiraum-Restaurant in einem rot gestrichenen kleinen Haus. Besonders schön sitzt man auf der Terrasse. Teilweise Gerichte nach mittelalterlichen Rezepten. Der Service ist flink und freundlich.*

• *Le Bistro de Roussillon, Place de la Mairie, Tel. 04/90057445: Schickes Bistro, vergleichsweise preiswert: die pieds et paquets (Hammelfüße und Kutteln) und die daube provençale (in Weißwein geschmortes Fleisch mit Oliven und Gemüse).*
• *Le Val des Fées, rue Richard-Casteau, Tel. 04/90056499: Hinter den Mauern eines fotogenen Bürgerhauses wird hier traditionelle provenzalische Küche auf kreative Weise neu definiert.*

Rustrel (S. 335)

Postleitzahl: 84400

Camping

Le Colorado, Tel. 04/90049090: Zwei Kilometer außerhalb von Rustrel wunderschön nahe den Ockerbrüchen gelegen. Der schattige und liebevoll geführte kleine Platz verfügt über Restaurant, Bar und Swimmingpool. Geöffnet von Mitte März bis Mitte Okt.

Unterkunft

• *€€€€ La Forge, Notre-Dame-des-Anges, Tel. 04/ 90049222, Fax 04/90049522, info@laforge.com.fr, www.laforge.com.fr/: Eine ehemalige Eisengießerei in wunderbarer Lage am Rande des Colorado von Rustrel. Das rustikale Gebäude mit Swimmingpool birgt zwei äußerst geräumige Zimmer und zwei Suiten. Die Besitzer sind vielseitige Künstler, die sich mit Fotografie, Bildhauerei und Tanz beschäftigen. Eintrag im Gästebuch: „eine unvergessliche, schöne Zeitspanne in meinem Leben habe ich hier erlebt".*
• *€€ Auberge du Rustréou, Place de la Fête, Tel. 04/903349090: Herzlich geführtes Logis de France mit empfehlenswertem Restaurant. Am Wochenende sollte man hier allerdings nicht übernachten, da sich am Dorfplatz unterhalb der Auberge die örtliche Jugend ein lautes Stelldichein bis in den frühen Morgen gibt.*

Saint-Gilles (S. 425)

Postleitzahl: 30800

Information

Office de Tourisme, Place Frédéric Mistral, Tel. 04/66873375, Fax 04/66871628, contact@ot-saint-gilles.fr

Internet

www.ot-saint-gilles.fr

Camping

La chicanette, rue de la Chicanette, Tel. 04/66872832: Schattiger Platz, durch Hekken parzelliert.

Hinweis

Im Zentrum von Saint-Gilles liegt ein riesiger Parkplatz. Er ist videoüberwacht und gebührenfrei.

Unterkunft

• *€€ **Le Cours**, Tel. 04/66873193, Fax 04/66873183, hotel-le-cours@wanadoo.fr, www.hotel-le-cours.com: Ein Logis de France am Rande der Altstadt. Die Zimmer sind groß und komfortabel, das Haus ist insgesamt angenehm, aber ohne eine eigene Atmosphäre.*

• *€ **Restaurant-Hotel Le Saint Gillois**, 1, rue neuve, Tel. 04/66873369: Leicht zurückgesetzt von der Hauptstraße liegt dieses kleine, familiäre Hotelchen mit einem netten empfehlenswerten Restaurant im Erdgeschoss. Im Sommer kann man auch auf der schattigen Terrasse sitzen.*

Markt

Jeweils donnerstags und sonntags findet der Wochenmarkt statt, der sicher nicht der malerischste der Provence ist. Aber er hat eine stille, sehr gelassene Atmosphäre.

Weingüter

• *__Château Lamargue__, Route de Vauvert, Tel. 04/66873189.*

• *__Domaine de Saint-Antoine__, Route de Nîmes, Tel. 04/66018729.*

Sehenswertes

__Musée Maison romane:__ Geöffnet tgl. 9–12 und 14–18 Uhr.

Saint-Maximin-La-Sainte-Baume (S. 494)

Postleitzahl: 83470

Information

__Office de tourisme__, Place de la Mairie, Tel. 04/94598292, www.st-maximin.fr

Camping

__Caravaning Le Provençal__, Route de Mazaugues, Tel. 04/94781697: Schattiger Platz, drei Kilometer südlich vom Stadtzentrum. Swimmingpool, kleines Geschäft und Restaurant. Von Ostern bis Ende Sept. geöffnet.

Unterkunft

• *€€€–€€€€ **Hôtellerie du Couvent Royal**, Place Jean Slausse, Tel. 04/945566, Fax 04/94598282, www.hotelfp-saintmaximin.com: In den rund 30 Zellen des ehemaligen Dominikanerklosters neben der Basilika sind heute die Gästezimmer, das empfehlenswerte Restaurant liegt im ehemaligen Kapitelsaal. Das Auto kann man kostenlos aauf dem hauseigenen Parkplatz abstellen.*

• *__de France__, 3–5, avenue Albert Ier, Tel. 04/94780014, Fax 04/94598380: Logis de France mit klimatisierten Zimmern und Swimmingpool.*

Golf

__Golf de Sainte Baume__, Domaine de Châteauneuf, in Nans-les-Pins, saintebaume@opengolfclub.com. www.opengolfclub.com: Der Golfplatz auf dem ehemaligen Privatbesitz der Familie Bonaparte ist für alle Spielstärken interessant und vergnüglich.

Saint-Paul-Trois-Chateaux (S. 266)

Postleitzahl: 26130

Unterkunft

• *€€€–€€€€* ***Hotel-Restaurant L'Esplan****, Tel. 04/75966464, Fax 04/750492, saintpaul@esplan-provence.com, www.esplan-provence.com: In diesem ehemaligen herrschaftlichen Privatbesitz aus dem XVI. Jahrhundert wurden 36 ruhig gelegene Zimmer stilvoll eingerichtet. Das Hotel bietet auch Trüffelwochenenden an – wie gut muss eine Trüffel schmecken, die man mit eigenen Händen aus der Erde gegraben hat!*

UNTERKUNFT AUSSERHALB VON ST.-PAUL-TROIS-CHATEAUX

• ***€€–€€€ La belle écluse, le chateau de Rocher****, 156, avenue Emile Lachaux, südlich der Stadt bei Bollène, Tel. 04/90400909, Fax 04/90400930, info@lechateauderocher.com, www.lechateaudurocher.com: Ein Paradies zu einem bezahlbaren Preis! Der wie ein Schlösschen wirkende aristokratische Gutshof wurde 1826 von einem florentinischen Architekten inmitten eines vier Hektar großen Gartens erbaut und 1949 als Hotel eröffnet. Zum Hotel gehören ein Restaurant und ein kleiner Tierpark. Weiterhin gibt es hier eine sehr interessante Ausstellung von künstlerisch verzierten Eiern, die stark an die Fabergé-Eier erinnern.*

In Montségur sur Lauzon

• ***€€ Auberge des tarraïettes****, Rond point Charles de Gaulle, nordöstlich von St. Paul in Montségur sur Lauzon, Tel. 04/75981324, Fax 04/75981739, www.auberge-des-tarraiettes.com: So stellt man sich die Provence vor: Ein kleines, altes Dorf mit Platanen. Ein ebenfalls altes Gebäude (die ehemalige Postation der Grafen von Grignan), man geht durch das gewölbte Tor hinein in einen schattigen Park mit vielen Blumen. Im Haus kuschelige Zimmer und ein Restaurant mit gewölbten Decken, wo es köstliche provenzalische Gerichte gibt. Und für Erkundungen der wunderschönen Umgebung verleiht das Hoteliersehepaar kostenlos Fahrräder.*

Sehenswertes

Maison de la Truffe et du Tricastin: *rue de la République, Tel. 04/75966129, 04/75967461, www.truffle-and-truffe.com. Geöffnet März, April, Okt. und Nov. Mo 14–18 Uhr, Di bis Sa 9–12 und 14–18 Uhr, April und Okt. auch So 10–12 und 15–18 Uhr. Mai bis Sept. Mo 15–19 Uhr, Di bis Sa 9–12 und 15–19 Uhr, So 10–12 und 15–19 Uhr.*

Saint-Rémy-de-Provence (S. 392)

Postleitzahl: 13210

Information

Office de Tourisme, Place Jean-Jaurés, Tel. 04/90920522, Fax 04/90923852: Hier gibt´s eine Info-Broschüre mit Rad- und Wandertouren durch die Alpilles.

Internet

www.saintremy-de-provence.com, www.beyond.fr, www.villes.enprovence.com

Camping

- ***Mas de Nicolas**, avenue Plaisance-du Touch, Tel. 04/90922705, Fax 04/90923683, camping-masdenicolas@nerim.fr, http://masdenicolas.celeonet.fr: Schattiger, nachts bewachter Campingplatz, 800 m vom Ortszentrum. Geöffnet von Mitte März bis Mitte Oktober.*
- ***Pégomas**, avenue Jean-Moulin, Tel. 04/90920121, Fax 04/90925617: Freundlich geführter Platz mit Schwimmbad. Von Anf. März bis Ende Okt. geöffnet.*
- ***Montplaisir**, Tel. 04/90922270: Im Nordwesten der Stadt. Mit Swimmingpool. Preisgünstiger, teils schattiger Platz.*

Unterkunft

- ***€€€€ Sous les figuiers**, 3, avenue Taillandier, Tel. 04/32601540, Fax 04/32601539, www.hotel-charme-provence.com: Zwölf Zimmer, alle nach unterschiedlichen Themen gestaltet. Intimer kleiner Garten mit Feigenbäumen und Swimmingpool.*
- ***€€ Auberge de la Reine Jeanne**, 12, Boulevard Mirabeau, Tel. 04/90921533, Fax 04/90924965: Kleines Logis de France mit 11 Zimmern. Zur Auberge gehört ein Restaurant mit provenzalischer Küche, wo im Winter das Kaminfeuer knistert.*
- ***€€ Hostellerie du Chalet Fleuri**, 15, avenue Frédéric Mistral, Tel. 04/90920362, Fax 04/90926028, www.logis-de-france.com: Ein verspielt-romantisches Logis-de-France-Hotel am Ortsausgang in Richtung Maillane. Die 2002 renovierten, ruhigen Zimmer gehen auf einen mit Lorbeer- und Granatapfelbäumen bepflanzten Garten hinaus. Geöffnet vom 7. März bis Mitte Nov.*
- ***€€ Ville Verte**, Place de la République, Tel. 04/90920614, Fax 04/90925654, contact@hotel-gounod.com, www.hotel-villeverte.com: Äußerst freundlich und zuvorkommend geführtes Hotel am Rande der Altstadt in direktem Umfeld von einigen Restaurants und Brasserien. Die mit provenzalischen Farben und Stoffen gestalteten Zimmer sind von unterschiedlichem Standard. Vom Frühstücksraum mit verglaster Front Blick auf das Treiben draußen auf der Straße. Zum Hotel gehört ein überdachter Swimmingpool. Ein Haus mit Vergangenheit: Es wurde 1660 zum erstenmal erwähnt.*

Mireille von Zimmer Nr. 9

In Zimmer Nr. 9 in der Ville Verte wurde ein kleines Kapitel Musikgeschichte geschrieben: Hier hat Charles Gounod 1863 seine Oper „Mireille" komponiert, die auf eine Erzählung seines Freundes Frédéric Mistral zurückgeht. Geradezu revolutionär an diesem Werk war, dass es ohne Aristokraten auskam, die bis dahin zur Betonung von Standesunterschieden notwendig waren. „Mireille" hingegen blieb ganz im bäuerlichen Milieu verhaftet und handelte von der Liebesbeziehung zwischen dem Sohn eines Korbflechters und der Tochter eines reichen Pächters. Auch das tragische Ende der gesellschaftlich relativ niedrig stehenden Liebenden nach fünf Akten war ungewöhnlich, da man an dreiaktige Romanzen mit glücklichem Ausgang gewöhnt war, und das kostete wohl den Erfolg bei der Uraufführung.

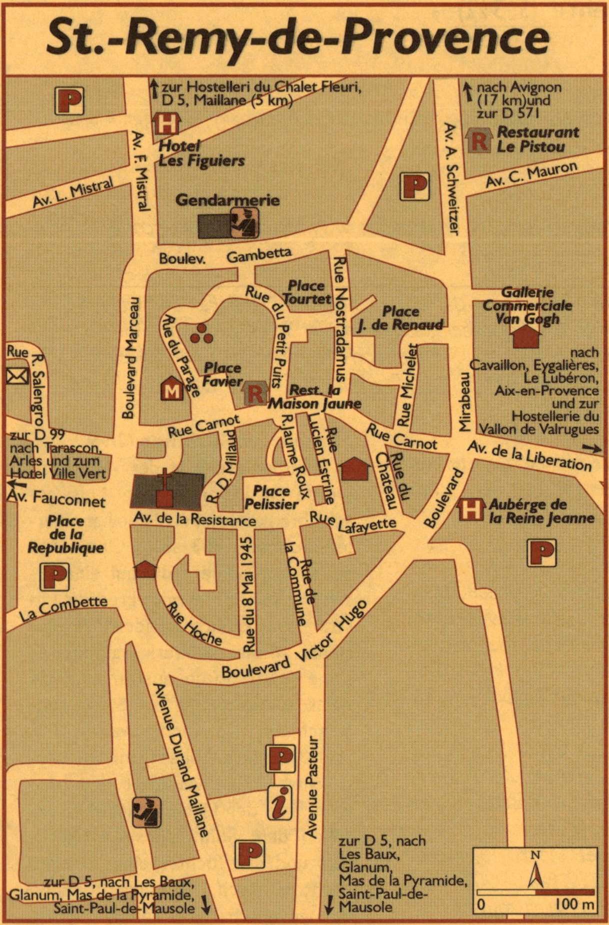

© igraphic

UNTERKUNFT AUSSERHALB VON SAINT-REMY-DE-PROVENCE

- *€€€€€* ***Château des Alpilles****, 31, Route départementale, Tel. 04/ 90920333, Fax 04/ 90924517: In diesem Schloss aus dem 19. Jahrhundert waren schon Chateaubriand, Lamartine und Thiers zu Gastes. Es liegt idyllisch in einem Garten mit altem Baumbestand und wahrhaft fürstlich ist die Platanenallee, die schnurgarde auf das Anwesen zuführt. Innen gleicht es mehr einem Museum denn einem Hotel mit seinen Stukkaturen und Antiquitäten. Wie es sich für ein Schloss gehört, ist es mit Stilmöbeln ausgestattet*
- *€€€€€* ***Château de Roussan****, Tel. 04/ 90921163: an der D99, 2 km westlich des Ortes. Ein 200 Jahre altes Herrenhaus mit schönem Garten und einem herrlichen Park.*
- *€€€€€* ***Domaine de Valmouriane****, Petite Route des Baux D 27, Tel. 04/90924462, Fax 04/90923732, www.valmouriane.com: Um die Jahrtausendwende eröffnetes Hotel, von einer jungen Deutschen und ihrem französischen Ehemann geführt. Schaut man in das Gästebuch, dann findet man solche Einträge wie „ehrliche Herzlichkeit", angenehme Atmosphäre" und „persönlicher Kontakt". Geschrieben von den vielen Stammgästen, darunter auch Schauspieler und Politiker, Das deutsch-französische Ehepaar Capel veranstaltet auch Themenabende, Kochkurse für Gäste oder Kulturfeste im Garten. Im Bistro direkt am Haus werden abends kleine Menus am Kaminfeuer serviert. Erfrischung bieten der Swimmingpool und das Jacuzzi.*

Restaurants

- ***Hostellerie du Chalet Fleuri****, s. „Unterkunft"*

• *Le Pistou, Route d´Avignon, Tel. 04/90925956: Gartenlokal mit vielen Pflanzen. Hier gibt es provenzalische Spezialitäten wie Artischocken à la barigoule, Lammkotelett an Knoblauchsauce, soupe au pistou oder pieds et paquets nach Marseiller Art.*

• ***La Maison Jaune**, 15, rue Carnot Tel. 04/90925614, Fax 04/90925632, lamaisonjaune@wanadoo.fr, www.franceweb.org/lamaisonjaune, Mo geschl.: Das Geheimnis der Küchenkunst von François Perraud liegt darin, dass er den verwendeten frischen Zutaten ihren Eigengeschmack entlockt. Das Lokal befindet sich im ersten Obergeschoss eines historischen Anwesens und wird durch einen Patio ergänzt.*

Pignolat von Nostradamus
Diese Spezialität von Saint-Rémy geht auf ein Rezept aus dem Jahre 1552 zurück, aufgeschrieben von Nostradamus in einer Abhandlung über Konfitüren. Pignolat ist eine Komposition aus Pinienkernen, Zucker, Rosenwasser und Fenchel.

Markt/Einkaufen

• ***Wochenmarkt:** jeweils am Mittwochmorgen, auch dieser Markt zählt zu den schönsten der Provence.*

• ***La Fabrique**, 25, Boulevard de la Libération: Schon in der dritten Generation werden hier aus Weiden geflochtene Lampenschirme, Körbe und Möbel verkauft.*

• ***Château Romain**, Richtung Les Baux, Tel. 04/90924587: Rote Bioweine mit langer Lagerungszeit.*

Feste

• ***Fête de la Transhumance (Almauftriebfest):** jedes Jahr zu Pfingsten. Die Straßen verwandeln sich dann in ein wogendes Meer von Schafsleibern, einen Streichelzoo aus etwa 3.000 Tieren. Schafe und Esel werden von etwa 20 Schäfern und ihren Hirtenhunden begleitet, so wie einst, als die Herden auf die Almen getrieben wurden. Nebenher findet eine Ziegenkäsemesse statt.*

• *Am **Wochenende um den 15. August** findet **das Stierkampf-Spektakel Feria** statt.*

Rundflüge

***La Provence Vue d´Avion**, 3, rue J. Roux, Tel. 04/90922284, chlano@club-internet.fr, www.avignon-et-provence.com: Wer Avignon und die Provence zum In-die-Luft-gehen schön findet, kann dies hier tun, die kommentierten Rundflüge gibt es schon ab 50 €.*

Sehenswertes

• ***Musée archéologique im Hôtel de Sade:** Place Favier, Tel. 04/90926404. Geöffnet tgl. 10–12 und 14–17 Uhr (April bis Sept. bis 18 Uhr).*

• ***Musée des Alpilles:** Place Favier, Tel. 04 90 92 68 24. Geöffnet von Anf. Juli bis Ende Aug. 10–12 und 14–19 Uhr. März bis Ende Juni und Anf. Sept. bis Ende Okt. 10–12 und 14–18 Uhr, Nov. und Dez. 10–12 und 14–17 Uhr.*

St. Sartunin-lès-Apt (S. 335)

Postleitzahl: 84490

Information

***Office de Tourisme**, place de la Mairie, Tel. 03/90754312, Fax 04/90755610*

Camping
Les Chênes Blanxs, route de Gargas, Tel. 04/90740920: Ein großer Campingplatz mit zwei Schwimmbädern und Fahrradverleih. Geöffnet von Mitte März bis Oktober.

Unterkunft
- *€€€–€€€€* **Chambre d'Hôte Mas de la Fortune**, *Quartier St. Roch, Tel. 04/90754282, Fax 04/90754285, www.luberon-news.com/la-fortune: Etwa 1 km südlich des Ortes gelegenes Mas aus dem 18. Jahrhundert mit ganz reizenden fünf Zimmern und einem Swimmingpool. Im Preis enthalten ist ein reichhaltiges Frühstück. Eine äußerst empfehlenswerte Adresse!*
- *€€€* **Le Mas de la Tour**, *Perrotet, Gargas, Tel. 04/90741210, Fax 04/90048367: Ein Logis de France in einem einst zur Abtei von Sénanque gehörenden Mas aus dem 12. Jh.*

Salon-de-Provence (S. 384)

Postleitzahl: 13300

Information
Office de Tourisme, 56, cours Gimon, Tel. 04/90562760, Fax 04/90567709, ot.salon@visitprovence.com

Internet
www.salon-de-provence.org, www.provenceweb.fr

Camping
Nostradamus, Route d'Eyguières, Tel. 04/90560836, Fax 04/90566505, gilles.nostra@wanadoo.fr: Teilweise schattiges Wiesengelände nordwestlich von Salon-de-Provence. Geöffnet von März bis Ende Okt.

Unterkunft
- *€€–€€€* **Vendôme**, *34, rue Maréchal Joffre, Tel. 04/90560196, Fax 04/90564878, www.hotelvendome.com: Ruhig im Herzen der Stadt gelegen. Liebenswert altmodisches Haus mit in rosa oder pistaziengrün gehaltenen Zimmern mit großen Bädern. Am schönsten sind die Zimmer zum Innenhof.*
- *€€* **Grand Hôtel de la Poste**, *1, rue J.&R. Kennedy, Tel. 04/90560194, Fax 04/90562077, www.ghpsalon.com: Sehr zentral gelegen. Freundlicher Empfang und zweckmäßige Zimmer.*
- *€* **Regina**, *245, rue Kennedy, Tel. 04/9056289: Dünne Wände, aber sauber und adrett eingerichtet, sogar der Minikronleuchter fehlt nicht und auch nicht die eigene Garage. Das Frühstück gibt's zusammen mit Madame (und ihrem Hund) am großen Tisch im Aufenthaltsraum.*
- *€* **Accueil Provençal**, *122, Allées de Craponne, Tel./Fax 04/90532374: Wie der Name schon sagt: Hier handelt es sich um eine provenzalische Unterkunft. Neu, einfach, sauber und preisgünstig.*

UNTERKUNFT AUSSERHALB VON SALON-DE-PROVENCE
- *€€€€€* **Abbaye de Sainte Croix**, *Route du Val de Cuech (nordöstlich von Saint-Remy an der D 16), Tel. 04/90562455, Fax 04/90563112, saintecroix@relaischateaux.com, www.hotels-provence.com: Eine romanische Abtei aus dem 12. Jahrhundert, in den ehemaligen Klosterzellen sind heute die Zimmer untergebracht. Der „Klostergarten" ist mit duftendem*

Rosmarin und Lavendel bepflanzt. Wie es sich für ein klösterliches Anwesen gehört, ist der Weinkeller sehr gut bestückt! Das Hotel ist von Mitte März bis Anfang Nov. geöffnet.

• **€€€€€ Mas du Soleil**, *38, chemin de saint Côme, Tel. 04/90560653, Fax 04/90562152: Ganzjährig geöffnet.*

Restaurants

• ***La Salle à Manger***, *6, rue du Mal Joffre, Tel. 04/90562801, Sonntagabend und Mo geschl.: Was für eine Untertreibung, dieses Restaurant „Speisesaal" zu nennen. Man schreitet die Treppe hinauf in ein Bürgerhaus aus dem 19. Jahrhundert mit farbenfroh bemalten Decken und Wänden. Hier ein Holzpferd in der Ecke, dort eine geschmiedete Palme und die fünfarmigen Kerzenleuchter glänzen mit dem Besteck und dem schweren Goldschmuck des Hausherrn um die Wette! Sehr romantisch sitzt man bei Kerzenschein auch im mit Palmen bepflanzten Innenhof des Restaurants. „D´ici et d´ailleurs" ist die Küche, also regional und international und somit so bunt und groß wie die Speisekarte selbst. Zum Abschluss die Qual der Wahl: Aus über 40 Nachspeisen gilt es auszuwählen. So vornehm das Lokal daherkommt: Die Menus kosten zwischen 15 und 23 € (Vor- und Hauptspeise) – der Preis für so viel Glanz und Glamour ist vergleichsweise günstig.*

• ***Restaurant-Pizzeria au Trotteur***, *21, allée de Craponne, Tel. 04/90533183: Flinker Service, hervorragende Pizzen und Pasta. Und auch der offene Wein mundet gut.*

Markt

Jeden Mittwochmorgen. Von den vielen schönsten Märkten der Provence ist er einer der allerschönsten.

Einkaufen

Folgende zwei Seifenfabriken führen die Tradition der örtlichen Seifenfabrikation weiter:

• ***Savonnerie Rampal-Patou***, *71, rue Félix-Pyat.*

• ***Savonnerie Marius Fabre***, *148, avenue de Grans: Eine der ältesten Seifenkochereien des Südens, gegen 1900 von Marius Fabre gegründet. Der Laden ist sehenswert und die Produkte ausgezeichnet.*

Feste

Almauftriebfest: *Anfang Juni ziehen zahlreiche Schafe und Esel in Salon ein, um das Almauftriebfest zu begehen. Die Hirten führen vor, wie ihre Herden sortiert werden, danach ziehen singende und tanzende Folkloregruppen durch die Straßen.*

Zug- und Busverbindungen

• *Der SNCF-Bahnhof liegt an der Avenue Emile Zola im Westen der Altstadt. Von hier aus tgl. mehrmals* ***Zugverbindungen*** *nach Marseille, Cavaillon und Avignon.*

• *Ab dem Place Morgan tgl. mehrmals* ***Busverbindungen*** *nach Arles, Aix, Avignon und Marseille. Im Sommer auch mehrmals tgl. Busverbindungen nach Les Baux-en-Provence. Tel. 04/90565098.*

Golf

Golf de Pont-Royal, *BP 11, in Mallemort ca. 13 km nordöstlich von Salon-de-Provence, club@golf-pontroyal.com: Beliebter Platz von Severiano Bellesteros. 18 Löcher, 6.303 Meter, Slope 137–145.*

Sehenswertes

• ***Château de l´Emperi mit dem Musée d´Art et d´Histoire militaires français:*** *Geöffnet von April bis Sept. tgl. außer Di 10–12 und 14.30–18 Uhr. Okt. bis März tgl. außer Di 10–12 und 14–17 Uhr.*

• ***Maison de Nostradamus:*** *rue Nostradmus, Tel. 04/90566431. Geöffnet tgl. 9–12 und 14–18 Uhr (Juli und August bis 18.30 Uhr). Samstag- und Sonntagmorgen geschlossen.*

• ***Musée de Salon et de la Crau:*** *Avenue Roger Donnadieu. Geöffnet tgl. außer Di und feiertags 10–12 und 14–18 Uhr, am Wochenende. 14–18 Uhr. Juli und August bis 18.30 Uhr geöffnet. Tel. 04/90562837.*

• ***Musée Grévin:*** *Place des Centuries. Geöffnet Juni bis 1. Sept. tgl. 10–12 und 14–19 Uhr. 2. Sept. bis Mai tgl. 9.30–12 und 14–18 Uhr. Tel. 04/90563630.*

• ***La savonnerie Marius Fabre mit dem Musée du savon de Marseille:*** *148, avenue Paul-Bouret. Besichtigung der Seifenfabrikation Mo und Do um 10.30 Uhr. Öffnungszeiten Museum: Mo bis Fr 9.30–11.30 und 14–17 Uhr. Tel. 04/90532477.*

Sault (S. 298)

Postleitzahl: *84390*

Information

Office de tourisme*, avenue de la Promenade, Tel. 04/90640121, Fax 04/90641503: Man spricht hier auch deutsch. Vom Office de Tourisme aus verlaufen beschilderte Wege und Straßen zu Produzenten und Herstellern von Nougat, Lamm, Dinkel und Honig.*

Internet

www.saultenprovence.com

Camping

Municipal du Defends*, Tel. 04/90640718, Fax 04/90640859: Ein sehr weiträumiger Platz etwa 2 km außerhalb des Ortes. Durch den dichten Bewuchs mit Eichen und Zedern ist der Platz sehr schattig, zuweilen auch etwas düster. Von Anfang Mai bis Ende September geöffnet. Das öffentliche Schwimmbad liegt direkt nebenan.*

Unterkunft

• ***€€€€ Hostellerie du Val de Sault****, Route de St.-Trinit, Tel. 04/90640141, Fax 04/90641274, www.valdesault.com: Ein wunderbar gelegenes Logis de France mit Garten und Schwimmbad am Rande von Sault, ruhig und mit Blick auf den Mont Ventoux. Die Zimmer und Apartments sind gemütlich ausgestattet und verfügen über eine schöne Terrasse. Dazu gibt es ein feines Restaurant, in dem Yves Gattechaut provenzalische Spezialitäten zubereitet, zum Beispiel Gerichte mit Dinkel. (Menü ab 20 Euro). Wer Ruhe sucht, findet sie hier garantiert. Sehr gutes hausgebackenes Brot.*

• ***€€–€€€ Le Louvre Place du Marché****, Tel. 04/90640888, Fax 04/90641401, antoine.scibona@wanadoo.fr: Denkmalgeschütztes Haus, im Zentrum des Dorfes gelegen. 14 helle Zimmer mit Blick auf den Ventoux und den Marktplatz.*

• ***€€ Hotel-Restaurant d´Albion****, Avenue d´Oratoire, Tel. 04/90640622: Im Restaurant gibt es Gerichte mit Dinkel.*

• ***€ Signoret****, Avenue de la Résistance, Tel. 04/90641144, www.lesignoret.fr: Nettes Hotel am Hauptplatz von Sault. Die Zimmer sind geräumig, aber etwas ältlich. Im großen Restau-*

rant gibt´s vorzügliche Küche. Insgesamt: nicht schick, aber charmant-lässig. Hier kocht der Chef persönlich und das schmeckt gut. Das Auto steht so lange in der hauseigenen Garage.

UNTERKUNFT AUSSERHALB VON SAULT

- ***€€ Chambres d´hôte Le moulin**, in Monieux 6 km südwestlich von Sault, Tel. 04/ 90640464: Einfache, preisgünstige Zimmer in einem alten, großen Haus.*

Restaurant

***Le Provençal**, rue Porte des Aires, Tel. 04/90640909: Sonntagabend und Di: Ein kleines Restaurant mit schattiger Terrasse. Küche mit Produkten der Gegend wie Ziegenkäse, Champignos, Trüffel, Lamm und Wild.*

Einkaufen

- ***Le Jardin des Lavande**, geöffnet Juni bis Aug. tgl. 10–13 und 14–19 Uhr: Sehr fotogener, lavendelblau gestrichener Laden am Dorfplatz. Neben Verkauf von Setzlingen und Produkten rund um den Lavendel ist hier auch eine große Sammlung verschiedener Lavendelsorten zu sehen.*
- ***Aroma Plantes**, La Parente, Tel./Fax 90640402: Direktverkauf und Versand von Aroma- und Heilkräutern der Provence und deren Öle und Essenzen.*
- ***Confiserie André Boyer**, Tel. 04/90640889: Am kleinen Dorfplatz von Sault steht dieses große Geschäft, in dem im Familienbetrieb seit 1887 Nougat aus Lavendelhonig und Mandeln hergestellt wird. In zwei Sorten gibt es ihn: den weißen, luftigen und weichen Nougat (zahnfreundlich) und den dunklen, harten, karamelisierten Nougat (zahnarztfreundlich).*

Seit 1887 wird hier bei André Boyer in Sault nach Lavendel schmeckender Nougat hergestellt. Aber nicht nur der Nougat ist eine Gaumenfreude, eine Augenweide ist auch das Geschäft selbst mit seiner historischen Inneneinrichtung.

Markt/Fest

- ***Markt**: mittwochs (seit 1515!)*
- ***Lavendelfest** (Fête de la Lavande): jeweils am 15. August.*

Sérignan-du-Comtat (S. 271)

Postleitzahl: 84100

Camping

***A la Ferme**, Route de Camaret-sur-Aigues, Tel. 04/90700648: Miniplatz mit nur sechs Stellplätzen.*

Unterkunft

***€€€€–€€€€€ Hostellerie du Vieux Château**, Route de Sainte-Cécile-les-Vignes, Tel. 04/90700558, Fax 04/90700562, hv@ifrance.com: Ein schönes Logis-de-France-Hotel mit dem Restaurant Le Pré du Moulin sowie Swimmingpool.*

Markt

Jeweils Mittwochmorgen auf dem Place de la Mairie

Sillans-la-Cascade (S. 504)

Postleitzahl: 83690

Information
Office de Tourisme, Le Château Grande Rue, Tel. 04/94047805, Fax 04/94047196.

Unterkunft
• *€€ Hôtel-Restaurant Les Pins, Grand-Rue, Tel. 04/94046326, Fax 04/94047271: Ansprechende Zimmer zu einem günstigen Preis, rustikales Restaurant mit einem großen Kamin.*

UNTERKUNFT WESTLICH VON SILLANS-LES-CASCADES
• *Auberge du Vieux Fox, in Fox-Amphoux, Tel. 04/94807169, Fax 04/94807838: Ein ehemaliges Kloster, direkt am Hauptplatz des winzig kleinen Dorfes. In der einstigen Sakristei befindet sich heute die Rezeption, von dort führt eine Tür direkt in den Kirchenraum. Die zwei kleinen Zimmer im Glockenturm waren einst Mönchszellen. Nur acht Doppelzimmer. Schöner Blick von den Terrassen über Aix und die Alpen der Haute Provence. Ein Haus für Ruhe Suchende.*

Simiane-la-Rotonde (S. 516)

Postleitzahl: 04150

Information
La Rotonde, Le Haut Village, Tel. 04/92759014 (April bis Sept.), außerhalb der Saison erhält man auf der Mairie Auskunft, Tel. 04/92759140.

Camping
Camping de Valsaintes, Tel. 04/92759146: Ruhiger, kleiner Platz in einem abgelegenen Tal, 5 km östlich von Simiane-la-Rotonde, www.valsaintes.com. Auch Vermietung von Bungalows.

Unterkunft
• *€€€ Les Coustètes, Route de Cheyran, Tel. 04/92757060, Fax 04/9275706, info@lescoustetes.net, www.lescoustetes.net, Landhaus aus dem 17./18. Jahrhundert inmitten von 65 Hektar Eichenwald, nahe beim Dorf Simiane-la-Rotonde gelegen.*
• *€€ Auberge du Faubourg, Tel. 04/92759243: Kleines Hotel-Restaurant mit nur acht Zimmern, Halbpension möglich.*

Festival
Festival International de Musique Ancienne, jeweils im August. www.festival-simiane.com.

Sehenswertes
Abbaye de Valsaintes: Boulinette, Tel. 04/92759419, info@valsaintes.org, www.valsaintes.org: Geöffnet vom 1. April bis Ende Okt. tgl. 14.30–19 Uhr.

Sisteron (S. 522)

Postleitzahl: 04200

Information

Office de Tourisme, Hôtel de Ville, Tel. 04/92613650, Fax 04/92611957, otsi@sisteron.fr: In den Monaten Juli und August finden jeweils Di und Fr 10 und 16 Uhr kostenlose Stadtführungen ab dem Office de Tourisme statt.

Internet

www.sisteron.com

Camping

- ***€€€ Sunêlia-L'Hippocampe**, Route de Napoléon, 04290 Volonne, Tel. 04/92335000, camping@l-hippocampe.com, www.l-hippocampe.com: 2004 eröffneter Platz südlich von Sisteron. Mit Seeblick und schattigen Oliven- und Kirschbäumen. Vermietung von Chalets, Cottages, und Bungalows. Vielfältiges Unterhaltungsprogramm. Geöffnet 1. April bis 30. Sept.*
- ***Les Prés-Hauts**, Route de la Motte, Tel. 04/92611969, www.camping-sisteron.com: 3 km außerhalb des Zentrums am Ufer der Durance. Schattiger komfortabler Platz mit Tennis, Schwimmbad und wenn's indianisch sein soll, auch mit Tipi-Zelt. Von März bis Oktober geöffnet.*
- ***Le jas du moine**, Tel 04/92614043, www.camping-jasdumoine.com: Kleiner, schattiger und ruhiger Platz mit Swimmingpool, 7 km südlich von Sisteron bei Salignac an der D4. Vermietung von Bungalows und Wohnwagen. Ganzjährig geöffnet.*

Unterkunft

- ***€€€ Grand Hôtel du Cours**, Tel. 04/92610451, Fax 04/92614173, www.hotel-lecours.com: Seit drei Generationen in Familienbesitz. Mitten im Ort bei der Kathedrale gelegen. Eindrucksvolle Lobby. Der gediegene Stil ist auch in den Gästezimmern zu finden, nach den ruhigen Zimmern zur Kathedrale oder zur Zitadelle fragen. Mit Swimmingpool, Tea-Room mit Rattanmöbeln und Aufenthaltsraum mit Kamin. Empfehlenswertes Restaurant, eine gute Adresse für klassische gehobene, französische Küche.*
- ***Ferme aux Vieux Galets** 88, Route de la Motte du Caire, am nördlichen Ausgang von Sisteron, an der D 951 in Richtung La Motte du Caire gelegen, Tel./Fax 04/92610383, sinnerm@aol.com, www.guideweb.com/provence/gites/vieux-galets/: Liebevoll restauriertes Bauernhaus mit drei Apartments für zwei bis vier Personen (wochenweise Vermietung). Die Besitzer sprechen auch deutsch.*

UNTERKUNFT NÖRDLICH VON SISTERON

- ***€€ Ferme de Valauris**, Chambres et table d'hôtes, 04200 Vaumeilh, Tel. 04/92621399, ferme-de-valauris@club-internet.fr, www.ferme-de-valauris.club.fr: 13 km nördlich von Sisteron in Richtung Gap östlich der A51. Von einem „Aussteigerpaar" geführtes Haus mit vier Zimmern, benannt nach Schriftstellern der Region: Jean Giono, Pierre Magnan, Paul. Arène und Marcel Pagnol. Das üppige Frühstück mit Marmelade, Eiern und Käse ist im Preis enthalten.*

UNTERKUNFT WESTLICH VON SISTERON IM VALLE DU JABRON AM FUSS DES LUREMASSIVS

• ***€€ Chambres d'hôte du Casque**, Tel. 04/92628193: Schräg gegenüber dem La Ribière gelegenes einfaches Haus mit Restaurant und drei einfachen Gästezimmern, die nach hinten auf einen Garten hinausgehen. Die Besitzer sind recht freundlich, die Hausherrin kocht gut und erfüllt auch vegetarische Extrawünsche. So friedlich dieses Fleckchen Erde mitsamt seinen Bewohnern auch ist: Der freundliche Inhaber ist ein begeisterter Sammler von Helmen, zu seinen Prunkstücken zählen auch ein SS-Helm und aus neuerer Zeit ein Helm aus dem ersten Golfkrieg. Und so ist das du Casque (zum Helm) nebenher noch ein kleines Museum für Kriegshelme und anderes militärisches Zubehör.*

• ***€€ Chambres et table d'hôtes Mas du Figuier La Fontaine** – in Bevons 8 km westlich von Sisteron in Richtung Noyers-sur-Jabron, Tel./Fax 04/92628128, www.masdufiguier.com: Ein großes bäuerliches Anwesen aus dem 17. Jahrhundert, umgeben von 5 Hektar Land. Vermietet werden Zweibettzimmer sowie Apartments für zwei bis vier Personen.*

• ***€ La Ribière**, Tel./Fax 04/92620694, gite.laribiere@wanadoo.fr, www.guideprovence.com/gites/laribiere: Ehemaliger Getreide-, Mehl- und Staffspeicher aus dem 19. Jahrhundert. Das Haus ist eine rustikale Wanderer-Unterkunft mit Holzdecken und offenem Mauerwerk und verfügt über Räume für zwei, 6 oder 12 Personen. Rückseitig des La Ribière befindet sich eine überaus idyllische kleine Terrasse im Schatten des dahinter aufragenden Steilhangs.*

Olivenöläquator

Bei Sisteron scheiden sich die Kochtöpfe: Nördlich der Stadt stehen mehr Kühe auf den Wiesen, also wird hier mehr mit Butter gekocht. Südlich von Sisteron wachsen mehr Olivenbäume, folglich kommt hier mehr Olivenöl in die Töpfe.

Restaurants

Besonders empfehlenswert sind in Sisteron die in Olivenöl gesottenen Lammfilets der „Sisteron-Schafe", die sich zu Lebzeiten von den wohlschmeckenden Weidekräutern ernähren durften. Eine weitere Spezialität von Sisteron sind die pieds et paquets aus Füßen und Kaldauen, die man auch als Konserve im Glas mitnehmen kann (zu Hause sollte man mit frischen Kräutern nachwürzen).

• ***Le ratelier**, Place P. Arène, Tel. 04/92610183: Spezialität: Sisteronschaf mit ordentlich Knoblauch und die Pieds et Paquets. Buffet aus zwölf verschiedenen Vorspeisen.*

• ***Les becs fins,** 16, rue saunerie, Tel. 04/92611204, Fax 04/92612833: D i e Adresse für Lammkoteletts und Entenbrust. Menüs von günstig bis teuer.*

Markt

Jeweils Mittwoch- und Samstagmorgen; weiterhin jeden zweiten Samstag im Monat ein großer Ganztagsmarkt.

Veranstaltungen

***Festival des Nuits de la Citadelle**: Tanz, klassische Musik und Theater in der alten Zitadelle, alljährlich von Mitte Juli bis Mitte August.*

Sport

***Baden:** am Badesee Plan d'Eau des Marres am Ufer der Durance oder im öffentlichen Schwimmbad (nur Juli und August geöffnet). **Wandern**: Bei der Gendarmerie beginnt der 3-stündige Wanderweg auf dem Sentier Botanique du Molard.*

Zug- und Busverbindungen
Zugverbindungen gibt es nach Manosque, Aix und Marseille. ***Busverbindungen*** *ab der Gare routière (beim Rathaus am Place de la République) nach Marseille, Genf, Grenoble, Digne und in die Orte der Umgebung.*

Sehenswertes
- ***Zitadelle:*** *Tel. 04/92612757. Place Général de Gaulle. Geöffnet von März bis Nov. 9–18 Uhr, Juli und Aug. bis 20 Uhr. Ca. 10-minütiger Aufstieg, in den Sommermonaten zuckelt auch ein Elektrobähnchen hoch.*
- ***Kathedrale Notre-Dame-des Pommiers:*** *Geöffnet von April bis Allerheiligen tgl. 15–18 Uhr.*
- ***Musée Terre et Temps und die „route du Temps" (Straße der Zeit):*** *6, place du Général-de-Gaulle, Tel. 04/92616130. Geöffnet Juli und Aug. tgl. 10–13 Uhr und 15–19 Uhr. April, Mai, Juni, und Okt. Mi und So 9.30–12.30 und 14–18 Uhr.*
- ***Le musée du Soutisme Baden-Powell – Pfadfindermuseum Baden-Powell:*** *6, rue de la Mission. 04/92629790. Geöffnet von April bis Sept. Mi 15–18 Uhr. Eintritt frei.*

Tarascon (S. 361)

Postleitzahl: *13150*

Information
Office de Tourisme*, 59, rue des Halles, Tel. 04/90910352, Fax 04/90912296. Hier gibt´s auch eine kostenlose Broschüre mit neun Wandervorschlägen.*

Internet
www.tarascon.org

Camping
Tartarin*, Route de Vallabrègues, Tel. 04/90910146, Fax 04/90911070: Schattiges Wiesengelände an der Rhône in Schlossnähe. Geöffnet Anfang April bis Ende Oktober. Snackbar und Pizzeria.*

Unterkunft
- ***€€€€ Chambres d´hôtes du Chateau****, 24, rue du Château, Tel. 04/90910999, Fax 04/90911033: Im Herzen der Stadt nahe dem Schloss eröffnet sich hinter einer schweren Holztüre eine andere Welt. Das ockerrote Gebaude aus dem 15. Jahrhundert umschließt einen kühlen Innenhof und birgt fünf in unterschiedlichen Pastellfarben ausgestattete Gästezimmer. Geöffnet von April bis Okt., zu anderen Zeiten nach Reservierung. Wer sich nicht am gemeinsamen Frühstück mit anderen Gästen stört, für den ist dieses äußerst malerische und mit vielen liebenvollen Details dekorierte Haus die erste Wahl in Tarascon!*
- ***€€€ Hotel des Echevins – Restaurant le Mistral****, 26, Boulevard Itam, Tel. 04/90910170, Fax 04/90435044, www.hotel-echevins.com: Das Hotel ist in einem imposanten Gebäude aus dem 17. Jahrhundert untergebracht, die Zimmer sind sauber und zweckmäßig eingerichtet. Von Anfang Nov. bis Ostern geschlossen.*
- ***€€ Le Provençal****, 12, cours Aristide Briand, Tel. 04/90911141, Fax 04/90435756, www.leprovencal-tarascon.com: Die beiden auf liebenswürdige Art schlitzohrig wirkenden*

Brüder, die das Hotel führen, könnten geradezu einem Roman von Daudet entsprungen sein. Die Zimmer des Hotels sind in den Farben Gelb und Blau gehalten, groß und geräumig, ebenso die Bäder. Die ruhigen Zimmer nach hinten raus sind etwas teurer als die nach vorne zur Straße. Im Restaurant grüßt eine Sammlung von Ententieren, und was hier auf den Teller kommt, ist von solider Qualität.

UNTERKUNFT AUSSERHALB VON TARASCON

- ***€€€€ Mas d' Arvieux**, Route d' Avignon, nordwestlich von Tarascon auf der Straße nach Graveson Tel. 04/90 907877, Fax 04/90907868, www.arvieux-provence.com: Ein großes Landgut, einst stand hier eine römische Villa, heute verschiedene Bauten aus dem 16. und 19. Jahrhundert, umgeben von Reben, Aprikosen- und Olivenbäumen. Von Platanen und Oleander beschatteter Swimmingpool auf der Terrasse, hier wird im Sommer auch das Frühstück serviert. Die vier Gästezimmer liegen im ältesten Teil des Mas, zusätzlich bietet das Haus noch zwei Ferienhäuser. Geführt wird das Mas von zwei ehemaligen Journalisten.*
- ***€€€ Les Mazets des Roches**, Route de Fontvieille D 33, Tel. 04/90913489, Fax 04/90435329, www.mazetsdesroches.com: Etwa 15 Gehminuten vom Zentrum von Tarascon entfernter, in idyllischer Umgebung gelegener Landsitz. Die geschmackvoll eingerichteten, hellen und klimatisierten Zimmer blicken auf einen Naturpark mit einem großen Swimmingpool. Fitness-parcours, zwei Tennisplätze und Privatparkplatz.*

Markt

- ***Obst- und Gemüsemarkt** jeweils Dienstagvormittag auf dem Cours Aristide Briand und auf der Avenue de la République*
- ***Schafs- und Eselsmarkt** in der ersten Septemberwoche*
- ***Santon-Markt** Ende November*

Veranstaltungen

- ***Blumenmesse** am Pfingstwochenende.*
- *Das **„Tarasque-Fest"** wird jeweils am letzten Wochenende im Juni aufgeführt: Am Sonntagmorgen entsteigt Tartarin in Bergsteigerausrüstung dem Zug, wo er von den Stadtvätern feierlich zum Rathaus geleitet wird. Am Nachmittag wird dann eine Nachbildung des Untiers durch die Straßen geführt, wobei es mit seinem Drachenschwanz wedelt und versucht, die Zuschauer umzuwerfen. Das Fest hat eine sehr lange Tradition: Es wurde 1474 von König René zur Erinnerung an die volkstümliche Legende des Drachen Tarascon eingeführt.*

Sehenswertes

- ***Le Château du roi René:** Geöffnet April bis Sept. tgl. 9–19 Uhr, in der Nebensaison 9–12 und 14–17 Uhr. Tel. 04/90910193, Fax 04/90910193.*
- ***Maison de Tartarin**: 55, boulevard Itam, Tel. 04/90910508. Geöffnet Sa und So 10–12 und 14–19 Uhr.*

Trigance (S. 536)

***Postleitzahl:** 83840*

Information

***Office de Tourisme**, Trigance, Ferme la Sagne, D 955, Tel./Fax 04/94856840, www.trigance.fr.*

Unterkunft

• **€€€€€ Château de Trigance**, Tel. 04/94769118, Fax 04/94856899, www.chateau-de-trigance.fr: Hoch über Trigance tront das Château gleich einem Adlerhorst und man steht auf des Gemäuers Zinnen und schaut auf die idyllische Gegend weit unter sich. Gegründet wurde die Trutzburg im 10. Jahrhundert von Mönchen der Abtei Saint Viktor in Marseille. Stilgerecht begrüßt am Eingang eine Ritterrüstung den Gast, das Ritterthema wird vom Gobelin bis zur in Lilienform gefalteten Serviette und diversen bunten Wappen sehr konsequent durchgezogen – etwas weniger wäre vielleicht mehr gewesen. Die Zimmer sind luxuriös mit Baldachinbetten und Louis-XIII-Fauteuils ausgestattet. Am schönsten ist das Turmzimmer mit gleich zwei Fenstern mit Aussicht. Alles in allem: Im eindrucksvollen mehr als 30 Jahre alten dicken Gästebuch sind nur begeisterte Kommentare zu lesen!

• **€€€–€€€€ Hotel-Restaurant Le Vieil Amandier**, Montée de Saint-Roch, Trigance, Tel. 04/94769292, Fax 04/94856865, www.hotel-vieil-amandier-trigance.cote.azur.fr: Wie alle Logis de France-Häuser ist auch dieses von einer familiären Gemütlichkeit, gepaart mit einem Schuss Eleganz. Hell und licht ist das hohe Restaurant mit seiner Balkenkonstruktion an der Decke, vor dem Hotel liegt ein Swimmingpool.

FERIENHAUS AUSSERHALB VON TRIGANCE

• **La Commanderie**, Saint-Maimes, Tel. 04/94769123: Ferienhaus für 4 Personen, Vermietung wochenweise. Die ehemalige Dependance des Templerordens liegt 5 km westlich von Trigance in der Einsamkeit eines Karstplateaus. Im Mai bedeckt ein Teppich wilder Narzissen die Wiesen ringsherum. Mit etwas Glück sieht man Königsadler und Falken über den Gorges du Verdon kreisen – seit dem Herbst 1999, als einige Exemplare ausgewildert wurden, auch Geier. Das Haus ist ein »Gîte Panda« mit dem Label des WWF. Spezialität: der Ziegenkäse, den die Besitzer selbst herstellen.

Restaurant

Lou Cafoucho, unterhalb von Trigance an der D 955, Tel. 04/94769208: Nettes, unkompliziertes Bar-Restaurant mit Terrasse. Salate, Sandwiches und leichte Menüs für den kleinen Hunger.

Einkaufen

Agriculteur Bernard, rue du Portail, Tel. 04/94769109, keine festen Zeiten – klingeln! Bei den Bernards ist man Imker de père en fils (vom Vater auf den Sohn). Der Lavendel- und Hochgebirgshonig der Familie wurde schon mit zahlreichen Medaillen ausgezeichnet. Eigener Versand.

Vaison-la-Romaine (S. 287)

Postleitzahl: 84110

Information

Office de Tourisme, Place du Chanoine Sautel, Tel. 04/90360211, Fax 04/90287604, ot-cvaison@axit.fr: Direkt neben dem Office de Tourisme werden im Maison des Vins Weine, Olivenöl und Lavendelprodukte verkauft.

Internet

www.vaison-la-romaine.com

Camping

• *du Théâtre romain, Quartier des Arts, Chemin du Brusquet, Tel. 04/90287866, Fax 04/90287876, www.camping-theatre.com: Nahe dem römischen Theater gelegener, schattiger Platz mit Schwimmbad und Kinderplanschbecken. Geöffnet von Mitte März bis Mitte Nov.*

• *Le Carpe Diem, Route de St. Marcellin, Tel. 04/90360202, Fax 04/90363690, www.camping-carpe-diem.com: Teilweise schattiger Platz, etwas außerhalb von Vaison. Zwei Schwimmbäder. Vermietung von Zelten, Hütten und Caravans. Von Ende März bis Anfang Nov. geöffnet.*

Unterkunft

• *€€€€ Le Beffroi, Route de l'Evêché, Tel. 04/90 36 04/71, Fax 04/90362478, contact@le-beffroi.com, www.le-beffroi.com: Ein Hotel in zwei Wohnhäusern aus dem 16. und 17. Jahrhundert im Herzen von Saisons Altstadt mit 22 individuell eingerichteten Zimmern. Bemerkenswert: die wunderschöne geschwungene Treppe. Wohzimmerartiges Restaurant mit einer blumigen Tapete. Auf der Weinkarte stehen die besten Jahrgänge der Côtes du Rhône und der Côtes du Ventoux. Das empfehlenswerte Restaurant hat nur abends geöffnet, am Wochenende auch mittags (Nov. bis März geschl.). Im Sommer gibt es eine Salatbar auf den Terrassen des Beffroi. Herrlicher Garten, privater Swimmingpool und Parkplatz mit 11 Plätzen direkt vor dem Hotel.*

• *€€€ La Fête en Provence, Haute-ville, Place du Vieux Marché, Tel. 04/90363643, www.hotellafete-provence.com: Am Eingang zur Altstadt an der Stadtmauer gelegen. Vermietung von geschmackvoll ausgestatteten Studios und Apartments. Das Haus ist wegen seines Restaurants bekannt: Ob im Gewölberestaurant oder im mit Blumen geschmückten Hof, hier sitzt man wunderschön.*

• *€€–€€€ Le Burrhus, 2, Place Montfort, Tel. 04/90360011, Fax 04/90363905, www.burrhus.com: Verwinkelt ist dieses Hotel und jedes, wirkliches jedes, Zimmer ist ganz unterschiedlich gestaltet. Da ist zum Beispiel das Zimmer Nr. 31, ganz in rosa, nur ein Bild von zwei Liebenden. Direkt nebenan Zimmer Nr. 32, in blau zum Abkühlen. Dann gibt es das Zimmer mit dem 50 Jahre alten asiatischen Schrank aus Bambus, das Zimmer mit den Herz-Assen, den Piques und den Vögeln. Der Frühstücksraum in sattem Gelb und mit moderner Kunst (Wechselausstellungen) an den Wänden Das Publikum des Burrhus ist mit dem Begriff „angenehm" am besten zu beschreiben, das junge Besitzerpaar sehr freundlich und zuvorkommend. Im Sommer frühstückt man auf der von Platanen beschatteten Terrasse. Hier ist eine Kultiviertheit spürbar, die nicht zelebriert, sondern gelebt wird. Le Burrhus ist ein ganz besonderes Haus.*

Steht man unten vor dem Le Burrhus und schaut nach oben durch die (noch unbelaubten) Platanen auf das Dach des Burrhus, dann sieht man – einen Terrakottatopf auf dem Dach. Der steht da oben als Kunst und zeigt so von außen, was man innen sehen wird: Wechselnde Kunstausstellungen, auch deutsche Künstler durften hier schon ihre Werke präsentieren.

• *€€/€ Hotel-Restaurant Logis du Château, Les Hauts de Vaison, Tel. 04/90360998, Fax 04/90361095, www.logis-chateau-vaison-romaine.*

federal-hotel.com: Etwa eine Viertelstunde vom Stadtzentrum auf den Höhen von Vaison ruhig gelegen. Das Hotel ist von einem großen Park umgeben und bietet einen Swimmingpool. Zwei der Zimmer sind behindertengerecht ausgestattet.

UNTERKUNFT AUSSERHALB VON VAISON-LA-ROMAINE

- ***€€€€ Hostellerie La Manescale**, 8 km von Vaison in Entrecaux in der Route de Faucon, Tel. 04/90460380, Fax 04/90460389, www.hostellerie-la-manescale.com: Ein ehemaliges Schäferhaus, heute ein Minihotel mit fünf Zimmern. Terrasse – wo zur Aperitifstunde klassische Musik ertönt. Swimmingpool mit Traumausblick über Weinhänge und Täler bis zum fernen Mont Ventoux. Ende Okt. bis Ostern geschlossen.*
- ***€€€ Chambres d'hôte Charles Haggai et Renaud Terrisse**, rue Calade – 3 km nordwestlich von Vaison in Saint-Romain-en-Viennois, Tel. 04/90465179, Fax 04/90465182, www.la-calade-vaison.com: Mit wildem Wein überwachsenes Haus. Die vier Zimmer sind mit alten Familienerbstücken aus dem 19. Jahrhundert möbliert.*
- ***€€–€€€ Hotel-Restaurant Auberge de la Gloriette**, Tel. 04/75287108: In Mérindol-les-Oliviers, ca. 8 km westlich von Vaison-la-Romaine liegt überaus idyllisch ein noch idyllischeres Gasthaus mit vier Zimmern, vier Apartments, Swimmingpool – und einem Bilderbuchblick. Aus dem Backofen der angeschlossenen Bäckerei holt der Wirt das beste Nuss- und Olivenbrot der Gegend.*
- ***€€–€€€ la Bastide de Vaison**, ca. 2 km außerhalb von Vaison in Richtung Avignon, Quartier les Auric, Tel. 04/90360315, Fax 04/90288690: Trutzige ehemalige Ölmühle mit dicken, die Hitze abweisenden Wänden, umgeben von Reben. 14 Zimmer. Swimmingpool. Das Haus wirkt von außen eindrucksvoll, die Inneneinrichtung hingegen ist eher etwas gesichtslos. Kein Restaurant.*

Restaurants

- ***La Fête en Provence** und **Le Beffroi**, s. „Unterkunft"*
- ***Le Vieux Vaison**, La Haute Ville, Tel. 04/90361945, Fax 04/9012376: Beliebte Pizzeria, zu Recht, die Pizzen schmecken hier wirklich gut und der Service ist schnell und freundlich.*

Markt/Einkaufen

- *Jeweils dienstags, der Markt gilt als einer der größten und schönsten Märkte der Provence.*
- ***Boucherie Millet**, 14, Place Monfort: Die Metzgerei ist für ihre Olivenwurst bekannt, die man mit Kartoffelsalat isst.*

Sehenswertes

- ***Quartier du Puymin:** Geöffnet Juli und August tgl. 9.30–19 Uhr, Juni und Sept. tgl. 9.30–18 Uhr, März, April und Okt. tgl. 10–12.30 Uhr und 14.30–18 Uhr, im Winter tgl. außer Di 10–11.30 und 14–16 Uhr (das Museum öffnet meist eine halbe Stunde später, ansonsten sind die Öffnungszeiten identisch).*
- ***Quartier de la Villasse:** Geöffnet Juni bis Sept. tgl. 9.30–12.30 und 14.30–18 Uhr (Juli und Aug. bis 18.30 Uhr). März, Apri, Mai und Okt. 10–12 und 14–17.30 Uhr, im Winter tgl. außer Di 10–12 und 14–16 Uhr.*
- ***Kathedrale Notre-Dame-de-Nazareth:** Geöffnet Juni bis Sept. tgl. 9.30–12 und 14–17.30 Uhr, Juli und Aug. bis 18.30 Uhr. März, April und Okt. tgl. 10–12 und 14–17.30 Uhr, im Winter tgl. außer Di 10–12 und 14–16 Uhr.*

Valensole (S. 527)

Postleitzahl: 04210

Information

Office de Tourisme, Avenue Segond, Tel. 04/92749002, Fax 04/92749377.

Camping

- *Municipal Les lavandes, Tel. 04/9274861476: Leicht erhöht mit schönem Blick auf den Ort gelegenes Wiesengelände mit wenig Schatten, aber Zugang zum öffentlichen Schwimmbad.*
- *Oxygene, Tel. 04/92724177, www.camping-oxygene.com: 15 km außerhalb des Ortes in Richtung Manosque, an der Kreuzung mit der D4 nach Oraison fahren, dort nach 2 km ausgeschildert. Sehr komfortabler, schattiger Platz mit einem schönen Schwimmbad.*
- *Le petit Arlane, Tel. 04/92748270, www.domainepetitarlane.fr: FKK-Camping.*
- *du Lac, Les Faucons, rue de Riez: In 600 m Höhe zwischen Riez und Valensole an einem großen Teich gelegener, 75 ha großer Platz. Von den zahlreichen Stellplätzen haben 60 einen elektrischen Anschluss. Vermietung von Chalets. Textilfreies Baden im Teich oder in einem Schwimmbecken. Lebensmittelgeschäft, Restaurant und Bar. Mehrere Spielplätze, Tennis, Angeln. Sportangebote in der Umgebung: Klettern, Kanufahren, Segeln und Surfen auf dem Stausee von Sainte Croix.*

Unterkunft

- *€€€€ Hostellerie de La Fuste Lieu, Tel. 04/92720595 Fax 04/92729293: Kleine, charmante Herberge hinter hohen Bäumen, Mitglied der „Hôtels de Charme"-Kette. Provenzalische Feinschmecker-Menüs vom Hausherrn.*
- *€€ Le Valensole, Route de Puimoisson, Tel. 04/92748313, Fax 04/92749414: Kleines familiäres Logis de France an der Straße nach Puimoisson. Die Zimmer haben einen Balkon, die Küche des Hauses ist solide-empfehlenswert. Ruhiger Garten.*

Venasque und Saint Didier (S. 299)

Postleitzahl: Venasque 84210

Information

Office de Tourisme, Grande Rue, Tel./Fax 04/90661166; von Anfang April bis Ende Okt. geöffnet.

Unterkunft

- *€€€€€ Auberge de la Fontaine, Place de la Fontaine, Tel. 04/90660296: Seit drei Jahrzehnten betreibt das Ehepaar Ingrid und Christian Soehlke dieses außergewöhnliche Hotel in einem liebevoll renovierten Haus aus dem 18. Jahrhundert. Die fünf Suiten sind zum Teil klassisch, zum Teil sehr modern eingerichtet. Zur Trüffelsaison gibt´s hier Speisen wie Geflügel-Filet mit Trüffeln, Trüffel-Omelette, Hasenrücken mit Trüffeln, Rehrücken mit Trüffeln. Einfacher und preisgünstiger als im Restaurant kann man im* ***Bistro de la Fontaine*** *im Erdgeschoss essen.*
- *€€€€ La Maison aux Volets bleus, rue St.-Paul, Tel. 04/90660304, Fax 04/90661614: Das Haus mit den blauen Fensterläden liegt mitten im Dorf. Neben den fünf Gästezim-*

mern gibt es auch eine Suite für drei bis vier Personen zu mieten. Schattiger Innenhof, Salon und eine Terrasse mit Aussicht.

- ***€€€ La Garrgue**, Route de l´Appié in Richtung Murs, Tel. 04/90660340, Fax 04/906661: Die Zimmer im Parterre haben eine Terrasse und der Garten einen Hotelpool.*

UNTERKUNFT AUSSERHALB VON VENASQUE

- ***La Bergerie St. Gens**. Guest House, Art & Gift Gallery, ca. 6 km südlich von Venasque im Weiler Le Beaucet, Tel. 04/90661489, Fax 04/90661489, www.labergerie.info: La Bergerie St. Gens ist eine authentische Schäferei aus dem 16. Jahrhundert – ausgebaut zu einem charmanten Chambres d´hôtes mit mediterranem Esprit. Die Zimmer sind nach Heiligen benannt, das des Antoine ist in Blau und Weiß gestaltet mit zwei Einzelbetten, Saint-Etienne ist in Rosé gehalten, von der Mittagssonne bestrahlt und mit einem Doppelbett ausgestattet, und Saint-Julien erstrahlt in Blau- und Grüntönen und wird romantisch durch einen Kerzenkronleuchter beleuchtet. Die Bergerie selbst steht auch unter den Fittichen eines Heiligen, Saint Gens, dem eine kleine Kapelle in der unmittelbaren Umgebung gewidmet ist. Der Heilige soll Heilungen vollbracht haben und weiterhin vollbringen: In der Kapelle zeugen viele Tafeln dankbarer Pilger davon. Hinter der Kapelle befindet sich in den Felsen eine Quelle mit heiligem Wasser, die auch als Wanderziel beliebt ist.*

Übrigens: Die Besitzerin der Bergerie stammt aus Nürnberg.

UNTERKUNFT IN SAINT DIDIER WESTLICH VON VENASQUE

- ***€€€€ La Ferme Valentin**, La Roque-sur-Pernes, 12 km südlich von Venasque, Les Rouvets, Tel. 04/90613340: B & B in einem alten Gehöft mit drei modern eingerichteten Gästezimmern und einem Apartment für zwei Personen. Swimmingpool mit Blick auf den Mont Ventoux.*
- ***€€ Chez Benoit**, 110, le Cours, in Saint-Didier westlich von Venasque, Tel. 04/90660328: Eine wenig spektakuläre, aber wunderbare Adresse. Mitten im hübschen, wohltuend untouristischen Ort Saint-Didier vermietet Benoit vier Zimmer in der ehemaligen Post des Ortes, besonders schön ist das Zimmer im Erdgeschoss mit seinem sichtbaren Mauerwerk. Direkt nebenan betreibt Benoit ein originell eingerichtetes Restaurant, hier gibt´s provenzalische und italienische Küche, im Sommer kann man auch draußen sitzen. Und vor dem Essen beim Pastis aus einer der beiden Bars gegenüber das örtliche Leben beobachten. Übernachten im Chez Benoit ist wie ein Platz in der ersten Reihe dicht dran am Geschehen! Überdies ist Benoit von sehr gewinnendem Wesen und sein Frühstück äußerst liebevoll mit frischen Früchten und Säften sowie – eher selten in Frankreich – vollkommen ohne Papier- oder Plastikhinterlassenschaften. Und – Benoit betont es mit Stolz – das Baguette ist das beste und knusprigste weit und breit!*
- ***€€ La Sérignane**, Route de la Sérginane, Saint Didier, Tel. 04/90660141: Ein einfaches charmantes Hotel.*

Und ewig lockt Monsieuer Raymond

Der humorvolle Monsieur Raymond ist der einzige Lockpfeifen-Hersteller Frankreichs, der wie schon drei Generationen vor ihm praktisch jeden Vogel Europas täuschend nachahmen kann. In seinem kleinen Museumsgeschäft in St.-Didier kann man sich davon überzeugen.

Les appeaux raymond, Place neuve Saint-Didier, Tel. 04/90661313, Fax 04/90661792.

Villecroze (S. 503)

Postleitzahl: 83690

Information
***Office de Tourisme**, rue principale, Tel. 04/ 94675000, Fax 04/94675329. Im Sommer täglich geöffnet.*

Camping
***Club Le Ruou**, RD 560, Les Esparrus, Tel. 04/94706770, Fax 04/94706465, www.leruou.com.*

Unterkunft
- ***€€€ Au Bien Etre**, quartier „les cadenières", 3,5 km außerhalb des Ortes in Richtung Draguignan, Tel./Fax 04/94706757, www.hotel-au-bien-etre-villecroze.cote.azur.fr: Freundlich geführtes Hotel mitten im Grünen mit Terrasse und Garten.*
- ***€€–€€€ Auberge des Lavandes**, Place général de Gaulle, Tel. 04/94707600, Fax 04/94701031: Vor dem Haus eine schattige Terrasse unter Platanen, dahinter eine mattgelbe Hausfassade mit lavendelblauen Fensterläden – eine provenzalische Bilderbuchidylle.*
- ***€€ Hotel Restaurant Les Esparrus**, Route de Draguignan, Tel. 04/94675685, Fax 04/94706319: Ein Logis de France mit Swimmingpool.*

Markt
donnerstagvormittags

Weingüter
- ***Le Château Theurry**, Tel. 04/94706302, geöffnet Mo bis Fr 9–19.30, Sa und So 10–13 und 15–19.30 Uhr: Hier kann man sich mit einem relativ preisgünstigen Rotwein eindecken.*
- ***Domaine de Valcolombe**, chemin des Espèces, Tel. 04/94675716: Mo bis Fr 9–12 und 15–19 Uhr: Mehrfach preisgekröntes Weingut.*

Sehenswertes
***Höhle des Grafen d'Albertas**: Geöffnet im März Sa und So 14–17.30 Uhr, Mai und Juni tgl. 14–18 Uhr, Juli bis 15. Sept. tgl. 10–12 und 14.30–19 Uhr, 16. Sept bis 12. Okt. 14–18 Uhr. Juli und August kurze Führung in englisch.*

Villeneuve-lés-Avignon (S. 357)

Postleitzahl: 30400

Information
***Office de tourisme**, 1, Place Charles-David, Tel. 04/90256155, Fax 04/90256155*

Internet
www.villeneuvelesavignon.fr

Jugendherberge

Centre de rencontres internationales YMCA, 7 bis chemin de la justice, Tel. 04/90254620, Fax 04/90253064, www.ymca-avignon.com: Ganzjährig geöffnet außer in den Weihnachtsferien.

Unterkunft

***€€–€€€ de l´Atelier**, 5, rue de la Foire, Tel. 04/90250184, Fax 04/90258006, www.hoteldelatelier.com: Vor etwa 500 Jahren soll sich ein Kardinal dieses Hotel als ruhige Residenz etwas abseits vom rummeligen Avignon erbaut haben. Aus dieser Zeit ist nur noch ein Kirchlein aus dem 14. Jahrhundert übriggeblieben, allerdings nicht als Ort des Gebets, sondern heute als schnöde Hotelgarage. Das Hotel selbst stammt aus dem 19. Jahrhundert und die Hotelbesitzer, Agnès Berméjo und Guy Lainé, haben das Haus zu Beginn des dritten Jahrtausends übernommen, entrümpelt und zu einer kuschelig-unkonventionellen 23-Zimmer-Herberge umgebaut. Am schönsten ist im Sommer aber der schattige begrünte Innenhof. Und im Winter? Dann wärmt im Wohnzimmer das Kaminfeuer.*

Restaurants

- ***Aubertin**, 1, rue de l´Hôpital, Tel. 04/90259484, Mo geschl.: Jean-Claude Aubertin kocht gerne ausgefallen und kombiniert Lammhaxen mit Rosmarinhonig.*
- ***La Calèche**, 35, rue de la République (nahe dem Markplatz), Tel. 04/90250254: Kein hoch gezüchtetes Bistro, sondern eines, wo sich jedermann trifft. An den Wänden Reproduktionen berühmter Gemälde, ansonsten viel Trödel aus der Belle-Epoque, sehr netter kleiner Innenhof. Spezialität: Gratins.*

Markt

donnerstagmorgens auf dem Place Charles David, wo am Samstagmorgen auch der Antikmarkt stattfindet.

Kochschule

***L´Ecole de Cuisine**, place de la Poste, 30131 Pujaut (ca. 2 km nördlich von Villeneuve-les-Avignon, Tel. 06/70704224, Fax 04/90263270: Hier kann man französisch und provenzalisch kochen lernen. Wahlweise in kleinen Gruppen oder auch in Einzelschulungen.*

Sehenswertes

- ***Chartreuse du Val-de-Bénediction:** im Stadtzentrum. Tel. 04/90152424. Geöffnet April bis Sept. 9–18.30 Uhr, Okt. bis März 9.30–17.30 Uhr.*
- ***Fort Saint-André:** Tel. 04/90254535. Tgl. 10–13 Uhr und von 14–17 Uhr geöffnet.*
- ***Kirche collégiale Notre-Dame:** Öffnungszeiten wie das Museum Pierre-de-Luxembourg*
- ***Musée Pierre-de-Luxembourg:** Geöffnet April bis Sept. tgl. außer Mo 10–12.30 Uhr und 15–19 Uhr, Okt. bis März tgl. 10–12 und 14–17.30 Uhr. Im Februar geschlossen.*

IWANOWSKI'S
Das kostet Sie die Provence

- Stand: April 2009 -

Die „Grünen Seiten" wollen Ihnen Preisbeispiele für den Urlaub in der Provence geben. Natürlich sollten Sie die Preise nur als **Richtschnur** auffassen, da sie sich ständig verändern und je nach Anbieter stark variieren.

Das heißt, Batterien für den Fotoapparat, für die Sie sonntags im Souvenirgeschäft im Zentrum von L´Isle sur la Sorgue mehr als 4 € bezahlen müssen, die können Sie montags in der gleichen Qualität bei Aldi (auch die Provence ist weder eine Aldi- noch eine Lidl- oder Schlecker-freie Zone!) für einen Euro bekommen. Nur ist dann vermutlich die Freude darüber nicht ganz so groß wie sonntags, als das Licht doch gerade so wunderbar auf das Café schien und gerade dann, als Sie abdrücken wollten, die Batterien leer waren ...

Unterwegs in die Provence

Autobahngebühren

Von **Berlin, Dresden, Hamburg und Karlsruhe** aus fallen auf dem Weg nach Marseille nur Autobahngebühren in Frankreich an, etwa in Höhe von **50 €**. Streckenberechnung mit Mautauskunft unter www.autoroute.fr.

Richtig teuer können die Autobahngebühren bei Anreise ab München werden, da die kürzeste Strecke durch Österreich und die Schweiz führt und somit in beiden Ländern Vignetten gekauft werden müssen.

München – Marseille (über Bregenz, Milano): 7,70–73,80 € in Österreich (je nach Gültigkeitsdauer der Vignette, seit 2008 gibt es zudem eine sog. Korridorvignette, die für den Abschnitt der A14 zw. deutscher und schweizer Grenze durch Vorarlberg gilt und 2 € kostet), für die Schweiz 40 CHF (Vignette pro Jahr) sowie etwa 40 € in Frankreich (auf Autobahnen ungefähr 10 Stunden Fahrtdauer, auf nicht gebührenpflichtigen Straßen etwa 14 Stunden).

Flüge

Germanwings (www.germanwings.de) fliegt von Köln/Bonn nach Marseille und Nizza. Mit **Air Berlin** (www.airberlin.de) kommt man derzeit unter anderem von Düsseldorf, München, Hamburg und Berlin nach Nizza. Bei früher Buchung sind hier durchaus günstige Tarife möglich, in der Regel kostet eine einfache Strecke inkl. Steuern und Gebühren zwischen 60 und 120 €. Auch mit der **Lufthansa** (www.lufthansa.de) kommt man von München mit etwas Glück für 100 € (Hin- und Rückflug) nach Marseille.

Unterwegs in der Provence

Mietwagen

Im Allgemeinen ist es wesentlich günstiger, schon im Vorab von zu Hause aus seinen Mietwagen zu buchen. So kostete im März 2009 für den Zeitraum 18. bis 25. September 2009 bei der Firma Europcar ein Mietwagen Peugot 207 oder ähnlich mit 4 Türen, Schaltgetriebe und Klimaanlage bei Vorausbuchung und -bezahlung ca. 300 €, bei Buchung und Bezahlung vor Ort aber rund 50 € mehr.

Zu beachten ist, ob Folgendes im Mietpreis enthalten ist:
- Mehrwertsteuer
- Haftungsreduzierung für alle Schäden (CDW)
- Diebstahlversicherung (TP)
- Zulassungsgebühr
- Flughafen-/Bahnhofsgebühr
- unbegrenzte Kilometer

Benzin

Hier lohnt es sich zu vergleichen, die Preisunterschiede können bis zu 20 Cent pro Liter betragen. Besonders günstig tankt man an Supermärkten wie Carrefour, Hyper U, Intermarché oder Leclerc, am teuersten an den Autobahnen. Natürlich sind die Benzinpreise starken Schwankungen unterworfen.

Preisspannen für Benzin

Diesel (Gazole)	0,90–1,00 €
Normal bleifrei (95 Oktan, sans plomb)	1,00–1,20 €
Super bleifrei (98 Oktan, sans plomb 98)	1,20–1,40 €

Autobahngebühren

Auch in der Provence selbst fallen Autobahngebühren an, allerdings nicht im Stadtbereich.

Unterkünfte

Ein akzeptables **Doppelzimmer** mit Dusche/WC in einem Zweisternehotel kostet im Durchschnitt 50 €. Man findet auch günstigere Zimmer, die sind aber, besonders in den Städten, meist nicht viel größer als ein Doppelbett.

Das **Frühstück** ist in der Regel im Zimmerpreis nicht enthalten (ausgenommen die B&B-Unterkünfte). Dafür sind in Mittelklassehotels noch einmal mindestens 6 € pro Person zu veranschlagen, je höher der Zimmerpreis, desto höher der Preis für das Frühstück (ca. 10 bis 15% des Zimmerpreises). Deftiges wie Käse oder Wurst sind die seltene Ausnahme, man kann nur reichlich Kaffee oder Tee, ein Glas Saft, Croissants und Baguette sowie Marmelade und Butter (beides meist abgepackt) erwarten. Wenn das Preis-Leistungsverhältnis bei den Zimmern meist stimmt, so ist das Frühstück – im Vergleich, zu dem, was man bekommt – also in der Regel überteuert.

Was die Übernachtung anbetrifft, so sind **Einzelreisende** benachteiligt, denn berechnet wird (in der Regel!) das Zimmer.

Zimmer mit einem **grand lit** sind im Allgemeinen etwas preisgünstiger als Zimmer mit zwei Einzelbetten. Kein Wunder, muss man sich in einem grand lit – das dann doch eher recht klein ist – einen Überzug und ein meist wurstartiges Kopfkissengebilde teilen. Wir müssen sparen, aber wir haben ja uns ...

Jugendherbergen kosten pro Tag und Person zwischen 10 und 15 €, je nach Ausstattung des Hauses.

Essen gehen

Restaurantbesuche gehen in der Provence zwar ins Geld, aber man bekommt dafür oft viel geboten. In einem durchschnittlichen Restaurant in der Provinz kostet ein Menü mit drei, manchmal vier Gängen etwa 20 €. In manchen ausgezeichneten Restaurants bekommt man ein Menü schon für 30 €. Die Menüs erscheinen einem anfänglich als teuer, wer sich aber länger in der Provence aufhält, bestellt nicht à la carte, sondern eben ein Menü – weil letztendlich im Vergleich zum Gebotenen der Preis sehr günstig ist. Grundsätzlich gibt es sehr günstige Mittagsmenüs – man schlemmt also in der Mitte des Tages erheblich günstiger als am Ende des Tages.

Faustregel: Das schlichteste Menü in einem guten Lokal schmeckt fast immer besser als das ebenso teure Menu gourmand in einem weniger renommierten Etablissement.

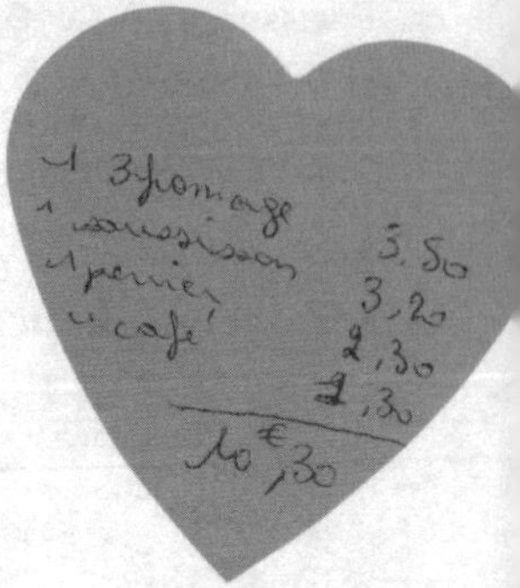

Rechnung mit Herz im Imbiss beim Kloster Ganagobie

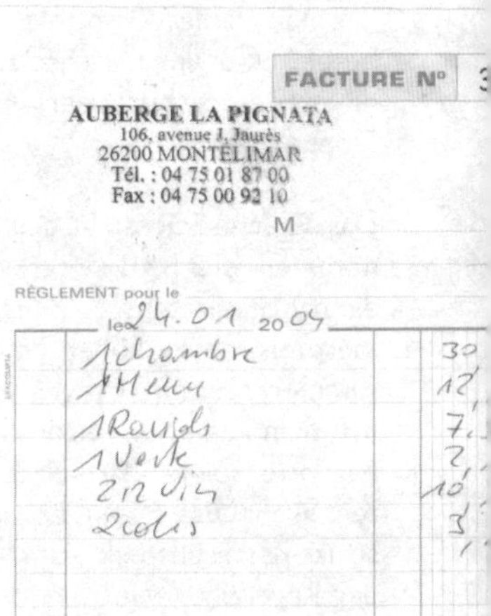

Reisegepäckversicherung

Es ist nun mal leider so: In der Provence werden Autos gerne und ziemlich regelmäßig aufgebrochen. Ganz besonders, wenn irgendetwas im Auto liegt, was nach Wert aussieht, und sei es nur ein einfacher CD-Player auf dem Rücksitz. Hier rechnet sich also eine Reisegepäckversicherung (die aber nur polizeilich gemeldete Diebstähle anerkennt).

4. REISEN IN DER PROVENCE

Superlative

Weltweit

Das älteste Heiligtum der Menschheit unter Wasser ist die Henri Cosquer-Höhle westlich von Marseille mit 19.000 bis 27.000 Jahre alten Darstellungen.

Der besterhaltene Römertempel der Welt ist das Maison Carrée in Nîmes

Das beste Olivenöl ist das der Provenzalen.

Die größten Schildkröten der Welt, die *Dipsochelys elephantinae*, die mehr als 300 Kilo wiegen können, sind auf der Krokodilfarm südlich von Pierrelatte zu besichtigen.

1951 war der Mont Ventoux **zum ersten Mal Etappenziel des berühmtesten Radrennens der Welt**, der Tour de France.

Das größte Theaterfestival der Welt findet alljährlich in Avignon statt.

Ein Provenzale – wie könnte es auch anders sein – fand mit einer süßen Köstlichkeit Eingang in das Guinness Buch der Rekorde: André Boyer, der Inhaber der gleichnamigen Confiserie in Sault, stellte den 180 kg schweren und 12,45 m langen **größten Nougatriegel** der Welt her.

__Das teuerste Bild__ der Welt war das „Portrait des Doktor Gachet" von Vincent van Gogh, das 1990 von dem japanischen Papierfabrikanten Ryoei Saito für 82,5 Millionen Dollar ersteigert wurde. Im Jahr 2002 erzielte ein Rubens-Gemälde einen noch höheren Betrag, seither gilt van Goghs Gemälde als __das teuerste Bild der Moderne__. Der japanische Bieter verstarb 1996 hoch verschuldet, seither ruht das Gemälde in einem Tresor und wartet auf einen Käufer.

Einer der größten gotischen Profanbauten der Welt ist der Papstpalast von Avignon, den der französische Historiker Jean Froissart nach seiner Fertigstellung **„Das schönste und mächtigste Haus der Welt"** nannte. Weiterhin ist der Papstpalast der einzige jeweils von einem Papst außerhalb von Rom errichtete Palast, gebaut in einer Rekordbauzeit von 21 Jahren, die seinerzeit seinesgleichen suchte.

Marseille ist **die größte korsische Stadt** der Welt, denn hier leben an die 120.000 Auswanderer aus Korsika. „Marseille, das wusste er, war **die einzige Stadt in der Welt, in der man sich nicht als Fremder fühlte**. Niemand war dort ein Fremder" schreibt Jean-Claude Izzo in seinem Roman „Aldebaran".

Die am 2. Februar 1875 geborene Französin Jeanne Calment war an ihrem Todestag am 4. August 1997 mit einem Alter von 122 Jahren die bis dato **nachweislich älteste Frau**. Im Geschäft ihres Vaters hatte sie einmal Vincent van Gogh getroffen, von dem sie sagte „er war hässlich und stank". Ihr langes Leben mag sie neben ihrer Lebenshaltung (tapfer sein, nichts fürchten, sich freuen, wenn es immer geht, klar handeln und nichts bereuen) auch ihren Genen verdankt haben: Ihr Vater wurde 94 und ihre Mutter 86 Jahre alt. Das hätte der Notar Andre-Francois Raffray bedenken sollen, der ihr Haus kaufte, mit dem Versprechen, ihr lebenslänglich eine Leibrente von damals umgerechnet 750 Mark monatlich zu bezahlen. Ein schlechtes Geschäft: Als der Notar 1995 mit 77 Jahren starb, hatte er der mittlerweile 121 Jahre alten Jeanne Calment den doppelten Wert des Apartments bezahlt ...

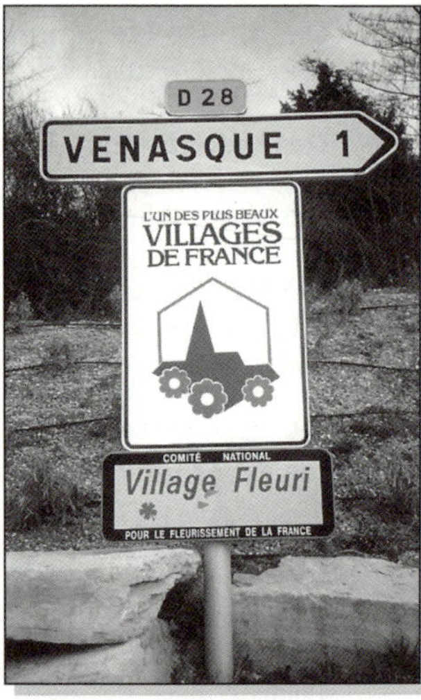

*Nach dem Zweiten Weltkrieg wurde in Frankreich der Wettbewerb um **das „Schönste Dorf Frankreichs"** eingeführt. Das jeweilige Siegerdorf darf an den Ortseingängen ein Schild mit der Aufschrift „l´un des plus beaux villages de France" aufstellen. Frankreichweit heimst neben dem Elsass und dem Périgod auch die Provence die meisten Titel ein mit folgenden prämierten Dörfern: Gordes, Lourmarin, Ménerbes, Roussillon, Bonnieux, Moustiers-Saintes-Maries, Les Baux-de-Provence, Bargème, Gassin, Seillans, Tourtour, Gordes, Lourmarin, Ansouis, Ménerbes, Roussillon, Séguret und Venasque*

Europa

Die **größte und spektakulärste Schlucht** ist die Verdon-Schlucht.

Das größte Museum der Prähistorie Europas wurde im April 2001 in Quinson eröffnet und von keinem geringeren als von Sir Norman Foster gestaltet.

Die Fontaine de Vaucluse ist zumindest in Europa **die tiefste mit Wasser gefüllte Schlucht**. Hier erreichte Jochen Hasenmeyer 1983 eine Rekordtiefe von -205 m, ein Tauchroboter (Modexa) stieß dann 1985 bis auf den Grund der Vaucluse bei -308 m vor.

Der berühmteste christliche Friedhof mit einer wunderbaren Atmosphäre des Abschiednehmens: So bezeichnete Lawrence Durrel („In der Provence") den Friedhof Les Alyscamps bei Arles.

Das erste europäische Dokument einer alpinen Bergbesteigung schuf der italienische Dichter Francesco Petrarca mit seinem Bericht über die Besteigung des 1.909 Meter hohen Mont Ventoux.

Der **einzige Hersteller von Lockvogelpfeifen** arbeitet in Saint-Didier.

Frankreich

Die **reinste Luft mit dem klarsten Sternenhimmel** wurde in der Haute Provence gemessen.

Der **romantischste Friedhof** ist in Forcalquier zu finden.

Die **beliebteste Stadt** Frankreichs ist laut Umfragen Aix-en-Provence.

Die **flächenmäßig größte Stadt** ist Arles mit einer Ausdehnung von über 750 km^2 (unter anderem gehören die Orte Albaron, Saliers, Salin-le-Giraud und Le Sambuc zu Arles).

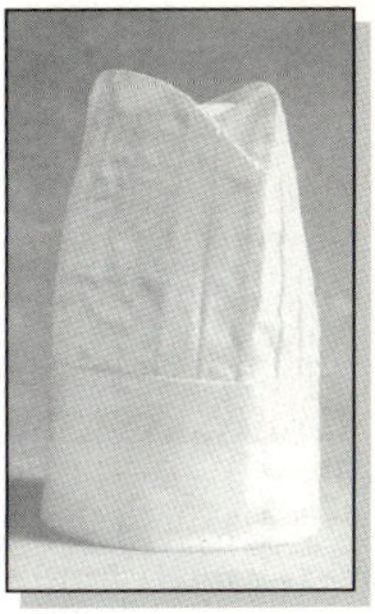

Avignon ist die Stadt Frankreichs mit ***den meisten Michelin-Sternen****. In der Stadt gibt es insgesamt sechs mit Michelin-Sternen gekrönte Küchenchefs (in der Umgebung von Avignon residieren noch weitere zehn Spitzenköche).*

Die **höchste Windgeschwindigkeit**, die bis heute von einer französischen Wetterstation gemessen wurde: am 15. Februar 1967 auf dem Mont Ventoux mit 320 km/h. Er ist auch der **höchste (1.909 m) isolierte Berg** Frankreichs.

Die **größte Flussinsel** Frankreichs ist die Île de la Barthelasse mit 700 Hektar Fläche, einst im Mittelalter ein berüchtigter Treffpunkt von Huren und Ganoven.

Als **älteste Stadt** Frankreichs gilt Marseille, wahrscheinlich im Jahr 620 v. Chr. gegründet.

Keine andere französische Region besitzt so viele **antike Bauten** wie die Provence.

Einer der zehn besten Buchläden Frankreichs versteckt sich im kleinen Dörfchen Banon in der Haute-Provence. Literarisch anspruchsvoll sei der Buchladen und mit 45.000 Titeln sehr umfassend, so befand das Nachrichtenmagazin „Nouvel Observateur".

„Jeder Fußbreit Boden in der Provence ist getränkt mit Erinnerungen und entweder Grabstätte oder Dokument. Man muss, es hilft nichts, in des Reichtums Überfluss eine Auswahl treffen. Muss also, um ein Beispiel zu nennen, die Ruinen von Oppède im Lubéron ebenso liegen lassen wie die Adelssitze und die Fresken von Pernes nebst vielem anderem. Mit anderen Worten, es war nicht nur Wohlgefallen, sondern auch Ökonomie im Spiel, wenn wir versuchten, der Fülle nicht nur durch ein Zuviel verlustig zu gehen", schreibt Helmut Domke im mittlerweile zum Klassiker gewordenen Prestel-Reiseführer „Provence". Im vorliegenden Band wurde zwar keine Auswahl getroffen, sondern soweit wie möglich das Gebiet umfassend beschrieben. Nur – da in der Provence wirklich jeder Fußbreit Boden mit Erinnerungen getränkt ist, wird auch dieses Buch sicherlich nicht alles erfassen!

5. ENTLANG DER RHÔNE IN RICHTUNG AVIGNON

mit Abstecher in die Schluchtenlandschaft der Ardèche

Montélimar (ⓘ s. S. 131)

Einwohner: 33.000, Höhenlage: 81 m

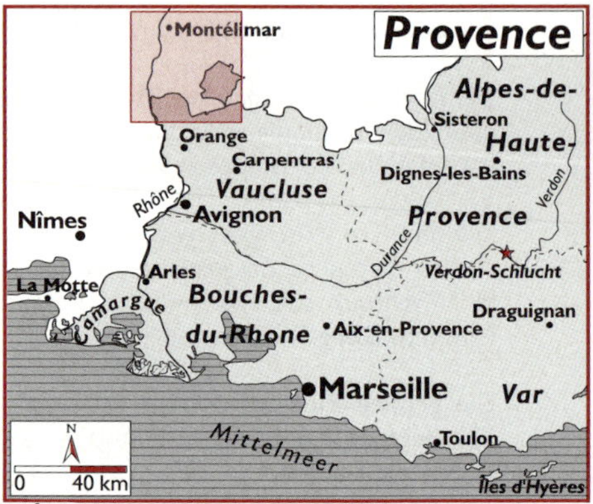

© igraphic

Hinweis

Aus Richtung Norden kommend, führt die Autobahnausfahrt Montélimar-Nord ins Stadtzentrum. (Es gibt keine Ausfahrt Montélimar-Mitte!)

„Tor der Sonne" heißt ein skulpturenähnliches Gebilde, das an der Rhônetal-Autobahn zwischen Montélimar-Nord und Montélimar-Süd steht. Es könnte auch Tor zur Provence heißen, denn hier bei Montélimar begegnet man zum ersten Mal dem Olivenbaum, hier spürt man, kommend von Norden, zum ersten Mal den Flair der Provence. Das Städtchen ist bekannt für seinen Nougat, in dem die in der Umgebung geernteten Mandeln und provenzalischer Honig verarbeitet werden.

Mit dem auf der Zunge zergehenden deutschen Nougat hat der provenzalische wenig zu tun. Er ist zäher, enthält Nüsse, lässt Zahnärzte auf gute Geschäfte hoffen, fördert den Durst und stillt den Hunger.

Sehenswertes

Musée de la Miniature

Ob ein Reicher in den Himmel kommt, müsste noch bewiesen werden. Auf jeden Fall geht ein Kamel durch ein Nadelöhr. Im Musée de la Miniature sind es sogar zwölf Kamele! Nicht genug der Wunder: Auf einem Reiskorn zieht eine siebenköpfige Elefantenherde dahin, Mücken spielen Schach auf einem Miniaturschachbrett und zweihundert 2,5–4,8 mm kleine Tiere finden in einer winzigen Arche Noah Platz. Großes wird hier im Museum klitzeklein dargestellt, das allerdings mit großer Kunstfertigkeit. Nahezu 300 museums-

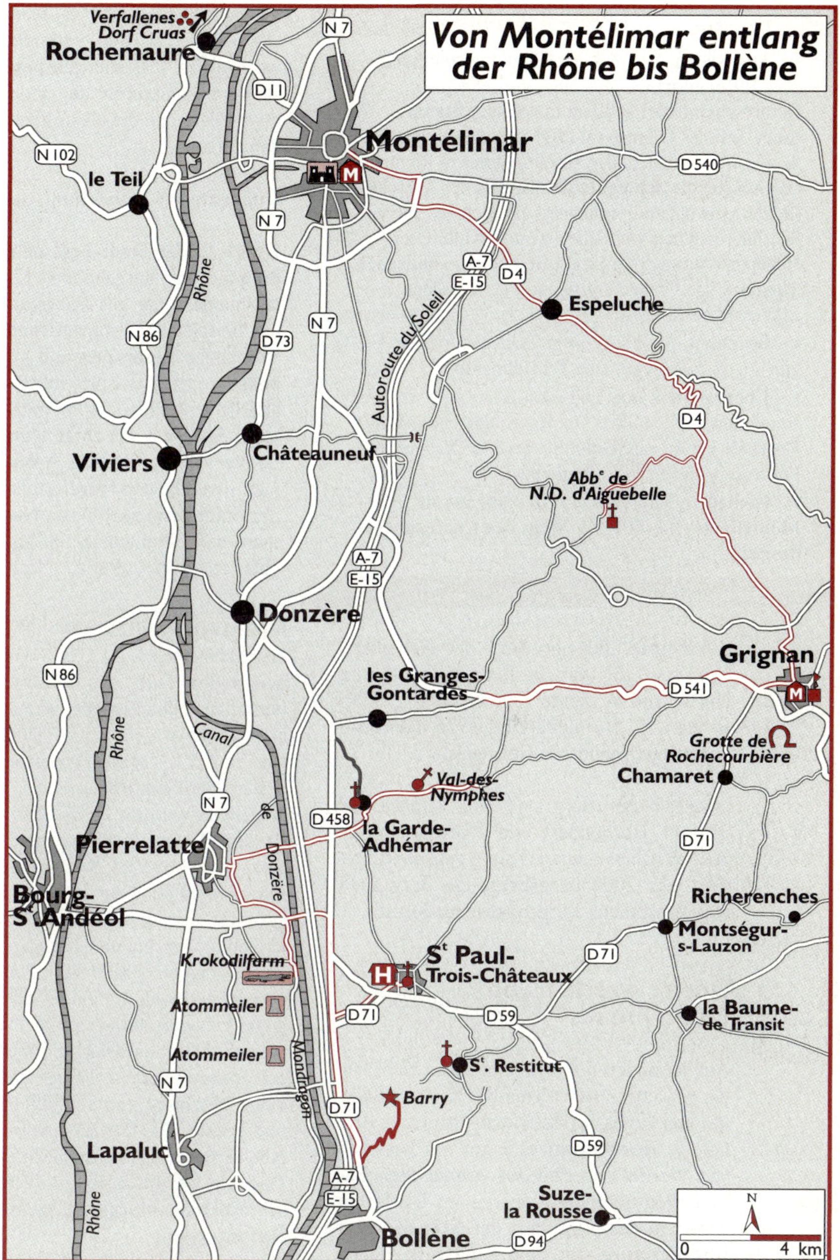
Von Montélimar entlang der Rhône bis Bollène
Verfallenes Dorf Cruas
Rochemaure
N 7
D 11
Montélimar
N 102
le Teil
D 540
N 7
A-7
E-15
D 4
Espeluche
Rhône
N 86
D 73
N 7
Autoroute du Soleil
D 4
Viviers
Châteauneuf
Abbe de N.D. d'Aiguebelle
A-7
E-15
Donzère
Grignan
N 86
les Granges-Gontardes
D 541
Canal
Rhône
Grotte de Rochecourbière
Val-des-Nymphes
Chamaret
N 7
de
D 458
la Garde-Adhémar
D 71
Pierrelatte
Donzère
Bourg-St Andéol
Richerenches
Montségur-s-Lauzon
D 71
Krokodilfarm
St Paul-Trois-Châteaux
Atommeiler
D 71
D 59
la Baume-de Transit
Atommeiler
Mondragon
St. Restitut
N 7
D 71
Barry
D 59
Lapaluc
A-7
E-15
Suze-la Rousse
Rhône
Bollène
D 94
N
0
4 km

Redaktions-Tipps

- **Anschauen**: In Cruas erwacht ein **mittelalterliches Ruinendorf** (S. 262) langsam aus dem Dornröschenschlaf; auf dem imposanten **Renaissance-Schloss** Grignan (S. 263) schrieb *Madame Sévigné* ihre wunderbaren Briefe. Weiter in Richtung Osten bietet die **Schluchtenlandschaft** der Ardèche (S. 269) sowohl Aktivurlaubern als auch geschichtlich Interessierten viel Sehenswertes. Kultureller Höhepunkt dieser Tour ist ein Besuch des **römischen Theaters** von Orange mit seiner phantastischen Bühnenwand (S. 276).
- **Beachten**: An jedem dritten Samstag im Jahr gibt´s in Richerenches eine **Trüffelmesse**.
- **Übernachten**: Edel und nicht ganz billig ist – der Name sagt´s schon – das von Rosen umgebene **La Roseraie** in Grignan. **Hotel St. Jean** in Orange, einst Poststation aus dem 17. Jahrhundert
- **Genießen**: Süß schmeckt der **Nougat von Montélimar** und süffig der **Wein von Châteauneuf-du-Pape**.

eigene Objekte gibt es hier. Weiterhin werden ständig wechselnde Ausstellungen präsentiert: Miniaturen der Inuit etwa oder auch die kleine Welt der Barbie.

Château des Adhémar

Oberhalb der Stadt liegt eine Burg aus dem ausgehenden 12. Jahrhundert. Sie gilt als seltenes Beispiel einer romanischen Wohnburg dieser Zeit und als bedeutendstes Beispiel mittelalterlicher Architektur im mittleren Rhônetal. Errichtet wurde sie von der Familie Adhémar – Familie und Hügel gaben der Stadt denn auch ihren Namen, denn Montélimar ist abgeleitet von „Petit Mont d´Adhémar" (kleiner Berg der Adhémar). 1340 bis 1383 war die Burg in Papstbesitz und wurde in dieser Zeit erweitert. Dann ab dem 15. Jahrhundert bis 1926 diente sie immer mal wieder als Gefängnis.

Innerhalb der Burg sind eine Kapelle aus dem 11. Jahrhundert und Wohnräume aus dem 12. Jahrhundert erhalten geblieben. Seit dem Jahr 2000 beherbergt die Burg auch eine Ausstellung zeitgenössischer Kunst.

Nougat in Montélimar
Man vermeint ihn zu erschnuppern, den süßen Duft des Nougats in Montélimar. Die Nougat-Produktion in Montélimar geht ins 16. Jahrhundert zurück, als in der Provence zum ersten Mal Mandelbäume aus Asien eingeführt wurden. Lange Zeit wurde der Nougat in Heimarbeit hergestellt, bis dann im 20. Jahrhundert seine Herstellung zur Industrie ausgeweitet wurde. (Die Wissenschaftler leiten den Namen Nougat vom lateinischen nux gatum ab.) Die dem türkischen Honig ähnelnde Süßigkeit gibt es in den Varianten hart oder weich, weiß oder farbig und mit verschiedenen Aromen. Sie besteht aus einer Mischung von Zucker, Honig und Eiweiß. Das Ganze wird mit Vanille verfeinert und anschließend mit Mandeln gespickt. Besonders gut schmeckt der Nougat übrigens zum Kaffee.

Dörfer westlich von Montélimar

mittelalterliches Ruinendorf

Auf der anderen Rhôneseite liegen nicht nur die gewaltigen Kühltürme des Kernkraftwerkes von Cruas, sondern auch pittoreske Ruinen. In **Rochemaure**, 5 km nordwestlich von Montélimar, sind auf vulkanischen Basalthöhen noch die Ruinen eines Dorfes zu finden. In der Nähe liegt der **Stausee von Rochemaure** mit dem Kraftwerk Henri-

Poincare. Weiter nach Norden fährt man durch eine Platanenallee mit Blick auf die vier Kühltürme des Kernkraftwerkes und kommt kurz darauf nach **Cruas** mit einer bemerkenswerten Benediktinerabtei aus dem 11./12. Jahrhundert. In der Kirche ist noch ein Mosaikboden aus dem ausgehenden 11. Jahrhundert erhalten. Oberhalb des heutigen Ortes liegen die Ruinen eines kompletten mittelalterlichen Dorfes (das zur Zeit renoviert und wohl wieder besiedelt wird) – abends ein unwirklich-romantischer Anblick.

Das alte Dorf ist frei zugänglich, wird von einer Ritterburg gekrönt und bietet einen wunderbaren Blick auf das Rhônetal und die zuvor erwähnten Kühltürme.

Dörfer östlich von Montélimar

Abtei Notre Dame d'Aiguebelle

17,5 km südöstl. von Montélimar an der D550 im Tal der Vence. Geöffnet tgl. 10–11.45 und 14.30–17 Uhr.

Hier, in der Abgeschiedenheit dieses Tals leben seit 1137 Mönche. Nur von 1791 bis 1815, während der Revolution, gab es hier kein klösterliches Leben. Heute ist Notre Dame d´Aiguebelle eines der wenigen Klöster der Trappisten, eines Ordens, der im 17. Jahrhundert als Reformzweig aus dem Zisterzienser-Orden entstanden ist und der sich durch strenge Schweige-Regeln sowie strikte, weltabgeschiedene Buß- und Gebetsübungen auszeichnet. Übrigens: Der Klosterlikör ist eine Versuchung wert.

Messen mit zisterziensischen Gesängen in Notre Dame d´Aiguebelle
(für jeden zugänglich, entsprechende Kleidung vorausgesetzt)

	Winter	*Sommer*
Vigiles	03.30 Uhr	04.00 Uhr
Laudes & Messe	06.45 Uhr	07.00 Uhr
Tierce	09.15 Uhr	09.15 Uhr
Sexte	12.15 Uhr	12.15 Uhr
None	14.15 Uhr	14.15 Uhr
Vêpres	17.30 Uhr	18.00 Uhr
Complies	19.30 Uhr	20.00 Uhr

Grignan (ⓘ s. S. 131)

Château de Grignan

Von den Ursprüngen der ehemaligen Burg aus dem 11. Jahrhundert ist nichts übrig geblieben. Mittelalterliche Bauelemente wie das Turmpaar der „Pfefferbüchsen" (Poivrières) sind nostalgische Anbauten des 19. Jahrhunderts. In der Anlage befindet sich, zum Teil in den Felsen hinein gebaut, die Kirche Saint Sauveur aus dem 16. Jahrhundert mit einem schönen Renaissance-Portal sowie einigen schönen Gemälden und einer alten Orgel.

Menschen und Intrigen

Im Kirchenchor erinnert eine Marmorplatte an eine Frau, deren Name bis heute eng mit dem Schloss verknüpft ist: die berühmte Briefeschreiberin *Madame de Sévigné* (1626–1696). Die fühlte sich hier nicht immer wohl. In einem Brief im Jahre 1695 äußerte sie: „Wir sind allen Winden ausgesetzt. Es ist der Südwind, es ist der Nordwind, es ist der Teufel, die darin wetteifern, uns zu verhöhnen". Sie war damals zu Besuch bei ihrer Tochter im Schloss Grignan. Es gab nur einen

Gelegen oberhalb des Dorfes auf einem Felsen in Form einer Akropolis zählt Schloss Grignan zu den schönsten Renaissance-Schlossanlagen Südfrankreichs. Während der Französischen Revolution zerstört, wurde es 1912 auf Betreiben von Madame de Fontaine, *einer reichen Bankierswitwe, wieder vollständig aufgebaut.*

beheizbaren Raum – in dem aber wohnte ihr Schwiegersohn. Die Briefe, die *Madame de Sévigné* aus Paris und der Normandie an ihre Tochter auf Schloss Grignan schrieb, sind teilweise hier aufbewahrt. Frei von irgendwelchen literarischen Ambitionen berichtete sie überaus anschaulich von Menschen und deren Hofintrigen. Sie beschrieb auch Landschaften und sorgte sich um ihre Tochter.

Im Schloss sind neben den Briefen auch andere Erinnerungsstücke sowie die mit alten Möbeln und Wandteppichen prächtig ausgestatteten Räume zu sehen, unter anderem das Kabinett der *Marquise de Sévigné*.

Übrigens soll sich Madame de Sévigné häufig in die **Grotte Rochecourbière**, 2 km südlich von Grignan, zurückgezogen haben, um ihre berühmten Briefe zu schreiben. Heute ist diese eigentlich unspektakuläre Felsausbuchtung ein schönes Plätzchen für ein Picknick.

Die Briefe der Madame Sévigné gelten als eine unschätzbar wertvolle Chronik des 17. Jahrhunderts und als Ursprung des literarischen Genres der „art de la correspondance", der Kunst der Korrespondenz.

Schwarz wie der Teufel

Im Jahr 1671 schrieb Madame de Sévigné ihrer Tochter, Madame de Grignan: *„Die Marquise de Coétlon aß während ihrer Schwangerschaft im vergangenen Jahr so viel Schokolade, dass sie einen kleinen Neger zur Welt brachte, der schwarz wie der Teufel war und bald starb."*

Durch den Ort Grignan führt zur **Rosenblütenzeit** von Mai bis Juli ein Weg an über 160 verschiedenen Rosenarten entlang.

Le Village Provençal Miniature

So sah es also aus, das Leben eines provenzalischen Dorfes zu Beginn des 20. Jahrhunderts. Dargestellt sind hier anhand von Santons (den berühmten provenzalischen Krippenfiguren), Szenen eines Dorflebens der damaligen Zeit: das

Leben auf dem Markt, in der Schule, im Bistro oder bei der Olivenernte. Ach, nicht zu vergessen: Ein Pétanque-Spiel ist natürlich auch zu sehen. Das Museum fand 1996 sogar Eingang ins berühmte Guinness Buch der Rekorde.

Richerenches

Einwohner: ca. 600

schwarzes Gold

Der Ort ist heute Frankreichs bedeutendster Umschlagplatz für das schwarze Gold, den Trüffel. Die Gegend um Richerenches ist zwar nicht so bekannt wie das Périgord, aber Trüffel-Kenner halten den hiesigen Trüffel für mindestens ebenso gut wie den des Périgord. In den Monaten zwischen November und März werden hier die Edelknollen ver- und gekauft, eine höchst konspirative Angelegenheit für Eingeweihte. Außenstehende dürfen, mit viel Glück, auch mal einen Blick in die alten Plastiktüten oder Sporttaschen werfen, in denen das kostbare Handelsgut lagert.

An jedem dritten Sonntag im Januar findet dann ein traditioneller „Trüffel-Gottesdienst" statt. Schutzheiliger der Trüffelsucher ist der heilige *Antonius*, der, wie Katholiken wissen, fürs Finden zuständig ist, und das, wie viele Katholiken auch wissen – äußerst effektiv! Die Feier zu Ehren des Trüffels und seines Suchheiligen beginnt mit dem Aufmarsch der „Bruderschaft der Ritter des schwarzen Diamanten", die dem feierlichen Anlass gemäß in prunkvolle Gewänder gehüllt sind. Der Duft in der Luft ist kein Weihrauch, sondern der – für manche gewöhnungsbedürftige – Geruch nach frischen Trüffeln! Während des Gottesdienstes legen die Trüffelbauern als Obolus einen ihrer besten Trüffel in den Korb. Anschließend wird im Festsaal des Dorfes die Ausbeute gewogen und versteigert. Natürlich geht das Ergebnis an den *heiligen Antonius*, bzw. seinen irdischen Vertreter, den Gemeindepfarrer. Im Jahr 2002 kamen auf diese Weise immerhin 4.500 € für 5 kg Trüffel zusammen.

historischer Lehrpfad

In Richerenches hat der Templerorden 1138 die erste Komturei in der Provence gegründet. Heute führt ein **historischer Lehrpfad** an den Ordensgebäuden im Ortszentrum vorbei, unter anderem an den Überresten eines Templer-Gotteshauses.

Val des Nymphes – La Garde-Adhémar

2 km östlich von La Garde-Adhémar liegt das kühle, waldige Tal der Nymphen, wie der Name schon andeutet: ein Ort von einer magisch-spirituellen Atmosphäre, wie sie vielen Quellheiligtümern eigen ist. Der Legende nach sollen die Menschen zu früheren Zeiten die Nymphen um Fruchtbarkeit und Wohlstand gebeten haben. Zu christlicher Zeit wurde dann im 12. Jahrhundert die Kapelle Notre-Dame du Val des Nymphes errichtet.

Die während der Religionskriege zerstörte Kapelle wurde 1991 restauriert. Besonders eindrucksvoll ist die zweigeschossige Apside mit ihrer Blendarchitektur.

Kapelle Notre-Dame du Val des Nymphes

Archäologische Ausgrabungen haben im Val-des-Nymphes Siedlungen aus keltischer Zeit zutage gebracht.

Das malerische alte **Bergstädtchen La Garde-Adhémar** war im Mittelalter Sitz der Familie Adhémar, deren Name man in der Gegend öfter begegnet. Ein architektonisches Kleinod des Ortes ist die Kirche St. Michel aus der zweiten Hälfte des 12. Jahrhundert. Sie gilt als ein Paradebeispiel für die provenzalische Romanik. Unterhalb der Kirche gedeihen in einem fotogenen kreisförmigen botanischen Garten Gewürz- und Heilpflanzen.

St. Restitut

zwei historische Kirchen

Dieser Ort ca. 2 km südöstlich von St. Paul-Trois-Chateaux birgt zwei Kirchenkleinode: Zum einen seine **romanische Kirche;** der Legende nach wurde ihr Turm über dem Grab des ersten Bischofs des Tricastin, Sidoine, errichtet. Der Bischof wurde nach seinem Tod unter dem Namen Restitut verehrt. Das einschiffige Gotteshaus ist von großer Klarheit; in den Konsolen des Chors und am Turmfries finden sich orientalisch anmutende Tierköpfe und apotropäische (Unheil abwehrende) Fabelwesen, vermutlich aus der Lombardei in die Provence eingeführt. Dieser Turm, das Grabmonument des schon genannten heiligen Restitut, stammt wohl aus dem 11. Jahrhundert.

gute Sicht

Nördlich von St. Restitut, in Richtung St. Paul-Trois-Châteaux steht die zweite Kirche, die achteckige **Chapelle du St. Sépulcre**, Kapelle des Heiligen Grabes, die Bischof Guillaume Adhémar 1504 anlässlich seiner Pilgerreise ins Heilige Land erbauen ließ. Sie steht auf einer markanten Bergzunge und eine entsprechend gute Sicht hat man von hier.

Saint Paul-Trois-Châteaux (ⓘ s. S. 131)

Einwohner: 6.800, Höhenlage: 110 m

Die ehemalige Hauptstadt des Tricastin ist heute immer noch Hauptstadt, und zwar des schwarzen Goldes – der Trüffel. Im 1. Jahrhundert n. Chr. unter Kaiser Augustus gegründet, hieß die Stadt seinerzeit „Augusta Tricastinorum", abgeleitet vom keltischen *tricasti* (Land der weißen Steine). Diese Kalkmassive wurden hier von der Römerzeit bis ins 20. Jahrhundert in Steinbrüchen ausgebeutet. Die irrtümliche Übersetzung Troix-Châteaux entstand im Mittelalter, es gab hier nie drei Schlösser. Im Ort selbst sind besonders einige Wohnhäuser aus dem 15. und 16. Jahrhundert einen zweiten Blick wert.

Kathedrale St. Paul

Aus dem Kalkstein, der dem Ort den Namen gab, ist die Kathedrale St. Paul entstanden, eine mächtige dreischiffige Basilika aus dem frühen 13. Jahrhundert mit Freskenresten aus dem 14. und 15. Jahrhundert. Weiterhin beachtenswert sind das Jüngste Gericht am Mittelpfeiler der Nordseite sowie der pittoresk-asymmetrische Glockenturm.

Maison de la Truffe et du Tricastin

Wissenswertes über die Trüffel

Mitten im Ort, hinter den Mauern eines malerischen Gebäudes, dreht sich hier in sieben Ausstellungsräumen alles rund um den Trüffel. Wobei auch so wichtigen Fragen nachgegangen wird, ob Trüffel nun aphrodisierend wirken oder nicht. Interessant in diesem Zusammenhang: Ein Trüffel kann ohne einen Partner(baum) nicht existieren ...

Höhlendorf Barry (keltisch „Barros" = Felssporn)

Südlich von St. Paul-Trois-Châteaux, ausgeschildert mit „Site Troglodyte de Barry". Durch das ausgedehnte Gelände führen drei Rundwege: 1. ein kurzer von 1,5 bis 2 km Länge, 2. ein mittlerer von 2,5 bis 3 km Länge und 3. ein 7 km langer Weg nach Chabrièrse. Die Wege durch das Höhlendorf sind weitgehend schattenlos und erfordern gutes Schuhwerk. Auch sollte man Getränke mitnehmen – Barry ist ohnehin ein schönes Plätzchen für ein Picknick.

Ein verlassenes Dorf, kaum besucht, in dem man frei herumstreifen kann, nicht nur ein Traum für Kinder, sondern auch für manche Erwachsene. Behutsam restauriert und (noch) wenig besucht.

In Barry ist von der Zisterne über den Kamin bis zum Weinbottich, dem Schweinestall, dem Taubenschlag und dem Lager für Neugeborene alles in den Stein geschlagen.

Die erste Besiedlung des Ortes soll schon in der Steinzeit stattgefunden haben; endgültig verlassen wurde er erst 1875, nachdem einige Mitglieder der Dorfgemeinschaft in ihren Häusern verschüttet wurden und ein Ehepaar namens *Mondon* von einem Felsen erschlagen worden war. Nachdem aufgrund von Erosion mit weiteren Einstürzen gerechnet werden musste, verließen die Einwohner Barry für immer.

Mumien und Medaillen

Aus römischer Zeit ist ein Kolumbarium – eine Totenstätte der Römer– erhalten: Eine große Höhle, hoch oben in den Fels gehauen, in der sich viele Nischen für die Urnen befinden. *Strabo* hatte einst eine gallo-römische Stadt namens Aéria erwähnt, deren Beschreibung auf Barry zutreffen könnte. Ein Beleg für diese Stadt könnten auch die beträchtlichen Funde von Mumien und Medaillen sein, die man hier auf dem sogenannten „Champ des médaillons" gefunden hat.

In vielen der rund 20 noch erhaltenen Höhlenwohnungen sieht man noch den zentralen Raum, um den herum einzelne Alkoven aus dem Sandsteinfelsen ausgehöhlt wurden, dazu kleine Nischen für Öllämpchen oder Kerzen. Sie sind noch gut an den Rußspuren an der Wand zu erkennen. Nur wenige Meter vom Haus entfernt wurden im Stall Schweine gehalten. Sie waren im Winter die Hauptlieferanten von Proteinen. Am Hang gegenüber von Barry gab es auch ein kleines Gefängnis.

Barry hatte seine Blütezeit in der Renaissance. Damals arbeiteten die Frauen des Dorfes auf den Feldern im Tal, die Männer oben im Steinbruch. Der helle Sandstein von Barry wurde bis nach Marseille, Avignon, Lyon oder Montpellier verschickt.

Mehr als 350 der letzten großen Echsen aus der Zeit der Dinosaurier liegen gleich Baumstämmen in der Krokodilsfarm von Pierrelatte. Und das wohl noch für lange Zeit, denn die Tiere können nicht nur bis zu 7 Meter lang, sondern auch bis zu 100 Jahre alt werden. Sie leben im Harem; auf ein Krokodilmännchen kommen im Schnitt neun Krokodilweibchen.

Es macht einfach Spaß, in dem verlassenen Ort herumzusteigen und zu spekulieren, was was gewesen sein und aus welcher Epoche es stammen könnte. Und vom „oberen Dorf" schweift der Blick weit über die Rhôneebene und bleibt dann haften – an den Türmen des Atomkraftwerkes Henri-Poincare ...

La Ferme aux Crocodiles – Krokodilfarm bei Pierrelatte

Die Krokodilfarm liegt westlich der Rhône: Von der Autobahn A7 an der Abfahrt Montélimar- Süd am östlichen Rhôneufer südlich fahren. Ein paar Kilometer nördlich des großen Kernkraftwerkes Tricastin liegt die Krokodilfarm (ausgeschildert). Geöffnet an 365 Tagen im Jahr von Anfang März bis Ende Sept. 9.30–19 Uhr und von Ende Okt. bis Ende Febr. 9.30–17 Uhr. Tel. 04/75043373, Fax 04/75963907, www.lafermeauxcrocodiles.com/accueil.htm.

Unbedingt typisch für die Provence sind Krokodile ja nicht. Aber es gibt nun mal das Kernkraftwerk Tricastin hier, und dessen Abwärme nutzt die Krokodilfarm. In einer Art riesigem Gewächshaus mit Seen und einem Wasserfall liegen hier mehr als 350 Krokodile, unbeweglich und wie tot. Dicht an dicht, mal mit weit aufgerissenem Maul, mal wie zärtlich übereinander. Nur ganz selten sieht man blitzartige Bewegungen einzelner Tiere, eine zu erahnende Kraft, die im scheinbar so Trägen liegen kann. Neben diesen Lebewesen erscheint die einer afrikanischen Landschaft mit Pfahlbauten (vom beninischen Dorf Ganvié inspiriert) nachempfundene Anlage wie eine Art Disney World.

Riesenschildkröten und Riesenechsen

Der Krokodilfarm ist eine kleine Ausstellung über Krokodile angeschlossen. Ob denn diese Anlage im Sinne der Tiere sei, fragt ein Besucher im Gästebuch. Krokodilexperten werden die Antwort wissen. Nur: Für den unbedarften Nicht-Krokodilkenner bleibt das Gefühl zurück: Auch ein Krokodil hat seinen Sinn im irdischen Miteinander. Und das ist doch viel, besonders wenn ein Tier so wenig niedlich wie ein Krokodil aussieht. Inzwischen haben die Riesenechsen urzeitliche Kollegen bekommen: Riesenschildkröten.

Abstecher zu den Gorges de l´Ardèche

Südlich von Pierrelatte zweigt die einzigartige Schluchtenlandschaft der Gorges de l´Ardèche in nordwestlicher Richtung ab. Sie liegt nicht mehr in der Provence, sondern gehört zur Region Languedoc-Roussillon; aber eine solche einzigartige Naturschönheit direkt am Weg sollte man sich nicht entgehen lassen, zumal hier so verschiedenartige Sehenswürdigkeiten wie Tropfsteinhöhlen, Gesteinformationen, Dolmen und Megalithe relativ dicht beisammen liegen!

berühmte Kanu-Strecke

Rund 30 km lang ist der spektakulärste Flussabschnitt der 120 km langen Ardèche. Er verläuft zwischen Vallon-Pont-d´Arc und Pont St.Esprit; man kann hier gut und gerne einen ganzen Tag verbringen. Am allerschönsten aber ist die Strecke zwischen der Haute Corniche und dem Balcon des Templiers. Unter Kanuten zählt die Ardèche zu einer der berühmtesten Kanu-Strecken Europas.

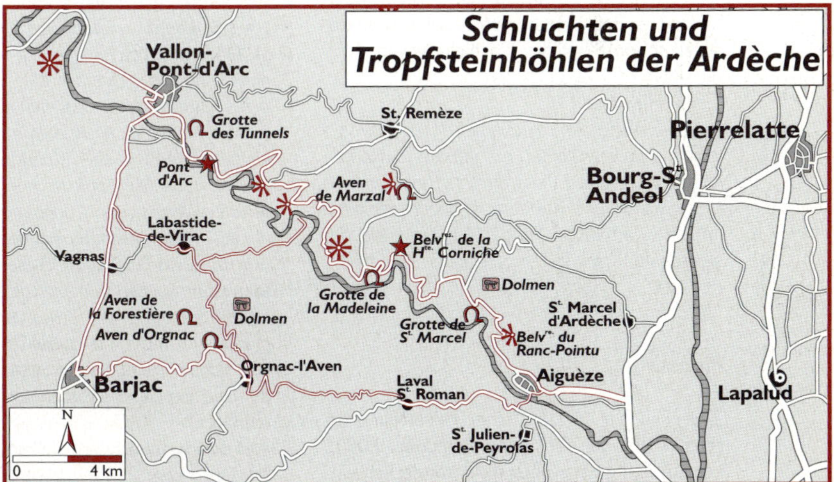

Rechts und links der Route sind einige Schauhöhlen zu besichtigen:

- Der **Aven d´Orgnac**, eine der schönsten Tropfsteinhöhlen Frankreichs, mit bis zu 25 m hohen Stalagmiten. In der Höhle sind auch verschiedene Funde wie Knochen oder Keramiken ausgestellt.
- Dann der nicht ganz so interessante **Aven de la Forestière** nordwestlich des Aven d´Orgnac gelegen.
- Als drittes dann der **Aven de Marzal**, der sich durch vielfältige Farben und Tropfsteine, Sinterbildungen sowie Kristalle auszeichnet. Im dazugehörigen Höhlenmuseum sind verschiedene Ausrüstungsgegenstände für Höhlenforscher ausgestellt. Die Höhle ist nach *Marzal*, dem Waldhüter von St. Remèze benannt, der 1810 von einem Dorfbewohner umgebracht und zusammen mit seinem ebenfalls ermordeten Hund vom Mörder in diesen Schacht geworfen und vergessen wurde. Erst 1949 wurde der Aven de Marzal dann wieder entdeckt.
- Und dann gibt es noch die **Grotte de la Madeleine** mit exzentrischen, das heißt schief und schräg gewachsenen Tropfsteinen.
- Nicht zugänglich ist die **Grotte de Chauvet**, deren Aufsehen erregende 30.000 Jahre alten Höhlenmalereien am 18. Dezember 1994 von drei Höhlenforschern entdeckt wurden und nur in Bildbänden bewundert werden können.

Spektakulärster und unendlich oft fotografierter landschaftlicher Höhepunkt ist der **Pont d´Arc**, etwa 4 km hinter Vallon Pont d´Arc. Wie eine große Brücke überspannt das 34 m hohe und etwa 60 m breite Felsentor die Ardèche.

fotogenes Felsentor

Weiterhin gibt es entlang der Strecke noch zahlreiche Belvédères, also Aussichtspunkte, deren schönste an der Corniche liegen.

Hinweise

Entlang der Strecke werden Boote verliehen, allerdings sollten nur geübte und erfahrene Kanuten den Fluss durchfahren. Kanuverleiher, Hotels und Restaurants haben sich rund um den Ort Vallon Pont d´Arc am Ende des landschaftlich schönsten Streckenabschnitts angesiedelt.

„Früher ist man immer davon ausgegangen, dass sich die Kunst langsam entwickelt hat, genau wie die Evolution“, sagt Sabine Gaudzinski, Altsteinzeit-Expertin von der Universität Mainz. *„Seit der Entdeckung der Höhlenmalereien in der Grotte Chauvet, diesem vatikanischen Palast der paläolithischen Kunst hat sich das geändert. Jetzt muss man davon ausgehen, dass die Kunst einfach plötzlich da gewesen ist. Was der Auslöser dafür gewesen sein könnte, ist dabei die Kernfrage. Eine schlüssige Antwort hat bislang noch niemand gefunden. Eine Hypothese lautet, dass das Aufeinandertreffen des modernen Menschen mit dem Neandertaler wie eine ‚Kulturpumpe‘ gewirkt habe. Die Konfrontation könnte einen Wettbewerb entfacht oder zumindest Fragen nach der eigenen Identität aufgeworfen haben. Dieser Kontakt habe, so der französische Vorgeschichtler Francesco D´Errico, ‚eine Explosion gezündet, die zum Gebrauch von Symbolen auf beiden Seiten führte.‘ Und die Geburtsstunde der Kunst markiert.“*

Aus der Süddeutschen Zeitung vom 18. Dezember 2003

Mornas

Zwischen der N7 und einer Felsenwand erstreckt sich der Ort (Einwohnerzahl: 2.080), der auf den ersten Blick nicht sonderlich einladend wirkt. Tatsächlich aber weist er ein mittelalterliches Stadtbild mit prächtigen Platanen auf. Auf der 137 m hohen Felswand thront die Ruine einer einst mächtigen Festung, zu der ein etwa 15-minütiger, sehr steiler Weg führt (ab der romanischen Friedhofskirche). Von der Burg aus dem 12. Jahrhundert sind nach den Religionskriegen zwar nur noch die Grundmauern erhalten, doch der phantastische Blick von hier oben, an schönen Tagen bis nach Marseille, lohnt durchaus den Aufstieg.

Blick nach Marseille

Die Einwohner, die während der Religionskriege in die Hände des Feindes gefallen sind, werden diesen Blick allerdings kaum genossen haben, denn sie wurden vom Felsen gestürzt.

Piolenc

Ebenfalls an der N7, weiter südlich, kommt dann Piolenc (ca. 4.000 Einwohner), und das rühmt sich ganz und gar nicht bescheiden als **„Welthauptstadt des Knoblauchs"**. Schon seit den 1930er Jahren wird die duftende Knolle hier angebaut und nach der Ernte (meist im Juni) bündelweise verkauft. Piolenc (der Großteil des Knoblauchs, der in der Region Provence-Côte d´Azur verkauft wird, stammt von hier) ist auf Zwillingszöpfe spezialisiert.

Beim Kauf sollte man beachten, dass der milde, weiße, saftige, preisgünstigere Jungknoblauch nicht so lange hält wie der Knoblauch mit violetter Haut, der am verbreitetsten, scharf im Geschmack und lange haltbar ist.

Sérignan-du-Comtat (ⓘ s. S. 131)

Einwohner: 2.200 Höhenlage: 80 m

„Sérignan-du-Comtat, ein Dorf, weder Touristen- noch Malerdorf, gelegen hinter einem Hügel und vor einer Ebene, mit dem Mont Ventoux als Kegel am Horizont", so beschrieb der deutsche Künstler *Werner Lichtner-Aix* seine erste Begegnung mit Sérignan. Er ist einer von zwei berühmten Männern, mit denen der Name des Ortes verbunden ist: der zweite ist *Jean-Henri Fabre*, der berühmte Naturwissenschaftler und Insektenforscher. Aber noch einen dritten berühmten Namen hat Sérignan aufzuweisen: den von *Diane de Poitiers*, Mätresse von François I., die hier bis zu ihrem Tod im Jahr 1565 im Schloss ihres Vaters lebte.

drei berühmte Namen

Musée-Atelier Werner Lichtner-Aix

Geöffnet vom 1. April bis 15. Okt. 14–17.30 Uhr. Di. und an Feiertagen geschlossen.

„... ich spürte, dass ich hier finden würde, was ich in mir hatte, eine Affinität zu den Farben der Landschaft". Der 1939 in Berlin geborene Lichtner-Aix fand in Sérignan zu seiner Inspiration und ließ sich 1969 hier nieder. Angesichts seiner Werke in seiner ehemaligen Werkstatt glaubt man sich leibhaftig im Angesicht der provenzalischen Landschaft, inmitten des für die Provence typischen Spiels von Licht und Schatten. Der 1987 verstorbene Künstler ist auf dem Friedhof von Sérignan-du-Comtat beerdigt.

L´Harmas Jean Henri Fabre

Route d´Orange, Richtung Orange auf der linken Seite am Ortsrand, Tel./Fax 04/ 90701561. Geöffnet von 1. April bis 1. Sept. 10–12.30 und 14.30–18 Uhr, 1. Juli bis 31. Aug. 10–12.30 und 15.30–19 Uhr. Sa. und Sonntagmorgen geschlossen.

Hier lebte und forschte *Henri Fabre* 36 Jahre lang in Abgeschiedenheit. Die Vitrinen in seinem Arbeitszimmer enthalten seine Sammlungen von Insekten, Fossilien, Muscheln und Mineralien. Weiterhin sind zu sehen seine Aquarelle von Pilzen sowie Ausgaben und Übersetzungen seiner Bücher. Fast noch mehr als in den Arbeitszimmern aber ist im herrlichen Garten Fabres Forschergeist zu spüren. Hier am Teich, den alten Steineichen und Himalayaeichen lebte er seine Forschermaxime: „Ich studiere es (das Tier) lebend."

INFO

Jeden Tag und jede Stunde die Dinge verfolgen – Homer der Insekten, Jean-Henri Fabre (1823–1915)

Die Befruchtung der Blüte als moralischer Fehltritt – heute kaum noch vorstellbar. Doch für *Jean-Henri Fabre* bedeutete dies den Ausschluss aus dem Lehrdienst. Zu anschaulich hatte er im puritanischen 19. Jahrhundert seine weiblichen Schüler über dieses Thema unterrichtet. 47 Jahre war er damals alt und „gebrochen durch die Dinge, die einem widerfahren sind, wo man sich zu fragen beginnt, ob zu leben sich lohnt". Es sollte sich lohnen! Denn nun, in der beginnenden zweiten Hälfte seines Lebens begann er – neben vielen weiteren Publikationen – sein großes Lebenswerk, die zehnbändigen *Souvenirs entomoligiques*, die unter anderem ins Japanische, Schwedische und Hebräische übersetzt wurden. Sie gelten als eine wissenschaftlich brillante und zugleich sprachlich und stilistisch hervorragende Hymne auf die Welt der Insekten.

„Jedermann staunt, wenn er zum ersten Mal einen Skarabäus sieht, der, im Kopfstand, die langen Hinterbeine hochreckt, die große Pille vorwärts stößt und dabei viele ungeschickte Purzelbäume vollführt. Weiß man, zu welchem Zweck seine Kugel bestimmt ist? Weiß man, wie er seine Familie großzieht? Nichts weiß man!"

Jean-Henri Fabre gilt als Vater der modernen Verhaltensforschung. Zu seinen Bewunderern zählte Darwin, mit dem Fabre lange Jahre im Briefwechsel stand.

Mit den Honoraren seiner Bücher konnte sich *Fabre* 1879 in Sérignan-du-Comtat ein Grundstück kaufen, das er l'Harmas (provenzalisch für Ödland) nannte. Dort endlich, in seinem eigenen Haus, widmete er sich intensiv seinem Lieblingsthema – den Insekten. Seine Bücher sind keine trockenen wissenschaftlichen Abhandlungen, sie sind ein leidenschaftliches Fragen, Hadern, Loben und Tadeln: Die Gottesanbeterin mit ihren erhobenen Fangwerkzeugen entlarvte er als eine schreckliche Straßenräuberin, die alles überwältigt, was sich ihr nähert. Bei der Larve der Dolchwespe fragte er sich, wie sie wohl herausgefunden habe, dass sie die inneren Organe des Rosenkäfer-Engerlings, in dem sie aufwächst, nur in einer ganz bestimmten Reihenfolge verzehren darf, sollte sie nicht dessen vorzeitigen Abgang ins Jenseits riskieren.

Auch wenn *Jean-Henri Fabre* durch seine Werke über Insekten bekannt wurde, so war er doch mehr. Seine Bücher weisen ihn als das letzte Universalgenie aus, das von der Geologie über die Chemie bis hin zur Mathematik und Hauswirtschaft die Welt als komplexes Ganzes studierte. Er sollte später als Vater der Verhaltensforschung in die Geschichte eingehen. Und was sah er selbst als die Krönung seines Lebenswerkes? Seine Arbeiten über das Beutefangverhalten der Grabwespen, an die er die „schönsten Erinnerungen" hatte.

„Ihr weidet das Tier aus, aber ich studiere es lebend. Ihr macht aus ihm ein Ding des Schreckens und des Mitleids, ich mache, dass man es lieb gewinnt, dass es nicht leiden muss. Ihr arbeitet in der Werkstatt der Folter und Zerstückelung, ich arbeite bei blauem Himmel, beim Gesang der Zikaden."

92 Jahre wurde *Jean-Henri Fabre* alt, mit seinem faltigen und zerfurchten Gesicht sah er am Ende seines Lebens selbst fast wie ein Insekt aus. Nach seinem Tod am 11. Oktober 1915 wurde er auf dem alten Friedhof in Sérignan beerdigt. Auf seinem Grabstein sind zwei Aussprüche zu lesen: Der eine stammt von Fabre selbst *„Minime finis, sed limen vitae excelsioris"* – Der Tod ist nicht das Ende, sondern die Pforte zu einem höheren Leben – und der andere von *Seneca*: *„Quos perisse putamus praemissi sunt"*, die man glaubt verloren zu haben, wurden vorzeitig weggeschickt. Auf dem Marktplatz von Sérignan zeigt ihn ein Standbild mit seinem wichtigsten Werkzeug, dem Vergrößerungsglas.

Orange (ⓘ s. S. 131)

Einwohner: 29.000, Höhenlage: 46 m

kleines Provinzstädtchen

Mit Orange ist es so wie mit manchen Menschen: der Ruf ist groß, die tatsächliche Größe klein. Orange ist ein kleines, eher langweiliges Provinzstädtchen, über das der amerikanische Schriftsteller *Henry James* (1843–1916) sagte: „von diesen römischen Überresten und seinem Namen abgesehen ist Orange eine ganz und gar gesichtslose Stadt". Auf die Außenbezirke mag das zutreffen, im übersichtlichen alten Stadtkern hat Orange aber durchaus seine Reize. *Henry James* hatte mit den römischen Überresten das einzigartige Theater von Orange und seinen Stadtgründungsbogen gemeint, der oft fälschlicherweise als Triumphbogen bezeichnet wird. Eine Medaille hat aber immer zwei Seiten, und so schrieb der deutsche Dichter *Rainer Maria Rilke* (1875–1926) über „diese römischen Überreste" von Orange, genauer gesagt, über die Wand des antiken Theaters: „Oh, ich

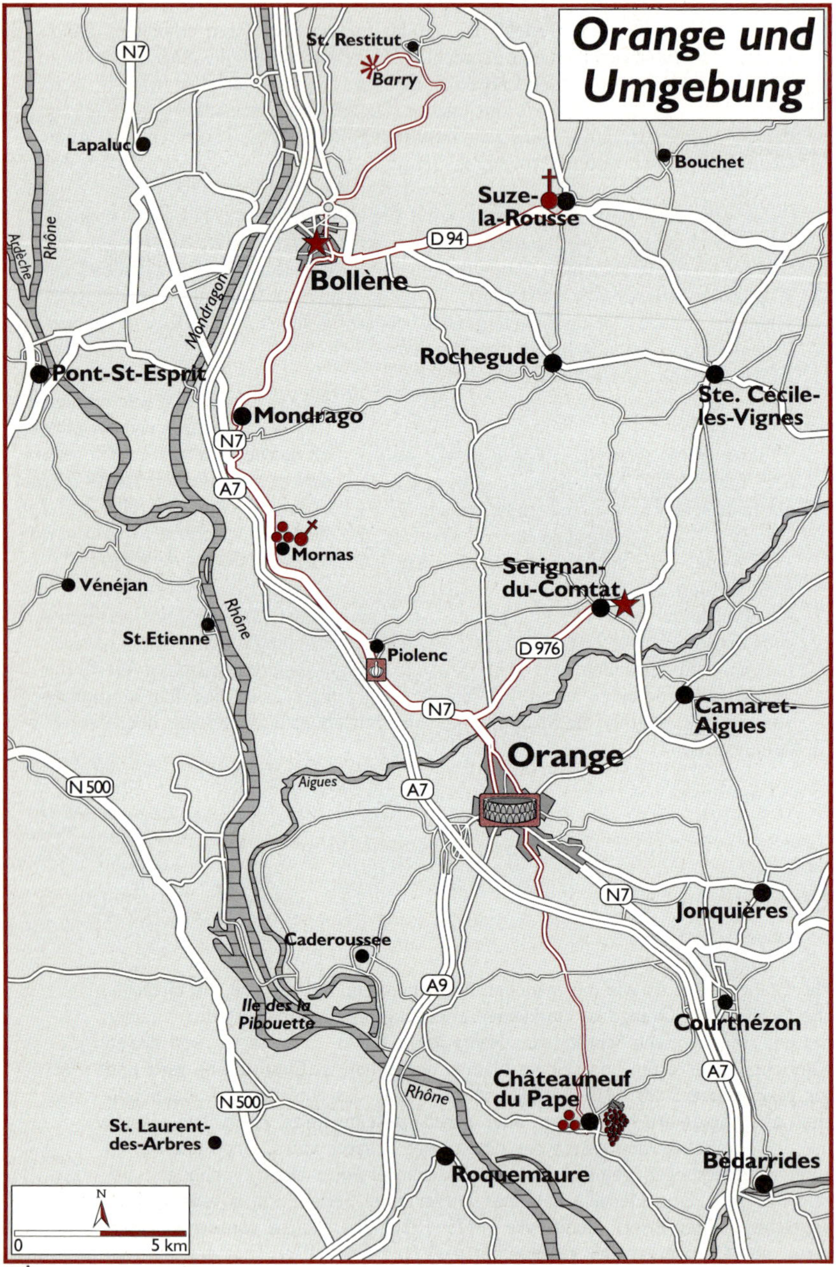

Orange und Umgebung
N7
St. Restitut
Barry
Lapaluc
Bouchet
Suze-la-Rousse
Rhône
Ardèche
D94
Bollène
Mondragon
Rochegude
Pont-St-Esprit
Ste. Cécile-les-Vignes
Mondrago
N7
A7
Mornas
Serignan-du-Comtat
Vénéjan
Rhône
St.Etienne
Piolenc
D976
N7
Camaret-Aigues
Orange
N 500
Aigues
A7
N7
Jonquières
Caderoussee
A9
Ile des la Pibouette
Courthézon
A7
Châteauneuf du Pape
N 500
Rhône
St. Laurent-des-Arbres
Roquemaure
Bédarrides
N
0
5 km

war völlig unvorbereitet. Es wurde gespielt. Ein immenses, übermenschliches Drama war im Gange, das Drama dieser gewaltigen Szenewand, deren senkrechte Gliederung dreifach auftat, dröhnend vor Größe, fast vernichtend und plötzlich maßvoll im Übermaß. Ich ließ mich nieder vor glücklicher Bestürzung."

glückliche Bestürzung

Seit 1995 ist Orange nicht nur wegen seiner römischen Geschichte, sondern auch wegen seiner reaktionären Regierung in die Schlagzeilen geraten: *Mit Jacques Bompard* wurde damals ein führendes Mitglied des Front National zum Bürgermeister gewählt und 2001 sowie 2008 aufs Neue im Amt bestätigt. Die Wahl hatte seinerzeit großes Aufsehen erregt, unter anderem hat Rastatt, die badische Partnerstadt von Orange, seit damals die offiziellen Kontakte eingestellt.

reaktionäre Regierung

Die Ultra-Rechten im Rathaus machten u.a. durch ihre Kulturpolitik Furore. Eine ihrer teuersten Aktionen war die Aufstellung einer Statue von *Raimbaud II.*, nicht etwa der des Dichters, sondern der eines Grafen von Orange. Manche vermuteten, dass die Statue nur deshalb feierlich errichtet wurde, weil *Raimbaud II.* als Kreuzfahrer gegen die Araber gekämpft hatte. Auch übte das Rathaus bei den Anschaffungen der Bibliothek Zensur aus. Man verlangte revisionistische Autoren, während es für andere Werke kein Geld mehr gab oder sie wurden gar aus den Regalen entfernt, darunter auch die Reihe „Märchen aus aller Welt", denn die galt als zu kosmopolitisch. Der Kulturreferent von Orange meinte 2002 lakonisch dazu, in der Bibliothek sei es damals schlicht um die Herstellung von „Meinungsvielfalt" gegangen. Wie auch immer: In Orange haben sich die Wogen wieder geglättet.

Geschichte

Wie viele andere römische Gründungen in der Provence ging auch Orange aus einer Siedlung der Kelten hervor, die die Quellgottheit Arausio verehrten. 35 n. Chr. siedelte der römische Kaiser Augustus hier römische Veteranen der 2. Legion an. Die neu gegründete Reißbrettstadt entwickelte sich sehr schnell und galt bald als eine der schönsten Städte der Provinz *Gallia Narbonensis*, geschützt von einer sechseckigen, mehr als drei Kilometer langen Stadtmauer. Schon früh, im 4. Jahrhundert, wurde sie dann Bischofssitz, in dem auch Konzilien stattfanden. Durch eine Erbfolgeregelung gehörte Orange von 1559 bis 1713 nicht zu Frankreich; aus einer dynastischen Verbindung war die Linie Nassau-Oranien entstanden, auf die der heutige Namen der Stadt zurückgeht. Diese holländische Enklave war die Hauptstadt eines Mini-Fürstentums des protestantischen Hauses Nassau.

Bekanntester Regent dieser Zeit war der Fürst von Nassau, der als „großer Schweiger" in die Geschichte eingehen sollte. Zu dieser Zeit entwickelte sich Orange zu einem Anziehungspunkt für viele religiös verfolgte Protestanten. Sehr zum Unmut des erzkonservativen Avignon, aus dem später der Jesuitenpriester *Louis Coulon* verlauten ließ, dass die Protestanten „die schönsten Gebäude in Ruinen legten, die Altäre abrissen, die Priester verjagten und die heiligen Stätten mit dem Gift ihrer Lehren entweihten". Im Frieden von Utrecht 1712 fiel Orange an die französische Krone; seit 1973 gehört es zum Département Vaucluse.

Anziehungspunkt für Protestanten

Sehenswertes

Am schönsten ist die Stadt im Winkel zwischen der Kathedrale, dem klassizistischen Rathaus und dem Theater. Hier gibt es nicht nur kleine Plätze, sondern auch schöne Geschäfte zu entdecken.

Arc de Triomphe

Höhe: 22 m, Breite: 21 m, Tiefe: 8 m

kriegerische Kampfszenen

Der Arc de Triomphe war gar kein Triumphbogen, er war genau genommen ein Stadtgründungsmonument. Aber eines, das klar zeigte, wer hier der Boss war: die Römer. Und so zeigt dieses Monument konsequent kriegerische Kampfszenen. Dass in der Nähe von Orange im Jahr 105 v. Chr. ein Heer der Kimbern die Römer vernichtend geschlagen hatte, wird auf diesem Tor selbstverständlich nicht dargestellt. Errichtet wurde es in den Jahren 21–26 n. Chr., wohl zur Verherrlichung der in der Stadt angesiedelten Veteranen der II. Gallischen Legion. Im Mittelalter allerdings scherte man sich herzlich wenig um die Römerüberbleibsel: Die Fürsten von Orange stiegen ihnen sprichwörtlich aufs (Tor-)Dach und errichteten dort oben einen festungsartigen Aufbau. Noch um die Mitte des 19. Jahrhunderts war das ehrwürdige Monument bis zu einer Höhe von vier Metern durch die Überreste alter Befestigungsanlagen verschüttet, aus denen oben der Bogen herausragte. Erst 1856 wurde es freigelegt und fein säuberlich restauriert. Seine Nordseite ist noch gut erhalten, die Westseite musste dagegen stark restauriert werden.

Verherrlichung von Veteranen

Die interessantesten Szenen im Einzelnen:

Nordfassade

- **Oben in der Mitte**: Kampfszenen (gallische Krieger gegen Legionäre), Gefangene;
- **Oben links und rechts**: Allerlei maritime Gegenstände: Rammsporne von Galeeren, Anker, Seile, Dreizacke: Hierzu muss man wissen, dass die Römer den Griechen in Seeschlachten hoffnungslos unterlegen waren. Und doch hatten sie 49 v. Chr. die Griechen vor Massalia besiegt. Und zwar mit einem Trick: Sie drängten die Schiffe der Griechen so zusammen, dass sie an Bord klettern konnten und sich somit wieder auf, wenn auch schwankendem, festem Boden befanden. Und somit in der siegreichen Position.
- **Über den kleinen Bögen links und rechts oben**: Keltische Trophäen wie Helme, Rüstungen, Wurfspieße, Feldzeichen.
- **Über den drei Bögen unten**: Früchte, Blumen, antike Schmuckmotive.

Ostfassade

- **Mitte**: Trophäen
- **Unten**: Mit Ketten gefesselte Gefangene, an den langen Haaren und Bärten eindeutig als Barbaren auszumachen!

Théâtre Antique – Römisches Theater

Das ganze Jahr über geöffnet, von Dezember bis Januar 9.30–16.30, März und Oktober 9.30–17.30, April, Mai, September 9–18 und Juni bis August 9–19 Uhr; www.theatre-antique.com

Ludwig XIV., der Sonnenkönig, soll die Bühnenrückwand dieses römischen Theaters einmal als **„die schönste Mauer meines Königreichs“** bezeichnet haben.

103 Meter lang und 37 m ist sie hoch, erbaut um die Zeitenwende und in Europa die einzige noch erhaltene Bühnenrückwand aus römischer Epoche. Anders als die griechischen Theater, die einen Ausblick in die Landschaft ermöglichten, waren die römischen Theater durch eine Bühnenwand nach außen abgeschlossen; dadurch konnten sich die Zuschauer besser auf das Theatergeschehen konzentrieren.

Propaganda auf römisch: Gefesselte Krieger und am Rücken zusammengebundene Hände, Kämpfe zwischen Galliern und Legionären: Wir sind unbesiegbar! Nicht mehr und nicht weniger wollten die Römer ihren besiegten Völkern mit den Darstellungen auf dem Arc de Triomphe von Orange mitteilen.

Rund 10.000 Zuschauer fanden hier Platz, je höher der Sitzrang lag, desto bescheidener war der soziale Rang. Oben saßen die Bettler, Prostituierten und Nicht-Römer. Dort wehte oft ein scharfer Wind, der Mistral, der den Zuschauern die Tränen in die Augen trieb. In der Mitte nahmen dann die Handwerker, Priester und Ritter Platz, heute noch erkennbar an einer Inschrift: „EQ GRADUS II" (der dritte Rang der Ritter). Weiter unten, wo die Honoratioren oder wohlhabenden Kaufleute die Ränge füllten, schützte die Bühnenwand vor den kalten Winden der Provence. In e i n e m aber waren wohl alle Stände gleich, denn wie hatte *Ovid* in seiner „Liebeskunst" geschrieben: Das Theater sei der beste Ort, um erotische Kontakte zu knüpfen.

Orange im Mittelalter, als die Stadt noch einen Festungswall besaß

Ort für erotische Kontakte

Auch wenn keine Spielpläne oder Theaterzettel erhalten geblieben sind, so nimmt man doch an, dass hier weniger die altgriechische Klassik mit ihren feierlichen Mimen und pathetisch deklamierten Texten gespielt wurde, sondern eher Unterhaltsames wie Komödien, Tierhatzen oder pikante, wohl auch obszöne Stücke. Und so waren es dann auch die christlichen Gemeinden von Marseille, die dem sündigen Treiben im Theater ein Ende bereiteten.

Die Theatermauer besaß keinen dazugehörenden und sie stützenden Bau. Sie steht mitten in einer Stadt, in der man die alten, behauenen Steine aus der Römerzeit regelmäßig in anderen Bauten verwendete. Im 13. Jahrhundert wurden hier noch einmal Aufführungen gegeben, und zwar Troubadour-Vorträge für die Fürsten von Orange. Im 16. Jahrhundert dann, während der Religionskriege, bauten sich die Menschen hier bescheidene Schutzhütten. Dass sie dafür nicht die Steine der Bühnenwand benutzten, liegt vermutlich an ihrer Schutzfunktion vor dem Mistral. Und so ist sie bis heute erhalten geblieben und lässt wie in kaum einem anderen antiken Theater vor dem inneren Auge Bilder des damaligen Theatergeschehens entstehen.

„Genau wie beim Pont du Gard flößen uns die Römer überall das Gefühl der größten Hochachtung und der lebhaftesten Bewunderung ein durch Gebäude, die für ganz einfache Zwecke bestimmt waren. Daran erkennt man eine hohe Gesinnung.“ Stendhal am 4. August 1837

Das Bauwerk wurde erst im 19. Jahrhundert restauriert und seit 1869 wieder bespielt. *Luciano Pavarotti* gab sich hier schon mehrmals die Ehre, aber auch *Pink Floyd* in den 1980er Jahren.

An die Westseite des Theaters grenzt das sogenannte **Gymnasion** an, eine halbrunde Anlage mit einem Tempel. Es könnte ein weiteres Theater, ein Gymnasion, ein Zirkus oder eine Art Nymphenheiligtum gewesen sein – man weiß es nicht genau.

Tipp
Einen wunderbaren Blick von oben auf die Stadt, das Theater und seine herrliche Bühnenwand hat man vom Park Colline St. Eutrope hinter dem Theater (den Blick auf das Theater bekommt man von einer versteckten Stelle im Gebüsch, zu der ein steiler, steiniger und von Sträuchern überwucherter Weg führt; Zugang über einige Stufen links vom Theater oder oben vom Hügel über einen schmalen Zugang, ca. 100 m rechter Hand von der Aussichtsplattform). Dort oben auf dem Hügel lag einst das Schloss der Grafen und Fürsten von Nassau-Oranien, von dem noch einige Ruinen erhalten sind. Auch befand sich hier einst ein römischer Tempel, von dem ebenfalls noch Überreste vorhanden sind.

Musée Municipal

Gegenüber dem Théâtre Antique. Öffnungszeiten wie dieses, die Eintrittskarte gilt sowohl für das Museum als auch für das Theater.

marmorne Grundbücher

Das Gebäude an sich, ein ehemaliges Stadtpalais, ist schon sehenswert. Unter den Exponaten sind besonders die Fragmente verschiedener Kataster interessant. Sie sind eine Art marmorner Grundbücher, erstellt wohl im 1. Jahrhundert n. Chr. In ihrer Art die einzigen, die man kennt. Im Maßstab 1:50.000 wurde hier die Region um Aurasio in Hunderte von Landquadraten aufgeteilt und, wie Paul-Marie Duval in seinem Werk *Gallien* schrieb, nach genauen Regeln vergeben: „Die besten Böden sind den gedienten Soldaten zugewiesen die weniger guten, welche sie nicht bearbeiten können oder wollen, werden den Einheimischen übergeben; die nach der Aufteilung verbleibenden Reststücke werden der Gemeinde überlassen, die sie Privatleuten verpachtet zu je nach Bodenqualität verschiedenen Pachtsätzen." Auf den Karten kann man (zumindest die Historiker) ein Straßennetz, topografische Details wie Straßen, Berge, Flüsse und Sümpfe erkennen.

Die Wände des Museums schmücken Reste des Amazonen- und Kentaurenfrieses vom Theater. Weiterhin zu sehen sind Exponate zur Stadtgeschichte und Gemälde. Auch kann man sich über die Herstellung der Indiennes, der bedruckten Baumwollstoffe der Provence, informieren.

Auf dem Weg zum Plateau de Vaucluse

Châteauneuf-du-Pape (ⓘ s. S. 131)

Einwohner: 2.100, Höhenlage: 117 m

Kirche und Wein

Eine klassische Kombination: **Kirche und Wein**. Ursprünglich war der Ort eine von Papst Johannes XXII. errichtete Festung, gebaut als Vorposten und Sommerresidenz der nahen Papststadt Avignon. Im 16. Jahrhundert während der Religionskriege zerstört, besorgten deutsche Truppen 1944 den Rest und sprengten den einzig übrig gebliebenen Donjon, der heute nur noch als traurige Ruine dasteht. Unabhängig von den Zeitläufen aber ist der großartige Blick von hier oben auf das Tal der Rhône.

Schon unter den Päpsten des 14. Jahrhunderts bestand das hiesige Weinanbaugebiet, das von außergewöhnlich günstigen Bedingungen profitiert: Der Boden des Schwemmgebiets der Rhône besteht aus großen Kieselsteinen, die die Tageshitze aufnehmen und nachts wieder abgeben. (Andernorts legt man übrigens Steine unter die Reben, um diese Wirkung zu erzielen.) In diesem Mikroklima erreichen die Trauben eine optimale Reife. 1923 dann gründete Baron *Le Roy de Boiseaumarie* eine eigene *Appellation*, die die Lagen um Châteauneuf und Teile der umliegenden Gemeinden umfasst.

Die Appellation controlée ist eine 1935 in Frankreich eingeführte, staatlich überwachte Bezeichnung, die die Herkunft eines Weines aus einem ganz bestimmten Gebiet garantiert. Weiterhin die vorgeschriebene Verwendung einer ganz bestimmten Traubensorte, die Einhaltung der Pflege und die Ernte des Weins zu einem bestimmten Zeitpunkt. Die Bezeichnung wird mit A.C. abgekürzt.

eigene Flaschenform mit Papstwappen

Als französische Besonderheit dürfen die Winzer von Châteauneuf-du-Pape bis zu 13 Weinsorten mischen, um so einen dunklen, gehaltvollen Wein zu erhalten. 1939 kam dann als weitere Besonderheit eine eigene Flaschenform hinzu, die ein reliefartiges Papstwappen an der Flaschenschulter trägt. Wie gesagt: Wein und Kirche gehören halt zusammen. Und so pilgern heute Heerscharen von Touristen (sogar busweise) und Weinliebhabern in dieses kleine Dorf, um das Göttliche im Geist des Weines zu erschmecken.

Sehens-wertes

Musée des Outils des Vignerons

Detailliert werden hier der Weinanbau und seine Geschichte anhand von alten Geräten geschildert, besonders sehenswert ist eine Weinpresse aus dem 16. Jahrhundert.

La chapelle Saint-Théodoric und L'église Notre-Dame-de l ´Assomption

Das älteste Gebäude des Ortes, die **Chapelle Saint-Théodoric**, datiert immerhin ins 10. Jahrhundert zurück. Nach der letzten Restaurierung hat man im Chor Fresken aus dem frühen Mittelalter gefunden. Aus welcher Zeit die Kirche Notre-Dame-de-l´Assomption genau stammt, weiß man nicht, man vermutet aber, aus der Mitte des 12. Jahrhunderts.

6. MONT VENTOUX UND PLATEAU DE VAUCLUSE

Überblick

Der Name des östlich von Carpentras gelegenen Plateau de Vaucluse deutet es schon an: Das Vaucluse ist eine Gegend mit dichter Macchia, einsamen Hochflächen, tiefen Schluchten, pittoresken Bergdörfchen, die man auf schier endlosen kurvenreichen Bergsträßchen erreicht. Es war schon immer ein begehrtes Land und hat sich zum Schutz der Ländereien mit Festungswällen, Schlössern und Burgen umgeben.

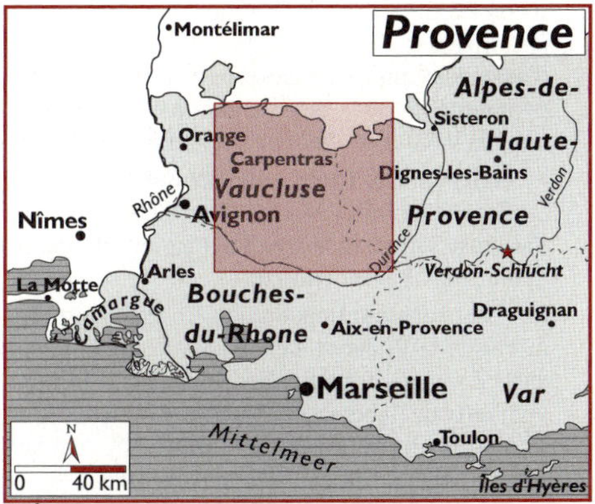

© igraphic

Nördlicher Abschluss des Vaucluse ist der Mont Ventoux, im Süden senkt sich die Hochebene zum weiten Tal des Coulon hinab. *Petrarca* schrieb einst über Fontaine-de-Vaucluse, was man stellvertretend für die ganze Gegend sehen kann: „Vaucluse ist mir allzeit gegenwärtig in meinen Gedanken, mit all seiner Anmut. Als mich mein Erinnern hinführte zu diesen Hügeln, zu diesem Quell, zu diesen meinem forschenden Geiste so günstigen Hainen, fühlte ich im Seelengrund unaussprechliche Freude." *unaussprechliche Freude*

Carpentras (ⓘ s. S. 131)

Einwohner: 27.000; Höhe: 102 m

Schon zu keltischer und römischer Zeit war Carpentras ein bedeutender Handelsort. Im Mittelalter wurde die Stadt, wenn auch nur kurzfristig, Residenz von *Papst Clemens V.*, der allerdings bald wieder nach Avignon übersiedelte, da Carpentras einfach zu abgelegen war. Doch stand die Stadt weiter unter dem Schutz des Papstes und wurde 1320 zur Grafschaft Venaissin erhoben.

Unter dem Schutz des Papstes konnte sich hier, wie auch in Avignon, Cavaillon und L'Isle-sur-la-Sorgue, eine jüdische Gemeinde ansiedeln. Den Kirchenfürsten kam die geschäftliche Tüchtigkeit der Juden entgegen, zumal diese etwas durften, was den Christen verwehrt war: das Zinsnehmen und der Handel mit Arabern. Die Juden ihrerseits durften Handwerksberufen nicht nachgehen und so fanden hier zwei Interessenslagen aufs trefflichste zueinander. Ab der Mitte des 15. Jahrhunderts allerdings mussten die Juden in einem Getto leben und ein gelbes *jüdische Gemeinde*

Redaktions-Tipps

- **Anschauen**: In **Vaison-la-Romaine** (S. 287) ist noch viel von den einstigen luxuriösen Behausungen der römischen Legionärs-Pensionäre übrig geblieben. Klein aber oho sind die Berge **Dentelles de Montmirail** (S. 293). Unergründlich ist die **Fontaine-de-Vaucluse** (S. 303) bis heute geblieben – schon Petrarca war von diesem – damals noch einsamen – Ort fasziniert. Ockerrot und ungemein pittoresk ist **Roussillon** mit seinen Ockersteinbrüchen (S. 314). **Kloster Sénanque** (S. 309), eine der drei provenzalischen Schwestern, ist wohl eines der bekannten Fotomotive der Provence.
- **Erleben**: Der **Freitagsmarkt von Carpentras** gilt als ein „außergewöhnlicher Markt" – zu Recht! Das **Plateau de Vaucluse** südwestlich von Sault ist im Juli und August ein lilafarbenes Lavendel-Meer.
- **Übernachten**: Im kultiviert-lässigen **Hotel Le Burrhus** in Vaison-la-Romaine steht Kunst sogar auf dem Dach und jedes Zimmer ist anders. Bei **Benoit** in St.Didier westlich von Venasque übernachtet und isst man günstig und gut**;** in Mazan edel im **Château de Mazan******, dem Schloss des Onkels des berüchtigten *Marquis de Sade*.
- **Wandern**: Wanderschuhe überstreifen und los geht´s: wie Petrarca auf den windigen Berg, den **Mont Ventoux**, zum Kirchlein St. Michel (S. 298) in den **Gorges de la Nesque** oder durch die **Schluchten des Toulourenc** (S. 297).
- **Beachten**: Im Winter ist der **Col des Tempêtes** am Mont Ventoux gesperrt, überhaupt sollte man sich für den Mont Ventoux warm anziehen!

Abzeichen tragen, jüdische Frauen ein gelbes Band im Haar. Bis zur Französischen Revolution lebten hier etwa 2.000 Juden, ab dann wurden sie den anderen Bürgern rechtlich gleichgestellt und die Gettos lösten sich nach und nach auf.

Da Carpentras bis zur Revolution die Hauptstadt des Venaissin geblieben ist, konnte es sich seine Stellung auch nach dem Ende des Papsttums in Avignon erhalten. So ist die Stadt, wie in der Provence nur noch Avignon und Aix, eine steinerne Baugeschichte vom Mittelalter bis ins 18. Jahrhundert.

Wie schon in antiker Zeit ist Carpentras bis heute ein Umschlagplatz für das Obst und Gemüse aus der Um-

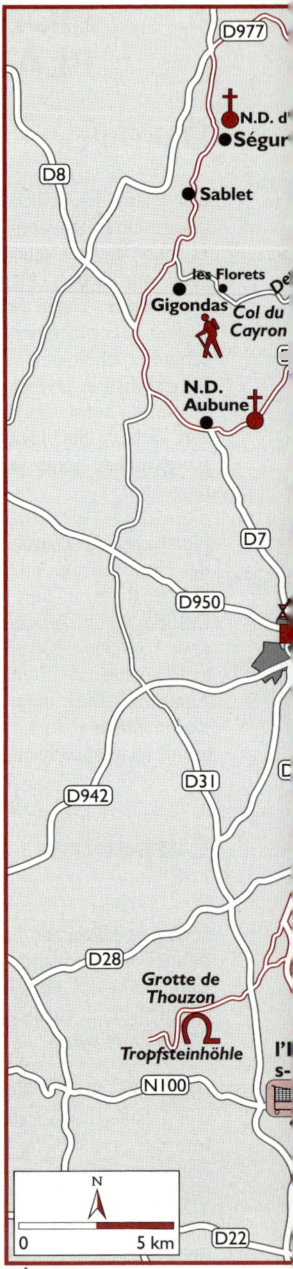

© igraphic

Mont Ventoux, Dentelles de Montmirail, Plateau de Vaucluse
Vaison-la-Romaine
Mollans-s-Ouvèze
Toulourenc
Brantes
D938
les Valettes
N.D. du Groseau
Col des Tempêtes
D72
Suzette
D974
Mont Ventoux
D974
D942
D938
D164
Massif des Cèdres
D19
D974
D974
Flassan
Sault
D1
D938
la Gabelle
D974
Mormoiron
Mazan
D942
de
D942
Nesque
Carpentras
Gorges
la
St. Pidier
Aven Jean Nouveau
Méthamis
D943
St. Didier
Venasque
Plateau de Vaucluse
D943
Murs
Saturnin-lès-Apt
Saumane-de-Vaucluse
Rers. de Lioux
Veronde Schlucht
Fontaine-de-Vaucluse
Senanque
D25
Gordes
D2
Roussillon
Village des Bories
N100
Chaussée des Geants
Apt

Umschlagplatz für Obst und Gemüse

gebung geblieben. Alljährlich im November findet die Foire de la Saint-Siffrein, ein wichtiger Landwirtschaftsmarkt, statt. Und der wöchentliche Freitagsmarkt des Städtchens ist einer der größten, wenn nicht *der* größte Markt der Provence.

Anders als andere, ruhigere, provenzalische Landstädtchen ist Carpentras sehr lebhaft, um nicht zu sagen, verkehrsreich. Wo einst die mittelalterliche Stadtmauer verlief, führen heute von Platanen gesäumte Boulevards ringförmig um die Stadt. Von der alten Stadtbefestigung ist nur die mächtige Porte d´Orange aus dem 14. Jahrhundert erhalten. Innerhalb dieser breiten Verkehrswege ist Carpentras eng und mittelalterlich.

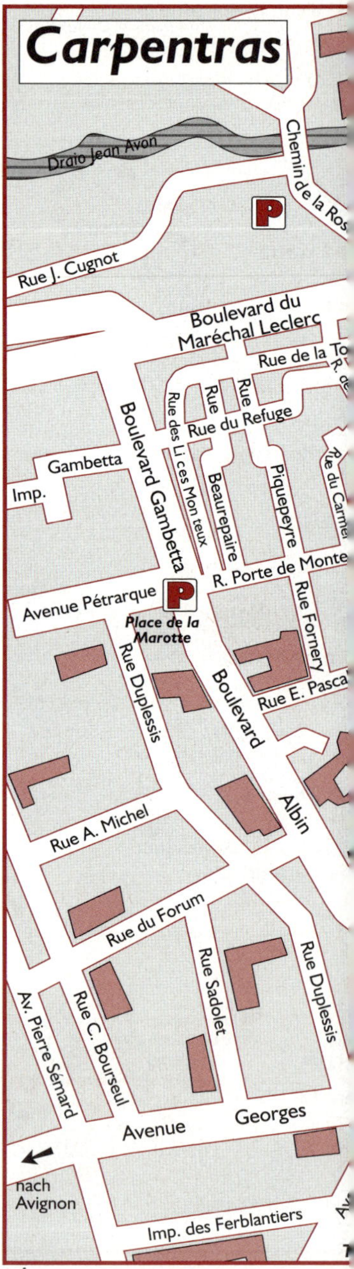

© igraphic

Sehenswertes in Carpentras

Cathedrale Saint-Siffrein

seltene Gotik

Sie ist groß und hell von außen, dunkel und düster von innen, und auf würdevolle Weise leicht in ihrer Gesamtwirkung. Saint-Siffrein ist eine der wenigen gotischen Bauten der Provence. Der romanische Vorgängerbau der Kathedrale wurde im Zeitraum von 1404 bis ins 17. Jahrhundert hinein im neuen gotischen Stil ersetzt. Das Südportal der Kathedrale gilt als beachtenswertes Beispiel der Flamboyantgotik (frz.: *la flame* = Flamme. *Gegen Ende des 14. Jahrhunderts sich entwickelnde Form der Gotik, bei der die Giebel in bewegten Formen lodern, die wie Flammen zum Himmel züngeln.)*

Benannt wurde die Kathedrale nach dem ursprünglichen Erbauer, *Siffrein*, dem ersten Bischof von Carpentras. Besonders bekannt ist das Südportal der Kirche, die »Porte Juife« (Judentor) mit einer kuriosen Skulptur, der „*Boule aux rats*“ (Ratten-Kugel), die eine von Ratten angenagte Halbkugel zeigt. Da die konvertierten Juden unter dieser auf dem Portal angebrachten Skulptur in die Kirche einzogen, könnte es sich um ein Symbol des Ketzertums und eine etwas boshafte Warnung an die meist

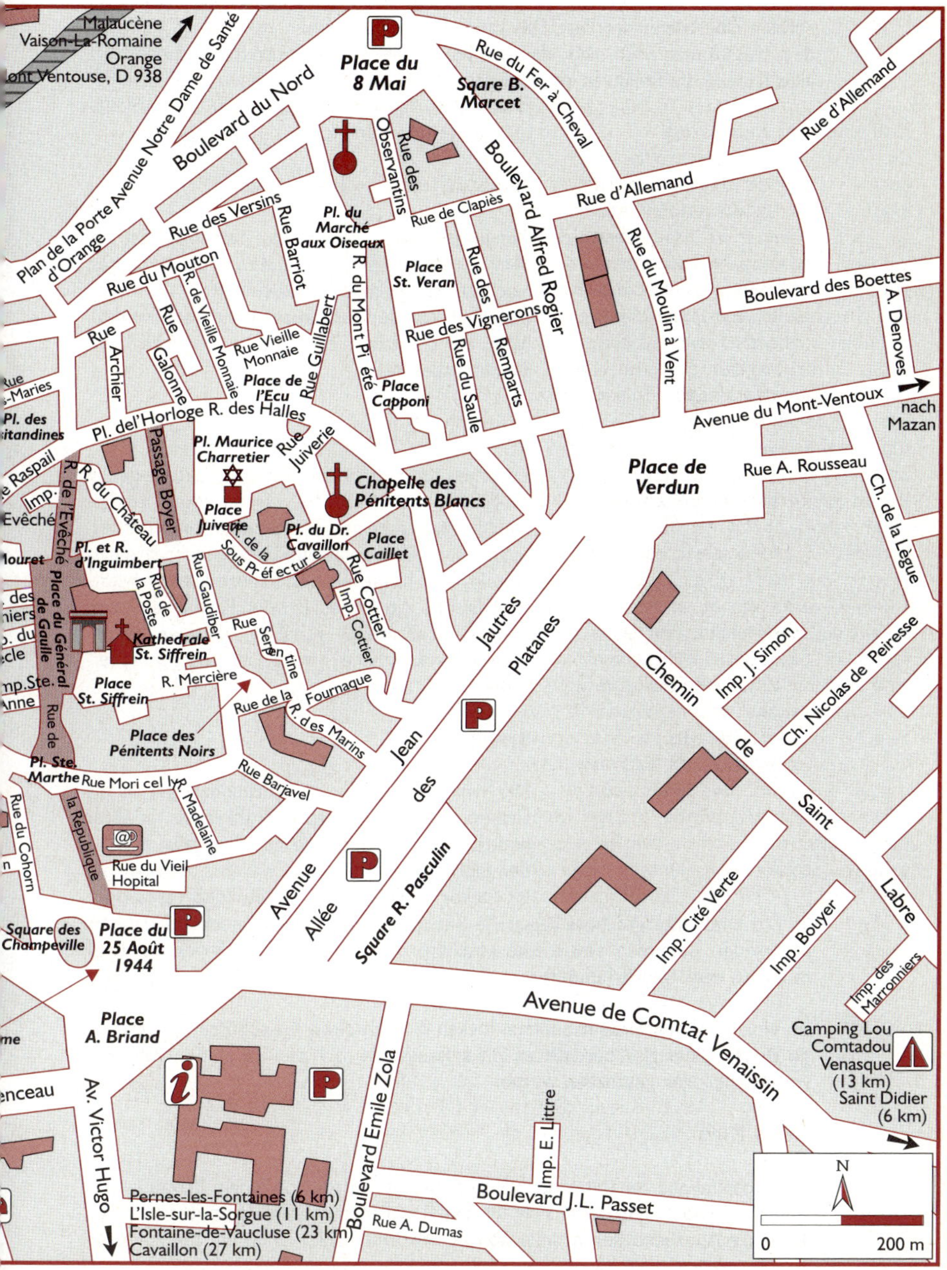
Malaucène
Vaison-La-Romaine
Orange
Mont Ventouse, D 938
Place du 8 Mai
Square B. Marcet
Rue du Fer à Cheval
Rue d'Allemand
Boulevard du Nord
Plan de la Porte Avenue Notre Dame de Santé
Plan de la Porte d'Orange
Rue des Observantins
Boulevard Alfred Rogier
Rue des Versins
Rue Barriot
Pl. du Marché aux Oiseaux
Rue de Clapiès
Rue du Mouton
R. de Vieille Monnaie
Place St. Veran
Rue des Remparts
Rue du Moulin à Vent
Boulevard des Boettes
A. Denoves
Rue des Vignerons
Rue Vieille Monnaie
Rue Guillabert
R. du Mont Pi été
Rue du Saule
Rue Archier
Rue Galonne
Place de l'Ecu
Place Capponi
Avenue du Mont-Ventoux
nach Mazan
Pl. del'Horloge
R. des Halles
Rue Juiverie
Pl. Maurice Charretier
Chapelle des Pénitents Blancs
Place de Verdun
Rue A. Rousseau
Ch. de la Lègue
Passage Boyer
R. du Château
R. de l'Evêché
Place Juiverie
Pl. du Dr. Cavaillon
Place Caillet
R. de la Sous Préfecture
Pl. et R. d'Inguimbert
Place du Général de Gaulle
Rue de la Poste
Rue Gaudibert
Rue Cottier
Imp. Cottier
Jautrès
Platanes
Chemin de Saint Labre
Imp. J. Simon
Ch. Nicolas de Peiresse
Kathedrale St. Siffrein
Rue Serpentine
Place St. Siffrein
R. Mercière
Rue de la Fournaque
R. des Marins
Place des Pénitents Noirs
Pl. Ste. Marthe
Rue Mori cel ly
Rue Barjavel
Rue de la République
R. Madelaine
Rue du Cohorn
Rue du Vieil Hopital
Avenue Jean Jaurès
Allée des Platanes
Square R. Pasculin
Imp. Cité Verte
Imp. Bouyer
Imp. des Marronniers
Square des Champeville
Place du 25 Août 1944
Place A. Briand
Avenue de Comtat Venaissin
Camping Lou Comtadou
Venasque (13 km)
Saint Didier (6 km)
Av. Victor Hugo
Boulevard Emile Zola
Imp. E. Littre
Boulevard J.L. Passet
Rue A. Dumas
Pernes-les-Fontaines (6 km)
L'Isle-sur-la-Sorgue (11 km)
Fontaine-de-Vaucluse (23 km)
Cavaillon (27 km)
N
0
200 m

zwangsweise Konvertierten handeln. Manche sehen darin auch eine Anspielung auf den Überträger der Pest. Das kann aber nicht stimmen, denn im 15. Jahrhundert wusste man noch nicht, dass die Ratten die Seuche verbreiteten. Innen birgt eine Kapelle die Reliquien des Heiligen *Siffrein*, im Chor Glasfenster aus dem 15. Jahrhundert und eine monumentale Gloria-Skulptur aus vergoldetem Holz.

Zoff mit dem Zaumzeug

Zu Zeiten, als Heiligenreliquien noch so richtig en vogue waren, da begab es sich, dass Kaiserin Helene, die als Souvenir eben diese gerne mit nach Hause brachte, den Calvarienberg nach heiligen Überbleibseln absuchen ließ. Mit Erfolg! Denn gefunden wurde ein Nagel aus dem Kreuz Christi, aus dem die Kaiserin ein Zaumgebiss für das Pferd ihres Sohnes Konstantin schmieden ließ. Irgendwann wurde das heilige Zaumzeug in die Schatzkammer der Kirche Sainte-Sophie in Konstantinopel verbracht, bis die Stadt Anfang des 13. Jahrhunderts von den Truppen des vierten Kreuzzuges geplündert wurde. Seither war es verschwunden und tauchte erst Jahre später in Carpentras wieder auf. Wie es dahin kam, bleibt Spekulation – sicher ist aber, dass das Zaumzeug bis heute das Stadtwappen von Carpentras schmückt und dass es irgendwann im 6. Jahrhundert zur Römerzeit gefertigt wurde. (Es ist heute links vom Chor in der Kapelle von St.Siffrein zu sehen.)

Palais de Justice – Justizpalast

Das Justizgebäude, vormals ein Bischofspalast aus dem 17. Jahrhundert, ist ein, wenn auch kleinerer, Nachbau des Palazzo Farnese in Rom. Sein Auftraggeber war der aus Italien stammende *Kardinal Bicchi*, der die italienische Oper in Frankreich eingeführt haben soll.

Triumphbogen

Zwischen Kathedrale und Justizpalast steht ein im 19. Jahrhundert wieder freigelegter römischer Triumphbogen. An beiden Schmalseiten sind mit Ketten an einen Pfahl gefesselte Gefangenenpaare dargestellt. Der Mann mit der Kapuze auf der Westseite könnte ein Armenier oder Parther sein und sein in ein Zottelfell gehüllter Nachbar ist unschwer als Germane, also als ein Barbar, zu erkennen!

Synagoge

Die Synagoge aus dem 18. Jahrhundert gilt als die älteste erhaltene Synagoge Frankreichs. In ihrer heutigen Form stammt sie aus dem Jahr 1367, in den Jahren nach 1741 dann wurde sie im bunten, ins Dekor verliebten Stil des Rokoko restauriert.

älteste Synagoge

Im Erd- und Untergeschoss liegen die Ritualbäder, die teilweise noch aus dem 14. Jahrhundert stammen, sowie eine koschere Bäckerei, im ersten Stock der Kultraum aus dem 18. Jahrhundert.

geschaffen von Arbeitslosen

Zu einem kleinen Einkaufsbummel locken die **schicken Geschäfte der Passage Boyer**, einer glasüberdachten Einkaufszeile, die nach der Revolution von 1848 von Arbeitslosen geschaffen wurde.

Hôtel-Dieu

Das Hospital aus der Mitte des 18. Jahrhunderts wurde von einem Privatmann in Auftrag gegeben und zeigt sich für ein Krankenhaus bemerkenswert prächtig. Auch die Apotheke des Krankenhauses, dekoriert unter anderem mit Affendarstellungen und ausgestattet mit einer Sammlung von Apothekertöpfen und Fayencen aus dem 16./17. Jahrhundert.

Als Randnotiz sei hier noch die **Chapelle Notre-Dame-de-Santé** (Marienkapelle der Gesundheit) erwähnt: Am 10. Juli 1639, als die Pest im Lande wütete, fing die Glocke der Kapelle von ganz alleine an zu läuten – und die Pest zog an Carpentras vorüber. Ob die Glocke nun die Pest vertrieben hatte, oder ob sie aus Freude läutete, weil die Pest die Stadt verschonte, ist unklar ... Auf jeden Fall wird in Gedenken an dieses Ereignisses alljährlich eine neuntägige Andacht in der Kapelle abgehalten.

Umgebung von Carpentras

Mazan (ⓘ s. S. 131)
Einwohner: etwa 5.000; Höhenlage: 197 m

Ein liebenswertes, melancholisches Dorf, das nicht nur einen sehr anrührenden Friedhof birgt, sondern zwei empfehlenswerte Hotels: Eines mit nur einem Stern, das andere mit vier Sternen. Letzteres ist das Schloss des Onkels des berüchtigten *Marquis de Sade*.

„Touristen, besuchen Sie die 66 gallo-römischen Sarkophage!“ steht auf Französisch auf einem großen Schild in der Ortsmitte. Man sollte der Aufforderung, diese wenig bekannte Sehenswürdigkeit zu besichtigen, Folge leisten! Die angeblich 66 (aber gezählten 62) **gallo-römischen Sarkophage** stammen aus dem 5. und 6. Jahrhundert und säumten früher die Römerstraße von Carpentras nach Sault. Wie auf einer Kette aufgefädelt, umrahmen sie als schützende Mauer den heutigen Friedhof, eine Akropolis der Toten. Aus den Daten auf den Grabsteinen geht hervor, dass die Leute damals erstaunlich alt wurden!

Akropolis der Toten

Der heutige Friedhof entstand im 17. Jahrhundert. Damals wurde der Boden um zwei Meter erhöht, einige Stufen führen in die halb unterirdische Friedhofskirche Notre-Dame-de-Pare-Loup aus dem 12. Jahrhundert; sie enthält noch einige Freskenreste. Die Kirche sollte streunende Wölfe fernhalten, daher ihr Name. Im Museum von Mazan sind einige Funde zur lokalen Archäologie zu sehen. Der Ort liegt in der Nähe von Mormoiron, dem größtem **Gipsvorkommen** Europas.

Dentelles de Montmirail

Vaison-la-Romaine (ⓘ s. S. 131)
Einwohner: 6.000; Höhenlage: 200 m

Natürlich verstanden die Römer zu herrschen, sie verstanden aber auch zu leben. An den römischen Ausgrabungen, für die Vaison berühmt ist, kann man dies wunderbar nachvollziehen. Üppige Villen, Thermen und Theater, Geschäftsstraßen *schicke Straßencafés*

– die römische Oberschicht, die hier lebte, hatte es sich gut gehen lassen. Römische Schriften berichteten von einer außergewöhnlich reichen und glänzenden Stadt.

Auch heute ist Vaison ein beliebter Zweitwohnsitz wohlhabender Städter und beliebtes Motiv von Künstlern, die hier in den Gassen die Schönheit des Ortes in Öl oder Aquarell festhalten. Der Wochenmarkt von Vaison ist berühmt und lässt sich herrlich von einem der schicken Straßencafés aus beobachten. Die Stadt wird durch den Fluss Ouvèze geteilt: Am rechten Ufer breiten sich die Ausgrabungsstätten und die über antiken Ruinen erbaute Neustadt aus, auf dem linken Ufer die Altstadt aus dem Mittelalter.

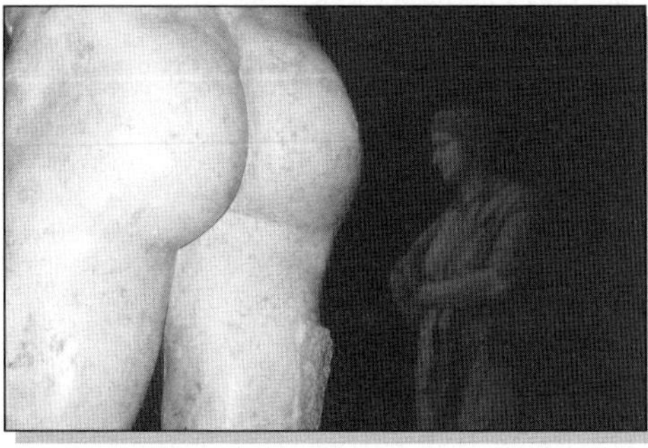

Die Rückseite links im Bild gehört Hadrian (117–138), einem kultivierten Kaiser, der alles Griechische liebte. So ließ er sich wie die Griechen nackt abbilden und nicht im Harnisch wie die Römer. Auch ließ er sich wie die Griechen einen Bart stehen; bei den Römern trug man Bart nur als Zeichen der Trauer. Allerdings gibt es auch die Vermutung, dass Hadrian mit dem Bart nur einen körperlichen Makel im Gesicht verbergen wollte. Er soll auch schwierig und für Kritik nicht immer empfänglich gewesen sein. Dennoch diente sein Portrait als Vorbild der nachfolgenden Kaiserdarstellungen. 1913, als Hadrian erstmals im Museum ausgestellt wurde, kam es wegen seiner Nacktheit fast zum Skandal. Ein kluger Dorflehrer kam auf die rettende Idee – und drapierte um des Kaisers Unterteil die französische Trikolore.

Die Dame neben Hadrian wird als seine Gattin Sabina gedeutet. Naturgetreu dargestellt, schlicht und würdig, ist sie der Inbegriff einer Aristokratin dieser Epoche. Sie trägt ein weich fallendes Kleid mit auf den Schultern geknöpften Ärmeln und eine kunstvoll geflochtene Frisur. Doch ihr Blick ist traurig – man sagt, ihre Ehe sei nicht die beste gewesen und das Herz ihres Mannes habe jemand anderem gehört.

Römische Ausgrabungen

Die beiden Ausgrabungsstätten sind durch die Avenue Général de Gaulle voneinander getrennt. Die obere, *Quartier du Puymin*, umfasst ein römisches Theater mit einer in den Felsen gehauenen Bühne, die westliche das *Quartier de la Villasse*.

- **Quartier du Puymin**

Ein parkähnliches Gelände, bewachsen mit Zypressen und Eichen. Hier sind Grundmauern, zum Beispiel vom Haus der Messii, oder einem Portikus (Säulenhalle) zu sehen. Weiterhin einige Latrinen, angeblich sollen Sklaven die kalten Sitze vorgewärmt haben. (Nach einer Sitzprobe glaubt man das gerne!) Am interessantesten aber sind die Kopien der im Museum ausgestellten Originale antiker Statuen.

Musée Archéolgique – Archäologisches Museum

An der Kasse kann man sich eine sehr informative Informationsmappe in deutscher Sprache ausleihen.

Die hoch interessante Ausstellung im Quartier du Puymin zeigt Kaiserstatuen aus Marmor, unter anderem Kaiser Hadrian und seine Gemahlin Sabina. Weiterhin Gegenstände für die Körperpflege, Schmuck, Keramik, ein wunderschönes Mosaik aus der Pfauenvilla sowie die berühmte, auf den ersten Blick unscheinbare „Silberbüste". Weiterhin interessant eine Vitrine mit Aschenurnen sowie Modelle

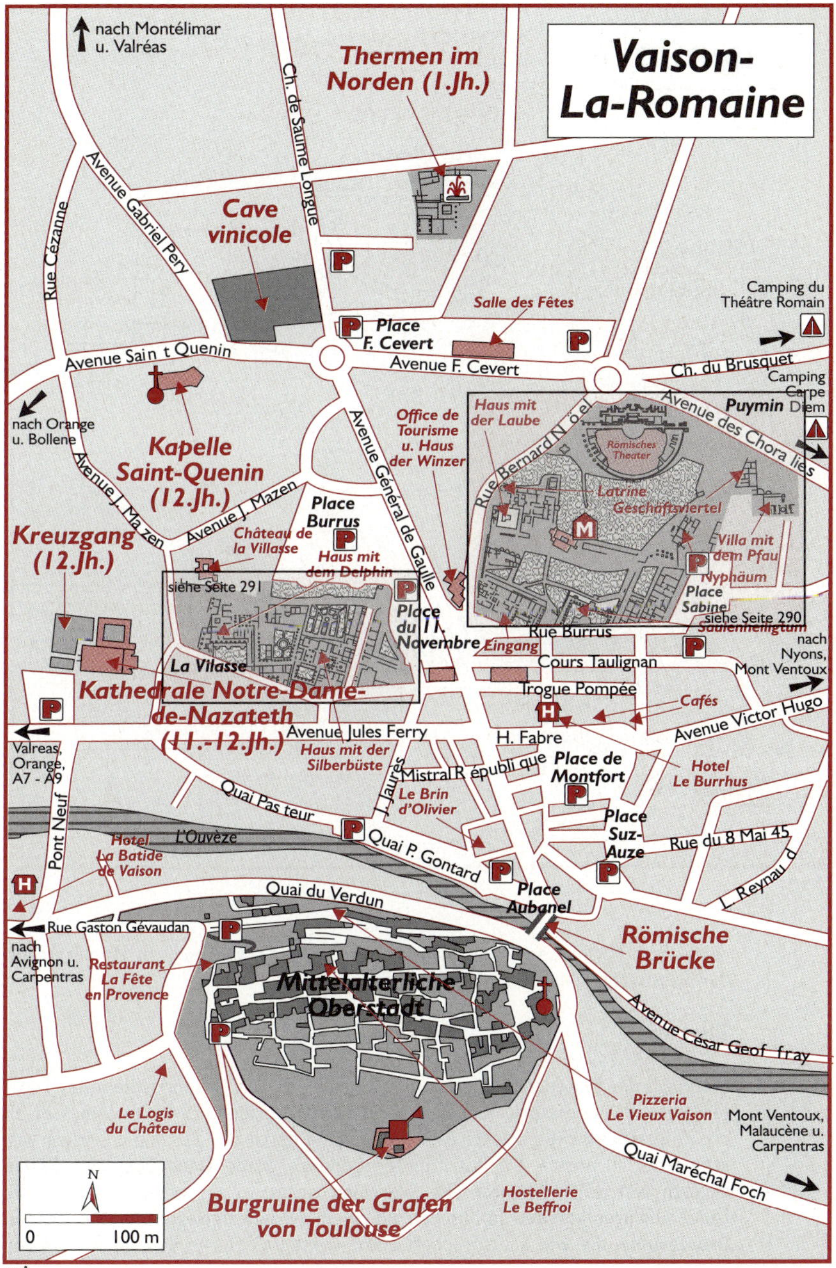
Vaison-La-Romaine
nach Montélimar u. Valréas
Thermen im Norden (1.Jh.)
Ch. de Saume Longue
Avenue Gabriel Pery
Rue Cézanne
Cave vinicole
Salle des Fêtes
Camping du Théâtre Romain
Place F. Cevert
Avenue Saint Quenin
Avenue F. Cevert
Ch. du Brusquet
Camping Carpe Diem
Puymin
nach Orange u. Bollene
Kapelle Saint-Quenin (12.Jh.)
Office de Tourisme u. Haus der Winzer
Haus mit der Laube
Rue Bernard Noël
Avenue des Choralies
Römisches Theater
Latrine
Geschäftsviertel
Avenue J. Mazen
Avenue Général de Gaulle
Place Burrus
Kreuzgang (12.Jh.)
Château de la Villasse
Haus mit dem Delphin
Villa mit dem Pfau
Nyphäum
Place Sabine
siehe Seite 291
siehe Seite 290
Säulenheiligtum
Place du 11. Novembre
Eingang
Rue Burrus
La Vilasse
Cours Taulignan
nach Nyons, Mont Ventoux
Kathedrale Notre-Dame-de-Nazateth (11.-12.Jh.)
Trogue Pompée
Cafés
Avenue Jules Ferry
H. Fabre
Avenue Victor Hugo
Valreas, Orange, A7 - A9
Haus mit der Silberbüste
Mistral
République
Place de Montfort
Hotel Le Burrhus
J. Jaurès
Le Brin d'Olivier
Quai Pasteur
Place Suz-Auze
Rue du 8 Mai 45
Pont Neuf
Hotel La Batide de Vaison
L'Ouvèze
Quai P. Gontard
L. Reynaud
Quai du Verdun
Place Aubanel
Rue Gaston Gévaudan
nach Avignon u. Carpentras
Restaurant La Fête en Provence
Römische Brücke
Mittelalterliche Oberstadt
Avenue César Geoffray
Le Logis du Château
Pizzeria Le Vieux Vaison
Mont Ventoux, Malaucène u. Carpentras
Quai Maréchal Foch
N
0
100 m
Hostellerie Le Beffroi
Burgruine der Grafen von Toulouse

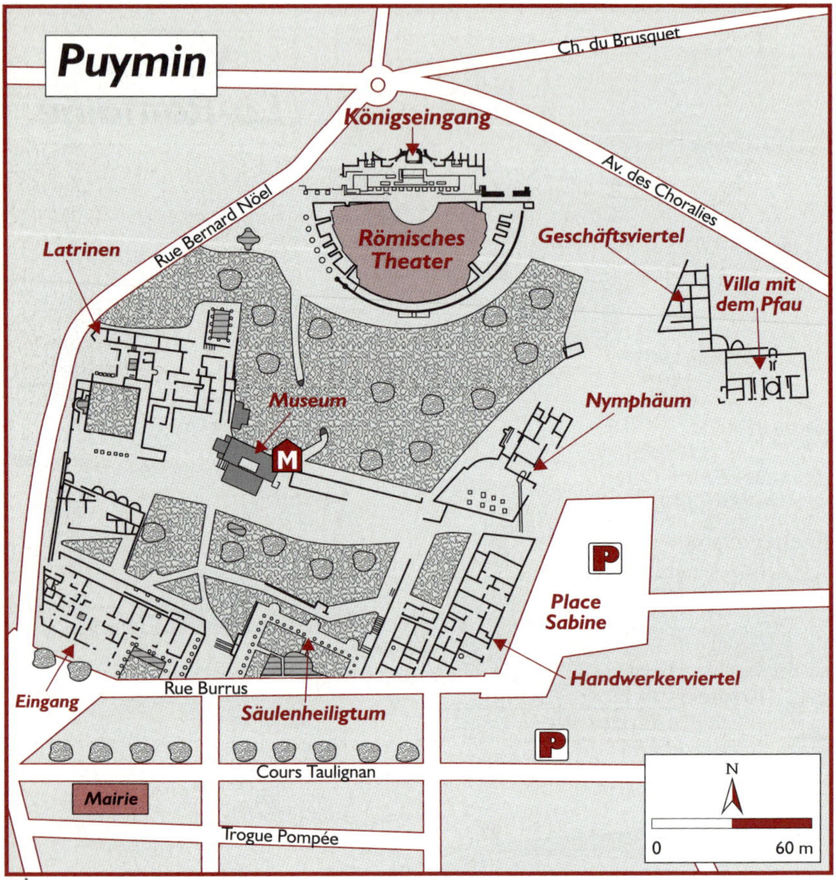

römischer Gutshäuser – wie man sieht, wohnte die Oberschicht damals schon durchaus nicht schlecht.

Theater

Oberhalb des Museums liegt das antike Theater, dessen Grundriss dem des Theaters von Orange entspricht, aber in geringeren Ausmaßen (95 m Durchmesser, 28 bis 29 m Höhe). Die perfekte Akustik entstand durch das Zusammenwirken verschiedener Elemente: Das nach unten geneigte große Dach über der Bühne drückte den Schall hinunter. Die Sitzreihen waren so angeordnet, dass sie die Laute auffangen konnten. In Nischen auf einem genau festgelegten Niveau standen Bronzevasen, die wie Lautsprecherboxen wirkten. Diese großen, im Zuschauer-

perfekte Akustik

Silberbüste (Buste en Argent) heißt diese kleine Büste im letzten Raum des Museums von Vaison. Auffallend ist die realistische, wenig schmeichelhafte Darstellung des Porträtierten mit tiefen Mundfalten, einem Doppelkinn, Tränensäcken, Krähenfüßen und langen Stirnfalten. Anders als die griechischen Bildhauer, die Figuren und Gesichter in einem idealisierenden Stil gestalteten, waren die römischen Künstler um eine wirklichkeitsgetreue Wiedergabe bemüht.

rund verteilten Vasen lenkten die Tonrichtung. Die Bühnentore waren hohl und so angeordnet, dass sie einen Resonanzboden bildeten – ähnlich wie bei Geigen. Die von den Schauspielern getragenen Masken hatten Mundöffnungen aus Pappmaché, die so geformt waren, dass sie wie ein Megaphon wirkten.

• Quartier de la Villasse

Das zweite große Ausgrabungsterrain von Vaison erstreckt sich westlich des Office de Tourisme. Das Gelände ist noch nicht so stark restauriert wie das von Puymin, lässt also der Phantasie mehr Raum. Noch relativ gut erhalten ist der Bogen der einstigen Basilika und die gepflasterte, einstmals kanalisierte Geschäftsstraße.

Domitian, ein grausamer und unbeliebter Kaiser, ist hier in der Pose eines resoluten Herrschers zu sehen. Solche Statuen wurden in Rom zu Hunderten angefertigt und in die unterworfenen Provinzen geschickt. Man ging dabei durchaus rationell vor: Wechselte der Herrscher, wurde einfach sein Kopf ausgetauscht.

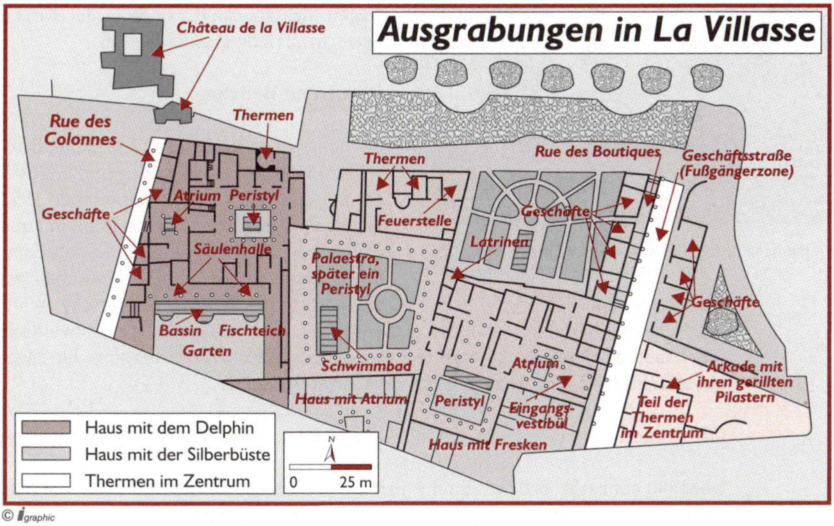

Kathedrale Notre-Dame-de-Nazareth

Am westlichen Rand des Quartier de la Villasse steht die Kathedrale, deren Ursprünge in die merowingische Zeit zurückgehen, doch die in ihrer heutigen Form aus dem 11. bis 13. Jahrhundert stammt. An die Kathedrale schließt ein Kreuzgang (12. Jh.) mit detailreichen Kapitellen der Arkadensäulen an. Die Kirche gilt als einer der schönsten romanischen Bauten der Provence, und die ist daran nicht eben arm! Im Kreuzgang ist ein rätselhafter lateinischer Text eingeritzt, er wurde wohl für die Mönche als geistige Wegweisung an die Wand geschrieben:

rätselhafter Text

„Obsecro vos fratres aquilonis vincite partes.
Sectantes claustrum quia sic venietis ad austrum.
Trifida quadrifidum memoret succendere nidum.
Ignea bissenis lapidum sit ut addita venis. Pax huic domui."

> **Haus mit der Silberbüste**
> Über 5.000 m² Grundfläche maß einst diese ausgedehnte Atriumsvilla mit Peristyl, Garten und Wasserbecken. Hier wurde auch die berühmte Silberbüste, die Büste des älteren Herrn, gefunden, der wohl einen sehr hohen Stand hatte, denn: *„Nun brauchen aber die Leute, die keinen hohen Stand haben, keine Eingangshalle, kein Atrium und kein großes Arbeitszimmer, weil sie gewöhnlich den anderen ihre Aufwartung machen, nicht aber die anderen ihnen."* (zu lesen in einer Broschüre über die Ausgrabungen von Vaison).

Die vier Hexameter werden etwa so gedeutet: Der Bischof beschwört seine Brüder, die zwölf Chorherren, des Nordens Kälte (womit wohl die Kälte des Herzens gemeint ist) zu überwinden, und dem Kreuzgang folgend, nach Süden und zur Kirche zu kommen. Das dreifache göttliche Feuer solle nicht vergessen, das vierteilige Nest (den Kreuzgang mit seinen vier Gängen) zu erwärmen, also in Liebe zu entzünden, damit es sich zu den zweimal sechs steinernen Feuerstellen geselle (vermutlich sind damit der Bischof und die zwölf Chorherren gemeint, die sich vertragen müssen, damit Friede in der Kirche herrscht). Friede diesem Hause.

Die römische Brücke von Vaison-la-Romaine in einem Stich von Boissleau aus dem 19. Jahrhundert.

Römische Brücke

Sie überspannt (Spannbreite 17,20 m, Breite 9 m) in einem einzigen Bogen die Ouvèze und überstand am 22. September 1992 ein Hochwasser, bei dem eine 17,50 m hohe Flutwelle Häuser, Fahrzeuge und einen Campingplatz zerstörte und 38 Menschen ertrinken ließ. Von der Brücke selbst wurde lediglich die Brüstung weggeschwemmt. Schon einmal bei einem ähnlichen Hochwasser 1616 hatte sich das Bauwerk als sehr stabil erwiesen. Nach dem Hochwasser von 192 wurde allerdings ein nicht unbeträchtlicher Katastrophentourismus angeschwemmt.

Oberstadt

Über die römische Brücke kommt man in die mittelalterliche Oberstadt, die man stilgerecht durch ein Wehrtor aus dem 14. Jahrhundert betritt. Nachdem im Zuge der Völkerwanderung die römische Stadt jenseits des Flusses zerstört worden war, zogen sich die Einwohner von Vaison hierher zurück. Anfang des 20. Jahrhunderts nahezu verlassen, haben sich heute hier viele Künstler niedergelassen, überall wird restauriert und renoviert – eine verschachtelte Idylle. Der Weg durch die Oberstadt führt zur verfallenen Burg aus dem 12. Jahrhundert (im 15. Jahrhundert erweitert) hinauf, heute kaum mehr denn eine Ruine (gewöhnlich nicht zugänglich). Auf der Infotafel vor dem Gemäuer steht lapidar zu lesen: „Nichts wird mehr erhalten, es verfällt nach und nach und irgendwann wird es verschwunden sein" – also, nichts wie hin, solange sie noch da ist! Es lohnt sich auch wegen des herrlichen Ausblicks von dort oben. Man blickt über ganz Vaison und über weite Rebenfelder bis hin zum Mont Ventoux im Hintergrund. Im Frühsommer blüht hier der Ginster herrlich gelb.

langsamer Verfall

traumhafter Ausblick

Chapelle de Saint-Quenin

Der Grundriss dieser drückend dunklen Kirche im Nordwesten der Stadt (an der D975 nach Orange) zeigt einen eigentümlichen Grundriss seines Chors. Nach außen hin dreieckig, ist der romanische Chor innen trapezförmig (frei zugänglich).

Rundfahrt um die Dentelles de Montmirail ab Vaison-la-Romaine

Länge: ca. 60 km, Dauer: etwa ½ Tag

Dentelles de Montmirail (dentelles = Klöppelspitzen) (ⓘ s. S. 131)
höchste Erhebung: der 734 m hohe Mont Saint Amand

Die Größe macht´s ja nicht, nicht bei kleinen Hunden und auch sonst nicht. Und so ist das auch bei den Dentelles de Montmirail. Die sind mit ihren 734 m auf dem Mont St.Amand ein ganzes Stückchen kleiner als der benachbarte Mont Ventoux mit seinen 1.909 Metern. Aber im Gegensatz zu diesem Buckelberg sind die Dentelles wilde, abenteuerlich gezackte Felsformationen, die ein wenig an die Dolomiten erinnern. Diese denkmalgeschützte Gegend ist ein Paradies für Kletterer und Wanderer, aber auch ein Zentrum des Weinanbaus. Besonders die Dörfer Beaumes-de-Venise, Gigondas und Séguret sind für ihre guten Weine bekannt. Die steil abfallenden Felswände der „Klöppelspitzen" bilden einen reizvollen Kontrast zu der mediterranen Vegetation ringsum, durch die etwa 40 km ausgeschilderte Wanderwege verlaufen.

Kletterparadies

Tipp
Am schönsten sind die Dentelles de Montmirail in den Monaten Mai und Juni, wenn der Ginster blüht.

Séguret, ein überaus pittoreskes Dörfchen, wurde als *l´un des plus beaux villages de France* gekürt. Von der Porte Reynier aus dem 12. Jahrhundert führt der Weg durch das überaus liebevoll restaurierte, von vielen Künstlern bewohnte Dorf vorbei am Mascaron-Brunnen aus dem 17. Jahrhundert, dem Wehrturm aus dem 14. Jahrhundert zur Kirche St.Denis (12. Jahrhundert). Von dort hat man einen

Die wild gezackten Dentelles de Montmirail

guten Blick auf das Minigebirge, und eine Tafel bietet Orientierung. *(Séguret ist von 8–19 Uhr Fußgängerzone, Autos müssen 100 m vor dem Ort auf dem Parkplatz geparkt werden.)*

Die **Kapelle Notre-Dame-d´Aubusson**, etwas nördlich von Séguret, entstand um die erste Jahrtausendwende. In den Religionskriegen schwer beschädigt, diente sie auch einige Zeit als Pferdestall. Zu sehen sind noch einige Fresken. **Sablet** mag vielleicht nicht so schön sein wie Séguret, aber der Ort ist noch sehr lebendig und nicht nur ein Zweitwohnsitz wie so viele andere Dörfer der Gegend.

Im Herzen der Dentelles liegt der **Col du Cayron** auf 396 m Höhe (erreichbar über Les Florets, ab der Parkmöglichkeit ca. 1 Stunde Hin- und Rückweg.) Unterwegs kommt man an den Ruinen eines von Sarazenen errichteten Wachtturms vorbei. Bei der Weiterfahrt kommt man nach ca. 2,5 nach Vacqueyras zur romanischen **Kapelle Notre-Dame-d´Aubune**, gelegen auf einer kleinen Terrasse oberhalb der D81 und über einen Feldweg zu Fuß zu erreichen (in der etwas unterhalb gelegenen Ferme Fontenouilles nach dem Schlüssel fragen). An der Kapelle sind besonders der schöne Glockenturm und die nach antiken Vorbildern gestalteten Kapitelle bemerkenswert.

Freude und Leichtigkeit

Gigondas (lat. Jocunditas = Freude und Leichtigkeit) ist bekannt für seinen hervorragenden Wein, die Appellation des Örtchens gehört zu den berühmtesten des Rhône-Gebietes. In Gigondas kommt wirklich Freude und Leichtigkeit auf – denn um eine Weinprobe in einer der zahlreichen Probierstuben des Ortes kommt man nicht herum! Allerdings: Der Rebensaft hat seinen Preis. Um Platz zu schaffen für weitere Reben, sprengten und planierten die Eigentümer der Domaine des Bosquetes einen ganzen Hügel. Wandermöglichkeiten: ab Gigondas: Col d´Alsau (1 Stunde), zum Sarazenenturm (1 ½ Stunden).

Von Vacqueryras führt ein malerisches Sträßchen bis nach **Montmirail** hinauf. Ein Dörfchen, das auf eine große Vergangenheit als Thermalbad zurückblickt, als noch Prominente – wie der Schriftsteller *Mistral* – hier kurten. Nahe dem 429 m hohen Miniweiler **Suzette** (sehr aussichtsreich!) führt ein Wanderweg zur Crète de St. Amand. Mit seinen 734 Metern markiert der Mont Saint Amand die höchste Erhebung eines karstigen Bergzuges. Wer es gemächlicher angehen lassen will, pilgert von **Lafare** über eine schmale Straße zur schön gelegenen Kirche Saint-Christophe hinauf. Wie Gigondas ist auch Lafare ein idealer Ausgangspunkt für Wanderungen in den Dentelles. Eine Besonderheit des Ortes: Das Flüsschen *La Salette* ist – gemäß seinem Namen – salzhaltig.

Über **Crestet**, einem typischen Vaucluse-Dorf mit Häusern im Renaissancestil, thront eine Burg aus dem 12. Jahrhundert.

Mont Ventoux und Gorges de la Nesque

Mont Ventoux

Höhe: 1.909 m

rasender Wind

Bester Ausgangspunkt für eine Tour auf den Mont Ventoux (lat. ventosus – der Windige, kelt. ven top = weißer Berg, beide Deutungen könnten stimmen) ist Vaison-la-Romaine nordwestlich des Berges. Streckenverlauf: Bis Malaucène der D938 folgen, im Ort dann der bergauf führenden D974 folgen (Aussicht). Ca. 16 km hinter Malaucène in ungefähr 1.400 m Höhe zweigt links ein Sträßchen zum Aussichtspunkt Le Contrat ab. (Ab hier ist die Strecke zum Pass im Winter gesperrt.) Dann geht es in kurvenreicher Fahrt weitere 6 km zum Col des Tempêtes (Pass der Unwetter), mit 1.829 m der höchste Punkt der Strecke (Aussicht!). Der Pass der Unwetter wird seinem Namen oft gerecht, denn über ihn rast der Wind gelegentlich mit 200 km/h hinweg. Selbst im Hochsommer sollte man eine Windjacke mit auf den Gipfel nehmen.

Hinweis

Da der Gipfel des Mont Ventoux oft in Wolken liegt, besucht man ihn am besten in den Morgenstunden.

!!! Warnung

„Weise, wer nie wieder zu ihm zurückkehrt, wahnsinnig, wer wieder hingeht", schrieb Mistral über den Mont Ventoux.

geschälter Berg

Bis heute übt der höchste Berg der Provence einen unwiderstehlichen Reiz auf Autofahrer, Wanderer und Radfahrer gleichermaßen aus. Kahl und fahl, gleich ewigem Schnee schimmernd ist der Gipfel, vom Naturforscher *Jean-Henri Fabre* als Montagne Pelée (geschälter Berg) bezeichnet. Er war nicht immer so; ursprünglich bedeckten dichte Wälder diesen vor ca. 70.000 Millionen Jahren aufgefalteten Berg, der erst seit der römischen Kolonisation und bis ins frühe 19. Jahrhundert abgeholzt wurde. Auf der steil abfallenden nördlichen Seite ist der Mont Ventoux von eher alpinem Charakter, wasserreich und mit Libanon-Zedern, Steineichen, Kiefern und Lärchen bewachsen. Auf der eher sanft auslaufenden Südflanke gedeiht ein mediterraner Garrigue-Bewuchs – hier versickert das Quellwasser im Karstgestein.

In der windumtosten Gipfelregion krallen sich sogar Polarpflanzen fest. Um den Schutz der hier lebenden 1.200 verschiedenen Pflanzenarten zu sichern hat die UNESCO das Gebiet um den Mont Ventoux 1990 zum Naturschutzgebiet erklärt.

Mehr als 120 Vogelarten nisten am Mont Ventoux, auch leben hier verschiedene Säugetiere, wie beispielsweise Wildschweine, Füchse, korsische Mufflons, Hirsche, Gemsen, Rehe und Hasen.

> Die drei wichtigsten Bergzüge der Provence verlaufen von Osten nach Westen – wie die alten Kathedralen. Ihre Gipfel sind präzise aufeinander ausgerichtet, und die so gebildete Gerade mündet auf dem Gipfel des Mont Ventoux, dem höchsten Berg in Frankreichs Landesinneren. In allen alten Texten wird er wie der Sinai oder der Himalaya unter den sieben heiligen Bergen der Welt angeführt – sagen Esoteriker.

INFO Irdische Triebe und Begierden mit Füßen treten

Der gerade mal 1.909 m hohe, auf den ersten Blick nicht mal sonderlich spektakuläre Mont Ventoux machte große Geschichte: Den „Berg dieser Gegend, den man nicht zu Unrecht Ventosus, ‚den Windigen', nennt, habe ich am heutigen Tag bestiegen, allein vom Drang beseelt, diesen außerordentlich hohen Ort zu sehen", schrieb *Francesco Petrarca*, nachdem er am 26. April 1336 den Mont Ventoux bestiegen hatte. Als **erste Besteigung eines Berges um ihrer selbst willen** gilt diese Tat, wenn auch mit geistig-religiöser Zielsetzung. Petrarcas Bergbesteigung spiegelt das erwachende Naturgefühl eines neuen Zeitalters wider: Humanismus und Renaissance. Der Mensch selbst, das Individuum, trat nun in den Mittelpunkt.

„Nicht kümmerte man sich um die Sittlichkeit der Motive, aus denen eine Handlung unternommen, noch um die Sittlichkeit der Mittel, mit denen eine Handlung ausführt ward – es war genug, wenn diese Handlung das Gepräge des Außergewöhnlichen und Großartigen an sich trug und wenn sie den Handelnden als einen genialen Mann und Helden kennzeichnete, um sie als eine des Lobes und der Bewunderung würdige erscheinen zu lassen. Der Heroismus des Lasters ward ebenso laut gepriesen wie der Heroismus der Tugend, denn von allen ethischen Prinzipien abstrahierend, erblickt man in dem einen wie in dem anderen den entzückenden Ausdruck einer kraftvollen und sich ihrer selbst bewussten Individualität".

Gustav Koerting (1845–1913) über *Petrarca* und seine Welt

„Und es gehen die Menschen, zu bestaunen die Gipfel der Berge und die ungeheuren Fluten des Meeres und die weit dahin fließenden Ströme und den Saum des Ozeans und die Kreisbahnen der Gestirne und haben nicht acht ihrer selbst",
las tief erschüttert Petrarca in den „Bekenntnissen" des Augustinus, als er den Gipfel des Mont Ventoux erreicht hatte. Dass er gerade diese Textstelle aufgeschlagen hatte, soll reiner Zufall gewesen sein ...

„Mit welchem Eifer müssten wir uns bemühen, keine höher gelegene Gegend auf der Erde, sondern die irdischen Triebe und Begierden unter die Füße zu treten! Während die Gedanken so mein Innerstes aufwühlten und ich dabei nicht merkte, wie steinig der Weg war, kam ich in tiefer Nacht zu der ländlichen Herberge zurück, von wo ich in der Morgendämmerung aufgebrochen war. Die mondhelle Nacht bot uns willkommene Hilfe beim Abstieg. Während die Dienerschaft mit der Zubereitung des Abendessens beschäftigt war, zog ich mich derweil in einen ruhigen Winkel des Hauses zurück, um Dir dies hier in Eile und aus dem Stegreif zu schreiben. Ich wollte es nicht aufschieben, denn mit dem Ort wechseln auch die Empfindungen, und der Eifer zu schreiben kühlt sich ab."

Aus einem Brief *Petrarcas*

Auf dem Gipfel des Mont Ventoux steht die Kapelle Ste. Croix aus dem 15. Jahrhundert (mit einem Splitter vom Kreuz Christi). 500 Jahre später kamen dann noch ein Observatorium, ein Fernsehsender sowie etwas unterhalb davon eine Radarstation, ein Hotel und ein kleines Skigebiet hinzu.

Am Freitag, dem 13. Juli 1967, spielte sich drei Kilometer vor dem Gipfel des 1.909 Meter hohen Mont Ventoux eines der größten Dramen der Tour de France-Geschichte ab: Bei sengender Hitze schraubte sich der Engländer Tom Simpson die Kehren des Ventoux hoch. Fünf Kilometer vor dem Gipfel begann er plötzlich in Zickzacklinien zu fahren, fiel um und verstarb – bis obenhin voll mit Amphetaminen. Heute ist es traditioneller Radfahrer-Brauch, bei der Pass-Überfahrt am Gedenkstein zwei Kilometer unterhalb des Gipfels für Tom Simpson eine „Opfergabe" (zum Beispiel eine Trinkflasche oder einen Schlauch) zu hinterlassen.

Romanische Kapellen am Mont Ventoux

Kommend von Malaucène passiert man an der D974 die **Chapelle Notre-Dame-du-Groseau**, errichtet an der Stelle eines frühchristlichen Klosters aus dem 7. Jahrhundert. Das Langhaus wurde abgerissen, geblieben ist jedoch der quadratische Chor mit der halbrunden Apsis. Noch zu erkennen ist das Wappen von *Papst Clemens V.*, der sich gerne hier aufgehalten hatte.

romanische Kapelle

Nördlich des Mont Ventoux lohnen zwei kleine romanische Kapellen einen Besuch: im Örtchen des Valettes (3 km östlich von Beaumont-du-Ventoux) die **Chapelle Saint-Séculpre**. Im nächsten Dorf, in **Sainte-Marguerite**, steht dann am Ortsrand eine weitere Kapelle.

Eselei

In **Mollans-sur-Ouvèze**, ca. 10 km östlich von Vaison, lohnt ein Blick auf den Brunnen vor dem alten Waschhaus. Der Wasserspeier, der in Richtung Avignon spuckt, hat zwei Eselsohren. Es scheint, als ob die Dorfbewohner so ihre Schwierigkeiten mit dem Klerus in Avignon hatten. Es könnte aber auch sein, dass es sich um Grenzstreitigkeiten zwischen der ehemaligen Grafschaft Dauphiné und dem Nachbarn Vaucluse handelte. Ansonsten bietet der Ort – neben einer schönen Aussicht auf die Dentelles de Montmirail – zwei Kapellen aus dem 12. Jahrhundert.

Toulourenc-Schlucht

Die Toulourenc-Schlucht ist sowohl für Wanderer als auch für Mountainbiker und Autotouren zu empfehlen.

Hinkommen: Beim Weiler Veaux (10 km nordöstlich von Malaucène) führt eine Brücke über den Toulourenc. Von hier ins Flussbett absteigen. Die Wanderung durch die Schlucht führt über Felsen und teilweise durchs Wasser das Tal hinauf. Bei einer Wiese kommt man wieder aus der Schlucht heraus und gelangt über die Brücke zum Fernwanderweg GR91, der wieder zum Ausgangspunkt zurückführt. Die Schlucht ist stellenweise nur 2 Meter breit. Die Wanderung sollte nur von sportlichen Naturen unternommen werden, da teilweise einige Felsen überklettert werden müssen. Auch sollte man sie am besten im Hochsommer unternehmen, wenn das Wasser nicht mehr ganz so kalt und der Wasserstand niedriger ist. Für die Erkundung der Höhlen in der Schlucht sollte man eine Taschenlampe mitnehmen.

Über den Dächern des Dorfes Brantes

Sault (ⓘ s. S. 131)

Einwohner: 1.200, Höhenlage: 765 m

reizvolle Landschaft

Sault (saltus = waldreiche Gegend), an der Grenze zwischen den Departements Vaucluse und Haute-Provence, liegt eingebettet in das Pays de Sault, 1992 vom französischen Umweltministerium als eine der zwanzig besonders reizvollen Landschaften des Landes ausgewählt. Sault ist vor allem wegen der es umgebenden Lavendelfelder und des köstlichen Nougats und Honigs bekannt. Auch ist die Stadt ein guter Ausgangspunkt für Ausflüge zum Mont Ventoux, in die Baronnies und die Lure-Berge.

Musée de Sault

Die Exponate dieses Museums stammen aus ägyptischer und gallorömischer bis hin zu mittelalterlicher Zeit. Zu sehen sind Münzen, Waffen, Mineralien, alte Dokumente und – eine ägyptische Mumie. Die wurde mitsamt Sarg von *Docteur Monges*, seines Zeichens Oberstabsarzt des Heeres des Vizekönigs von Ägypten 1832 bis 1837, nach Sault verbracht. Ägyptenkenner sagen übrigens, dass in dieser 1879 gegründeten, kleinen Sammlung viele Objekte falsch beschriftet sind. Vor allem die Namen der Götter seien vollkommen durcheinander geraten. Südlich von Sault tut sich der Abgrund des **Aven Nouveau** auf, s. S. 514.

In der Tiefe der Gorges de la Nesque, am Ufer des Gebirgsbaches, duckt sich unter einem riesigen vorspringenden Felsen die romanische ***Kapelle Saint Michel de Anesca (de la Nesque),*** *ein Kirchlein aus dem 12. Jahrhundert (mit Schluchtblick!). Im Innern birgt es einen gut erhaltenen gallo-romanischen Gedenkstein, der, so vermutet man, im Mittelalter als Altar diente. Die Kapelle wurde 1643 restauriert, wie man auf der eingravierten Inschrift über dem Portal lesen kann. Nahe dem Kirchlein liegen zwei in prähistorischer Zeit bewohnte Felshöhlen. Der kürzeste Weg zum Kapellchen schlängelt sich ab der D942 hinunter in die Schlucht (linker Hand, kommend von Monieux, 700 m vor dem Aussichtspunkt Castelleras). Ca. 1 Stunde Gehzeit hin- und zurück; man sollte schwindelfrei sein.*

Gorges de la Nesque

Neben den Gorges du Verdon gilt diese Schlucht als die bekannteste und schönste der schluchtenreichen Provence. Eine reizvolle kleine Landstraße, die D942, führt zwischen Villes-sur-Auzon und Sault durch eine karge und spärlich besiedelte Berglandschaft. Etwa 20 km ist der schönste Streckenabschnitt lang, er führt durch mehrere Tunnels und Felsdurchbrüche.

Vom Aussichtspunkt Belvedere du Castelleras beginnen Wanderwege in die Schlucht. Von hier blickt man einerseits in den 300 m tiefen Abgrund hinunter und andererseits auf den 872 m hohen Rocher du Cire gegenüber.

Von der D1 zweigt die D217 ab, die auf einer acht Kilometer langen Strecke das ockergelbe Dörfchen **Flassan** und **La Gabelle** verbindet. An dieser Straße, einer der einsamsten der an einsamen Strecken nicht armen Provence, liegen nur einige Häuser und Bienenfarmen. Von La Gabelle weitet sich der Blick auf den gegenüber liegenden Berghang mit dem Tal der Nesque im Vordergrund und den Bergen des Lubéron am Horizont.

Es war im Jahr 1866, als die Gorge de la Nesque noch nicht von der Straße erschlossen war. Damals erkundete der Dichter Frédéric Mistral die Schlucht, erklomm dabei den Felsen von Cire, wo er die *„goldenen, von Honig durchtränkten Bienenwaben"* holte. Dieses Ereignis beschrieb er im „VII. Gesang des Calendal" eines epischen Gedichtes in zwölf Gesängen, in dem er Autor begeistert die mediterrane und die gebirgige Provence besingt.

Nesque – verschlungen
In zerklüfteter, schattiger Schlucht;
Und kommst du zu einem Punkt, wo sich
Empörend der schroffe Felsen aufbäumt...
Fels von Cire!
Weder Katze noch Ziege noch Unhold,
Niemals werden sie dorthin emporklettern!
Frédéric Mistral

Abstecher nach Methamis zur Pestmauer

Ein ruhiger kleiner Ort mit einer eigenartigen Sehenswürdigkeit, der „Pestmauer", mit der man sich 1720 gegen die von Marseille heraufkommende Seuche schützen wollte. Genützt hat sie nicht viel, denn die Pest wurde durch Schmuggler eingeschleppt, und die lassen sich von Grenzen und Mauern kaum zurückhalten. Die Mauer ist als *„Mur de la Peste"* im Ort ausgeschildert (allerdings nicht vollständig, am Schloss fährt man l i n k s vorbei). Man parkt seinen Wagen am Straßenrand (auch hier gilt: KEINE Wertsachen drin lassen!) und geht dann etwa 20 Minuten durch eine arkadische Landschaft zur Mauer. Dass sie in größter Eile errichtet wurde, kann man gut nachvollziehen: Die Steine der Mauer wirken hastig und planlos aufeinander geschichtet. Noch ebenfalls gut zu erkennen sind die Wärterhäuschen an der Mauer.

hastig aufgeschichtet

Methamis galt übrigens als Hochburg provenzalischer Hexerei, hier hat bis 1963 einer der letzten Zauberer der Gegend gewohnt. Der Mann war im Ort sehr gefürchtet, niemand wollte ihm begegnen. Hatte aber jemand das Pech, ihm über den Weg gelaufen zu sein, so galt es, schleunigst sieben Erbsen einzeln in den Brunnen zu werfen, wobei man bei jeder Erbse einmal um den Brunnen gehen musste. Allgemein gab es gegen Hexen oder den bösen Blick so kleine Tricks, wie ein in ein Haus eingemauerter verglaster Kiesel oder eine über der Tür einer Schäferhütte befestigte magische Distel. Auch Kleider verkehrt herum anziehen soll in Hexensachen hilfreich (gewesen?) sein.

Hochburg der Hexerei

Venasque (ⓘ s. S. 131)

Einwohner: 980, Höhenlage: 320 m

Inmitten von dunklen und dichten Wäldern lag der Ort bis 1802 jenseits der Welt. Erst in diesem Jahr wurde Venasque, dessen Einwohner Wölfe genannt wurden, durch eine Rumpelpiste mit der Außenwelt verbunden. Die jahrhundertelange Abgeschiedenheit ist noch heute spürbar – allerdings ist auch Venasque nicht mehr das noch zu entdeckende Provence-Dorf im Dornröschenschlaf. Auch hier sichtet man schon den einen oder anderen Aussteiger. Beschaulich ist der Ort dennoch geblieben. Venasque liegt auf einem Felssattel, die Häuser am Abgrund blicken ins Tal hinaus, in die Weite der Welt. Kunsthistorisch ist Venasque für sein sogenanntes Baptisterium bekannt, kulinarisch für seine Kirsche „Taubenherz", eine feuerrote feste Bergkirsche, deren Blüten die Landschaft im März und April in strahlendes Weiß tauchen.

feuerrote feste Kirschen

Kirche Notre Dame und Baptisterium

Geöffnet von April bis Mitte Okt. von 9–12 und 13–18.30 Uhr. In den Wintermonaten 9.15–12 und 13–17 Uhr

Glaubt man dem in der Kirche ausliegenden Informationsblatt, so kann man hier ein ehrwürdiges Baptisterium (Taufkirche) aus dem 6. Jahrhundert bewundern. Glaubt man den neueren, mit anderen Kirchenbauten vergleichenden Forschungen, so handelt es sich um eine Grabkirche aus dem 11. oder 12. Jahrhundert, die erst später in eine Taufkapelle umfunktioniert wurde. In Venasque hält man anscheinend aber hartnäckig an der schon überholten Theorie der alten Taufkirche fest, verständlich, ist die doch werbewirksamer, denn aus der Zeit vom 5. bis zum 8. Jahrhundert ist kaum Architektur erhalten (also wäre die „Taufkirche aus dem 6. Jahrhundert" eine Rarität). Aus diesen Jahrhunderten ist zum einen so wenig geblieben, weil während der Völkerwanderung nur wenige und meist kleine Bauten errichtet wurden, zum anderen, weil die meisten Bauten dieser fast eineinhalb Jahrtausende zurückliegenden Zeit zerstört oder durch Neubauten ersetzt wurden. Zum Baptisterium-Irrtum kam es durch *Prosper Merimée*, seinerzeit Beauftragter für den Denkmalschutz, der 1835 von einer Taufkirche sprach, allerdings nach den Wirren der Revolution nur wenig fundierte Informationen über Kirchenbauten zur Hand hatte!

jünger als angenommen

Prospers Irrtum

Das Baptisterium ist in die Kirche Notre Dame integriert und hat einen kleeblattförmigen Grundriss. Einem rechteckigen Mittelraum sind vier Apsiden angefügt, die mit Blendarkaden, die sich auf Säulen stützen, verziert sind. Die Schäfte, Kapitelle und Basen der Säulen sind größtenteils Spolien (antike Gebäudeteile), die vermutlich aus römischer und vielleicht merowingischer Zeit stammen. In der Mitte des Raumes ist das Taufbecken in den Boden eingelassen, das von einer römischen Leitung mit Wasser gespeist wurde. In der Kirche Notre Dame selbst, einem romanischen Bau aus dem 12. oder 13. Jahrhundert, ist ein silberbeschlagenes Kreuz aus dem Jahr 1498 sehenswert.

Pernes-les-Fontaines (ⓘ s. S. 131)

Einwohner: 10.300, Höhenlage: 82 m

Die Brunnen des Städtchens (40 an der Zahl, wenn man die Waschplätze dazuzählt) stammen größtenteils aus der Mitte des 18. Jahrhunderts, als man in der Nähe der Chapelle St.Roch eine große Quelle entdeckt hatte. Seinen werbewirksamen Zusatz „les-Fontaines" (die Brunnen) bekam Pernes erst im Jahr 1936.

Der berühmteste und schönste der steinernen Wasserspender ist wohl der **Fontaine du Cormoran,** gekrönt von einem Kormoran mit ausgebreiteten Flügeln. Die Fratzen auf dem Brunnen könnten vielleicht als Darstellung des legendären Königs *Midas* gedeutet werden. Einer der ältesten Brunnen ist wohl der Reboul-Brunnen, auch le Grand Font genannt, der 1475 zum ersten Mal schriftlich erwähnt und Ende des 17. Jahrhunderts restauriert wurde.

Von den 40 Brunnen von Pernes-les-Fontaines ist dieser mit Moos überwachsene, wie betonierte Brunnen der eigenartigste. Getreu dem provenzalischen Spruch „lo es d´or" (Wasser ist Gold) ging wurde in früheren Zeiten jede Brunnen-Einweihung mit einem Fest begangen.

Aus dem 13. Jahrhundert, als Pernes-les-Fontaines noch Hauptstadt des Comtat Venaissin war, stammt der **Tour Ferrand**, ein mächtiger, quadratischer Wohnturm, ähnlich den Geschlechtertürmen von San Gimignano in der Toskana. Im dritten Stock des Turms sind – für die damalige Zeit seltene – historische Szenen zu sehen, wie z.B. eine Schlachtendarstellung, vermutlich der Kampf Karls von Anjou gegen die letzten Stauferkönige in Süditalien. (Besichtigungsmöglichkeit im Office de Tourisme erfragen).

Grotte de Thouzon

Südwestlich von Pernes-les-Fontaines; Route d'Orange in Le Thor der Beschilderung folgen. Geöffnet März. So. 14–18 Uhr. April bis Allerheiligen 10–12 und 14–18 Uhr, Juli und Aug. tgl. 10–19 Uhr, http://grottes-thouzon.com.

Entstanden ist die Höhle in der höchsten Erhebung eines Kalksteinmassivs durch die Arbeit eines besonders mächtigen unterirdischen Stromes in der Kreidezeit, der längst verschwunden ist. Sie wurde im Jahre 1902 bei Sprengungsarbeiten entdeckt, damals war das Gelände ringsum noch ein Steinbruch. Die Höhle besteht aus einem 230 m langen Gang, der in den etwa 22 m hohen **„Makkaroni-Saal"** führt, benannt nach den langen, dünnen Stalaktiten (in der Fachsprache fistulöse Stalaktiten genannt), die hier von der Decke herabhängen. *Makkaroni*

Hinweis

Die Höhle verläuft horizontal, so dass die Besichtigungsstrecke weder älteren Leuten, noch Kindern Schwierigkeiten bereitet.

Schloss von Saumane-de-Vaucluse

4 km nordwestlich von Fontaine-de-Vaucluse gelegen

„Nach einem mehr als zweistündigen Marsch erreichten sie ein Schlösschen über der Tiefe eines ausgedehnten Tals, umschlossen von Hochwald, der dieser Behausung ein düsteres Aussehen verlieh." So beschrieb *Marquis de Sade* das Schloss von Saumane-de-Vaucluse in seinem Buch „Die neue Justine". Die heute wieder restaurierte Burg kam 1451 in den Besitz der Grafensippe *de Sade*. Jahrhunderte *düsteres Aussehen*

Der Marquis de Sade selbst wünschte am Ende seines Lebens in diesem Schloss zu sterben, das heute ganz profan ein staatliches Schulungszentrum und daher nicht zugänglich ist. Wer sich aber für de Sade interessiert, der sollte dennoch hierher kommen und durchs Gitter auf das Schloss schauen – schon von außen vermittelt das Gemäuer etwas Verschlungenes, Dunkles, einen Hauch des Verbotenen.

später geriet der damals noch jungfräuliche Marquis de Sade hier unter die Fittiche seines Onkels *Abbé de Sade*, der es mit dem Zölibat allerdings nicht allzu genau nahm. So konnte der junge *de Sade* denn auch jubeln: „Dies ist kein Schloss, sondern ein Serail [...] ach was, viel besser, es ist ein Bordell". Hans-Eberhard Lex schreibt in seinem Buch *Geheimnisvolles Frankreich*: „Zerborstene Mauern, Wehrgänge und Wassergräben sind Zeugnisse einer grauen Unterwelt des Schlosses mit feuchten Verliesen und Kasematten, die beim Marquis die Faszination für die sexuelle Knechtschaft aufflackern ließen und nährten".

Auf Schloss Saumane schrieb de Sades Onkel ein Buch über Petrarcas Laura, jene Laura, die vermutlich gar nichts von Petrarcas Verehrung wusste, die dieser aber „21 Jahre glühend" verehrte und nach ihrem Tod durch die Pest „10 Jahre" weinend betrauerte. Eine Liebe, wie sie geistiger und unkörperlicher nicht sein könnte. Die Ironie der Geschichte ist, dass eben jene Laura in die Adelsfamilie de Sade eingeheiratet hat, deren Nachfahre, der *Marquis de Sade*, Liebespraktiken pflegte, wie sie körperlicher und tabuloser kaum sein könnten.

L'Isle-sur-la-Sorgue (ⓘ s. S. 131)

Einwohner: 17.000, Höhenlage: 60 m

Klein-Venedig der Provence

„Die Sorgue fasste mich ein. Auf dem weisen Ziffernblatt der Wasser sang die Sonne die Stunden" schrieb der surrealistische Dichter *René Char* über seine Stadt, die sich selbst rühmt, das „Klein-Venedig der Provence" zu sein. Das Städtchen liegt in einer Ebene im Westen des Vaucluse-Plateaus und wird – getreu seinem Namen – gleich einer Insel vom Wasser der Sorgue umflossen, die sich vor der Stadt in zwei Arme teilt. Mit dem angenehmen Nebeneffekt, dass der Fluss selbst noch bei größter Hitze Kühle ausstrahlt.

Mühlen mit Moos

Die ersten Siedler der Stadt lebten vom Fischfang – einem einträchtigen Gewerbe, das erst 1884 durch eine Epidemie unter den Flusskrebsen ein Ende fand. Im Mittelalter wurden die heutigen Kanäle angelegt, um damit die Mühlräder der Stadt anzutreiben. Langsam entwickelte sich die Stadt zu einer florierenden Handelsmetropole, mit etwa 70 Papier-, Getreide- und Ölmühlen sowie einer wichtigen Papier- und Textilindustrie. Aus dieser Epoche sind noch einige mit dem Moos der Zeit überwachsene Mühlräder erhalten.

Im 18. Jahrhundert zählte die Stadt zu den vier Städten der Region, in denen Juden Zuflucht fanden. Etwa 300 Juden lebten damals im jüdischen Ghetto, das abends abgeriegelt wurde. Die Geschichte der Juden in der Stadt geht bis ins Jahr

1274 zurück, als die Grafschaft Venaissin 1274 an den Papst fiel und Juden und anderen Verfolgten in dieser Gegend Asyl gewährt wurde, wobei man sie allerdings als Bürger zweiter Klasse behandelte. Das Ghetto wurde im 19. Jahrhundert zerstört, an die jüdische Gemeinde erinnert nur noch der Name der *Place de la Juiverie*.

Bekannt ist L'Isle-sur-la-Sorgue vor allem wegen seiner **Antiquitätengeschäfte** – vor 30 Jahren gab es erst einen einzigen Antiquitätenhändler in der Stadt, heute sollen es an die 300 sein. Daneben gibt es noch den sonntäglichen Antiquitäten- und Trödelmarkt und zweimal jährlich an Ostern und am 15. August eine internationale Antiquitätenmesse.

300 Antiquitätenhändler

Die Altstadt des Städtchens ist geprägt von einem Gewirr aus Gassen und Kanälen. In ihrem Zentrum steht die bereits in romanischer Zeit erwähnte **Pfarrkirche Notre-Dame-des-Anges**, die im 17. Jahrhundert beinahe vollständig erneuert und im Inneren im prachtvollen Barockstil ausgestattet wurde. Im Zuge der Revolution kamen dann noch die Kunstschätze von fünf aufgelösten Klöstern hinzu! Aus der großen Zeit der Stadt stammt auch das Hotel Dieu aus der Mitte des 18. Jahrhunderts, das noch heute als Krankenhaus genutzt wird (mit einer alten Apotheke und einer Rokoko-Kapelle).

Gassen-Gewirr

Fontaine-de-Vaucluse (ⓘ s. S. 131)

Einwohner 580, Höhenlage: 80 m
Gelegen ca. 5 km östlich von L'Isle sur la Sorgue, zu erreichen über die D 25

Gäbe es ähnlich dem „Sorguemeter", der den Wasserstand der Sorgue anzeigt, einen „Touristometer", der das touristische Aufkommen misst, so könnte man die Straße, die zur Quelle der Sorgue führt, als einen solchen bezeichnen. Je mehr Souvenirgeschäfte sich aneinander reihen und desto größer deren Angebot an Kitsch, desto höher ist der touristische Marktwert des zu Besichtigenden. Gemessen an diesem fiktiven „Touristometer" ist die Fontaine-de-Vaucluse (lat. vallis clausa = verschlossenes Tal) wirklich eine Sehenswürdigkeit ersten Ranges! Sie ist die tiefste mit Wasser gefüllte Schlucht Europas und zählt zu den beliebtesten Naturdenkmälern Frankreichs.

beliebtestes Naturwunder Frankreichs

Wie viele bekannte touristischen Attraktionen ist auch die Fontaine-de-Vaucluse mit einem Rätsel behaftet: Bislang weiß keiner genau, wie tief die Quelle wirklich ist. 1878 tauchte erstmals ein gewisser *Ottonelli* mit einem Taucheranzug 23 Meter tief hinunter (das Wasser ist 11–13 °C kalt). 1967 erreichte dann *Jacques Cousteau* nach mehreren Anläufen eine Tiefe von 106 Meter Tiefe; 1983 schließlich gelang dem Deutschen *Jochen Hasenmeyer* eine Rekordtiefe von 205 m. Den letzten Rekord stellte 1985 ein Tauchroboter namens Modexa auf, der bis auf 308 m Tiefe vordrang und dort auf einer Sandbank aufsetzte. Ob die Sandbank vielleicht der Quellboden war, weiß man bis heute nicht.

Am beeindruckendsten ist die Quelle im Frühjahr, wenn die Wassermengen aus der Tiefe hervorströmen. Gespeist wird die gigantische Karstquelle aus einem

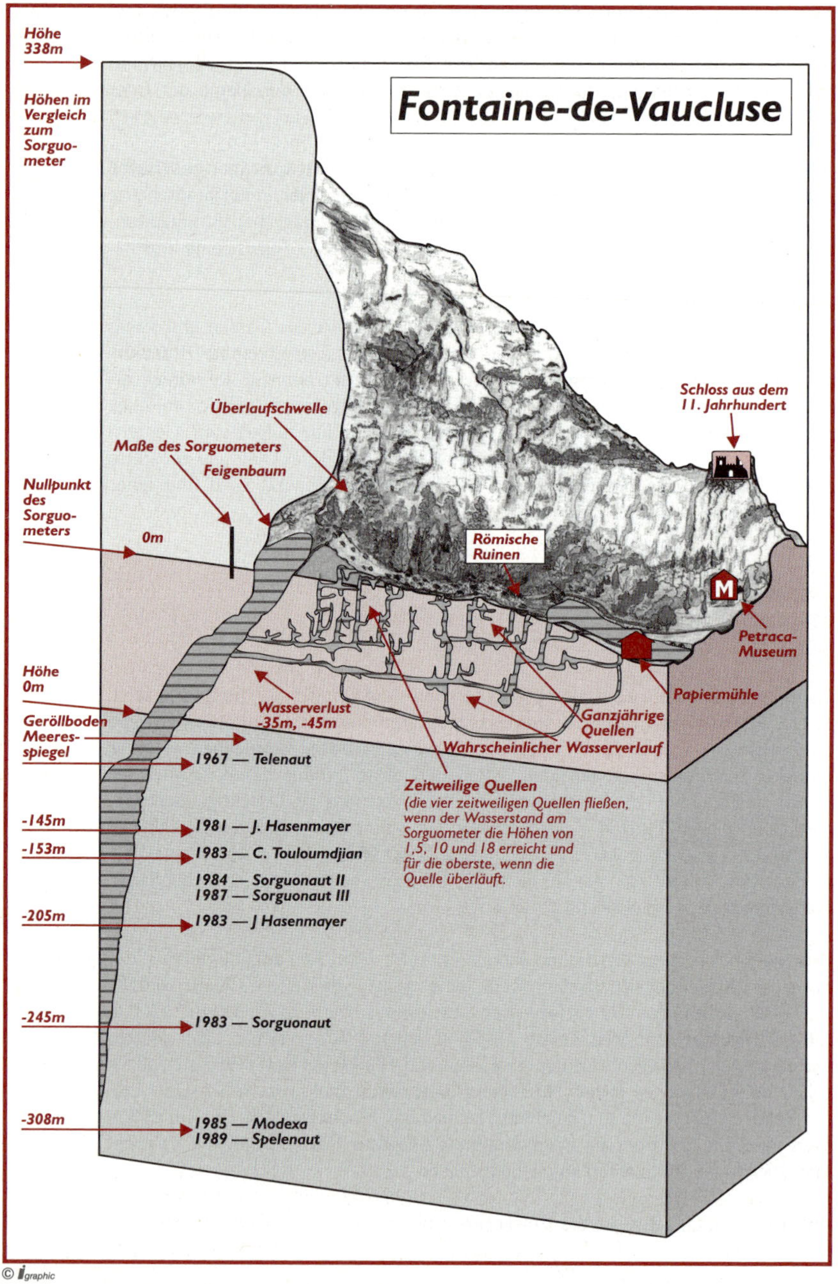
Fontaine-de-Vaucluse
Höhe 338m
Höhen im Vergleich zum Sorguometer
Überlaufschwelle
Maße des Sorguometers
Feigenbaum
Nullpunkt des Sorguometers
0m
Schloss aus dem 11. Jahrhundert
Römische Ruinen
M
Petraca-Museum
Papiermühle
Höhe 0m
Geröllboden
Meeresspiegel
Wasserverlust -35m, -45m
Ganzjährige Quellen
Wahrscheinlicher Wasserverlauf
Zeitweilige Quellen
(die vier zeitweiligen Quellen fließen, wenn der Wasserstand am Sorguometer die Höhen von 1,5, 10 und 18 erreicht und für die oberste, wenn die Quelle überläuft.
1967 — Telenaut
-145m
1981 — J. Hasenmayer
-153m
1983 — C. Touloumdjian
1984 — Sorguonaut II
1987 — Sorguonaut III
-205m
1983 — J Hasenmayer
-245m
1983 — Sorguonaut
-308m
1985 — Modexa
1989 — Spelenaut

weit verzweigten System unterirdischer Kanäle. Man schätzt das Einzugsgebiet auf 200.000 Hektar, mit Kanälen bis in die Gegend von Sisteron. Die Fachwelt betrachtet sie als eine der weltweit größten Karstquellen. Bei Hochwasser überschwemmt ihr Strudel das Geröll bis weit in die tiefe grüne Schlucht mit bis zu 150 m^3 Wasser pro Sekunde. Bei niedrigem Wasserstand sind es durchschnittlich nur 4,5 m^3. Im trockenen Sommer hingegen muss man in den Quelltopf hinabsteigen, um einen Wasserspiegel zu sehen, der nur an den Farbnuancen des Wassers anzeigt, wo es in die Tiefe hinabgeht.

Doch auch im Sommer mutet die kühle und dunkle Grotte etwas unheimlich an. Vor allem wenn man bedenkt, dass man dort unten an die acht Meter tiefer steht, als der Wasserspiegel im Frühjahr ist.

Die Parkplätze vor Ort sind gebührenpflichtig. Von dort aus geht es in etwa einer Viertelstunde entlang der Sorgue und einigen Museen (zur Rechten) und der oben erwähnten Souvenirläden (zur Linken) weiter durch den Ort und dann zur Quelle.

Wanderwege

Linker Hand von der Fontaine führt der ***GR6 zur Abtei von Sénanque*** *und weiter nach Gordes. (Im Sommer ist der Weg wegen Brandgefahr nicht begehbar.) Gehzeit (Hinweg): ca. 4 ½ Stunden. Höhenunterschied: ca. 550 m.*

Auf einem Felsen hoch über der Sorgue stehen die ***Reste der Burg von Fontaine****, erbaut im 13. Jahrhundert, aber schon 300 Jahre später verlassen und dem Verfall preisgegeben.* Petrarca *soll in dieser Burg ein- und ausgegangen sein. Man erreicht das alte Gemäuer ab der Place de la Colonne im Ortszentrum. Dort den Fluss überqueren und vor dem Petrarca-Museum dem Schild „Vers le Chateau" folgen. Für den Rückweg am Schloss vorbeigehen, der Weg mündet in den GR6 ein. An der Kreuzung führt er links nach Fontaine (ca. eine Stunde Gehzeit).*

Museen

- **Moulin à Papier Vallis Clausa – Papiermühle**

Auf dem Weg zur Quelle kommt man an diesem Mühlrad aus dem 16. Jahrhundert vorbei. 7 m Durchmesser hat es und war einst Teil einer florierenden Papierindustrie im Ort. 1968 konnte sie der wachsenden Konkurrenz nicht mehr standhalten und schloss ihre Pforten. Heute wird hier wieder Papier auf traditionelle Weise geschöpft, man kann dabei zusehen und natürlich auch eines der sehr edlen Stücke kaufen.

Papierindustrie

- **Le Monde Souterrain de Norbert Casteret**

Bevor man zur Quelle geht, sollte man dieses Museum besuchen, obwohl seine Sammlungen etwas kunterbunt sind. Hier ist zu sehen, was der Höhlenforscher *Norbert Casteret* in unterirdischen Welten so zusammengetragen hat: Neben einer umfangreichen Dokumentation und Exponaten zur Forschungsgeschichte der Fontaine-de-Vaucluse ist auch eine umfangreiche Sammlung an kristallinem Gestein und außergewöhnlichen Stalaktiten zu sehen. Weiterhin einige nachgebildete Höhlen mit Felsmalereien – da man die Originalhöhlen ja nicht besuchen darf, sind die Kopien an sich schon ein Erlebnis.

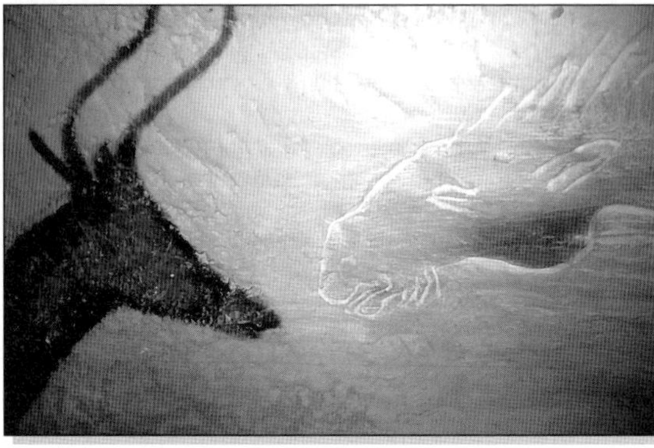

Nachbildungen von prähistorischen Felszeichnungen in der Monde Souterrain de Norbert Casteret

- **Musee de l´Appel de la Résistance**

gut gemachtes Museum

Schwerpunkt dieses didaktisch gut gemachten Museums ist die französische Résistance und ihr Widerstand gegen den Nationalsozialismus, dargestellt anhand von mehr als 10.000 Objekten und Dokumenten. Zu sehen sind auch Werke von *Matisse* und *Miró* sowie Schriften von *René Char*.

- **Petrarca Museum**

angebetete Laura

An der Stelle, wo der Dichter vermutlich einst wohnte, steht heute ein Museum zu seinen Ehren. Bücher, Tagebücher und Werke von *Petrarca* sowie Stiche und Zeichnungen, die Personen und Orte um Petrarca zeigen, sind hier ausgestellt. Und natürlich ist auch seine angebetete Laura zu sehen! 23 Jahre jung war *Francesco Petrarca* (* 20.7. 1304 in Arezzo, † 18.7. 1374 in Argua bei Padua), als er 1327 in einer Kirche in Avignon vom Blitz der Liebe getroffen wurde: Er hatte *Laura de Sade* gesehen, die Gattin des *Hugue de Sade*. Dieser Schönen widmete er sein berühmtes Werk, das »Canzoniere«, eine Gedichtsammlung, in der er seine unerfüllte Liebe zu ihr besingt.

„Niemals Herrin, ward ich es müde, Euch zu lieben, und niemals werde ich es sein, solange ich lebe..." versicherte Petrarca seiner geliebten Laura, die allerdings von seiner Liebe nicht viel geahnt hatte, wie man annimmt. Über die Fontaine de Vaucluse meinte Petrarca nicht eben bescheiden: „Die sehr berühmte und schon von sich aus seit langem bekannte Quelle wurde durch meinen Aufenthalt und meine Lieder noch berühmter."

Petrarcas lyrisches *Ich-betete-diese Dame-an* hat durchaus einen körperlichen Hintergrund, anders als die Minnelieder der Troubadoure, die ein unberührbares und unerreichbares höfisches Idealbild besingen, das gewissermaßen entrückt ist. So beschrieb der Dichter sogar das Altern der Dame, die er über 20 Jahre lang unerfüllt liebte. *Laura* starb am 6.4.1348 an der Pest und ließ den Dichter einsam und seiner Inspiration beraubt zurück. 1337 war Petrarca das seiner Ansicht nach sündige Avignon leid und suchte im seinerzeit noch einsamen Fontaine-de-Vaucluse ein abgeschiedenes Dasein. – *Francesco Petrarca* als ein früher Vorläufer der heutigen Provence-„Aussteiger". Als Plünderer 1353 seinen Besitz verwüsteten, zog er sich mit seiner Tochter nach Italien zurück – nicht ohne sich bis an sein Lebensende mit Wehmut an seine Zeit in Fontaine-de-Vaucluse zurückzuerinnern.

Der Romanist *Wilhelm Theodor Elwert* schrieb: Petrarcas Werk drehte sich um nicht weniger als um „das Ringen um Aussöhnung von irdisch-sinnlicher und göttlich-unirdischer Liebe, von Diesseitsfreude und Jenseitsverpflichtung" – um die Flüchtigkeit, Nichtigkeit und Vergänglichkeit von Raum und Zeit auf Erden.

- **Le Musée du Santon et des Traditions de Provence**

Mehr als 2.000 der kleinen Santons sind hier zu Szenen aus Marcel Pagnols Büchern arrangiert. Manche der Figuren sind so klein, dass sie in einer Eierschale Platz nehmen könnten.

- **La Cristallerie des Papes**

kunsthandwerkliche Kristallerie

Die 1998 eröffnete Kristallerie ist nicht nur die einzige in der Provence, sondern auch die einzige kunsthandwerklich arbeitende Kristallerie ganz Frankreichs. Eine kleine Ausstellung zeigt die Geschichte des Kristallglases. Man kann den Künstlern bei der Arbeit zuschauen und natürlich deren Arbeiten (unter anderem wunderschöne Lampen!) auch kaufen.

Kirche St. Véran und Petrarca-Gedenksäule

Die winzige Kirche stammt aus der ersten Hälfte des 12. Jahrhunderts und beherbergt in ihrer Krypta das Grab des heiligen *Veran*, der im 6. Jahrhundert Bischof von Cavaillon war. Die **Gedenksäule** zu Ehren von Petrarca auf dem Platz am Brückenkopf in Fontaine-de-Vaucluse errichtete man 1803.

Gordes (ⓘ s. S. 131)

Einwohner: 2.100, Höhenlage: 1600

Bilderbuchschönheit

Eine wahre Bilderbuchschönheit wie dieses Dorf zieht natürlich Verehrer an und so sind die mittelalterlichen Gassen von Gordes im Sommer reichlich überlaufen. Die malerische Lage des Ortes auf einem Felsvorsprung am Steilabfall des Plateau de Vaucluse muss auch frühe Siedler angelockt haben: In verschiedenen Jägerlagern wurden Werkzeuge und Reste von Jagdbeute gefunden, die man auf ein Alter von 10.000 bis 12.000 Jahre schätzt. In den Religionskriegen war Gordes ein Zentrum der Reformierten.

Die malerisch verschachtelte Dorfgeometrie von Gordes diente *Victor Vasarély* als inspirierende Kulisse für seine großformatigen und Dreidimensionalität vortäuschenden Rastermalereien. Seine visuellen Erfahrungen mit Dörfern wie Gordes fasste *Vasarely* einmal folgendermaßen zusammen: „Die Städte und Dörfer Südfrankreichs, von einer unerbittlichen Sonne gleichsam zerrissen, haben mir eine in sich wiederspruchsvolle Perspektive enthüllt. Niemals gelingt es dort dem Auge,

Mörderische Mätresse
Louis-Henri-Joseph de Bourbon et Prince de Condé (1756 und 1830), der letzte Schlossbewohner von Gordes, liebte die Jagd, sowohl im Wald auf das Wild als auch im Dorf auf das Weib. Dann kam die Französische Revolution, die ließ nichts übrig im Schloss außer einem Stuhl und der war auch noch wacklig. Der Prinz siedelte nach Paris über, hielt sich dort eine englische Mätresse, deren Vorleben so bewegt war wie der Name des Condé lang. Um sie nicht zu verlieren, verheiratete er die Dame an einen Adelskollegen, und vermachte ihr ein Fünftel seines Vermögens. Kurz darauf fand man ihn an einem Fensterriegel seines Schlafzimmers erhängt in einer Position, die Selbstmord ausschloss. Der seinerzeit Aufsehen erregende Fall ist niemals aufgeklärt worden.

Schatten von einem festen Mauerstück klar zu unterscheiden: Flächen und leere Räume vermischen sich, Formen und Hintergründe wechseln einander ab ... Greifbare Dinge werden in Abstraktionen verwandelt und beginnen, den Boden der festen Gestalt verlassend, ihr eigenständiges Leben."

Das **Schloss**, in der Zeit von etwa 1540 bis 1560 auf den Fundamenten einer Festung aus dem 12. Jahrhundert errichtet, besitzt im Hof ein schönes Renaissance-Tor und im Grande Salle einen prachtvollen Renaissance-Kamin von 1541. Es beherbergte jahrelang das Musée Victor Vasarély (jetzt in Aix-en-Provence). Heute zeigt dort das **Musée Pol Mara** 300 Werke des gleichnamigen Künstlers, der gerne den weiblichen Körper in collageartigen Bildern darstellte. Der 1920 geborene Flame lebte in Gordes und verstarb hier 1988. Seine Werke sind der Pop-Art zuzurechnen.

Im **Musée de l´Historie et du Vitrail** kann man sich nicht nur über die Geschichte der Glasmacherei, sondern auch über zeitgenössische Glaskunst informieren. Im selben Park wie das Glasmuseum liegt auch das kleine Landhaus „**Moulin des Bouillons**" aus dem 16. und 18. Jahrhundert, eingerichtet als Olivenöl-Museum. Glanzstück der Sammlung ist eine 10 m lange, 7 Tonnen schwere und aus einem einzigen Eichenstamm konstruierte Olivenpresse aus gallo-römischer Zeit – die größte und älteste ihrer Art. Weiterhin sind hier Öllampen und Geräte für den Anbau der Olivenbäume zu sehen. Auch erfährt man so einiges über die verschiedene Verwendung des Olivenöls im Wandel der Zeit.

Die Kirche von Gordes birgt in ihrem Inneren Altäre aus dem 17. Jahrhundert und ein Dekor mit Freimaurermotiven, in denen der Jugendstil vorweggenommen zu sein scheint. Weiterhin können die unterirdische Zisternen, Räume und Ölpressen des Palais St. Firmin besichtigt werden.

An der Straße nach Saint-Pantaléon steht noch der gewaltige Turm der einstigen Abtei von **Saint-Chaffret** aus dem 10. Jahrhundert.

Village de Bories (Village noir)

2 km südlich von Gordes. Geöffnet täglich von 9 Uhr bis Sonnenuntergang

steinerne Iglus

Wie steinerne Iglus hocken hier in einem Freilichtmuseum die *Bories*, mörtellose Bauten, deren Namen *Frédéric Mistral* vom mittellateinischen Wort *boria* für Hütte oder Ochsenstall ableitet. Entstanden sind sie vermutlich im Zeitraum vom 1400 bis 1800 – Jahrhunderte, in denen die Umgebung schon ziemlich abgeholzt aber reich an Steinen war. Die Steine mussten also aus dem bis dahin unbestellten

Heute ist das Village de Bories *das vermutlich größte und am besten erhaltene seiner Art. Um das Dorf verläuft eine Mauer, die fünf Gruppen von Bories umschließt, zu sehen sind neben Wohnhütten auch Ställe, eine Kelter und ein Backofen.*

Boden entfernt werden, gleichzeitig brauchten die Männer, die auf dem Feld arbeiteten, einen Unterschlupf und eine Werkzeugkammer. Die Hütten mit nur einem Raum wurden von Schäfern gebaut, die mit mehreren Räumen von Bauern. Man vermutet, dass einige *Bories* auch als Zufluchtsort während der Albingenser-Verfolgungen errichtet wurden. Auch könnten sich hier Menschen vor den Seuchen in den Mittelmeerhäfen in die Berge zurückgezogen hatten. Erklärungsversuche für die Tatsache, dass die *Bories* fernab von menschlichen Behausungen lagen. Die Hütten des *Village de Bories* wurden bis ins frühe 20. Jahrhundert von Schäfern bewohnt, dann vergessen, bis sie in den 1970er Jahren wieder restauriert wurden.

uralte Technik

Erbaut wurden die Bories in einer Technik, die man schon aus dem Neolithikum um ca. 2000 v. Chr. und auch von Mykene kennt. Und auch in Sardinien gibt es sie (Nuraghen), in Apulien (Trullis) in der Schweiz, auf Kreta, in Irland und auch in Kalifornien. So einfach diese Bauten auch aussehen, so war es doch eine Kunst, die Steine in immer engeren Kreisen aufeinander zu schichten, bis endlich der letzte Kreis das Dach bildete. Errichtet mit Hilfe eines einzigen Werkzeuges: einem Hammer. Die *Bories* sind aber keine Besonderheit von Gordes. Einzelne *Bories* findet man auch an der Straße von Gordes nach Sénanque oder bei Bonnieux.

Vergessene Kunst
Man braucht 200.000 bis 300.000 Steine, um eine *Borie* zu bauen, die zwischen 30 und 200 Tonnen wiegen kann. Also nicht verwunderlich, dass niemand mehr die Kunst beherrscht, ein solches steinernes Kunstwerk zu bauen. Glücklich also die provenzalischen Hausbesitzer, die in ihrem Vorgarten ein solches Unikat stehen haben.

mutiger Mönch

Das heutige so idyllische Gordes war im Zweiten Weltkrieg eine Hochburg der Résistance. Im Jahr 1944 brachten die deutschen Besatzer als Vergeltung für den Tod eines ihrer Soldaten 13 Menschen um, legten ein Feuer und zerstörten einige Häuser. Das Morden und Zerstören endete durch den Einsatz eines mutigen Mönchs aus dem nahen Kloster Sénanque.

Zisterzienserkloster Sénanque

(lat. sine aqua = ohne Wasser, bezogen auf das Flüsschen Sénancole)

Das Kloster kann nur im Rahmen von Führungen besucht werden. Mo–Fr 10.30 Uhr, in der Hochsaison auch um 10.10 Uhr, nachmittags ab 14.30 Uhr, letzte Führung um

Zisterzienserkloster Sénanque

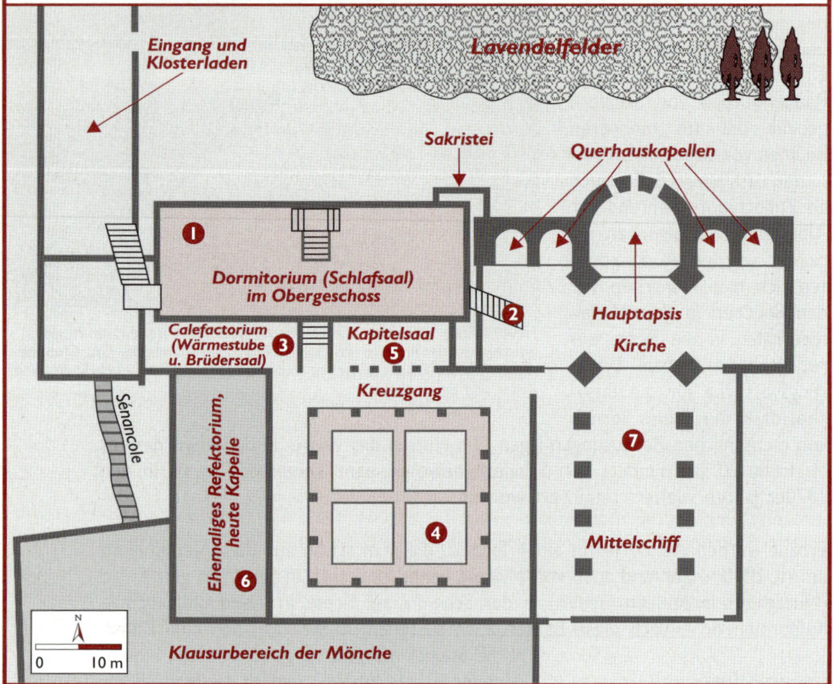

1 Dormitorium - Schlafsaal
Die Mönchen schliefen gemeinsam in großen Schlafsälen, denn gemeinsam war es besser einsam. Die Umrisse ihrer kleinen Zellen sind noch heute erkennbar.
Architektonisch kann man im Schlafsaal das perfekte Größenverhältnis des Goldenen Schnitts im Gewölbeteil oberhalb des Kranzgesims entdecken: Teilt man die Breite durch die Höhe des Schiffs, so erhält man ein Verhältnis von annähernd 1,61.

2 Treppe
Ursprünglich war die Treppe, die vom Schlafsaal direkt in die Kirche führte, aus Stein. Doch die Revolutionäre haben sie gestohlen, heute ist sie aus Holz.

3 Calefactorium – Brüdersaal/Wärmestube
Der einzige geheizte Raum des Klosters (abgesehen von den Küchen), Hier saßen die Mönche, die mit den Kopien von Manuskripten betraut waren.

4 Kreuzgang
Die Arkaden zum Garten bestehen aus vier (vier Elemente) großen Entlastungsbögen mit drei (Dreieinigkeit) kleinen Rundbögen. Sie bilden mit vier mal drei die Zahl zwölf, die wiederum symbolisch ist: Sie ist das „perfekte Maß" der zukünftigen Himmelsstadt, sie weist auch auf die zwölf Stämme Israels hin.
Die Kapitelle des Kreuzgangs zeigen Pflanzendekore, bis auf eine einzige Ausnahme: eine Dämonenfratze, die die Mönche stets an die Existenz des Leibhaftigen erinnern sollte.

5 Kapitelsaal
Hier versammelte sich die Mönchsgemeinschaft unter Vorsitz des Abts. Jeden Morgen nach der Prim wurde hier ein Abschnitt, ein „Kapitel", aus der Regel des heiligen Benedikt vorgelesen. Dann folgte das Martyrologium, die Aufzählung der Heiligen des Tages, und anschließend der Nekrolog, also die Auflistung der Zisterziensermönche, deren heiligenmäßige Leben an ihrem Todestag geehrt wurde. Mönche, die sich irgendeiner Verfehlung bewusst waren, konnten dann die Gemeinschaft um Vergebung bitten. Andererseits konnte ein Bruder, der einen anderen einer Übertretung der Ordensregeln schuldig sah, denjenigen anklagen. Im Kapitelsaal wurden auch die wichtigsten Entscheidungen der Gemeinschaft getroffen, wie etwa die Aufnahme eines Novizen, die Wahl des Abts oder die Verwaltung des Klosterbesitzes.

6 Refektorium - Speisesaal
Er ist nicht zugänglich. Im Mittelalter aßen die Mönche hier eine einfache Kost aus Gemüse und Brot die gelegentlich auch mit Eiern und Fisch angereichert war.Gesprochen wurde dabei nicht,zu hören war eine geistliche Lesung. Heute dient der Saal den Mönchen als Kapelle..

7 Abteikirche
Das achtseitige Vierungsgewölbe mit den vier Bögen weist unter anderem auf den achten Tag der Auferstehung hin, einen „ewigen Tag" , der jeden Sonntag gefeiert wird.
Ein byzantinischer Mönch schrieb im 7. Jahrhundert über diese Symbolik: „Es ist eine wundersame Sache, dass dieser Tempel trotz seiner Kleinheit auf die ganze weite Welt verweist; nicht durch seine Dimensionen, sondern durch seine Bauformen. Seine hohe Kuppel gleicht dem Himmelreich und ist wie ein Helm. Die oberen Teile ruhen fest auf den unteren, die großen Bögen stehen für die vier Weltgegenden."

16.20 bzw. 16.35 Uhr. „Tief betrübte Hunde" haben übrigens draußen zu bleiben! Zum Kloster gehört ein äußerst gut sortierter Klosterladen, wo neben diversen Lavendelprodukten und Rebensäften ganz besonders die Bücherauswahl sehr exquisit und interessant ist – vorausgesetzt, man versteht Französisch.

Hinweise

- *Am schönsten ist es hier im Juli und August, wenn der Lavendel blüht.*
- *Den schönsten Blick auf Sénanque hat man von der Straße, die von Gordes zum Kloster führt.*

Es gibt wohl kaum ein Kloster, das eine solch überwältigende Einheit von Architektur und Natur bildet. Und wohl kaum eines, das so häufig abgebildet wurde wie dieses. Was insofern erstaunlich ist, da seine Erbauer, die Zisterzienser, jegliche baulichen und dekorativen Zutaten wie bunte Fenster, Statuen oder Malereien ablehnten. Klar und einfach sollten ihre Klöster sein, das Leben darin eine Konzentration auf Arbeit und Gebet. Der Gründer des Ordens, der heilige *Bernhard* schrieb: „Viel mehr wirst du in den Wäldern finden als in den Büchern, die Bäume und Felsen lehren dich

Richtungswechsel
Eine wichtige Regel der Baukunst der Zisterzienser war die geographische Ausrichtung der Klosteranlage. Ihr Kirchenchor sollte in Richtung Osten, also in Richtung Sonnenaufgang weisen. Doch die Klosterkirche von Sénanque weist nach Norden – in die Richtung, die nach frühchristlicher Tradition als Inbegriff des Heidentums galt, in diese Richtung sollte die Heilslehre getragen werden.

Der wunderbare Kreuzgang von Sénanque, Zentrum des Klosters und „Symbol für die göttliche Ordnung".

Dinge, welche dir kein Lehrer jemals sagen kann" und so suchten sich die Zisterzienser im Jahre 1148 dieses einsame Hochtal für ihre Gemeinschaft aus – ein schönes Beispiel für die Maxime des Ordens, unwirtliche Gegenden urbar zu machen. Unter großen persönlichen Opfern, denn die Lebensbedingungen in Sénanque waren so hart, dass die Mönche nur ein Durchschnittsalter von 28 Jahren erreichten. Nicht unwesentlich dazu beigetragen hat vermutlich auch die Tatsache, dass sie pro Nacht nur wenige Stunden schliefen.

Vom Kapitelsaal aus konnte der Abt auf den in den Kreuzgang gemeißelten Dämonen blicken – und ihm somit „die Stirn bieten". Wer genau hinsieht, erkennt am Dämonkopf die Stirn eines Stieres, den Mund eines Menschen und den Hals eines Fisches. Diese Dämonendarstellung ist die einzige des Klosters, denn, so Bernhard von Clairvaux: „Welchen Zweck hat es, dem Mönch, der doch lesen und meditieren sollte, all diese lächerlichen Monster, die schönen Schrecken und schrecklichen Schönheiten vor Augen zu halten? Bald wird es ihm angenehmer sein, den Marmor zu studieren als die Schriften, und er wird seine Tage damit verbringen, über all diese Skulpturen zu sinnen anstatt das göttliche Gesetz zu erforschen."

schlicht und ausdrucksstark

Der Bau des Klosters sollte sich fast ein Jahrhundert lang hinziehen. Sein Grundriss ist vollständig auf den Tagesablauf der Mönche und die Folge ihrer Gottesdienste und Stundengebete abgestimmt. Während das Kloster von außen von einer schlichten, aber ausdrucksstarken Architektur ist, setzt in seinem Inneren das Licht der Provence seine Akzente. Sein Schattenspiel an den kargen Mauern der Apsis verändert sich im Rhythmus der Tageszeiten.

Im 14. Jahrhundert begann der Niedergang der Abtei: Die Disziplin der mittlerweile sehr wohlhabend gewordenen Klostergemeinschaft hatte sich gelockert, gleichzeitig hatte das Kloster aber auch Nachwuchsschwierigkeiten. Im 15. Jahrhundert dann erfuhr es dank eines gestrengen Abtes wieder einen Aufschwung, der aber nicht lange währen sollte: 1544 wurde ein Teil des Klosters von Waldensern in Brand gesetzt und seine Mönche aufgehängt. Sénanque erholte sich von diesem Schlag nie wieder, Ende des 17. Jahrhunderts lebten hier gerade mal zwei Mönche, 1791 wurde es dann an den Staat verkauft, der es vor dem Zugriff der Revolutionäre schützte. Im 19. Jahrhundert lebten wieder 12 Mönche hier, später war es zeitweilig verlassen. Seit 1989 haben sich hier wieder fünf Mönche niedergelassen, um weiter nach der Ordensregel „Ora et labora" – „Lebe und arbeite" zu leben.

Wie eh und je sichern sich die Mönche von Sénanque ihren und des Klosters Unterhalt durch die Produkte der Provence, denn die Zisterzienser waren es, die den von den Griechen und Römern in das Land gebrachten Wein erstmals richtig kultivierten. Auch versorgten sie sich mit dem Öl des Olivenbaums und nutzten die Wirkstoffe des Lavendels.

Die Zypressengruppe vor dem in Form eines Kreuzes erbauten Kloster Sénanque (links im Bild) war eine Art Gasthausschild, denn sie signalisierte dem Reisenden: Hier gibt´s Brot, Wasser und freie Logis.

Der Ordensgründer, der heilige *Bernhard*, hatte zeitlebens unter schweren Magenbeschwerden gelitten, heute meint man sie als psychosomatisches Leiden zu erkennen. Groß war der Spagat, den der Heilige stets lebte: Auf der einen Seite hatte er den Wunsch nach Zurückgezogenheit, auf der anderen Seite war er vom Drang beseelt, vor den Massen und den Edlen seiner Zeit zu predigen. Ein Konflikt, den Sénanque noch heute auszuhalten hat: Der Ort der Einsamkeit ist zum Touristenmagnet geworden. An manchen Sommertagen finden sich hier bis zu 1.300 Touristen und Pilger aus aller Welt ein.

Gorges de Véroncle

Die Schlucht beginnt bei „Les Grailles", 4 km östlich von Gordes und führt nach Murs. Für diese Tour sollte man etwa 5 Stunden einplanen, obwohl es nur ca. 5 km (hin und zurück) sind. An de Ruine der „Moulin Jean de Mare" gibt es einen Ausstieg, falls man die Tour abkürzen möchte. Manche Passagen sind mit Eisenleitern oder Ketten gesichert.

Überreste von Getreidemühlen

In den Schluchten des Véroncle, einem Wildbach zwischen Murs und Gordes, entwickelte sich das industrielle Gewerbe im Vaucluse: die Schluchten bergen Überreste von etwa zehn Getreidemühlen, die im 19. Jahrhundert ausschließlich vom Wildwasser angetrieben wurden. Man schätzt, dass die ersten Mühlen im 16. Jahrhundert gebaut wurden. Nachdem im 19. Jahrhundert durch Erdbeben die Wasserzufuhr nachließ, wurden die Mühlen aufgegeben. Technikfans sehen hier noch Druckrohrleitungen, Wasserkammern und Mühlsteine, historisch Interessierte finden neben Türstürzen mit Jahresangaben auch Überreste urzeitlicher Besiedlungen.

Wandertour um das Tal und die Grotten von Barigoule

5 km nördlich von Murs. Länge der Tour: 9 km, Steigung 160 m, Dauer: 3 Std. Markierung: gelb, Parken: an der D15 in Höhe von La Grande-Blaque.
Gegenüber dem Parkplatz im Norden den Weg hinter der Schäferei und vor den Ruinen der Grande-Blaque einschlagen. Entlang des Weges stehen Ruinen von Köh-

lerhütten. Nach dem Tal von Petié führt der Weg hinunter zur D4. Nach der Kurve unterhalb von La Briquette, die D4 in Richtung Süden entlang gehen. An der Gabelung nach links weiter, durch Les Vergiers und dann auf die D5.Auf der D15 in Richtung Norden weitergehen, vorbei an Les Beylons und Les Sautarels. Nach Les Sautarels bis zum Jas de Laurent gehen, dort nach links durch einen Kiefernhain. Im Tal führt ein Pfad zu einem verlassenen Gehöft namens „Barigoule". Entlang des Weges liegen auf der rechten Seite im Fels versteckt vier Höhlen. In der letzten hatten sich 1545 Waldenser vor ihren Verfolgern versteckt und sind eines furchtbaren Todes gestorben: Etwa 25 Frauen, Greise und Kinder wurden hier bei lebendigem Leib verbrannt. Von den Höhlen abwärts gehen bis zum Stromleitungsmast. Rechts abbiegen und das Tal hinauf zum Ausgangspunkt zurückkehren. ***Barigoule*** *ist übrigens eine französische Abwandlung des provenzalischen Wortes „farigoule", das 'Thymian' bedeutet.*

Roussillon (ⓘ s. S. 131)

Einwohner: 1.200, Höhenlage: 260 m

warme Farben

Der Ort ist auf Ockerfelsen gebaut, die Häuser sind ockerfarben angestrichen und selbst der Name von Roussillon geht auf den Ocker zurück: Er leitet sich vom lateinischen Wort *vicus russulus* (rotes Dorf) ab. Von sanftem Safrangelb, über leuchtendes Karminrot, Zinnoberfarben bis hin zu sattem Weinrot und sogar dunklem Violett variieren die Farben des Ortes. Sie sind niemals grell, könnte man Farben fühlen, so wären die Ockerfarben wie Samt und könnte man ihre Temperatur bestimmen, dann wären sie von der angenehmen Wärme eines Sommernachmittags.

wichtig für Bilderfälscher

Der Ocker hat sich aus den Ablagerungen des Urmeeres gebildet, er ist eine Mischung aus Ton und eisenoxidgefärbtem Sand. Ockerhaltiger Sand enthält ungefähr 10% Ocker und 90% Sand; im Vaucluse beträgt der Ockeranteil 60 bis 70%. Die verschiedenen Farbabstufungen entstanden aus dem unterschiedlichen Grad der Eisenoxidierung. Schon die Menschen der Prähistorie waren von diesen Farben fasziniert und haben damit nicht nur Haut und Haar gefärbt, sondern auch ihre Höhlen mit Zeichnungen geschmückt. Die Römer entwickelten dann eine regelrechte Ockerindustrie und beförderten das Gestein auf Maultieren auf der Via Domitia nach Marseille, um sie von dort in andere Länder der antiken Welt zu exportieren. Besonders die Damen benutzten das Ockerrot gerne als Lippenfarbe und Wangenrot. (Man sollte sich heute allerdings nicht mit kostenloser Schminke aus den Ockerbrüchen versorgen, denn das ist strengstens verboten! Außerdem wäre es auch sinnlos, denn der Ocker muss erst ausgewaschen werden, bevor er als Wangenschminke taugt.) Doch vor allem als Hausputz wurde der Ocker benutzt – mit seinem aprikosenfarbenen Schimmer ist er nicht nur schön, sondern auch von praktischem Nutzen: vermischt mit dem Füllstoff Sand und den Bindemitteln Zement und Kalk macht er die Mauern wasserdicht und lässt sie dennoch atmen. Am wichtigsten ist aber seine große Widerstandsfähigkeit bei Hitze und Sonne – in heißen Ländern ein nicht zu unterschätzender Vorteil. Und auch für eine Berufsgruppe ist der echte Ocker unerlässlich: für die Bilderfälscher.

Doch nichts bleibt ewig und so kam der Ockerabbau von Roussillon im Mittelalter zum Erliegen. Im späten 18. Jahrhundert und Ende des 19. Jahrhunderts sollte er dann nochmals zur Blüte kommen, doch vor dem Zweiten Weltkrieg wurden dann chemische Farben entwickelt und nun mochte keiner mehr mit dem altmodischen Naturstoff arbeiten. Seit 1990 gibt es wieder einen Ocker verarbeitenden Betrieb in Roussilllon, dessen Ziel aber mehr der kulturelle denn der kommerzielle Aspekt der Ockergewinnung ist.

Warten auf das Kriegsende

Einer allerdings hatte für die Schönheit des Ortes, der heute zu den schönsten Dörfern Frankreichs zählt, eher wenig Sinn: *Samuel Beckett*, der sich hier mit seiner Frau im Winter 1942 bis September 1944 vor den Nazis versteckt hatte und zum Abschied zu seiner Wirtsfrau, der Witwe des berühmten Chefkochs *Escoffier*, gesagt haben soll: „Ich werde nie vergessen, was Sie für uns getan haben", um dann hinzuzufügen: „Ich werde nie wiederkommen".

Hinweis

Roussilllon als einer der bekanntesten touristischen Orten der Provence ist zeitweise sehr stark überlaufen. Die gebührenpflichtigen Parkplätze sind begrenzt und an Sommerwochenenden ist es sehr schwer, einen zu ergattern – die größten Chancen hat man noch unterhalb des Friedhofs.

Vom Ortszentrum zu sehen und zu fotografieren ist die **Chaussée des Géants** (Straße der Riesen), durch das provenzalische Colorado führt ein etwa 30-minütiger Rundweg. Einen schönen Blick auf das ebenfalls sehr eindrucksvolle Tal **Val des Fées** mit bizarren Felsformationen und pittoresk in den Himmel ragenden Ockertürmen bekommt man von der Rue des Bourgades südlich des Ortszentrums.

In der Ortskirche (12. Jahrhundert, bekam aber im 17. Jahrhunderte eine neue Fassade) überrascht ein Detail: anders als sonst üblich, ist hier Christus nicht mit übereinander gelegten Füßen ans Kreuz genagelt, sondern jeweils beide einzeln. Von der ehemaligen Burg von Roussillon ist nichts mehr übrig geblieben. Der Weg hinauf zur Anhöhe lohnt aber wegen der Aussicht zum Plateau de Vaucluse, zum Mont Ventoux, zur Vallée de Coulon und zur Montagne de Lubéron (der Beschilderung „Belvédère du Château folgen).

Hinweise

Am späten Nachmittag oder frühen Abend sind die Ockerbrüche am schönsten. Dann sind die Parkplätze gebührenfrei, der Rummel lässt erheblich nach, die Ockerfelsen entwickeln im weichen Sonnenlicht eine leuchtende Farbskala und der Blick

Herzhaftes Mahl

Man schrieb das Jahr 1190: Sermonde, die Gemahlin des Grafen Raymond d'Avignon, fühlte sich leicht vernachlässigt, denn ihr Gatte liebte die Jagd und den Krieg mehr als sie. Und so schenkte Sermonde ihr Herz einem Troubadour. Doch ein böser Kastellan verpetzte sie bei ihrem Mann und der Rosenkrieg nahm seinen Lauf: Der eifersüchtige Ehemann tötete Guillaume, den Troubadour, und setzte der schönen Sermonde dessen Herz vor. Die aß es auf. Als ihr Ehemann ihr triumphierend verraten hatte, was sie da gerade gegessen hatte, sprang sie wortlos auf und stürzte sich in die Tiefe. Ihr Blut und das Blut ihres Liebhabers vereinten sich darauf und färbten die stummen Felsen ringsum blutrot ... so rot, wie sie heute noch in der Abendsonne leuchten.

von dem **Aussichtspunkt** *(mit Panoramatafel) oberhalb der Kirche ist bei Sonnenuntergang atemberaubend.*

Conservatoire d'Ocre – Usine Mathieu

Usine Mathieu, an der D104 Richtung Apt, Tel./Fax 04/9005666, geöffnet tgl. 9 Uhr (Mo. ab 14 Uhr) bis 19 Uhr (im Winter bis 18 Uhr). Führungen jede halbe Stunde im Juli bis Sept. und Okt. und Nov. am Wochenende 11, 14, 15, 16 und 17 Uhr.
Im Januar zwei Wochen geschlossen.

Farbe für die Fassade

In dieser ehemaligen Ockerfabrik finden regelmäßig Führungen zum Thema Ocker statt (gelegentlich auch auf Deutsch). Im angeschlossenen kleinen Laden kann man Farbpigmente kaufen, Ocker eignet sich nicht nur– wie schon erwähnt – als Fassadenanstrich (für Haus und Herrin ...), mit Ocker kann man unter anderem auch Teig und Schokolade färben.

Wanderungen nordöstlich von Roussillon
Wanderung durch die Falaise de la Madelaine bei Lioux

Dauer: ca. 2 bis 2,5 Stunden, Schwierigkeit: relativ leicht zu begehen;
Hinweis: fantastischer Ausblick auf die Landschaft zwischen Gordes, Roussillon und St.Saturnin. **Achtung:** *bei starkem Wind ausreichend Abstand von der Felskante halten!*
Ausgangsort: *nordöstlich von Roussillon an der Straße nach Lioux direkt unterhalb der Wand, beim Friedhof parken.*
Am Friedhofseingang geht man den geteerten Fahrweg hinauf zum südlichen Ende der Wand, und biegt unter der Telefonleitung links in einen kleinen Pfad ein. Von da an der ***grünen Markierung****, den Punkten und den Pfeilen (diesen jedoch entgegengesetzt ihrer Pfeilrichtung) bis zur südliche Spitze der Wand folgen. Immer weiter der grünen Markierung folgen bis zu einer Weggabelung. Hier links auf dem breiteren Weg bergab gehen in Richtung auf ein einzelnes Gehöft. Zwischen dem kleinen* Borie *und dem Hof links auf den Feldweg einbiegen, ab jetzt der* ***blauen Markierung*** *folgen. Bei einem größeren Haus mit Swimming-Pool in Richtung Hauseinfahrt gehen, dort rechts am kleinen Schuppen vorbei der blauen Markierung bis zur Steilwand folgen, an dieser entlang bergab zur Straße und zurück zum Friedhof gehen.*

Weitere Wandermöglichkeiten in dieser Region
Durch die Schluchten La Grande Combe und La Combe de Vaumale und die Ruine „Le Castellas". (Im Ortsteil La Combe beim Kriegerdenkmal an der Kreuzung parken.)

- *Durch die Große Schlucht (La Grande Combe de Lioux), eine etwa 4-stündige Wanderung, die sich in beide Richtungen ohne große Schwierigkeiten durchführen lässt.*
- *Durch die* **Schlucht Vaumale und die Grande Combe***: für diese etwa 6-stündige Wanderung (einige Passagen mit Leitern und Seilsicherungen) braucht man unbedingt Trittfestigkeit und Schwindelfreiheit.*

7. VON CAVAILLON RUND UM DEN LUBÉRON

Cavaillon (ⓘ s. S. 131)

Einwohner: ca. 24.500, Höhenlage: 75 m

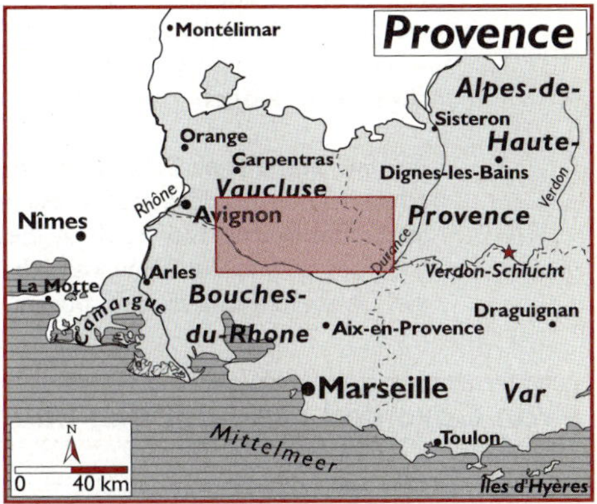

© graphic

Ehre wem Ehre gebührt: Cavaillon, das liebenswerte, geschäftige Städtchen am rechten Ufer des Flusses Durance am Fuße des Saint-Jacques Hügels, Anbau- und Handelszentrum für Früchte und Gemüse, ist heute in ganz Frankreich bekannt als „Hauptstadt der Melone". Im Jahr 42 vor Christus gründeten die Römer „Cabellio", nachdem Kelten und Griechen bereits die günstige Lage am Fluss als Transportader nutzten. Mit seinen Straßencafés und netten kleinen Restaurants lohnt Cavaillon durchaus einen Aufenthalt von ein oder zwei Tagen. Wer allerdings die für die provenzalischen Städte typischen Platanenalleen sucht, der tut dies vergebens – die Bäume fielen einer Straßenerweiterung der 1980er Jahre zum Opfer. Cavaillon gehörte von 1229 bis 1701 mit der Grafschaft Venaissin zum Heiligen Stuhl.

nettes Städtchen

Runde Rente
Alexandre Dumas ließ sich von der Stadt Cavaillon alljährlich 12 Melonen auszahlen und stiftete ihr im Gegenzug seine Bücher.

Woher die Melone ursprünglich kommt, ist ungewiss: Ob nun aus Afrika, aus Indien oder aus China. Sicher ist nur, dass sie recht spät in der Melonen-Stadt Cavaillon ankam. Während sie rund um das restliche Mittelmeer bereits im 5. Jahrhundert verbreitet war, kam sie erst durch Charles VII. nach Frankreich, nach einer anderen Version durch Seeleute, die sie als Durstlöscher im Gepäck hatten. Zu dieser Zeit war die Melone aber so wenig süß, dass sie wie Gemüse mit Pfeffer und Essig gegessen wurde. Erst durch Züchtung wurde ihr Geschmack dann wesentlich verändert – die Melone erhielt ihren süßen Geschmack und wurde von den Gärtnern der Renaissance unweit der Päpstlichen Paläste von Avignon angebaut.

Melonenkult

Wichtigstes Auswahlkriterium für eine Melone ist ihr Gewicht: sie muss schwer sein, denn das beweist, dass sie mit Fruchtsaft und Zucker prall gefüllt ist. Auch der Stiel ist zu überprüfen, da er sich bei ausreichendem Reifezustand leicht lösen lässt.

In Cavaillon wird um diese Frucht ein regelrechter Kult gemacht. Ihr zu Ehren wurde die *Confrérie des Chevaliers de l'Ordre du Melon de Cavaillon* gegründet, eine Bruderschaft der Ordensritter zur Bewahrung der Ehre und des guten Rufes der Cavaillon-Melone! Darauf wird sogar der Melonen-Eid geschworen.

Sehenswertes

Rund um die Place François-Tourel findet sich alles, was für Touristen wichtig ist: Zuerst einmal ein Parkplatz, dann das Office de Tourisme, wunderschöne Cafés, der römische Bogen sowie die durch Peter Mayles Provencebuch berühmt gewordene Bäckerei Auzet.

Römischer Bogen

Am Fuß des Colline St.Jacques ragen die Reste eines kleinen vierseitigen römischen Bogens aus dem frühen 1. Jahrhundert auf. Das Bauwerk stand einst in der Stadtmitte, wurde aber 1880 an diese Stelle versetzt. Dass zur Zeit der Entstehung des Bogens die Römerherrschaft in der Provence in der Blüte stand, zeigen die Darstellungen auf dem Bogen: Statt unterworfener Gallier sind Lorbeer-,

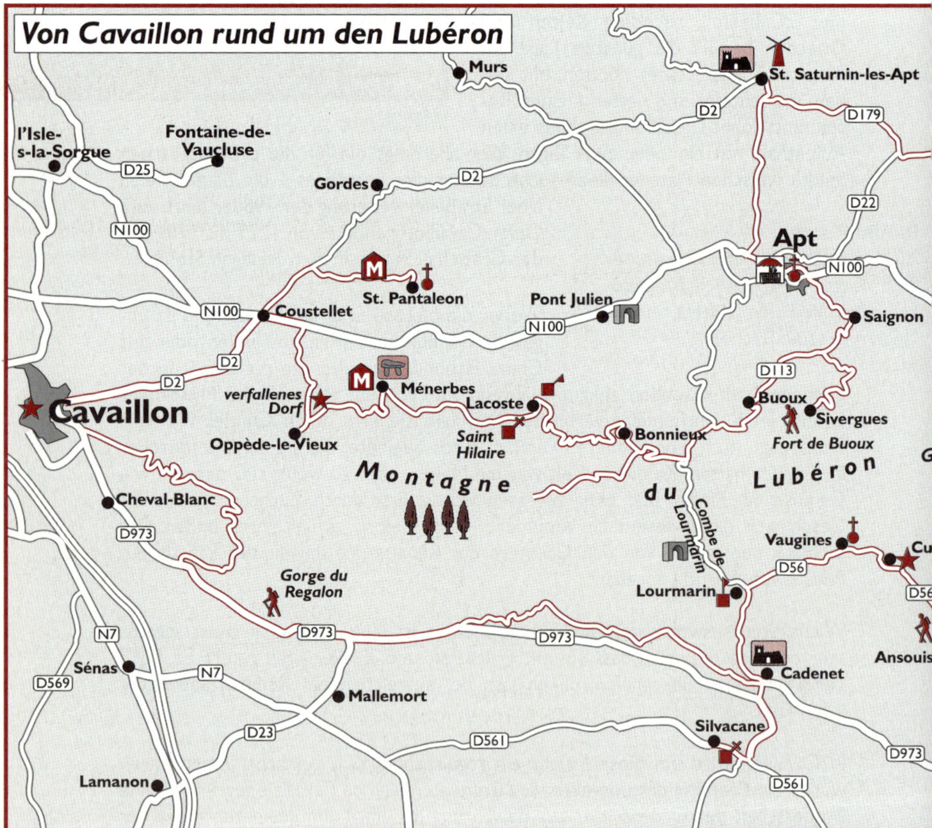

Früchte- und Blumenreliefs zu sehen – man musste den Besiegten nicht mehr zeigen, wer der Herr im Lande war.

Der Römische Bogen von Cavaillon

Colline St.Jacques

Hinter dem Bogen erhebt sich der schon in der Steinzeit besiedelte St.Jacques-Hügel, auf den ein steiler, etwa 20-minütiger Fußweg hinaufführt. (Der Hügel ist auch mit dem Auto über die D938 Richtung Avignon und von dort über ein schmales Sträßchen erreichbar.) Weit ist von dort oben die Aussicht bis zum Mont Ventoux, den Alpilles und dem

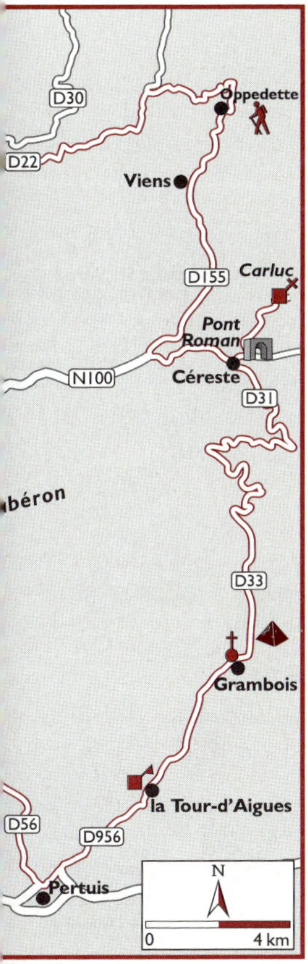

Redaktions-Tipps

- **Anschauen**: In **Ménerbes** (S. 324) kommt in einem stilvollen Museum der Korkenzieher in all seinen Variationen zu Ehren! Die **Ruine von Lacoste** (S. 326) ist so düster wie die Neigungen ihres ehemaligen Besitzers, des Marquis de Sade. Von heiterer Spiritualität hingegen ist die nahe **Karmeliterabtei Saint Hilaire** (S. 329). Geheimnisvolle Höhlen findet man auch in **Cadenet** (S. 342). Romantischer kann ein Friedhof nicht sein: der **Privat(!)friedhof von Grambois** (S. 337). Zur Weihnachtszeit trifft man in Grambois das halbe Dorf in der Kirche an, und zwar als **Krippenfiguren**.
- **Wandern**: Vom einsam-weltentrückten **Sivergues** mit seiner Handvoll Häusern beginnen verschiedene Wanderwege, unter anderem einer auf den Mourre Nègre (S. 322). Gelegentlich ist die Kurzwanderung durch die **Schlucht des Regalon** (S. 343) auch eine kleine Kletterei.
- **Übernachten**: Hochpreisig und in Hochglanzmagazinen abgebildet: **La bastide de marie** in Ménerbes; **Chambres de séjour avec vue**, im Herzen von Saignon bieten Unterkünfte, die zu den originellsten der Provence gehören und dabei bezahlbar sind. **Villa-St.Louis,** ein Bed and Breakfast in Lourmarin, ist so pittoresk und so begehrt, das man schon Monate vorher buchen sollte.
- **Genießen**: In Cavaillon ist Melone nicht gleich **Melone** und in der **Bäckerei Auzet** Brot nicht gleich Brot. Seinen Café trinkt man dann nach dem Bäckereibesuch im **Le Fin de Siècle**. Den **kandierten Früchten** von Apt konnte schon Papst Clemens VI. nicht widerstehen.

Spazierweg mit Aussicht

Lubéron. Nahe der Aussichtstafel steht inmitten von Pinien, Zypressen und Mandelbäumen die romanische Kapelle St.Jacques, die im 16. und 17. Jahrhundert umfangreich restauriert wurde.

Rund um den Hügel führt ein Spazierweg. Zur Einkehr lädt anschließend das nette Restaurant La Colline ein.

Cathédrale Notre-Dame-et-St.Véran

geöffnet April bis Sept. 8.30–12 und 14–18 Uhr. Okt. bis März 10–12 und 13.30–17 Uhr. So. und Mo. geschl.

Etwa 300 m von der Place François-Tourel kommt man zur Cathédrale Notre-Dame-et-St.Véran, dicht umgeben von den umliegenden Häusern. Ein innen geradezu unheimlich düsteres Bauwerk aus dem 12. Jahrhundert, das vom 14. bis 18. Jahrhundert umgestaltet wurde, leider nicht immer zum besten.

Kunsthistorisch nicht sonderlich bedeutend, aber trotzdem einen Blick wert: Rechts vom Eingang grinst ein Skelett vom Grabmal des *J.-B. de Sade*. Schön ist allerdings der kleine romanische Kreuzgang, der der Kathedrale angeschlossen ist.

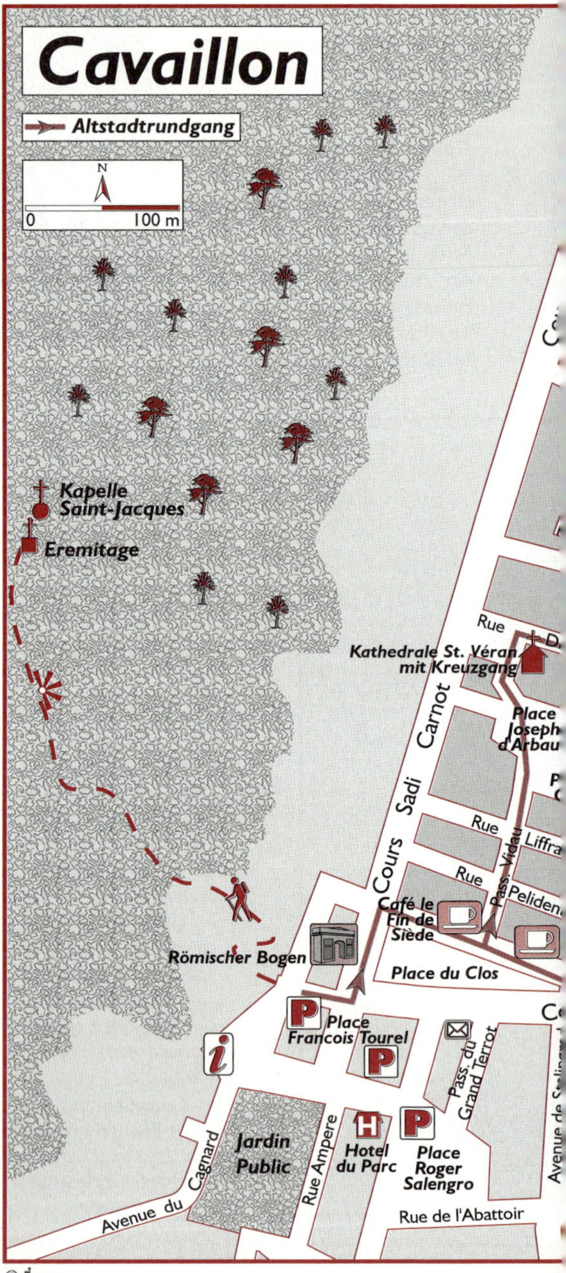

© graphic

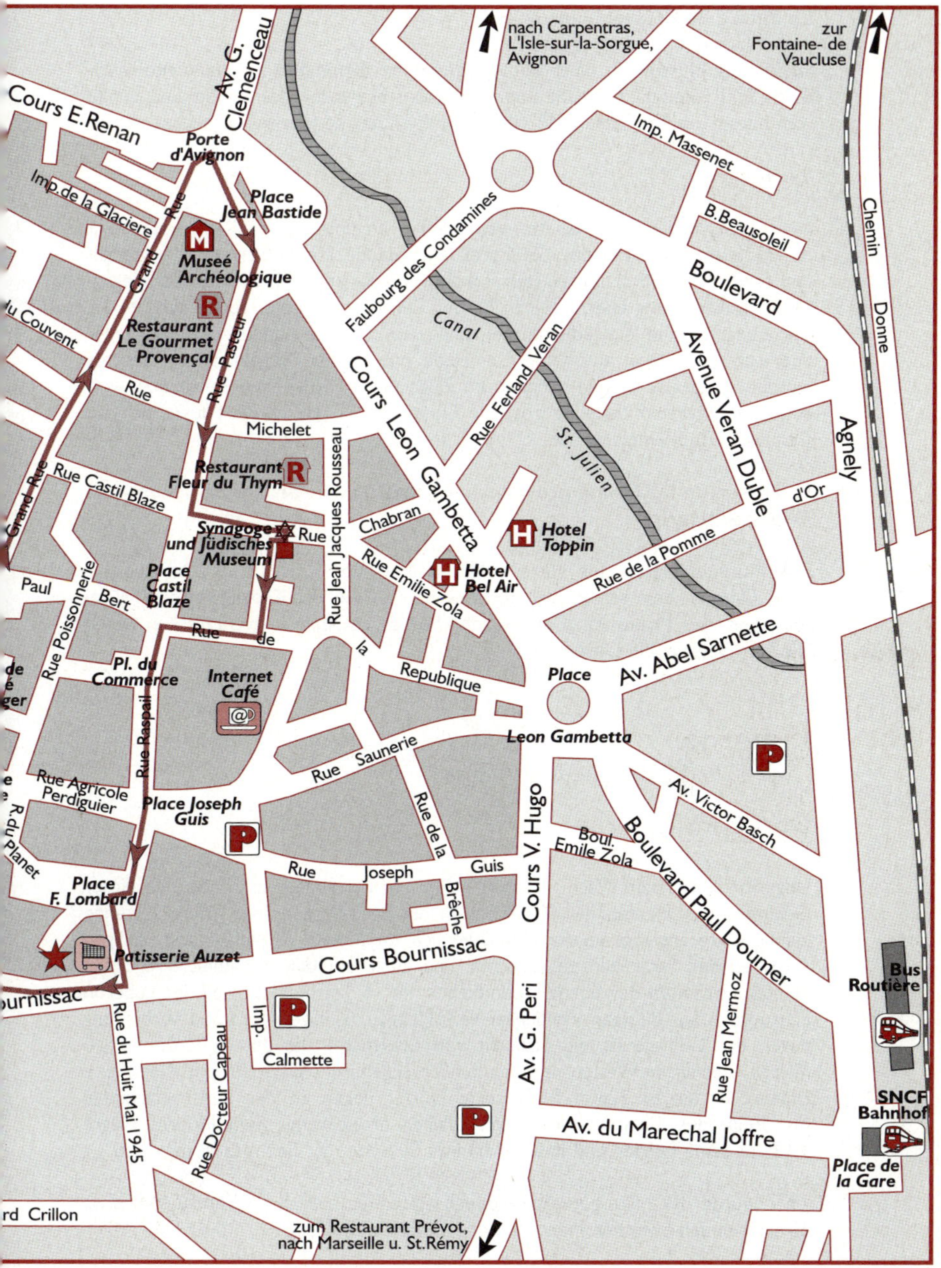
nach Carpentras, L'Isle-sur-la-Sorgue, Avignon
zur Fontaine- de Vaucluse
Cours E.Renan
Av. G. Clemenceau
Porte d'Avignon
Imp. de la Glaciere
Place Jean Bastide
Grand Rue
Museé Archéologique
du Couvent
Restaurant Le Gourmet Provençal
Rue Pasteur
Rue Michelet
Restaurant Fleur du Thym
Rue Castil Blaze
Synagoge und Jüdisches Museum
Rue Chabran
Place Castil Blaze
Rue Paul Bert
Rue Poissonnerie
Pl. du Commerce
Rue de la Republique
Internet Café
Rue Raspail
Rue Saunerie
Rue Agricole Perdiguier
R. du Planet
Place Joseph Guis
Rue Joseph Guis
Place F. Lombard
Patisserie Auzet
Cours Bournissac
Rue du Huit Mai 1945
Rue Docteur Capeau
Imp. Calmette
rd Crillon
zum Restaurant Prévot, nach Marseille u. St.Rémy
Faubourg des Condamines
Canal St. Julien
Cours Leon Gambetta
Rue Jean Jacques Rousseau
Rue Emilie Zola
Hotel Bel Air
Hotel Toppin
Rue Ferland Veran
Imp. Massenet
B.Beausoleil
Boulevard Agnely
Avenue Veran Duble
Rue de la Pomme
d'Or
Chemin Donne
Place Leon Gambetta
Av. Abel Sarnette
Rue de la Brêche
Cours V. Hugo
Av. G. Peri
Boul. Emile Zola
Av. Victor Basch
Boulevard Paul Doumer
Rue Jean Mermoz
Av. du Marechal Joffre
Bus Routière
SNCF Bahnhof
Place de la Gare

Le Musée de l'Hôtel Dieu

Städtisches Museum in einer Barockkapelle mit Exponaten aus der kelto-ligurischen und römischen Epoche, unter anderem ein weibliches Skelett und Funde vom bereits im Neolithikum (2. Jahrtausend v. Chr.) besiedelten St.Jacques-Hügel.

Synagoge

reinstes Rokoko

Im ehemaligen jüdischen Ghetto, etwa 150 m nordöstlich der Kathedrale, steht die 1772 erbaute Synagoge. Sie ist in leuchtenden Mittelmeerfarben ausgemalt und erinnert mit ihrer im reinsten Rokokostil stuckierten Decke und der eleganten Holzausstattung eher an einen Pariser Salon denn an ein Gotteshaus. Im 17. Jahrhundert zählte die jüdische Gemeinde von Cavaillon an die 200 Mitglieder und war eine kleine autonome Gemeinde mit eigenen Regeln. Diese Ghettos wurden seinerzeit *carrière* genannt. Im Zuge der französischen Revolution wurden ihre Mitglieder dann französische Bürger. Im 20. Jahrhundert löste sich die Gemeinde dann endgültig auf.

Le Musée de la Crêche provençale – Museum der provenzalischen Weihnachtskrippe

Provence en miniature

Das Museum bietet eine getreue Nachbildung der Provence in Miniatur mit Borie-Dörfern, dem Schloss von Fontaine de Vaucluse, der Kapelle auf dem Hügel St.Jacques, der Mühle von Daudet oder Szenen aus dem provenzalischen Leben wie zum Beispiel die Olivenernte.

Lubéron

Länge: 60 km, Verlauf: in Ost-West-Richtung

Dörfer im Lubéron

Waldenser-Verfolgungen

Ungefähr auf halbem Wege zwischen Alpen und Mittelmeer erstreckt sich dieser Gebirgszug im Herzen der Provence. An die Berghänge drängen sich Dutzende kleiner Orte, angelegt auf der Höhe, um sich vor den im 10. Jahrhundert häufigen Angriffen der Sarazenen zu schützen, und auch, um den krankheitserregenden Sumpflandschaften der Ebene zu entfliehen. Im 16. Jahrhundert war der Lubéron Schauplatz der blutigen Waldenser-Verfolgungen. Einzige Nord-Süd-Verbindung durch das Gebirge ist die Schlucht von Lourmarin, die den Lubéron in den *Kleinen Lubéron* im Westen und den *Großen Lubéron* im Osten trennt. Der *Kleine Lubéron* ist bis zu 726 m hoch, seine Dörfer liegen an der sanft abfallenden Nordseite des Gebirges, der *Große Lubéron* erreicht mit dem Mourre Nègre 1.124 m, seine Dörfer sind in die markante Südseite des Gebirges eingebettet.

1977 wurde der Naturpark *Parc naturel régional du Lubéron* gegründet, der etwa 60 Gemeinden zwischen Manosque und Cavaillon umfasst.

Heute ist der Lubéron, besonders in den kälteren Monaten noch eine herbe, einsame Landschaft geblieben. Anderseits ist er aber auch schicker Zweitwohnsitz von Franzosen und Ausländern, auch haben sich hier viele Künstler niedergelassen.

„Der Lubéron ... Hier enthüllt sich besser als anderswo das finstere, tragische Gesicht eines Landes, dem man seine Sonnigkeit nachrühmt. Beinahe könnte man meinen, ein Stück Bretagne sei nach Süden abgetrieben worden, mitsamt seiner Schwermut, seiner düsteren Verzauberung und seinen Nebelschwaden. Auf der Hochebene von Claparèdes vibriert der Boden, und die Sonne geht mit seltsamen Raunen unter. Hier ist das Land der Demiurgen, der Hexenmeister, der Zauberer, das Land jener, die sich mit dem äußeren Schein nicht zufrieden geben."
Pierre-Jean Vuillemin

Coustellet

Neben dem Lavendelmuseum bietet das ansonsten nicht sonderlich erwähnenswerte Örtchen von April bis November einen sehr pittoresken sonntäglichen Flohmarkt, für den manche eine längere Anreise in Kauf nehmen.

Musée de la Lavande – Lavendelmuseum
Route de Gordes, Hameau de Coustellet, Tel. 04/90769123, Fax 04/90768552, www.museedelalavande.com. Geöffnet tgl. 9.30–13.30 Uhr und 14–18 Uhr (Feb./März/Okt.–Dez.), 9–13 Uhr und 14–18.30 Uhr (April/Mai/Sept.), 9–19 Uhr (Juni/Juli/Aug.). Jan. geschl.

Zwischen Gordes und Coustellet steht inmitten von Lavendelfeldern dieses Museum auf 1.100 m Höhe. Neben Informationen zu Destillation und Verarbeitung des Lavendels kann man sich im Museumsladen auch mit allerhand Lavendelprodukten eindecken.

St. Pantaléon

Ein seltsam tristes Minidorf mit einem sehenswerten romanischen Kirchlein (Schlüssel gegenüber in der Auberge). Die dreischiffige Anlage, deren Mittelteil aus dem 5. Jahrhundert stammt, ist von einer Felsennekropole umgeben. Da die Grabkammern überwiegend der Größe Neugeborener entsprechen, nimmt man an, dass es sich um eine der Begräbnisstätten handelt, wie man sie öfter in der Provence antrifft: Für Säuglinge, die schon vor der Taufe gestorben waren, hielt man hier eine Messe ab. Während dieses Gottesdienstes erlebten die Kinder symbolisch die Auferstehung. So konnten sie noch getauft werden, bevor sie begraben wurden.

Kindergräber

Zuständig für dieses Wunder war der heilige *Pantaléon*, ein Arzt und Märtyrer des 3. Jahrhunderts n. Chr., dem man die Fähigkeit zuschrieb, Kinder wieder zum Leben erwecken zu können. Es ist zu vermuten, dass die hier begrabenen Kinder an der Pest verstorben sind, denn die Kapelle wurde im Jahr 1722, zwei Jahre nach der großen Pest, diesem Heiligen geweiht. Eine sehr anrührende Stätte.

Schräg gegenüber der Kirche steht die Auberge de Saint Pantaléon, eine recht lässig-charmante Unterkunft mit empfehlenswerter Küche.

Oppède-le-Vieux

Einwohner: 1.200

blutige Vergangenheit

Vielleicht einer der verwunschensten Orte des Lubéron, malerisch und mit einer blutigen Vergangenheit. Anfang des 20. Jahrhunderts hatten die Bewohner das alte Oppède verlassen, um weiter unten eine neue Siedlung zu gründen. Der Ort verfiel nach und nach. Erst in den 1970er Jahren ließen sich in den verlassenen und verfallenen Häusern junge Leute nieder. Anders als andere Dörfer des Lubéron ist aus dieser Gemeinschaft von Aussteigern, Künstlern und Kunsthandwerkern noch keine Schickimicki-Ansiedlung geworden, Oppède ist noch immer ein alternativ angehauchtes Künstlerdorf. Beim Schlendern durch die Gassen trifft man auf Häuser mit schönen Renaissancefassaden, steigt auf überwucherten Stiegen nach oben zum verfallenen Oberdorf, einem Labyrinth aus Steinen und Vegetation, verschlungen, verschwiegen und verlassen.

verschlungen und verwunschen

Von Oppéde-le-Vieux aus gab der Burgherr *Jean Maynier*, Präsident des Parlaments von Aix-en-Provence und Handlanger der Inquisition, im Jahr 1545 den Befehl, 2.000 Mitglieder der Waldensersekte massakrieren zu lassen und 800 Männer auf die Galeeren zu verkaufen. Nach offizieller Lesart, um an den nichtkatholischen Ketzern ein Exempel zu statuieren. In Wirklichkeit aber waren persönliche Rachegelüste das Motiv. Die im Lubéron angesiedelten Waldenser waren fleißige und effizient wirtschaftende Bauern, deren Abgabendie Grafen der von Kriegen und Pestepidemien verwaisten Ländereien sehr gut gebrauchen konnten. Die Abgaben flossen, und die Grundbesitzer störten sich nicht am Minderheitenglauben ihrer Bauern. Besonders reichlich flossen die Abgaben in den 20 Dörfern der Baronin von Tour d´Aigues, was die Gier des Grafen *Jean Maynier* weckte, der der Besitzerin der Dörfer einen Heiratsantrag machte. Die aber lehnte ab und so nahm das blutigste Gemetzel in der Geschichte des Lubéron seinen Lauf. Der abgewiesene *Jean Maynier* erwirkte bei Parlament und König einen Erlass für eine inquisitorische Strafexpedition und machte in sechs Tagen elf Dörfern des Lubéron, unter anderem Lourmarin, Ménèrbes und Mérindol dem Erdboden gleich. Jahre später wurde der als notorische bekannte Wüterich vor Gericht gestellt, bekam aber von seinen Parlamentskollegen die Absolution. Die irdische Strafe erhielt er dennoch: 1558 schickte ihn ein protestantischer Arzt mit Hilfe einer Prise Gift ins Jenseits.

irdische Strafe

Hinweis

Beim Herumklettern zwischen den Mauern ist Vorsicht angebracht, da der Felsen an mehreren Stellen senkrecht abfällt.

Oppède-le-Vieux ist am frühen Vormittag am schönsten, da man dann diesen mystisch-romantischen Ort noch nicht mit so vielen anderen Besuchern teilen muss.

Ménerbes (ⓘ s. S. 131)

Einwohner: ca. 1.000; Höhenlage: 244 m

Weil ein Engländer des Wirkens im Werbewesen müde war, verkauft heute in Ménerbes ein Immobilienbüro edelste Immobilien zu saftigen Preisen. Es steht eben alles irgendwie in Zusammenhang, und im Falle Ménerbes hat das mit *Peter Mayle* zu tun, dem in diesem Reiseführer oft erwähnten Autor des Buches „Mein Jahr in der Provence". *Mayle* lebte hier, schrieb alles auf, was er so mit den knorrigen Dorfbewohnern erlebte. Eine der Szenen des Buches spielt im örtlichen Café du Progrès. Und so wurde dieses eigentlich wenig spektakuläre Dorf zum Sehnsuchtsziel von Mayle-süchtigen Lesern auf den Spuren des Literaten. Manch einer mag sich gleich hier niederlassen, und so gibt es hier eben dieses Immobilienbüro.

Auf den Spuren von Peter Mayle

Das reizvoll-verwinkelte Dorf liegt auf einem Felsvorsprung in der Montagne du Lubéron. Eine malerische Schlossruine steht oberhalb des Ortes, in dem sich zahlreiche herrschaftliche Adels- und Bürgerhäuser aus früheren Jahrhunderten befinden. Die Kirche aus dem 14. Jahrhundert sieht man auf der äußersten Spitze des Bergvorsprungs. Tief unter dem Ort liegt im Schatten von Pinien das Schloss Le Castelet aus dem 16. Jahrhundert.

Das Leben ist schön – in Ménerbes

Viele prominente Künstler hatten und haben ihr Domizil in der Gegend um Ménerbes. Einer der berühmtesten war *Picasso*: „Wir machen jetzt Ferien und gehen zuerst nach Ménerbes in Dora Maars Haus." *Francoise Gilot* erinnert sich in ihrem Buch „Leben mit Picasso": „Es war ein großes Haus, und weil es an einen schräg abfallenden Felshang gebaut war, lagen an der Straßenseite vier Stockwerke, an der Rückseite jedoch nur ein einziges. [...] Das Haus hatte früher einem der Generäle Napoleons gehört, der sich hier nach der endgültigen Niederlage des Kaisers angesiedelt hatte. [...] Die eine Hälfte des Dorfes lag an der sonnigen Südseite eines großen Felsgiebels, doch Dora Maars Haus lag nach Norden an der „Kalten Küste", wie die Einheimischen es nannten. Weil das Haus nur als Sommerwohnung gedacht war, besaß es einen gewissen Vorteil: Die Räume waren nie zu heiß.".

Musée du Tire-Bouchon – Korkenziehermuseum in der Domaine de la Citadelle

Hier wird der Korkenzieher in all seinen verschiedenen Ausführungen in einem fast sakral anmutenden Raum aufs Allerschönste präsentiert. Zu sehen sind unter anderem einer der ersten Korkenzieher überhaupt, geschmiedet im 17. Jahrhundert. Des Weiteren ein britischer, als Spazierstock getarnter Korkenzieher, ein ebenfalls britischer Korkenzieher mit eingebautem Behältnis für eine Muskatnuss zum Nachwürzen (!), Korkenzieher im Gürtel aus Frankreich, an der Pistole aus Österreich oder der persönliche Korkenzieher von Jacques Chirac. – Oder Kunst aus Korkenziehern: einen großen Block aus Korkenziehern, zusammengepresst vom Künstler *César*. Und was das Museum so anrührend macht: Auch der simple

Korkenzieher über Korkenzieher

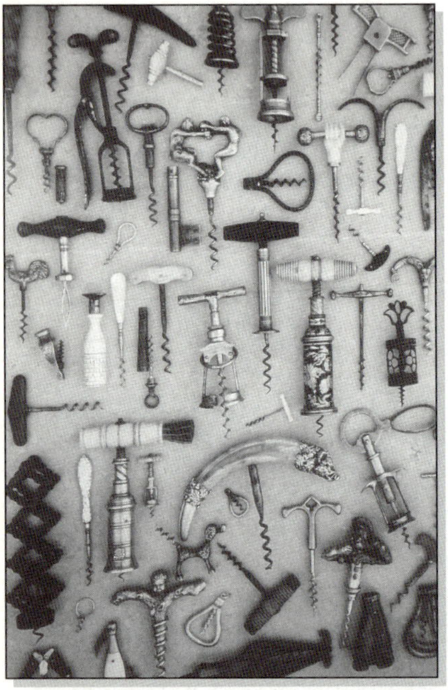

Vielleicht saß der Gründer des Korkenziehermuseums ja einmal mit Freunden vor einer Flasche Wein, und weit und breit war kein Korkenzieher zu finden, und das war der Beginn einer großen Sammelleidenschaft. Heute sind über 1.000 verschiedene Korkenzieher im Musée Tire-Bouchon zu sehen.

Korkenzieher mit dem roten Holzgriff oder der als Schlüssel getarnte Korkenzieher aus den 1960er Jahren bekommt hier die Ehre, erfüllt doch auch er seinen Zweck. Gründer dieser Sammlung ist Yves Rousset-Rouard, Bürgermeister von Ménerbes und ehemaliger Filmproduzent (unter anderem des 1974 gedrehten Softpornos „Emmanuelle").

Das Museum gehört zur **Domaine de la Citadelle**, nach dem Besuch von Museum und dem (sehr edlem) Museumsshop empfiehlt sich also zur Abrundung der Besichtigung eine Weinprobe.

Linker Hand der D103, 2 km östlich von der Kreuzung der D109 mit der D103, stehen zwei **Dolmen** (ausgeschildert), sie sind nicht besonders groß, aber die einzigen der Umgebung.

Lacoste (ⓘ s. S. 131)

Einwohner: etwa 400, Höhenlage: 320 m

Eine kleine persönliche Geschichte der Autorin: Im Licht des späten Abends zeichnete sich die Silhouette der Burg von Lacoste düster gegen den grauen Himmel ab. Etwas Bedrohliches ging von diesem verfallenen Gemäuer aus, hinter dessen Mauern der *Marquis de Sade* seine Folterorgien gefeiert hatte. Plötzlich stand ein hüfthoher, tiefschwarzer Höllenhund neben mir, ich hatte sein Kommen nicht bemerkt. Er stand einfach da, unbeweglich und ruhig, von Furcht einflößendem Äußeren, so als ob er die Inkarnation des göttlich-schaurigen Marquis wäre. Und doch im umgekehrten Sinne, denn das hübsche Äußere de Sades ließ dessen düstere Neigungen nicht erahnen, und der Hund war dann von so liebenswertem Wesen wie sein Äußeres bedrohlich war – er wollte mir einfach nur die Ruine zeigen.

Mit Verfassung und Hammer

Manche Orte scheinen ihre Vergangenheit spürbar zu bewahren. Lacoste ist so ein Ort. Hier lebte der oben erwähnte Marquis de Sade, hier ging er seinen sadistischen Neigungen nach und hier versorgte er sich aus dem Dorf mit Frauen – unter den Einwohnern von Lacoste soll es heute noch Nachfahren von den Gespielinnen des Marquis geben. Die Burg wurde während der französischen Revolution größtenteils zerstört, der aufklärerisch bewegte Marquis soll, „in der einen Hand die Verfassung, in der anderen den Hammer", selbst mit Hand angelegt haben, um „aus dieser Zerstörung ein Bürgerfest zu machen". Die Einwohner von Lacoste ließen die Burg dann gänzlich verkommen – wer mag es ihnen

INFO „Nur eine Frau zu besitzen ist genauso unrecht wie Sklaven zu halten" – Marquis de Sade

Wohl nur wenige haben die Abgründe menschlichen Daseins im Leben und in der Literatur so sehr ausgelotet wie er. Und vielleicht hat auch keiner ein so grausiges Buch in einer so wenig schönen Sprache geschrieben. Und doch brachte er es zu literarischen Weihen, in neuerer Zeit sogar zu einem umfangreichen Eintrag im Buch der 1000 Bücher: *Donatien-Alphonse-François Marquis de Sade* (1740–1814), der Verfasser der *120 Tage von Sodom.*

Der Mensch

„Ja, ich gestehe, ich bin ein Wüstling; alles, was man sich auf diesem Gebiet vorstellen kann, habe ich mir vorgestellt. Aber ich habe durchaus nicht alles getan, was ich mir vorgestellt habe. [...] Ich bin ein Wüstling, aber ich bin weder ein Verbrecher noch ein Mörder", gestand de Sade. Nach einer „bestialischen Folterorgie von größter Anstößigkeit mit einem unfreiwillig zu Diensten stehenden Mädchen niederen Standes in Marseille" (laut Polizeiprotokoll) wurde er unter anderem wegen „Sodomie" (zu bestimmten Zeiten und in bestimmten Kulturen der Überbegriff für sexuelles „Anderssein") zum Tode verurteilt. Das Urteil wurde dann später in lebenslange Haft umgewandelt und so verschwand er als 38-Jähriger für 29 Jahre hinter Gittern.

Nur ein einziges authentisches Portrait (gemalt von van Loo) gibt es vom damals 23-jährigen Marquis de Sade, der in seiner Jugend ein verführerisch schöner Mann von schlanker Gestalt mit dunklen Locken und Glutaugen war. Er konnte charmant plaudern, war klug und witzig und ein hervorragender Tänzer. In seinem Inneren sah es anders aus: Es war ihm eine Lust, Frauen zu quälen. Probleme mit seinen Neigungen hatte der Marquis nicht, denn: „Nicht meine Art zu denken hat mir Unglück gebracht, sondern die der anderen."

Im sechsten Jahr seiner Gefangenschaft sollte er als 43-jähriger über sich schreiben. „Glauben Sie mir, wenn sie mich auch zehn Jahre hier ließen, ich würde doch nicht gebessert herauskommen. Bringt mich entweder um, oder nehmt mich, wie ich bin, denn der Teufel soll mich holen, wenn ich mich jemals ändere. Ich bin der rechtschaffenste, aufrichtigste und feinfühligste Mensch, der weichherzigste und wohltätigste. Das also sind meine guten Eigenschaften – und meine schlechten: unbeherrscht, zornig, leicht aufbrausend, sittlich von einer Schrankenlosigkeit der Phantasie, die im Leben ihresgleichen noch nicht hatte, und Atheist bis zum Fanatismus ... Und noch einmal: bringt mich um oder nehmt mich so, wie ich bin, denn ändern werde ich mich nicht."

Die letzten drei Jahres seines Lebens vegetierte er dann in geistiger Umnachtung in einer Heilanstalt vor sich hin. In seinem Testament hatte er verfügt: „Sobald das Grab zugeschüttet ist, sollen Eicheln gesät werden, auf dass später neue Bäume daraus keimen. Die Spuren meines Grabes sollen von der Erdoberfläche verschwinden, auf dass die Erinnerung an mich aus dem Menschengeist ausgelöscht werden wird."

Das Buch

De Sades zweifellos bekanntestes Buch sind die „120 Tage von Sodom". Die Handlung des Werkes im Überblick: Vier Wüstlinge (ein Herzog, ein Kirchenfürst, ein

Richter und ein Financier) quartieren sich in einem Schloss ein. In ihrer unfreiwilligen Begleitung sind 42 Knaben und Mädchen. An diesen werden in vier Stufen Perversionen ausgeübt, fein säuberlich der Reihe nach: 1. die Kinder werden mit eher durchschnittlichen Perversionen gequält, 2. jeder treibt es mit jedem, möglichst durcheinander ist die Devise, 3. wird es kriminell; 4. mit tödlichem Ausgang.

De Sade wurde am 9. Juli 1789 in das Hospiz von Charenton eingewiesen. Sein Manuskript sah er als vernichtet an, als die Bastille zehn Tage später durch die Eiferer der Französischen Revolution gestürmt wurde. Doch das Werk verrottete in seiner Nische vor sich hin, bis es einige Jahre später aufgefunden wurde, in private Hände kam und Anfang des 20. Jahrhunderts in den Besitz eines Buchhändlers in Berlin gelangte. Das bis dato als verschollen gegoltene Manuskript wurde 1904 von dem Berliner Sexualwissenschaftler *Iwan Bloch* in einer unvollständigen und fehlerhaften Fassung erstveröffentlicht.

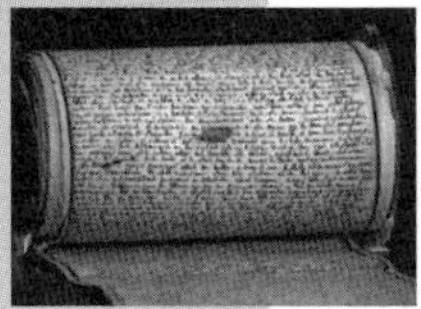

Das 1785 in der Haft entstandene Werk „Die 120 Tage von Sodom" schrieb de Sade in mikroskopisch kleiner Schrift auf eine 12 m lange Papierrolle, die er in einer Nische seiner Zelle versteckt hatte.

Zwar verspricht der Roman zu Beginn, er wolle den Leser erregen, doch tatsächlich geht es mehr um eine literarische Auseinandersetzung mit der Ideenwelt der Aufklärung: In Übereinstimmung mit der Aufklärungsphilosophie will das Buch zeigen, dass Gott und das Gesetz nur Konvention sind, dass die Natur nicht per se gut, sondern nur am Erhalt der Gattung interessiert ist. Weiterhin, dass sich die viel gerühmte Vernunft auch zur Rechtfertigung von Lust und Verbrechen missbrauchen lässt. Der Marquis glaubte, dass der Mensch erst in einer Welt ohne Unterdrückung von perversen sexuellen Phantasien frei wäre.

Das Zwitterhafte des Werkes zwischen sadistischer Erotik und aufklärerischer Philosophie zeigt sich auch an der jüngsten Geschichte des Originalmanuskripts: 1982 wurde es gestohlen, um später von einem Pariser Kunsthändler an einen bekannten Schweizer Sammler erotischer Kunst verkauft zu werden. Doch die ursprünglichen Eigentümer prozessierten dagegen, als erotisches Sammlerstück wollten sie das Manuskript denn doch nicht sehen.

Die Anhänger

Künstler und Schriftsteller setzten sich mit De Sades Werk philosophisch auseinander. Als poetischen Grenzüberschreiter sahen ihn die Surrealisten. Neo-Nietzscheanische Schriftsteller und Philosophen wie Georges Bataille betrachteten ihn dann in den 1930er Jahren als einen Vordenker der Umwertung aller Werte. Albert Camus und Simone de Beauvoir erforschten anhand seiner Werke die Grenzbereiche des modernen Nihilismus, wobei de Beauvoir beeindruckt war von de Sades „Ehrlichkeit, beschrieben zu haben, was jeder Mensch sich sonst nur verschämt eingestehe". Der Strukturalist Roland Barthes erkannte bei ihm eine neue Sprache der Erotik und Peter Weiss thematisierte 1966 in seinem Marat/Sade-Drama den libertären Einspruch der Körperlichkeit gegen dogmatische Revolutionskonzepte. Horkheimer und Adorno schrieben in ihrer 1944 erschienenen *Dialektik der Aufklärung* von einer Apologie der „skrupellosen Vernutzung der Unterdrückten".

Die Gegner
In den 1980er Jahren wollte *Alice Schwarzer* das Buch in feministischen „PorNo"-Kampagnen verbieten lassen. Andere nannten De Sade „Bluthusten der europäischen Kultur", „sexuelles Raubtier" oder gar „Evangelist des Bösen". Lawrence Durrell, der große Reiseschriftsteller, scheint es aber auf den Punkt gebracht zu haben: „Neuerdings besteht die Tendenz, den ungalanten Marquis gewissermaßen zum Naturphilosophen aufzubauen, der für eine Art intellektueller Beurteilung der Welt seiner Epoche verantwortlich gewesen sein soll. Dabei war er ein eher seichter Wüstling und intellektueller Stutzer. Ein armseliger Stilist und ein erbärmlicher Dramatiker".

verübeln, schließlich schändete der Marquis nicht nur ihre Frauen, sondern nannte sie auch ein „Gesindel, das man durchprügeln sollte". Erst 1952 erwarb der pensionierte Lehrer *André Bouer*, Nachfahre eines Burgverwalters des Marquis, die Ruine und setzte Stein auf Stein, soweit sein Geld und seine Kräfte es zuließen. Doch der Lehrer konnte sein Lebenswerk nicht vollenden. Sein Traum, dass Besucher das Schloss mit seinen 40 Zimmern „in 50 Jahren so erleben, wie es zu Lebzeiten des Marquis war" sollte nie in Erfüllung gehen. Die so mühsam gemauerten Wände des Schlosses wirken heute wie Flickwerk. Doch 2001 kam ein neuer Besitzer: Der Couturier und Kunstliebhaber *Pierre Cardin*, der sagte: „Das Grundstück hat mich sofort verzaubert". Kulturfestivals und „einige ausschweifende Abende" will er dort organisieren. Ein Kulturzentrum entstand, wo Kunst und Kultur im Vordergrund stehen, – mehr nicht, denn „Sadismus ist nicht die Art meines Hauses", betonte der Modemacher. Sein „St. Tropez der Kultur" stößt aber nicht überall im Ort auf Gegenliebe…

Die Räumlichkeiten des Schlosses Lacoste entsprechen ziemlich genau denen des Sillingschen Phantasiegebäudes der „Hundertzwanzig Tage von Sodom", das der Marquis in seinem Roman merkwürdigerweise in den Schwarzwald verlegt hatte.

Karmeliterabtei Saint Hilaire im Val Real

2 km westlich von Lacoste; geöffnet im Sommer tgl. 10–19 Uhr, im Winter 10–17 Uhr. Die Abtei wird in Privatinitiative zu einem wahren Schmuckstück renoviert!

De Sade schrieb in einem Brief über die letzten paar Mönche der Abtei, dass sie hier „beschäftigungslos ausharrten". Das Kloster, eine der frühen Stätten der Christenheit, ist heute in Privatbesitz. Aus einer Höhleneinsiedelei des 4. Jahrhunderts entwickelte sich allmählich diese Abtei, von der eine Kirche aus dem 13. Jahrhundert, eine gotische Kapelle aus dem 14. Jahrhundert und ein kleiner Kreuzgang erhalten sind. 1858 war Saint Hilaire eine Art landwirtschaftliches Gut der Zisterzienser von Sénanque, bis diese sie dann 1864 an Landwirte verkauften. Diese nutzten das Refektorium (Speisesaal) als Stall und die Kirche selbst als Schuppen mit einem großen Zufahrtstor. 1909 setzte ein Erdbeben dem Gebäude weiter zu. Von den ehemals klösterlichen Mauern sind nur noch die Kirche aus dem 13. Jahrhundert mit der Sakristei erhalten und eine Seitenkapelle aus dem 14. Jahrhundert (mit Freskenresten aus dem 15. Jahrhundert, die den heiligen *Antonius* mit einem Schwein zeigen).

beschäftigungsloses Ausharren

Doch trotz der nur bescheidenen Reste klösterlichen Lebens ist dieser von Zypressen und Olivenhainen umgebene Ort ein sehr spirituelles, wunderschönes Plätzchen. Um mit dem Marquis zu sprechen: Hier lässt es sich wirklich wunderbar „beschäftigungslos ausharren“!

Bonnieux (ⓘ s. S. 131)

Einwohner: 1.500, Höhenlage: 420 m

Weit ist der Blick von Bonnieux in die Ebene.

Lange scheinen die 1970er Jahre her zu sein, als in Bonnieux Stadtflüchtlinge aus Paris, Lyon oder Nantes nach dem alternativen Landleben suchten. Nur die wenigsten von ihnen sind geblieben. Gekommen sind andere Städter, berühmte und wohlhabende, die hier ihr Zweithaus haben. Gekauft zu einem Preis, der sich mit gehobenen Pariser Verhältnissen durchaus messen kann. Im Sommer kann sich hier durchaus eine Blechschlange durch den Ort winden. Und doch: Wer durch die Gassen geht, der entdeckt hier stille Plätze und verborgene Stiegen und erlebt vom oberen Ortsteil einen befreiend weiten Blick in die Ebene. Bonnieux mag noch so überlaufen sein, so hat es doch eine einnehmende Atmosphäre von leben und leben lassen.

Musée de la Boulangerie

Ein französisches Dorf ohne einen Bäcker ist kein französisches Dorf. Und so ist es nur folgerichtig, diesem Handwerk ein eigenes Museum zu widmen. Zu sehen sind ein Bäckerofen aus dem Second Empire, der bis 1920 in Gebrauch war, diverse Backwerkzeuge, eine provenzalische Küche und Gravuren rund um das Thema Backwaren.

La Louve – ein Garten „sans fleurs, sans soucix", ohne Blumen (und daher) ohne Sorgen

Der Garten (außerhalb von Bonnieux) ist in Privatbesitz und nur einmal jährlich zugänglich, wenn im Rahmen der „Association des parcs et jardins de Provence Alpes Côte d'Azur" private Gartenbesitzer ihr grünes Paradies für Besucher öffnen. Und dennoch sei dieser Garten hier kurz beschrieben, er ist einfach zu schön: *Nicole de Vesian*, die Schöpferin dieses Paradieses, habe das absolute Auge gehabt, wie andere Menschen das absolute Gehör haben, meinte einmal eine Freundin über sie. Ob ihr Garten nun höfisch-formal oder japanisch sei, diskutieren Fachleute noch heute. *Nicole de Vesian*, die sich 1986 nach einem ereignisreichen Leben als fünffache Mutter, zweimal Geschiedene und prominente Stilistin aus Paris nach Bonnieux zurückgezogen hatte, entwarf hier einen Garten, der weltberühmt werden sollte. Denn in ihrem grünen Paradies wachsen keinerlei Blumen, hier gedeihen wilder Buchs, immergrüne Eichen, Rosmarin, Zitronengewächse, Myrte, Lorbeer, Thymian, Bohnenkraut, Erdbeerbaum und Zürgelbaum. Weiterhin Reben, Obstbäume und das Heiligenkraut. Manche der Pflanzen sind dicht beschnitten und gruppiert und stehen da wie eine Herde Schafe. Mit diesen Tieren wollte *Nicole de Vesian* ihren nächsten Garten gestalten, mit nur „einem schwarzen Schaf, einem weißen Schaf und Steinen, sonst nichts". Es sollte der pflegeleichteste Garten der Welt werden. Doch der Sensenmann kam dazwischen. Gartengestalter – es gibt noch zu tun!

Garten ohne Blumen

Der Pont Julien aus römischer Zeit dient noch heute wie eh und je als Brücke über den Fluss.

Pont Julien

Nördlich von Bonnieux überspannt nahe der N100 der eigentlich unscheinbare Pont Julien den Fluss Calavon. Die 70 m lange, dreibogige Brücke zählt aber zu den best erhaltenen römischen Brücken Frankreichs und war einst ein Teilstück der legendären Via Domitia. Man könnte unter der Brücke heute herrlich picknicken, wenn der Fluss nicht gar so verschmutzt wirken würde.

Buoux (gespr. Bjux) (ⓘ s. S. 131)
Einwohner: ca. 100, Höhenlage: 550 m

Wie das Höhlendorf von Calès ist dies einer der wenigen Orte, die noch etwas vom Wesen der Menschen ahnen lassen, die vor der keltischen Invasion in der Provence lebten.

An der höchsten Stelle des Burgfelsens sieht man eine mysteriöse Einrichtung, die man noch nicht erklären kann. Die in den Felsen gehöhlte Vertiefung, von der ein einige Meter langer Abfluss abzweigt, könnte eine Vorrichtung sein, mit der man kochendes Öl auf die Häupter eventueller Angreifer schüttete. Sie könnte aber auch eine vorgeschichtliche Kultstätte oder ein mittelalterliches Signalfeuer gewesen sein.

Meter um Meter erklimmt man diesen Felsen, und altert dabei – erdgeschichtlich gesehen – um ca. 20 Jahrmillionen, denn der Fels besteht aus Sedimentschichten, die auf die sukzessive Übereinanderschichtung von Meeresablagerungen zurückgehen. Ein Felsen, der so alt ist, ist hart im Nehmen, und so hielt er dem Frost und dem Zahn der Zeit stand. Sein Name, vom lateinischen *mola* (Mahlstein) abgeleitet, kommt daher, dass man ihn einst für Mühlsteine verwendete. Auf dem schwer zugänglichen Felsbarren, bis zu 500 m lang und 30–100 m breit, entstand schon in prähistorischer Zeit eine Befestigung, unter anderem fand man hier den Backenzahn eines Neandertalers. Von hier aus kontrollierte man schon in ligurischer Zeit den einzigen leicht gangbaren Pass über den Lubéron. Später erhob sich hier eine römische Zitadelle, die von einer mittelalterlichen Burg des 13. Jahrhunderts abgelöst wurde. Im Mittelalter galt die ausklügelte Festungsanlage für uneinnehmbar, was im 16. Jahrhundert die verfolgten Protestanten für sich nutzten. 1660 ließ *Richelieu* die Festung schleifen.

Neandertaler-Backenzahn

Zu sehen sind noch die Ruinen einer romanischen Kapelle aus dem 13. Jahrhundert und ein einst versteckter Geheimgang, durch den die Belagerten ins Tal gelangen und dem Feind in den Rücken fallen konnten. Weiterhin sind Grundmauern des einstigen Dorfes, Verteidigungsgräben, eine Kirchenruine und in den Fels gehauene Vorratsräume zu besichtigen. Die Ruinen sind täglich von 8 Uhr bis Sonnenuntergang geöffnet.

Die Felsen von Buoux sind ein El Dorado für Kletterer.

Hinweis

Da die Besichtigung nicht ganz ungefährlich ist, sollte auf jeden Fall festes Schuhwerk bevorzugt werden.

Der Zedernwald

Auf dem Kamm des Kleinen Lubéron, an der Straße nach Lourmarin, zweigt ein Sträßchen zu diesem kühlen Märchenwald ab, der 1861 von einem Förster angepflanzt wurde. Er hatte seinerzeit die Zedernsamen aus dem marokkanischen Atlas hier eingepflanzt, um, entgegen der allgemeinen Ansicht, die Zeder werde in Frankreich nicht wachsen, hier einen ganzen Zedernwald anzulegen. Der Förster berief sich dabei auf die Römer, die schon erfolgreich Zedern angepflanzt hatten. Und er hatte recht: Seit

1960 liefert Frankreich sogar junge Pflanzbäume an den Libanon, die ursprüngliche Heimat der Zeder. In der Saison ist der Parkplatz im Wald kostenpflichtig.

Wanderung auf den Mourre Nègre ab Sivergues

Über die D232 und die D114 erreicht man den kleinen, sehr einsamen Weiler Sivergues auf dem Plateau des Claparèdes. eine schmale Straße führt von dort bis zur Ferme du Castellas, von wo aus es nur noch zu Fuß weitergeht. Man folgt der gelben Markierung, die Wanderung auf den Mourre Nègre dauert etwa zwei Stunden. Sivergues selbst ist durch Henri Boscos Roman „L'habitant de Sivergues" in die Literatur eingegangen. Über den Lubéron schrieb Bosco, der jahrzehntelang in Marokko gelebt hatte: „Ich bin viel gereist, aber nirgendwo sonst habe ich einen bewegenderen Kontakt mit den Steinen der Erde gehabt."

Einer der Wege durch den Zedernwald führt in wenigen Minuten zu einem (nicht zugänglichen) Renaissanceturm, ein weltentrückt anmutendes Anwesen, hinter dessen Mauern man gerne schauen möchte.

Apt (ⓘ s. S. 131)

Einwohner: 11.000, Höhenlage: 220 m

Am schönsten ist das lebhafte kleine Landstädtchen am Samstagmorgen, wenn sich um den Place de la Bouquerie der farbenfrohe Markt ausbreitet. Anschließend kann man in einem der Cafés im Schatten seine Einkäufe begutachten – zum Beispiel eine der berühmten tonfarbenen, unbemalten Apter Fayencen. In der Umgebung von Apt wird Obst angebaut, um dann in der provenzalisch-irischen Firma Kerry-Aptunion zu Konfitüre oder zu kandierten Früchten verarbeitet zu werden. Immerhin ist die Firma die weltweit größte Fabrik für *fruits confits* und Apt – ganz klar – die Welthauptstadt dieser Früchte. Wer durch die Geschäftsstraße Rue des Marchands bummelt, wird wohl kaum den süßen Versuchungen widerstehen können, die hier in zahlreichen Konfiserien angeboten werden. *süße Versuchung*

Wie so manch andere provenzalische Stadt hat auch Apt seine soziale Achillesferse: Die verwahrlost wirkende Hochhaussiedlung *Cité St.Antoine*, deren meist aus Algerien stammende Einwohner angesichts ihrer wirtschaftlichen und beruflichen Perspektivlosigkeit vermutlich wenig Sinn für die schöne Landschaft rund um Apt haben dürften. Wie auch in anderen provenzalischen Städten bekommt der rechtsradikale Front National in Apt einen steigenden Anteil der Wählerstimmen. *Rechtsruck*

Durch den Parc Naturel du Lubéron

La Maison du Parc Naturel du Lubéron

Die Dauerausstellung in einem Palais aus dem 17. Jahrhundert bietet einen Einblick in die Erd- und Naturgeschichte des Lubéron. Im Untergeschoss ist ein Museum für Paläontologie untergebracht.

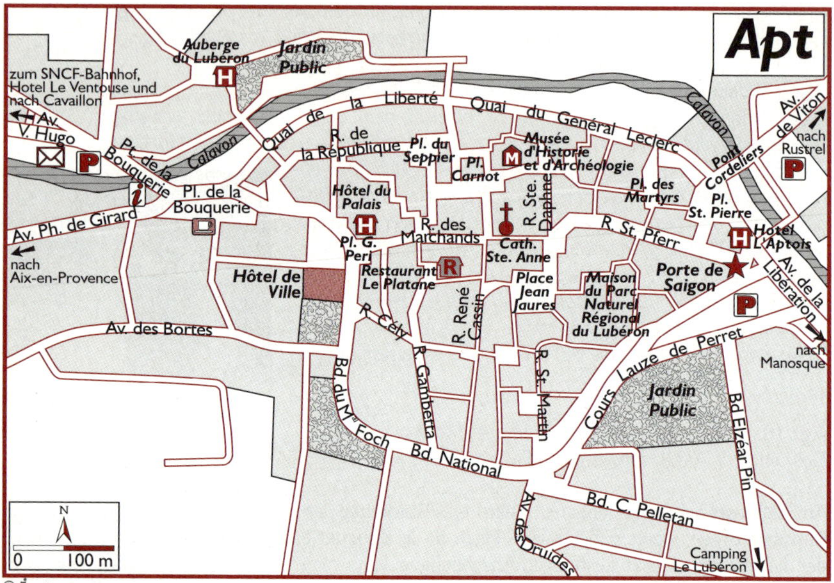

Le musée d´Histoire et d´Archéologie

Zu sehen sind hier neben nahezu 400 Fayencen aus alter und neuer Zeit und römischen Altertümern auch Votivtafeln aus der Kathedrale von Apt.

La cathédrale-basilique Sainte-Anne

Archäologische Funde belegen, dass um die Kirche Ste.Anne eine der frühesten christlichen Gemeinden der gesamten Region entstand. Die ältesten Teile der Kirche stammen aus dem 12. Jahrhundert, ansonsten sind Baustile von der Romanik bis zum Barock vertreten. Interessant ist die Krypta aus dem 12. Jahrhundert, unter der sich wiederum eine weitere kleine Krypta duckt, ein winziger archaischer Höhlenraum, der wohl noch aus einem älteren merowingischen Bau stammt und damit zu den ältesten Sakralräumen der Provence zählt. Hier wurden 776 anlässlich eines Besuchs Karls des Großen die Gebeine der heiligen Anna, der Großmutter Jesu, entdeckt, die angeblich im 3. Jahrhundert aus

archaischer Höhlenraum

Kleiner Finger, große Wirkung
Ludwig XIII. und seine Ehefrau Anna von Österreich warteten sehnsüchtig auf Nachwuchs. Und zu dem sollte ihnen die Namensheilige seiner Frau, die heilige Anna, verhelfen. Also ließen sie sich eine Reliquie der heiligen Anna kommen: deren kleinen Finger. Der war dann auch wirksam, allerdings erst 15 Jahre später. Aber die heilige Anna selbst ist ja auch erst im hohen Alter Mutter geworden. Und weil gut Ding Weile braucht, ließ sich Anna von Österreich auch wiederum Zeit, sich im Rahmen einer Wallfahrt nach Apt zu bedanken: Sie unternahm diese erst 22 Jahre nach ihrer Niederkunft.

dem Orient nach Apt verbracht wurden. Allerdings gibt es Zweifler, die in dieser „Anna" eine paneuropäische Muttergottheit sehen, die die Kelten Ana oder Dana und die Römer *Anna Perenna* nannten. Jeden letzten Sonntag im Juli findet eine große Wallfahrt zu Ehren der heiligen Anna statt. Übrigens: In der Kirche wird neben den Gebeinen der heiligen Anna auch noch ihr Schleier aufbewahrt. (Wer ihn sehen möchte, wende sich an den Küster.)

An der Straße nach Digne, 6 km außerhalb von Apt, sind in der Nähe eines Steinbruchs auf einer Steinplatte aus dem Oligozän Hunderte von Abdrücken von Säugetieren und prähistorischen Vögeln erhalten geblieben (**Dalle à empreintes**). Leider sind sie zur Zeit nicht zugänglich.

St. Sartunin-les-Apt (ⓘ s. S. 131)

Einwohner: 1.350, Höhenlage: 411 m

Ein wenig besuchter Ort, sechs km nördlich von Apt, der durchaus einen Besuch wert ist. Hinter St.Sartunin-lès-Apt erhebt sich ein Felsen mit Burgruinen und einer Kapelle. Der steile Aufstieg dauert nur einige Minuten. Zu entdecken gibt es die Festungsruinen aus dem 11. Jahrhundert, die über den ganzen Felsen verstreut liegen und ein kleiner neben dem Burgsee angelegter Stausee sowie eine Windmühle. Die Chapelle du Calvaire aus dem Jahr 1056 war im 19. Jahrhundert Schauplatz eines Wunders. Im Folgenden die Geschichte in Kurzform: *Rose Tamisier*, eine als wunderlich bekannte Frau, die sich im engen Kontakt mit der heiligen Familie persönlich sah, schlief in der Nacht vom 10. September 1850 vor dieser Kapelle, fühlte sich von Gott inspiriert, und umarmte sein hölzernes Abbild in der Kapelle, welches daraufhin blutige Tränen vergoss. Nach drei Tagen läuteten dann die Kirchenglocken (natürlich wie von selbst), der Bischof wurde alarmiert. Der glaubte der Frau nicht, ließ sie als Gotteslästerin hinter Gitter verbringen – und seither sind aus St.Saturnin-les-Apt keine weiteren Wunder vermeldet worden.

wunderlich und wundersam

Rustrel und seine Ockerbrüche (ⓘ s. S. 131)

Einwohner: 620, Höhenlage: 400 m

Das Dorf selbst ist klein und wenig aufregend. Nach Rustrel fährt man wegen seiner Ockerbrüche, von denen manche sagen, sie seien schöner als die von Roussillon. Das ist Geschmackssache, sie sind auf jeden Fall weitläufiger, nicht so überlaufen und daher weitaus stimmungsvoller als die viel besuchten Ockerbrüche von Roussillon. Der *Colorado* ist in Privatbesitz. Über mehrere gebührenpflichtige Parkplätze kann man zu Wanderungen in dem weitläufigen Areal der Mine starten. (Den besten Ausblick hat man, wenn man am unteren Parkplatz und dann am Campingplatz vorbeifährt.)

weitläufig

Wanderung

Zum Westteil der Ockersteinbrüche, den Feen-Schornsteinen (Cheminées de Fées) gelangt man ab der D22, südlich der Kreuzung mit der D30 parken. Eine gelbe Markierung führt jenseits des Bachlaufs der Da nach einem Anstieg durch einen Kiefernwald zu mehreren Aussichtspunkten. Dauer der Wanderung: etwa eine Stunde.

Hinweis

Für die Wanderung durch den Colorado empfiehlt sich gutes Schuhwerk, da nach Regenfällen sehr rutschige Steilstücke zu überwinden sind.

Keine Wertgegenstände im Auto zurücklassen, sogar auf den kostenpflichtigen Parkplätzen besteht Diebstahlgefahr.

Auch sollte man keine hellen Hosen tragen, da der Farbstoff schwer zu entfernen ist.

Oppedette

Rundwanderung

Ein aussterbendes Dörfchen östlich von Rustrel mit etwa 40 Einwohnern und einem Gefühl von Ende der Welt. Unterhalb des Ortes hat sich der Cavalon eine 100 bis 150 m tiefe Schlucht gegraben. Ab dem Dorf beginnt eine ca. 8 km lange ausgeschilderte Rundwanderung. (Etwa 200 Meter südlich des Dorfes befindet sich ein Parkplatz.) Achtung: Den teilweise sehr ausgesetzten Weg können nur Schwindelfreie begehen.

Blick in die Schlucht von Oppedette

Prieuré de Carluc

2 km östlich von Céreste. Ob schon die Druiden hier ihre Riten zelebriert haben, müsste noch bewiesen werden. Eine Bulle von *Papst Léon VIII.* aus dem Jahre 964 beweist jedoch, dass hier schon in früher Zeit ein Kloster bestand. Die päpstliche Bulle bestätigt der Abtei Montmajour den Besitz eines «*monasterium desertum antiquumque Horluc*», eines verlassenen und sehr alten *Klosters von Carluc*. Heute sieht man hier noch die Zelle eines Einsiedlers, eine romanische Kapelle aus dem Jahre 1150, die Ruinen zweier Kirchen sowie die Nekropole mit mehreren Dutzend Gräbern, die in der Form menschlicher Körper in den Felsen geschlagen sind.

Grambois

Bevölkerung: 1.135, Höhenlage: 370 m

einsam und melancholisch

Einsam und melancholisch wird es auf der Fahrt über Vitrolles-en-Lubéron nach Grambois, einem mauerbewehrten *Village perché*. Der Ort war Drehort für *Marcel Pagnols* Kindheitserinnerungen „La Gloire de mon Père“, verfilmt von *Yves Robert*, der hier die Dorfidylle des frühen 20. Jahrhunderts konserviert fand. Unbedingt einen Besuch wert ist die bestechend klare und einfache romanische Kirche *Notre Dame de Beauvoir* in der Ortsmitte (durch die Seitentür zugänglich), deren Fundamente auf das 11. Jahrhundert zurückgehen und die bis zum 14. Jahrhundert ausgebaut und erweitert wurde. Wichtigstes Werk ihrer Innenausstattung ist das Tafelbild des heiligen *Johannes des Täufers* aus dem Jahr 1519.

Grambois – ein Village Perché wie aus dem Bilderbuch

Das an für sich schon grausame Motiv wurde vom Maler noch weiter gesteigert: *Herodes*, nicht damit zufrieden, das Haupt des *Johannes* vor sich zu sehen, durchbohrt noch zusätzlich eines seiner Augen mit dem Messer. Das Kruzifix vorne im Altarraum wurde vom einheimischen Künstler *Pierre Graille* im revolutionsbewegten Jahr 1968 geschaffen, man schaue auf die geballte rechte Revolutionärsfaust des Christus! Gottes Revoluzzer wurde vom Künstler aus einem einzigen Olivenholzstück gearbeitet.

Einsiedelei St. Pancrace und Privatfriedhof mit Pyramide

Hinkommen: der D33 nach Vitrolles-en-Lubéron folgen, nach ca. 1,5 km kommen rechts ein Transformatorenhäuschen und eine Schranke. Von hier führt ein Weg zur Einsiedelei (nach ca. 800 m rechts dem ausgetretenen Weg in den Wald hinauf folgen). Hinweis: Der Friedhof ist in Privatbesitz! Das heißt, ein Besuch kann zu Schwierigkeiten mit dem (allerdings meist in Lyon lebenden) Besitzer führen.

Pyramide im Wald

In trauter Nachbarschaft liegen hier die Kapelle und Kirche (14. Jh.) des St.Pankratius und – eine ägyptische Pyramide. Die Einsiedelei war bis zur Französischen Revolution von einem Eremiten bewohnt. Nach der Revolution gelangte sie dann in die Hände eines Marseiller Kaufmanns namens *Joseph Bonnin*, der anscheinend ein Ägypten-Liebhaber war, denn er ließ den Privatfriedhof neben der Einsiedelei erbauen: Inmitten eines Quadrats aus Zypressen ragt hier eine steile, etwa vier Meter hohe Pyramide auf. Sie ist umgeben von an die 15 Gräbern, die meisten von Osten nach Westen ausgerichtet – geheimnisvolle steinerne Sarkophage mit Doppelrosen, Templerkreuzen und Dreiecken. Ungeheuer pittoresk und geheimnisumwoben.

Doppelrosen, Templerkreuz und Dreiecke

Die Pyramide auf dem romantisch-geheimnisvollen Gottesacker nördlich von Grambois erzählt auf ihren Marmortafeln die Geschichte einer großen Liebe à la Tristan und Isolde.

Die meisten der Gräber stammen aus dem 19. Jahrhundert, aber auch in den 1980er Jahren wurde hier jemand beerdigt – es ist das einzige Grab mit den für Südfrankreich typischen Keramikrosen auf dem Grab. Prominentester der hier Bestatteten ist *Joseph Antrand* (1813–1877), Mitglied der Académie Française und Autor der seinerzeit berühmten „Poêmes de la Mer“.

Wer in der Pyramide begraben liegt, verkündet eine der Marmortafeln auf dem Bauwerk: „*Am 19. Juli 1819 verschied in Genf Joséphine Honorine Thomelin, verehelichte Bec, geboren in Marseille am 18. Oktober 1791, bestattet am 25. Juli 1819 im katholischen Friedhof von Plain-Palais (Genf); exhumiert am 14. August und überführt nach Grambois, wo sie in diesem Grabmal am 4. Oktober 1819 ihre letzte Ruhe fand.*" Nach der Legende habe ihr tieftrauriger Ehemann seine tote Frau sitzend oder stehend beisetzen lassen, geschmückt mit allen ihren Juwelen. Auch soll ein unterirdischer Gang von der Pyramide zu dem Altar der nahe gelegenen Kapelle St. Pancrace führen ...

unterirdischer Gang

La Tour d´Aigues (ⓘ s. S. 131)

Einwohner: 4.000, Höhenlage: 270 m

Das Château de la Tour d´Aigues *vor seiner Zerstörung in einem Stich aus dem 18. Jahrhundert.*

Es war eines der prächtigsten drei Schlösser am Fuße des Grand Lubéron, erbaut Mitte des 16. Jahrhunderts, gewidmet einer verehrten Dame, von Zeitgenossen ein „Monument de l´Amour et de la Folie" (Monument der Liebe und der verrückten Leidenschaft) genannt. Prominenteste Besucherin war *Katharina von Medici*, die sich 1579 hier mit ihrem Gefolge aufhielt. 1780 geriet es in Brand, und wurde schließlich 1792 im Zuge der Französischen Revolution endgültig ein Opfer der Flammen, die fünf Tage lang gewütet haben sollen. Übrig geblieben sind Teile der prachtvollen Fassade, die mehr wie eine Bühnenwand denn wie ein echtes Bauwerk wirkt. Im Keller der Schlossruine sind zwei Museen untergebracht: Das **Musée des Faïences** und die **Salle de l´Habitat rural,** wo man sich über die verschiedenen Wohnformen der Provence vom ländlichen *Cabanon* bis zur aristokratischen *Bastide* informieren kann.

Die Ruinen von La Tour d´Aigues *wirken wie eine Bühnenwand und lassen noch heute erkennen, dass in der Renaissance gerne nach römischen Vorbildern gebaut wurde. Für das Eingangsportal von* La Tour d´Aigues *war der Stadtgründungsbogen von Orange das Vorbild.*

Château de Ansouis

Zum Zeitpunkt der Drucklegung dieses Buches war das Schloss nicht zugänglich. Die Eigentümer mussten es aus finanziellen Gründen verkaufen, nachdem es über 800 Jahre in Familienbesitz gewesen war; www.chateau-ansouis.com.

Wären alle Mitglieder der Familie *de Sabran* so gewesen wie ihre beiden prominentesten Vorfahren, dann könnten die *de Sabrans* wohl kaum auf eine sehr bemerkenswerte Tatsache verweisen: Das Schloss war über 800 Jahre lang (seit 1178) in ihrem Besitz. Wenn alle so gewesen wären wie *Elzéar* und *Delphine de Sabran*, dann wäre die Familie schon längst ausgestorben. *Elzéar* und *Delphine* nämlich hatten sich bei ihrer Hochzeit ewige Keuschheit gelobt und diese anscheinend auch eingehalten, denn beide wurden heilig gesprochen.

ewige Keuschheit

Die *de Sabrans* haben nicht nur zwei Heilige in ihrem Stammbaum, nein, sie stellen auch stets mit ihrem jeweils jüngsten Sprössling den Bürgermeister des Ortes. Und was so richtig alter Adel ist, der hat seine Prinzipien: Der 14. Juli, der französische Nationalfeiertag, wird in Ansouis nicht gefeiert. Warum auch? Waren die Revolutionäre doch fanatische Gegner des Adels.

National-feiertag fällt aus

Musée Extraordinaire
Geöffnet tgl. 14–18 Uhr.

Der Maler und Meeresforscher *Georges Mazoyer* weiß seine beiden Leidenschaften zu vereinen und bannt die Unterwasserwelt auf die Leinwand. Fließend wie das Wasser sind die Grenzen zwischen Fantasie und Kitsch.

Cucuron (ⓘ s. S. 131)
Einwohnerzahl: 1.800, Höhenlage: 340 m

Von einer ganz eigenen Atmosphäre ist der Löschteich von Cucuron, wo es sich selbst im Sommer noch relativ geschützt vor der Hitze sitzen lässt.

Tja, so ruhig und gelassen und frei von Autoverkehr ist der Ort nicht mehr wie damals, Mitte der 1990er Jahre, als hier nach dem Buch von Marcel Pagnol der Film „Der Husar auf dem Dach" gedreht wurde, ein Film, der im 19. Jahrhundert spielt. Auch *Alphonse Daudet*, in dessen „Briefe aus meiner Mühle" das Dorf als Cucugnan auftaucht, und *Henri Bosco* schätzten den Ort ganz außerordentlich. Cucuron ist ein schönes Beispiel dafür, wie sich ein Ort verändert, wenn er allzu oft als das noch unentdeckte authentische Dorf beschrieben wird, als das Cucuron noch heute durch unzählige Publikationen geistert.

Gewiss – es ist immer noch altertümlich, eng und von einer geradezu greifbaren Gelassenheit, besonders rund um den Löschteich, dessen Platanen sich über der spiegelnden Wasseroberfläche zum gotischen Gotteshaus formen. Aber – es kann schon recht verkehrsreich werden in den Gassen von Cucuron und schon gibt es wohl mehr Souvenirgeschäfte als Bäcker im Dorf.

Warum rennen sie?

An Altertümern sind noch eine romanische Kirche, eine Burgruine, Stadtmauern und zwei ihrer Tore und ein Turm erhalten. Ein Museum hat der Ort auch: Die Sammlung des 1920 verstorbenen Notars *Marc Deydier*, der alles sammelte, was interessant sein könnte. Der eigenartige Name des Ortes geht der Legende nach auf *Cäsar* zurück, der angesichts der fliehenden Einwohner verwundert ausgerufen haben soll: „Cucurrunt?“ (Warum rennen sie?)

Lourmarin (ⓘ s. S. 131)

Einwohner: 1.100

Ruhe und Abgeschiedenheit kann man hier nicht erwarten, denn einen so schönen Ort wie Lourmarin wollen viele Menschen sehen. Lourmarin wurde zum ersten Mal in Texten aus dem 12. Jahrhundert erwähnt. Es verdankt seine Gründung den Benediktinern der St.Andre de Villeneuve. Doch schon zur Zeit des Neolithikums und auch zur gallisch-römischen Zeit war das heutige Lourmarin bewohnt.

Sommer, Süden, Ende

Auf dem Friedhof von Lourmarin liegt einer der Großen der Weltliteratur begraben: der Nobelpreisträger *Albert Camus* (1913–1960), der hier einst mit seiner Familie in der heutigen Rue Albert Camus lebte (das Haus ist noch in Familienbesitz) und in seinem Tagebuch über den Lubéron schrieb: „Ein Land, feierlich und herb – trotz seiner überwältigenden Schönheit“. Der Autor von „Die Pest“ und „Der Fremde“, ein Philosoph des Absurden, fand selbst ein absurdes Ende. *Albert Camus* kam bei einem Verkehrsunfall ums Leben – in der Jacke seiner Anzugs fand man später eine gültige Eisenbahnfahrkarte: Am 4. Januar 1960 hatte ihn am Bahnhof der Sohn des Verlegers *Gallimard* abgefangen und ihm versichert, sie kämen mit dem Autor schneller nach Paris als die Frauen mit dem Zug. Kurz vor Paris rasten die beiden Männer gegen einen Baum. Ein Reifen war geplatzt. Vor seinem Tod hatte *Camus* den Titel seines nächsten Werkes notiert; das da heißen sollte: „Sonnenessays; der Sommer, Süden, das Fest.“

„Im Auto zu sterben wäre ein verrückter Tod“, soll Albert Camus *einem Freund gegenüber geäußert haben. Auch wollte er, wie er öfter seiner Frau gegenüber betonte, im Lubéron begraben werden. Vision und Wunsch des Albert Camus gingen in Erfüllung:* Albert Camus *wurde auf dem Friedhof von Lourmarin beerdigt, neben ihm ruht seine Frau, „Madame Albert Camus“. Das schlichte, mit Lavendel bepflanzte Grab ist auf dem Friedhof ausgeschildert.*

Mit Lourmarin ist noch ein weiterer weltbekannter Schriftstellername verbunden: mit *Peter Mayle*, dessen Bücher gigantische Auflagen erzielen, allerdings kaum einen Nobelpreis erhalten werden. *Mayle* lebt irgendwo in der Nähe von Lourmarin – und wird mit Sicherheit nicht darüber schreiben.

Nur wenige Schritte von Camus' Grab auf dem Friedhof von Lourmarin entfernt, ruht ein weiterer Schriftsteller: der in Avignon geborene *Henri Bosco* (1888–1976), dessen bekannteste Bücher so originelle Titel wie „Der Esel mit der Samthose" oder „Die schlafenden Wasser" tragen. Über Lourmarin sagte der Dichter kurz und bündig: „Lourmarin ist auf mich zugekommen." Eine weitere, aus Lourmarin stammende prominente Persönlichkeit ist *Philippe de Girard*, der unter anderem das Flachspinnrad erfunden hatte.

Château Lourmarin

Etwas oberhalb des Dorfes steht das Schloss, das genaugenommen aus zwei Schlössern besteht: dem aus den Jahren 1495 bis 1525 stammenden älteren Teil und dem „Neubau" von 1542 (dieser Teil kann besichtigt werden). Beide sind durch eine doppelte, äußerst elegante Wendeltreppe miteinander verbunden. Das seit der Revolution sich selbst überlassene Schloss wurde 1920 von privater Seite restauriert. (Es sollen „Schlossbesetzer" gewesen sein und seit deren Rauswurf soll ein Fluch über dem Gemäuer liegen!) Heute ist das Schloss im Besitz der Akademie der Künste und Wissenschaften, die einen Teil der „provenzalischen Villa Medici" zur Besichtigung freigegeben hat. Neben der prachtvollen Wendeltreppe sind hier auch Möbel, Gemälde, seltene Musikinstrumente zu sehen, und – ganz exotisch – auf dem Renaissance-Kamin stehen Vasen, deren Deckel Indianerköpfe bilden. Der 8 km lange unterirdische Gang, der dieses Schloss mit dem von Ansouis verbindet, ist leider nicht zugänglich.

doppelte Wendeltreppe

Ca. 1,5 km außerhalb von Lourmarin in Richtung Bonnieux führt eine elegant konstruierte Bogenbrücke, die ***Pont des Vaudois****, über den Fluss* Aigue Bruin. *Sie stammt aus dem Jahr 1606.*

Ferme Gerbaud

Ca. 2 km nordöstlich von Lourmarin.

Hier lernt man während einer 1½-stündigen Führung (in Englisch oder Französisch) die Welt der provenzalischen Pflanzen (unter anderem Thymian, Rosmarin, Salbei, Lorbeer und Lavendel) kennen und deren Verwendung in Küche, Kosmetik und Pharmazie.

Combe de Lourmarin

Die Schlucht ist die einzige natürliche Nord-Südverbindung durch den Lubéron, den sie in zwei Hälften teilt: Im Westen in den *Petit Lubéron*, ein zerklüftetes Plateau, von Schluchten zerfurcht und höher als 700 m. Im Osten erstreckt sich der *Grand Lubéron* mit seinen Hängen und dem 1.125 Meter hohen *Mourre Nègre* und dem *Plateau des Claparèdes*. Wie auch andernorts in der Provence wütete hier ein Drache: Er war durch den Bischof von Cavaillon verletzt worden und schlug hier im Todeskampf voller Schmerzen mit dem Schwanz hin- und her, wodurch er die Schlucht grub. Den seit alters her viel bereisten Durchgangsweg säumen die malerische Brücke *Pont de la Mairette* und die natürliche *Grotte des Brigands*, die Räuberhöhle.

Wegelagerer und Räuber hatten hier auch einiges zu tun, denn durch die *Combe de Lourmarin* wurde auf unwegsamen Pfaden das Salz der Camargue ins Hinterland transportiert.

Cadenet (ⓘ s. S. 131)

Einwohner: 3.500, Höhenlage: 170 m

Das schon zu vorgeschichtlicher Zeit besiedelte Cadenet liegt im Tal der Durance. Als südliches Eingangstor des Lubéron kontrollierte es schon zu vorrömischer Zeit den Zugang zur Schlucht von Lourmarin – und das nicht immer mit zimperlichen Methoden. Während der Religionskriege dann suchten 1545 die verfolgten Waldenser in den Höhlen der Umgebung Zuflucht.

schlauer Schwimmtrommler

Bekannt wurde Cadenet durch *André Estienne*, den „Tambour d'Arcole", der zwar in Cadenet geboren wurde, doch schon mit 17 Jahren seine Heimat verließ. Als früher Meister der psychologischen Kriegsführung gaukelte er im November 1796 mit einem ohrenbetäubenden Trommelwirbel (schwimmend!) den österreichischen Truppen so glaubhaft vor, sie seien von den Franzosen eingekreist, dass die Österreicher Hals über Kopf die Flucht ergriffen. Somit hatte er zum Sieg der Franzosen unter *Napoleon* beigetragen. Heute ehrt ein Bronzedenkmal auf dem Marktplatz von Cadenet den schlauen Schwimmtrommler. Ebenfalls aus Cadenet stammt der Komponist *Félicien David*.

Château

frei zugänglich

verwinkelt und geheimnisvoll

Von der einst mächtigen Burg aus dem 12. Jahrhundert hoch über dem Tal der Durance ist nicht sonderlich viel übrig geblieben. Die Anlage ist zwar kunsthistorisch von keinerlei Bedeutung – aber sie hat eine ganz eigene verwinkelt-geheimnisvolle Atmosphäre; ein bisschen wie aus dem Film „Der Name der Rose". Es macht – nicht nur Kindern – riesigen Spaß, auf dem ausgedehnten Gelände herumzusteigen und in diese Kammer und in jene Höhle hineinzuspähen. Und eine schöne Aussicht hat man von hier oben auch!

Musée de la Vannerie

Dank der nahen Durance entwickelte sich hier im frühen 19. Jahrhundert das Korb- und Flechthandwerk, das in den 1920er und 30er Jahren seinen Höhepunkt erreichte. Mit der aufkommenden Konkurrenz durch den fernöstlichen Rattan, war die Korbflechterei nicht mehr rentabel und der letzte Betrieb stellte 1978 seine Tätigkeit ein. Im Museum sind neben Werkzeugen auch Liegestühle im Kolonialstil, Reisekörbe, Korbflaschen und andere Korbprodukte ausgestellt.

Abtei Silvacane (lat. silva cana – „Silva Cana“ = Schilfrohrwald)
Geöffnet April bis Sept. tgl. 9–19 Uhr, im Winter tgl. (außer Di.) 9–12 und 14–17 Uhr. Tel. 04/42504169, Fax 04/4221900.

Schönheit liegt ja bekanntlich im Auge des Betrachters, und so mag jeder für sich selbst entscheiden, welche von den drei „provenzalischen Schwestern“ (den romanischen Abteien Silvacane, Le Thoronet oder Sénanque) nun denn die schönste ist. Abtei Silvacane ist auf jeden Fall die am wenigsten bekannte und die am schlechtesten erhaltene, da die inmitten von Sümpfen erbaute Abtei schon im 15. Jahrhundert geplündert und verlassen wurde.

am schlechtesten erhalten

Die Geschichte von Silvacane war nicht immer so rein und klar wie ihre architektonischen Formen: 1239 entbrannte ein heftiger Streit mit der Abtei Montmajour, in dessen Verlauf sich die Mönche beider Klöster gegenseitig vertrieben und einige sogar als Geiseln nahmen. Der Streit gelangte vor Gericht und am Ende bekamen die Zisterzienser von Silvacane wieder ihr Kloster zugesprochen. 1358 wurde es dann durch den Lehnsherrn von Aubignan geplündert. Der kalte Winter von 1374 tat dann ein Übriges, denn er vernichtete die Lebensgrundlage der Mönche: ihre Olivenhaine und Weingärten. Während der Religionskriege wurde die Abtei, die mittlerweile eine Pfarrkirche war, schwer in Mitleidenschaft gezogen. Nach der Französischen Revolution wäre das romanische Kleinod beinahe für immer verschwunden, denn die Revolutionäre hielten die klösterlichen Mauern gerade für gut genug, um als Baumaterial zu dienen. Doch der französische Staat kaufte 1846 das Anwesen und stellte die Kirche unter Denkmalschutz. So ist die 1175 bis 1230 erbaute, innen fast schmucklose Klosterkirche heute der am besten erhaltene Teil der Anlage, die, wie für die Zisterzienser typisch, auf der höchsten Stelle des Geländes errichtet wurde. Als Baumaterial dienten Kalkstein und Mörtel – der Kalk bot Schutz vor der unerbittlich sengenden Sonne und den stets drohenden Wald- und Buschbränden. Der Kreuzgang mit großen romanischen Rundbögen-Arkaden und Spitzbögen stammt aus der zweiten Hälfte des 13. Jahrhunderts.

Schutz vor sengender Sonne

In der Abtei von Silvacane finden jedes Jahr im Juli und August einige Veranstaltungen des Internationalen Klavierfestivals von La Roque-d'Anthéron statt. 1999 trafen sich hinter ihren geschichtsträchtigen Mauern der deutsche und der französische Außenminister, *Joschka Fischer* und *Hubert Vedrine*, zu einem „Kennenlern-Wochenende“ jenseits des von Terminen geplagten Alltagsgeschäfts. Doch ganz so ruhig kann es dann doch nicht gewesen sein, denn in der Abtei leben zahllose Fledermäuse ...

Gorges du Regalon

Hinkommen: Am Ort Logis Neuf abbiegen. Man parkt auf dem riesigen Parkplatz am Eingang zur Schlucht. Da kaum ein Sonnenstrahl in die Felsenge vordringen kann, ist es auch im Sommer hier vergleichsweise angenehm kühl.

Bis zu 30 m tief und an ihrer engsten Stelle nur 50 cm breit ist diese Schlucht, die auch relativ unerfahrene Wanderer durchsteigen können. Besonders faszinierend

In den Gorges du Regalon *– ob der Felsbrocken wohl hält?*

sind die ersten 40 Minuten der Wanderung, wo es durch steil aufragende Felswände zu beiden Seiten geht, teilweise so eng, dass nur noch ein Wanderer durchpasst. Gutes Schuhwerk braucht man für diese Strecke, denn immer wieder muss man über Felsen klettern. In der Schlucht herrscht aufgrund der zahlreichen Mikroklimate eine sehr interessante Mittelmeerflora vor, man kann unter anderem Ahornbäume, Ulmen und wilde Obstbäume entdecken. Aber auch die Tierwelt mit Greifvögeln und zahlreichen Schmetterlingen ist interessant. Die von den Wassermassen ausgewaschenen Höhlen in der Schlucht boten schon vor ca. 12.000 Jahren Menschen der Steinzeit Schutz und Zuflucht. Folgt man dem markierten Fernwanderweg GR6 weiter nach Norden, kommt man über den Kamm des *Petit Lubéron* in etwa 3,5 Stunden nach *Oppède-le-Vieux*.

8. ZWISCHEN AVIGNON UND NÎMES

Avignon (ⓘ s. S. 131)

Einwohner: 88.000, Höhe: 20 m

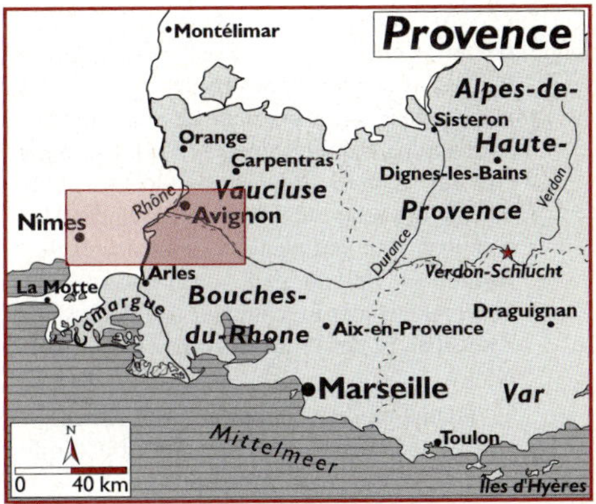

© igraphic

Nur 70 Jahre lang war Avignon die Stadt der Päpste – und wurde doch für immer von dieser kurzen Zeit geprägt. Wer an Avignon denkt, denkt meist an den Papstpalast, obwohl die Stadt auch das weltweit renommierteste Theaterfestival ausrichtet. Schon zu Papstzeiten war Avignon eine zweigeteilte Stadt.

Damals wohnten außerhalb der Stadtmauern die sogenannten Extramuros, von der Gesellschaft ausgeschlossene, meist Pestkranke. Heute wohnen in den Randbezirken von Avignon größtenteils Ausländer, viele von ihnen sind Emigranten aus Nordafrika. „In" und „off" ist die ganze Stadt, ebenso wie ihr Festival, denn beim „in"-Festival treten die etablierten Künstler auf, die, die es schon geschafft haben. Und beim „off" die anderen, diejenigen, die noch nicht so weit sind ...

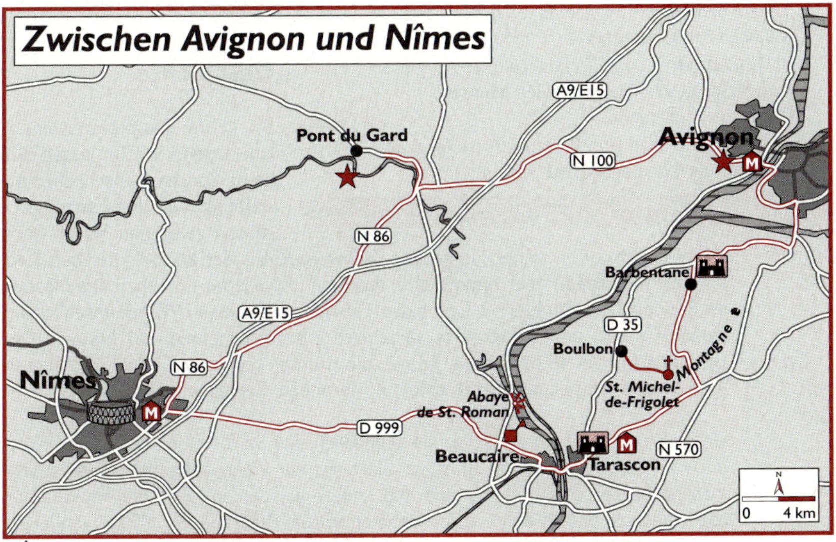

© igraphic

Der Name Avignon leitet sich von *Avenio* ab, was soviel wie „Stadt der gewaltigen Winde" bedeutet (nach einer anderen Version kommt der Name der Stadt vom keltischen *Aouenion*, „Herr der Wasser"). Zum Schutz vor dem kalten Wind verlaufen die Gassen der Altstadt geradlinig im Schachbrettmuster, um ihn abzuschwächen. Die Architekten, die Avignon bauten, verstanden, dass der Wind gleichzeitig gut und schlimm ist: „Er ist zwar reinigend, der Atem, der Schöpfungshauch, aber auch der Wahnsinn, denn der Mistral macht wahnsinnig – vor allem in Avignon", meinte ein Rechtsanwalt namens *Guy Genoun*.

Redaktions-Tipps

- **Anschauen**: „Sur le pont d´Avignon ...", den schönsten Blick auf die „Brücke von Avignon", hat man vom **Rocher des Doms** (S. 354). In sonst nicht zugänglichen Bereiche des Papstpalast führt die Führung **Palais Secret** (S. 354). Die **Burg von Tarascon** (S. 361) ist im milden Licht des Abends am schönsten. Auf dem Weg der Mönche geht man zum verfallenen Höhlenkloster **St. Roman** (S. 365) nördlich von Beaucaire hinauf. Von hinreißender Leichtigkeit und doch ganz ein Zweckbau ist der **Pont du Gard** (S. 371) bei Nîmes.
- **Genießen**: Schlemmen, kochen lernen, stilvoll übernachten – in Avignon ist dafür die erste Adresse das **La Mirande**.
- **Übernachten**: Stadtnah und doch auf einer (Fluss-)Insel übernachten, das kann man auf der **Ile de la Barthelasse**. Nett und preiswert übernachtet man in Tarascon im **Hotel Provencal**; stil- und stimmungsvoll in den **Chambres d´hôtes du Chateau**.
- **Wandern**: Von Tarascon aus verlaufen längere und kürzere Wanderungen in die Anhöhen der **Montagnette** (S. 363).
- **Einkaufen**: Kopfbedeckungen aller Art gibt´s im denkmalgeschützten Hutladen **Mouret Chapelier** in Avignon.
- **Erleben**: Neben dem Papstpalast ist Avignon auch für sein **Theaterfestival** bekannt.

Heute sind die Kassen von Avignon so leer wie die Schatzkammern im Boden des Papstpalastes; Avignon ist die am höchsten verschuldete Stadt von ganz Frankreich. Und manch einer befürchtet Auswirkungen auf die Veranstaltungen des off-Theaterfestivals von Avignon.

Geschichte

Bis in die Jungsteinzeit im 4. Jahrtausend v. Chr. lassen sich heute Spuren menschlicher Besiedlung auf dem strategisch günstig gelegenen Felsen *Rocher des Doms* und in seiner Umgebung nachweisen. Aus der kelto-ligurischen Siedlung, die sich später hier entwickelte, machten phöakische Griechen aus Massalia im 6. oder 5. Jahrhundert v. Chr. einen Flusshafen und einen Warenumschlagplatz namens *avenio*, um flussabwärts verschiffte Waren aufnehmen zu können. Den Griechen folgten 48 n. Chr. die Römer, die nannten die Stadt *Colonia Iulia Augusta Avenionesium* und bauten sie zu einem florierenden Gemeinwesen aus.

Unter Kaiser *Hadrian* erreichte sie schließlich den Status einer römischen Kolonie. Von dieser Epoche der Blüte ist allerdings nur wenig bekannt und erhalten – manche Bauten dienten als Steinbruch, andere wurden zur Zeit der Päpste überbaut. Düstere und bewegte Zeiten sollten folgen: Während der Völkerwanderung begann Avignon an Bedeutung zu verlieren, die Bevölkerungszahl schrumpfte durch

Kriege und Epidemien derart, dass nur noch ein kleiner Bezirk um den *Rocher des Doms* besiedelt war. Zur Zeit der Sarazeneneinfälle in der Provence schlug sich Avignon auf die Seite der Feinde und wurde zur Vergeltung 737 von den Truppen *Karl Martells* verwüstet – und zwar dermaßen gründlich, dass damals eine Straße den blutigen Namen *Rue Rouge* (Rote Straße) erhielt. düstere Zeiten

Im 12. Jahrhundert wusste die Stadt die Rivalitäten zwischen den Grafen von Toulouse und Barcelona gut für sich zu nutzen: Avginon wurde zur Stadtrepublik nach italienischem Vorbild. In diese Zeit fiel der Bau des *Pont d'Avignon*, der seinerzeit statt der letzten Tankstelle vor der Autobahn die letzte Brücke vor dem Meer und entsprechend gut frequentiert war. Dann schlug sich Avignon auf die Seite der Albingenser, und verweigerte *Ludwig VIII.* 1226 auf dem Höhepunkt der Albingenserkriege die Durchreise. *Ludwig* zog daraufhin vor ihre Mauern und belagerte die Stadt. Nach drei Wochen war Avignon buchstäblich ausgehungert und musste kapitulieren. *Ludwig* ließ die Festungsanlagen zerstören und auch die St. Bénézet-Brücke erlitt schwere Schäden. Nach diesem militärischen Rückschlag blieb Avignon nur ein geringer Teil seiner ehemaligen Freiheit. Racheakt

Groß und weit ist der Platz vor dem Papstpalast: Papst Benedikt XIII. ließ 1404 aus Sicherheitsgründen die Häuser um den Palast abreißen, damit jeder, der sich dem Gemäuer näherte, schon von weitem zu erkennen war. So friedlich, wie es heute auf dem Platz zugeht, war es nicht immer: Von März bis Juni 1794 sausten hier die Fallbeile der Guillotine herunter. Ansicht des Palastplatzes mit dem Zug eines Vizelegaten. C. L. Gordot, 1722–1804 (Museum Calvet)

Erst mit den Päpsten begann wieder ein Aufschwung. Auch für den Klerus war die Zeit in Avignon eine sehr viel glücklichere Phase als ihre Zeit in Rom vorher. Viele Christen, besonders die damals noch sehr glaubenstreuen Briten, entrichteten ihre Abgaben nach Avignon, wo die Statthalter Christi nicht eben ärmlich lebten. Doch war das 14. Jahrhundert, die Zeit des Papsttums in Avignon, nicht nur eine prunkvolle Zeit. 1349 war die Pest ausgebrochen, die allein in Avignon an die 11.000 Menschen dahin raffte. Und dennoch: Die Stadt platzte aus allen Nähten, alle die Kardinäle, Kleriker, Adligen, Handwerker, Händler und Huren im Gefolge des Papsttums mussten untergebracht werden. Prunk und Pest

Petrarca, ein Zeitgenosse, schrieb damals: „Denn, außer seiner gewöhnlichen Einwohnerschaft von 70.000 bis 80.000 Menschen muss Avignon noch eine große Anzahl von Fremden aus den verschiedensten Ländern beherbergen, deren Redeweise und Kleidung Gegenstand immer neuen Staunens ist. Man sieht Griechen, die sich hier nach allerlei religiösen Dingen bei Autoritäten erkundigen; man sieht Turlupins, arme, halbnackte Narren, die hier vor das Gericht der Inquisition geschleppt werden und dem Tod zu entgehen hoffen, wenn sie dartun, dass ihr

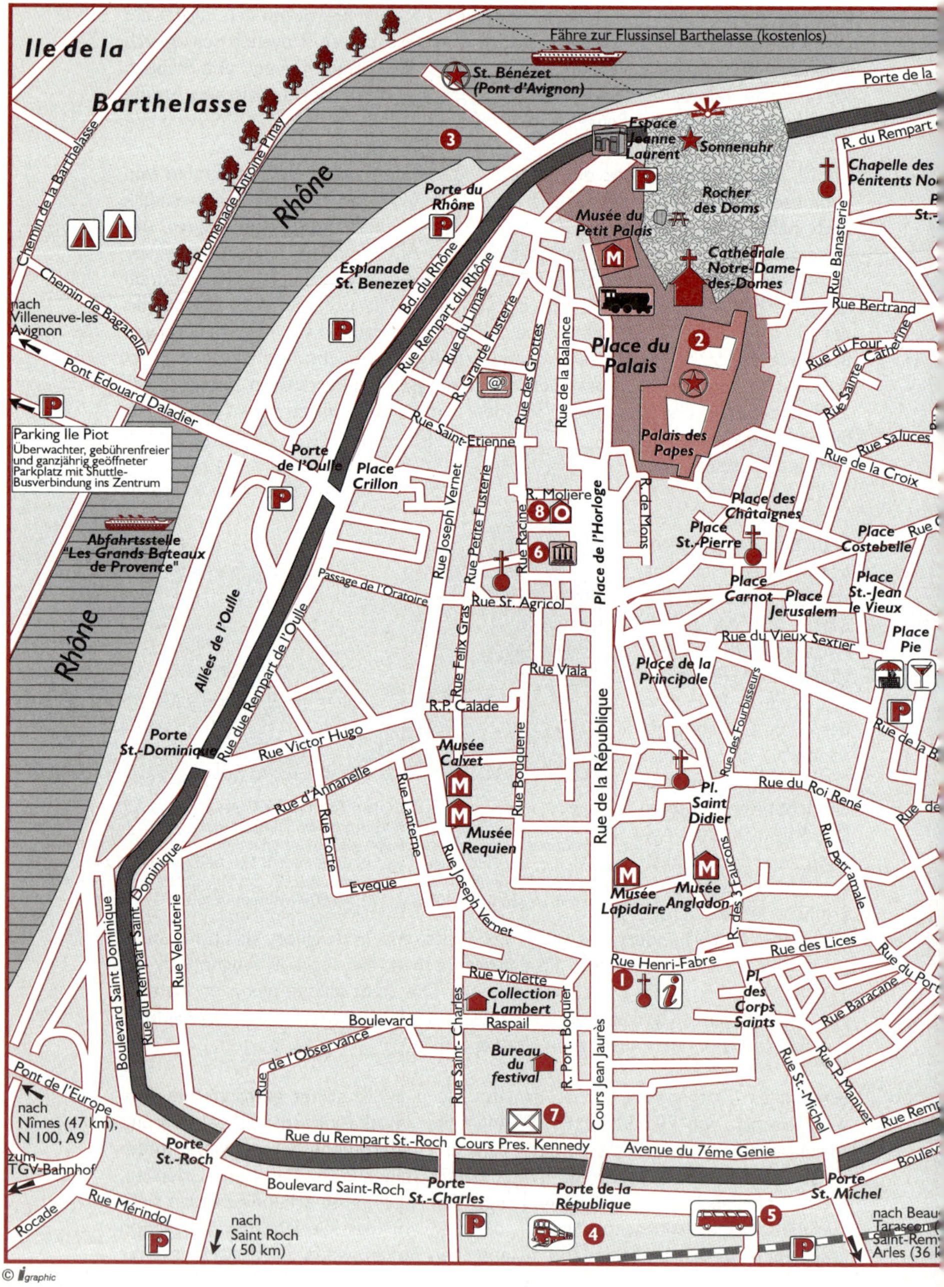
Ile de la Barthelasse
Fähre zur Flussinsel Barthelasse (kostenlos)
St. Bénézet (Pont d'Avignon)
Porte de la
Espace Jeanne Laurent
Sonnenuhr
R. du Rempart
Chapelle des Pénitents No
Rocher des Doms
Musée du Petit Palais
Cathédrale Notre-Dame-des-Domes
Rue Banasterie
Rue Bertrand
Porte du Rhône
Rhône
Promenade Antoine Pinay
Chemin de la Barthelasse
Chemin de Bagatelle
nach Villeneuve-les Avignon
Esplanade St. Benezet
Bd. du Rhône
Rue Rempart du Rhône
Rue du Limas
R. Grande Fusterie
Rue des Grottes
Rue de la Balance
Place du Palais
Palais des Papes
Rue du Four
Rue Sainte Catherine
Rue Saluces
Rue de la Croix
Pont Edouard Daladier
Parking Ile Piot
Überwachter, gebührenfreier und ganzjährig geöffneter Parkplatz mit Shuttle-Busverbindung ins Zentrum
Rue Saint-Etienne
Porte de l'Oulle
Place Crillon
Rue Joseph Vernet
Rue Petite Fusterie
R. Moliere
Rue Racine
Place de l'Horloge
R. de Mons
Place des Châtaignes
Place St.-Pierre
Place Costebelle
Abfahrtsstelle "Les Grands Bateaux de Provence"
Passage de l'Oratoire
Rue St. Agricol
Place Carnot
Place Jerusalem
Place St.-Jean le Vieux
Rue du Vieux Sextier
Place Pie
Allées de l'Oulle
Rue due Rempart de l'Oulle
Rue Félix Gras
Rue Viala
Place de la Principale
Rue des Fourbisseurs
R.P. Calade
Porte St.-Dominique
Rue Victor Hugo
Musée Calvet
Rue Bouquerie
Rue de la République
Pl. Saint Didier
Rue du Roi René
Rue d'Annanelle
Rue Lanterne
Rue Forte
Musée Requien
Rue Joseph Vernet
Rue Perramale
Rue des 3 Faucons
Musée Lapidaire
Musée Angladon
Eveque
Rue du Rempart Saint Dominique
Boulevard Saint Dominique
Rue Velouterie
Rue Henri-Fabre
Rue des Lices
Rue du Portail
Rue Violette
Collection Lambert
Pl. des Corps Saints
Rue Baracane
Boulevard Raspail
Rue Saint-Charles
R. Port. Boquier
Rue de l'Observance
Bureau du festival
Cours Jean Jaurès
Rue St.-Michel
Rue P. Manivet
Pont de l'Europe
nach Nîmes (47 km), N 100, A9
zum TGV-Bahnhof
Rue du Rempart St.-Roch
Cours Pres. Kennedy
Avenue du 7éme Genie
Rue Remp
Porte St.-Roch
Boulevard Saint-Roch
Porte St.-Charles
Porte de la République
Porte St. Michel
Rocade
Rue Mérindol
nach Saint Roch (50 km)
nach Beau Tarascon Saint-Rem Arles (36
© igraphic

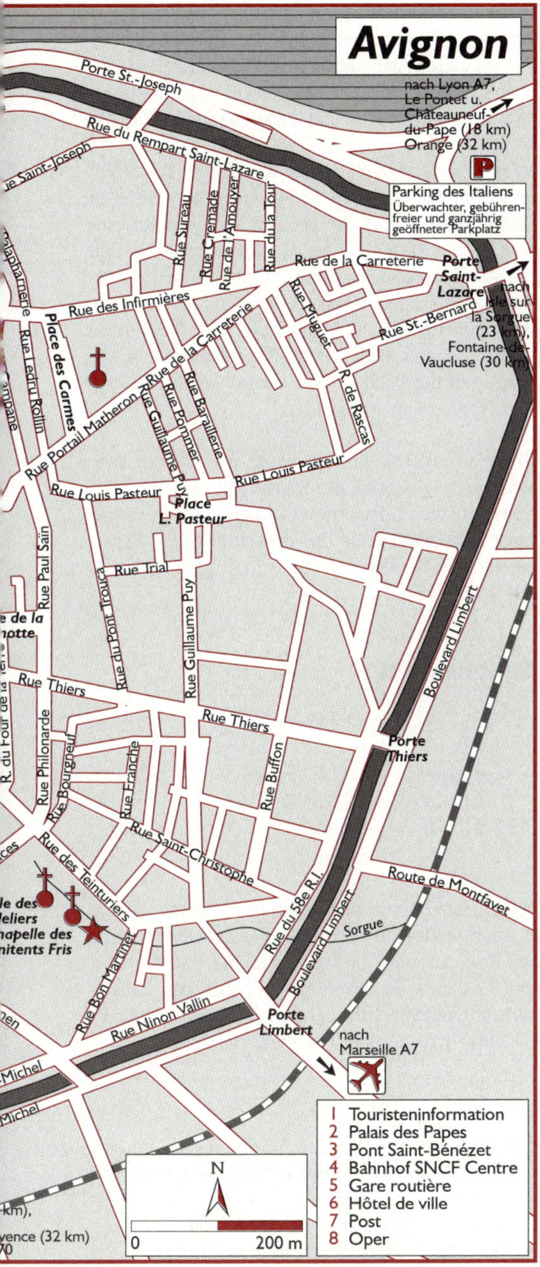

Verhalten nichts mit dem Schisma und der Ketzerei, sondern lediglich mir ihrer besonderen Natur zu tun habe; man sieht Mönche und Pilger in schwarzen, braunen, gelben und grauen Kutten und Schüler aus Deutschland, die nach Avignon gekommen sind, um hier zu studieren. [...] Das, was sie alle hierher treibt, ist überwiegend doch das Verlangen zu Vermögen zu kommen, sei es durch den Aufstieg zu höheren Kirchenrängen, durch die Erlangung einer einträglichen Pfründe oder durch irgendwelche andere Spekulationen in einer Gegend, in der das ganze Gold der Christenheit zusammenströmt. Darum zählte man auch unter allen Fremden nicht weniger als hunderttausend Geistliche, die von seiner Heiligkeit irgendeine Gnade zu erlangen hofften."

Verlangen nach Vermögen

Gestank und Schmutz

Um dem Gestank und Schmutz der Stadt zu entfliehen, zogen viele Kardinäle ins benachbarte Villeneuve-les-Avignon. Vielleicht wollten sie auch dem Baulärm in Avignon entkommen, denn damals wurde der Bischofspalast zum Papstpalast ausgebaut, die Brücke über die Rhône erweitert und eine neue Mauer um die Stadt gezogen. Nach der Pest kamen Dürreperioden und mit ihnen Hungersnöte.

Dürre und Hungersnot

Diese Schrecken sahen manche als Strafe für das „Babylonische Exil" der Päpste in

Alles eine Ansichtssache
„Diese Stadt ist eine Abfallgrube, in der sich aller Unrat der Welt sammelt. Alles, was es auf Erden an Hinterhältigkeit, Gottlosigkeit und verabscheuungswürdigen Seiten gibt, findet sich dort angehäuft. Hier verachtet man Gott, hier betet man den Mammon an, hier tritt man göttliches und menschliches Recht mit Füßen. Alles hier atmet Lüge: die Luft, die Erde, die Häuser und vor allem die Schlafzimmer."
Francesco Petrarca in seinen zeitgenössischen Briefen über das Avignon der Päpste

„An Fröhlichkeit, Leben, Bewegung, Festlichkeiten gab es niemals eine vergleichbare Stadt. Da zogen von früh bis spät Prozessionen und Pilgerzüge durch die Stadt, die Straßen waren mit Blumen übersät und mit Teppichen geschmückt. Ach, die glückliche Zeit, die glückliche Stadt."
Der Literat Alphonse Daudet im 19. Jahrhundert über das Avignon der Päpste

Avignon an und drängten darauf, den Papstsitz zurück nach Rom zu verlegen. Nach dem Abzug der Päpste wurde Avignon von päpstlichen Legaten und später von Vizelegaten regiert und blieb auf diese Weise eine politische und kulturelle Enklave.

Während der Französischen Revolution stand Avignon auf der falschen Seite, wie schon öfter in seiner Geschichte: Die geballte Wut der Revolutionäre richtete sich gegen alles Kirchliche und Päpstliche und so bezahlte die Stadt einen hohen Preis an Menschenleben sowie an zerstörten Bau- und Kunstdenkmälern. Im Zuge der Revolution büßte Avignon auch seinen Sonderstatus ein, die Stadt wurde, nach großer Gegenwehr des Vatikans, Frankreich angegliedert.

Trotz aller Kritik am luxuriösen und oftmals sehr weltlichen Lebensstil des Klerus gibt es heute auch Stimmen, die im Papsttum in Avignon einen gewaltigen Aufschwung für das danach folgende Papsttum sehen. Für den Tourismus in Avignon trifft das auf jeden Fall zu!

Sehenswertes

Der Train Touristique verkehrt von Mitte März bis Mitte Okt.:
- ***Rundfahrt 1:** Altes Stadtviertel – Papstpalast – Brücke St Bénézet. Abfahrt alle 35 Minuten ab dem Papstpalast.*
- ***Rundfahrt 2:** Gärten des Domfelsen mit Aussicht auf die Rhône, Avignon und Villeneuve-lès-Avignon.*

Avignon, von 1348 bis zur französischen Revolution päpstlicher Besitz, wurde lange Zeit von Rom aus regiert. Auch wollte der Architekt *François Royers de la Valfenière* in Avignon ein zweites Rom schaffen und erstellte die Baupläne für zahlreiche weltliche und kirchliche Gebäude. So erkennt man heute den italienischen Einfluss in Avignon nicht nur an Gebäuden, sondern auch an den luftdurchlässigen, hölzernen Fensterläden – einer italienischen Tischlerarbeit.

Stadtmauern

fast vollständige Stadtmauer

Avignon ist eine der wenigen bedeutenden europäischen Städte, deren mittelalterliche Stadtummauerung noch fast vollständig erhalten geblieben ist. Die rund fünf Kilometer lange Stadtmauer wurde in den Jahren 1355–1368 unter Papst *Innozenz VI.* zum Schutz vor Invasoren, Belagerern und Hochwasserkatastrophen gebaut. Es war die Zeit, als vor allem die *Grandes Companies*, straff organisierte

Banden von Söldnern, die während der langen Kampfpausen im 100-jährigen Krieg arbeitslos geworden waren, die Stadt terrorisierten. Bis heute bestimmt dieser mächtige Schutzwall das Leben innerhalb der Stadtmauer, ein Einwohner von Avignon meinte dazu im Jahr 2000: *„Die Bewohner Avignons sind eingesperrt, Gefangene ihrer selbst. Wenn man von außen über die Brücke von Avignon in die Stadt kommt, dann ist man von ihrer Magie, Schönheit und dem Licht bezaubert, man wird angezogen wie von Honig. Wenn man dann innen ist, ist es schwierig, hier zu leben, weil man spürt, daß man eingesperrt ist. Viele Künstler kommen in diese Stadt, bleiben aber nicht lange."*

Palais des Papes – der Papstpalast

Es ist, als ob die Wände wispern von Verrat, von Intrigen und Zwietracht in dieser päpstlichen Trutzburg, die *Prosper Mérimée* eher „an die Zitadelle eines asiatischen Despoten als an das Haus eines friedliebenden Stellvertreters Christi" erinnerte. (Mérimée war 1831 Inspekteur der historischen Denkmäler Frankreichs.) „Riesig, wüst, trostlos und schmutzig" gar fand *Henry James* das Gebäude. Nun, zumindest schmutzig ist der Palast heute nicht mehr! Aber ziemlich leer, zumindest was die ursprüngliche Einrichtung anbetrifft, denn die wurde während der Französischen Revolution geplündert.

wüst und schmutzig

Mehr als dreieinhalb Jahrhunderte, von 1433 bis zur Französischen Revolution, residierten im allmählich verfallenden Papstpalast von Avignon päpstliche Legaten und Vizelegaten. 1790, im Zuge der Revolution sollte dann der Bau als klerikales Symbol zerstört werden. Doch der Plan musste verworfen werden: Der Koloss war einfach zu mächtig. So wurde der Palast kurzerhand zum Gefängnis für die Feinde der Revolution umfunktioniert. Im Oktober 1791 wurden hier 60 „Verdächtige" grausam hingerichtet. Von 1810 bis 1906, als der Palast als Armeekaserne diente, wurde er mehrmals umgebaut und ausgeweidet durch Soldaten, die die Fresken abschlugen und verkauften. 1906 begann man dann mit der Renovierung des Palastes. Seit 1947 finden im Innenhof international renommierte Theaterfestspiele statt. *Jeanne Moreau* und *Philippe Noiret* starteten ihre Karrieren hier im Papstpalast von Avignon.

> *„Diese hermetisch verschlossene Burg, in der die Papstschaft, da sie sich am Rande anfaulen fühlte, sich zu konservieren gedachte, sich selber einkochend in einer letzten echten Leidenschaft"*
> Rainer Maria Rilke während einer Provence-Reise (22. Sept. bis zum 8. Okt. 1909) über den Papstpalast von Avignon.

Als Ergänzung zum kahlen Papstpalast sollte man unbedingt das im Mai 2003 im Papstpalast eröffnete **Musée de l'oeuvre** besuchen. Man erfährt hier vieles zum Bau und Umbau des Museums anhand von (französischsprachigen) Infotafeln und Modellen.

Hinweise

- *Da im Sommer täglich höchstens 4.000 Besucher eingelassen werden, sollten Sie schon möglichst früh kommen.*
- *Wer eine Führung durch den Papstpalast stilvoll beenden möchte, der kann im Patio des Hotels La Mirande einen Tee einnehmen. Das Hotel liegt nahe dem*

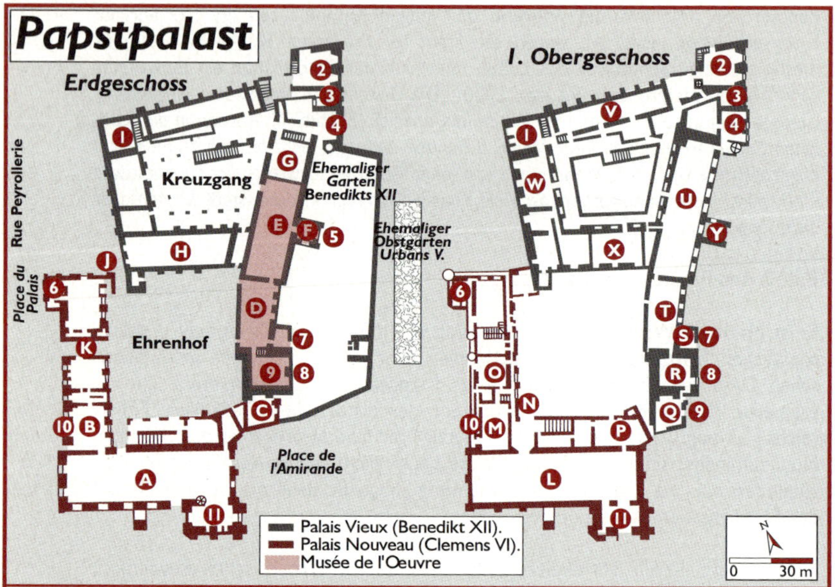

Erdgeschoss

A Großer Audienzsaal

Im östlichen Teil dieses gotischen Meisterwerks trat einst der Apostolische Gerichtshof zusammen, gegen dessen Beschlüsse kein Einspruch möglich war. Dieser Teil hieß Rota, nach einer Version dem kreisförmig verlegten Parkett nach benannt, nach einer anderen Version, weil die Richter hier im Kreis saßen. Vom Prophetenfresko an der Gewölbedecke ist nur ein Rest erhalten, da Soldaten im 19. Jahrhundert, als der Saal als Kaserne diente, die meisten Fresken abgeschlagen und verkauft haben.

B Kleiner Audienzsaal

C Tour de la Garde-Robe

D Schatzkammer

Hier residierte die Finanzabteilung des Papstpalastes. Und zwar buchstäblich auf Säcken voll Geld: denn die lagerten in acht steinernen Tresoren gleich nebenan im Fußboden der Unteren Schatzkammer..

E Konsistoriumssaal

Hier wurden einst die Legaten und Botschafter empfangen.

F Johanneskapelle

Hier sind Szenen aus dem Leben Johannes des Täufers und des Evangelisten Johannes zu sehen, gemalt von Matteo Giovannetti (unter anderem das Festmahl des Herodes, dem der Henker den Kopf des Heiligen Johannes bringt).

G Flaschenlager, Bäckerei

H Konklave-Flügel

J Porte de Notre-Dame

K Porte des Champeaux (Eingang)

I. Obergeschoss

L Clemenskapelle

52 Meter lang, 15 Meter breit und 19 Meter hoch ist diese Kapelle mit ihren sieben Jochgewölben. Der Architekt war seinerzeit gezwungen, darauf zu achten, dass die Kapelle nicht höher als das Schloss wurde. In der Grande Chapelle wurden religiöse Feierlichkeiten wie Papstkrönungen abgehalten. Der einzige Raum im Papstpalast, der so etwas wie eine sakrale Atmosphäre ausstrahlt. Bemerkenswert ist hier die Resonanz, jeder Laut wird als zehn- oder zwanzigfaches Echo zurückgeworfen, angeblich "damit Zuspätkommende immer noch den ersten Teil der Messe mitbekamen".

M Wohnung des Kämmerers

N Ablassfenster
Von hier aus erteilte der Papst der unten versammelten Menge den Ablass von den Sünden (gegen Gebühr) und den Segen Urbi et orbi (gebührenfrei).

O Konklavgalerie

P Nordsakristei

Q Hirschzimmer (oben Michaelskapelle)
Das ehemalige Arbeitszimmer Clemens VI. zeigt keine frommen Szenen, sondern weltliche Motive, unter anderem eine Hirschjagd (der Hirsch allerdings fiel dem Zahn der Zeit zum Opfer), Aufstellen von Fallen, einen Jungen, der ein Nest ausnimmt, eine Hasenjagd und surrealistisch anmutende Jagdhunde und Fischfangszenen. Das Fischbecken, das hier abgebildet ist, zeigt vermutlich das päpstliche Fischbecken, in dem – wie man weiß - zwischen September 1333 und April 1334 immerhin 1922 Hechte und 143 Karpfen ausgesetzt wurden!

R Schlafzimmer Benedikts XII
Der am besten erhaltene und gemäß seiner Funktion intimste Raum des Palastes ist mit Rankenwerk aus Wein- und Eichenlaub ausgeschmückt, auf dem sich unter anderem ein Eisvogel und eine Elster niedergelassen haben. In die Fensternischen sind geöffnete, von den Vögenl verlassene Käfige gemalt; so dekorativ diese auch wirken mögen, so sind sie doch von einer gewissen Aussagekraft: Im Mittelalter waren Vogelkäfige das Symbol für den Körper, in dem die Seele gefangen ist. Man nimmt an, dass die Ausstattung dieses Raums aus der Zeit Clemens VI. stammt.

S Studierzimmer
Im angrenzenden Studierzimmer Benedikts XII. ist der wunderschöne Fliesenboden sehenswert.

T Schmuckzimmer/Chambre de Parament

Hier warteten im Vorraum des päpstlichen Schlafgemachs die zu einer Privataudienz Geladenen. Heute hängen hier zwei Gobelins aus dem 18. Jahrhundert an der Wand.

U Großer Festsaal
Der größte Raum des Klosters, dessen Name auf das lateinische tina (Fass) zurückgeht. Einst war der 48 Meter lange und 10 Meter hohe Saal von einem gemalten Sternenhimmel überwölbt, den zu restaurieren zu aufwendig war. So versah man die Wölbung 1979 mit einer Holztäfelung. Bei den Festmählern saß der Papst leicht erhöht, auch die Kardinäle wurden nach ihrem Rang plaziert. Nach dem Ende des Essens pflegte man, einem bösen Gerücht zufolge, die Türen zu verriegeln, um Inventur zu halten, und um dann – vorausgesetzt, es war noch alles da – diese wieder zu öffnen. So stellte man sicher, dass sich auch keiner mit dem Silberlöffel aus dem Staub machte.
Der zugemauerte Spitzbogen wurde bei einer Konklave aufgebrochen, um den Kardinälen etwas mehr Bewegungsfreiheit zu verschaffen; 10 Tage nach dem Tod eines Papstes pflegten sich hier die Kardinäle zu versammeln, um einen neuen zu wählen. Damit sich die Wahl aber nicht endlos lange hinzog, griff man zu einem einfachen Trick und vermauerte die Türen und Fenster bis in 8 m Höhe, damit die hohen Würdenträger durch nichts abgelenkt wurden. Dieser Brauch ging auf das 13. Jahrhundert zurück, als sich die Kardinäle lange 3 Jahre nicht auf einen neuen Papst einigen konnten. Damals schloss sie die Bevölkerung Roms kurzerhand ein (conclave = verschließbares Gemach) und griff zu einem drastischen Mittel: Nachschub an Essen gab es irgendwann nicht mehr... Der wahre Zweck der Einmauerung in Avignon aber war, Korruption und Beeinflussung von außen zu vermeiden.

V Benediktkapelle

W Flügel der Vertrauten

X Gästezimmer

Y Chapelle - Kapelle St-Martial
Hier sind von Matteo Giovanetti in leuchtenden Farben Szenen aus dem Leben des heiligen Martial (1344-45), dem Nationalheiligen des Limousin, dargestellt. Ihr Auftraggeber, Papst Benedikt XII. stammt aus dieser Gegend. Die einzelnen Teile der Lebensgeschichte des Heiligen sind mit Buchstaben gekennzeichnet, so dass man beim Betrachten nichts durcheinander bringt!

Türme

1 Tour de la Campane

2 Tour de Trouillas

3 Tour des Latrines

Der Turm hatte in jeder Etage Latrinen. In einer 22 m tiefen Grube wurden die Abwässer gesammelt und durch einen Kanal in die Rhône geleitet. Einstmals drangen auf diesem wenig appetitlichen Weg Soldaten in den Palast ein – zur großen Überraschung der Verteidiger!

4 Tour des Cuisines

5 Tour St.-Jean

6 Tour d'Angle

7 Tour de l'Etude

8 Tour des Anges

9 Tour de la Garde-Robe

10 Tour de la Gache

11 Tour St.-Laurent

Palais Secret – Geheimer Papstpalast
Haben Sie schon mal davon geträumt, durch geheime Gänge zu schleichen, Stufe um Stufe in sonst nicht zugängliche Gemächer emporzusteigen? Diese französischsprachige Führung macht es möglich und führt vom Keller bis zur Terrasse, durch Schwitzkammern, Privatgemächer und Kleiderkammern, Kapellen und Gärten des Palastes – einen Bereich, den man sonst nicht betreten darf. Ergänzend dazu gibt es noch ein leckeres Essen und feine Chateauneuf-Weine, soviel man möchte bzw. vertragen kann, denn die Tour führt treppauf und treppab! Empfohlene Voranmeldung beim Office de Tourisme.

Ausgang und war früher das Domizil eines Kardinals. Heute ist es eine Edeladresse, in deren Patio auch Nichthausgäste gerne gesehen werden, wie der Hotelier betont.

Ein Spaziergang um den Papstpalast führt über die teils in den Fels geschlagene **Rue Peyrollerie** (Straße der Kesselflicker), in die gewundene Straße **Rue de banasterie** (Straße der Weidenkorblichter) und die alternativ angehauchte, ungemein malerische **Rue des Teinturies** (Straße der Färber) mit ihren kleinen Antiquitätenläden, alternativen Restaurants und mit der **Chapelle des Pénitents Gris** *(geöffnet Do. ab 14.30 Uhr und Sa. 15–17 Uhr)*. Im Mittelalter war Avignon eine Hochburg der in Südfrankreich verbreiteten *fraternités*, Laienbrüderschaften, die sich im Verborgenen selbstlos sozialen Aufgaben widmeten. Je nach ihren Aufgaben hatten ihre Kapuzen eine andere Farbe; bei ihren Prozessionen waren die Brüder stets verhüllt. Die „Penitents Gris“, die letzte der Brüderschaften, errichteten hier im 18. Jahrhundert neben dem Gefängnis ihre Kapelle. Sie betreuten die Häftlinge und hatten im Gegenzug das Recht, einmal jährlich einen Häftling ihrer Wahl zur Begnadigung vorzuschlagen. Die meisten Brüderschaften lösten sich nach der Revolution auf.

Cathédrale Notre-Dame-des-Doms

Die Bausubstanz der von einer vergoldeten Marienfigur (eine etwas monströse Zutat des 19. Jahrhunderts) gekrönten Kathedrale ist teilweise noch älter als die des Papstpalastes. Notre-Dame-des-Doms ist die letzte Ruhestätte zahlreicher kirchlicher Würdenträger, darunter der zwei Päpste *Benedikt XII.* und *Johannes XXII.* *(keine regulären Öffnungszeiten)*.

Rocher des Doms

Schon in prähistorischer Zeit und später dann in kelto-ligurischer Zeit war dieser Felsen besiedelt. Heute liegt hier ein öffentlicher Park mit einem schönen Blick auf die verschachtelte Dächerlandschaft der historischen Altstadt, die Rhône und den Pont-Saint-Bénézet. Was die Stunde schlägt, zeigt eine Sonnenuhr – mit dem Schatten des Betrachters als Zeiger.

Pont St.Bénézet

mittelalterliches Marketing

Sur le pont d'Avignon ... – die Brücke von Avignon ist ein Beispiel exzellenten Marketings. Sie wurde nicht nur durch dieses Lied berühmt, sondern auch durch einen mittelalterlichen Marketingtrick erst ermöglicht: Der Legende nach befahlen himmlische Stimmen dem Hirtenjungen *Bénézet*, diese Brücke zu bauen. Ein

Engel zeigte *Bénézet* sogar die Stelle, wo sie errichtet werden sollte. Anfangs glaubte die Obrigkeit dem Hirtenjungen nicht, doch als er zum Beweis seiner übernatürlichen Kräfte mit nur einer Hand einen tonnenschweren Stein hochhob und als ersten Brückenpfeiler einsetzte, durfte er – zusammen mit der von ihm gegründeten Brüdergemeinschaft der Brückenbauer – mit der Arbeit beginnen.

Für viele der zahlreichen europäischen Brückenbauten des 11. bis 13. Jahrhunderts gibt es ähnliche Legenden. Die Pilger auf dem Weg ins spanische Santiago de Compostela mussten sicher über einen Fluss gelangen, was nicht immer selbstverständlich war, denn oft waren die Fähren überladen oder wurden von der Strömung weggerissen. Wie gefährlich damals die Flussüberquerungen waren, zeigen zahlreiche Münzfunde: Um die Fluten zu besänftigen, pflegte man seinerzeit vor einer Flugüberquerung Goldstücke in den Fluss zu werfen. Die neuen Brücken mussten aber nicht nur Pilger, sondern auch Soldaten befördern. Göttliches Eingreifen wie das wundersame Heben des Steins, sollte auch einfache Menschen überzeugen, dass hier weder Geld noch Mühe gescheut werden sollten, das irdische Bauwerk zu vollenden.

Auf der Brücke von Avignon wurde in Wirklichkeit niemals getanzt, sondern darunter – in den Schänken der Rhône-Insel. Den schönsten Blick auf die Brücke hat man übrigens vom Rocher des Doms.

Zurück zum Pont St.Bénézet: In der für damalige Verhältnisse rasant schnellen Zeit von nur 8 Jahren wurde die 900 m lange Brücke fertig gestellt. Zwei Mönche, zwei Esel und zwei Huren soll man laut einem alten Sprichwort stets darauf angetroffen haben, anders gesagt: Bettelei, Dummheit und Unmoral. Angeblich soll die wilde ausgelassene Tanzerei der Menschen auf der Brücke sie schließlich zum Einsturz gebracht haben. Tatsächlich waren es aber wiederholte Hochwasserkatastrophen, die 1660 zum Teileinsturz der Brücke führten. Nachdem sie schon mehrmals durch Kriegseinwirkungen und Hochwasser zerstört worden war, gab man damals ihren Wiederaufbau endgültig auf. Für die Jahrtausendwende 2000 sollte das Bauwerk symbolisch verlängert werden – doch rund zwei Drittel der Bevölkerung stimmten per Volksentscheid dagegen. Die Chapelle St. Nicolas auf der Brücke hat übrigens ein romanisches und ein gotisches Stockwerk.

Bettelei, Dummheit und Unmoral

Saint Didier

Ein einschiffiger, schlichter Sakralbau aus der Zeit der Gotik, in dem besonders das Retabel aus dem 15. Jahrhundert in der ersten südlichen Seitenkapelle erwähnenswert ist. Mit wie vor Schmerz versteinertem Gesicht begleiten hier die Jünger Christus auf seinem letzten Gang.

Museen

• Musée Calvet (Musée des beaux-arts d'Avignon)

Geöffnet tgl. (außer dienstags) von 10–13 und 14–18 Uhr, www.musee-calvet.org.

> *„Ich ließ mich ins Museum führen. Die Bilder sind hier in der reizvollsten Manier angeordnet, in großen Sälen, die auf einen großen, stillen Garten hinausgehen, in dem mächtige Bäume stehen. Es herrscht eine tiefe Stille an diesem Ort, die mich an die schönen Kirchen Italiens erinnert: die Seele, den eitlen Interessen der Welt schon zur Hälfte entrückt, wird hier zu besonderer Genussfähigkeit für die allerhöchste Schönheit geläutert."* Stendhal

Das berühmteste Museum von Avignon, von dem 1810 verstorbenen Medizinprofessor und Kunstkenner *Esprit Calvet* gegründet, ist eine wahre Schatzgrube an Gemälden und Skulpturen des 15./16. Jahrhunderts bis in die Moderne mit Werken unter anderem von *Sisley, Manet, Utrillo* und *Dufy*. Sehenswert ist auch die prächtige Sammlung des Kunsthandwerks mit Fayencen, Goldschmiedekunst und Möbeln.

> **Sammlersucht**
> Ein Großteil der Sammlung des Petit Palais wurde von Herzog Gianpietra Campana im 19. Jahrhundert zusammengetragen. Er war Direktor der päpstlichen Bank in Rom. In wenigen Jahren hatte Campana über 15.000 Objekte gesammelt, darunter 4.000 griechische Vasen und 1.100 Gemälde. Seine Sammelsucht finanzierte er mit heimlich von der Bank abgezweigten Geldern. Als dieser Betrug aufkam, wurde er zu 20 Jahren Galeere verurteilt, wegen seines adligen Standes aber begnadigt. Napoleon III. kaufte einen Großteil der Sammlung auf, nach dem Zweiten Weltkrieg kamen dann die meisten Objekte ins Musée du Petit Palais.

• Musée du Petit Palais

Der ehemalige Erzbischofspalast aus dem 14. und 15. Jahrhundert beherbergt eine wunderschöne Sammlung mittelalterlicher Kunst, die mit italienischen Gemälden vom 13. bis zum 16. Jahrhundert bestückt ist und als hervorragende Dokumentation der frühen italienischen Malerei gilt. Große Namen wie *Botticelli* und *Carpaccio* sind hier zu finden, von letzteren ist sein Werk *Sacra Conversazione* besonders sehenswert. Weiterhin gibt es Skulpturen der *Schule von Avignon* zu sehen, die auf das 14. bis ins 16. Jahrhundert zurückgehen. Man beachte das große gotische Grabmal des ausgemergelten Kardinals *Jean de Lagrange* aus dem Jahr 1402.

• Musée Lapidaire

Das seit 1933 in der Jesuitenkapelle des 17. Jahrhunderts untergebrachte „Musée Lapidaire" präsentiert eine reiche Antikensammlung mit griechischen, etruskischen und ägyptischen Exponaten, darunter auch die berühmte Inschrift von *Titus Carisius*, eine der ältesten der Provinz, die in Zusammenhang mit der Organisation der Provinz steht.

• Le musée-fondation Angladon-Dubrujeaud

Das seit 1996 der Öffentlichkeit zugängliche Museum ist vor allem wegen seiner Meisterwerke des 19. und 20. Jahrhunderts bekannt. Hier sind so große Namen wie *Manet, Degas, Monet, Daumier, Derain, Vuillard, Modigliani* und *Sisley* versammelt. Und als Krönung das einzige Werk *Vincent van Goghs*, das in Dauerausstellung in der Provence zu sehen ist: „Les Wagons de Chemin de Fer" (Eisenbahnwagons, 1888), van Gogh erwähnte in einem Brief an seinen Bruder Theo diese „kleine Studie von Wagons der Linie Paris-Lyon-Mittelmeer". Ein Meisterwerk ist auch Cézannes Stillleben mit Steinzeug, entstanden in einer wichtige Werkphase des Künstlers, als er es zur Meisterschaft in der plastischen Darstellung seiner Motive gebracht hatte. Dritter der wirklich großen Namen ist *Pablo Picasso,* von dem ein Selbstportrait zu sehen ist. Und als ob die Werke nicht selbst schon schön genug wären, sind sie in einem wunderbar ausgestatteten Gebäude untergebracht mit Salons aus dem 18. Jahrhundert und mit einem fernöstlichen Salon.

Drei große Künstler

• Musée Louis Vouland

Hier fühlt man sich wie in dem eleganten Privathaus eines Adligen des 18. Jahrhunderts, umgeben von edlen Möbeln, Gobelins, Malerei und Porzellan dieser Zeit – letzteres aus Moustiers oder Delft.

• Collection Lambert

Das kleine zeitgenössische Kunstmuseum besteht seit Sommer 2000 und zeigt Werke unter anderem von *Robert Ryman, Lawrence Weiner, Christian Boltanski, Anselm Kiefer.* Untergebracht ist die Sammlung in einem Palais aus dem 18. Jahrhundert, gegründet wurde sie von dem Kunsthändler *Yvon Lambert.* Er hat seine Sammlung vorerst für 20 Jahre der Öffentlichkeit zur Verfügung gestellt.

Villeneuve-lés-Avignon (ⓘ s. S. 131)

Einwohner: 10.000

Avignon von seiner schönsten Seite – das bietet sich in den Abendstunden von Villeneuve-lés-Avignon aus. Aber auch die Stadt selbst ist einen Rundgang wert: Zur Zeit der Papstherrschaft wurde es in Avignon etwas eng, und so wurde Villeneuve zum eleganten Vorort Avignons, in dem sich besonders der Klerus gerne niederließ.

Einer für alle: Mit dem *Passeport pour l'Art* als Eintrittskarte kann man alle wichtigen Sehenswürdigkeiten der Stadt besuchen.

Chartreuse du Val-de-Bénediction

Wo einst Mönche auf der Suche nach Gott waren, sind auch heute noch Menschen auf der Suche: und zwar nach Worten und Ideen. Gemäß den Ordensregeln der Kartäuser – „Je länger er in seiner Zelle bleibt, desto mehr wird er sie lieben, vorausgesetzt, er beschäftigt sich zuchtvoll und nützlich mit Lesen, Schreiben"! – sitzen heute in den ehemaligen Klosterzellen Dramatiker und Drehbuchautoren auf der Suche nach Inspiration in klösterlicher Klausur: Die Kartause ist seit 1991 das *Centre national des écritures du spectacle.* Das Kloster wurde 1352 von Kardinal *Pierre Aubert* gegründet – der es später unter dem Namen *Innozenz VI.* zum Papst bringen sollte. Im 14. Jahrhundert galt die Kartause als die größte Frank-

auf der Suche

reichs. Es hatte eine große Geschichte und konnte doch wie die anderen Klöster einem Schicksal nicht entkommen – während der Revolution wurde es aufgelöst. Damals verkam das Grabmal von *Innozenz VI.* gar zu einem Kaninchenstall und sollte zerstört werden, wurde aber dank *Prosper Mérimée* gerettet. Der Papst ruht in seinem Ornat hinter einem steinernen Vorhang in Flamboyant-Gotik.

Die Kartäusermönche lebten relativ luxuriös in einer Art Apartment, Räumlichkeiten, die auffallenderweise eine Tür nach außen hatten. Man muss dabei einerseits bedenken, wie kriegerisch damals die Zeiten waren, und sich andererseits die strategisch bedeutende Lage von Villeneuve vergegenwärtigen. Vermutlich fanden hier nicht nur Pilger und Mönche Einlass, sondern auch so manch ein Verfolgter.

Im sogenannten Gefängnis des Klosters saßen Mönche, die das Kloster verlassen wollten, für längstens ein Jahr ein. Ohne geistlichen Beistand mussten sie dabei nicht bleiben, durch die Anordnung der Räume konnte jeder „Gefangene“ mit Blick auf den Altar beten und die Gebete und Predigten aus der Kirche mithören. Wer dann immer noch gehen wollte, konnte gehen, um in der Welt „Buße zu tun“.

Fort Saint-André

Die dicken Mauern wurden im 14. Jahrhundert erbaut, als die Banden der *Grand Compagnies* das Land in Angst und Schrecken versetzten. Inmitten der Festung steht die Abbaye Saint-André, eine ehemalige Benediktinerabtei, die heute in Privatbesitz und nicht zugänglich ist. Zur Abtei gehört ein herrlicher Garten mit aussichtsreichen Terrassen und verborgenen Nischen und Winkeln.

herrlicher Garten

Tour Philippe-le-Bel

Zu der Zeit, als man noch auf (bzw. unter) der Brücke von Avignon tanzte, bewachte dieser Turm den Zugang zum heute nicht mehr vorhandenen Teil des Bauwerks. Am schönsten ist der Turm (wie so viele andere Bauwerke der Provence) zur Zeit des warmen Abendlichts.

Der Fluss und der Fiskus

Ab dem 13. Jahrhundert lag diesseits der Rhône ab Villeneuve Frankreich, jenseits bei Avignon das Deutsche Reich. Die Grenze verlief aber nicht mitten durch den Fluss, sondern entlang des Ufers bei Avignon. Überschwemmte nun eines der seinerzeit häufigen Hochwasser das Ufer bei Avignon, ruderten die Finanzbeamten von Villeneuve alsbald hinüber, um die Steuern einzutreiben. Denn die Rhône war ja französisches Territorium!

Kirche collégiale Notre-Dame

Die ehemalige Kollegiatskirche stammt aus der ersten Hälfte des 14. Jahrhunderts.

Musée Pierre-de-Luxembourg

Unter den Kunstwerken aus der Zeit vom 14. bis zum 16. Jahrhundert sind besonders zu nennen eine aus Elfenbein geschnitzte Statue der Madonna mit dem Kinde aus dem 14. Jahrhundert sowie das Gemälde „Krönung der Jungfrau Maria“ aus dem 15. Jahrhundert, gemalt von *Enguerrand Quarton*.

Umgebung östlich von Avignon

Le Thor

Vermutlich wurde der Ort schon im 7. Jahrhundert gegründet. Zu sehen gibt es hier, neben der einzigen Tropfsteinhöhle der Provence, die romanische Kirche Notre Dame du Lac (mit einem gotischen Gewölbe, dem ältesten der Provence) und eine mittelalterliche Stadtmauer. In Fachkreisen wurde Le Thor durch die Seminare des deutsche Philosophen *Martin Heidegger* bekannt, der hier in den Jahren 1966 bis 1973 zu Sommerseminaren geladen hatte. Mit seiner schwermütigen Atmosphäre erinnert Le Thor etwas an Todtnauberg im Schwarzwald – auch dies ein Ort in der Heidegger-Vita.

Barbentane (ⓘ s. S. 131)

Geschützt durch die Nordseite der Montagnette ist Barbentane ein typisches provenzalisches Dorf mit seinem von Platanen beschatteten Platz. In der Antike lag der Ort noch als Insel *Ile Barban* in der Durance. Sehenswert in Barbentane ist sein Schloss, empfehlenswert die Unterkunft Castell Mouisson.

Schloss von Barbentane

„Halb Grand Siècle, halb italienische Magie ... Hier schleicht sich Phantasie in die Realität ein, beginnen die Rätsel und Mysterien, an denen auch dieses Land reich ist", schreibt *Hans-Eberhard Lex* („Geheimnisvolles Frankreich") über dieses prunkvolle Schloss, einen eleganten Bau aus dem 17. Jahrhundert. Der im italienischen Stil angelegte Garten hingegen lässt erkennen, dass sein Bauherr viele Jahre als Gesandter *Ludwig XV.* in Florenz verbracht hatte. Die Räume sind mit Carrara-Marmor und Stuckdecken und Originalmobiliar aus der Epoche *Louis XV.* und *Louis XVI.* ausgestattet – das Schloss blieb von den Zerstörungen der Revolution verschont. Die Platanen im Schlosspark sind mehrere Jahrhunderte alt.

italienischer Stil

Abbaye Saint-Michel-de-Frigolet (provenz. ferigoulo = Thymian)
Geöffnet tgl. außer Sa. 8–11 und 14–18 Uhr. Führungen Mo. bis Fr. 14.30 Uhr, So. 16 Uhr. Die Abtei unterhält auch eine Hostellerie, wo man recht preisgünstig essen und übernachten kann.

Am Rande des kleinsten der provenzalischen Kleingebirge, dem **Montagnettegebirge** (mit stolzen Gipfeln bis zu 165 Metern!), erhebt sich Saint-Michel-de-Frigolet, das seinen Namen dem in der Umgebung – neben vielen anderen Würzkräutern – üppig wachsenden Thymian verdankt. Schon im 10. Jahrhundert hatten sich hier Mönche von der Abtei Montmajour angesiedelt, um hier in der würzigen Höhenluft Heilung vom Sumpffieber zu erlangen. In späteren Jahren ging das Kloster in den Besitz des Bischofs von Avignon über. Es hatte dann eine sehr wechselvolle Geschichte mit Orden, die kamen und gingen, gelegentlich stand es auch leer, hierzu ist in *Frédéric Mistrals* Erinnerungen zu lesen: „Es war ein altes Kloster [...] Der Grundbesitz war während der Revolution stückweise für wenige

stolze Gipfel

Assignate verkauft worden, und die verlassene, all ihrer Güter beraubte Abtei blieb einsam und unbewohnt dort oben in der Einöde stehen, umheult von allen vier Winden und von wilden Tieren [...] Im Jahre 1832 waren einige Bettelmönche hingekommen und hatten sich im Kloster niedergelassen. [...] Doch bevor wir uns ganz von dem Kloster abwenden, muss ich noch erwähnen, was aus ihm geworden ist [...] bis es 1854 von einem weißen Mönchen, dem Pater Edmond erstanden wurde, der dort [...] den Orden der Prämonstratenser einführte [...] Zahlreiche Gebäude mit zinnenbekrönten Mauern wuchsen rings um das Kloster herum aus der Erde; eine neue prächtig ausgestattete Kirche hob ihre drei Schiffe und zwei Türme zum Himmel empor."

Heute ist die Abtei wieder von den Prämonstratensern bewohnt, die übrigens einen als gutes Magenmittel gerühmten Kräuterlikör namens Père Gaucher (nach einer Figur aus Daudets „Lettres de mon Moulin") zu destillieren wissen. In Daudets Buch war Père Daudet *vom Probieren seines Likörs, „diesem grünen, goldenen, warmen, leuchtenden, vorzüglichen Likör, der den Magen wärmt", also von diesem Zaubergetränk war er derart angeheitert, dass er in der Kirche statt liturgischer Gesänge einen ordinären Gassenhauer grölte: „In Paris ein weißer Vater, ließ kleine Nönnchen tanzen ...".*

Die romanische Kirche Saint Michel stammt teilweise aus dem 12. Jahrhundert, wurde allerdings im 19. Jahrhundert restauriert und leicht verändert. Der romanische Kreuzgang geht ins 12. Jahrhundert zurück, ebenso die romanische Kapelle Notre Dame du Bon Remède (Kapelle zur Jungfrau vom Guten Heilmittel). Aus dem 19. Jahrhundert stammt die neugotische Abteikirche, die unter den Prämonstratensern gebaut wurde. Ausgemalt ist sie im farbenfrohen Stil der Nazarener, dessen Zeit vorbei ist und dessen „Wiederentdeckung" noch nicht gekommen ist.

Von der Abtei führt ein **Wanderweg ins etwa 3 km entfernte Örtchen Boulbon**, gekrönt von einer (nicht zugänglichen) Schlossruine und umgeben von einer ehemaligen Stadtbefestigung. In Boulbon steht die romanische Kirche St.Marcellin, alljährlich am 1. Juni um Punkt 19 Uhr Schauplatz einer ganz besonderen Prozession: der **Flaschenprozession**, bei der nur Jungen und Männer mitgehen dürfen (ein Schuft, der Schlechtes ...). Diese klemmen sich ihre Lieblingsflasche Wein unter den Arm, schreiten durch das Kirchenportal hindurch, eine Messe wird gefeiert, der Wein geweiht, anschließend die Flasche entkorkt, feierlich ein Glas getrunken, die Flasche wieder zugemacht und aufbewahrt als Heilmittel gegen allerlei Zipperlein wie Magenschmerzen, Fieber und und und ...Wohl bekomm´s – bis zur nächsten Flaschenprozession.

Maillane südwestlich von Saint-Michel de Frigolet ist für Literaturbegeisterte interessant. Hier wurde am 8. September 1830 der Literaturnobelpreisträger *Frédéric Mistral* geboren, hier starb er am 25. März 1914. Begraben liegt er auf dem örtlichen Friedhof unter einer nicht eben bescheidenen Ruhestätte, die der Meister höchstselbst dem Pavillon de la Reine Jeanne bei Les Baux nachbilden ließ. Des Dichters Name ist auf dem Grabmal nicht zu lesen, ob aus Bescheidenheit oder weil eh jeder weiß, wer drin liegt? An den Dichter erinnert neben seinem Grab sein ehemaliges Wohnhaus, heute ein Museum zu Ehren Mistrals: **Musée Frédéric Mistral** *(11, avenue Lamartine, Tel. 04/90957406, Fax 04/90905284, geöffnet April bis Sept. tgl. (außer Di.) 9.30–11.30 und 14.30–18.30 Uhr, im Winter tgl. außer Di. bis 16.30 Uhr).* Nach dem Friedhofsbesuch empfiehlt sich eine Pause am Dorfplatz in einem der beiden schönen Café-Restaurants, wo man auch recht gut essen kann.

Tarascon (ⓘ s. S. 131)

Einwohner: ca. 13.000, Höhenlage: 9 m

Name und Ruf der Stadt sind mit dem Ungeheuer *Tarasque* verbunden, das hier der Rhône entstiegen sein soll und das die Rhône selbst mit ihren früheren Überschwemmungen symbolisiert. In architektonischer Hinsicht ist in Tarascon die Burg bemerkenswert, eine der am besten erhaltenen mittelalterlichen Wehrbauten Frankreichs. Schon die Griechen und Römer hatten hier einen Stützpunkt, vom römischen Geograph *Strabo* als Tarusco erwähnt, auf einer Rhône-Insel gelegen. Neben dem Ungeheuer Tarasque ist Tarascon noch mit einem anderen Namen verbunden, mit der Romanfigur *Tartarin* von *Alphonse Daudet*, der den Tarasconeser in schmunzelnd-humoristischer Übertreibung als prahlerische und aufschneiderische Hinterwäldler beschreibt.

Die Altstadt inmitten des Boulevardrings zwischen der Kirche Ste.Marthe und der Rue des Halles besitzt noch einige schöne Hôtels particuliers und ist insgesamt einen Rundgang wert.

Tartarin von Tarascon

Tartarin, *Daudets* Romanheld, war klein und untersetzt, schwarzbärtig und von kriegerischem Gehabe, das aber mehr seiner Fantasie als in der Realität entsprang. Denn Tartarin genoss lieber irdische Freuden als Kampf und Entbehrung – eine Romanfigur, die für viele den Provenzalen schlechthin symbolisiert.
Die Romantrilogie des *Alphonse Daudet* hieß ursprünglich *Barbarin de Tarascon* – sehr zum Unmut einer alteingesessenen Familie gleichen Namens, die sich mit diesem Werk auf die Schippe genommen fühlte und vor Gericht zog. Die Familie bekam Recht, und aus *Barbarin* wurde *Tartarin*.

Le Château du roi René

Umgeben von der Rhône und einem Wassergraben war dieses kultivierte Renaissanceschloss gleichzeitig auch eine der größten Festungen Frankreichs, musste es doch die Grenze der damals noch unabhängigen Provence zum Französischen Königreich bewachen. Errichtet wurde es von *Louis II. de Provence* Ende des 14. Jahrhunderts und von König *René* Mitte des 15. Jahrhunderts vollendet. Und wer in diesem an sich kargen Schloss doch etwas Lebensfroh-Kultiviertes spürt, der irrt nicht: König René war bekannt dafür, feste Feste zu feiern ...

Die von außen abweisende Festung mit strengen, hohen Fassaden und Türmen wird durch die Rhône und tiefe Wassergräben geschützt und ist nur über eine Brücke zu erreichen. Interessant ist der schlingenförmige Zugang in die Vorburg, der ein Eindringen durch das Haupttor fast unmöglich machte. Im engen Innenhof stehen zwei beschädigten Büsten des Königs und seiner zweiten Frau *Jeanne de Laval*.

Der Rundgang führt durch unmöblierte Räumlichkeiten: Speise- und Festsaal mit prächtigen Holzdecken, Privatgemach des Königs sowie den Audienzsaal. Im der Rhône zugewandten Nordflügel befindet sich eine Sammlung von zehn wertvollen Wandteppichen aus dem 17. Jh. mit Szenen aus dem Leben des *Scipio Africanus* (der als der bedeutendste römische Feldherr vor *Julius Caesar* angesehen wird).

„Die ungeheuer hohen Mauern würden bleich aussehen und wie tot, wenn nicht die schönen Krümmungen der Türme und der Goldglanz, der auf den Steinen liegt, sie belebten. Bei Sonnenuntergang sieht die Festung wie ein goldener Palast aus. Das ganz platte Dach ist von einer Balustrade bekränzt, die von sehr zierlichen Machîoulis getragen wird und das Bild einer großen mit viel Kunst gearbeiteten Goldkrone darbietet."
Moritz Hartmann

Nach der Annexion der Provence durch das benachbarte Frankreich diente das Schloss von 1481 bis 1926 fast ausschließlich als Gefängnis. Zu den vielen Namenlosen gehörten auch Gesinnungsgenossen des 1794 in Paris guillotinierten *Robespierre*. Für sie brauchte es keine der seinerzeit so beliebten Guillotinen, die Gefangenen wurden einfach erdolcht und anschließend von einem der Türme in die Rhône geworfen. Im mittleren Geschoss sind Graffitis von britischen Soldaten erhalten, die hier im 18. Jahrhundert eingekerkert waren: *„here ist 3 Davides in an mess/ prisoners we are in distress/ by the French we was caught/ and to this prison we was brought/ taken in the xephyr strop of war (1778)"*. Von den windumtosten Zinnen des Daches hat man einen wundervollen Ausblick über die Stadt und auf das jenseitige Rhôneufer mit der Ruine der Burg von Beaucaire.

Tipp

Den schönsten Blick auf die Burg hat man am Nachmittag von der Brücke, die Tarascon und Beaucaire verbindet.

Jedes Jahr Ende Juni findet im Ort außerdem ein großes Fest statt, in Erinnerung an die Zähmung des Ungeheuers *Tarasque*. *Martha*, die Schwester der Büßerin *Magdalena*, war mit den Heiligen Marien in der Provence gelandet und zog nach Tarascon, um dort das Ungeheuer Tarasque zu bezwingen. Dieses menschenverschlingende Ungetier, eine Art Riesenlurch, pflegte aus dem Fluss aufzutauchen, um Schiffe zum Kentern zu bringen, Tiere zu töten und Kinder zu verschlingen. Es geht auf keltische Zeit zurück und ist als Symbol für die Rhône zu verstehen, deren oftmals verheerende Hochwasser eine jahrhundertealte Bedrohung darstellten. *Martha* zähmte das Untier ganz einfach mit dem Kreuzeszeichen, führte es dann wie ein Pferd am Halfter um die Stadt herum und befahl ihm, wieder in die Fluten der Rhône zurückzukehren. Seither wurde es nie wieder gesehen ...

Kirche Ste.Marthe

In der gegenüberliegenden Kirche, im 12. Jahrhundert im romanischen Stil errichtet, im Spätmittelalter jedoch im gotischen Stil umgebaut, ruhen in einer Krypta die Gebeine der heiligen Martha, für nichts Geringeres verantwortlich als für die Zähmung des Ungeheuers *Tarasque*. Im Zweiten Weltkrieg wurde die (mittlerweile wieder restaurierte) Kirche schwer beschädigt, doch ihr romanisches Stufenportal im südlichen Teil der Kirche ist erhalten geblieben. Der Figurenschmuck ist jedoch schon während der Französischen Revolution verloren gegangen.

Maison de Tartarin

Hier steht in bunt bemaltem Pappmaché das Ungeheuer Tarasque in Museumsräumen, die frei nach Daudet im Stil Napoleons III. gestaltet wurden.

Stoffdruck-Ateliers Souleiado

für Wohnsinnige

Alice im Stoffparadies: Für „Wohnsinnige" ist dieses verwinkelte Museum ein absoluter Traum. Angeschlossen an die Firma Souleiado (mit vierzigtausend verschiedenen hölzernen Druckstöcken, dessen ältester aus dem 18. Jahrhundert stammt) sind hier nicht nur die berühmten *Indiennes*, die Stoffe, für die die Provence so berühmt ist, drapiert und arrangiert, sondern auch Patchworkdekken, Töpferwaren, Kunsthandwerkliches und Kostüme.

Sehenswertes in der Umgebung von Tarascon

Hinweis

Von Tarascon führen 2- bis 7,5-stündige Wanderungen in die Hügel der Montagnette und bis zum Kloster Frigolet. Das Office de tourisme hält einen Prospekt mit Beschreibungen der Wanderwege bereit.

Kapelle St. Gabriel

Südöstlich von Arles an der Einmündung der D33 in die N570.

Zu gallo-römischer Zeit befand sich hier eine Siedlung inmitten von Sumpfland, am Schnittpunkt mehrerer Handels- und Militärstraßen. Das schlichte Bauwerk aus dem 12. Jahrhundert gilt als Juwel romanischer Baukunst in der Provence und hat eine schöne, mit Skulpturen geschmückte Fassade

„Ich hatte mir vorgenommen, bis Arles zu reisen, aber nach dem Dörfchen Graveson und dem langen Felsengraben, in dem die Eisenbahn dahinfährt, öffnete sich die Sicht auf die Rhône so wunderschön, erschienen mir Beaucaire und Tarascon in ihrer Lage so außerordentlich, dass ich der Versuchung nicht widerstehen konnte, die Heimat des Tarasque und des Königs René zu besuchen."

Charels de Ribbe, 1854

mit naiven etwas steif wirkenden Reliefs: Die Kapelle war eine Übungskirche für Steinmetzen. Dargestellt sind die vier Evangelistensymbole und Daniel in der Löwengrube sowie im Tympanon Adam und Eva. Die Staffelung von Giebeln, Bogen und Säulen erinnert an antike Bauformen. Die nur von außen zu besichtigende Kirche ist besonders schön in den Abendstunden. Geht man den Hügel bei der Kapelle etwa 10 Minuten bergan, kommt man zu den Resten eines wuchtigen Donjons aus dem 13. Jahrhundert.

Beaucaire (beau caire = schöner Felsen)

Einwohner: 13.400

Beaucaire gehört nicht mehr zum Reisegebiet der Provence, sondern schon zum Département Gard. Da aber die Festungsanlagen diesseits und jenseits der Rhône wie zweieiige Zwillinge sind, soll hier darauf eingegangen werden. Welten prallten hier einst aufeinander: die beiden Befestigungsanlagen von Tarascon und Beaucaire hüben und drüben der Rhône standen für zwei Machtbereiche: das Römisch-Deutsche Kaiserreich bei Tarascon und das Französische Königreich auf der anderen Rhôneseite ab Beaucaire. „Bis hier und nicht weiter", drohten die steinernen Burgenungetüme dem jeweiligen Gegner auf der anderen Flussseite.

Gähnende Nichtstuer
Der französische Literat Stendhal (1783–1842) befand Beaucaire als *„eine kleine und hässliche Stadt"*, deren Einwohner *„sich wohlweislich davor hüteten, irgendeiner Arbeit nachzugehen; sie verabscheuen jede Tätigkeit und gähnen dennoch andauernd"*. Herr Stendhal – vielleicht gerade deswegen!

Heute gehört Beaucaire zur Région Languedoc-Roussillon, Département Gard. Beaucaire war einst im ganzen Abendland wegen seiner seit 1217 bestehenden Messe (Foire de Beaucaire) bekannt, die alljährlich vom 21. bis zum 28. Juli stattfand. Bis zu 300.000 Besucher aus aller Welt schwemmte die Messe seinerzeit in die Gassen der Stadt. Weil die Häuser überfüllt waren, mussten viele Gäste auf Hausbooten übernachten. Erst mit dem neuen Eisenzeitalter verlor die Messe von Beaucaire an Bedeutung. Heute erinnert nur noch ein alljährlicher historischer Umzug mit Weinfesten, Konzerten und Stierspielen an diese große Vergangenheit der Stadt.

Château und Musée Auguste Jacquet

Geöffnet 22. März bis 5. Nov tgl. außer Mi. tgl. 10–12 und 14–18 Uhr. Im den Monaten von März bis Nov. führen mittelalterlich gewandete Falkner Raubvogelschauen mit Milanen, Bussarden, Adlern und Geiern vor (jeweils an drei Terminen am Nachmittag).

Über Beaucaire thront die Ruine einer Burg aus dem 13./14. Jahrhundert mit lohnender Aussicht. Nachdem die Burg 1632 auf Befehl Ludwig XIII. geschleift wurde, sind heute nur noch Mauerzüge und der Burgturm erhalten. Im **Musée Auguste Jacquet** (in Räumen neben der Burg) sind Funde von der Vorgeschichte bis zur gallo-römischen Periode und Dokumente über die Messe von Beaucaire sowie Folkloristisches wie Trachten und Keramik zu sehen.

Sehenswertes in der Umgebung von Beaucaire

Abbaye de St.Roman

Auf der D986 links abbiegen, der Beschilderung bis zum Parkplatz folgen. Von dort sind es noch ca. 15 Gehminuten. Geöffnet April bis Sept. tgl. 10–18 Uhr, Juli und Aug. tgl. 10–18.30 Uhr, März/Okt. tgl. 14–17 Uhr, Nov. bis Feb. Sa/So und in den franz. Schulferien 14–17 Uhr.

Schon von weitem sichtbar, auf einem mit Pinien bewachsenen, lang gestreckten Felsriegel erstrecken sich die Überreste der Höhlenabtei St.Roman, einer der ältesten Europas, gegründet im 5. Jahrhundert. Das ganze Kloster ist aus dem gewachsenen Felsen geschlagen – ein surrealistisch-schönes Bild! Das aus einer Eremiten-Ansiedlung hervorgegangene Kloster wurde bis 1538 von Benediktinermönchen bewohnt. Später wurde es mit den Steinen des Klosters zur Festung ausgebaut, allerdings ohne es stark zu verändern. Auf der obersten Terrasse entstand eine Burg, die 1850 zerstört wurde, und somit wieder die ursprüngliche Abtei sichtbar werden ließ. In der Kapelle ist in der Vierung das Grabmal des heiligen *Roman* zu sehen. Vom Höhlenkloster sind zwei Sanktuarien noch sehr schön erhalten, in dem einen ein Abtstuhl mit einer muschelförmigen Lehne. Der Stuhl ist gleich dem gesamte Kloster aus dem Felsgestein geschlagen. Auf der linken Seite sind über den Gräbern noch

Rätsel

Zur Abbaye de St.Roman führt der „Weg der Mönche“. Der ist mit Steinen des fossilienreichen Mont St.Aiguielle gepflastert. Zu sehen sind unter anderem Abdrücke von Schlingpflanzen, Zähnen und Skelettresten. Aber auch einmal ein sehr deutlicher Abdruck eines Ammoniten. Wo ist er?

Via Domitia

Nachdem *Gaius Domitius Ahenobarbus* die gallische Mittelmeerküste erobert hatte, begann er um 120 v. Chr. mit dem Bau einer 250 km langen Straße, die später nach ihm benannt wurde: Via Domitia. Sie verband Italien mit den eroberten Gebieten bis nach Spanien. Ausgehend von Narbonne führte sie durch das Tal der Durance über Cavaillon und Sisteron in Richtung Norden über die Alpen. Dem berühmten römischen Geographen Strabo zufolge war die Straße „im Sommer ausgezeichnet; sie ist jedoch im Winter und Frühjahr infolge von Überschwemmungen durch die Wasserläufe ein Sumpfloch, das man teils durch Fähren, teils über Holz- und Steinbrücken überquert.“ Obwohl die Via Domitia hauptsächlich zu militärischen Zwecken gebaut wurde, spielte sie vor allem im wirtschaftlichen Leben der Region eine wichtige Rolle, besonders im Handel. Auch wurde auf ihr die Post befördert, mit einer Geschwindigkeit von 75 Tageskilometern. Die heutigen Nationalstraßen N94, N85 und N100 folgen im wesentlichen der damaligen Via Domitia. Westlich von Beaucaire ist noch am meisten von dieser Straße erhalten, auch einige Kilometersteine. Die heutige D999 in Richtung Nîmes verläuft mehr oder weniger parallel zur alten Römerstraße (siehe Hinweisschilder).

Totenleuchten mit zahlreichen Nischen für Öllampen zu sehen. Am anrührendsten aber ist über einer einstigen Zellentür die lateinischen Inschrift, die besagt: „Vitalis lebte in dieser bescheidenen Zelle". Trotz allen Rückzugs von der Welt, wollte Vitalis eben dieser doch mitteilen, dass er es war, der hier lebte.

Und welch ein Blick breitet sich von der Terrasse des Klosters aus! Über das Rhônetal bis zu den Alpilles, dem Lubéron, dem Plateau von Vaucluse, dem Mont Ventoux und im Norden bis nach Avignon.

Nîmes (ⓘ s. S. 131)

Einwohner: 145.000, Höhenlage: 39 m

Die von Philippe Starck gestaltete Bushaltestelle Abribus ist die teuerste der Stadt. Auch die Bestuhlung und die Beleuchtung wurden von dem Stardesigner gestaltet.

Nîmes, die Stadt mit den meisten antiken Bauwerken gehört nicht mehr zur Provence, sondern zur Region Languedoc-Roussillon. Frankreichweit bekannt ist Nîmes auch wegen seiner Stierkämpfe: Nur in Madrid und Sevilla werden mehr *corridas* als in Nîmes veranstaltet.

Was das Stadtbild anbetrifft, so wurde Nîmes im Jahre 1983 nach einem langen Ruhepäuschen auf den römischen Lorbeeren urplötzlich aus seinem Schlummer geweckt, als es *Jean Bousquet* zu seinem Bürgermeister wählte. Der Milliardär und Hauptaktionär der Modefirma Cacharel blieb zwölf Jahre im Amt und musste dann gehen, weil er die städtischen Bediensteten gelegentlich auch mal auf seinem Schloss die eine oder andere Wasserleitung reparieren ließ oder was es sonst noch auf so einem Anwesen zu tun gibt. Geblieben von *Jean Bousquet* sind die Zeugnisse seiner Leidenschaft für moderne Architektur, wobei er bzw. seine Architekten die Moderne harmonisch in das alte Nîmes zu integrieren wussten. *Philippe Starck* entwarf eine Bushaltestelle, *Martial Raysse* die Fontaine au Crocodile, *Norman Foster* das elegante Museum für zeitgenössische Kunst. Weitere Namen sind *Hendricks, Gregotti, Kurokawa, Balladur* und *Nouvel*.

Bevor man das auf dem Boden von Nîmes eingelassene ***Stadtwappen*** *von Nîmes mit Füßen tritt, sollte man einen Blick auf seine Geschichte werfen. Philippe Starck, „Hofdesigner" von Mitterand, hat es nach einer Münze aus dem 1. Jahrhundert v. Chr. entworfen. Diese zeigt auf der Rückseite ein an eine Palme gekettetes Krokodil, Symbol für den Sieg der Römer über Ägypten. Veteranen des Afrikafeldzugs sollen die Münzen bei ihrer Rückkehr nach Nîmes im Gepäck gehabt haben, das ägyptische Sklaven schleppten.*

Und selbst im sozialen Wohnungsbau ging man architektonisch neue Wege, mit dem **Nemausus**, zwei wie angedockte Schiffe wirkenden Wohngebäuden im Süden der Stadt, benannt nach dem Wassergott eines Volksstammes, der an einer Quelle auf dem Gebiet des heutigen Nîmes siedelte.

Sehenswertes

Bei der römischen Arena fährt eine elektrische Eisenbahn die Strecke Arena – Porte d´Auguste – St.Baudile – Kirche, Castellum – Parkanlage „Jardin de la Fontaine" – Maison Carrée – Museum zeitgenössischer Kunst „Carrée d'Art". Von April bis Oktober stündliche Abfahrt, Fahrzeit 35 Minuten, die Tour ist auch in Deutsch kommentiert.

Maison Carrée

Das Maison Carrée im Zentrum von Nîmes ist der einzige, vollständig erhaltene Tempel der Antike, errichtet um die Zeitenwende unter Kaiser *Augustus*. Den heutigen Namen trägt das Bauwerk erst seit dem 16. Jh. Seinerzeit wurde im Altfranzösischen jedes viereckige Bauwerk mit vier rechten Winkeln als sogenanntes „carré", als Quadrat, bezeichnet. Dass das Maison Carrée die Zeiten so relativ unbeschadet überstanden hat, liegt vermutlich daran, dass es ständig benutzt wurde: Im 12. Jh. als Versammlungsraum der Ratsherren von Nîmes, später wollte es die *Duchesse d´Uzès* als Mausoleum für ihren verstorbenen Mann einrichten, im 17. Jh. dann war es ein Pferdestall. Der Finanzminister *Ludwigs XIV.* wollte das Bauwerk gar nach Versailles schaffen lassen, und Augustinermönche wollten durch Wünschelrutengänger hier gar einen antiken Schatz zutage fördern. *Thomas Jefferson* dann verbrachte es im übertragenen Sinne sogar bis nach Amerika: Das Kapitol in Richmond, Virginia, wurde nach dem Vorbild des Maison Carrée gestaltet. Die verheerende Flut von 1988 beschädigte das Maison Carrée sehr stark. Das Gebäude wurde so „historisch" restauriert, dass sogar die Dachziegel in Aveyron angefertigt wurden, weil es dort einen besonders geeigneten Lehm gibt, und dann per Ochsenkarren nach Nîmes befördert.

„Rom hat nichts so Wohlerhaltenes. Durch die Provence, die mir ganz dänisch aussah, erreichte ich Nîmes, wo die Größe des prächtigen römischen Theaters mich auf einmal nach Italien zurückversetzte. Südfrankreichs Denkmäler der Vorzeit habe ich nie so rühmen hören, wie sie es ihrer Größe und Anzahl wegen verdienen; das sogenannte viereckige Haus steht noch in seiner ganzen Pracht, wie der Theseustempel bei Athen."
Hans Christian Andersen über das Maison Carrée (links im Bild sein 2.000 Jahre jüngerer Bruder: das Carré d´Art, mit dem sich das Maison Carrée aufs Wunderbarste verträgt).

„Dieser Tempel ist gewiss eines der herrlichsten von allen Bauwerken, die uns die Alten gelassen, um die Welt zu Jahrtausende langer Bewunderung zu zwingen. Das vollendete Ebenmaß, das Leben in jedem Teilchen ... die heitere Ruhe, das Lächeln, das über das Ganze ausgegossen, machen dieses kleine Gebäude, das an Masse leicht von einem gewöhnlichen Bürgerhause übertroffen wird, zu einem vollendeten, abgeschlossenen Werke des Genies."
Moritz Hartmann, ein radikal-demokratischer Abgeordneter in der Frankfurter Paulskirche, im Jahre 1851 über das Maison carrée.

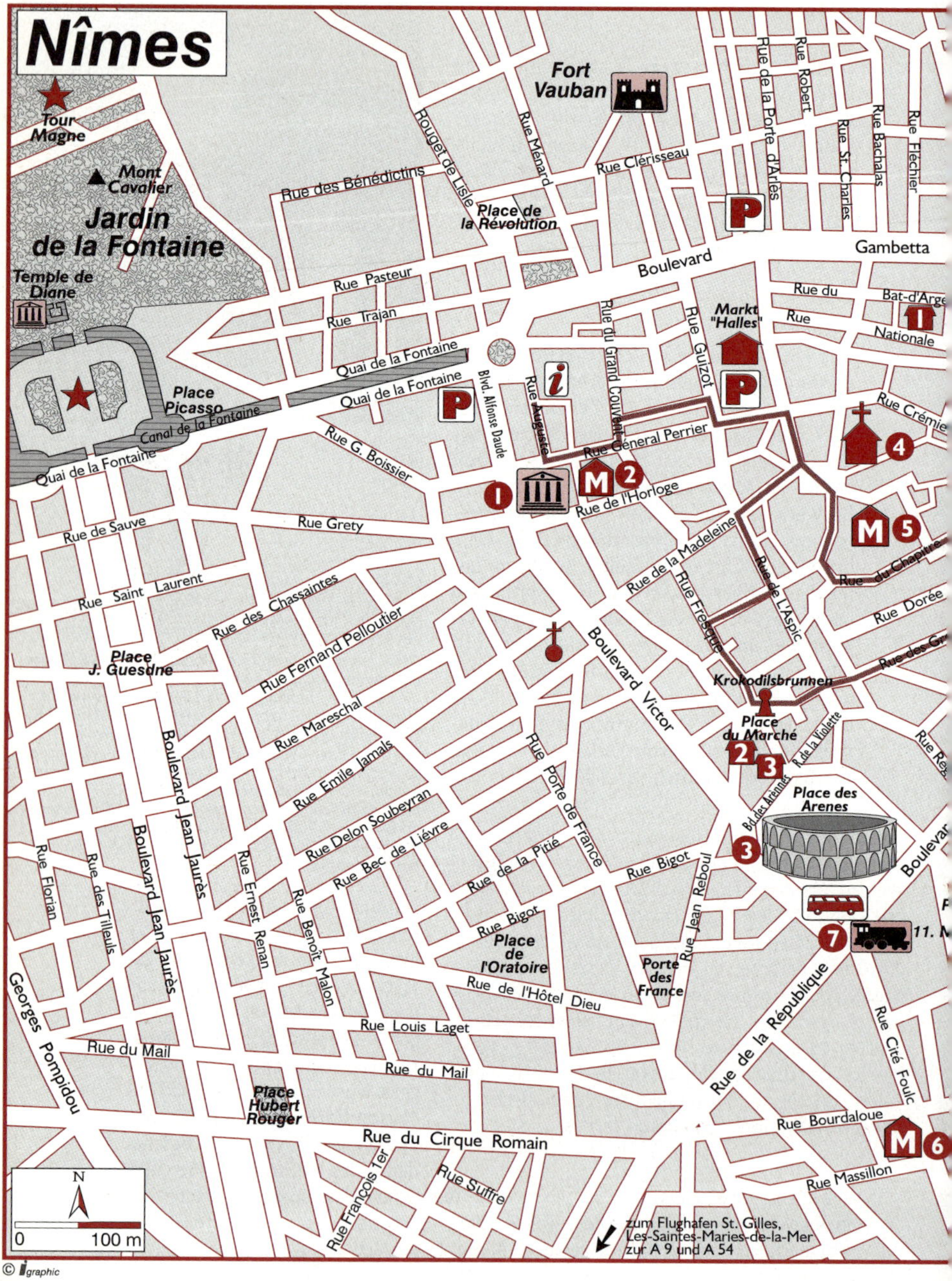

Nîmes
Tour Magne
Mont Cavalier
Jardin de la Fontaine
Temple de Diane
Place Picasso
Canal de la Fontaine
Quai de la Fontaine
Quai de la Fontaine
Quai de la Fontaine
Fort Vauban
Rue des Bénédictins
Rouget de Lisle
Rue Ménard
Rue Clérisseau
Place de la Révolution
Rue de la Porte d'Arles
Rue Robert
Rue St. Charles
Rue Bachalas
Rue Fléchier
Gambetta
Boulevard
Rue Pasteur
Rue Trajan
Blvd. Alfonse Daude
Rue Auguste
Rue du Grand Couvent
Rue Guizot
Markt "Halles"
Rue du
Bat-d'Arge
Rue
Nationale
Rue Crémie
Rue Général Perrier
Rue G. Boissier
Rue de l'Horloge
Rue Grety
Rue de Sauve
Rue Saint Laurent
Rue des Chassaintes
Rue Fernand Pelloutier
Place J. Guesdne
Rue de la Madeleine
Rue Fresque
Rue de L'Aspic
Rue du Chapitre
Rue Dorée
Rue des Gr
Krokodilsbrunnen
Place du Marché
R. de la Violette
Bd. des Arènes
Place des Arenes
Boulevard Victor
Rue Mareschal
Rue Emile Jamals
Rue Delon Soubeyran
Rue Bec de Lièvre
Rue Porte de France
Rue de la Pitié
Rue Bigot
Rue Bigot
Rue Jean Reboul
Boulevard Jean Jaurès
Boulevard Jean Jaurès
Rue Florian
Rue des Tilleuls
Rue Ernest Renan
Rue Benoît Malon
Place de l'Oratoire
Porte des France
Rue de l'Hôtel Dieu
Rue Louis Laget
Rue du Mail
Rue du Mail
Georges Pompidou
Place Hubert Rouger
Rue du Cirque Romain
Rue François 1er
Rue Suffre
Rue de la République
Rue Cité Foulc
Rue Bourdaloue
Rue Massillon
Boulevar
11. N
Rue Rer
1
2
2
3
3
4
5
6
7
N
0
100 m
zum Flughafen St. Gilles, Les-Saintes-Maries-de-la-Mer zur A 9 und A 54

Über 15 Stufen wird man ins Maison Carrée hinauf gehen ...
„Die Alten achteten immer auf eine ungerade Anzahl der Stufen, damit, wenn man beim Hinaufsteigen mit dem rechten Fuß beginnt, man mit demselben Fuß oben ankommt; was sie für ein gutes Zeichen und, beim Betreten eines Tempels, für einen noch größeren Ausdruck ihres Glaubens hielten."
Andrea Palladio (1508-1580), italienischer Architekt der Renaissance

Carré d´Art

Gegenüber dem Maison Carrée steht sein modernes, nicht unumstrittenes Pendant: das Carré d´Art, errichtet an der Stelle von Theaterruinen aus dem 19. Jahrhundert (die heute eine Autobahnraststätte an der Autobahn nach Arles schmücken). Das 1993 eingeweihte Bauwerk mit dem schwerelos wirkenden Vordach und den fünf schlanken Säulen stammt vom englischen Stararchitekten *Sir Norman Foster.* Es war nicht ganz unumstritten und harmoniert doch wunderbar mit seinem antiken Gegenüber, dem Maison carrée, dessen Säulen sich in der Front des Carré d´Art widerspiegeln. Im Carré d´Art ist das Musée d'Art Contemporain untergebracht. Es zeigt sowohl Wechselausstellungen als auch eine Sammlung zeitgenössischer Kunst ab 1960, unter anderem mit Werken von *Christo* und *Niki de Saint-Phalle* Vom Café-Restaurant auf der Dachterrasse hat man einen wunderbaren über das benachbarte Maison Carrée und die Dächer von Nîmes.

nicht unumstritten.

Amphitheater

Es entstand im ausgehenden 1. Jahrhundert n. Chr. und gehört heute zu den am besten erhaltenen Amphitheatern der römischen Welt. 133 m ist es lang, 101 m breit und 21 m hoch. Ein System von fünf Kreisgängen, zahlreichen Treppen und *vomitoires* (Gänge, die zu den Sitzreihen führten) ermöglichte den maximal 23.000 Besuchern einen schnellen Zu- und Ausgang. Durch die elliptische Form und Anordnung der Sitzreihen hatte jeder einen guten Überblick über die ganze Bühne.

Im Mittelalter war die Arena ein Zufluchtsort für die Bevölkerung. Nachdem im Jahr 1226 das Languedoc an Frankreich angeschlossen wurde, verlor das Gebäude seine militärische Bedeutung, und im Inneren wurden Häuser gebaut, die bis ins 19. Jahrhundert bewohnt waren – an diese Zeit erinnern heute noch zwei romanische Fenster in den zugemauerten Bögen. Seit 1988 ist das Amphitheater durch eine mobile Konstruktion aus zwei Stoffmembranen von Oktober bis Ostern überdacht.

Nach Nîmes pilgert man nicht nur auf den Spuren der Vergangenheit, sondern auch zu den Stierkämpfen.

Jardins de la Fontaine – Gärten de la Fontaine

Auf der anderen Seite des Quai de la Fontaine erstrecken sich diese wunderbaren Barockgärten, angelegt auf antiken Überresten. Sie gelten als einer der ersten öffentlichen Parks Europas und wurden mit Vasen und Statuen aus Marmor oder Lens-Gestein dekoriert. Über dem Garten erhebt sich der Mont Cavalier, der im Laufe des 19. Jahrhunderts mit Pinien, Zypressen, Eichen, Buchs- und Lorbeerbäumen bepflanzt wurde.

Tour Magne

Auf dem Gipfel des Mont Cavalier steht der Tour Magne, ein rätselhaftes Gebäude, von dem man nicht genau weiß, ob es ein Bestandteil der Befestigungsanlage, ein Wachtturm oder ein Siegesdenkmal war. Einer der nebulösen Prophezeiungen des *Nostradamus* folgend (nach der ein Gärtner hier einen Schatz entdecken werde), suchte Anfang des 17. Jahrhunderts der Gärtner *Francois Traucat* in der um 15. v. Chr. errichteten Tour Magne einen goldenen Schatz. Auch wenn er bergeweise Material aus dem Turm hinaus schaffte und seine ganzen Ersparnisse dafür opferte, jenen Schatz fand er nicht – er brachte nur den Turm fast zum Einsturz. Der Tour Magne birgt aber noch ein weiteres Geheimnis: Er ähnelt auf verblüffende Weise dem Pharos von Alexandrien, zumindest, so wie man ihn sich vorstellt. Nur – warum sollte man einen Leuchtturm mitten auf dem Festland aufstellen? Hier vermuten Esoteriker ein *sepulkrales* (= das Grab oder Begräbnis betreffendes) Symbol: Der Hafen als ein Bild des Todes, des Ankommens im Jenseits, wo die Barke, das Lebensschiff, angepflockt wird. Wie auch immer, der Aufstieg über 140

Stufen hinauf zum Turm lohnt sich, denn oben bietet sich ein Ausblick bis zu den Cevennen, zum Mont Ventoux und bis zum Mittelmeer.

Hinweis
Am schönsten ist der etwa zehnminütige Spaziergang zum Turm im milden Licht des Spätnachmittags.

Pont du Gard

Gesamthöhe: 48,77 m, Breite der unteren Arkadenreihe: 4,56 m, Länge der oberen Arkadenreihe: 275 m, täglicher Wasserdurchfluss: ca. 20.000 m²

Man vermutet, dass rund 1.000 Menschen fünf Jahre lang beschäftigt waren, um den mit einer Länge von 275 Metern **imposantesten römischen Aquädukt** fertig zu stellen. Er ist Teilstück einer rund 50 Kilometer langen Wasserleitung, die die römische Metropole Nîmes mit Trinkwasser versorgte (dem Wasser, das später unter dem Namen *Perrier* zu Weltruhm gelangte).

Die Wissenschaftler gehen davon aus, dass der Pont du Gard während der Regierungsjahre des Kaiser *Augustus* erbaut wurde. Denn seinerzeit war die Bevölkerung von Nîmes stark angestiegen, so dass die alte Quelle nicht mehr ausreichte. Auch war der damalige Statthalter von Gallien, *Agrippa*, ein Vertrauter und Schwiegersohn von *Augustus*. Und *Agrippa* hatte sich bei seiner vorherigen Tätigkeit in Rom gute Kenntnisse im Brückenbau zugelegt. Dies alles sind Fakten, die für Kaiser *Augustus* als Bauherrn sprechen.

Jeans aus Nîmes
Nîmes hat eine bedeutende Textilindustrie. Schon ab Mitte des 18. Jahrhunderts wurden hier die preiswerten Indiennes-Stoffe hergestellt. Ebenso die blauen Stoffe, die später im 20. Jahrhundert einen Siegeszug um die Welt antreten sollten: die Jeansstoffe, deren Geschichte in Nîmes begonnen hatte: Lévy-Strauss, ein Jude aus Bayern, wanderte nach Amerika aus und stattete die amerikanischen Goldsucher und Pioniere mit Hosen aus einem widerstandsfähigen und doch weichen Stoff aus. Dieser blaue Stoff kam aus der Weberstadt Nîmes, und deswegen nannten ihn die Amerikaner Denim. Importiert aber wurde der Stoff dann aus Genua. Aus den Genueser Hosen, den Genes, wurden dann bei den Amerikanern umgangssprachlich die „Jeans". Übrigens soll der Legende nach Columbus für seine Segel einen Stoff benutzt haben, der mit dem Stoff von Nîmes identisch war.

Kalk im Kanal

Beim Bau der Brücke mit Hilfe einfachster Messgeräte wussten die Architekten ein Gefälle zu nutzten, das zwischen der am Rand der Cevennen gelegenen Quelle und Nîmes gerade mal 17 Meter beträgt. Das sind umgerechnet nur 34 Zentimeter Gefälle pro Kilometer! Bis zu sechs Tonnen schwere Blöcke aus Sandstein wurden per Schlitten befördert, per Flaschenzug nach oben gehievt und dann so genau zugeschnitten, dass sie durch den gegenseitigen Druck ohne Mörtel zusammengefügt werden konnten. Das verlieh dem Pont nicht nur seine leichte Bogenform, sondern auch eine **enorme Elastizität**, die den alljährlich im Frühjahr anschwellenden Wassermassen des Gardon standhalten kann. Drei Arkadenreihen, zwei imposante und eine geradezu zierlich wirkende mit 35 Bögen, überspannen in knapp 49 Meter Höhe das Flüsschen Gardon. Die Wasserleitung auf der obersten Bogenreihe war zum Schutz vor Verschmutzung abgedeckt, mit dem Nachteil, dass das die Wartungsarbeiten schwierig machte und dazu führte, dass der Kanal nach 400 bis 500 Jahren verkalkt war. Die Bögen des Pont sind verschieden breit. Die in den unteren Arkadenstellungen haben einen Durchmesser von 15,50 bis zu 24,50 m. Das war nicht nur für die Elastizität, sondern auch für die Ästhetik gut, da so dem Bauwerk **jegliche langweilige Monotonie genommen** wurde. *Henry James*, der englische Schriftsteller, sonst kein großer Bewunderer römischer Bauwerke, sprach beim Anblick des Pont von „männlicher Schönheit“: Der Pont du Gard kommt ohne irgendwelche ästhetische Schnörkel wie Friese oder sonstige Verzierungen aus. Selbstverständlich gehört ein solch grandioses Bauwerk (seit 1985) zum Welterbe der UNESCO.

„Die Seele ist von Empfindungen erfüllt, die man weder auszusprechen, geschweige denn zu übertreiben wagen würde“, schrieb Stendhal über eines der gewaltigsten und best erhaltenen Bauwerke aus der Römerzeit, den Pont du Gard. Weiterhin vermerkte er: „Es ist ein Erlebnis für wenige auserwählte Geister; die anderen denken nur voller Bewunderung an die Geldsummen, die er gekostet haben muss“.

Wer vor Jahren den Pont du Gard besucht hat und heute wiederkommt, wird aus dem Staunen nicht mehr herauskommen: Das archäologische Denkmal steht heute zwar noch immer inmitten der freien Natur, aber auch inmitten einer Art archäologischem Park mit einem riesigen Parkplatz (kostenpflichtig, der Eintritt zum Pont ist nach wie vor gebührenfrei). Nachdem die Besuchermassen anschwollen wie die Wasser des Flusses im Frühjahr, sollte hier ein Freizeitpark à la Disneyland entstehen. Das wussten Bürgerinitiativen allerdings zu verhindern. Mittlerweile ist der Pont in eine Art kulturelles Netzwerk eingebettet mit einem hervorragenden **Museum**, „Expo“ genannt, wo die Geschichte des Aquädukts (auch in deutscher Sprache) präsentiert wird: Geschichte, Bau, Bedeutung des Wassers zur damaligen Zeit und seine Darstellung in der Kunst. Die **Ausstellung Ludo** ist für Kinder von 5–12 Jahren gedacht, die hier spielerisch und experimentell in die Vergangenheit reisen können.

Auf dem rechten Flussufer gibt es außerdem alle halbe Stunde eine Vorführung über „Die Reise des Windes“, wobei es um das Aquädukt und seine Umgebung geht. Auf der anderen Flussseite wird ebenfalls halbstündlich ein Film gezeigt, er geht auf die Geschichte des Pont ein.

Hinweise

- *Lassen Sie nichts in Ihrem Wagen auf dem Parkplatz, er ist einer der meist besuchten in Frankreich und damit ein wahrer Magnet für Diebe.*
- *Der ehemalige Wasserlauf ganz oben auf dem Aquädukt ist heute gesperrt und kann nicht mehr begangen werden.*

9. RUND UM DIE ALPILLES

Arles (ⓘ s. S. 131)

Einwohner: 51.000, Höhenlage: 10 m

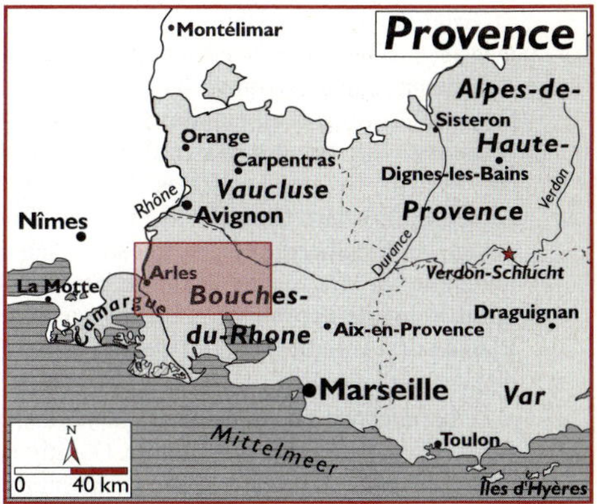

© graphic

Am nördlichen Rand der Camargue liegt Arles, eine der ältesten Städte Frankreichs, gegründet im 6. Jahrhundert v. Chr. und somit eine der ältesten Siedlungen entlang der Rhône. In nur wenigen Städten trifft man auf so viel greif- und sichtbare Geschichte wie in Arles, einer Stadt, die zwar nicht von Verwitterung, Verfall, Zerstörung und Plünderung verschont wurde, aber von einer vollständigen Veränderung des Stadtbildes: In Arles wurde immer nur hinzugebaut, etwas abgerissen oder etwas umgebaut.

Arles, das ist Kultur pur. Und, wie der Modeschöpfer *Christian Lacroix* einmal formulierte (er stammt aus Arles); die

Rund um die Alpilles "die kleinen Alpen"

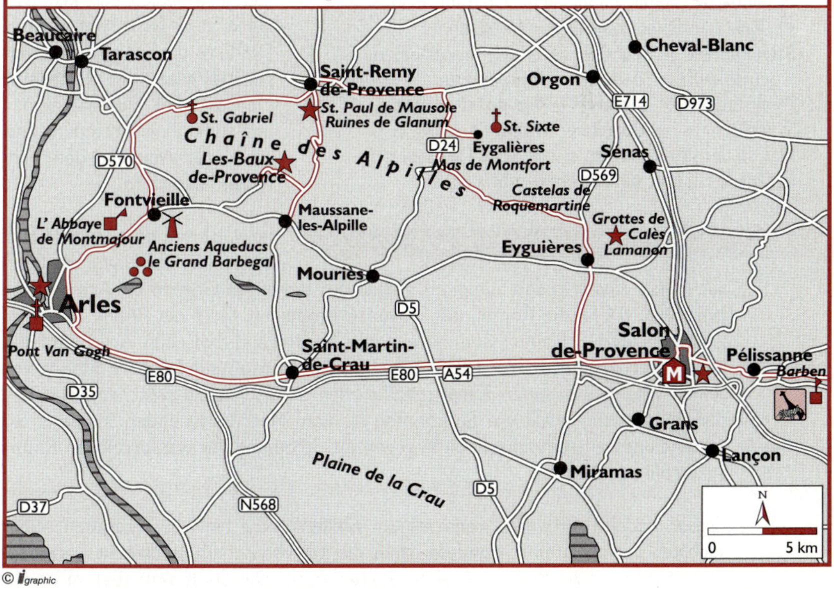

© graphic

Redaktions-Tipps

- **Anschauen**: Die Innenstadt von Arles ist fast schon ein einziges Freilichtmuseum; wunderschön sind der Kreuzgang und das Portal von **St.Trophime** (S. 378). Unbedingt besuchen sollte man auch das schon von außen bemerkenswerte **Archäologische Museum** von Arles (S. 380). In Salon-de-Provence führt ein Museum in die geheimnisvolle Welt des **Nostradamus** (S. 386) ein. Auch die **Grotten von Calès** (S. 390) sind für Kinder ein Erlebnis. **Chapelle St.Sixte** (S. 391) einsam bei **Eygalières** gelegen, gehört zu den meist fotografierten Motiven der Provence. Südlich von **Saint-Rémy-de-Provence** (S. 392) liegen auf dem **Plateau des Antiques** (S. 393) mehrere Sehenswürdigkeiten beieinander.
- **Übernachten**: Das stimmungsvollste Haus in Arles ist zweifellos das **Nord Pinus**. Günstig ist das Übernachten im **Accueil Provencal** oder im **Regina** in Salon-de-Provence. In **Ville Vert** in Zimmer Nr. 9 in Saint Rémy ist sogar Literatur entstanden.
- **Genießen**: Exklusiv essen ist im **Lou Marquès** im „Hotel Jules César" in Arles angesagt. Im **Salle à Manger** in Salon-de-Provence speist man ganz edel im Glanz von Kerzen und Silber – ein bezahlbares Vergnügen, das man sich gönnen sollte.
- **Erleben**: Arles ist nicht nur die Stadt der **Stierkämpfe**. Ein einziges Meer von Schafsleibern wogt bei der **Fête de la Transhumance** zu Pfingsten durch St.Rémy. Um die preisgekrönte Wurst geht es bei **Dorelle et Milhau** in Arles. Ganz klar, in der Provence gibt es das beste Olivenöl der ganzen Welt, aber in **Maussane** gibt´s das allerbeste.

spanischste der französischen Städte. Arles ist nicht aristokratisch-heiter wie Aix-en-Provence, nicht kosmopolitisch-lebhaft wie Marseille und auch nicht italienisch-nobel wie Avignon. Arles ist eher düster, fast erdrückt von so viel Vergangenheit.

Geschichte

Arles, das heute ca. 25 km landeinwärts liegt, lag noch vor 2.500 Jahren nahe der Küste des Mittelmeers: Nach und nach hat sich das Rhônedelta weiter ins Mittelmeer vorgeschoben und so Arles weiter ins Binnenland verlegt. Im 6. Jahrhundert v. Chr. siedelten sich Griechen aus Massalia, dem heutigen Marseille, und kelto-ligurische Stämme an, um hier ihre *oppida* und Handelsniederlassungen zu unterhalten. Die Lage der jungen Stadt war günstig, weil sie gleichzeitig Meeres- und Flusshafen war, und somit eine Verbindung zwischen der Welt und dem Hinterland darstellte.

Im 4. Jahrhundert tauchte zum ersten Mal der Name der Stadt auf: *Arelate* (Stadt in den Sümpfen), gemäß der sumpfigen Gegend um Arles. Als im Jahre 104 v. Chr. die Römer die Provence eroberten, hatte die Rhône mit ihren Gesteins- und Schlammassen bereits ein Stück Land zwischen Arles und das Mittelmeer geschoben. Also ließ der römische Konsul und Feldherr *Marius* von seinen Ingenieuren einen Kanal schaffen, der die Schifffahrt zwischen Arles und dem Mittelmeer gestattete. So konnten die vom Meer kommenden Schiffe direkt ins Siedlungszentrum fahren, ohne gegen die Strömung der wasserreichen Rhône ankämpfen zu müssen.

Caesar siedelte 46 v. Chr. nach seinem Gallienfeldzug hier die Veteranen seiner sechsten Legion an und gründete damit die mit römischem Stadtrecht ausgestattete „Colonia Iulia Paterna Arelate Sextanorum". Die Stadt war aber nicht nur

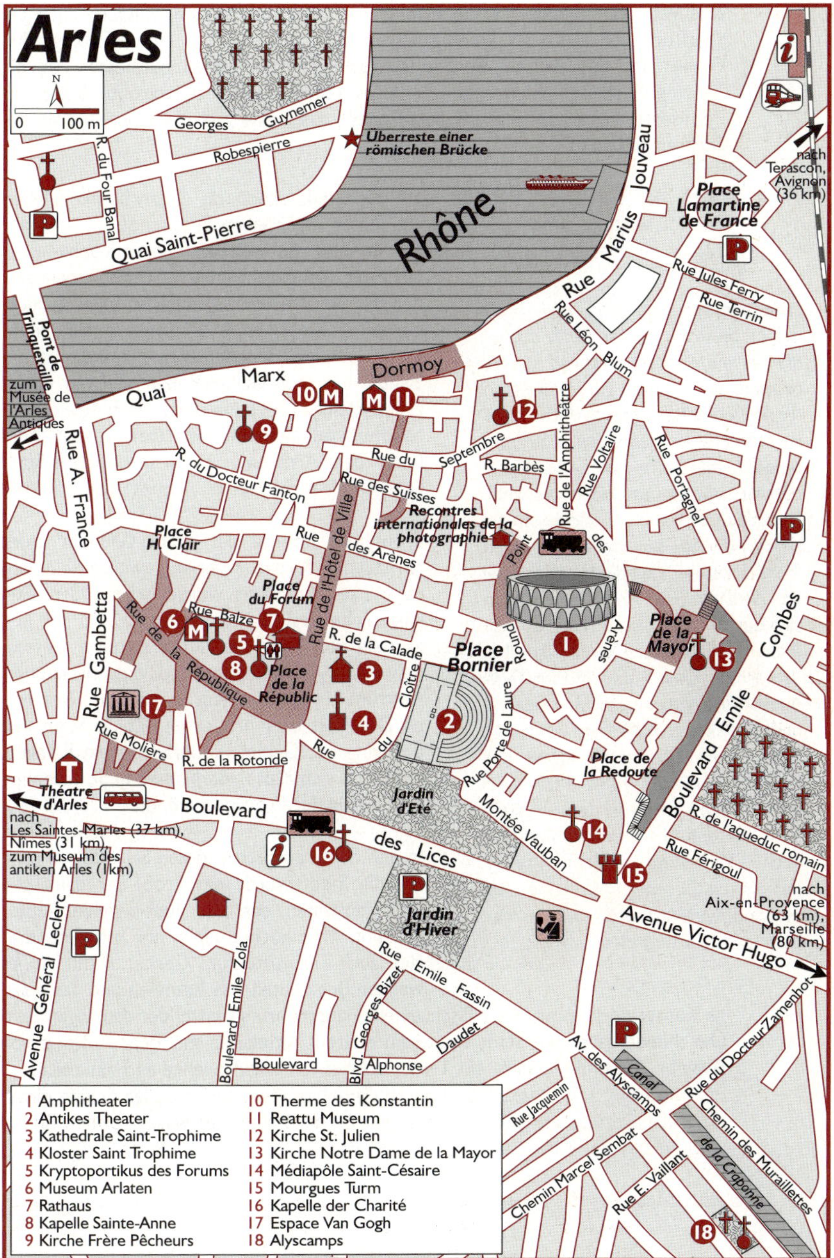
Arles
N
0 100 m
Georges Guynemer
Robespierre
R. du Four Banal
Überreste einer römischen Brücke
Quai Saint-Pierre
Rhône
Rue Marius Jouveau
nach Terascon, Avignon (36 km)
Place Lamartine de France
Rue Jules Ferry
Rue Terrin
Rue Léon Blum
Pont de Trinquetaille
zum Musée de l'Arles Antiques
Quai Marx
Dormoy
Rue A. France
R. du Docteur Fanton
Rue du Septembre
R. Barbès
Rue de l'Amphithéâtre
Rue Voltaire
Rue Portagnel
Rue des Suisses
Recontres internationales de la photographie
Rue de l'Hôtel de Ville
Rue des Arènes
Place H. Clair
Rond Point des Arènes
Place du Forum
Rue Balze
Rue Gambetta
Rue de la République
R. de la Calade
Place de la Républic
Place Bornier
Place de la Mayor
Combes
Rue du Cloître
Rue Porte de Laure
Rue Molière
R. de la Rotonde
Place de la Redoute
Boulevard Emile
Théatre d'Arles
Boulevard des Lices
Jardin d'Eté
Montée Vauban
R. de l'aqueduc romain
Rue Férigoul
nach Les Saintes-Maries (37 km), Nîmes (31 km), zum Museum des antiken Arles (1 km)
Jardin d'Hiver
nach Aix-en-Provence (63 km), Marseille (80 km)
Avenue Victor Hugo
Avenue Général Leclerc
Boulevard Emile Zola
Rue Emile Fassin
Blvd. Georges Bizet
Boulevard Alphonse Daudet
Av. des Alyscamps
Rue du Docteur Zamenhof
Canal de la Crapone
Rue Jacquemin
Chemin Marcel Sembat
Rue E. Vaillant
Chemin des Muraillettes
1 Amphitheater
2 Antikes Theater
3 Kathedrale Saint-Trophime
4 Kloster Saint Trophime
5 Kryptoportikus des Forums
6 Museum Arlaten
7 Rathaus
8 Kapelle Sainte-Anne
9 Kirche Frère Pêcheurs
10 Therme des Konstantin
11 Reattu Museum
12 Kirche St. Julien
13 Kirche Notre Dame de la Mayor
14 Médiapôle Saint-Césaire
15 Mourgues Turm
16 Kapelle der Charité
17 Espace Van Gogh
18 Alyscamps

© igraphic

eine Veteranenkolonie für die Mannen der Sechsten Legion, sondern auch ein Werftort, vor allem als Durchgangsort nach Spanien. Aus dieser Zeit großen Wohlstands sind Bauten wie das Römische Theater, das Amphitheater und die Thermen erhalten. Immerhin war Arles seinerzeit die zweitgrößte Stadt des Römischen Imperiums: das „Gallula Roma", das kleine gallische Rom, wie sie der Dichter *Ausonius* (310–395) nannte.

Nach der römischen Periode hatte die Stadt schon im 3. Jahrhundert einen Bischof, weitere hundertfünfzig Jahre später sogar einen Erzbischof. Um das Jahr 225 ist ein Heiliger namens *Trophimus* in Arles nachweisbar. (Dieser Trophimus ist nicht mit dem gleichnamigen Griechen identisch, der den Apostel *Paulus* krank in Milet zurücklassen musste (2 Tim. 4, 20). Sondern man nimmt an, er ist jener Trophimus, der zusammen mit Saint Denis nach Gallien gekommen war, einem zähen Heiligen, der angeblich nach seiner Enthauptung auf dem Montmartre mit dem Kopf unter dem Arm noch bis in die heutige Stadt Saint-Denis marschierte.

„Die günstige Lage der Stadt Arles macht diese zu einem Platz, dessen Handel und Wandel so blühend ist, dass es keine andere Stadt gibt, in der man die Waren aller Gegenden der Erde leichter kaufen, verkaufen oder tauschen könnte als in dieser. Man findet dort die Schätze des Orients, die Wohlgerüche Arabiens, die Köstlichkeiten Assyriens, die Speisen Afrikas, die edlen Tiere Spaniens und die Waffen Galliens. Schließlich ist Arles der Ort, den sich das Mittelländische Meer und die Rhône erwählt haben, um an ihm ihre Wasser zu vereinen und ihn zum Treffpunkt aller Nationen zu machen, die an ihren Küsten und Ufern wohnen."
aus einem vielzitierten Erlass des Kaiser Honorius (384–423) vom Mai des Jahres 418, in dem er Arles zum Sitz der Abgesandten aller gallischen Provinzen gemacht hatte. 62 Jahre nach diesem Erlass kamen die Horden der Westgoten und aus war es mit Pracht und Herrlichkeit.

Trophimus könnte der erste Gründer einer christlichen Kirche in Arles gewesen sein. Unter Kaiser *Konstantin* wurde Arles 308 n. Chr. kaiserliche Residenz und zwischen 395 und 400 anstelle von Trier, das durch ständige Germaneneinfälle gefährdet war, sogar das Verwaltungszentrum für ganz Gallien, Spanien und Britannien. Die Westgoten eroberten 471 die Stadt, und 536 ging das Gebiet um Arles an die Franken. 1178 ließ sich Kaiser *Barbarossa* in St. Trophime zum König der Provence krönen.

In den heute ausgetrockneten Salzmooren rund um die Stadt wurde das Erdöl der damaligen Zeit gewonnen, das Salz, auch „weißes Gold" genannt. Man kochte nicht nur mit Salz, man rieb auch Tierhäute zum Gerben damit ein, es war ein Bestandteil von Arzneien und das einzige Konservierungsmittel für Fisch, einem Hauptnahrungsmittel der damaligen Zeit. Der Niedergang der Stadt setzte im späten Mittelalter mit dem Aufstieg von Avignon, Aix und Marseille ein. 1481 fiel Arles mit der Provence an Frankreich.

Sehenswertes

Außer den römischen Bauwerken und der Kathedrale St.Trophime kann Arles noch viele Sehenswürdigkeiten aus verschiedenen Epochen aufweisen. Bezeichnend ist jedoch nicht ihre Anzahl, sondern die harmonische Integration in das Stadtbild, das Arles zu einer der schönsten Städte Frankreichs macht. Zu sehen gibt es viel: Immerhin gehören sieben der antiken Bauten zum UNESCO-Weltkulturerbe. Man erkundet die enge und verwinkelte Innenstadt am besten zu Fuß, und wenn´s denn doch motorisiert sein soll, dann fährt *von April bis Mitte Okt. tgl. von 10–19 Uhr* ein Petit Train ab dem Boulevard des Lices durch die Altstadt. *Fahrzeit: 40 Minuten.*

Spuren der ältesten Kathedrale Frankreichs

„Überreste der ältesten Kathedrale Frankreichs sind in der südfranzösischen Stadt Arles entdeckt worden. Die Mauerreste, Marmorböden und Säulen des Gotteshauses stammten aus der Mitte des vierten Jahrhunderts und seien beim Bau eines Medienzentrums gefunden worden, hieß es nach Angaben des französischen Forschungszentrums CNRS. Die Kathedrale in Arles war etwa 40 bis 50 m lang und hatte eine Apsis von etwa 15 Metern Durchmesser, was nach Angaben eines Archäologen ‚für diese Zeitepoche um 350 nach Christus außergewöhnlich war'. Aus der gleichen Epoche stammen in Europa nur die Kathedralen von Trier und Genf in der Schweiz."

aus den „Badischen Neuesten Nachrichten" vom 21. Oktober 2003

Théâtre Antique – Antikes Theater

Um 27–25 v. Chr. unter der Herrschaft von Kaiser *Augustus* errichtet, ab dem 5. Jahrhundert als Steinbruch für Kirchenbauten und im 9. Jahrhundert als Festung benutzt, ist es erheblich schlechter erhalten als das benachbarte Amphitheater. Neben zahlreichen Säulenstümpfen sind die zwei einsamen korinthischen Säulen, genannt die „zwei Witwen", die einzigen Überreste des römischen Theaters, das einst der Mittelpunkt des römischen Arles war. Im Mittelalter hatten die Säulen einen durchaus praktischen Nutzen – sie dienten als Galgen. *Henry James*, der den Garten im Mondlicht besuchte, nannte die Säulen „zwei schweigende Schauspieler". *zwei Witwen*

Der französische Schriftsteller *Gustave Flaubert* zeigte sich von der steinernen Stätte so beeindruckt, dass er den irdischen Freuden des Fleisches standhalten konnte. Eine Dirne aus dem benachbarten Bordell wollte ihn dorthin locken, doch ihm war die Poesie dieses Geländes wesentlich lieber. *standhaft*

L' Arène Romaine – Amphitheater

Das Amphitheater, vermutlich Ende des 1. Jahrhunderts n. Chr. errichtet, war mit seiner Größe von 136 x 107 m das größte ganz Galliens und nahm den 20. Rang unter den Amphitheatern des römischen Reiches ein: Es war 21 m hoch und zweistöckig mit je 60 Arkaden. Ausgestattet mit Mosaikböden, vergoldeten Portici und marmorverkleideten Wänden. Bis zu 25.000 Zuschauer fanden hier Platz, um es sich bei Tierhatzen und Gladiatorenkämpfen gemütlich zu machen. Sonnensegel schützten sie dabei vor der sengenden Mittagsglut, Brunnen mit Lavendel und brennendem Safran tilgten den Blutgeruch.

Zu den blutigen Schauspielen ist ein Bericht des *Augustinus* überliefert, der mit seinem Freund ein solches Spektakel besucht hatte. Zuerst ein Gegner solcher Schauspiele, soll sich der Freund von den Spielen dann doch fasziniert gezeigt haben. In späteren Zeiten diente die Arena als öffentliche Hinrichtungsstätte, in der auch Christen ermordet wurden. Von *Katharina Medici* schließlich ist überliefert, dass sie während ihres Besuchs 1564 hier einem Zweikampf zwischen einem Stier und einem Löwen beiwohnen durfte.

Im Mittelalter wurde das Amphitheater von Arles zu einer Festung mit Wachtürmen ausgebaut, wobei die Arkaden im Erdgeschoss vermauert wurden. Im 17. Jahrhundert befand sich hier eine kleine Siedlung, wie eine Zeichnung des Arleser Rathausarchitekten Peyret von 1686 zeigt. Das Viertel, das sogar eine eigene Kapelle hatte, wurde im 19. Jahrhundert abgerissen. Das Theater sollte wieder in den ursprünglichen Zustand aus der edlen Antike zurückversetzt werden. Von den Bauten des Mittelalters sind lediglich die Wehrtürme erhalten geblieben.

Vom Turm über dem Eingang bietet sich heute der friedliche Ausblick über die Ebene der Crau bis nach Montmajour, so wie *van Gogh* ihn einst gemalt hatte.

Die Kryptoportiken des Forums

Rue Balze, Zugang über die ehemalige Jesuitenkapelle aus dem 17. Jahrhundert

Was den Umfang und Erhaltungszustand dieser rätselhaften Anlage anbetrifft, so kennt man keine vergleichbare aus der römischen Epoche. Man weiß immer noch nicht genau, wozu sie gedient haben mag, nimmt aber an, dass sie zur Befestigung der Fundamente des Forums beitrug. Es handelt sich um zwei parallel zueinander hufeisenförmig verlaufende Gänge, die mit einer Quergalerie verbunden sind, 90 m lang und 60 m breit.

Da der Boden der Kryptoportiken, wie archäologische Grabungen nachgewiesen haben, mit einer dreifachen Lage Eichenbohlen ausgelegt war, nimmt man an, dass es sich um Vorratsräume handelte. Vielleicht wurde hier Getreide gelagert, das für den späteren Transport per Schiff bestimmt war. Zu Beginn des 20. Jahrhunderts wurden hier prächtige Plastiken entdeckt, die heute im Musée de l'Arles Antiques zu sehen sind.

Billet global
Wer verschiedene Sehenswürdigkeiten in Arles anschaut, spart mit dem *Billet global* mehr als 50 % der Eintrittsgelder. Im Preis ist der Eintritt zu folgenden Sehenswürdigkeiten enthalten: Musée de l´Arles Antiques, Les Arènes romaines, Théâtres Antique, Thermes de constantin, Les Alyscamps, Cryptoportiques, Musée Réattu und Cloître Saint-Trophime.

Kirche und Kreuzgang Saint-Trophime

Benannt wurde die Kirche nach dem heiligen *Trophimus*, der um 250 der erste Bischof von Arles gewesen sein soll (was allerdings noch zu beweisen wäre), als Missionar der Provence gilt und dessen Reliquien hier ruhen. Glaubt man der Legende, dann wurde diese Kirche schon im Jahr 606 gegründet. Die heutige romanische Basilika wurde 1152–1180 erbaut. In ihrem Inneren hat sie teilweise schon gotische Formen. *Friedrich I. Barbarossa* ließ sich hier im Jahr 1178 zum König von Arelate krönen, das die Provence und Teile Burgunds umfasste.

Berühmt wurde die Kirche durch ihr prächtiges Westportal, das wie das von Saint-Gilles architektonisch der römischen Tradition nahe steht: Sein Aufbau wiederholt die Form des römischen Ehrenbogens, und die Skulpturen der Heiligen sind nach römischem Muster in Nischen platziert. Über sie schrieb *Frédéric Mistral* etwas respektlos, dass sie von der Schönheit einer jungen Arleserin nicht ganz unbeeindruckt gewesen seien, denn die „Heiligen aus Stein im Portal segneten sie, als sie vorüberschritt, und von der Kirche bis zu ihrem Haus folgten sie ihr mit den Augen".

Wer genau hinschaut, wird Szenen zum Schmunzeln entdecken: die Heiligen drei Könige unter einer einzigen Decke schlafend (im Mittelalter durchaus üblich), einen Esel mit steifem Phallus (Symbol der Wolllust) oder

Das Portal von Saint-Trophime ist das prächtigste der Kirchenportale der provenzalischen Romanik.

Ungeheuerlich wie ein chinesischer Albdruck

„Alles ist so in Stein gebildet, wie Barbaren es tun; die griechischen Hänge der Falten, die gescheitelten Haare, die geschlichteten Bärte können die barbarische Hand des Bildhauers nicht vergessen machen. Die Figuren sind gnomisch; große Köpfe sitzen auf kurzen Hälsen und winzigen, aber furchtbar gedrungenen Gestalten; die heiligen Gestalten scheinen ein Geflecht arger Zwerge zu sein; chimärische Köpfe schauen aus steinernem Laubwerk, das der Antike kräftig nachstrampelt. Das Christliche und das Barbarische sind ineinander gespiegelt; ineinander geschlungen sind sie wie Sünde und Tugend."

der deutsche Kunsthistoriker Wilhelm Hausenstein

„Es gibt hier einen gotischen Kreuzgang, dessen Schönheit mir allmählich aufgeht, den Kreuzgang von St. Trophime. Aber er ist so grausam, so ungeheuerlich wie ein chinesischer Albdruck, dass selbst dieser schöne Bau in seinem so großartigen Stil mir wie aus einer anderen Welt vorkommt, der ich ebensowenig angehören möchte wie der ruhmreichen Welt des römischen Nero."

der Maler Vincent van Gogh (der von Februar 1888 bis Mai 1889 in Arles gelebt hatte) in einem Brief an seinen Bruder Theo

ein seitlich angebrachtes Relief mit dem Teufel (mit Hörnern und herabhängenden Mundwinkeln) als Beherrscher der Begierde, hier als Frau mit runden Formen dargestellt.

schönster Kreuzgang

Der **Kreuzgang** von Saint-Trophime gilt als der schönste der Provence. Die Ost- und die Nordgalerie sind romanisch, die West- und Südgalerie schon gotisch. Die Kapitelle zeigen auf der dem Garten zugewandten Seite Blattschmuck, aus dem oft Menschenköpfe oder Monster hervorwachsen. Auf der dem Betrachter im Wandelgang zugewandten Seite sind Figuren und Szenen aus der Bibel zu sehen. *(Zugang über die Rue du Cloître, geöffnet Juni bis Sept. tgl. 9–19 Uhr, Okt. bis März tgl. 10–12 und 14–17 Uhr, April und Mai bis 19 Uhr)*

Museen

• Le Musée Arlaten

Das von Frédric Mistral am 21. Mai 1899 mit dem Preisgeld seines Nobelpreises gegründete, im schönen Palais Laval-Castellane (Anfang 16. Jh.) untergebrachte Museum, nannte er selbst sein letztes großes Gedicht. Es zeigt provenzalische Kunst und volkskundliche Sammlungen, sehr schön zum Beispiel ein provenzalisches Schlafzimmer und eine Wohnküche, bewacht – nach dem Willen von Mistral – von Arlesierinnen in ihrer traditionellen Tracht. Ein handwerkliches Meisterwerk sind die „Boutis" (mit Baumwolle gefüllte Steppdecken), deren Herstellung viel Geduld erfordert. Die weißen „Boutis" sind übrigens die kostbarsten, weil Weiß keinerlei Fabrikationsfehler zulässt.

Porträt einer jungen Arleserin von Alexandre Hesse (1806–179), zu sehen im Musée Arlatan. „Japanisch" angehaucht soll diese Tracht sein, nicht in ihrem Aussehen, sondern wegen ihrer komplizierten Prozedur des Ankleidens.

• Musée de l´Arles antique – Museum des antiken Arles

nahe dem Ufer der Rhône bei der Ile du Cirque Romain BP 196.

Nach 12 Jahren Bauzeit wurde im Jahre 1995 dieses 12.000 Quadratmeter große Museum eröffnet, gebaut in der Form eines Dreiecks, der einzigen geometrischen Form, die man in römischen Bauten nicht findet. Zu sehen ist eine chronologische Darstellung der Geschichte der Gegend um Arles von der Urgeschichte über die hellenische Periode und die Zeit als römische Kolonie bis zum Christentum.

prächtige Sarkophage

Prunkstück des Museums ist ein dreistöckiger Sarkophag, „Trinitätssarkophag" oder „Sarkophag des Epoux" (der Eheleute) genannt. Seine Reliefs zeigen nicht nur ein Ehepaar, sondern auch fein gearbeitete alttestamentliche Szenen wie das Opfer Kains und Abels. Die Sarkophage aus heidnischer und christlicher Zeit, die in diesem Museum zu sehen sind, gehören nach einer Sammlung in Rom zu den prächtigsten ihrer Art.

Ein weiteres Highlight sind die 1983 gefundenen Mosaiken aus dem 3. und 4. Jahrhundert aus den römischen Villen von Trinquetaille. Dargestellt sind darauf unter anderem Orpheus mit einer Leier, der Raub der Europa und die Gewinnung des Goldenen Vlieses. Bemerkenswert sind auch der Löwe von Arcoule sowie eine Statue des Kaisers Augustus, die den in Wirklichkeit eher unscheinbaren Kaiser als jugendlichen Helden zeigt.

Was die Venus von Arles anbetrifft, so ist sie nur eine Kopie der 1683 im antiken Theater gefundenen, armlosen Statue. Das Original hatten die Einwohner von Arles an Ludwig XIV. verschenkt, in der irrigen Hoffnung, er würde ihnen als Gegenleistung die Steuern erlassen.

- **Musée Réattu**

10, rue du Grand Prieuré

Die Sammlung in einem ehemaligen Komtureigebäude des Malteserordens (15./16. Jh.) geht auf eine Sammlung des Kunstmalers *Jacques Réattu* (1760–1833) zurück. Zu sehen sind Werke provenzalischer Künstler des 18. und 19. Jahrhunderts sowie eine Sammlung zeitgenössischer Kunst. Besonders sehenswert in diesem kleinen, feinen Museum sind die 57 Zeichnungen von Picasso, meist humorvolle Zeichnungen von Physiognomien.

Rundgang van Gogh

Durch die Stadt führt ein informativer Rundgang zu den Wirkungsstätten van Goghs. Hier sind auf Keramiktafeln die entsprechenden Gemälde und Zitate des Malers abgebildet. Folgen Sie den im Boden eingelassenen Wegweisern. Das Gelbe Haus an der Place Lamartine fiel im Zweiten Weltkrieg alliierten Bomben zum Opfer. Sein Standort ist aber auch im heutigen Umfeld noch gut nachvollziehbar.

Fondation Van Gogh

Palais de Luppé, 24, rond-point des arènes.

Vom Meister selbst hängt hier kein einziges Bild, dafür aber von zeitgenössischen Künstlern, die ihm ihre Reverenz erweisen, unter anderem Robert Rauschenbergs Sonnenblumen in Acryl.

Gräberstraße Les Alyscamps

Außerhalb der Altstadt.

Wunder gab es immer wieder

Der Legende nach soll Christus einst an diesem Ort erschienen sein, um den Friedhof für christliche Begräbnisse zu weihen. Er kniete nieder, um die Stätte zu segnen, die Abdrücke, die seine Knie im Fels hinterlassen haben, waren sogar in einer Kirche des heutigen Viertels „de la Genouillade“ zu sehen ... Auch soll das eine oder andere Wunder hier geschehen sein. Einst standen auf diesem Friedhof Tausende von Sarkophagen entlang einer Allee, die wohl doppelt so lang war wie die heutige Gräberallee (lat. Alissii Campi = Gefilde der Seligen).

Berühmtester der hier Bestatteten ist der heilige *Trophimus*, der das Christentum in Arles eingeführt hatte und in der Apostelgeschichte, Kapitel 20, Vers 4, erwähnt wird. Er wurde hier im 4. Jahrhundert beerdigt.

Da sein Grab nach altem Volksglauben eine wundertätige Kraft hatte, wollten im Mittelalter viele Menschen in der Nähe des Heiligen bestattet werden. Eine regelrechte Bestattungsindustrie entstand: Die Bewohner des Rhônetals legten ihre Toten in pechversiegelte Holzfässer, klemmten ihnen ein Goldstück und Schmuck zwischen die Zähne und ließen das Fass den Fluss hinunterschwimmen. Bei Alyscamps warteten dann schon die Totengräber mit langen Stangen, um die Fässer (zumindest die, die nicht schon unterwegs von Plünderern herausgefischt wurden) aus dem Fluss zu angeln, den Toten das Gebiss zu zerschlagen und das Gold herauszunehmen. Doch die Konkurrenz war groß und so erschlugen sich die Totengräber gelegentlich gegenseitig, bevor sie den Leichen das Gebiss zerschlugen und sie dann am bestellten Platz begruben.

„Ich bin niemals einem Ort begegnet, der mich mehr verführt hat dort zu sterben", soll Chateaubriand über Les Alyscamps gesagt haben. Er ist der Verführung nicht erlegen – vielleicht zu seinem Glück, denn Dante erwähnte das Totenfeld von Alyscamps in seinen Versen über die Hölle.

Besser Situierte allerdings ließen sich bzw. ihren Leichnam auf dem Landweg nach Alyscamps befördern, um dort in Steinsärgen beerdigt zu werden. Ein mittelalterlicher Reiseführer empfahl Pilgern, die auf dem Weg nach Santiago de Compostela hier vorbeikamen, eine Messe lesen zu lassen, denn „so ist er sicher, anlässlich des Jüngsten Gerichtes diese frommen Begrabenen wiederzufinden, welche ihm helfen werden, sein Seelenheil zu erlangen".

Im Jahr 1142 wurde der Leichnam des heiligen *Trophimus* entfernt und so ließ auch allmählich das Interesse an diesem Friedhof nach. Von nun an standen die Sarkophage zur freien Verfügung. Die einfach gearbeiteten Stücke wurden als Fresstrog fürs Vieh genutzt und die feiner gearbeiteten dienten den Beamten von Arles als Gastgeschenk für prominente Besucher der Stadt, manche Mönche verarbeiten sie auch in ihren Klostermauern. *Karl IV.* erhielt gleich ganze Schiffsladungen dieser steinernen Schönheiten, doch versanken die schwimmenden Sargträger bei Pont-St.Esprit in der Rhône. Einige der schönsten Sarkophage der Anlage sind heute im Antikenmuseum von Arles zu sehen. Auf den Sarkophagen, die noch in Alyscamps geblieben sind, sieht man gelegentlich eingeritzte Gegenstände aus dem Baugewerbe wie eine Hacke oder ein Senkblei, vielleicht ein Symbol der Vergänglichkeit und des Todes oder vielleicht auch nur das Zeichen eines Handwerkers.

Am hinteren Ende der Friedhofsanlage steht die Kirche von **St.Honorat**. Sie wurde im Jahr 1170 im romanischen Stil begonnen, doch aufgrund der Albigenserkriege niemals fertig gebaut.

„Les Alpilles“ – Provence en miniature

Höhenlage: 20 bis 487 m

Die kleine Hügelkette zwischen Avignon und Arles ist mit ihren wenigen Höhenkilometern eigentlich nicht erwähnenswert. Aber: man findet hier auf engsten Raum alles, was die Provence ausmacht: weiße Felsen, grüne Wälder, Olivenbäume, Weinreben und Zypressen. „Man kommt von Saint-Rémy, wo die Provence-Erde lauter Felder von Blumen trägt, und auf einmal schlägt alles in Stein um“, so beschrieb *Rainer Maria Rilke* seinen Weg durch die Alpilles. Frédéric Mistral (1830–1914): „Soweit ich auch zurückdenke, immer steht vor meinen Augen ganz unten im Süden eine lange Bergkette, deren Spitzen, Abhänge, Klippen und Täler vom Morgen bis zum Abend in mehr oder minder blauer Ferne verschwimmen. Es sind die gleich den Felsen Griechenlands von Olivenwäldern umgürteten Alpilles – ein weiter Rundblick von Ruhm und Sagen!“

Rilkes Reiseeindruck

Le Train des Alpilles

Seit 1950 verbindet eine Eisenbahnlinie Arles und Fontveille auf einer Strecke von 20 km. Sie führt vorbei an Reis- und Sonnenblumenfeldern und an der Abtei von Montmajour (fakultativer Halt).

Hypogäen von Arles

2 km außerhalb von Arles in Richtung Fontvielle im Parc de Cordes liegen die in den Fels gehauenen Ganggräber, in denen kupfersteinzeitliche Siedler gegen Ende des 3. Jahrtausends v. Chr. jeweils bis zu 100 ihrer Toten beisetzten. Die Nekropole, einst auf Felsinseln inmitten der Sümpfe gelegen, zeugt von der dichten Besiedlung entlang der Rhône-Handelsstraße.

Zugbrücke Pont Langlois

Von Arles aus in Richtung Süden auf der D35 Richtung Port-St.Louis fahren, nach 3 km dem beschilderten Sträßchen folgen. Etwa 500 m nach dem Ortsausgangsschild von Arles weist ein kleines Schild nach links zur Brücke.

Hier sieht man die Zugbrücke, verewigt von van Gogh in einem Gemälde, über das er im Frühjahr 1888 an seinen Bruder Theo schrieb: „Ich habe, eine reizvolle Sache gefunden, wie ich sie nicht alle Tage machen werde.“

Die Brücke, die man heute sieht, ist nicht mehr die Originalbrücke, die *van Gogh* im Frühjahr 1888 gemalt hatte. Was man heute hier sieht, ist eine Brücke aus der Gegend um Martigues, die man dort abgebaut und 1961 hier neu errichtet hatte. Die echte Brücke fiel 1930 einer Betonkonstruktion zum Opfer.

Saint-Martin-de-Crau

Westlich von Arles und der Camargue erstreckt sich die Crau, ein ehemaliges Flussdelta der Durance. So wie die Camargue das Land des Wassers ist, ist die Crau das Land des Minerals. Es gibt zwei Crau: die der feuchten und grünen Ebene im Norden, in deren fruchtbarsten Teilen ein bekanntes Heu geerntet wird, das mit dem Siegel AOC für seine besondere Qualität zertifiziert und besonders bei Besitzern von Rassepferden sehr begehrt ist. Im Süden erstreckt sich die trockene Crau, die letzte karge Steppe Europas, eine Gegend, die man eher in afrikanischen Gefilden vermuten würde. Sie ist, inmitten von Industrie und Landschaftszerstörung, eines der wichtigsten Vogelschutzgebiete Europas mit etwa 120 gezählten Vogelarten.

karge Steppe

Salon-de-Provence (ⓘ s. S. 131)

Einwohner: 38.000, Höhenlage: 82 m

Zu Füßen einer mächtigen Burg gelegen, mit Brunnen und Cafés, Gassen und Boulevards ist Salon-de-Provcene ein Städtchen wie aus dem Provence-Bildband, dabei lebhaft und in seinem Kern vom Autoverkehr befreit.

Das römische *Castrum Salonense*, lag auf dem Hügel Valdemech, umgeben von einem Salzsumpf. Unter Karl dem Großen begann man, den Sumpf trockenzulegen, die Sarazenen zu vertreiben und die heutige Stadt Salon zu bauen. Einer der großen Männer der Stadt war neben dem allzu bekannten *Nostradamus* der Wasserbauarchitekt *Adame de Craponne*, der das Prinzip der Schleuse, von *Leonardo da Vinci* beschrieben, praktisch umsetzte. Er schaffte es 1554, einen bis dahin trockenen und unfruchtbaren Landstrich westlich von Salon in fruchtbares Ackerland zu verwandeln. Wie wichtig das Wasser für das Leben der Menschen war, sieht man noch heute in Salon-de-Provence, das noch über viele Brunnen verfügt – und so ist die über und über mit Moos bewachsene Fontaine Moussue das Wahrzeichen der Stadt. Seit 1936 ist Salon Ausbildungsstätte der französischen Luftwaffe. Auch hat hier die „Patrouille de France" ihren Stützpunkt.

„Zurückgekehrt legt ich des Königs Gabe nieder.
Die Arbeit ist vollbracht – ich geh´zu Gott!
Mir nah´n Verwandte, Freunde, Blutesbrüder,
Auf einer Bank an meinem Bett werd´ ich gefunden tot"
schrieb Nostradmus im Juni 1566. Am 2. Juli 1566 sank er tot auf einer Bank zusammen.

Sehenswertes

Château de l´Emperi mit dem Musée d´Art et d´Histoire militaires français

Über der Stadt liegt die älteste (bis ins 12. Jahrhundert zurückreichend) und gleichzeitig eine der drei wichtigsten mittelalterlichen Befestigungsanlage der Pro-

Salon-de-Provence

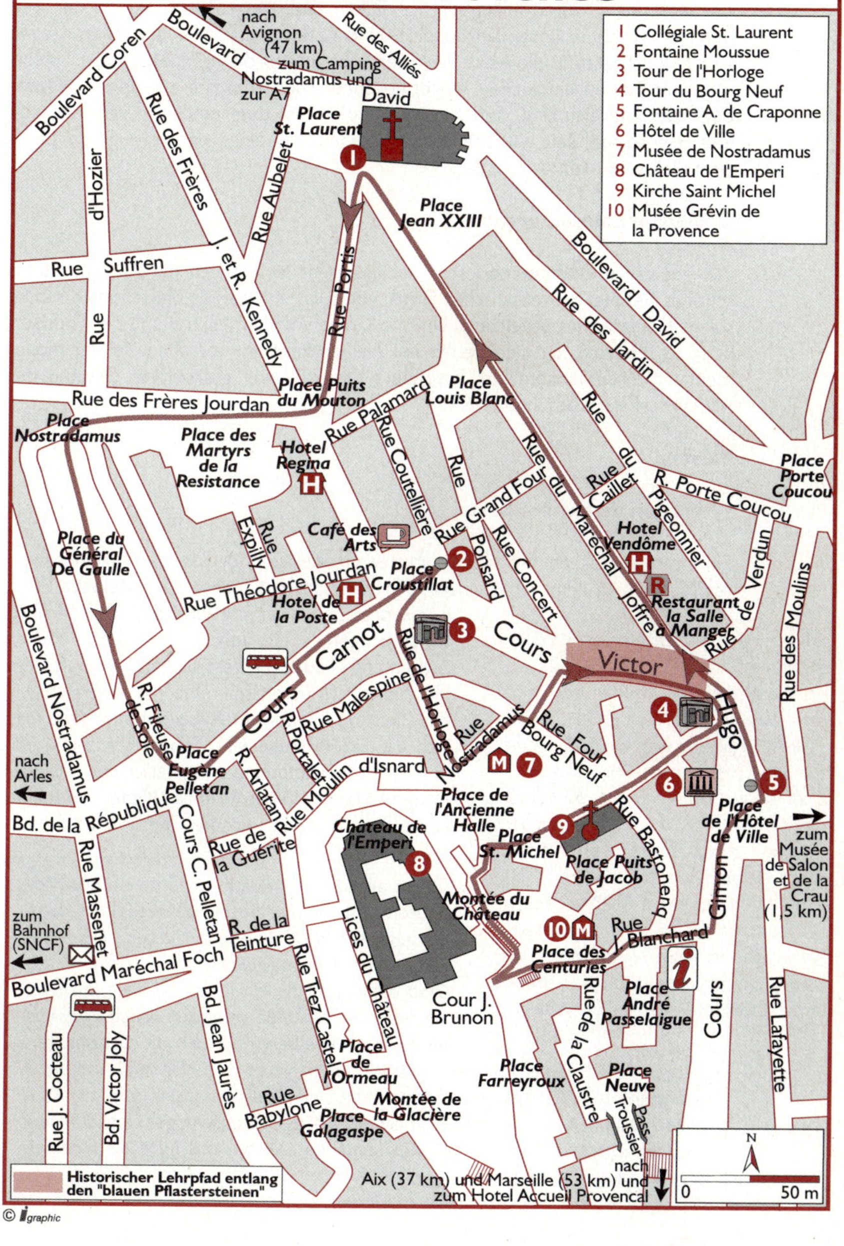

vence (zusammen mit dem Papstpalast und dem Château de Tarascon). Das von außen so wehrhafte Gebäude beherbergt eine thematisch äußerst passende Sammlung: eine der größten militärgeschichtlichen Sammlungen Europas von der Zeit *Ludwigs XIV.* bis in unser Jahrhundert. Und so kann man hier anhand von etwa 10.000 Exponaten in die weite Welt der Schlachtenordnungen, Abzeichen, Uniformen und Fahnen eintauchen, wobei besonders die Exponate aus der Napoleon-Zeit sehr zahlreich sind. Vom großen Napoleon ist unter anderem sein Messing-Bett aus seiner Zeit auf St.Helena zu sehen, das zeigt, dass der große Mann eigentlich sehr klein war.

großer Mann mit kleinem Bett

Collégiale Saint-Laurent

Die ehemalige Dominikanerkirche Saint-Laurent im Norden der Altstadt ist ein schönes Beispiel provenzalischer Gotik, von *Louis XIV.* gar als die schönste Kirche seines Königreiches bezeichnet. Um die Kirche vor dem Mistral und der Sommerhitze zu schützen, hat man sie mit nur kleinen Fenstern versehen. Bei der monumentalen Kreuzabnahme ist besonders das kunstvoll gearbeitete Gewand der *Maria Magdalena* beachtenswert.

Museen

- **Maison de Nostradamus**

Ein interessantes, ebenso wie das Musée Grévin auch für Kinder empfehlenswertes Museum, in dem mit Wachspuppen Nostradamus' Leben dargestellt ist. Es ist in die drei Zeitabschnitte Jugend, Reife und Centurien aufgeteilt, die anhand von verschiedenen Szenen und Themen dargestellt sind: Herkunft, Pest, Humanismus, Wissensschraube (so kryptisch wie des Meisters Centurien), Arbeitszimmer (wie man sich die Studierstube eine Sehers vorstellt), großer Kalender, *Katharina von Medici* und die vier Hauptwerke des Nostradamus (Medizin, Geheimlehre, Pharmazeutik und die Centurien). Die ver-

„Hier ruhen die Gebeine des Michael de Nostredame, des einzigen unter allen Sterblichen, der würdig war, mit einer beinahe göttlichen Feder die Ereignisse zu beschreiben, die in der ganzen Welt gesehen werden nach dem Einfluss der Gestirne. Er hat 62 Jahre, sechs Monate und 17 Tage gelebt. Nachwelt, gönne ihm seine Ruhe. Anne Ponce Gemelle aus Salon wünscht ihrem Gatten die ewige Glückseligkeit". So steht es auf dem Grabmal des Nostradamus (es ist eine Kopie) im Collégiale St.Laurent (in der mittleren Kapelle auf der linken Seite).

Ob es allerdings wirklich die Gebeine des Propheten sind, die hier liegen, ist zweifelhaft, denn ein gewisser Edgar Leono berichtet: *„1791 brachen einige Nationalgardisten aus Marseille das Grab auf [...]. Einer von ihnen soll Wein aus dem Schädel des Propheten getrunken haben. Während dieser Trunkenheitsorgie wurden die Gebeine verstreut, und die Bürger von Salon nutzten nur zu gerne die Gelegenheit, sich neue Reliquien zu verschaffen. Der Bürgermeister, ein Monsieur David, trug alle Knochen zusammen, die er noch finden konnte, und erhielt dabei sogar Unterstützung von der Soldateska, der er spitzfindig einredete, Nostradams habe die Französische Revolution vorhergesagt!"*

INFO Der Seher von Salon – Nostradamus

Auch wenn *Nostradamus* im Dezember 1503 in Saint-Remy geboren wurde, in Montpellier studiert und in Marseille gegen die Pest gekämpft hat und am Hof der Valois die Könige mit seinen Prophezeiungen erstaunte – so steht doch nur eine Stadt für *Nostradamus*: Salon-de-Provence, wo er die letzen 19 Jahre seines Leben verbracht und sein Lebenswerk, die *Centurien*, geschrieben hat.

Nostradamus lebte in einer ähnlichen Zeit wie wir heute: In einer Epoche der gewaltigen Umbrüche. Als Mensch der Umbruchzeit war er mit den Füßen noch im Mittelalter, mit dem Kopf aber schon in der Neuzeit. Nationen formten sich neu, politische und religiöse Konflikte wurden ausgetragen: *Luthers* Wirken stürzte die europäischen Staaten in eine tiefe Krise, *Christoph Kolumbus* hatte Amerika entdeckt und *Kopernikus* nicht die Erde sondern die Sonne im Zentrum des Planetensystems ausgemacht.

„Nostradamus war etwas unter Mittelgröße, kräftig im Körperbau, von munterem Wesen und stets gut gelaunt. Er hatte eine hohe Stirn, eine gerade Nase, graue Augen, einen sanften Blick, der im Zorn Flammen sprühen konnte. Er lachte gern und oft, hatte rote Wangen, sein Augenlicht blieb gut bis zuletzt. Nach der Sitte der damaligen Zeit trug er einen Vollbart, sein Gebiss war vollständig", so beschrieb ihn der Theologe Jean Aimé de Chavigny, ein Lieblingsschüler des Nostradamus, im Jahr 1594. Nostradamus selbst schrieb 1557 über seine Umwelt: „Hier, wo ich wohne, lebe ich unter brutalen Tieren und barbarischem Volk, den Todfeinden allen guten Lernens und hoher Gelehrsamkeit."

Das erforschte Wissen ersetzte mehr und mehr den verkündeten Glauben, in der Wirtschaft wurden europäische Handelshäuser wie das Haus *Fugger* zur Wirtschaftsmacht, durch extrem kalte Winter wie den des Jahres 1523 erfror das Getreide und Hungersnöte beherrschten das Land. Eine Zeit für Astrologie, eine Zeit für Wahrsager – damals wie heute.

Und so war Nostradamus selbst ein Kind seiner Zeit, einerseits ein Arzt, der den Wert von Hygiene zu Zeiten der Pest erkannte, aber er war auch ein Leser astrologischer und okkulter Literatur und Besitzer von Wünschelruten. In Salon schrieb er seine Centurien, je hundert „astronomisch abgefasste Vierzeiler aufgrund konkreter Berechnungen, die meine nächtlichen Stunden mit erquickendem Odem erfüllten".

Unumstritten war der Seher von Salon nie, nicht heute und auch nicht zu seinen Lebzeiten. Der Astrologe *Laurent Videl*, ein Zeitgenosse des *Nostradamus*, gab zu bedenken, dass die Astrologie nur Tendenzen, aber keine konkreten Ereignisse vorhersagen könne. An *Nostradamus* selbst gerichtet schrieb *Videl*: „Ich denke, es geht Euch nur darum, all die Übel vorherzusagen, die Euch ohne jede andere Quelle in den Kopf kommen – denn für jedes Jahr sagt Ihr Pest, Hunger und Krieg voraus. Seht Ihr nicht, wie oft Ihr damit falsch gelegen habt?"

Eine Prophezeiung des *Nostradmus* sollte sich allerdings mit absoluter Sicherheit bewahrheiten: Sein eigener Tod. Den hatte er am Abend des 1. Juli 1567 seinem Sekretär in die Feder diktiert mit den Worten: „bei Sonnenuntergang wirst du mich nicht mehr lebend antreffen". Am nächsten Morgen lag er tot neben seinem Bett. Erlöst von seinen Leiden, von Gicht, Arthritis, Ödemen und Atemnot. Auch noch eine zweite Prophezeiung sollte sich erfüllen: „Wenn ich tot bin, wird mein Name weltweit leben", so hatte *Nostradamus* 1557 im Vorwort von drei Almanachen geschrieben. Und noch eine dritte Weissagung sollte sich posthum als wahr herausstellen: Nostradamus´ Statue in Salon wurde eines Tages von einem Lastwagen umgefahren. Die neue Statue wurde dann mittels eines Hubschraubers wieder aufgestellt. Wie hatte der Prophet doch prophezeit: „Ich werde durch die Luft nach Salon zurückkehren."

Drei Wege zum Ruhm im Prophetentum

1. Man beantworte tunlichst nicht die sechs W-Fragen, Wer? Wann? Wo? Was? Wie? Warum?, sondern schreibe Voraussagen wie folgende: „Mit fliegendem Feuer, der listige Anschlag, wird kommen den großen belagernden Führer zu verwirren: Innerhalb wird solcher Aufruhr sein, dass die Verfolger in Verzweiflung sein werden." VI, 34

2. Weiterhin vermeide man aktuelle, verständliche, objektive und klar aufgebaute Texte, sondern man verfasse Kryptisches wie folgendes: „Die Freiheit kann nicht wiedererlangt werden, der Finstere nimmt sie in Besitz, stolz, gemein, unrechtmäßig: Wenn die Sache auf der Brücke eröffnet/begonnen wird, von Hister, Venedig erzürnt die Republik.

3. Man schreibe nicht für die Leser, sondern diese sollen sich gefälligst bemühen, Weissagungen wie folgende zu deuten: „Die Schlangen wurden in den eisernen Käfig übergeben, wo die sieben Kinder des Königs jedoch gefangen sind. Die Alten und Vorfahren steigen aus den Tiefen der Hölle, aber sterbend sehen sie ihre tote Frucht und schreien."

Zum Werk des Nostradamus sei hier ein Internet-Eintrag eines gewissen Patrick zitiert, eines Mannes, der wohl sehr an die Weissagungen des Propheten der Provence geglaubt hatte: „Per 28.02.2003 ist die Forschung bei www.alien.de/Nostradamus eingestellt: In den letzten 5 Jahren hat sich viel verändert in meiner persönlichen Einstellung über Nostradamus. In den ersten Jahren erntete er noch die Vorschusslorbeeren, doch mit der Zeit ergab sich für mich, dass Nostradamus KEINE prophetischen Fähigkeiten hatte."

Was noch zu beweisen wäre, denn im vierten Quatrain der zehnten Centurie steht alles, was man über das Jahr 2004 wissen muss: „Hoch zur Mitternacht der Armeeführer wird sich retten. Plötzlich ist er auserwählt bei der Eins. Sieben Jahre danach – die Seele wird nicht verflucht. Bei seiner Rückkehr man wird sagen – ein Unze wo zehn." Wenn das Jahr 2004 vorbei sein wird, dann wird sich erwiesen haben, ob die Seele verflucht wurde – welche und von wem auch immer.

tonten Begleittexte sind auf deutsch erhältlich. Kritische Anmerkungen zur schillernden Persönlichkeit des *Nostradamus* fehlen allerdings. Aber wer will schon den Ast absägen, auf dem er sitzt ...

- **Musée de Salon et de la Crau**

Ein Heimatmuseum, untergebracht in einem großen Gebäude aus dem 19. Jahrhundert. Geschichte und Entstehung der Gegend sind hier mit zahlreichen Exponaten sowie einem Modell der Natur der Crau veranschaulicht. Dazu gibt es die für solche Museen anscheinend unvermeidlichen ausgestopften Vögel.

- **Musée Grévin**

Ein wirklich sehenswertes Wachsfigurenkabinett. 2.600 Jahre Geschichte der Provence sind hier in 15 Bildern dargestellt. Ausgerüstet mit einem Audioguide (auch auf deutsch) erfährt man Hintergründiges zu Begebenheiten wie der legendären Heirat von *Gyptis* und *Protis* oder einer Szene aus „Manons Rache", einem verfilmten Heimatroman von *Marcel Pagnol*.

La savonnerie Marius Fabre mit dem Musée du savon de Marseille

Im 19. Jahrhundert entwickelte sich in Salon eine florierende Seifenindustrie. Dieser Zeit verdankt die Stadt auch viele prachtvolle Häuser, errichtet von wohlhabenden Seifenherstellern. In der Savonnerie Marius Fabre kann man heute der Seifenherstellung zuschauen, die fast noch genauso verläuft wie zu Zeiten *Ludwig XIV*. Und auch Seifen kaufen, entweder in der alt hergebrachten Form oder als moderne Designerstücke.

Château und Zoo de la Barben

12 km östl. von Salon-de-Provence. Das Schloss ist von April bis Nov. tgl. 14–17 Uhr geöffnet. Im März nur am Wochenende von 14–17 Uhr. Der zum Schloss gehörige Zoo ist tgl. 10–18 Uhr geöffnet.

von Le Nôtre

Ein trutziger Bau aus dem 11. Jahrhundert, malerisch auf einem Felsen hoch über dem Flüsschen Touloubre thronend, umgeben von einem von *Le Nôtre* gestalteten Schlossgarten. Der mittelalterliche Bau wurde im 16. und 17. Jahrhundert erweitert und gemäß barocker Repräsentation mit einer wie an das Gebäude angeklebten zweiläufigen Freitreppe erweitert.

Das Gemäuer kam 1476 in den Besitz der Familie *de Forbin*, die bis 1963 dort wohnen sollte. Die *de Forbin* gelten als eines der kühnsten und vom Schicksal begünstigtsten Geschlechter des französischen Südens. Einer der ihren, *Palamede de Forbin*, hatte einst *König Rene* dazu überredet, die Provence in Frankreich aufgehen zu lassen. Der berühmteste Schlossherr aber war der gebildete Schöngeist *Auguste de Forbin-La Barben*. Er hatte 1806 *Napoleons* Schwester, *Pauline Borghèse*, kennen gelernt, wurde auf Schloss Barben ihr Kammerherr und Geliebter. *Napoleon* schickte ihn dann an die Front, wo er es zum Oberstleutnant brachte. Später wurde er Chef der königlichen Museen und ließ in dieser Position auch den Louvre instand setzen. *Pauline Borghèses* Zimmer kann man heute noch im zweiten Stock des innen wirklich sehenswerten Schlosses besichtigen. Es ist im Empire-Stil mit einem Boudoir ausgestattet, dessen Tapete von *Granet* die vier Jahreszeiten zeigt.

Auf einem 33 Hektar großen Areal, erreichbar über eine 112-stufige Treppe, tummeln sich **mehr als 120 Tierarten** wie Nilpferde, Giraffen, Kamele, Löwen und Tiger. Auch diverse Reptilien wie Krokodile oder Schlangen sind hier anzutreffen *(geöffnet tgl. 10–18 Uhr, www.zoolabarben.com)*.

Auf dem Weg in die „kleinen Alpen"

Grotten von Calès

Nördlich von Salon-de-Provence bei Lamanon gelegen. Man parkt am Kirchplatz von Lamanon. Der (blau markierte) Weg beginnt gegenüber des Office de Touris-

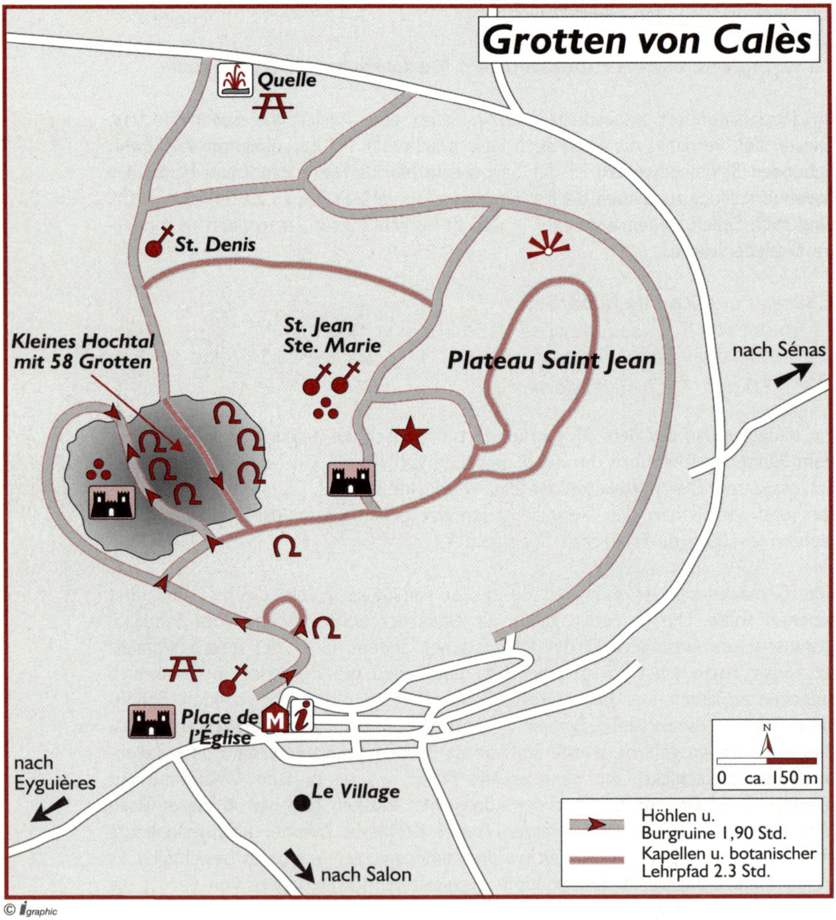

me, nach 100 m kommt die erste Fundstätte. Der Rundgang ist beschildert, die kleine Schleife in blauer, die große in grüner Farbe (zweistündige Rundwanderung um den Bergkegel vorbei an zwei Kapellen und an Lehrtafeln zur Flora der Gegend).

prähistorische Höhlen

Die Grottes de Calès bilden eine der größten und wichtigsten prähistorischen Höhlensiedlungen Frankreichs. Hier siedelten sich zum erstenmal Ligurer an, die ersten als Volk auftretenden Bewohner der Provence. Die Voraussetzungen für eine Siedlung waren günstig, denn hier fanden sie natürliche Grotten vor, die sie zu Wohnungen mit Feuerstellen und Liegebänken gestalten konnten. In späteren Jahrhunderten dienten die Höhlen als Steinbrüche, in denen das Baumaterial für die Burg von Lamanon gewonnen wurde. Man schätzt, dass hier im Mittelalter mehr als 200 Menschen lebten. Endgültig verlassen wurde die Siedlung Ende des 16. Jahrhunderts. Während der Religionskriege sollen die Höhlen als Rückzugsort gedient haben. Heute erkennt man Räume, Vorratsnischen, Terrassen und Wasserleitungen. Auch findet man zwei Kapellen nahe den Höhlen.

Ergänzend zur Höhlensiedlung sind im Rathaus in einem kleinen **Zweiraummuseum** Funde und Lehrtafeln zur Höhlensiedlung zu sehen. Wenn das Museum geschlossen ist, kann man in dem charmant-chaotischen Office du Tourisme nebenan nachfragen, die Herrin des Chaos schließt dann das Museum auf.

*Östlich des Ortes, an der Landstraße nach Orgon, steht einsam die **Chapelle Saint-Sixte** auf einem kleinen grünen Plateau. Unendlich oft abgebildet, flankiert von Zypressen, errichtet im 12. Jahrhundert auf den Resten eines heidnischen, den Wassergöttern geweihten Tempels mit einer im 16. Jahrhundert angebauten Eremitage. Die Kapelle ist nicht zugänglich, aber man sollte durchs Schlüsselloch hineinspähen. Ein Kirchlein, wie es viele gibt in der Provence. Und doch ein ganz besonderer Ort. Warum, mag jeder für sich selbst herausfinden – am besten abends zur Zeit des Sonnenuntergangs.*

Eygalières

(ⓘ s. S. 131)

Einwohner: 1.500

Ein Bergnest mit eng an eine Felskuppe gedrängten Häusern. Schmale Gassen führen hinauf zum mittelalterlichen Donjon. Idyllisch und sehr fotogen. Eygalières war schon zur Römerzeit eine beliebte Sommerfrische, heute sollen *Charles Aznavour* und *Amanda Lear* hier irgendwo ein Haus haben. In der **Chapelle des Pénitents** ist das kleine örtliche **Musée Maurice Pezet** untergebracht *(Tel. 04/ 90959152, geöffnet April bis August So 15–18 Uhr).*

!!! Warnung

Am Tag der Verlobung soll hier der Bräutigam Quellwasser aus den Händen seiner Zukünftigen trinken. Heiratet er sie dann nicht binnen Jahresfrist, so wird er alsbald sterben!

Saint-Rémy-de-Provence (ⓘ s. S. 131)

Einwohner: 10.000, Höhenlage: 60 m

Passender könnte der Zusatz „Provence" im Stadtnamen gar nicht sein, denn Saint-Rémy hat alles, was man unter einem Städtchen in der Provence versteht: viel viel Atmosphäre, gewundene Gässchen, von Platanen beschattete Ringboulevards, Cafés, antike Stätten, und selbst einer der berühmtesten aller Provence-Maler, *Vincent van Gogh*, lebte und litt hier. Und nicht genug der Prominenz: der legendärste Zukunftsgucker aller Zeiten wurde hier geboren, *Nostradamus*; sein Geburtshaus in der Rue Hoche hat die Zeiten allerdings nicht überstanden. „Herzland der Provence" hat der Provence-Autor *Helmut Donke* in seinem mittlerweile zum Klassiker gewordenen Prestel-Führer die Gegend um Saint-Rémy genannt.

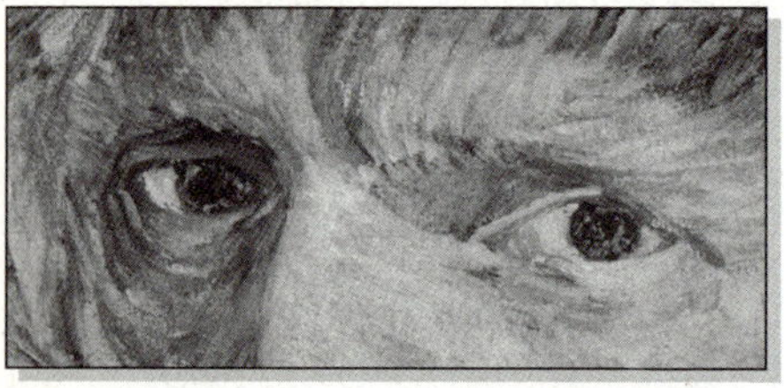

Sag mir, wo in diesen Augen der Wahnsinn blitzt. Selbstbildnis van Goghs, *gemalt in Saint-Rémy im September 1889. Van Gogh schrieb an seinen Bruder Theo: „Man sagt, und ich bin bereit, es zu glauben, dass es schwierig ist, sich selbst zu kennen. Es ist auch nicht einfach, sich selbst zu sehen und zu malen.*

Saint-Rémy hatte in früheren Zeiten etwas, das in der trockenen Provence rar ist: Wasser. Nicht nur die Via Aurelia führte an Rémy vorbei, sondern auch das Aquädukt nach Arles. In dem ehemaligen Adelshaus „Hotel Mistral de Montdragon" (späte Renaissance) ist das heimatkundliche Museum „Musee de Folklore provencal des Alpilles" untergebracht. Es ist durch eine Passage mit dem früheren Herrenhaus „Hotel de Sade" verbunden, in dem die bei Ausgrabungen in Glanum und Saint Blaise gemachten Funde ausgestellt sind.

• Musée archéologique im Hôtel de Sade

Wer die Ruinen von Glanum besichtigt hat, sollte ergänzend noch dieses Museum besuchen, hier sind zahlreiche Fundstücke aus Glanum ausgestellt. Weiterhin auch eine schöne Schmucksammlung, unter anderem mit einem Ring mit einem sehr fein gearbeiteten Frauenkopf.

• Musée des Alpilles

Die Säle des Museums gruppieren sich um einen Renaissance-Innenhof. Zu sehen sind volkskundliche Sammlungen mit Möbeln, Santon-Figuren, Mineralien und Trachten sowie Erinnerungsstücke an Nostradamus.

Jardin de l'Alchimiste – Der Garten des Alchemisten

nördlich von Eygalières, Mas de la Brune, Tel. 04/90906777, Fax 04/90959921, jardin-alchimiste@wanadoo.fr; www.jardin-alchimiste.com, geöffnet 1. Mai bis 5. Okt. tgl. 10–19 Uhr.

Nur wenige Kilometer vom ehemaligen Wohnhaus des Nostradamus entfernt, am Fuße eines echten, denkmalgeschützten Alchemistenhauses des 16. Jahrhunderts, breitet sich dieser Garten aus. Man betritt ihn durch ein Labyrinth, dessen Gänge aus der Luft betrachtet das hebräische Wort „Berechit" (am Anfang) ergeben – drei Etappen führen dann zum *Stein der Weisen* – dem Ziel der Alchemisten wie jeder weiß!

13. Juli 1889, 21.08 Uhr: Man wusste lange Zeit nur so viel über Vincent van Goghs *Gemälde* Evening Landscape with Rising Moon*: Es zeigt das abgeerntete Weizenfeld des Klosters Saint Paul im provenzalischen Ort Saint Rémy, gemalt im Jahr 1889. Um herauszufinden, wann genau die astronomische Konstellation eintrat, die auf van Goghs Bild zu sehen ist, reisten die Forscher Don und Marilyn Olson und Russell Doescher in die Provence. Dort gelang es ihnen, Winkel und Abstände so genau zu bestimmen, um den Entstehungszeitraum des Bildes einzugrenzen: Exakt hinter der Klippe tauchte der Mond nur am 16. Mai und am 13. Juli des Jahres 1889 auf. Im Mai, so berichtete van Gogh in Briefen an seinen Bruder, war der Weizen allerdings noch grün. Daraus schlossen die Forscher, dass das Bild am 13. Juli entstanden sein musste. Da der Mond nur zwei Minuten braucht, um über die Klippe zu steigen, konnten sie sogar die Uhrzeit genau bestimmen: 21.08 Uhr. Offenbar malte van Gogh zuerst den Mond und später die Weizenhaufen. Das schlossen die Forscher aus der Tatsache, dass der Schatten auf dem Bild aus einer anderen Richtung kommt. Am 13. Juli des Jahres 2003 ging der Mond übrigens exakt wieder genauso auf wie 1889. Er hatte in diesen 114 Jahren nämlich genau sechs seiner jeweils 19 Jahre dauernden Bahnzyklen vollendet.*

Plateau des Antiques

2 km südlich von Saint-Rémy stehen nicht nur einige der bedeutendsten Monumente des römischen Gallien, sondern auch das Kloster de Saint-Paul-de-Mausole, wo van Gogh einst Heilung suchte und zu seiner Meisterschaft fand.

Le Monastère de Saint-Paul-de-Mausole

Avenue van Gogh, Tel. 04/90927700. Geöffnet April bis Okt. tgl. 9.30–19 Uhr, Nov. bis Ende März tgl. 10.15–16.45 Uhr.

Berühmt wurde diese psychiatrische Anstalt wegen eines Patienten, der am 8. Mai 1889 freiwillig hierher kam und ein Jahr bis zum 16. Mai 1890 blieb — es war der Maler *Vincent van Gogh*. „Ich habe ein kleines Zimmer mit grau-grüner Tapete und zwei wassergrünen Vorhängen, die ein sehr blasses, von winzigen, blutroten Strichelchen belebtes Rosenmuster haben [...] Seit ich hier bin, hat mir der verwilderte Garten mit seinen großen Pinien, unter denen hohes, ungepflegtes, mit Unkraut vermischtes Gras wächst, zum Arbeiten genügt, und ich bin noch nicht ausgegangen. Aber die Landschaft von Saint-Rémy ist sehr schön, und allmählich werde ich wahrscheinlich kleine Ausflüge machen. [...] Durch das vergitterte Fenster habe ich den Blick auf ein umfriedetes Kornfeld, eine Aussicht à la van Goyen; darüber sehe ich am Morgen die Sonne in ihrer Herrlichkeit aufgehen", schrieb *van Gogh* am 25. Mai 1889 an seinen Bruder *Theo*.

INFO Dichtung und Wahrheit über Vincent van Gogh

Dichtung	Wahrheit
Ein dämonischer, pathologischer Künstler, der in „hemmungslosem Sturm" produzierte, wie der Kritiker Max Deri schrieb.	Heute weiß man, dass er einen halben Tag oder noch länger brauchte, um eine Komposition festzulegen. Und selbst, wenn er von Pinselstrichen schrieb, die „wie mit der Maschine" gingen, so blieb er doch überzeugt „hinzulernen zu müssen". Schließlich wollte er „wahrer als die buchstäbliche Wahrheit" malen.
Er habe zu seinen Lebzeiten nur ein einziges Bild verkauft.	In Wahrheit erhielt er schon in seinen frühen Jahren in Holland Aufträge und wurde auch dafür bezahlt. Aus späteren Phasen gibt es weiterhin Belege und Aussagen über weitere Verkäufe. Etwa 50 Arbeiten, so schätzt man heute, sollen zu einem Freundschaftspreis oder als Geschenk bis zu seinem Lebensende in Umlauf gekommen sein.
Er sei ein isolierter Einzelkämpfer gewesen.	Van Gogh soll nach neuesten Erkenntnissen sehr bewusst die künstlerischen Entwicklungen seiner Zeit wahrgenommen haben und spätestens nach seinem Umzug nach Paris 1886 Teil der dortigen Künstleravantgarde geworden sein, einer Gemeinschaft, die untereinander Gemälde und Zeichnungen austauschte.
Er habe sich ein Ohr abgeschnitten.	In Wirklichkeit war es nur ein Teil des Ohres, wäre es das ganze gewesen, wäre van Gogh verblutet.

In der Zeit seines Aufenthaltes arbeitete er „wie ein Bessesener", denn „mehr denn je bin ich von einer dumpfen Arbeitswut besessen. Ich glaube, dies wird zu meiner Genesung beitragen" (aus einem Brief an seinen Bruder Theo) und schuf in dieser Zeit etwa 150 Gemälde und 100 Zeichnungen. Unter anderem Meisterwerke wie das *Kornfeld am Mittag*, *die Schwertlilien* und die *Landstraße mit Zypressen*.

Behandelt wurde *van Gogh* mit einer seinerzeit durchaus fortschrittlichen und durchaus gut gemeinten Methode: Die Kranken saßen in einer Wanne, darauf lag ein Brett, nur der Kopf des Patienten schaute heraus und auf den wurde dann schwallartig und für den Patienten überraschend kaltes Wasser gegossen – dadurch sollte er wieder „zu sich kommen". (Wie es endete mit *van Gogh*, ist bekannt.)

Heute ist hier sein ehemaliges Zimmer zu sehen – und noch viel von seinem Geist erhalten. Neben einer kleinen Ausstellung zur Geschichte der Psychiatrie des 19. Jahrhunderts gibt es auch einen Videofilm (gesprochen von *Amanda Lear*, Ex-Sängerin und Ex-Muse von *Salvador Dali*) über die Geschichte des Ortes und seines berühmtesten Patienten. Im Klostergarten stand einst die Bronzestatue, die von einem Künstler namens *Zadkine* geschaffen wurde und van Gogh darstellte, wie er gerade einen Brief seines Bruders Theo liest. (Ein Reiseschriftsteller sah darin allerdings einen „degenerierten italienischen Mimosenpflücker im Esterelmassiv", geschaffen von einem ehemaligen „Pensionär mit Talent".) Die Statue steht hier nicht mehr, sie wurde vor einigen Jahren gestohlen.

gestohlene Statue

St.Paul-de-Mausole ist eine Station der **Promenade sur les lieux peints par van Gogh**, eines Rundwegs entlang der Stätten, an denen *van Gogh* seine Staffelei aufgestellt hatte. (Übrigens: für wen die nahen römischen Ruinen nichts als alte Steine sind, der befindet sich in guter Gesellschaft: *Vincent van Gogh* hatte keinerlei Interesse an den alten Mauern.)

alte Steine

Schon vor 2.000 Jahren befand sich an der Stelle des heutigen Klosters eine Heilquelle. In den Jahren 1140 bis 1150 wurde dann das Kloster gebaut, von dem heute noch die romanische Kirche und der sehr schöne Kreuzgang mit fantastischen Figuren an den Kapitellen besichtigt werden können.

Im Ersten Weltkrieg wurde ein Teil von St. Paul in ein Kriegsgefangenenlager umgewandelt, in dem vor allem Elsässer untergebracht waren. Der berühmteste von ihnen war *Albert Schweitzer*, der berühmte Urwalddoktor aus dem Elsass.

Glanum

Avenue Vincent van Gogh, Tel. 04/90922379, Fax 04/90926402. Geöffnet 1. April bis 30. Sept. täglich 9–19 Uhr. 1. Okt. bis 31. März tgl. 9–12 und 14–17 Uhr.

Am schönsten an Glanum ist seine in die Landschaft eingebettete Lage im Tal, das in den Nordhang der Alpilles hineinführt. Zur Blütezeit von Glanum lebten hier 4.000 bis 5.000 Menschen, aufgegeben wurde der Ort gegen Ende des 3. Jahrhunderts n. Chr. im Verlauf von Germaneneinfällen.

Lage Landschaft

Die Siedlung besitzt aus drei aufeinander folgenden Zeitabschnitten Überreste von Bauten, die mit verschiedenen Baumaterialien und Techniken geschaffen wurden. Neben griechischen und römischen Wohnhäusern sind Thermen, zwei Tempel, ein Nymphäum (Quellheiligtum) sowie ein Herkules-Heiligtum zu besichtigen.

- Aus der **griechischen Epoche** (2. Jh. v. Chr.) stammt das elegante Haus „Maison des Antes" mit einem von dorischen Säulen umgebenen Innenhof. Aus den Resten einer Treppe schließt man, dass das Haus ein Obergeschoss hatte.
- Von der **ersten Periode der Romanisierung** (102 v. Chr.) zeugen die Bäderanlagen, das Schwimmbad, die Ringkampfschule, große Thermensäle sowie ein Anwesen mit bedeutenden Mosaikarbeiten und das kleine Epona-Haus.
- Aus der **zweiten römischen Periode** (von 49 vor bis 270 nach Chr.), aus der die meisten Bauwerke stammen, stehen noch das Forum an der Hauptstraße und die Tempel. Die Ausgrabungen brachten auch sehr schöne Bruchstücke von

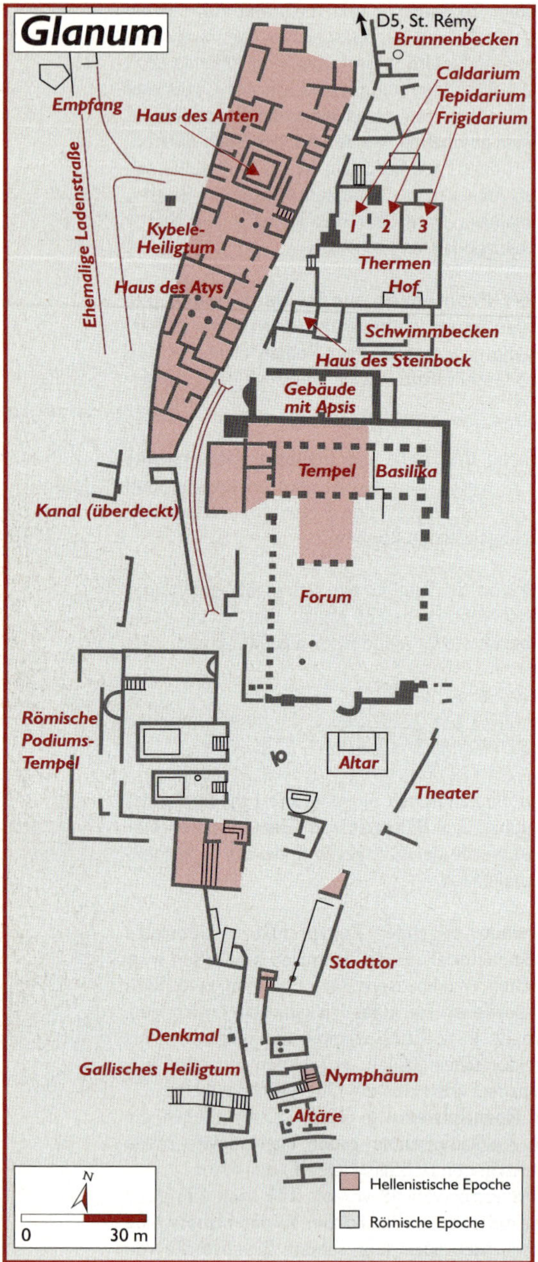

Skulpturen und Reste vom Haus des Sulla (Anfang 1. Jh. vor Chr.) ans Licht. Dort, wo die Forumbauten enden, verlieren sich die Zeugnisse der Siedlung.

• Über eine Treppe in der Bergflanke gelangt man zu einem **Nymphäum** – hier befindet sich die bereits von den Galliern verehrte Quelle, der Heilkraft zugeschrieben wurde. Die Griechen verkleideten die Anlage dann mit großen, mörtellos gefügten Steinen.

Mausoleum

Das 18 m hohe Monument (ca. 30 v. Chr.) gilt als eines der schönsten und am besten erhaltenen seiner Art. Einst wurde es von einem Pinienzapfen gekrönt, der heute leider fehlt. Lange Zeit hielt man das Bauwerk für das Grab eines reichen Ehepaares. Heute weiß man, dass es sich um einen Zenotaph handelt, ein Monument zu Ehren eines Verstorbenen.

Arc Municipal – Stadtgründungsmonument

Es stammt aus der Regierungszeit des *Augustus* (27 v. – 14 n.

Das Mausoleum und das Stadtgründungsmonument

Chr.) und ist das älteste der Provence. Mit einer Länge von 12,50 m, Breite von 5,50 m und Höhe von 8,60 m gilt es als ein Bauwerk mit vollkommenen Proportionen. Geschmückt ist der Bogen Abbildungen von gefangenen Männern und Frauen mit ziemlich niedergeschlagenen Gesichtern und mit einer Fruchtgirlande. Kunsthistoriker glauben, dass nach diesem Tor romanische Kirchenportale wie das von St.Trophime in Arles gestaltet wurden.

Le Mas de la Pyramide

Tel. 04/90920081, 200 m vom Kloster St.Pau-de-Mausole entfernt. Geöffnet tgl. 9–12 und 14–17 Uhr, in den Sommermonaten bis 19 Uhr.

Ein eigenwilliger Name für eine eigenartige Sehenswürdigkeit: In einem ehemaligen römischen Steinbruch, der einst die nahe Stadt Glanum mit Baumaterial versorgte, wurden später Höhlenwohnungen eingerichtet. Heute ist in den Räumen ein Museum untergebracht, in dem landwirtschaftliche Geräte ausgestellt sind. Der Name Pyramide bezieht sich auf einen 20 m hohen, steil aufragenden Felsen, an dem man erkennen kann, wie hoch das Gelände vor dem Abbau der Steine gewesen war.

Les Baux-de-Provence (ⓘ s. S. 131)

Einwohner: 500

„Post tenebras lux“ – auf Dunkelheit folgt Licht – steht in der ehemaligen protestantischen Kirche von Les Baux (prov. balcio oder baou = Steilhang oder Felsen) geschrieben – ein calvinistischer Spruch, der auf Les Baux sehr gut zutrifft. Ob aber in Les Baux das Licht der Dunkelheit folgte oder die Dunkelheit dem Licht – das ist Ansichtssache.

In Les Baux sind verschiedene Gerätschaften aus vergangenen Jahrhunderten nachgebildet, wie hier die zwei Pranger.

Die erste Schlossburg erbaute bereits um das Jahr 950 *Ismard*, ein habgieriger Günstling eines mächtigen Prälaten aus Arles und ein skrupelloser Räuber. Er war einer der Stammväter eines „Geschlechts von Adlern, das nie Vasall war und mit seinen Flügelspitzen die Kämme aller Höhen streifte“, wie der Dichter *Mistral* einmal schrieb. Der Clan soll 79 Städte, befestigte Orte, Burgen und Schlösser in der Provence besessen haben. Die Zahl seiner Verschwägerungen war ebenso legendär wie die seiner Verfeindungen. Im Kampf um die Macht wählte *Ismard* arrogant die Parole „à l'azar Vautezar“.

Die Herren der Baux rühmten sich also, von *Balthasar*, dem schwarzen der Heiligen Drei Könige, abzustammen. Als Emblem wählten sie jenen 16-strahligen Stern,

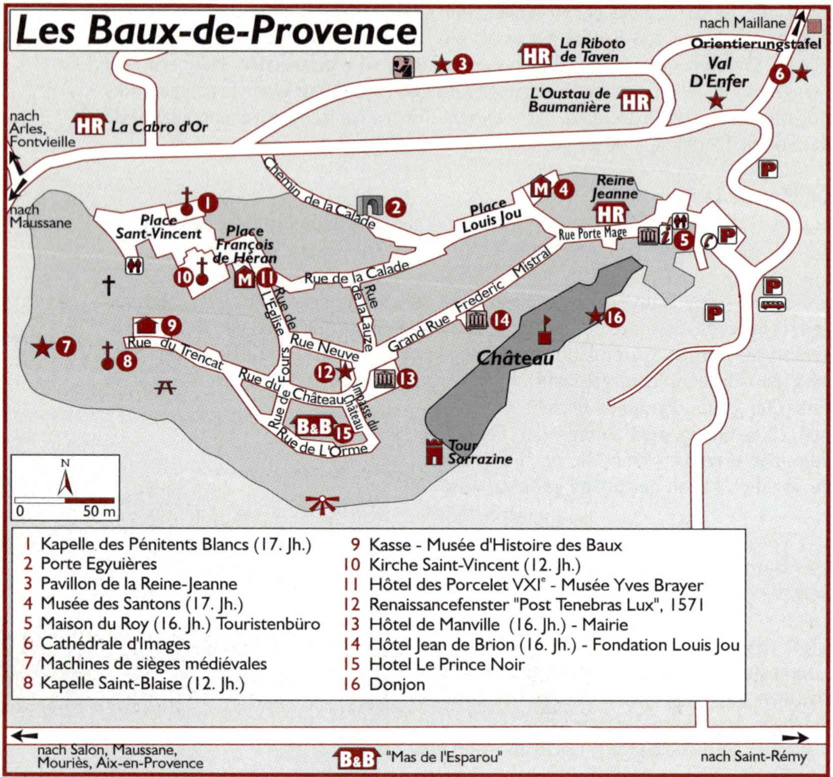

der die drei Weisen nach Bethlehem geleitet haben soll. Historiker allerdings führen den Namen auf einen westgotischen General namens *Balthus* zurück.

ertrunken und ausgestorben

Die Herren von Baux versetzten nicht nur ihre Umgebung in Angst und Schrecken, sondern opponierten immer wieder gegen Kaiser, König und Papst. 1372 übernahm *Raimund von Turenne* die Macht, er war ein Herrscher des Schreckens. Zu seinen Lieblingsschauspielen zählte es, seine Gefangenen von den Zinnen der Burg in die Tiefe zu stoßen. *Raimund* wurde von seinen Gegnern bei Tarascon eingekreist und ertrank dort auf der Flucht in der Rhône. Mit dem Tod seines Mündels *Alice* starb das Geschlecht von Baux aus.

Die Stadt fiel an die Grafschaft Provence und schließlich mit dieser 1481 an Frankreich. Doch Les Baux, streitbar seit Generationen, wehrte sich dagegen und wurde im Gegenzug von den französischen Truppen unter *Ludwig XI.* belagert und eingenommen, ihre Mauern geschleift. Zu einer Baronnie heruntergestuft, wurde sie nun zur Mitgift für die Günstlinge des Königs. Doch sie blieb weiterhin rebellisch und schlug sich im 16. Jahrhundert auf die Seite der Protestanten. 1632 widersetzte sich die hugenottische Fluchtburg dem König *Ludwig XIII. Kardinal Richelieu*, sein Minister ließ schließlich die Festung in Abwesenheit des Clanchefs stürmen und mit Pulver und Hacke schleifen. Anschließend ging der Adelstitel an den Prinzen von Monaco, kam aber während der Französischen Revolution wieder an Frankreich. *geschleift*

Im 19. Jahrhundert erlebte Les Baux durch den Abbau von Bauxit eine neue Blütezeit. (Bauxit, das Sedimentgestein aus Aluminium, Eisenoxid und Silicium, hat seinen Namen von Les Baux erhalten, wo es 1821 entdeckt und neben anderen Lagerstätten im Languedoc für die Aluminiumherstellung abgebaut wurde.) Heute sind die französischen Bauxitlager weitgehend erschöpft; ihr Abbau ist zu teuer. 1990 wurde der Bauxitabbau in Les Baux wegen Unrentabilität eingestellt.

In Les Baux kann man sich gut zurechtfinden.

Die eigentliche Stadt an den westlichen und südlichen Hängen des Burgfelsens soll im 13. Jahrhundert immerhin 3.000 Einwohner gezählt haben. Mitte des 19. Jahrhunderts sah der Dichter *Moritz Hartmann* „eine traurige Stadt. Selten, dass man in ihren Gassen ein menschliches Leben erblickt". 1935 lebten gerade mal 220 Menschen hier. Und heute wird die nicht mal 500 Einwohner zählende Stadt von alljährlich mehr als einer Million Besuchern überrollt. Der Hauptteil der zum Teil zerstörten und wiederaufgebauten Häuser des Ortes stammt aus dem 16. und 17. Jahrhundert. Zahlreiche Restaurants, Boutiquen, Galerien und kleine Museen haben sich hier eingerichtet. In dem eleganten Hôtel des Porcelets aus dem ausgehenden 16. Jahrhundert ist heute das **Yves-Brayer-Museum** untergebracht. Zu sehen sind 75 Werke aus der italienischen Periode (1930) des Künstlers Yves Brayer (1907–1990).

Die **Dorfkirche St. Vincent** gehörte im 14. Jahrhundert dem Domkapitel von Avignon. Der im Kern romanische, zweischiffige Bau wurde teilweise in den Felsen hineingearbeitet. 1609 wurde das Langhaus nach Westen verlängert, im 19. Jahrhundert das romanische Portal umfassend restauriert. Alljährlich zu Weihnachten findet hier die berühmte Christmette der Hirten aus Les Baux und Umgebung statt.

Im mittelalterlichen **Manoir de La Tour du Bau** sind archäologische und historische Zeugnisse von Les Baux ausgestellt.

Völlig leer ist lange her!

„... gewiss eine der romantischsten und malerischsten Stätten im ganzen Land, auch wenn ihre derzeitige Verlassenheit ihr eine ungeheuerliche, ja finstere Atmosphäre verleiht. [...] Das quälende Gefühl der Schwermut, ja fast schon Verzweiflung, das der ganze Ort auslöst, ist auf die Abgeschiedenheit und völlige Leere einer einst gewiss stattlichen barocken Ansiedlung zurückzuführen".
Lawrence Durrell, „In der Provence":

„Und gegenüber, fern in den Himmel eingelegt, wie Stein in Stein, heben sich die Ränder der seltsamsten Ansiedlung herauf und der Weg hin ist so von den immensen Trümmern verlegt und verstürzt, dass man meint, selber auffliegen zu müssen, um in die offene Leere da oben eine Seele zu tragen. Das ist Les Baux."
Rainer Maria Rilke 1909 in einem Brief an Lou Andreas-Salomé

Château
Tel. 04/90545556, Fax 04/90545500, E-Mail: message@chateau-baux-provence.com, www.chateau-baux-provence.com, geöffnet Frühjahr 9–18.30 Uhr, Sommer 9–20.30 Uhr, Herbst, 9.30–20 Uhr, Winter 9.30–17 Uhr. Im Eintrittspreis enthalten sind auch hervorragende, auch deutschsprachige audio-geführte Touren.

Bevor man auf das rund 900 Meter lange und 200 Meter breite Felsplateau des Burgbergs kommt, wird man nach der Kasse durch das Historische Museum geleitet, wo neben einer Erläuterung zur Ortsgeschichte auch archäologische Fundstücke aus dem Mittelalter und aus der kelto-ligurschen Epoche zu sehen sind. Ausgerüstet mit einem deutschsprachigen Audioguide durchstreift man die Ruinen, kann Größe und Macht des Adelsgeschlechts Les Baux nachvollziehen, aber auch die Ungemütlichkeit eines so hoch gelegenen Wohnortes. Neben Mauerresten und dem äußerst aussichtsreichen Donjon sind hier auch Riesenkatapulte und Rammböcke aufgestellt. Wie gesagt, die Zeiten damals waren äußerst unsicher.

Hinweise

- *Auch wenn sich vor dem kleinen Pass de la Vayède die Autos stauen, so findet man doch (zumindest außerhalb der Saison) auf dem links in mehreren Terrassen angelegten Parkplatz noch einen Stellraum.*
- *Im Sommer ist hier höllisch viel los, also am besten zu einer anderen Jahreszeit kommen.(Beste Zeit: im Mai, wenn der Mohn blüht.)*
- *Der ganze Ort kann nur zu Fuß besichtigt werden. Am schönsten ist die Besichtigung abends, wenn die Sonne untergeht.*
- *Beim Herumklettern in den Burgruinen ist wegen der ausgetretenen Treppen festes Schuhwerk empfehlenswert.*
- *Direkt hinter der Burg stürzen die Felsen steil ins Tal! Dies kann beim oft heftig wehenden Mistral sehr gefährlich werden.*

INFO Troubadix – alles Gute kommt von den Frauen

„... der niedere Adel Frankreichs war eine Horde von Draufgängern, die nur Erfolg und Raubkrieg anerkannten. Neben dem Raubkrieg war der Lieblingssport dieser Frischluftfanatiker die Hetzjagd auf Großwild. [...] die engen Holztürme, in denen sie wohnten, wimmelten von unehelichen Kindern [...] die Frauen wurden wenig geachtet und viel geschlagen", so beschrieb der Historiker *Arno Borste* das Ritterleben – also viel Nachholbedarf in Sachen Gleichberechtigung. Auch wandelte sich der Mensch, der im 11. Jahrhundert noch ganz in den kirchlichen Traditionen und Dogmen verwurzelt war, und dessen Diesseits nur eine Durchgangsstation ins Jenseits war, dieser Mensch entdeckte und erkannte im Diesseits nun einen eigenen Wert. Zu dieser neuen Weltsicht gehörte auch die Achtung der Liebe und eine neue Auffassung von der Stelle der Frau, die beim Kirchenvater *Hieronymus* hinsichtlich ihres Sündenfalls noch ein Werkzeug des Teufels war. Nachdem zuvor galt „omnia mala ex mulieribu" (alles Schlechte kommt von den Frauen), war es nun genau umgekehrt, nun kam alles Gute von den Frauen.

„Fulco, der deutschen Lesern aus Lenaus „Albingenser" bekannt ist, verzehrte sich in Liebe zu Frau Adelsia, der Gattin seines Beschützers Berald, Fürst von Baux. Diese Liebe machte ihn zum ausgezeichnetsten Dichter seiner Zeit und gab ihm Akzente und Melodien ein, durch die die provenzalische Dichtersprache bedeutend bereichert wurde. Seine Liebe war unglücklich und wurde noch unglücklicher durch den Tod der geistvollen und schönen Fürstin. Voll Melancholie zog er sich in ein Mönchskloster zurück und verfiel in jenen schauerlichen Asketismus, der ihn auf den Bischofsstuhl von Toulouse geführt und aus dem zarten Sänger den fanatischen Verfolger der Waldensener gemacht hat."
Mortiz Hartmann, österreichischer Schriftsteller und Politiker im Jahr 1851 in seinem „Tagebuch einer Reise durch Languedoc und Provence"

Die ersten Troubadoure lebten im Herzogtum von Aquitanien, dort dichtete dessen Herzog: „Alle Wonne der Welt ist unser/ Herrin, wenn wir uns beide lieben". Das war fortan das Glaubensbekenntnis aller Troubadoure, die ab Mitte des 12. Jahrhunderts immer zahlreicher an den Höfen der Provence lebten. Ein neues Verhältnis zwischen den Geschlechtern entstand zu dieser Zeit: Die einstmals so rauen Ritter unterwarfen sich nun den Frauen und erlernten – bis dahin nur geübt im Umgang mit dem Schwert – das Schmieden schöner Verse. Aber nicht nur das: „Er, der Ritter, war für alles Neue und Grandiose empfänglich; ohne Revolution ließ er sich willig hineinziehen in größere Ideenkreise, Gott und Kirche, König und Staat, Sitte und Frauen", so wiederum *Arno Borst* über den wahrlich bemerkenswerten Lernprozess seiner Geschlechtsgenossen.

Les Baux war damals einer jener Höfe, von denen diese neue verfeinerte Kultur ausging, die bald ganz Europa in ihren Bann schlagen sollte. Die Lyrik der Troubadoure verbreitete sich „zunächst in provenzalischer Sprache, bald aber in der jeweiligen Sprache des Landes, überall in charakteristischer Weise weitergebildet. Die lyrische Kunst Dantes ist – historisch gesehen – eine Vertiefung und Höherentwicklung der Troubadourkunst, und auch *Petrarca* wäre ohne die Provenzale nicht denkbar. Selbst der deutsche Minnesang ist, zumal in seiner Anfangszeit, tief von ihr beeinflusst“, schreibt dazu *Joachim Storost* in „Die Kunst der provenzalischen Troubadours“.

In den Talen der Provence
ist der Minnesang entsprossen,
Kind des Frühling und der Minne,
holder inniger Genossen.
Ludwig Uhland

Im galanten Wettstreit der Dichter und Sänger um die Gunst einer verehrten Frau, die meist die Ehefrauen ihrer Vorgesetzten war, winkten dem Sieger als Lohn eine Krone aus Pfauenfedern und der Kuss der unerreichbaren Geliebten. Manchmal aber auch mehr als das: *Peire Vidal* (ca. 1175–1215), einer der bedeutendsten Troubadoure von Les Baux, war in den Diensten des *Barral de Baux* – und hatte mit der Gemahlin des Chefs ein Verhältnis. Das kam heraus, *Vidal* musste die Provence verlassen – und sollte sich zeitlebens zurücksehnen. Es gab aber neben Pfauenfedern, Küssen und l´amour noch etwas anderes, was den Troubadouren als Belohnung winkte: der soziale Aufstieg. Denn die angebeteten Damen standen in der Regel eine Stufe höher als ihre Verehrer, die meist dem niederen Rittertum entstammten. Und so wurde der einfache Ritter höfisch: *per amor es om cortes* – durch die Liebe ist der Mensch (der Mann) höfisch. Und daran hat sich bis heute nichts geändert ...

Die Themen in der Cathédrale d´Images wechseln alljährlich, im Jahr 2003 wurde zum Beispiel die Ausstellung de Bosch à Brueghel *gezeigt – ein wahrlich traumhaftes Eintauchen in deren albtraumhafte Bilderwelt.*

Cathédrale d´Images

(an der D27, 500 m nördlich von Les Baux) täglich geöffnet von 10–19 Uhr. Okt. bis Jan. nur bis 18 Uhr geöffnet. Tel. 04/90543865, Fax 04/90544265, www.cathedrale-images.com.

Ein vor über 100 Jahren aufgelassener, tief in den Felsen geschnittener, teilweise unterirdisch angelegter Molassesteinbruch, der stellenweise an ägyptische Tempel erinnert. Der Künstler *Albert Plécy* (1914–77) hat hier seine Kathedrale der Bilder installiert: Dabei werfen 50 Projektoren eine halbe Stunde lang Bilder an die Decke, auf die Wände und auf den Fußboden, untermalt von dramatischer Musik. Es sollte das „totale Bild“ werden, da ja der Betrachter selbst inmitten des Bildes steht. Das ist Monsieur

Le Testament d´Orphée

Im Val d´Enfer und in der Cathédrale d´Images hatte *Jean Cocteau* 1949 seinen letzten Film, Le Testament d´Orphée, gedreht. Für diesen Klassiker des poetischen Kinos, bei dem Orpheus durch flüssige Spiegel in andere Welten gelangt, verwendete Cocteau keine Kameratricks, sondern fässerweise Quecksilber.

Plécy gelungen! Im Gästebuch sind solche Einträge wie „Sensationell“ und „Never seen anything like it!“ zu lesen. Hinweis: in der Cathédrale ist es recht kühl.

Val d´Enfer

Im Norden von Les Baux verläuft das Val d´Enfer, das „Tal der Hölle“, dessen bizarre Felsen schon *Dante* inspirierten und wo 1959 *Jean Cocteau* „Le Testament d´Orphée“ gedreht hatte. Mit etwas Phantasie kann man in den eigenartigen Felsformationen in der Dämmerung durchaus Wesen wie Drachen und Fabelwesen erkennen. Zu entdecken gibt es auch Grotten, die schon in der Steinzeit bewohnt waren sowie die sogenannten *portalets*, ehemalige Steinbrüche, die ebenfalls zeitweise als Behausung gedient hatten. Einer von ihnen beherbergt heute einen Weinhandel.

Drachen in der Dämmerung

Nach wenigen hundert Metern nordwärts auf der D27, führt von einer Parkmöglichkeit eine Piste südwärts. Man erreicht nach einer Viertelstunde ein in den Fels gehauenes *oppidum*, einen Festungsrest der kelto-ligurischen Ureinwohner direkt unterhalb von Dorf und Burg Les Baux. Eine großartige Aussichtstelle, die allerdings bei Mistral-Böen gefährlich ist. Folgt man der D27 weiter nach Norden, zweigt nach einem Kilometer rechts ein Weg zum schönen Aussichtspunkt **Plateau des Bringasses** ab, von dort oben hat man einen herrlichen Blick auf die halbe Provence: auf Les Baux, den Mont Ventoux, das Rhônetal, die Camargue, nach Aix und Arles.

Südlich von Les Beaux weitet sich das Tal zum **Val de la Fontaine** mit dem 1581 erbauten Rundpavillon der **Reine Jeanne.** Vermutlich hatte *Jeanne de Quinsqueran*, die Frau eines Baron des Baux, den kleinen Renaissancetempel als Taubenhaus errichten lassen. *Frédéric Mistral* auf jeden Fall fand ihn so schön, dass er für immer und ewig unter einer Kopie dieses Tempelchen auf dem Friedhof von Maillaine ruhen wollte.

Einen ebenfalls beeindruckenden Blick auf Les Baux hat man vom Parkplatz der **Carrières de Sarragan** (nicht zugänglich), an der Straße nach Saint-Rémy.

Maussane-les-Alpilles (ⓘ s. S. 131)

Einwohner: 2.000

Der Ort zieht sich entlang der Straße von Salon nach Arles und wäre nicht weiter erwähnenswert, würde hier nicht ein hervorragendes, dunkelgrünes und fruchtiges Olivenöl produziert und verkauft – laut Herrn *Siebeck* (dem Schreibexperten rund ums Kulinarische) das beste Olivenöl der Welt. 1830 war noch die Hälfte des Ortsgebietes mit Olivenbäumen bedeckt. 10 bis 12 Ölmühlen verarbeiten die Früchte – bis zum Winter 1956, als sehr viele Olivenbäume erfroren.

bestes Olivenöl

Seit 1997 besitzen die Öle aus dem Vallée des Baux eine AOC-Auszeichnung, die ihre Herkunft garantiert.

Auf der Route de Saint-Rémy passiert man an der D5 das **Musée des Santons animés**, ein weiteres Museum zu den Krippenfiguren der Provence *(Tel. 04/90543900, Fax 04/90545284. Geöffnet im Sommer tgl. 10–20 Uhr, in der Nebensaison 13–19 Uhr.)*

„Da unten im Süden ist bekanntlich jedermann ein Jäger; vom Höchsten bis zum Geringsten ist das so, und es vererbt sich auch von Geschlecht auf Geschlecht. Die Jagd ist nun einmal die Leidenschaft der Tarasconesen und war es auch seit unvordenklichen Zeiten. Schade nur, das eine Kleinigkeit fehlte, die sonst unerlässlich zum Jagen betrachtet wird – das Wild nämlich."
Tartarin von Tarascon, Alponse Daudet (1840–1897)

Fontvieille (ⓘ s. S. 131)

Einwohner: 550, Höhenlage: 20 m

Die Mühle von Alphonse Daudet

2 km südöstlich von Fontvieille an der D33.

Wie so viele gut besuchte Touristenmagneten ist auch die Mühle von *Daudet* ein ziemlich absurder Ort: Man stelle sich eine kleine Windmühle vor, die so aussieht wie andere auch, recht hübsch, aber eigentlich nichts außerordentlich Besonderes. Vor dieser Mühle, die eine kleine Ausstellung über *Daudet* birgt, breitet sich ein riesiger Parkplatz aus – wohl fünfzig Mühlen hätten darauf Platz. Busse mit Schulkindern aus ganz Frankreich werden angekarrt, um den Ort zu besuchen, wo der Chronist provenzalischen Lebens seine *Briefe aus meiner Mühle* verfasst hat. Dass *Daudet* diese Briefe nachweislich in Paris geschrieben hat, spielt dabei allerdings keine Rolle. Irgendwo muss die Mühle ja stehen, wo der Dichter sein Werk geschrieben hat – und so wurde halt dieser Ort zum schriftstellerischen Tatort erklärt. Betrachtet man das Kalksteinplateau, auf dem sie steht, aufmerksam, dann kann man noch Einschlüsse von dem Meeresgrund sehen, der dieses Plateau einst gewesen ist. Die gewaltigen Flügel der Mühle sollen übrigens von den 32 Winden der Provence angetrieben werden, angezeigt werden sie von einem eigenartigen Kompass namens „Windrose", der in der Mühle zu sehen ist.

„Von hier aus schreibe ich ihnen, meine Tür weit dem Sonnenlicht geöffnet ... Kein Geräusch, kein Lufthauch im Lavendel, kaum von Zeit zu Zeit der Ton einer Pfeife, ein Schellenklingeln der Esel auf der Landstraße", schrieb Alphonse Daudet in seinen „Briefe aus meiner Mühle" (erschienen 1887), die er allerdings nicht in einer Mühle, sondern in einer Wohnung in Paris geschrieben hat.

Aquädukte von Barbegal

2 km südöstlich an der D33. Etwa 15 Minuten Gehweg hin und zurück. Bei den Aquädukten lässt es sich sehr schön picknicken.

Noch relativ gut erhalten sind die Ruinen von zwei römischen Wasserleitungen, die hier eine große Strecke weit parallel geführt waren. Eine Leitung bog dann nach Westen ab und versorgte die Stadt Arles mit Wasser, die andere endete nach Durchquerung einer tiefen Felsenrinne. Am Südhang des Hügels liegen die Fundamente einer hydraulischen Getreidemühle. Sie gilt als eines der seltenen Beispiele römischer Industriebauten und zeugt von einer außergewöhnlichen Erfindungsgabe:

Von einem dreieckigen Reservoir gehen zwei Bäche aus, die jeweils nacheinander die Schaufelräder von acht Mühlen antreiben. Die gesamte Anlage erstreckt sich über eine Fläche von 1.200 m^2 und konnte zur damaligen Zeit 300 kg Mehl pro Stunde mahlen. Die Ruinen stellen ein kostbares Relikt römischer Industriearchitektur aus dem 3. bis 5. Jahrhundert dar, einer Zeit, als Sklaven zum Antreiben von Mühlen schon rar und damit zu teuer geworden waren.

Ehemalige Benediktinerabtei Montmajour
(lat. major = großer, mont = Berg)
Route de Fontvielle, Tel. 04/90546417, Fax 04/90546417, www.monum.fr. Geöffnet April bis Juni tgl. 9.30–18 Uhr, Juli bis Ende Sept. tgl. 10–18.30 Uhr, Ende Sept. bis Ende März tgl. außer Mo. 10–17 Uhr.

filmreif und spirituell

Die aus einer Einsiedelei hervorgegangene Benediktinerabtei Montmajour zählt zu den eindrucksvollsten Klosteranlagen Südfrankreichs – ein **filmreifes Gemäuer** – wehrhaft und spirituell zugleich. Einst stand es auf einem von Sümpfen umgebenen Kalksockel, der seit dem 9. Jahrhundert als Friedhof genutzt wurde und nur mit dem Boot zu erreichen war. Betreut wurde der Friedhof von einer kleinen Gemeinschaft von Eremiten, die im 10. Jahrhundert die Regeln des heiligen *Benedikt* annahmen, einem Orden, immer zur Stelle, wenn Sümpfe trockenzulegen waren. (Einige der Mönche von Montmajour setzten sich damals in die gesündere Luft der Montagnette ab und gründeten Saint-Michel-de-Frigolet.)

Einen Aufschwung nahm das Kloster im Jahr 1030. Bis dahin ohne irgendeine Reliquie und somit ohne Einnahmequelle, erhielt es damals vom Papst ein Stück vom Kreuz Christi, das die heilige *Helena* der Überlieferung nach am 3. Mai gefunden hatte. Von nun an setzten alljährlich am 3. Mai Scharen von Pilgern in Kähnen zum Kloster über, um gegen Geld einen Ablass ihrer Sünden zu erhalten.

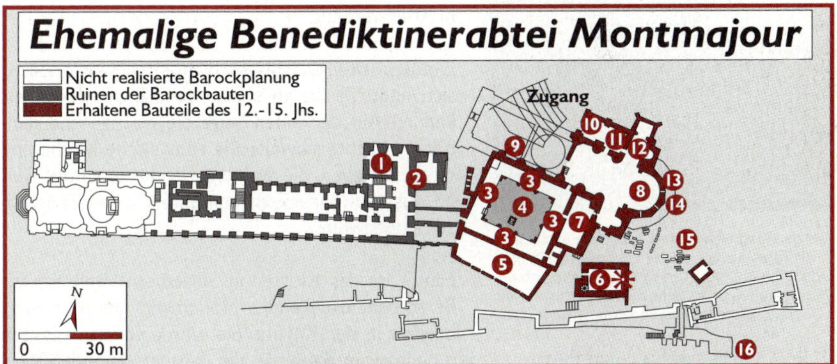

1 Vorratsraum
2 Wirtschaftshof
3 Kreuzgang
4 Kreuzgarten
5 Refektorium
6 Donjon/Turm Pons de l'Orme
7 Kapitelsaal
8 Abteikirche Notre Dame
9 Marinegraffiti aus dem 12. Jh.
10 Archivsaal
11 Sakristei
12 Kapelle Notre-Dame-la-Blanche
13 Krypta (hier befanden sich die Kreuzesreliquien). An den Wänden sind Steinmetzzeichen zu sehen
14 Apsis
15 Felsengräber
16 Einsiedelei Saint-Pierre

Aufstieg und Niedergang

Das Geschäft florierte – Zeitzeugen berichten von 150.000 Pilgern, die im Jahr 1409 nach Montmajour wallfahrteten. Mit dem Geld konnten die Mönche einerseits die Sümpfe trockenlegen, eine Aufgabe, die sich bis ins 17. Jahrhundert hinein ziehen sollte. Andererseits konnten sie das Kloster ausbauen und im 12. Jahrhundert die einfache Kapelle aus dem 11. Jahrhundert durch eine prachtvolle neue Kirche und einen großen Kreuzgang ersetzen. Der Niedergang des Klosters begann im 14. Jahrhundert. Damals durfte die Klostergemeinschaft ihren Abt nicht mehr selbst wählen und wurde direkt dem Papst unterstellt – die Klostereinkünfte flossen von nun an direkt nach Avignon.

Zu Beginn des 17. Jahrhunderts kam das Kloster dann wegen allgemeiner Sittenlosigkeit in Verruf. Sein *Abt Savay de Brèves* ließ es durch Soldaten räumen und mit „sauberen" Mönchen, Benediktinern aus St.Maure, besetzen. Zum Reformprogramm gehörte nicht nur die geistige Erneuerung, sondern auch die bauliche. Doch die vertriebenen Mönche rächten sich und legten einen Brand. Der endgültige Niedergang kam dann mit dem letzten Abt, *Kardinal Edouard de Rohan*, der in die berühmt-berüchtigte Halsbandaffäre um Königin *Marie-Antoinette* verwickelt war (und der übrigens 1803 im badischen Ettenheim gestorben ist). *Ludwig XVI.* verfügte die Aufhebung des Klosters – 1786, drei Jahre vor der Revolution musste es seine Pforten für immer schließen. Und nun begann 1791 nach dem geistigen der sprichwörtliche bauliche Ausverkauf: Eine Trödlerin verkaufte die Klosterschätze und Möbel. Da sie damit aber ihre Schulden nicht decken konnte, kam das Kloster in den Besitz eines Maklers. Der verkaufte die Steine stückweise, sie wurden größtenteils in Quais und Bürgerhäusern in Arles verbaut.

Aus der Perspektive eines Lebenden erscheinen die Toten kleiner als die Lebenden. Liegt man aber einmal „Probe" in so einem Steingrab (im Vordergrund), dann sieht man: So klein, wie die Toten scheinen, waren sie gar nicht.

Die Bau- bzw. Geistesgeschichte des Klosters lässt sich heute leicht an seinen zwei Bauperioden erkennen: Auf der einen Seite die massige und dennoch schlichte, abweisende romanische Kirche und direkt daneben, die weltzugewandte prächtige Ruine aus der Barockzeit mit ihren vielen Fenstern zur Außenwelt.

Heute ist das Kloster in Staatsbesitz und ein äußerst beeindruckendes Monument. Der Rundgang beginnt in der Krypta. Sie wurde teilweise in den Fels gebaut und musste mit ihrer massigen Bauweise die darüber liegende Oberkirche stützen. Außer einem Querschiff besitzt sie noch einen halbrunden Chorumgang, an den fünf Kapellen angrenzen. Die Krypta ist von ebenso klarer Form wie die vollkommen schmucklose Oberkirche. An sie schließen sich der Kapitelsaal und der Kreuzgang aus dem 12. Jahrhundert an. Er gilt als einer der ältesten erhaltenen Kreuzgänge der Provence. Seine Figurenkapitelle zeigen hauptsächlich vegetabile Formen und die Konsolen teilweise Tierköpfe und Masken. Wie die Medusenhäupter der antiken Denkmäler hatten diese eine apotropäische, also eine Unheil abwehrende Funktion. Hier ist eine Ähnlichkeit mit dem Kreuzgang von St.Trophime in Arles zu erkennen.

Die Kapelle Sainte-Croix-en-Jérusalem (im Hintergrund) soll auf einem Schlachtfeld errichtet worden sein, auf dem Karl der Große einmal die Sarazenen geschlagen hatte.

In die Tour de l´Abbé führen 124 Stufen hinauf – dort oben, in einer Höhe von 26 m liegen einem die Alpilles, die Crau-Ebene, Arles, die Cevennen und Tarascon zu Füßen. Um das Kloster verstreut sind Steingräber, in denen einst die Mönche bestattet wurden. Sein ältester Teil ist die Kapelle St.Pierre (11. Jahrhundert), etwas abseits des zentralen Klosterkomplexes gelegen. An die Kapelle grenzen die Räume der frühen Eremiten an – hier ist man also am Ursprung des Klosters, also in der frühen Zeit der Christenheit, angekommen. Denn hier soll sich der heilige *Trophimus* vor seinen Verfolgern, heidnischen römischen Machthabern, versteckt haben.

300 m entfernt außerhalb des Abteigeländes steht stolz und einsam die **Friedhofskapelle** Sainte-Croix-en-Jérusalem aus dem 13. Jahrhundert. Ihr kleeblattförmiger Grundriss ähnelt übrigens dem des sogenannten Baptisteriums von Venasque. Im Inneren der Kapelle erstaunt die Akustik, denn eine einzelne Stimme kann das Klangvolumen eines ganzen Chores erreichen. Und das ohne den in Kirchen oft störenden Halleffekt, da der Ton aus der offenen Eingangshalle nach außen entweichen kann. Die Kapelle ist von den in den Fels geschlagenen Gräbern der alten Nekropole umgeben. In der Laterne über dem Dach brannte einst ein weithin leuchtendes Totenlicht, das gleichzeitig der Schifffahrt auf der Rhône als Leuchtturm diente. Sainte-Croix ist besonders in den frühen Morgen- und späten Abendstunden ein sehr spiritueller Ort, der noch etwas von der früheren abgeschiedenen Insel erahnen lässt, die Montmajour einst war.

Abend- und Morgenstunden

10. DURCH DIE CAMARGUE

mit Abstecher nach La Grande Motte und St.Gilles

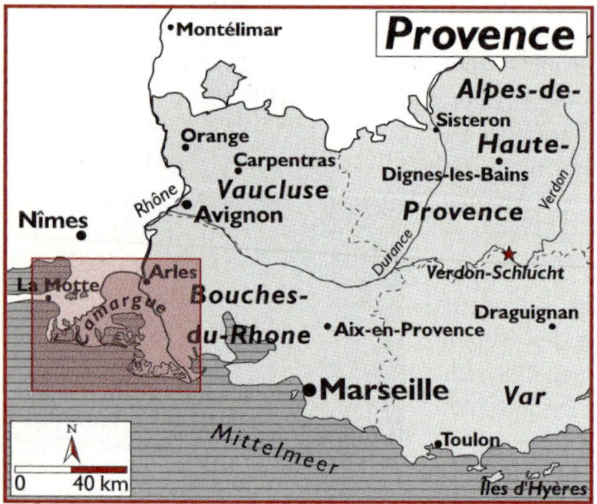

© igraphic

Überblick

Höhenlage: Meereshöhe, im Süden auch etwas darunter. Höchste Erhebung: eine ca. 4,50 m hohe Düne beim Leuchtturm von Beauduc.

Ein topfebenes brackiges Fleckchen Erde, zwischen den Städten Aigues-Mortes im Westen, Arles im Norden und Port-St.Louis im Osten. Jung ist diese Gegend, zumindest gemessen an den Zeitläufen der Erdgeschichte. In ihrer heutigen Form entstand sie um etwa 8000 v. Chr. aus dem Zusammentreffen von Fluss und Meer im Mündungsgebiet der Rhône. Der Fluss bildete durch seine Ablagerungen Schwemmlandstreifen, das Meer formte dann nacheinander mehrere Mündungen und schuf auf diese Weise schmale Küstenstreifen, hinter denen sich Lagunen ausbreiten. Bis ins 19. Jahrhundert sollten die Flecken ein Patchwork von Land und Wasser im stetigen Wandel bleiben: Aigues-Mortes, von wo aus Ludwig IX. im 13. Jahrhundert noch direkt in See stechen konnte, liegt heute 5 km landeinwärts. Andererseits liegt die früher im Landesinneren gelegene Stadt Saintes-Maries heute direkt am Meer.

Fast wie ein großes Pony wirkt das robuste und grobknochige Camargue-Pferd mit seinem großen Kopf. Mehr als 1,45 m darf der Rist eines Camargue-Schimmels nicht hoch sein, soll er noch den seit 1968 offiziell anerkannten Merkmalen seiner Rasse entsprechen. Die Pferde der Camargue sind eine uralte Rasse, deren Vorfahren man sogar in den Höhlenmalereien von Solutré gesichtet haben will. Schwarzgrau oder braun nach der Geburt, bekommen sie erst im fünften oder sechsten Lebensjahr ihr charakteristisches weißes Fell.

Von einer gewissen landschaftlichen Beständigkeit ist die Camargue erst seit der Kanalisierung der Rhône und dem Bau des 40 km langen Digue à la Mer, mit dessen Bau 1860 dem Meer ein Teil seiner Unberechenbarkeit genommen wurde.

Heute ist die Camargue ein auf den ersten Blick eintöniger, amphibischer Landstrich, in dem es schwer auszumachen ist, wo das Meer ins Land und wo das Land ins Meer hineinlappt. Aber noch heute ist die Camargue im Wandel, noch heute sind es pro Jahr etwa 20 Millionen Kubikmeter Schwemmland, die jährlich zehn bis 15 Meter vorrücken. Wo im Vorjahr noch ein kleiner Salzsee war, kann sich im nächsten Jahr schon eine Blumenwiese ausbreiten.

Das Kreuz der Camargue: Kreuz = Glauben. Die Enden der Kreuzbalken haben die Form der Lanze (lou ferre), die die Stierhirten zur Überwachung der Herden brauchen. Herz = Barmherzigkeit Anker = Hoffnung

Benannt wurde die Camargue vielleicht nach *Camars*, einem aus Arles stammenden römischen Senator. Oder – wahrscheinlicher – nach dem indogermanischen Wort für Insel, das auf ihre Lage zwischen den beiden Mündungsarmen der Rhône, der Grande Rhône und der Petite Rhône hindeutet. Rund 720 m² groß ist die Grande Camargue zwischen der Grande Rhône und der Petite Rhône und 200 m² groß die Petite Camargue westlich der Petite Rhône.

Redaktions-Tipps

- **Anschauen**: Alle Wege in den **Parc Naturel Régional de Camargue** beginnen am Informationszentrum **La Capelière** (S. 415). Südlich von **Salin-de-Giraud** (S. 415) türmt sich das Salz zu einer weißen Berglandschaft. Vögel beobachten kann man sehr gut im **Parc ornithologique** (S. 417). Und – nicht weitersagen! – der lange Strand von Beauduc gilt in Surferkreisen noch als heißer Tipp. Noch viel von der antiken Formenwelt ist auf dem Portal von **St.Gilles** (S. 425) zu sehen. In Les Saintes-Maries-de-la-Mer sollte man der Kirche **Notre-Dame-de-la-Mer** (S. 418) aufs Dach steigen und die Aussicht genießen.
- **Beachten**: Die Camargue lässt sich am besten im Frühjahr und im Herbst erkunden. Wirklich entdecken kann man die Camargue zu allen Jahreszeiten nur abseits der Straßen per Pedes, Pferd oder Pedale – aber auch auf den Planken eines **Schaufelraddampfers**. Ab Mitte Mai und im Herbst umschwirren einen die Mücken „wie das Licht".

Seit 1970 gibt es den Regionalen Naturpark Camargue, er umfasst mit einer Fläche von 820 m² etwa die Fläche der Grande Camargue. Der südliche Teil dieses Gebiets, der Etang de Vaccarès, ist seit 1975 Naturschutzgebiet. Vom Meer landeinwärts gesehen, trifft auf man folgende Lebensräume: Strand und Küstendünen, salzhaltige Seen (Teiche) und dann im Landesinneren auf Brackwasserseen und Salzlagunen.

Kleine Camargue-Kunde

Cabanes: Die traditionellen Hütten der *Gardians*. Die einfachen, rechteckigen Häuschen sind schilfgedeckt und auf der Nordseite abgerundet. Meist haben sie zwei Räume, die durch eine Schilfwand voneinander getrennt sind. Die Tür liegt immer im Süden, auf der dem Mistral abgewandten Seite.
Course libre: Die in der Camargue übliche Art des Stierkampfs ohne Todesstoß.
Escoussure: Die Stiere werden an den Ohren markiert

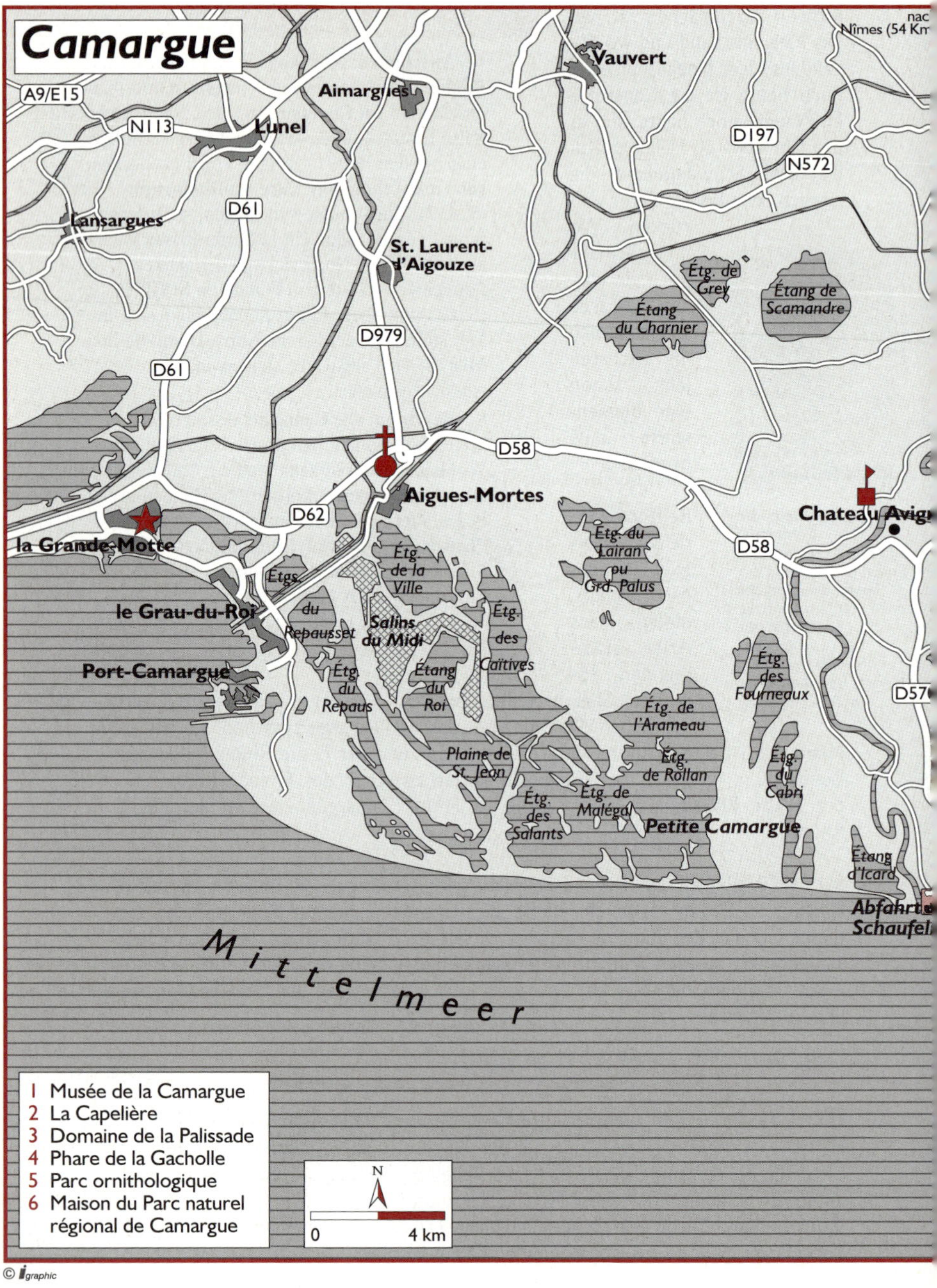
Camargue
nach Nîmes (54 Km
Vauvert
Aimargues
A9/E15
N113
Lunel
D197
N572
Lansargues
D61
St. Laurent-d'Aigouze
Étg. de Grey
Étang de Scamandre
Étang du Charnier
D979
D61
D58
Aigues-Mortes
Chateau Avig
D62
D58
la Grande-Motte
Étg. du Lairan ou Grd. Palus
Étg. de la Ville
Etgs. du Repausset
le Grau-du-Roi
Salins du Midi
Étg. des Caïtives
Étg. des Fourneaux
Port-Camargue
Étg. du Repaus
Étang du Roi
D57
Étg. de l'Arameau
Plaine de St. Jean
Étg. de Rollan
Étg. du Cabri
Étg. des Salants
Étg. de Malégal
Petite Camargue
Étang d'Icard
Abfahrt Schaufel
Mittelmeer
1 Musée de la Camargue
2 La Capelière
3 Domaine de la Palissade
4 Phare de la Gacholle
5 Parc ornithologique
6 Maison du Parc naturel régional de Camargue
N
0
4 km

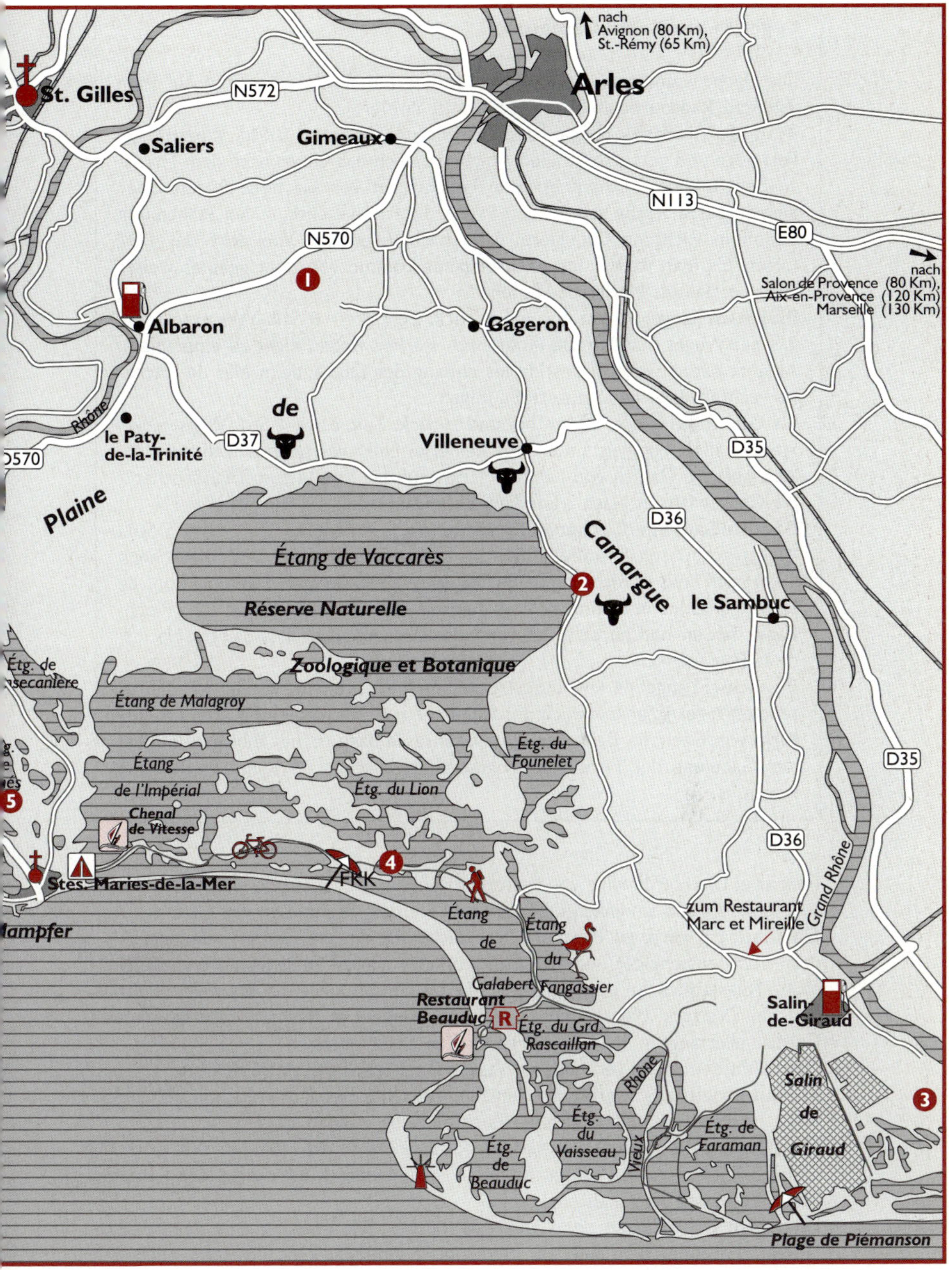
nach
Avignon (80 Km),
St.-Rémy (65 Km)
Arles
St. Gilles
N572
Saliers
Gimeaux
N113
E80
N570
nach
Salon de Provence (80 Km),
Aix-en-Provence (120 Km)
Marseille (130 Km)
1
Albaron
Gageron
Rhône
de
le Paty-
de-la-Trinité
D37
Villeneuve
D570
D35
Plaine
D36
Camargue
Étang de Vaccarès
2
Réserve Naturelle
le Sambuc
Zoologique et Botanique
Étang de Malagroy
Étg. du
Founelet
D35
Étang
de l'Impérial
Étg. du Lion
5
Chenal
de Vitesse
D36
4
Stes. Maries-de-la-Mer
FKK
Étang
de
Étang
du
zum Restaurant
Marc et Mireille
Grand Rhône
Galabert
Fangassier
Restaurant
Beauduc
R
Étg. du Grd.
Rascaillan
Salin-
de-Giraud
Rhône
Salin
de
Giraud
3
Étg.
du
Vaisseau
Étg. de
Faraman
Étg.
de
Beauduc
Vieux
Plage de Piémanson

Legende zur Karte Camargue

Die flache Camargue ist ideal für geruhsame Entdeckertouren auf dem Zweirad. Radtouren ab Saintes-Maries-de-la-Mer:
Tour de Vaccarès: Länge: 70 km Rundtour, Zeit: etwa 8 Std., Wegstrecke: Feldwege und geteerte Straßen, Abfahrt: östlich des Ortes nach dem Thalasso-Zentrum dem Damm bis zum Leuchtturm von Gacholle folgen. Über eine geteerte Straße geht es zum Weiler Le Paradis, entlang den Salinen von Badon in Richtung Capellière, dann nach Villeneuve. Von dort der D37 folgen, bis man nach 7 km nach Méjanes kommt, von dort geht es weiter nach Les Saintes-Maries-de-la-Mer.
Méjanes: Länge: 36 km hin und zurück, Zeit: etwa 6 Std., Wegstrecke: ca. 2/3 des Weges Staubstraße (Tour nach starken Regen nicht zu empfehlen). Abfahrt östlich von Saintes-Maries entlang der D85A, beim Mas de Cacharel rechter Hand der Staubstraße folgen.
La Gacholle: Länge: 20 km hin und zurück, Zeit: etwa 4 Std., Wegstrecke: Staubstraßen, Hinweis: unterwegs keinerlei Einkaufs- oder Einkehrmöglichkeit. Abfahrt: Östlich von Saintes-Maries auf der Straße zum Thalassotherapie-Center fahren. Nach 3 km dann dem Damm folgen.
Bac du Sauvage/Cacharel: Länge: 30 km Rundstrecke, Zeit: etwa 5 Std., Wegstrecke: Asphaltstraße, Abfahrt: östlich des Ortes der D38 folgen, nach 6 km nach links in Richtung Le Bac du Sauvage abzweigen. Dann bei Pont de Sylvereal rechts in Richtung Mas d´Astouin fahren, weiter in Richtung Pioch-Badet fahren und an der Kreuzung der Beschilderung Les Saintes-Maries-de-la-Mer folgen.
Beauduc: Länge: 44 km Rundstrecke, Zeit: etwa 6 Std., Wegstrecke: ungeteerte Wege. Abfahrt: östlich des Ortes dem Damm folgen bis zum Leuchtturm von Gacholle. Beim Parkplatz Comtesse nach rechts abbiegen und bei der Gabelung der Piste von Fangassier nach rechts in Richtung Beauduc fahren.

Ferrade: Die Herde wird von Reitern zusammengetrieben, die einjährigen Stiere ausgesondert und am linken Oberschenkel mit dem Brenneisen markiert.
Gardian: Ein Hirte zu Pferd, der sich nicht nur um die Herden kümmert sondern auch entscheidet, welcher Stier für den Kampf geeignet ist und welcher nicht. Feiertagstracht des Gardians ist sein traditioneller breitrandiger Filzhut und ein Dreizack. Mehr noch als auf den Weiden ist der pittoresk gewandete Gardian allerdings in den Souvenirgeschäften anzutreffen.
Grau: Mit dem Meer verbundene Wasserrinnen im Süden der Camargue.
Manade: Meist aus Stieren und Pferden gemischte Herden, wobei auf 200 Stiere meist 10 Pferde kommen. Auch die Zuchtbetriebe werden so genannt.
Novillada: Bei diesem Stierkampf mit Todesstoß sind die Tiere nur drei Jahre alt und die Toreros keine geübten Kämpfer – zumindest w ä h r e n d des Kampfes besteht also relative Chancengleichheit.
Pflanzen: Die Pflanzen der Camargue müssen Salz vertragen, da der höchste Punkt im Rhône-Delta nur 4,5 Meter hoch und das Grundwasser unter der

Die schwarzen Stiere der Camargue sollen von den Horden Attilas abstammen. Die Tiere sind mit einer Höhe von 1,40 m verhältnismäßig klein, haben lyraförmige Hörner, mit denen sie dann in den Stierkampfarenen auf die Stierkämpfer losgehen sollen. Zu friedfertige Stiere landen nicht in der Arena, sondern im Kochtopf.

lehmhaltigen Erdschicht salzhaltig ist. Einige typische Gewächse sind Gräser und Salzpflanzen wie *salicornia*, *suaeda*, *inula orithmoides* und *salsola*. Der phönizische Wacholder wächst nur noch hier, weiterhin Quecke, Melde, Portulak und an den Ufern der Rhône die kleine Ulme sowie der Schachtelhalm, die Hauptnahrung der wild lebenden Tiere.

Dann gibt es als Besonderheit die **Saladelle,** eine Salzpflanze, die fähig ist, das Salz von der Innenseite ihrer Blätter abzustoßen, was zur Bildung von kleinen Kristallen führt. Sie ist das Emblem der Gardians und bedeckt weite Flächen mit ihren malvenfarbenen Blüten. Im Wald *Bois des Rièges* am *Etang de Vaccarès* gedeiht der sehr seltene Phönizische Wacholder.

Etang de Vaccarès

Hier am Etang de Vaccarès ist die wirkliche Camargue, unerreichbar und geschützt vor Eindringlingen durch morastige Gräben und weglose Sümpfe. Nicht nur die Natur selbst, sondern auch Gesetze schützen dieses Kleinod der Natur: Rund um den Étang de Vaccarès, den größten Binnensee in der Camargue, gelten strenge Naturschutzvorschriften. Nur befugte Botaniker und Zoologen dürfen diese Zone betreten, selbst die Stiere und Pferde der Camargue müssen draußen bleiben.

größter Binnensee der Camargue

Der flache Salzsee ist 12 Kilometer breit, sieben Kilometer lang und erreicht eine Tiefe von maximal 160 Zentimetern. *Alphonse Daudet* (1840–1897) schrieb enthusiastisch über den Vaccarès: „Das Schönste, was es in der Camargue gibt, ist der Vaccarès. Oft höre ich auf zu jagen und setze mich an das Ufer dieses Salzsees, dieses kleinen Meeres, das wie ein Stück des großen erscheint, eingeschlossen im Innern des Landes und vertraut geworden durch diese Gefangenschaft.

An Stelle jener Trockenheit und Unfruchtbarkeit, die gewöhnlich die Küsten so traurig erscheinen lässt, breitet der Vaccarès auf seinen leicht erhöhten, ganz mit feinen, grünen, sammetweichen Gräsern bewachsenen Ufern eine ungewöhnliche und bezaubernde Flora aus".

INFO Auf und ab im Reisverkauf

Heinrich IV. soll den Reisanbau in der Camargue eingeführt haben, auf der Suche nach der besten Beilage für sein sonntägliches Huhngericht *poule au pot.* Einen ersten wirklichen Aufschwung erfuhr der Reisanbau in der Camargue allerdings erst nach 1830, als man Deiche vor das Meer gebaut hatte, um die zerstörerischen Hochwasser der Rhône zu bändigen. Doch alsbald drohte das salzhaltige Grundwasser die Camargue in eine Salzwüste zu verwandeln. Deshalb richtete man eine künstliche Berieselung ein, die das Wasser aus zwei Armen der Rhône schöpfte. Durch das Überschwemmen der Böden wurde das Niveau des salzigen Grundwassers abgesenkt.

Weiterhin wurde Reis angebaut und zwar nicht als Nahrungsmittel, sondern ausschließlich zum Entsalzen der Böden. Als dieses geschafft war, ersetzte man die Reisflächen durch Rebstöcke – damals zerstörte die Reblaus die übrigen Weinberge Frankreichs, die Flächen der Camargue widerstanden der Reblaus aufgrund ihrer häufigen Überflutung mit Salzwasser. Bis kurz vor dem Zweiten Weltkrieg lag der Reisanbau in der Camargue dann so gut wie brach. Als dann durch den Krieg die Meeresschifffahrt unterbrochen und Nahrungsmittel knapp wurden, begann der Reisanbau seinerseits die Rebstöcke zu verdrängen und sich wieder auszudehnen. Als in den 1960er Jahren dann die sogenannte Reiskrise aufkam, brach der Absatz durch die gesteigerte Konkurrenz Norditaliens und durch das Festlegen eines einheitlichen europäischen Preises für Reis ein. Auch wurde in der Camargue der runde Reis angebaut, der im Gegensatz zum langkörnigen Reis auf dem Markt nicht mehr gefragt war. Wiederum ging der Reisanbau zurück. Er wurde durch den Anbau von Weizen ersetzt, der jedoch zu einer erneuten Versalzung der Böden führte. Aufs neue war das wirtschaftliche und ökologische Gleichgewicht der Camargue bedroht. Ende der 1970er Jahre war dann mal wieder der Reisanbau an der Reihe, das führte wieder zu einer Entsalzung der Böden ... Heute baut man in der Fruchtfolge Weizen ein.

Die Reiserzeugung in der Camargue deckt heute knapp die Hälfte des Reisverbrauchs in Frankreich (ca. 250.000 Tonnen). Eine besondere Spezialität ist seit einigen Jahren der rote Reis, eine Kreuzung des einheimischen roten Grases und des weißen Reises, entstanden aus einer Spontanmutation. Das eigentliche Reiskorn ist weiß, aber die Haut unter dem Strohmantel ist rot-braun gefärbt. Da diese Haut nicht entfernt wird, bleibt die Rotfärbung erhalten, das heißt, roter Reis ist nur als unbehandelter Naturreis erhältlich. In seinem Aroma erinnert er etwas an Haselnüsse.

Östlich des Etang de Vaccarès

Dem Informationszentrum des Nationalparks der Camargue, **La Capelière**, sind einige kleine Ausstellungsräume zu Flora und Fauna der Camargue angeschlossen. Von hier aus führen auch einige Rundwege durch das Naturschutzgebiet – es ist die einzige Möglichkeit, etwas ins Innere des Gebietes zu gelangen.

Bei **Le Paradis** kann man zwei Ausflüge unternehmen, bei denen man besonders gut die Vögel der Camargue entdecken kann: Man fährt über den Deich zum Meer, ab Pertuis de la Comtesse führt dann ein etwa 1 km langer Fußweg zum Gacholle-Leuchtturm (mit Fernrohr zum Vogelbeobachten). Weiterhin bietet sich eine Tour über den Deich an, der die Seen von Fangassier und Galabert trennt. Die Fangassier-Insel ist in ganz Frankreich **der einzige Nistplatz von Flamingos.** Viele frühere Brutkolonien, zum Beispiel auf Sardinien oder in Spanien haben die Flamingos während der letzten Jahrzehnte kaum aufgesucht oder ganz aufgegeben. In der Camargue ist ihr guter Bruterfolg hauptsächlich auf einen Eingriff des Menschen zurückzuführen: Im Jahr 1970 schob man hier mit einem Bulldozers eine Insel zusammen, die die Vögel zuerst aber nicht mochten. Die Lage änderte sich erst, als man die Insel mit künstlichen Schlammkegeln bedeckte, erst dann begannen sich die Flamingos hier wohl zu fühlen.

Flamingos

Haben Sie das ordentliche Reihenhäuschen satt und Lust auf anarchische Lebensformen? Dann auf nach **Beauduc**! Einen uralten Wohnwagen aufstellen und das Ganze mit einem Umbau aus Gerümpel und altem Schrott umzäunen. Das alles kostet nichts, braucht keine Baugenehmigung, und liegt direkt am Strand! Die Kleinigkeit, dass es kein Wasser oder Strom gibt, sollte unter diesem Umständen nicht weiter stören. Und wenn´s mal vornehm sein soll, dann geht man zu *Marc et Mireille* oder zu *Juju* zum Fischessen, den beiden ebenfalls etwas unorthodoxen Lokalen mitten in der illegalen Gerümpelsiedlung, und lässt sich guten Fisch schmecken. Die anarchische Alternativsiedlung Beauduc erreicht man bei Salin-de-Giraud über die D36c, dort der Ausschilderung folgen (alternativ den windschiefen Schildern zu den Lokalen *Juju* bzw. *Mireille et Marc* folgen), ca. 12 km fährt man dann über eine Rumpelpiste durch Niemandsland, die letzten Kilometer über einen niedrigen Sanddamm zum „Ort" und Strand von Beauduc (dieser gilt übrigens als **Geheimtipp unter Windsurfern!**). Es sei hier darauf hingewiesen, dass Beauduc eine illegale Siedlung ist, also vielleicht morgen schon nicht mehr da sein könnte.

Alternativsiedlung

Surferstrand

Wie La Grande Motte westlich der Camargue ist auch **Salin-de-Giraud** ein Ort aus der Retorte. Aber das ist schon genug der Gemeinsamkeit. Während La Grande Motte als Urlaubsort konzipiert wurde, ist Salin-de-Giraud eine Arbeitersiedlung. Da es im 19. Jahrhundert nicht genug einheimische Arbeitskräfte für die Arbeit in den Salinen gab, holte man „Gastarbeiter" aus Griechenland, Italien und auch Russland. Die siedelte man in einer für damalige Zeiten modernen Arbeitersiedlung mit kerzengeraden, parallel verlaufenden Straßen, gesäumt von identischen kleinen Häuschen sowie Platanen, Akazien und Trompetenbäumen. Die Saliniers, die in den Salinen arbeiteten, hatten eine durchschnittliche Lebenserwartung von 25 Jahren.

Gastarbeitersiedlung

Salinen

Im Süden von **Salin-de-Giraud erstrecken sich Salzfelder**, gleich bleichen Mondgebirgen oder schneebedeckten Bergen. Etwa 2,5 km außerhalb des Ortes hat man von dem Aussichtspunkt **Pointe de vue sur les Salines** einen guten Überblick über das Salzgebirge – es ist immerhin das größte Europas. Wie Früchte hat auch das Salz eine Erntezeit: Ende August bis Oktober wird das Salz geerntet und zu diesen Bergen aufgetürmt. Im Gegensatz zu den Salinen von Aigues-Mortes ist das hier gewonnene Salz kein Speisesalz, sondern kommt hauptsächlich in der chemischen Industrie zur Verwendung.

Ein guter Ausgangspunkt für Erkundungen an den Ufern und der Einmündung der Großen Rhône ist die **Domaine de la Palissade.** Drei verschiedene Rundgänge stehen zur Auswahl, die zwischen eineinhalb und vier Stunden dauern. Vorher kann man einen Blick auf eine Ausstellung zu Fauna und Flora des Gebietes werfen mit Aquarien, Filmen und Diafolgen.

Sandstrand

Fährt man von der Domaine de la Palissade weiter nach Süden, dann endet die Straße bei der **Plage de Piémanson**, einem weiteren feinsandigen Strand, der den östlichsten Teil des Golfe de Beauduc bildet.

Nördlich des Etang du Vaccarès

Hinweis

Nördlich vom Étang du Vaccarès verläuft die D37, eine geeignete Route zur Tierbeobachtung

Musée Camarguais

(im Mas du Pont de Rousty an der D570, zwischen Alabaron und Arles. Geöffnet Juli und Aug. 9.15–18.45 Uhr, April, Mai, Juni und Sept. bis 17.45 Uhr. In der Nebensaison 10.15–16.45 Uhr.)

Museum und Lehrpfad

Gemäß seinem Namen bietet dieses Museum einen Überblick über die Geschichte der Kulturlandschaft Camargue und die Lebensweise ihrer Bewohner. Untergebracht ist es im ehemaligen Schafstall eines für die Gegend typischen bäuerlichen Anwesens. Ab dem Museum beginnt ein 3,5 km langer Lehrpfad, der *Sentier de découverte des paysages d´un mas de Camargue*.

Westlich des Etang du Vaccarès

Touristisch richtig gut erschlossen ist diese Seite des Etang du Vaccarès. Hier gibt´s Souvenirläden, Stierspektakel, hier werden Schifffahrten angeboten und Pferde vermietet.

Beim **Etang de Ginès**, einem kleinen Strandsee 4 km nördlich von Saintes-Maries, steht am **Pont de Gau** das 1976 eingerichtete **Maison du Parc naturel régional de Camargue,** das sich der Geologie und Ökologie der Gegend widmet. Durch große Panoramafenster kann man einen Blick auf vorbeiflatternde

Vögel werfen. Weiterhin gibt es audiovisuelle Vorführung zu den Themen Salzgewinn, Flamingos und Naturpark Camargue.

Ist er nicht graziös? Der Emblemvogel der Camargue, der Flamingo.

Etwas weiter südlich ist im 1949 gegründeten **Parc Ornithologique de Pont de Gau** die reiche Vogelwelt der Camargue zu bewundern, seit 1974 leben auch einige Wildtiere hier. Durch das 60 Hektar große Gelände führen mehrere Kilometer Wegenetz, die sich zwischen Schilf und Sümpfen hindurch schlängeln. Der Legende nach sollen in der Camargue so viele Vogelarten umherflattern, wie das Jahr Tage hat. Tatsächlich sind es so an die 150 Vogelarten, viele von ihnen sind im restlichen Europa längst ausgestorben. Unter anderem findet man hier neben Flamingos: in den Salzgärten Brandseeschwalben, Säbelschnäbel, Weißkopfmöwen und Seeregenpfeifer; Stelzenläufer im Brackwasser und in Süßwassersümpfen und Reisfeldern Kuhreiher, Graureiher, Silberreiher und Purpurreiher, Weißbartsee- und Brandseeschwalbe und Dünnschnabelmöwe, um nur einige zu nennen.

Auch als Rastplatz für europäische Zugvögel ist die Camargue bedeutend: 70.000 bis 80.000 Enten kommen jedes Jahr ins Rhône-Delta, um hier zu überwintern.

Les Saintes-Maries-de-la-Mer (ⓘ s. S. 131)

Einwohner: 2.500

Mit *Maria-Jakobäa, Maria Salome* (die Mutter *Jacobus des Älteren*), *Lazarus* (der von den Toten Auferweckte) und dessen Schwestern *Martha* und *Maria-Magdalena, Maximinius, Sidunius* sowie *Sara* (der schwarzen Dienerin der beiden Marien) an Bord, soll hier ums Jahr 40 n. Chr. ein Boot gestrandet sein, ausgesetzt von den Juden, die diese Anhänger nazarenischer Irrtümer loshaben wollten. Die so Gestrandeten machten sich alsbald auf, die Gegend zu missionieren. Nur zwei der drei Marien und ihre Dienerin Sara blieben hier, sie waren zu alt, um sich noch den Strapazen der Missionstätigkeit zu unterziehen.

Zwei Heilige auf einen Streich

Tausend Jahre später gelangte das Kirchlein, errichtet am Grab der beiden Marien, in den Besitz der Mönche von Montmajour. Und die waren durchaus im Sinne des Herrn geschäftstüchtig: denn die Pilger auf dem Weg nach Santiago de Compostela konnten den kleinen Umweg über Les Saintes-Maries-de-la-Mer leicht in Kauf nehmen; lag doch hier die Mutter des großen Märtyrers von Santiago de Compostola, *Jakobus*, begraben. Zwei Heilige während eines Besuchs, Mutter und Sohn, wo bekommt man das sonst schon!

Wiederum 400 Jahre später ließ *König René*, genannt der Gute, mit Erlaubnis des Papstes nach den heiligen Frauen suchen und fand zwei Leichname mit gefalteten

Heilige Gebeine

Im Mittelalter glaubte man, dass in den Gebeinen von Heiligen etwas von ihrer Vollkommenheit erhalten wäre. Und so entstand in der gesamten Christenheit ein florierender Handel mit den irdischen Überresten der Heiligen. Je wichtiger der Heilige war, dessen Gebeine oder zumindest ein Stück davon, man besaß, desto größer war auch die Möglichkeit des banalen Gelderwerbs. Denn Wallfahrtsorte brachten Pilger in den Ort und somit Geld in die Kasse. Gleichzeitig konnte man etwas für sein eigenes Seelenheil tun, denn etwas von dem Heiligen würde auch auf den Irdischen, der ihn besaß, übergehen. Die Suche nach den Reliquien wurde mit großem öffentlichkeitswirksamen Tamtam durchgeführt, aber auch mit einem Netz von angeblichen Beweisen für die Echtheit der Reliquien umgeben, das dem Ganzen den Anstrich des höchst Offiziellen, des Belegbaren geben sollte.

Händen, süß duftend – letzteres ein eindeutiges Indiz für die Heiligkeit der Toten. *René der Gute* brachte die heiligen Gebeine in Schreinen in der Hochkapelle von Saintes-Maries unter. Dort waren sie in Sicherheit. König *René* ließ als Ergänzung noch die Reliquien der *Maria Magdalena* aus Vézélay hierher bringen, für Vézélay ein Desaster, für Saintes-Maries aber ein ungeheurer Aufschwung. Nun wollte es der Zufall, dass sich zu dieser Zeit viele Roma aus Europa und Nordafrika hier in der Provence trafen, um ihre *Sarah-la-Kâli* (die „Schwarze", der Name erinnert an die Hindugöttin Kali) zu verehren, da sie als Erste ihres Stammes zum Christentum bekehrt worden war. Und wie es der Zufall wiederum wollte, entdeckte man nun auch die Gebeine der Dienerin *Sara*.

Alle Heiligenreliquien ruhten nun friedlich in der Kirche – bis die Französische Revolution kam. Und deren Vertretern war nichts heilig, schon gar nicht alte Heiligen-Knochen, aus denen die Revolutionäre kurzerhand zusammen mit dem Kircheninventar ein revolutionäres Freudenfeuer entzündeten. Doch konnten Gläubige zuvor noch einige Gebeine retten und sie nach der Revolution wieder in die Kirche bringen. Dort ruhen sie noch heute und werden alljährlich im Mai zum verehrten Mittelpunkt einer farbenprächtigen, äußerst lebendigen Wallfahrt von Sinti und Roma aus Frankreich und Spanien, die vor allem die Dienerin der Marien, *Sara*, verehren (die von der offiziellen Kirche niemals heilig gesprochen wurde).

Saintes-Maries, das ehemalige Fischerdorf, hat in den letzten Jahren „seine Infrastruktur verbessert", wie es von offizieller Seite heißt. Vor der Stadt wurden große Parkplätze angelegt, und 1984 wurde ein Sandstrand aufgeschüttet, dessen Deiche den Ort davor bewahren sollen, im Meer zu versinken. Für solche Befürchtungen gibt es einen guten Grund, denn im Mittelalter lag der Ort noch mehrere Kilometer von der Küste entfernt.

Sehenswertes

• L´église Notre-Dame-de-la-Mer

Anbetung und Atmosphäre

Nun gibt es ja viele Gotteshäuser, Orte der Verehrung, die man aus rein kunsthistorischem Interesse besuchen und bewundern kann. Dieses nicht. Es ist ein Ort intensiver Anbetung, mit einer verdichteten Atmosphäre, die man, profan ausgedrückt, auch als dicke Luft bezeichnen kann. Dunkel und mystisch ist ihr Inneres, hier spürt man etwas Inbrünstiges, fern von spiritueller Klarheit. Ihr Äußeres ist

festungsartig und drohend, einst war sie auch als Festung gedacht, als Zufluchtsort in kriegerischen Zeiten. Allerdings nicht als Zuflucht bei Sarazenen-Überfällen, wie gelegentlich zu lesen ist, denn zu dieser Zeit war das Gotteshaus noch nicht zu der Wehrkirche ausgebaut, die man heute sieht. Nahe dem Meer gelegen, birgt sie im Inneren nur ein einziges Kirchenschiff (Länge 41 m, Breite 9 m, Höhe 15 m), ohne Seitenkapelle und ohne Sakristei. Reichlich abgenutzt durch die Verehrung der Gläubigen ist das **marmorne Kopfkissen der Heiligen**, auf der linken Seite in der Mitte in einer Säule zu sehen. Genau genommen handelt es sich dabei um einen polierten Stein, der 1338 bei den Reliquien gefunden wurde. Die **obere Kapelle**, wo der Reliquienschrein mit den Gebeinen der Marien steht, kann zur Zeit nicht besichtigt werden. In dieser Kapelle ließ *Frédéric Mistral* in seinem Werk „Mireille" eine bedauernswerte Verlobte vom Sonnenstich getroffen tot darniedersinken, als sie gerade um das Herz ihres geliebten *Vinzenz* betete ...

Erheblich besser verlief die Anbetung für *Bartholomäus Contestin* aus Beaucaire, der den **Altartisch** schnitzte. Denn Bartholomäus war vom 5. Lebensjahr an blind, gewann aber am 25. Mai 1850 wundersamerweise durch die Heiligen sein Augenlicht wieder.

Unter dem Hochaltar liegt die **Krypta**, wo sich der Überlieferung nach die Wohnung der heiligen Marien befand. Sie stammt in ihrer heutigen Form aus dem Jahr 1448, als *König René* Ausgrabungen vornehmen ließ und die Reliquien der Heiligen fand. Hier steht die kleine dunkle Statue der heiligen *Sara*, der Schutzheiligen der Zigeuner (auch zuständig für Freunde, Kranke und die oder den Verlobte/n). Behängt über und über mit bunten Umhängen, wie man sie früher beim Friseur umgebunden bekam. Gefertigt aus bonbonbuntem Polyester, bestickt mit Pailletten und durchwebt mit den unsichtbaren Fäden der Hoffnungen und Gebete der Roma. Nebenan steht ein schlichtes verglastes Holzkästchen, in dem die Gebeine der *Sara* liegen, bemerkenswert lieblos mit einem billigen Band zusammengebunden.

Gebeine der Sara

Black magic woman
Der Ursprung der Sara, dieser geheimnisvollen Heiligen der Zigeuner, verliert sich im mystischen Dunkel. Zum ersten Mal sei sie in einer italienischen Legende als Sarietta aufgetreten. Andere sehen in ihr eine Äbtissin aus Libyen, eine Klosterfrau aus Ägypten, eine Märtyrerin aus Persien oder aus Antiochien. Wieder andere wissen, dass in einem apokryphen Evangelium vom Beginn des 2. Jahrhunderts eine Sara erwähnt wird, die zwischen dem Heiligen Grab und der Stadt Jerusalem hin- und hergefahren sein soll. Dieses Evangelium namens „Testament unseres Herrn Jesus Christus in Galiläa" ist ein ägyptisch-äthiopisches Evangelium, veröffentlicht 1912 von Firmin-Didot. Die Schutzheilige der Sinti und Roma schreibt man ohne h, da sie keinen wirklich nachweisbaren biblischen Ursprung hat.

Nach dem Besuch der Krypta sollte man dann aufs Kirchendach steigen, denn mehr **Aussicht auf die Camargue** gibt´s sonst nirgends.

aufs Dach steigen

• Le Musée Baroncelli

Die Sammlung des Marquis *Folco de Baroncelli* (1869–1943) umfasst provenzalische Möbel des 17. Jahrhunderts, die schönen Trachten der Arlesierinnen und auch verschiedene Schaubilder über die Fauna der Region. Das Museum ist in einem schmalen Häuschen mit einer Holztreppe in einem nur eineinhalb Meter messenden runden Treppenhaus untergebracht. Der Begründer des Museums war ein glühender Verfechter der Folklore, Sprache, Sitten und Gebräuche der Camargue und des Pays d´Arles. Auch glaubte er an den sogenannten atlantischen Mythos, der die nordamerikanischen Indianer und die Zigeuner als Überlebende des untergegangenen Atlantis sah. Als *Baroncelli* beerdigt wurde, gaben ihm 300 Stiere auf seinen letzten Metern Geleit. Der Marquis ging aufrecht stehend in die Ewigkeit bzw. in sein Grab ein, mit weit ausgebreiteten Armen in Richtung der Kirche von Les Saintes-Maries-de-la-Mer (das Grab liegt beim Campingplatz Clos du Rhône).

stehend in die Ewigkeit gehen

Schneller surfen
Alljährlich von Ende Oktober bis Mitte Dezember kämpfen Surfer im kleinen Chenal de Vitesse (etwa 2 km östlich von Aigues), um den Weltrekord im Geschwindigkeits-Windsurfen.

Abstecher nach La Grande Motte

westlich von Aigues Mortes

Ordnung und Sauberkeit

Als erstes fällt auf: Das hier ist nicht Provence. Das ist auch nicht Frankreich. Das hier ist zu wohlgeordnet, hier gibt es keine Tretminen in Form von Hundekot, die schon ein riesiges Schild am Informationsbüro verbietet. Neben diesem gibt es eine Toilette, auch das eine Seltenheit in der Provence. Innen im Büro herrscht ebenfalls Ordnung: Die Prospektregale sind akurat unterteilt nach Kirchen, Parks für Kinder, Museen und so weiter – jeder Prospekt steckt da, wo er hingehört. Besucher werden gefragt, wo sie herkämen, aus welchem Land und welcher Stadt – auch das wird fein säuberlich in eine Statistik eingetragen.

La Grande Motte, ein bestens organisierter Urlaubsort aus der Retorte.

Es ist Ende März, also keine Hochsaison und doch sind die geraden ordentlichen Straßen von La Grande Motte (= die große Erdscholle) von Autos gesäumt, meist von Franzosen. Was suchen die hier? In dieser Retortensiedlung, von Pariser Bürokraten in den 1950er Jahren geplant und in den 1970er Jahren erbaut. La Grand Motte sollte den wirtschaftlich unterentwickelten Südwesten Frankreichs stärken, die touristisch überlaufene Côte d´Azur entlasten und das französische Volk im Urlaub in sichere Urlaubsbahnen lenken. In jenen Jahren waren es durchaus nicht nur Bürokraten eines zentralistischen französischen Staates, die zu wissen glaubten, was das Volk wollte und brauchte, auch große Architekten wie *Le Corbusier* hatten ihre Visionen. Den Bürokraten von Paris vorzuwerfen, sie hätten hier ein billiges Urlaubsparadies entworfen, wäre doch zu leicht. Betonierte Urlaubsorte gibt es auch

erdacht von Bürokraten

woanders, und nicht nur von Staates wegen. Warum die Menschen freiwillig in solche architektonischen Scheußlichkeiten gehen, bleibt spekulativ. Interessant ist halt oft das Andere, das, was man zu Hause nicht hat. Ob schön oder nicht.

Aigues-Mortes (ⓘ s. S. 131)

Einwohner: 4.500, Höhenlage: Meereshöhe

Wüste der Melancholie

„Eine flache Wüste der Melancholie, schaudernd vor Einsamkeit" nannte der Schriftsteller *Maurice Barrès* im späten 19. Jahrhundert diese Stadt, deren Namen nicht melancholischer sein konnte. Und noch 1971 schrieb meine Mutter in ihr Fotoalbum: „Eine Enge von Häusern und engen Gassen, aus denen wir bald enteilten, weil sie so eng und bedrückend waren. Hier ist die Zeit stillgestanden, noch spürbar Blut, Not und Tod."

Entstanden ist Aigues-Mortes (lat. Aquae mortuea = tote Wässer) in den 40er Jahren des 13. Jh. unter *König Louis IX.* (1226–1270), genannt der Heilige, der den ortsansässigen Mönchen diesen landwirtschaftlich unergiebigen Landstrich abgekauft hatte und einen strategisch günstig gelegenen Mittelmeerhafen bauen ließ. Wegen der Lage inmitten der Sümpfe konnte die Stadt ausschließlich von Norden her angegriffen werden. Um sie mit dem Festland zu verbinden, wurde ein Hochdamm über die Sümpfe gebaut. Nun fehlten nur noch die Bewohner, und die wurden mit Brückengeldern, Zwangsanleihen und Steuerbefreiung in die abgelegene Stadt gelockt. In wenigen Jahren entwickelte sich Aigues-Mortes dann zu einem bedeutenden Warenumschlagplatz für den Handel zwischen der Champagne, Italien, Nordeuropa und der Levante.

> *„Das Meer, das ehemals bis an die Mauern der Stadt herangewogt war, hatte sich zurückgezogen. Der Hafen war versandet: wo sich einst die Kreuzfahrerflotte des heiligen Ludwig Psalmen singend ausgeschifft hatte, dehnte sich, so weit das Auge reichte, eine bleiche Sumpflandschaft, aus deren schilfiger Graslandschaft überall die weißen Kristalle hervorschimmerten, die das Salzwasser bei seiner Flucht zurückgelassen hatte und die nun der ganzen Landschaft einen toten, spukhaften Charakter verliehen. Wollte das Meer, der gewandelten Zeit folgend, sich auch seinerseits von der stolzen Vergangenheit lösen? Zog es sich trauernd von dieser Stätte zurück, wie es die großen Schicksale getan hatten?"*
> Gertrud von Le Fort in „Der Turm der Beständigkeit"

Mit Aigues-Mortes hatte nun der französische König *Louis IX.* auch einen Hafen für Eroberungszüge nach Jerusalem. In den Jahren 1248 und 1270 unternahm er von hier aus zwei Kreuzzüge und schiffte sich mit seiner Frau *Marguerite de Provence* an der Fahrrinne des Grau ein. Jedem Mitglied der Expedition stand ein Koffer zur Verfügung, der zugleich als Truhe, Bett und, für den Fall seines Todes, auch als Sarg dienen konnte. Weiterhin hatte jeder Teilnehmer ein Fass Süßwasser, eine Laterne und einen Nachttopf im Gepäck. So gleich die Kreuzfahrer vor dem Herrn waren, so ungleich waren sie an Bord der Schiffe: Die Kreuzfahrer erster Klasse logierten auf dem Hinterdeck in luxuriösen Gemächern, die der zweiten Klasse im Zwischendeck und das einfache Volk zog auf dem Deck in die Krieg gegen die Heiden. Beide Kreuzzüge *Louis IX.* sollten scheitern: Beim ersten geriet der König in ägyptische Gefangenschaft und entkam ihr nur durch ein hohes Lösegeld. Den zweiten überlebte er nicht, denn er erlag in Tunis der Pest.

Die dicken Mauern um Aigues-Mortes, das sich der am besten erhaltenen mittelalterlichen Wehranlage Europas rühmen darf.

Die Lage im Sumpf, die der Stadt zu ihrem Aufstieg verholfen hatte, war auch der Grund für ihren Niedergang: Im 14. Jahrhundert versandeten durch die Rhône-Hochwasser allmählich die Fahrrinnen und das Hafenbecken. Die Kosten für deren Reinigung verschlangen einen Großteil der Einnahmen aus dem Hafen. 1481, als Marseille französisch wurde, war der Niedergang der Hafenstadt nicht mehr aufzuhalten. Im 18. Jahrhundert war Aigues-Mortes Rückzugsgebiet und später Inhaftierungsort von Hugenotten. Ansonsten geriet es mehr und mehr ins Abseits – und so ist Aigues-Mortes zwar vergessen, aber dadurch erhalten worden.

vergessen und erhalten

Ab der Porte de la Gardette tuckert in Sommermonaten ein Petit Train durch Aigues-Mortes, die Führung ist auf Französisch, dazu gibt es aber Handblätter in Deutsch.

• Stadtmauern und Tour de la Constance

Die in weniger als 40 Jahren erbaute Stadt hat eine Stadtmauer mit 10 Toren und 15 Türmen. Die Mauer ist 2,5 m breit.

Tour de la Constance

Über die Stadtmauer kommt man zum Turm Constance, der von der Mauer aus über eine Brücke zu erreichen ist. Er ist nach einer Schwester *Ludwig II.* benannt. Constance bedeutet Beständigkeit, und Jahre später saß in diesem Turm die Standhaftigkeit in Person ein: Marie Durand, von der im Folgenden noch zu lesen sein wird.

Gesalzene Burgunder
Während des Hundertjährigen Krieges nahmen 1418 die Burgunder Aigues-Mortes im Handumdrehen ein. Sie wurden aber ihrerseits von den Armagnacs überfallen, die sie massakrierten und ihre Leichen in den Burgunderturm warfen. Zuvor hatten sie diese aber mit Salz bestreut, um einer Epidemie vorzubeugen. Daher stammt die Bezeichnung „Bourguignons salés" – gesalzene Burgunder.

40 m hoch ist dieser Rundturm, mit bis zu sechs Meter dicken Mauern und einem Durchmesser von 22 Metern. Dieses als uneinnehmbar konzipierte Bauwerk sollte die Feinde von jeglichem Sturm abhalten. Über eine Wendeltreppe mit 190 Stufen erreicht man die *Chapelle de St.Louis*, die der Privatandacht *Ludwigs IX.* diente. Der Raum darüber war für eher irdische Zwecke gedacht: Hier sperrte *Philippe der Schöne* im 14. Jahrhundert 80 Mitglieder des Templerordens ein, die hinter diesen dicken Mauern drei Jahre lang auf ihre Hinrichtung warteten. In den Religionskriegen des ausge-

INFO *Réçister* – Widerstehen

Ein einziges Wort in Stein geritzt, heute von einer Glasscheibe geschützt – dieses eine Wort, zu sehen in der Tour de la Constance, erzählt die Geschichte einer wahrhaft großen Frau: Die Geschichte von *Marie Durand*, geboren als zweites Kind einer hugenottischen Familie im Jahre 1711, kurz vor dem Todesjahr *Ludwig XIV*. Dieser hatte im Jahre 1685 das Edikt von Nantes widerrufen und damit die Glaubensfreiheit und die Schutzbestimmungen aufgehoben, die sein Vorgänger den französischen Protestanten gewährt hatte. Von der nun einsetzenden gnadenlosen Verfolgung der Hugenotten war auch die Familie Durand betroffen: 1719 wurde Maries Mutter festgenommen, der Vater konnte untertauchen, ihr Bruder in die Schweiz fliehen. Die mutterlose achtjährige Marie wurde von Nachbarn aufgenommen. Als Marie elf Jahre alt war, starb ihre Mutter in der Festungshaft, wenig später wurde ihr 71-jähriger Vater eingekerkert. Kurz zuvor hatte er noch seine Tochter mit *Etienne Durand* verheiratet, in der Hoffnung, sie vor dem Gefängnis bewahren zu können.

Vergebens – anno 1730, im Alter von 18 Jahren betrat Marie Durand die Tour de la Constance, um sie erst nach 38 Jahren Gefangenschaft wieder zu verlassen: 1767 kam der Gouverneur des Languedoc auf einer Inspektionsreise nach Aigues-Mortes. Dort besuchte er auch die Tour de la Constance und traf *Marie Durand* – eine Begegnung, die die Schriftstellerin *Gertrud von Le Fort* in ihrem schmalen Bändchen „Der Turm der Beständigkeit" literarisch ganz wunderbar verdichtet: „Sie betraten eine Nische des Raumes, in der es noch dunkler und stickiger war als im Saal. Auf einem zerfaserten Strohsack lag eine offenbar sehr kranke Greisin. Wenn das Elend, das der Prinz bisher gesehen hatte, einer Steigerung fähig gewesen wäre, so trat sie ihm hier entgegen – jetzt verlor er plötzlich die Fassung. [...] Die Kranke richtete sich auf, und [...] streckte dem Prinzen die welke Greisenhand entgegen. „Seien Sie willkommen", sagte sie mit schwacher, aber gleichwohl sehr klarer Stimme, „seien sie willkommen und fürchten Sie nichts. Nein, zweifeln Sie nicht", fuhr sie fort. „Es sind schon viele in Verzweiflung hierher gekommen, aber keiner ist ganz ohne Trost geblieben. Denn Gott liebt die Gefangenen – er gibt ihnen die innere Freiheit. Er wird sie auch Ihnen gewähren. Oh, die innere Freiheit ist unüberwindlich – kein Turm, kein noch so fest verschlossenes Tor kann sie aufheben." [...] Der Angeredete gab keine Antwort. Plötzlich beugte er sich über die welke, ungepflegte Greisinnen-

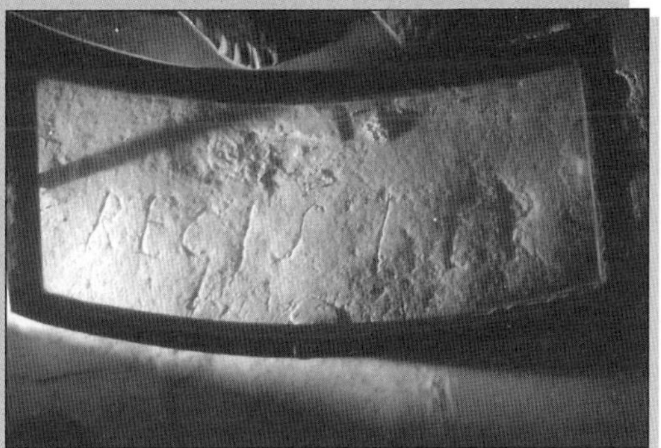

Das von Marie Durand in den Stein des Festungsturms geritzte „réçister" (résister = „Widerstand leisten") war das Leitwort ihres ganzen Lebens und des Lebens der Hugenotten überhaupt.

hand und küsste sie ehrerbietig. „Marie Durand, Sie sind frei," sagte er, „Sie sind augenblicklich frei". Dann zu dem jungen Kommandanten gewandt: „Alle sind frei – alle, ich befehle, sie noch heute zu entlassen." Er stürzte aus dem Saal und die Treppe hinunter. Erst drunten auf der Brücke holte ihn der Kaplan ein. Anschließend bemerkte der Prinz seinen Glauben verloren zu haben – den Glauben an den Sieg des Atheismus."

Nach ihrer Entlassung zog sich die schwer kranke Marie Durand in ihr Elternhaus zurück, wo sich noch acht Jahre leben sollte. Ihr Vater und ihr Mann waren damals schon lange tot und auch ihr Bruder war schon zwei Jahre nach ihrer Gefangennahme hingerichtet worden. Über ihr Schicksal soll sie sich niemals beklagt haben. Während ihrer Haft war Marie Durand für ihre Mitgefangenen, die nicht alle wegen ihres Glaubens, sondern teilweise auch wegen eines Verbrechens hier gefangen waren, die Verkörperung von Aufrichtigkeit und ein Vorbild für Mut, Wahrhaftigkeit und Unbeirrbarkeit des Glaubens und des ungebrochenen Widerstandes. So wurde sie Trösterin und Unterstützerin ihrer Mitgefangenen, seelische Lichtquelle in einem Turm, der nur durch handbreite Mauerschlitze vom Sonnenlicht erhellt wurde.

Hugenotten-Kerker

henden 16. Jahrhunderts wurden dann die Hugenotten, die sich nicht zum Katholizismus bekehren wollten, in dem Turm eingekerkert. 1703 gelang es dem Kamisardenführer *Abraham Mazel* mit Hilfe seiner 16 Kameraden auszubrechen, indem er einen Stein an einer Schießscharte lockerte und sich mit aneinander geknoteten Leintüchern an der Außenwand des Turm abseilte. Ab 1715 war der Turm nur noch ein reines Frauengefängnis. Eine der Frauen war *Marie Durand*, die 38 Jahre lang gefangen war. Auf dem Turm befindet sich ein kleines Türmchen, in dem früher das Leuchtfeuer war, mit dem die Schiffe geführt und auch überwacht wurden.

Durch die ausgedehnten weißen Salzfelder von **d´Aigues-Mortes** fahren im halbstündlichen bis stündlichen Rhythmus abwechselnd ein oben offener Panoramabus oder ein Petit Train.

Fleur de sel
oder „Blume des Salzes" ist ein sehr seltenes Meersalz, das sich durch das Zusammenwirken von Sonne und Wind an der Wasseroberfläche der Saline bildet. Das Fleur de sel de Camargue stammt aus der Saline Aigues-Mortes. Dieses Salz bleibt immer etwas feucht. Es ist sehr würzig und aromatisch und schmeckt zum Beispiel gut auf zart Gegrilltem und auf Fisch. Das bei Aigues Mortes gewonnene Salz wird meist als Speisesalz verwendet, das Salz hingegen von Salin-de-Giraud findet überwiegend in der chemischen Industrie Verwendung.

An der D202 steht das klassizistische **Château d´Avignon**, in den Sommermonaten kann man zu jeder vollen Stunde an einer Führung durch das Schloss teilnehmen.

Abstecher nach St.Gilles (ⓘ s. S. 131)

Einwohner: 12.000

Der Name St.Gilles geht auf den Heiligen *Ägidius* zurück, einem einst reichen Kaufmann aus Athen, der als eine Art früher Aussteiger des Jagens nach dem Mammon überdrüssig war. Er setzte sich in ein Boot, ließ sich im wahrsten Sinne des Wortes treiben und landete in der Camargue. Dort lebte er einige Zeit bei einem Bischof und vollbrachte das eine oder andere Wunder. *Ägidius* war aber noch nicht zufrieden: Nun zog er sich in eine Höhle irgendwo in der Gegend des heutigen St.Gilles zurück, einzig mit einer Hirschkuh als Gefährtin. Diese wurde eines Tages von den Hunden des christlichen, in Spanien residierenden Westgotenkönigs *Wamba* verfolgt, dessen Jäger die Hunde schließlich in der Höhle des Heiligen fanden. Friedlich wie die Lämmer lagen sie zu dessen Füßen. *Wamba* sah´s, war beeindruckt und schenkte dem Heiligen den Grund und Boden für die heutige Kirche. (Die Geschichte gibt es wie fast alle Legenden in verschiedenen Versionen.) Schon im 10. Jahrhundert hatten die Gebeine des St.Gilles den Ort zu einem der großen Wallfahrtsziele der Christenheit gemacht; in drei Tagen besuchten etwa 50.000 Pilger das Grab des heiligen *Ägidius*. Praktisch dabei war, dass St.Gilles auf dem Pilgerweg nach Santiago de Compostela lag – zwei Pilgerbedürfnisse konnten also mit einer einzigen Reise befriedigt werden. Kein Wunder, dass sich St.Gilles unter diesen Umständen zu einem florierenden Wirtschaftsstandort entwickelte.

Höhle, Hirsch und Hund

Vorbei der alte Glanz. Heute ist St.Gilles ein auffallend melancholisches, fast ärmlich wirkendes Städtchen – bekannt und besucht nur wegen seiner Kirche. Sowohl in der Stadt selbst als auch auf dem Wochenmarkt könnte man sich zuweilen in orientalisch-muslimische Gefilde versetzt fühlen – die Kulturen scheinen aber eher neben- als miteinander zu leben. St.Gilles war 1989 die erste Gemeinde Frankreichs, die einen rechtsradikalen Bürgermeister aus den Reihen des Front National wählte.

orientalisch-muslimisch

Kirche St.Gilles

Geöffnet tgl. 9–12 und 14–17 Uhr, Juli und Aug. tgl. 9–12 und 15–19 Uhr.

Hier ist sich die Wissenschaft einig: Wie die Bühnenwand eines römischen Theaters sei die Westfassade von St.Gilles und gleiche in ihrer Formensprache einem römischen Triumphbogen (in der Tat erinnert die Westfassade stark an das Stadtgründungs-Monument von Orange). Auch erinnern zum Beispiel die lebendig dargestellten Passionsstellen unmittelbar an Friese und Reliefs antiker Sarkophage. Auch ist hier ein griechischer Kentaur zu sehen, der der Hirschjagd nachgeht. Geschaffen wurde das Portal in den Jahren von 1125 bis 1150. Das Langhaus der Kirche wurde nicht etwa von den Vandalen oder Sarazenen zerstört, nein, es erlitt 1562 seine Schäden während der Religionskriege unter Christen. Und Jahr-

Reminiszenz an die Heidenzeit

Portal von St. Gilles

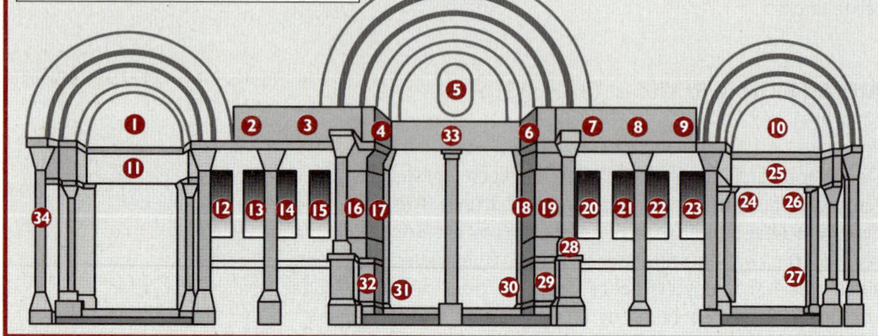

Z
0 ca. 6,25 m

1 Thronende Madonna, die Anbetung der Hl. drei Könige
2 Judas erhält seinen Lohn
3 Jesus vertreibt die Händler aus dem Tempel
4 Jesus prophezeit vor sieben Jüngern die Verleugnung Petri
5 Christus als Weltherrscher, umgeben von den vier Evangelistensymbolen
6 Judaskuss (man beachte den hinterlistigen Blick des Judas!)
7 Jesus vor Pilatus
8 Geißelung
9 Kreuztragung (Simon von Kyrene, der dem stürzenden Christus das Kreuz trägt)
10 Kreuzigung (der Erstickungstod ist anatomisch richtig dargestellt, da sich der Gekreuzigte auf den Fußbalken stützt, um zu atmen)
11 Einzug Jesu in Jerusalem
12 Matthäus
13 Bartholomäus
14 Thomas
15 Jakobus der Jüngere
16 Johannes der Evangelist
17 Petrus
18 Jakobus der Ältere
19 Paulus
20 Andreas
21–23 } Apostel (wegen des schlechten Zustands nicht einzuordnen)
24 Gang nach Emmaus
25 Türsturz a) Noli-me-tangere mit Maria Magdalena, b) Kauf der Salbbüchse durch die hl. Frauen, c) die Frauen am leeren Grab Christi
26 Die Frauen berichten den Jüngern vom leeren Grab. Christus erscheint den Jüngern. Der segnende Christus.
27 Die Erzengel Michael, Gabriel und Raphael
28 David und Goliath
29 Bileam mit Eselin, Simon mit Löwenfamilie
30 Ein Zentaur erschießt einen Hirsch
31 Das Opfer Kain und Abels
32 Kain tötet Abel
33 Szenen um das Abendmal, a) Fußwaschung - der Jünger, dem die Situation peinlich ist, kratzt sich verlegen am Kopf, man könnte auch sagen, er zeigt "den Vogel". b) Abendmal, c) Gefangennahme (restauriert im 17.Jh.)
34 Der Erzengel Michael besiegt den Drachen

hunderte später während der französischen Revolution rollten dann die steinernen Köpfe, abgeschlagen von den Revolutionären.

Bei den romanischen Fundamenten auf der Rückseite der Kirche steht die aus dem Jahr 1142 stammende Wendeltreppe **Vis de St.Gilles** (Vis = Wendeltreppe). Sie galt den Steinmetzen aller Epochen als Meisterwerk mit ihren 50 perfekt behauenen Treppenstufen, die fächerförmig geschichtet und Teil der Tonnenwölbung sind (nicht regelmäßig zugänglich, Auskunft beim Office de Tourisme gegenüber der Kirche). Und einen Superlativ hat die Treppe auch aufzuweisen: Sie gilt als erste technische Meisterleistung ihrer Art in Europa!

In der dunkel-mystischen Krypta von St.Gilles lassen sich noch vorchristliche, heidnische Zeiten erspüren. Sie ist dreischiffig und 40 m lang ausgedehnt, man nimmt an, dass sie den Pilgern als Quartier diente. Auf dem ersten südlichen Strebepfeiler ist eine Inschrift mit dem Baubeginn zu lesen: 1116. Das Grab mit den Überresten des Heiligen *Ägidius* ist leicht zu erkennen, denn meist lehnen einige Krücken daran.

Lohn der Mühe
Der Nerven zerfetzende Abenteuerfilm „Lohn der Angst" von 1951 mit Yves Montand in der Hauptrolle sollte eigentlich in Spanien gedreht werden. Da sich Yves Montand jedoch weigerte, in einem Land unter der rechten Diktatur des Franco zu drehen, wurde das gottverlassene Filmdorf Las Piedras stattdessen in der Nähe von St. Gilles aufgebaut. Kirche und Friedhof, Fabrik und Café – alles war Kulisse, nur die Stechmücken waren echt. Die Gegend wurde unter anderem in der berechtigten Hoffnung auf viele sonnige Drehtage ausgesucht. Doch das Jahr sollte die Statistik Lügen strafen: Es regnete Tag und Nacht, vierzig Tage lang. Nicht genug der Strapazen für die Schauspieler: sie mussten außerdem in Erdöl eintauchen, Gasausdünstungen einatmen – und die Stechmücken der Camargue ertragen.

Hinweis
Die Details des Westportals werden am besten durch die Sonne des späten Nachmittags ausgeleuchtet.

Im Geburtshaus von Papst Clemens IV. (1265–1268), dem heutigen **Musée Maison romane**, sind archäologische, ornithologische und ethnologische Exponate ausgestellt.

Tiersymbolik

Löwe: Zusammenhang mit dem Alten Testament. Juda, der Stammvater der Israeliten, wurde von seinem Vater als junger Löwe mit den diesem Tier zugeordneten Eigenschaften bezeichnet.
„Diese Löwen übrigens, wie alle symbolischen Tiere, sind sehr schlecht nachgeahmt, und die Verpflichtung, einen Kubus zu bilden, hat ihnen sehr gewaltsame und manchmal ganz lästerliche Haltungen gegeben." Prosper Mérimée (1803–70)
Affe: Symbol des Teufels
Adler: Vorbild, weil er zur Sonne aufsteigt und seine Fittiche (alter Mensch) abwirft, die Düsternis (Verblendung) aus den Augen brennen lässt und anschließend dreimal in eine Quelle (Buße) taucht und sich so erneuert.
Schlange: Klugheit

11. RUND UM DEN ETANG DE BERRE

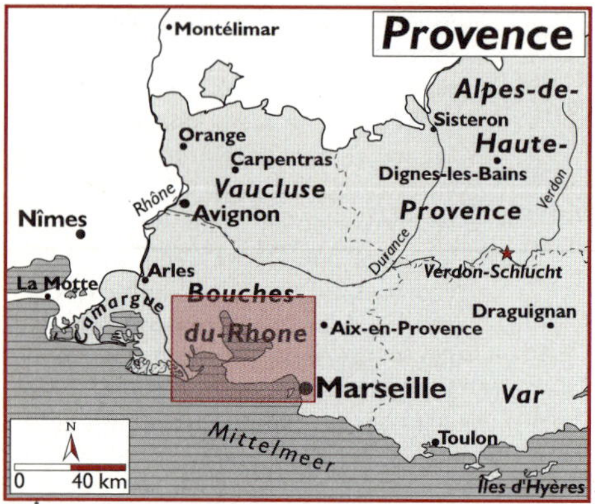

Die Côte Bleue

An den Stränden der „Blauen Küste“ zwischen Marseille und Martigues aalen sich am Wochenende hauptsächlich Franzosen, meist aus Marseille, in der Sonne. Abgeschirmt durch die Chaîne de l´Estaque, einen kleinen Bergzug, liegen hier ehemalige Fischerdörfer, die in den 1960er und 70er Jahren zu Feriendörfern mutiert sind, mit allem, was so dazu gehört: kleinen Pinienwäldchen und gesichtlosen Dreisterne-Hotels, Hafen und Promenade. In Carry-le-Touet erinnert die zum Fernandel-Strand führende Hauptstraße *Don Camillo* an den Schauspieler *Fernandel*, der sich hier ein Häuschen gekauft hat und auf dem kleinen Friedhof begraben liegt. Entlang der Küste führen Wanderwege zu winzigen *Calanques* (Felsbuchten), in denen früher Schmuggler gerne ihre Ware jenseits vom Auge des Gesetzes an Land brachten.

Zwischen Marseille und Miramas am nördlichen Ende des Etang de Berre verkehrt die wenig bekannte Côte-Bleue-Bahn, die die etwas über einstündige Fahrt mehrmals täglich zurücklegt. Im Steckenabschnitt zwischen Marseille und Carry-le-Rouet verläuft die Strecke direkt am Meer mit Ausblicken aufs Meer, Häfen und Buchten, faszinierend auch der Gegensatz zwischen der Stadt Marseille und dem Hinterland – und das bei nur 20 Minuten Fahrzeit!

Tauchen im Parc Marin de la Côte Bleue

An der Côte Bleue entdeckte der Forscher Jacques-Yves Cousteau *seine Leidenschaft für die Welt unter Wasser. Wer hier zum Tauchen geht, wird ihn verstehen. Der* Parc Marin de la Côte Bleue *an der Küste bei Marseille ist seit 1983 ein Naturschutzpark mit rund 3.000 Hektar Wasseroberfläche. Dort sind Fischen, Harpunieren und Jet Ski verboten, Tauchgänge sind nur an den Rändern erlaubt.*

Die Küstenlinie links und rechts des Naturparks hat es in sich: Schon an Land lassen schroffe, bis zu 280 Meter hohe Klippen auf bestes Steilwandtauchen hoffen. Das Tauchboot tuckert zum **Phare Cassidaigne** *hin. Dieser Leuchtturm steht der auf einer einsamen kleinen Insel, die vom 50 Meter tiefen Meeresboden emporsteigt. Hier ist eine ökologische Nische entstanden, in der sich Riffbewohner von Bären-*

krebsen über Seescheiden bis zu diversen Anthias-Barschen vergnügen. Außerdem trifft man häufig auf im Freiwasser lebende Fischarten. Falls man überhaupt Tunfische entdeckt, dann hier.

Etang de Berre

Mit einer Fläche von 15.500 Hektar ist er der größte See Südfrankreichs, aber nicht der tiefste – der Brackwassersee ist gerade mal 10 Meter tief. Die Fahrt entlang des Westufers des Etang de Berre auf der D16 bietet schöne Ausblicke auf den Wasserspiegel und die abwechslungsreiche Landschaft.

Redaktions-Tipps

Im pittoresken **Miramas Le Vieux** überspannt eindrucksvoll eine alte Pinie den Ortseingang (S. 432), der Ort ist für sein gutes Eis bekannt. Martigues ist in seinem Herzen von ungeahnter Idylle, sein Fischerhafen trägt den poetischen Namen **„Spiegel der Vögel“** (S. 429). Dort isst man auch gut im **Le Miroir**. Eine landschaftlich schöne Strecke führt auf der D16 entlang der Küste von Istres nach St.Chamas, wo süd-östlich der Stadt das repräsentative Bauwerk **Pont Flavien** (S. 432) aus römischer Zeit steht.

Erleben: Fahrn, fahrn, fahrn mit der Eisenbahn ... entlang der aussichtsreichen **Côte Bleue** (S. 428). Man glaubt es kaum, inmitten der zersiedelten Industrielandschaft um **Fos-sur-Mer** (S. 430, Fos-sur-Mer sollte mal das Ruhrgebiet des Mittelmeeres werden...) ein so idyllisches Plätzchen wie die **Fouilles de Saint-Blaise** (S. 431) zu finden, hier lässt es sich auch herrlich picknicken.

Martigues (ⓘ s. S. 131)

Einwohner: 44.200, Höhenlage: Meereshöhe

Na ja, die Stadt nur wegen ihrer Lage am Canal de Caronte „das Venedig der Provence“ zu nennen, wie oft zu lesen ist, ist denn doch etwas übertrieben. Das Fischernest, das um die vorletzte Jahrhundertwende Maler wie *Ziem* oder *Gorot* inspirierte, ist Martigues nicht mehr. Geblieben ist ein kleiner, überaus pittoresker Fischerhafen mit dem poetischen Namen *Miroir aux Oiseaux* („Spiegel der Vögel“) auf der Insel *Ile Brescon*, die mit dem Festland durch drei Brücken (eine davon eine Zugbrücke) verbunden ist. Westlich von Martigues liegt dann eine ganz andere Welt, der Petroleumhafen Lavéra, die flächenmäßig größte Hafen- und Industrieanlage Südeuropas.

In der **Chapelle de L´Annonciade** (Besichtigung nach Anfrage beim Office de Tourisme) aus dem ausgehenden 17. Jahrhundert sind besonders ein *trompe l´œil* und „Graffitis“ aus der Zeit der französischen Revolution sehenswert.

Miroir aux Oiseaux, *der pittoreske Fischerhafen von Martigues*

Das **Museé Ziem** verdankt seinen Namen dem Maler *Félix Ziem* (1821–1911), der seiner Stadt 30 seiner Werke vermachte. Neben seinen Bilder sind hier noch weitere Werke der „Provenzali-

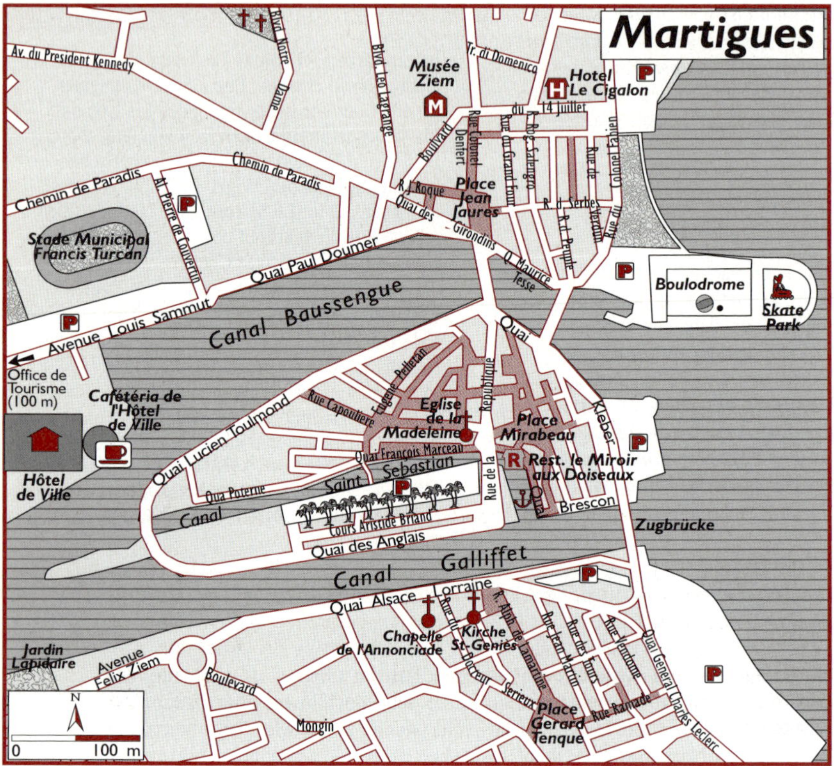

© igraphic

schen Schule“ sowie archäologische Fundstücke und lokalhistorische Exponate zu sehen.

Über die Avenue Félix gelangt man in Richtung Westen zum **Viaduc autoroutier de Caronte**. Diese 300 m lange Brücke überspannt seit 1972 den Caronte-Kanal, der Martigues mit dem Meer verbindet.

Weiter um den Etang de Berre

Fos-sur-Mer

Ruhrgebiet vom Reißbrett

Provenzalische Lavendelträume sollte man schleunigst über Bord werfen, wenn man nach Fos-sur-Mer fährt. Fos ist ein Industriestandort vom Reißbrett mit Stahlwerken und Raffinerien. Errichtet wurde er in den 1970er Jahren nach dem Willen der Regierung in Paris, die Rede war von einem neuen „Ruhrgebiet am Mittelmeer“ (zu Zeiten, als die Industrie des Ruhrgebiets noch florierte ...). Der strukturschwache Süden sollte gefördert werden, auch hatte das nahe Marseille während des Algerienkrieges Absatzeinbußen in dieser Region erlitten. Also musste nach neuen Erwerbsmöglichkeiten gesucht werden. Dafür bot sich der ehemalige Fischerort Fos-sur-Mer insofern an, als der Golf von Fos so tief ist, dass hier auch große Tankschiffe bequem einlaufen können, es waren also vergleichsweise geringe Investitionen nötig, um die Kais für die Riesentanker zugänglich zu machen. Weiterhin konnten und können durch die küstennahe Produktion Kosten für den Rohstofftransport vermieden werden. Ölraffinerien, Werften und rohstoffverarbeitendes Gewerbe siedelten sich an; Fos sollte „der Stolz Frankreichs" werden, wie Jérôme Monod, Chef der französischen Regionalplanung, prophezeit hatte.

Doch durch die Ölkrise der 1970er Jahre geriet auch die Stahlindustrie in eine schwere Krise, in den 1980er Jahren führten europäische und fernöstliche Konkurrenz zu Absatzschwierigkeiten. Auch wenn sich die Träume von einer florierenden Stahlindustrie nicht erfüllen sollten, so ist der Hafen von Fos heute der bedeutendste französische Umschlagplatz für Mineralöl, Erdgas, Erze und andere Rohstoffe geworden. Weiterhin haben sich hier mehr und mehr Unternehmen der Fein- und Spezialchemie angesiedelt. Der Oppositionspolitiker *Jean-Jacques Servan-Schreiber* hatte seinerzeit geweissagt: „Fos ist ein strategischer Irrtum, der die Concorde-Affaire übertrifft". Vielleicht ist es aber auch frei nach dem Philosophen *Hegel* der „wirkliche Irrtum, nicht irren zu wollen."

strategischer Irrtum

Mag Fos auch ein Standort aus der Retorte sein, so geht sein Name doch auf die Antike zurück: Bereits der römische Feldherr *Marius hatte* hier 102 v. Chr. einen Kanal, den *Fossae Mariane*, bauen lassen. Der Wasserweg, der Arles mit dem Mittelmeer verband, endete beim heutigen Fos. Im alten Dorf sind auf dem Felsplateau noch Reste einer Burg aus dem 14. Jahrhundert und einer Stadtmauer erhalten geblieben.

Saint-Blaise

Route d´Istres. Geöffnet tgl. 9–12 und 14–17 Uhr (April bis Sept. bis 18 Uhr), Mo. und Di. geschl.

Inmitten von fünf Seen liegt das nur 50 m hohe Plateau von Saint-Blaise, eine aussichtsreiche (mit Blick auf zwei der Seen) und leicht zu verteidigende Stätte, mit einer Besiedlungsgeschichte, die bis ins 5. Jahrtausend v. Chr. zurückgeht. Heute sieht man hier Reste eines ligurischen Oppidums, das schon vor der Gründung Massalias durch Griechen aus Phokäa Handelsbeziehungen mit den Etruskern pflegte und Salz gegen Wein tauschte. Zur Zeit der wirtschaftlichen Blüte, in den Jahren zwischen 175 und 140 v. Chr., wurde die hellenistische Stadtmauer errichtet. Auch aus dem frühen Mittelalter, als hier die Siedlung *Ugium* ein christliches Bollwerk gegen Barbareneinfälle war, sind noch Siedlungsspuren erhalten. Endgültig aufgegeben wurde Sainte-Blaise nach Plünderungen durch die Söldnertruppen von *Raymond de Turennes*. Sensationelles gibt es hier nicht zu sehen, einzig die romanische Kapelle Saint-Blaise ist noch vollständig erhalten. Dafür gibt es hier viel zu erspüren von der langen Geschichte von Saint-Blaise, das aus der industrialisierten Umgebung wie eine Insel aus einer anderen Zeit hervorragt.

Bollwerk gegen Barbaren

wie eine Insel

Istres

Angesichts seiner gesichtslosen Umgebung rechnet man bei Istres nicht damit, ein in seinem Inneren so anziehendes provenzalischen Städtchen zu finden. Nördlich der Stadt liegt am Etang de l´Olivier die kelto-ligurische Siedlung Oppidum du Castellan, auf dem Hügel erkennt man noch Überreste von Felsgräbern. Das **Musée d´Istres** zeigt archäologische Exponate aus der Umgebung, unter anderem römische Wracks (hier in den salzhaltigen Seen hat sich Holz erhalten, was anderswo schon längst verfault wäre). Weiterhin gibt es eine der umfassendsten Amphorensammlungen Frankreichs.

Den Ortseingang von Miramas-le-Vieux überschattet eine 200-jährige Pinie, die zu den „bemerkenswerten Bäumen Frankreichs" zählt.

Miramas und Miramas-le-Vieux

Das neue Städtchen selbst ist entgegen seinem liebenswürdigen Namen grau und gesichtslos. Man kann also getrost gleich weiterfahren zum alten Teil von Miramas: Zwischen Miramas und St.Chamas liegt **Miramas-le-Vieux,** ein ockerfarbener, restaurierter Ort von ganz wunderbarer Atmosphäre. Der Ort ist bekannt für sein gutes Speiseeis – die Auswahl an Eissorten in den örtlichen Cafés ist riesengroß! Seinen Namen verdankt Miramas der herrlichen Aussicht (lat. miramare = schau das Meer), die man von dem erhöht gelegenen Ort hat. In dem ineinander verschachtelten Häusergewirr steht das überaus schlichte Kirchlein aus dem 15. Jahrhundert. Noch zwei Jahrhunderte älter ist die Friedhofskapelle Saint-Julien, deren Portal (Archivolte mit Wolfszähnen und Nagelköpfen) besonders kunsthistorisch Interessierte anzieht.

feines Speiseeis

Pont Flavien

Bei St.Chamas überbrückt der römische Pont Flavien in einem einzigen großen Bogen des Flussbett der Touloubre. Von den römischen Brücken in der Provence ist diese sicher die repräsentativste, denn die beiden Brückenköpfe werden von zwei Toren eingerahmt. Die aus dem 1. Jahrhundert n. Chr. stammenden Torbögen sind, typisch für diese Zeit, mit Löwen und Adlern geschmückt. Nur noch der Löwe auf dem südöstlichen Pfeiler ist ein Original aus augustäischer Zeit, die anderen drei wurden im 18. Jahrhundert erneuert. Eine Inschrift weist den Priester *Donnius Flavius* als Erbauer aus.

Löwen und Adler

Der Pont Flavien, die einzige erhaltene Römerbrücke mit zwei Triumphbögen.

12. VON AIX-EN-PROVENCE RUND UM DEN MONTAGNE SAINTE-VICTOIRE

Aix-en-Provence

(ⓘ s. S. 131)

Einwohner: 165.000, Höhenlage: 180 m

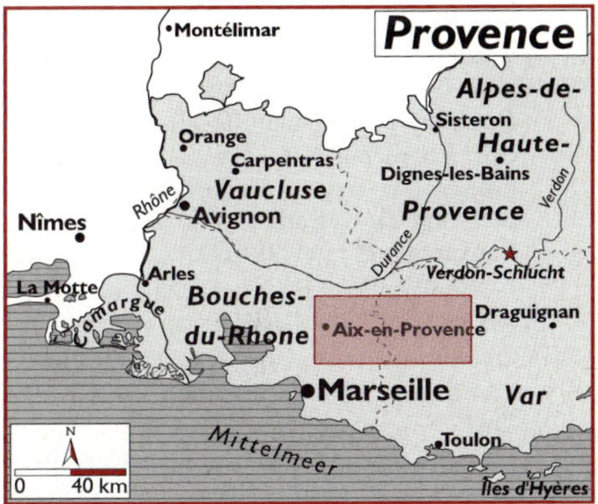

© graphic

Werden geht oft Vergehen voraus und im Falle von *Colonia Aquae*, dem späteren Aix, zerstörte *Gaius Sextius* vor der Stadtgründung erst einmal die keltische Siedlung Entremont. *Colonia Aquae Sextae Salluviroum* hieß die erste Stadt, die *Gaius Sextius Calivinus* im Jahr 124 v. Chr. gründete und kurz und bündig nach den hier sprudelnden Heilquellen, nach sich selbst und den Besiegten nannte. Für Aix sollte sich seine Lage nahe von Heilquellen und nahe der *Via Aurelia* als überaus vorteilhaft erweisen: Die Stadt begann, sich rasch zu entwickeln. Mit dem augusteischen Zeitalter, der Periode der Pax Romana, erblühte Aix wie viele andere Städte der Provence auch. Im 12. Jahrhundert wurde Aix Sitz der provenzalischen Grafen, Vasallen des deutschen Kaisers. 1546 wurde Aix von einer grausigen Pest heimgesucht. Keine Pest ist wie die andere und die von Aix soll besonders schlimm gewesen sein. *Charbon provençal* wurde sie genannt, weil die von ihr Befallenen nach einigen Tagen fürchterlichster Qual so schwarz wie Kohle wurden.

grausige Pest

„In Aix herrscht eine gesunde, reine Luft, und Lebensmittel sind reichlich vorhanden. In der Stadt sind keine Gewalttätigkeiten zu befürchten, die Einwohner sind liebenswürdig und friedfertig, und schließlich trifft man, wie jedermann weiß, eine große Anzahl gelehrter Personen an."
Aus dem Gründungsprotokoll der Universität von Aix im Jahre 1409

Das goldene Zeitalter der Stadt war im 17. und 18. Jahrhundert, als man Aix als eine Stadt der Feste und der Ausschweifungen bezeichnete; in dieser Zeit entstanden die großen Prunkalleen wie der Cours Mirabeau, prachtvolle Stadtpalais und ganze Stadtteile wie das Quartier Mazarin. Es war während der goldenen Zeit der Stadt, als *Madame de Sevigné* ihrer Tochter schrieb: „was Du in Aix für das Theater, die Feste, die Mahlzeiten und den Karneval ausgibst, glaube ich, es wäre billiger, Du kämst nach Paris." Zur Schattenseite dieser Zeit gehörte das Parlament, das seinerzeit zusammen mit der Rhône und dem Mistral zu einer der Geißeln der Provence gezählt wurde.

Feste und Ausschweifungen

Dann kam mit der Französischen Revolution der Abstieg der Stadt, Aix dämmerte im 19. Jahrhundert als unbedeutende Unterpräfektur vor sich hin, über deren mit

Redaktions-Tipps

- **Anschauen**: Gelassene Lebensfreude liegt über dem **Cours Mirabeau** (S. 435) im bürgerlich-pittoresken Aix-en-Provence, dessen **Kathedrale St. Sauveur** (S. 439) viele Stile in sich vereint. In Aix kann man übrigens entlang einem **markierten Weg** auf den Spuren des Malers *Cézanne* (S. 437) wandeln. Der **Pavillon Vendôme** (S. 442) ist Schauplatz einer großen Liebe – das nahe **Oppidum d'Entremont** (S. 448) hingegen der einer Zerstörung. Von Tragik, aber auch von großer Poesie ist die Gegend um die verfallene **Kapelle Ste. Anne-de-Goiron** (S. 447). Im **Schloss von Vauvernagues** (S. 449) liegt *Picasso* begraben.
- **Übernachten**: Edel und stilvoll wohnt man in Aix im Hotel **Villa Galici**, in der mittleren Preisklasse im elegant-bürgerlichen **Cardinal** und preisgünstig im liebenswert-altmodischen Hotel **Paul**.
- **Genießen**: Das **Café Les Deux Garçons** gehört zu Aix wie der **Cours Mirbeau**, auf den man vom Café aus blickt. Ungewiss ist die Herkunft der **Calissons von Aix** (S. 439), der süßen Spezialität dieser Stadt.
- **Erleben**: Ein Erlebnis für sich sind die **Märkte von Aix**, die vielleicht noch ein klein bisschen malerischer als anderswo in der Provence sind.

Gras bewachsene Straßen sich 1851 der Publizist und Revolutionär *Moritz Hartmann* lustig machte. Er bezeichnete Aix als eine „gestorbene Welt", auf die „uralte Platanen ihren melancholischen Schatten werfen". Die *Belle endormie*, die „verschlafene Schöne" hatte denn auch wenig Verständnis für einen Freigeist wie Paul Cézanne, der so ganz anders malte, als man das damals kannte. *Paul Cézanne* allerdings mochte seine Stadt: „Wer hier geboren wurde, ist verloren. Nicht anderes gefällt einem mehr".

Heute ist Aix die beliebteste Stadt ganz Frankreichs, in der nach einer (in fast jedem Text über Aix zitierten!) Umfrage 80 % der Franzosen gerne leben würden. Es ist diese Mischung zwischen einem alten, überaus pittoresken Stadtbild, den bunten Märkten und schicken Straßencafés des Cours Mirabeau, dem studentischen Leben einer renommierten Universität, der Überschaubarkeit einer Provinzstadt und der kulturellen Prägung durch das alljährlich stattfindende Opernfestival.

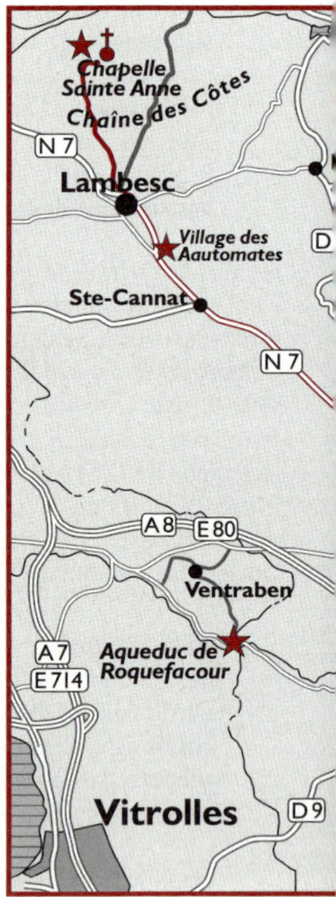

© igraphic

Und weil Aix eben so schön ist und so viele hier wohnen wollen, breitet sich die Stadt unaufhaltsam, aber sicher, aus. Im Süden nähert sie sich dem Stadtrand von Marseille. Dort wohnen die Algerienfranzosen und die Immigranten in eher ärmlichen Vierteln, und so fürchtet manch einer in Aix, dass die Probleme von Marseille auch auf Aix überschwappen könnten.

Sehenswertes

Visa für Vergünstigungen

Das ganze Bild der Innenstadt ist sehenswert, es stammt mit seinen großbürgerlichen Bauten aus der Epoche vom 16. Jahrhundert bis zur Französischen Revolution. Im Office de Tourisme erhält man die Karte „Visa pour Aix", mit der man für die Museen und andere Sehenswürdigkeiten Vergünstigungen erhält.

Das **Herz von Aix-en-Provence ist der Cours Mirabeau**, gesäumt von Schatten spendenden Platanen, schicken Cafés und repräsentativen Adelspalais. Bevor der Cours Mirabeau 1651 angelegt wurde, standen hier die Gerätschaften herum, die man fürs Foltern und Hängen von Menschen brauchte – denn hier war der Hinrichtungsplatz von Aix. Auf dem neuen, von den Galgen befreiten Cours durften keine Geschäfte eröffnet werden und keine Maultierkarren und Handwagen fahren – die Straßen

> *„Wie lieblich, wie freundlich, wie heiter, wie ganz und gar menschlich zeigt sich Aix, der heilende Ort der römischen Bäder, das trauliche Nest der Grafen der Provence, die zufriedene Gemeinschaft der plätschernden Brunnen und rauschenden Bäume, die akademisch-bohemische Promenade der studierenden Jugend."*
> Der deutsche Schriftsteller Wolfgang Koeppen (1906–1997)

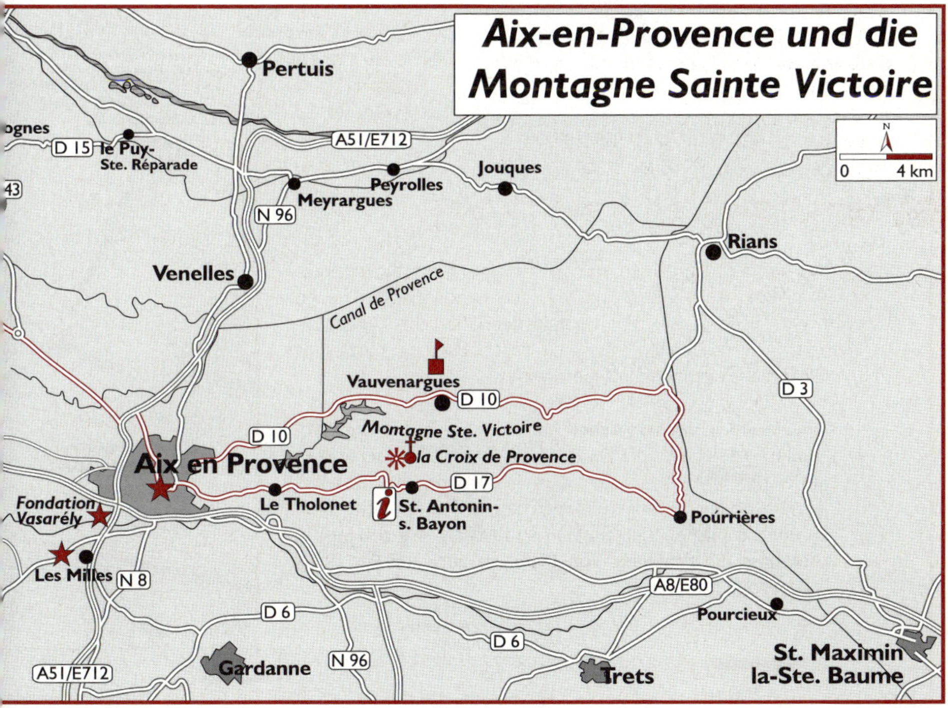

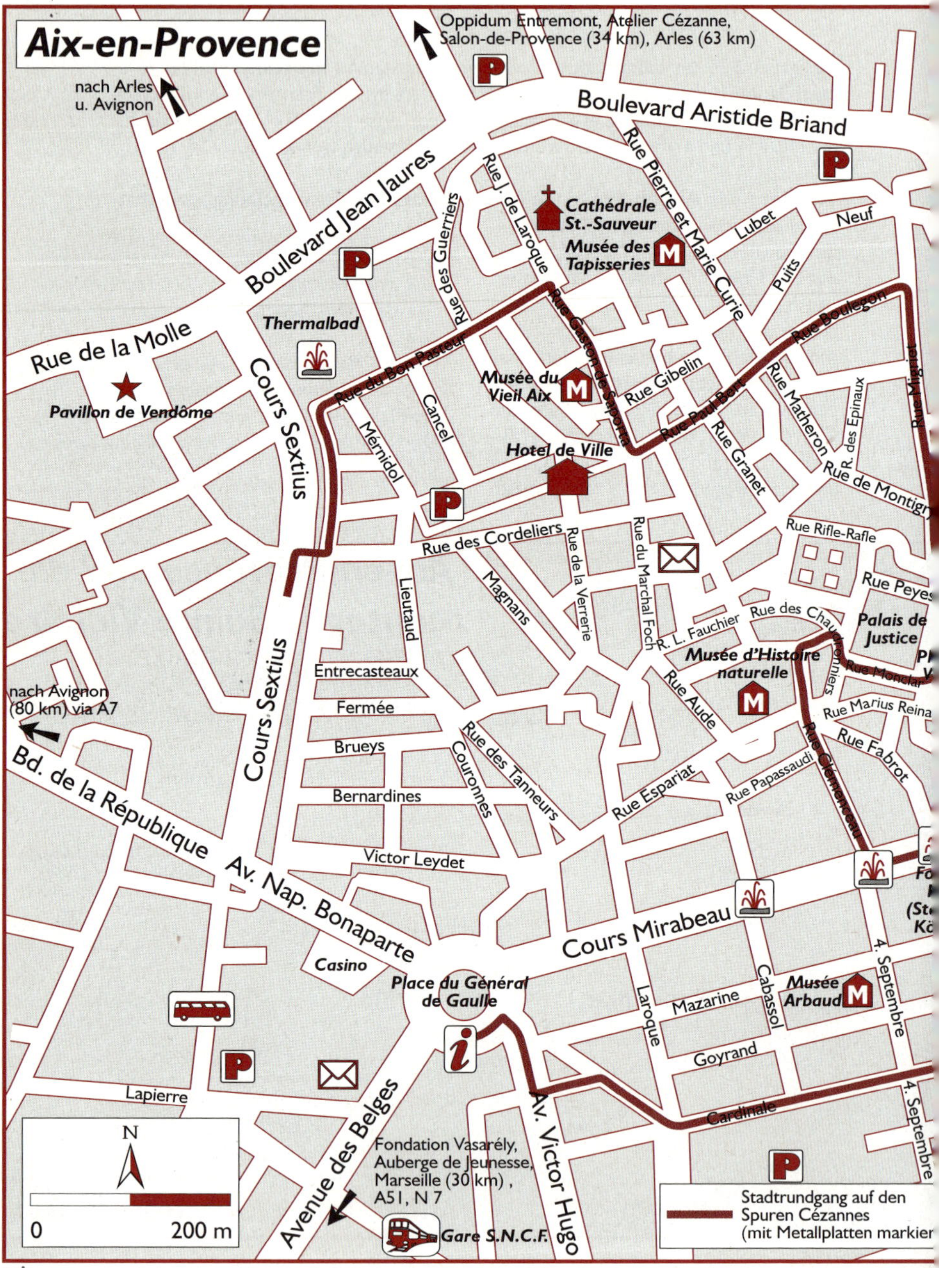
Aix-en-Provence
Oppidum Entremont, Atelier Cézanne, Salon-de-Provence (34 km), Arles (63 km)
nach Arles u. Avignon
Boulevard Aristide Briand
Boulevard Jean Jaures
Rue J. de Laroque
Rue des Guerriers
Cathédrale St.-Sauveur
Musée des Tapisseries
Rue Pierre et Marie Curie
Lubet
Neuf
Puits
Rue Boulegon
Thermalbad
Rue de la Molle
Pavillon de Vendôme
Cours Sextius
Rue du Bon Pasteur
Rue Gaston de Saporta
Musée du Vieil Aix
Rue Gibelin
Rue Paul Bert
Rue Matheron
R. des Epinaux
Rue Granet
Cancel
Mérnidol
Hotel de Ville
Rue de Montigny
Rue des Cordeliers
Rue de la Verrerie
Rue du Marchal Foch
Rue Rifle-Rafle
Rue Peyes
Lieutaud
Magnans
R. L. Fauchier
Rue des Chaudronniers
Palais de Justice
Musée d'Histoire naturelle
Rue Monclar
Entrecasteaux
Fermée
Brueys
Bernardines
Victor Leydet
Rue Aude
Rue Marius Reina
Rue Fabrot
nach Avignon (80 km) via A7
Bd. de la République
Rue des Tanneurs
Couronnes
Rue Espariat
Rue Papassaudi
Rue Clémenceau
Av. Nap. Bonaparte
Cours Mirabeau
Casino
Place du Général de Gaulle
Laroque
Mazarine
Cabassol
Musée Arbaud
4. Septembre
Goyrand
Cardinale
Lapierre
Avenue des Belges
Av. Victor Hugo
Fondation Vasarély, Auberge de Jeunesse, Marseille (30 km), A51, N 7
Gare S.N.C.F.
N
0
200 m
Stadtrundgang auf den Spuren Cézannes (mit Metallplatten markier

dienten der Repräsentation, nur die Karossen der Aristokraten waren hier zugelassen. Auf dem Mittelstreifen des Cours Mirabeau stehen grotesk vermooste Brunnen, an der Place Forbin am östlichen Ende ragt das Denkmal des guten Königs René, er hält in der Hand eine Muskattellertraube, die er in der Provence eingeführt haben soll.

vermooste Brunnen

König René

Benannt ist der Cours nach dem Grafen *Mirabeau*, der 1789 von den Bürgern von Aix

Paul Cézanne (um 1861). Auf den Spuren Cézannes führt ein etwa 3 km langer Rundgang durch Aix. Er ist durch in den Boden eingelassene Bronzeplaketten mit einem „C" markiert. Einige Stationen des Rundwegs: Collège Royal-Bourbon in der Rue Cardinale (hier machte der sein Abitur), Musée Granet (hier hatte er Malkurse besucht und einen zweiten Preis bei einem Wettbewerb gewonnen), sein Geburtshaus in der Rue de l'Opéra Nr. 28, das Hutgeschäft seines Vaters am Cours Mirabeau Nr. 55 (Fragmente der Ladenwerbung sind noch zu erkennen), und die Kirche La Madeleine an der Place des Prêcheurs, wo er am 22. Februar 1839 getauft wurde.

zum Abgeordneten des Dritten Standes – sehr zu seiner Überraschung – gewählt wurde. Berühmt wurde *Mirabeau durch* den Satz: „Wir weichen nur der Gewalt der Bajonette!" Er hatte ihn auch einge-

INFO Paul und Emile

Paul Cézanne wurde am 19. Januar 1839 in Aix-en-Provnece geboren, wo er 1899 auch gestorben ist. *Emile Zola* (1840–1902) kam im Alter von drei Jahren nach Aix und verbrachte hier 15 Jahre. Beide Männer begegneten sich zum ersten Mal auf dem Gymnasium und sollten für lange Zeit enge Freunde bleiben, die durch die Umgebung stromerten, später lange Debatten über Kunst führten und sich gegenseitig Verse vorlasen. Auch als *Emile Zola* 1859 nach Paris ging, blieben sie weiterhin in Kontakt. *Cézanne* folgte ihm später nach Paris, auf Wunsch seines Vaters hatte er sich an der Juristischen Fakultät eingeschrieben – mit nur wenig Enthusiasmus, bis ihm sein Vater endlich ein Kunststudium erlaubte.

Doch schon sechs Monate später kehrte er wieder nach Aix zurück, das Pariser Leben hatte ihm nicht gefallen. Er arbeitete nun in der Bank seines Vaters. Unzufrieden mit dieser Tätigkeit ging er wieder nach Paris, und hielt sich dann einige Jahre abwechselnd in beiden Städten auf. 1886 brach er mit *Zola*, nachdem er sich in dem Roman „Das Werk" (1886) seines Jugendfreundes in unvorteilhafter Weise beschrieben und dem Publikum ausgeliefert fühlte. Das war das Ende der Freundschaft zweier Männer, dem weltgewandten *Zola*, und dem bescheidenen und introvertierten Einzelgänger *Cézanne*, der dennoch unerschütterlich von seinen eigenen Fähigkeiten überzeugt war.

halten, zusammen mit den anderen Vertretern des Dritten Standes und stellvertretend für ein ganzes Volk, das damit einem Befehl des Königs Widerstand leistete. *Graf Mirabeau* war als Mensch eine schillernde Persönlichkeit, seine Familie nannte ihn „Herr von Windbö" oder „Herr von Sturm". Mehrmals in seinem turbulenten Leben landete er im Gefängnis – meist der Frauen wegen. Die Heirat mit seiner Frau hat er auf sehr ausgefallene Weise erzwungen: Er drang in ihr Elternhaus ein, ging in ihr Zimmer und zeigte sich dort nackt im Fenster – worauf dem solchermaßen kompromittierten Vater nichts anderes übrig blieb, als ihm seine Tochter zu Frau zu geben. Pockennarbig, zynisch, eloquent, intelligent und belesen sei er gewesen – und heutzutage wäre er sicher ein gern gesehener Gast von Talkshows ...

Herr von Windbö

Auf dem Cours Mirabeau Nr. 10 lebte einst die schöne *Marquise d'Entrecasteaux*, die allerdings 1782 vorzeitig von ihrem Mann ins Jenseits geschickt wurde: Er hatte der Mutter von drei Kindern die Kehle durchschnitten, um seine Mätresse heiraten zu können.

Frau d'Entrecasteaux

In Nr. 16 war *Jean-Antoine de Riquette* zu Hause, bekannt unter dem Namen *Col d'Argent* (Silberkragen), da er nach einer Kriegsverletzung seinen Hals nur noch mit Hilfe dieser edlen Halskrause aufrecht halten konnte und von dem so bemerkenswerte Aussprüche wie folgender stammen: „La patience est la vertu des cocus et des ânes." (Die Geduld ist die Tugend der Hahnreie und der Esel.)

Herr Silberkragen

Kathedrale St.Sauveur

Rue Gaston-de-Saporta

Keine andere Kirche der Provence hat so viele Änderungen wie diese erfahren, keine birgt so viele Stile. Als steinernes Lehrbuch der Sakralarchitektur vom 5. bis zum 17. Jh. könnte man sie bezeichnen. In ihrer Gesamtheit stammt die Kathedrale (mit ihrem mit Reliefschmuck versehenen Portal eher eine Seltenheit in der Provence) aber weitgehend aus der Spätgotik. Auf dem Portal ist eine Statue des heiligen Michaels zu sehen, den die Revolutionäre verschonten, denn der Heilige hat eine etwas merkwürdige Frisur, die die Revolutionäre für die Jakobinermütze, das Symbol der Revolution hielten!

steinernes Lehrbuch

Die Kathedrale St.Sauveur in einem Stich aus dem 19. Jahrhundert. In ihren Ursprüngen geht St. Sauveur auf einen Apollotempel zurück, an dessen Stelle die ersten Christen eine Kirche errichtet haben.

Die Kirche besitzt noch das südliche Seitenschiff des romanischen Vorgängerbaues und ein Baptisterium aus dem 5. Jahrhundert, in dem korinthische Säulen und noch Teile des römischen Forums zu sehen sind.

Sehenswert sind die Tapisserien aus dem 16. Jahrhundert im Kirchenchor und vor allem das großartige

Calissons in Südfrankreich

Auf die Idee, Mandeln mit kandierten Früchten zu vermengen, sind andere auch schon gekommen: In Italien wurde diese Süßigkeit einst *Calisone* (heute *Ricciarello*) genannt, und in Griechenland kennt man sie als *Kalistounia*. In Aix sollen die *Calissons d'Aix* zum ersten Mal anlässlich der Hochzeit von König René im Jahre 1473 aufgetaucht sein. Der Koch des Herrschers habe, bekümmert ob des traurigen Blicks der zukünftigen Königin, die Süßigkeit speziell für sie kreiert. Das spitz zulaufende Oval der *Calissons* gibt Anlass zu allerlei Mutmaßungen: sie hätten die Form von Schiffen, erinnerten an die Form der Mandel, aus der sie gemacht sind, sie wären den Weberschiffchen nachgebildet oder der Mandorla (einem Glorienschein in Form einer Mandel). Die echten Calissons der Appellation d'Aix-en-Provence dürfen ausschließlich innerhalb der Stadt hergestellt werden.

Triptychon „Der brennende Dornbusch" von *Nicolas Froment*, ein um 1476 geschaffenes Meisterwerk provenzalischer Schule. Auf dem linken Flügel ist der *gute König René* abgebildet sowie seine zweite Frau *Jeanne de Laval*, nach der neuesten spätmittelalterlichen Mode gekleidet. Weiterhin ist auf dem Triptychon eine Szene zu sehen, wie dem höchst erstaunten *Moses* die Muttergottes mit Kind inmitten eines brennenden Dornbuschs erscheint.

erstaunliche Ähnlichkeit

Man schaue sich das Gesicht des Moses mal genauer an, denn: „Ich habe Cézanne früher schon an diesem Platz gesehen, unter dem großen Bild mit dem brennenden Dornbusch, dessen Moses ihm auf so seltsame Weise ähnelt" (Emile Bernhard). Das Triptychon ist nur jeweils dienstags von 15 bis 16 Uhr aufgeklappt. Im kleinen romanischen Kreuzgang aus dem 12. Jahrhundert sind besonders die schlanken Säulen und die geflochtene Ecksäule sehenswert.

Eglise St-Jean-de-Malte

Rue Cardinale

Die Kirche aus dem 13./14. Jh. steht neben dem alten Prior-Wohnsitz des Malteserordens, in dem jetzt das Musée Granet untergebracht ist. Sie war das erste gotische Bauwerk in Aix und ist im Inneren von der einfachen Eleganz frühgotischer Architektur. Im Inneren sind einige interessante Gemälde und Grabmäler zu sehen.

Eglise Sainte-Marie-de-la-Madeleine

Place des Precheurs

tückische Details

In der Kirche aus dem 17. Jh. betrachte man das berühmte Triptychon der Verkündigung aus dem Jahre 1444, von dem allerdings nur der mittlere Teil in der Kirche verblieben ist. Sonderbar, sonderbar: Der Engel auf dem Bild hat Eulenflügel, hinter Maria hockt ein Äffchen, Fledermäuse flattern, Fratzen grinsen, und in der Vase im Vordergrund ranken sich neben der Lilie drei Giftpflanzen – Details, die der Maler angeblich eingefügt hat, weil ihn sein Auftraggeber nicht ordnungsgemäß bezahlt hat. (Eine Geschichte, die man von anderen Kirchen aus dieser Zeit ja auch kennt.) In Sainte-Marie-de-la-Madeleine wurde 1839 Paul Cézanne getauft.

Place Quatre Dauphins

Hier steht ein sehr anmutiger Brunnen aus dem Jahr 1667, umgeben von schönen alten Häusern. Die Delphine dieses Brunnen sind das Wappenzeichen des Dauphiné, der Landschaft nördlich der Provence.

Place Albertas

Der in Halbmondform angelegte Platz mit sehr schönen Palästen aus dem 18. Jahrhundert wird an Sommerabenden angestrahlt. Die Aixer Familie, die diesen überaus charmanten Platz 1742 anlegen ließ, hatte seinerzeit wenig Skrupel, die Häuser in der Umgebung abreißen zu lassen.

Hotel-de-Ville

Place de l´Hôtel-de-Ville

Das Rathaus zeigt eine prachtvolle klassische Architektur aus dem 17. Jahrhundert mit einer Fassade im italienischen Stil, gepflastertem Innenhof, schmiedeeisernem Gittertor und Doppeltreppe. Der nahe **Tour de l´Horloge**, ein alter Wachturm aus dem Jahre 1510, schlägt die Stunden mit seiner astronomischen Uhr, unter der allegorische Darstellungen der vier Jahreszeiten abwechselnd erscheinen.

Vertrauen ist gut, Kontrolle besser

Mit dem eisernen Glockenkäfig auf dem Tour de l´Horloge hat es eine ganz besondere Bewandtnis: Bis zum späten Mittelalter war es in der ganzen Provence üblich, dass der Messner Tag und Nacht zur vollen Stunde die Glocke läutete. Nachdem die automatischen Uhrwerke eingeführt wurden, fühlte sich manch ein Bürger nicht mehr ausreichend bewacht. Wusste er doch nicht, ob der Nachtwächter nicht schlief; da er ja nicht mehr die Glokke läuten musste. Also kam man auf folgende Lösung: Der Nachtwächter musste zusätzlich zum automatischen Glockengeläut noch einmal eine kleine Zusatzglocke läuten. Und damit man auch wirklich sicher sein konnte, dass der Nachtwächter auch wach war, wurde die Glocke in einen von außen einsehbaren Käfig gehängt. Den Glocken schlagenden Nachtwächter gibt es heute nicht mehr, aber immer noch hier und da Kirchturmuhren, die einmal die Stunde schlagen und dann – nach einer Zeit, die ein Mann braucht, eine Treppe hinaufzusteigen – ein zweites Mal.

Musée Granet

Hier sind Werke so großer Maler wie *Rubens*, *Ingres*, *Matisse* und *Leger* zu finden. Auch vom berühmtesten Sohn der Stadt, von *Cézanne*, hängen als Leihgabe des Louvre acht Bilder hier. Von Cézannes berühmten Bildern der Montagne Sainte Victoire ist zwar keines dabei, doch zeigen die acht Werke die künstlerische Entwicklung dieses Autodidakten, der „sich die ungeheure Aufgabe stellte, den gesamten Erfahrungsbereich der Malerei nochmals zu durchmessen“, wie ein gewisser *Georges Bazin* einmal über Cézanne äußerte.

Im Museum sind auch Funde aus dem Oppidum Entremont ausgestellt, sie geben Einblick in die noch heute rätselhafte Kultur der kelto-ligurischen Bevölkerung. Der seltsame Kopfbaum aus der Keltenzeit mit seinen maskenhaften Skulpturen zählt zu den Exponaten mit Weltrang. *Strabon* berichtete über die Kelten: „Zu ihrer Torheit gehört auch der barbarische und fremdartige Brauch, [...] dass sie, aus der Schlacht zurückkehrend, die Köpfe der getöteten Feinde über den Hals der Pferde hängen, mit sich nehmen und vor der Haustüre annageln. Die Köpfe der Vornehmsten bestrichen sie mit Zedernöl und zeigten sie den Fremden.“

Der Direktor des Aixer Museums hatte geschworen, zu seinen Lebzeiten werde nie ein Bild von Cézanne in einem Aixer Museum hängen. Was ihm auch gelingen sollte – zumindest zu Lebzeiten Cézannes. Paul Cézanne selbst, immerhin der berühmteste Sohn der Stadt, hatte seine Heimatstadt nie gemalt. Sein liebstes Motiv war, neben der Montagne Sainte Victoire – ein Apfel. Losgelöst von der Zeit wollte Cézanne seine Bilder sehen, Teil einer bestimmten Ordnung, ausgewogen im Verhältnis der Farben.

Musée Paul-Arbaud

Das Museum des Kunstmäzens und Sammlers Paul Arbaud zeigt Fayencen, provenzalische Malerei und Mundartliteratur – Zeugnis für die Lebensweise der Oberschicht im 18. Jahrhundert.

Musée des Tapisseries

Die Festgemächer des erzbischöflichen Palais (1650–1730) mit seinem prachtvollen Régencestil bieten einen adäquaten Rahmen für diese Sammlung von Wandteppichen, gewebten Theaterkulissen, zeitgenössischer Textilkunst und Möbeln des 17. und 18. Jahrhunderts. Einer der Teppiche zeigt unter anderem Szenen aus dem Roman „Don Quichote de la Mancha" von *Miguel de Cervantes*. Im Innenhof des Museums finden die *Festivals d´art lyrique et de musique* statt.

Musée du Vieil-Aix

Das Museum des alten Aix ist in einem der schönsten Adelspalais von Aix untergebracht. Neben einer („sprechenden") Krippe mit Figuren in traditionellen Aixer Trachten sind hier auch antike provenzalische Möbel und ein Paravent aus dem 18. Jahrhundert zu sehen, der das Zeremoniell der Fête-Dieu dokumentiert.

Musée d'Histoire Naturelle

im Hôtel Boyer d´Eguilles

Dinosaureier

Die Sammlungen dieses naturkundlichen Museums im Patrizierhaus Hotel Boyer d'Eguilles aus dem 17. Jahrhundert sind in Fachkreisen bekannt, denn sie umfassen eine einzigartige Sammlung an Dinosaurier-Fossilien und Dinosauriereiern, die um die Montagne Sainte Victoire gefunden wurden. Zu sehen sind ebenfalls Rekonstruktionen dieser großen Reptilien. Ansonsten ist dieses im 19. Jahrhundert gegründete Naturkundemuseum genauso verstaubt-altmodisch wie die meisten anderen Museen dieser Art.

Thermen Sextius

An der Stelle der antiken Thermen wurde im 18. Jahrhundert ein Kurhaus errichtet, das nach Restaurierungsarbeiten seit dem Jahr 2000 wieder als Thermalbad genutzt wird. Das 35 °C warme Wasser soll besonders bei Kreislaufschwierigkeiten hilfreich sein.

Pavillon Vendôme

Liebe und Leidenschaft

Eine Geschichte, wie sie in einem Groschenroman stehen könnte: Der Herzog *Louis von Vendôme* war in Liebe zu der jungen schönen Witwe *Lucresse* entbrannt, einer Dame aus bestem Hause. Der Herzog selbst war zwar ungebunden, aber königlichen Geblüts und somit gesellschaftlich weit über der schönen Angebeteten stehend. Das Verhältnis der beiden Liebenden kam dem König von Versailles zu Ohren, der diese Verbindung für sehr unpassend hielt und zu einer List griff: Er ernannte den Herzog zum Kardinal, in dem er seine Beziehungen zu Papst *Alexander VII.* spielen ließ. Der Herzog, nun ein Kleriker, durfte also die Lucresse nicht heiraten. Aber lieben tat er sie dennoch und griff nun seinerseits zu einer List: Er erbaute ihr das schöne Schlösschen Vendôme, und ließ es so gestalten, dass die Dame seines Herzen mit ihrer Kutsche direkt vor dem Portal vorfahren und von dort unerkannt hineingehen konnte. Über eine repräsentative Treppe schritt dann Lucresse die Treppe hinauf in die herrschaftlichen Räume im ersten Stock; um dort ihren Geliebten zu treffen. Im Erdgeschoss, auf dem sprichwörtlichen Boden der Tatsachen, sorgten dienstbare Geister dafür, dass oben der Alltag funktionierte, allerdings, ohne gesehen zu werden. Denn die Dienstboten huschten durch Tapetentüren und entlang von versteckten Ganglabyrinthen. Bliebe noch das Ende der Liebesgeschichte zu erzählen: Das Glück des Herzogs und seiner Geliebten sollte nicht lange währen. Nach nur einem Jahr nach Fertigstellung des Schlösschens verstarb der Herzog. Zwei Jahre später folgte ihm seine Geliebte, gestorben am „gebrochenen Herzen", wie man damals erzählte.

Der Pavillon Vendôme, Schauplatz einer großen Liebe. „La Belle du Canet", die Schöne von Canet, ist oberhalb des Portals zwischen den beiden starken Atlanten zu sehen.

gebrochenes Herz

Erbaut wurde dieses Lustschlösschen mit seinen ausgeglichenen und harmonischen Proportionen im Jahre 1665 von *Pierre Pavillon*. Die Fassade ist mit zwei gigantischen Atlanten von *Rambot* geschmückt, sie vereint eine korinthische, ionische und dorische Säulenordnung. Heute beherbergt der Pavillon eine schöne Sammlung provenzalischer Möbel und Bilder aus dem 17. und 18. Jahrhundert. Er öffnet sich zu einem angenehmen französischen Garten hin. Und in diesem scheint sich die amouröse Tradition erhalten zu haben, denn hier treffen sich nicht nur gerne Studenten, sondern auch auffallend viele Liebespaare.

Cité du Livre

8–10, rue des Allumettes (ein paar hundert Meter westlich des Bahnhofs).

Hort der Kultur

Besser hätte man die Räume dieser ehemaligen Streichholzfabrik kaum nützen können. Neben einem modernen Kulturzentrum umfasst hier die Bibliothèque Méjanes 450.000 Dokumente, die zum größten Teil zum Fundus des öffentlichen Kulturbesitzes gehören mit 2.110 Manuskripten, 360 Inkunabeln und mehr als 6.000 Graphiken. Zu den wertvollsten Druckwerken gehört das „Stundenbuch" des Königs René, von ihm selbst mit Zeichnungen versehen. Weiterhin wird hier auch der Nachlass von *Albert Camus* verwaltet.

Atelier Cézanne

9, Avenue Paul Cézanne, nördlich außerhalb der Altstadt, zu erreichen über die Avenue Pasteur

Staffelei und Farbentopf

In einer wenig schönen Gegend mit Hochhäusern steht das lichtdurchflutete Atelier von Cezanne inmitten eines zauberhaften Gartens. Gerade so, als hätte *Cézanne* mal eben sein Atelier verlassen, so sieht es heute hier aus: Seine Staffelei und die Farbtöpfe stehen noch da, am Kleiderhacken hängt seine Jacke – eine Szene wie aus einem seiner Stillleben. Der Meister selbst ist hier noch so sehr präsent, dass man die folgende Geschichte, *die Archibald Lyall* in seinem Buch „Midi" berichtet, gerne glaubt: Ein Freund *Lyalls* hatte in Aix gemalt und dadurch einmal Zutritt zum Atelier *Cezannes*. Die Tür stand offen und er trat ein. Worauf ein zorniger bärtiger Mann mittleren Alters die Treppe heraufpolterte und ihn beschimpfte, weil er einfach unaufgefordert ein fremdes Haus betreten hatte. Der Freund Lyalls entschuldigte sich und verließ schleunigst das Haus, denn er hatte *Cézanne* erkannt – der allerdings war zu diesem Zeitpunkt schon 40 Jahre tot! Im Gegensatz zum Geist des Meisters sucht man seine Bilder hier allerdings vergebens, nicht ein einziges Cézanne-Bild ist hier ausgestellt. Neben Erinnerungsstücken ist auch eine audiovisuelle Informationsschau zu sehen.

Sehenswertes in der Umgebung von Aix-en-Provence

Les Milles

8 km südwestlich an der D9. Besichtigung Mo. bis Fr. 9–12 und 12.45–17 Uhr; Tel. 04/42243302.

Deportation

Die Geschichte dieses Ortes ist düster, die Wandmalereien hingegen sind nicht frei von zweckoptimistischem Witz. Die Ziegelfabrik Les Milles steht für ein in Frankreich lange verdrängtes und daher kaum bekanntes dunkles Kapitel in der Geschichte der Provence. In der Ziegelei des kleinen Orts waren ab 1939, nachdem Frankreich in den Zweiten Weltkrieg getreten war, „feindliche Ausländer" interniert: 3.000 Deutsche und Österreicher, die aus den unterschiedlichsten Gründen in Südfrankreich Zuflucht vor den Nazis in ihren Heimatländern und vor den Nazi-Kollaborateuren im besetzten Teil des Gastlands zu finden glaubten (und bis Kriegsbeginn auch gefunden hatten).

leere Teller, bunte Wände

Von Les Milles wurden rund 2.000 Juden in Vernichtungslager deportiert. Unter den hier Internierten waren Maler wie *Max Ernst* und Schriftsteller wie *Lion Feuchtwanger* und *Walter Hasenclever*. *Ernst* und *Feuchtwanger* gelang die Flucht in die Vereinigten Staaten. Hasenclever nahm sich am 21. Juni 1940 in Les Milles das Leben. Das frühere Lager ist heute Gedenkstätte. Schrifttafeln erzählen von der düsteren Vergangenheit. Da ist unter anderem zu lesen: *„Si vos assiettes ne sont pas très garnies, puissent nos dessins vous calmer l´appetit"* (Wenn eure Teller nicht sehr voll sind, mögen diese Zeichnungen euren Appetit stillen!). Die jüngst restaurierten Wandmalereien im Speisesaal zeigen in satirischer Überzeichnung die

Sehnsüchte der Gefangenen. Hier sind riesige Schinken und Weintrauben auf die Wand gemalt, da werden ein gigantisches Fass und ein ebenso gigantischer Laib Käse gerollt und eine Monsterwurst getragen – kein Wunder, denn: „Überall waren Trümmer und Staub von Backsteinen, selbst in dem wenigen, das man uns zu essen gab", wie *Max Ernst* später berichten sollte. Hier waren feingeistige Künstler mit ungehobelten Kriminellen zusammengepfercht. Ein Internierter beklagte auf einer Postkarte vom 22.11.1939, dass er mit diesem *racaille* (Gesindel) hier leben müsse. Dank dem Lagerkommandanten konnten einige Gefangene fliehen, die anderen kamen in deutsche Konzentrationslager. Nach 1942 waren hier auch 2.000 Juden interniert und wurden von hier aus in deutsche KZs deportiert. Gegenüber der Ziegelei ist noch ein Eisenbahnwaggon zu sehen, mit dem sie nach Auschwitz gebracht wurden. Ein Ort, der einem stumm werden lässt.

Beim „letzten Abendmahl" von Les Milles sitzen sieben Teilnehmer, jeder aus einer anderen Kultur stammend. Den Italiener erkennt man an der Pasta, den Eskimo am Fisch usw. Nur die Person in der Mitte bleibt rätselhaft – war es ein englischer König oder aber ein vornehmer Hanseate? Der Mann oberhalb der Tafel könnte der Lagerkommandant gewesen sein.

Les jardins d'Albertas

Ca. 10 km südlich von Aix über die N8 und die D59 erreichbar.

1751 träumte der erste Vorsitzende des Rechnungshofes, *Jean-Baptiste d'Albertas*, davon, sich im Umland von Aix, in Bouc Bel Air, ein Jagdschlösschen und einen Garten von außergewöhnlicher Schönheit anlegen zu lassen – mit gestaffelten Gärten, steinernen Treppen, allegorischen Figuren wie Meeresgottheiten sowie plätschernden Brunnen. Zuerst sollte der Park fertig sein, bevor d´Albertas das passende Schloss zum Park bauen wollte. 40 Jahre dauerte es, bis der Park gewachsen war, solange, dass der Schöpfer dieses Park voller melancholischer Schönheit die Vollendung seines Schlosses nicht mehr erleben sollte: Er wurde am 14. Juli 1790 umgebracht.

schöner Garten, früher Tod

Gardanne

Das Kleinstädtchen, 10 km südlich von Aix-en-Provence, ist für Bauxit, Zement und Kohle bekannt. *Paul Cézanne* weilte hier zweimal, 1885 und noch einmal 1886, und malte mehrmals die Stadt. Seit 1997 informiert das **Ecomusée de la Forêt** in einem 13 Hektar großen Areal über die provenzalische Flora und Fauna *(geöffnet von Sept. bis Juni 8.45–17.45 Uhr. Juli und Aug. 9.45–18.45 Uhr)*. Für Technikfreunde ist die stillgelegte **Kohlenmine Puits d´Oissel** (ca. 4 km südöstlich von Gardane) interessant. Die 450 m tiefe Mine war von 1922 bis 1962 in Betrieb, ihr 25,5 m hoher Förderturm wurde zum „monument industriel historique" erklärt *(Einlasszeiten tgl. außer Di. 9.45, 10.45, 14.15, 15.15, 16.15 und 17 Uhr)*.

Fondation Vasarély

2 km westlich von Aix im Stadtteil Jas de Bouffan, 1, avenue Marcel Pagnol.

Die Anhöhe von Jas de Bouffan wird seit 1976 von den (etwas heruntergekommen wirkenden) schwarzen und weißen Fassaden des Architekturzentrums beherrscht, einer Gründung des ungarischen Malers *Victor Vasarély* (1908–1997). Die Stiftung stellt hier 42 Monumentalintegrationen auf einer Fläche von 1.500 m² aus. Der Begründer der „Op Art" wollte mit seinen von rein geometrischen Formen geprägten Werken Sehphänomene wie den Flimmereffekt zur Anschauung bringen – was ihm auch durchaus gelungen ist! Auch wollte Vasarély mit der Integration von Kunst in die Architektur die Umwelt des Menschen angenehmer gestalten.

Futuristisch und gestrig zugleich wirkt das Vasarély-Museum.

Kinder werden im **Village des Automates** *(an der Nationalstraße westlich von Aix in Richtung St.Cannat)* ihren Spaß haben angesichts von Motorpuppen, unechten Gullivers und echten Schweinen.

Aquädukt von Roquefavour

Der D65 in Richtung Salon-de-Provence folgen, nach 300 m rechts in die D64 einbiegen (Aussicht auf das Aquädukt). Nach 2,1 km rechts den unbefestigten Weg in Richtung Petit Tigouès einschlagen, dann rechts fahren bis zum Wärterhaus auf der obersten Etage der Brücke.

allzu perfekt

Es wurde von 1842 bis 1847 errichtet und war bis 1973 (!) für die Wasserversorgung von Marseille zuständig. 393 m ist es lang und 82,65 m hoch, führt über die Gorge de l'Arc und ähnelt ganz auffallend dem Pont du Gard. Nur: Ein Plagiat ist nicht das Original, mit seiner allzu glatten Perfektion erreicht es in keiner Weise dessen Charme und Eleganz. Dafür ist es aber das größte steinerne Viadukt der Welt – Masse statt Klasse. Hier hat übrigens *Cézanne* seine *Grandes Baigneuses*, die „großen Badenden", gemalt.

Ventabren

ca. 5 km nordwestlich des Aquädukts von Roquefavour, 10 km westlich von Aix hoch über dem Tal des Arc.

Wie ein Vogel im Nest hockt über Ventabren, einem *Village perché*, die verfallene Burgruine der Königin *Jeanne*. Von der Burgruine hat man eine wunderbare Aussicht, die von der idyllischen Tallandschaft im Norden über den Etang de Berre und das an dessen Südufer gelegene Martigues reicht. Die Pfarrkirche St.Denis stammt aus dem 11./12. Jahrhundert.

Roquepertuse

4 km westlich von Ventabren liegt im Tal des Arc das keltische Felsheiligtum Roquepertuse (Feldweg von der Einmündung der D65 in die D10 südwärts, nicht beschildert).

Historiker der Antike sagten den Kelten nach, dass diese einen Kult mit Totenschädeln betrieben hätten. In Roquepertuse fand sich die Bestätigung für diese grausige Vermutung: Man fand zum Beispiel zwei Türstöcke mit Mulden, in die man Schädel einlassen konnte. Andere Steine waren mit geritzten oder reliefierten Tieren, Menschen, Göttern und Ungeheuern geschmückt. Das Areal war voll mit kleinen Götterstatuen, möglicherweise Weihegaben. Das eigentliche Heiligtum war ein langes, kirchenartiges Gebäude, das auf einer Reihe von erhobenen Terrassen errichtet war. Die Funde von Roquepertuse sind heute im der Vieille Charité in Marseille zu sehen. So interessant die Geschichte von Roquepertuse ist, das Gelände selbst ist eher für archäologisch Versierte sehenswert.

für archäologisch Interessierte

Lambesc

Von **Lambesc**, ca. 15 km nordwestlich von Aix, sagt man, es sei Aix-en-Provence en miniature. Angesichts der Bürgerhäuser und Brunnen von Lambesc ein durchaus zutreffender Vergleich. Skurril: Im Glockenturm auf der Porte de Salon ist seit 1636 eine hölzerne Familie inhaftiert: Der Vater Schmied schlägt mit einem Hammer in der Hand die Stunde, daneben Mutter Margarido, Sohn Jaqueto und Tochter Jaquetoun, alle vier in Lebensgröße. Jacquemart nennt man diese Art von Figuren, die wohl da oben im Glockenturm eingesperrt wurden, damit wirklich sichergestellt war, dass pünktlich die Stunde geschlagen wurde.

Kapelle Ste. Anne-de-Goiron auf dem Plateau de Manivert

Nach Lambesc auf der D67 Richtung La Roque D'Anthéron fahren und dann auf das Plateau de Manivert abzweigen.

Kurvig und teilweise sehr steil (bis zu 21 Prozent) windet sich die Straße durch die Chaîne des Côtes zu einer an nebligen Tagen wahrlich weltentrückten Stätte. Hier oben steht die winzige Kapelle Ste.Anne-de-Goiron inmitten einer urwaldähnlich wuchernden Vegetation. Nahe der Kapelle erinnert ein Grab an die Widerstandskämpfer, die sich hier im Zweiten Weltkrieg versteckt hatten und am 14. Juni 1944 von deutschen Soldaten ermordet wurden. Nahe der Kapelle erinnert ein großes Mahnmal an diese „Héros et Martyrs de la Résistance". Auf dem Weg zur Kapelle passiert man (auf der linken Straßenseite) ein verlassenes „Habitat troglodyte", eine Höhlensiedlung.

Ste.Anne-de-Goiron inmitten wuchernder Vegetation

Oppidum d'Entremont

3 km nördlich von Aix der steil ansteigenden D14 folgen. Nach 2,5 km zweigt rechts ein Weg zum Plateau d'Entremont ab. Parken und zehn Minuten Hin- und Rückweg.

Man schrieb das 2. Jahrhundert v. Chr. Damals war Entremont eine befestigte Stadt mit Häusern aus getrockneten Ziegeln und einer Befestigungsmauer mit zwei Türmen, dazwischen eine Art Torhalle wo (vermutlich!) die Schädel der besiegten Feinde zur Schau gestellt wurden oder – auch möglich – Orakelstätten geschaffen wurden, in denen der Geist der Toten mit den Lebenden in Verbindung geblieben ist.

Geschäfte oben, Häuser unten

Es gab eine Oberstadt und eine Unterstadt, in der Oberstadt lagen die Geschäfte und die Heiligtümer, durch die Unterstadt verliefen mit Steinplatten belegte Straßen, gesäumt von schmalen Wohnhäuser aus Stein. In Entremont lebten vermutlich mehrheitlich Handwerker, wie man aus den Restfunden von Backöfen und Ölmühlen geschlossen hat. Von dieser Siedlung aus herrschte der Stammesverbund der Salvier über den westlichen Teil der Provence, denn Entremont lag strategisch hervorragend und bietet auch heute noch eine gute Aussicht. Doch es sollte nichts helfen, Entremont wurde 123 v. Chr. von *Gaius Sextius Calvinus* zerstört, wovon heute vergrabene Münzschätze und Steingeschosse zeugen. Einige Einwohner, so auch ihr König *Teutmalius*, konnten rechtzeitig fliehen. Andere wurden durch Fürsprache der Griechen vor Repressalien verschont, alle übrigen in die Sklaverei geschickt. Später, in einer anderen Zeit, hat hier der Maler *Cézanne* oft seine Staffelei aufgestellt, um den Blick auf die Montagne Sainte-Victoire zu malen.

Sklaverei und Staffelei

Montagne Sainte-Victoire

Länge: 18 km, Breite: 5 km, höchste Erhebung: der Pic des Mouches mit 1.011 m, Verlauf: Ost-West Richtung.

Vielleicht kann nur ein Berg, der auf den ersten Blick so wenig besonders ist wie dieser lang gestreckte, fahle Gebirgszug einen Künstler derart inspirieren, wie es bei *Paul Cézanne* der Fall war. Immer wieder ist er aufgebrochen, um die wechselnde Stimmung einzufangen. Erklommen hat er den Berg am liebsten mit seinem Jugendfreund, dem Schriftsteller *Emile Zola*. Das lang gezogene Gebirge, das nach Süden hin steil abfällt und nach Norden hin sanft ausläuft, bietet eine faszinierende landschaftliche Vielfalt mit steilen Graten und felsigen Steilwänden.

Die unglaubliche Vielfalt an Pastellfarben, in die das Massiv zu wechselnden Tageszeiten getaucht ist, bewegte neben *Cézanne* ebenfalls *Kandinsky* und *Picasso*, *Georges Duby*, und *Jacqueline de Romilly*, die in ihrem abgelegenen Haus zwischen Aix und Le Tholonet diese Landschaft beschrieb, die oft sehr arkadisch anmutet.

Für Wissenschaftler interessant sind die reichen geologischen Funde, unter anderem wurden hier Dinosauriereier und -knochen und viele Fossilien gefunden. Wo, bleibt geheim, um nicht zahllose Hobbyforscher anzulocken. Umweltschützer und Botaniker begeistern sich für die Vegetation, die teilweise mediterranen, teilweise aber auch alpinen Charakter hat. An tierischem Leben gibt es hier unter anderem Bonelli-Adler, Bussarde, Sperber, Wildschweine und Hasen. Kunsthistoriker interessieren sich vor allem für die Spuren aus dem 5. bis zum 17. Jh., die hier zu finden sind: die Oppida Untinos und Bramefan aus kelto-ligurischer Zeit, der römische Staudamm von Le Tholonet, die Einsiedelei Saint Ser und das Priorat Sainte Victoire.

Die Montagne-Sainte Victoire, gemalt von Paul Cézanne („La Montagne Sainte-Victoire et le Château noir"), wobei er die Natur nicht einfach nur kopieren, sondern durch Farben präsentieren wollte.

Auf 900 Metern Höhe steht ein Priorat (aus dem 17. Jahrhundert) des einstigen Klosters Notre Dame-de-Ste-Victorie, das bis 1879 in Betrieb war. Das Kreuz auf 945 Meter Höhe ist kein Gipfelkreuz, sondern das symbolträchtige 18 m hohe **Croix de Provence**. Dessen Inschrift stammt aus dem Jahr 1875 und trägt in vier Sprachen – darunter auch in Provenzalisch – die Inschrift, dass der Herrgott die Provence vor Pocken und Preußen bewahren möge. Von der exponierten Felsbastion des Croix de Provence schweift der Blick weit, bei guter Sicht bis zu den Alpen und dem Mittelmeer. Im gleißenden Licht des Mittags ist in der Ferne der **Pic des Mouches** auszumachen. Wer auf dem schroffen Kamm weiterwandert, kann jenseits des Pic des Mouches den Schotter-Abstieg zu der südöstlich gelegenen Gemeinde **Puyloubier** nehmen und dort ein Museum der Fremdenlegion besichtigen (betrachtet man die so friedlich anmutende Welt dieses Fremdenlegionärs-Altersheims, dann scheinen die Herren Legionäre eine Menge Nachholbedarf an Idylle zu haben!).

Pocken und Preußen

Wanderung zum Croix de la Provence auf dem Montagne Sainte Victoire

Ausgangspunkt: Vom Parkplatz nahe dem Gehöft Les cabassols an der D10. Schwierigkeitsgrad: mittel. Wegen steiniger, exponierter Wegstücke am Gipfel sollte man schwindelfrei und trittsicher sein. Es gibt lange schattenlose Wegabschnitte, also Sonnenhut und Trinkwasser mitnehmen. Dauer: für Hin- und Rückweg zwischen drei und vier Stunden Teilstück des Wanderwegs GR9. Länge 5 km. Wegen Waldbrandgefahr ist der Weg vom 1. Juli bis 15. September gesperrt. Seit dem verheerenden Feuer auf dem Sainte-Victoire 1989 schränken die Gemeinden den Zugang zum „Lou Mont Ventouri", wie die Provenzalen sagen, stark ein.

Dorf und Schloss Vauvernargues

An der Nordseite der Montagne Sainte Victoire liegt das Schloss zwischen Berg und Dorf. Das Gemäuer gleicht einer verrammelten Trutzburg und ist nicht zugänglich!

Als die Côte d´Azur ihre Ursprünglichkeit verloren hatte, wollte auch *Pablo Picasso* dort nicht mehr bleiben und so zog es ihn in die Einsamkeit. Die fand er in diesem aus dem 14. Jahrhundert stammenden und im 17. Jahrhundert renovierten Schloss, 1958 kaufte er es kurzerhand und ließ sich hier nieder. Ausschlag gebend dafür war nicht nur die Tatsache, dass *Cézanne* in der Nähe gelebt hatte, sondern auch, dass *Picasso* das Schloss so spanisch vorkam. Das Gemäuer, von weitem seltsam entrückt und abweisend, war auch innen ein heruntergekommenes Gebäude mit abblätternden Wänden. Durch seinen neuen Besitzer wurde das nicht besser, denn *Picasso* ließ durch kostbare Stuckaturen hindurch elektrische Leitungen legen.

Während Picasso in einem kreativen Schub erglühte, schien seine Frau – die er hier sehr oft malte – in den kalten Mauern zu erfrieren. Nach nur drei Jahren kehrten die beiden an die Côte d´Azur zurück. Als nach seinem Tod am 8. April 1973 bekannt wurde, dass *Picasso* in Vauvernargues begraben sein wollte, war die Erde um das Schloss noch gefroren und konnte nur mit Presslufthämmern aufgebohrt werden. Als dann über dem Grab des *Picasso* eine schwarze Bronzestatue errichtet wurde, die eine Frau mit einer Vase darstellt, ahnte *Jacqueline Picasso* nicht, dass die Dargestellte *Marie Thèrése Walter*, Picassos erste französische Geliebte, war. *Jacqueline* überlebte *Picasso* um 13 Jahre, dann verließen sie im Schatten des so Übermächtigen die Kräfte und sie nahm sich das Leben.

Das Schloss von Vauvernargues – hier liegt Pablo Picasso begraben.

Heute gehört das Schloss der Tochter von *Jaqueline Roque* und kann auf Wunsch des verstorbenen Malers nicht besichtigt werden. Das Picasso-Museum, das Jacqueline hier einrichten wollte, wurde nie realisiert – die idyllische Minigemeinde Vauvernagues stellte sich dagegen, weil sie die Ruhe des dünn besiedelten, ursprünglichen Tals gefährdet sah.

Picasso soll erst beim Kauf des Schlosses erfahren haben, mit welch großem Namen der Besitz verbunden ist: Der Moralist *Luc de Clapiers Marquis de Vauvernargues*, der Verfasser der „Introduction à la connaissance de l'ésprit humain" (1746) hatte auf Schloss Vauvernargues seine Kindheit verbracht. Hier schrieb er um 1745 seine „Maximes", die so bemerkenswerte Weisheiten enthielten wie folgende: „Wer andere unglücklich macht, gibt gewöhnlich vor, ihr Bestes zu wollen". Nur zu seltenen Gelegenheiten kam er nach Schloss Vauvenargues zurück, da er hier „erstickte und nicht leben konnte". Genau wie Picassos Frau auch.

Im **Maison de la Sainte-Victoire**, südlich des Bergzuges, in Saint-Antonin-sur Bayon, sind in einem sehr gut gemachten Museum audiovisuelle Vorführungen zu

Geschichte und Natur des Gebirges zu sehen. *Geöffnet während der Hochsaison Mo. bis Fr. 10–18 Uhr, am Wochenende 10–19 Uhr. Im Winter reduzierte Öffnungszeiten.*

Missverständnis
Nachdem Picasso das Schloss Vauvernargues am Abhang der Montagne Ste. Victoire gekauft hatte, sagte er zu seinem Freund Kahnweiler: *„Ich habe die Montagne Ste. Victoire gekauft"*. Worauf dieser, im Glauben, Picasso habe ein Bild von Cezanne gekauft, antwortete: *„Herzlichen Glückwunsch, welches?"*

In der **Hochebene von Cengle** zu Füßen der Montagne Sainte-Victoire hat man einen Dolmen, einen römischen Kultplatz, entdeckt. In einem Merian-Heft aus dem Jahr 1973 ist zu lesen, dass hier auch eines der größten Ordenshäuser der Tempelritter stand und in dem dazu gehörenden Friedhof ausschließlich Skelette gefunden wurden, die über zwei Meter groß waren. Und schließlich gäbe es noch die Ruinen eines Les Masques (= die Zauberer) benannten Hofes, in denen es spuken soll.

Bei Tholonet südlich der Montage Sainte-Victoire zweigt der Chemin de la Paroisse zur **Barrage Zola** ab. Dieser Staudamm wurde vom Vater des berühmten Romanciers Emile Zola erbaut. Emile Zola, der Freund Cézannes, verbrachte in Aix-en-Provence seine Jugendjahre, während sein Vater als Konstrukteur des Staudammes beschäftigt war. Als erster seiner Art weist dieser Staudamm eine konkave Staumauer auf und kann somit dem Druck der Wassermassen besser standhalten, als es eine gerade verlaufende Staumauer tut. **Château Gallifet** in Le Tholonet, ein Wasserschloss inmitten eines großes Parks, ist leider nicht zugänglich, da es sich im Besitz einer Kanalgesellschaft befindet.

13. MARSEILLE (ⓘ s. S. 131) – LEBEN PUR AM MITTELMEER

Überblick

Einwohner: 798.000, Fläche: doppelt so groß wie Paris, Ausdehnung: über 57 Kilometer Küstenlinie, Zusammensetzung: ein Mosaik aus 111 Dörfern

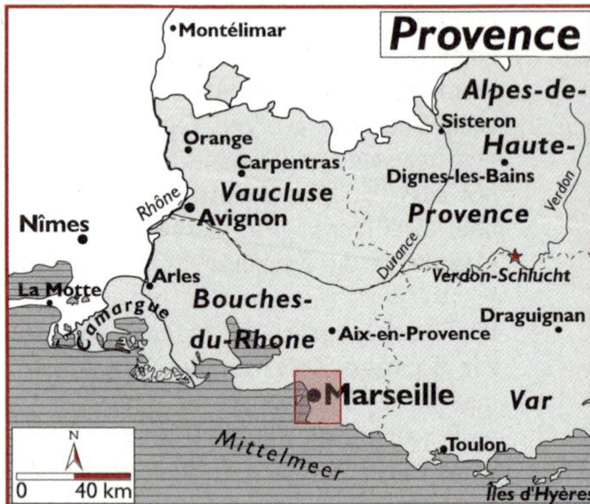

© igraphic

Ein Sonntag in Marseille: Wie ausgestorben ist die Stadt. Viele Restaurants sind geschlossen. Am Hafen ein einsamer Imbisswagen mit einem riesigen Angebot. Auch an Crêpes. Ob es die denn auch mit Käse gäbe. Ja sicher, mit einem, mit zwei oder gar mit drei Sorten? Mit drei Sorten bitte. Die Crêpe wird serviert. Ob Madame Chérie nicht im Sitzen essen wolle. Ja gerne. Tisch und Stuhl werden aufgestellt, Messer und Gabel gereicht, ein wärmender Umhang um die Schultern gelegt. Am nächsten Tag: Unterwegs in der geschäftigen Stadt, um zu fotografieren und zu recherchieren. Ein Paar, so um die 30, sie dunkelhäutig, er hellhäutig. Ob man die Familie fotografieren könne. Ja klar – man sei Reiseschriftstellerin und wolle ... Die Frau unterbricht, nestelt in der Tasche, zieht einen Zettel hervor und bittet um ein Autogramm.

neue Welten kennen lernen

Nach nur ein paar Stationen Busfahrt vom Zentrum entlang der Küstenstraße kommt man ins Vallon des Auffes (wenige Gehminuten von der Bushaltestelle „Vallon des Auffes" gelegen). Noch heute ist es ein Fischerdorf inmitten der Großstadt – allerdings mit einer Skyline von Hochhäusern. Vielleicht ist kein Blickwinkel so sinnbildlich wie dieser für Marseille und für die faszinierenden Gegensätze dieser Stadt.

Am folgenden Tag auf dem Weg zum Bahnhof, mit dem ziehbaren Koffer im Schlepptau. Auf der Rolltreppe ein Mann, so um die 40, ethnisch von schwer definierbarer Herkunft: Er hebt den Koffer auf die Rolltreppe und von ihr wieder herunter. Und dazwischen erzählt er, dass er gerade vom Lesenlern-Kurs käme. Das wäre doch etwas Schönes, lesen zu können, eine neue Welt kennen lernen. Dann, wiederum einen Tagen später: der Geldbeutel ist verloren. Vermutlich beim Corbusier-Haus.

Anruf bei der zuständigen Polizeidienststelle, ja, der Geldbeutel wäre hier. Bei der Polizei dann eine überaus zuvorkommende Behandlung, und im Geldbeutel, nicht ein einziger fehlender Cent. Und jeden Tag, an jeder Ecke, beim Blick auf den Stadtplan, jemanden, der fragt, ob er weiterhelfen könne. – Erlebnisse in Marseille, einer Stadt, von der jeder, der sie nicht kennt, an Mafia, an Kriminalität, an Schmutz und an Verkehrschaos denkt. Szenen einer Stadt, die zwar über eine beachtliche Anzahl an Museen, aber über keinerlei wirklich erstrangige Kunstwerke verfügt.

„Darüber schreiben zu wollen heißt die Augen weit aufsperren und sich gleichzeitig die Nase zuhalten. Es heißt in die Hölle hinabzusteigen und sich dabei vorstellen, man sei in einer Erzählung von *Alphonse Daudet*", beschied ein alter Mann einem Journalisten einmal. Nein, die Nase muss man sich nicht zuhalten, aber die Augen wirklich weit aufsperren – wenn man in die Welt von Marseille eintaucht, vibrierend, voller Energie, voller Glauben an die Zukunft.

Mit anderen Worten: eine Stadt um sich treiben zu lassen. Auch wenn die Straßen nicht immer blitzblank gewienert sind.

Redaktions-Tipps

- **Einpacken**: Krimifans nehmen die Bücher von **Jean-Claude Izzo** (s. Literaturverzeichnis) mit.
- **Anschauen**: Marseille ist eine Stadt zum Sich-treiben-lassen und zum Entdecken. Dennoch sollte man sich die verwinkelte **Krypta von St.Victor** (S. 466) nicht entgehen lassen. Das charmante Viertel **Le Panier** (S. 463) kann man entlang dem „Roten Faden" zu Fuß erkunden. So bombastisch wie die gesamte Kirche **Notre-Dame-de-la-Garde** (S. 467) auf der anderen Seite des Hafens ist auch ihr Ausblick.
- **Rumkommen**: Wer ein paar Tage intensiv in der Stadt unterwegs ist und auch manches besichtigen möchte, der sollte sich die **Carte Marseille-Privilèges** im Office de Tourisme besorgen. Von einer Seite auf die andere Seite des Vieux Port gelangt man mit dem nostalgischen **Ferry Boat**.
- **Übernachten**: Eines der teuersten, aber auch stilvollsten Hotels der Stadt ist das **Mercure Beauvau** am Vieux-Port. Wie in einem Adlerhorst thront man im **Hotel Hermes** im Zimmer Nr. 501 mit Blick auf den alten Hafen. Zentral und nett nächtigt man im **Hotel Esterel**. Das gewisse Etwas hat das Hotel **Saint Ferréol**, dessen Zimmer nach großen Malern benannt sind. Im Norden der Stadt liegt die **Auberge de jeunesse de Bois-Luzy** an der Corniche das originelle **Hotel Peron** oder das luxuriöse **Petit Nice**.
- **Erleben**: Einen ganzen Tag mit dem Bus **„Le grand Tour"** rund um die Sehenswürdigkeiten von Marseille fahren, ein- und aussteigen so oft man möchte. Unbedingt aussteigen beim **Vallon des Auffes** (S. 472), wo noch Fischerboote im Wasser dümpeln. Und täglich lockt der **Fischmarkt** am alten Hafen. Ab dem Bahnhof Charles de Gaulle mit der **Bimmelbahn** entlang der „blauen Küste" (S. 428) nach Estaque fahren.
- **Genießen**: Einmal rund um die Welt essen an der **Place Jean Jaures**. Sich rechtzeitig einen Balkonplatz in der **Bar Caravelle** sichern mit Blick auf den alten Hafen. Abends in der **Bar de la Marine** auf den Hafen schauen.
- **Einkaufen**: Marseille ist ein Shoppingparadies!!! Schuhe, Handtaschen, Kleider, nachgemachter antiker Schmuck – hier wird frau (und nicht nur die) ihr Geld los! Wo ehemals die Sklavengaleeren lagen, schlemmt und shoppt man heute in **Les Arcenaulx**.

Kurz vor dem Vallon des Auffes kommt man am Monument aux Morts de l'Armée d'Orient (für die im algerischen Unabhängigkeitskrieg Gefallenen) vorbei. Ob dieses nun geschmackvoll ist, oder nicht, mag jeder für sich selbst entscheiden. Auf jeden Fall ist aber der Ausblick von hier weit übers Meer sehr schön.

Marseille, das ehemalige „französische Chicago", dem manche eine große Zukunft voraussagen – wohl zurecht – ist nach wie vor der wichtigste Hafen an der französischen Mittelmeerküste, ist seit altersher die Handelsdrehscheibe des Südens.

Die Arbeitsimmigranten aus Nordafrika kommen hier erstmals mit Frankreich in Berührung; sie treffen auf einen gigantischen Moloch, der sich weit in das Umland hineingefressen hat. Dieser Moloch ist groß in seiner Ausdehnung, und besteht doch aus einem Flickwerk vieler einzelner Dörfer und Viertel – 111 sollen es sein – jedes anders, jedes neu zu entdecken.

In wirtschaftlicher Hinsicht ist Marseille einer der wichtigsten europäischen Erdölhäfen und einer der bedeutendsten französischen Industriestandorte mit Schwerindustrie, Raffinerien, Petrochemie, Schiffbau, Agroindustrie und Fischerei.

Die Stadt ist dominierend im Handel mit Nordafrika und den Mittelmeerländern – auch deswegen ist Marseille der südeuropäische Schmelztiegel.

!!! ***Warnung!!!!***
Casanova sagte von Marseille, es sei die ausschweifendste Stadt, die er kenne.

Phönix aus der Asche – die Geschichte Marseilles im Überblick

Marseille wurde im Laufe seiner Geschichte immer wieder totgesagt – und immer wieder hat es sich wie Phönix aus der Asche erhoben. Auch jetzt scheint wieder so eine Zeit gekommen zu sein.

um 600 v. Chr.: Griechen aus der ionischen Kolonie Phokäa landen an der französischen Mittelmeerküste und gründen in Massalia, dem heutigen Marseille, ihre erste Handelsniederlassung.

154 v. Chr.: Die Massalioten unterstützen die Römer im Zweiten Punischen Krieg gegen Hannibal.

124 v. Chr.: Die Römer nehmen die Stadt ein. Als unabhängige Bundesgenossen der römischen Kolonisation war die Stadt zu großer Blüte gelangt. Dann verbündete sie sich mit Pompejus gegen Cäsar, der Marseille daraufhin im Gegenzug verwüste und ihre Ländereien konfiszierte – die Stadt wurde bedeutungslos (bis auf ihre Universität als letztem Hort griechischen Geistes in dieser Region).

ab 11. Jh. n. Chr.: Marseille gewinnt wieder an Bedeutung und wird neben Genua und Pisa ein wichtiger Kreuzfahrerhafen.

1481: Die Stadt fällt mit der übrigen Provence an die französische Krone.

1580–95: Die Stadt wird zu einem bedeutenden Handelsplatz.

1720–22: Von Marseille aus breitet sich die Pest in der Provence aus und dezimiert die Bevölkerung.

1792: 500 Freiwillige aus Marseille marschieren gen Norden, das Lied der Rheinarmee singend, die seitdem *Marseillaise* heißt.

1794: Marseille opponiert gegen die Diktatur der Jakobiner und wird daraufhin zur „Ville sans nom" (Stadt ohne Namen) degradiert.

1859–69: Mit der Eröffnung des Suezkanals und der Kolonisierung Algeriens und Indochinas beginnt die Stadt zu prosperieren. *Napoleon III.* (1809 bis 1873) hatte sogar zeitweise erwogen, die französische Hauptstadt von Paris nach Marseille zu verlegen.

Das 19. Jahrhundert war für Marseille eine Zeit der Triumphe und Träume, nachdem die Eroberung Algiers 1830 und der Bau des Suezkanals 1869 den Handel mit Afrika und dem Orient gefördert hatten. Ein neuer Hafen wurde im Quartier de la Joliette gebaut, die pompösen Kirchen Notre-Dame-de-la-Garde und Major Cathedral errichtet und entlang der Corniche entstanden die prunkvollen Villen der Händler. Aus dieser Zeit stammt auch der Bahnhof mit seiner pompösen Treppe sowie viele Museumsbauten.

Der Wissenschaftler und Schriftsteller Hippolyte Taine schrieb in seinen **Reisetagebüchern (1863–65)** über Marseille: *„Dieses ist die blühendste und die großartigste der lateinischen Städte. Seit den Tagen Alexandrias, Roms oder Karthagos hat man derartiges an den Gestaden des Mittelmeers nicht gesehen."*

Schon ein paar Jahrzehnte später sah die Lage allerdings wieder ganz anders aus, wenn man dem deutschen Schriftsteller *Walter Benjamin* Glauben schenkt, der 1929 schrieb: *„Marseille – gelbes, angestocktes Seehundsgebiss, dem das salzige Wasser zwischen den Zähnen herausfließt. Schnappt dieser Rachen nach den schwarzen und braunen Proletenleibern, mit denen die Schiffkompanien ihn nach dem Fahrplan füttern, so dringt ein Gestank von Öl, Urin und Druckerschwärze daraus hervor. Der ist vom Zahnstein, der an den wuchernden Kiefern festbackt: Zeitungskioske, Retiraden und Austernstände. Das Hafenvolk ist eine Bazillenkultur; Lastträger und Huren menschenähnliche Fäulnisprodukte. Im Gaumen aber sieht es rosa aus. Das ist hier der Farbe der Schande, des Elends. Bucklige kleiden sich so und Bettlerinnen. Und den entfärbten Weibern der rue Bouterie gibt das einzige Kleidungsstück die einzige Farbe: rosa Hemden."*

1942: Deutsche Besatzer sprengen Teile der Altstadt, in deren engen Gassen sich Verfolgte vor den Nazis verstecken.

1943: Fertigstellung der Cité Radieuse von Le Corbusier. Die sogenannten *Pieds Noirs* aus Algerien strömen in die Stadt zurück, gefolgt von Einwanderern aus Nordafrika.

1944: Beginn der Regierungszeit des sozialistischen Bürgermeisters *Gaston Deferre*.

1970: Marseille wird durch die Autobahnen A6 und A7 mit Paris verbunden, weiterhin wird die erste Metrolinie Marseilles eröffnet.

Mit der berüchtigten „French Conncetion" wird Marseille für Jahre zu einem Zentrum des internationalen Drogenhandels. Bis in die Mitte dieses Jahrzehnts war die Stadt die Nahstelle zwischen den türkischen Opiumfeldern und dem Absatzmarkt in New York. Die Opiumchemiker von Marseille gelten als die besten der Welt: Sie produzieren ein 97%iges Heroin (normal sind 60 bis 70 Prozent), diese reineren Stoffe können besser gestreckt werden und sind profitabler. Jährlich werden von Marseille aus geschätzte 5 Tonnen reines Heroin nach New York verschifft.

1972: Der bekannteste Marseiller Rauschgifthersteller, der Ex-Steward *Joseph Cesari*, kommt ins Gefängnis. Angeblich habe er nie einen Drogensüchtigen persönlich gekannt und somit niemals das Elend, für das er verantwortlich war, gesehen. Nachdem *Cesari* im Gefängnis dem ersten Fixer seines Lebens begegnet war, nahm er sich das Leben. (Ob der Grund dafür sein schlechtes Gewissen war, wird allerdings angezweifelt.)

1981: Durch den Hochgeschwindigkeitszug TGV wird Marseille mit Paris verbunden: der Beginn einer neuen glanzvollen Ära für Marseille. Seit damals wird die Stadt zunehmend sowohl als Firmen- als auch als Wohnsitz interessant. Zweizimmer-Wohnungen in der Altstadt, die vor zwei Jahrzehnten noch für umgerechnet 15.000 Euro zu haben waren, kosten heute mindestens achtmal so viel.

1986: Ende der Regierungszeit des sozialistischen Bürgermeisters *Gaston Defferre*, der seit 1953 unangefochtener Herrscher über die Stadt war und für seine undurchsichtigen Allianzen und seine Betonherrschaft berühmt-berüchtigt war. „Vor mir gab es im Rathaus nur dreierlei Menschen: Zuhälter, Kriecher und Flics (= Polizisten)", lautete eines seiner gefürchteten Bonmots.

1988: Die Kläranlage geht in Betrieb.

1990: Beim Verlassen einer Pizzeria wird der Chirurg und Bezirksbürgermeister *Dr. Jean-Jacques Peschard* erschossen. Auftraggeber war der Verwaltungsdirektor einer Klinik. Peschard selber aber war auch kein unbeschriebenes Blatt, er soll seine Sekretärin umgebracht haben, weswegen man seinen Garten umgegraben, die Leiche der Sekretärin aber nie gefunden hat. Hintergrund der Affaire um den Arzt war der sogenannte „Klinik-Krieg", bei dem es um Krankenhaus-Betten und -Belegungen ging: Laut Anweisung in Paris durften keine weitere Privatkliniken in Marseille öffnen, da es schon 44 davon gab. Wahrer Hintergrund für die Morde (es gab noch andere in diesem Zusammenhang) war jedoch wohl nicht so sehr der Kampf um Betten, sondern durch die Krankenhäuser wurden Drogengelder reingewaschen.

1998: Bei den Fußballweltmeisterschaften Jahr 1998 in Marseille holt der Marseiller *Zinédine Zidane* mit seiner Elf den Weltmeistertitel. Das brachte der Stadt

INFO Varians Liste

Als der Sheriff von Easton im US-Staat Connecticut am 13. September 1967 an die Tür eines gewissen *Varian Mackey Fry* anklopfte, öffnete dieser nicht. Der 61jährige Lateinlehrer im örtlichen Kollege war tot. Offiziell verschieden an einem Herzinfarkt. Einer, der ihn gut kannte, meinte aber, er wäre an gebrochenem Herzen gestorben. Der Tote hielt in der Hand eine Seite seiner unvollendeten Memoiren. Der Geschichte eines filmreifen Lebens, eines großen Lebens – und bis heute noch kaum gewürdigten Lebens.

„Nichts in meiner Art und Herkunft hätte mich dazu bestimmt, ein Abenteurer zu werden", wunderte sich Varian Fry selbst, rückblickend auf sein Leben. Der 1907 in New York als Sohn eines Devisenhändlers geborene Fry hatte an der Eliteuniversität Harvard Journalismus studiert und reiste im 1935 im Auftrag der Zeitung „The Living Age" für eine Reportage nach Deutschland, wo er bald erkennen sollte, welche Gefahr für Frieden und Demokratie die Nationalsozialisten darstellen. Daher schloss er sich den „American Friends of German Freedom" an. Er flog am 4. August 1940 mit dem Transatlantik-Clipper im Auftrag des *Emergency Rescue Commmittee* mit einem eher allgemein gehaltenen Empfehlungsbrief der amerikanischen Präsidentengattin *Eleonor Roosevelt* nach Marseille. Im Gepäck hatte er 3.000 Dollar und eine Liste, auf der 200 Namen von hochrangigen Künstlern standen (darunter auch *Chagall* und *Picasso), von denen man* vermutete, dass sie sich damals in Marseille aufhielten, auf der Flucht vor Nazideutschland.

> *„Unter den Flüchtlingen, die in Frankreich festsaßen, waren viele Künstler und Schriftsteller, deren Werk ich bewunderte [...] Einigen fühlte ich mich, obwohl ich sie nur durch ihre Arbeit kannte, persönlich tief verbunden; und allen schuldete ich großen Dank für die Freude, die sie mir mit ihrer Kunst gemacht hatten. Jetzt, wo sie in Gefahr waren, fühlte ich mich verpflichtet ihnen wenn irgend möglich zu helfen, so wie sie mir, ohne es zu wissen, in der Vergangenheit oft geholfen hatten."*
> Varian Fry über sein Motiv, die Flüchtlinge zu retten.

Am 22. Juni 1940 war das deutsch-französische Waffenstillstandsabkommen bekannt geworden: Artikel 19 dieses Vertrages verpflichtete die französische Vichy-Regierung, »alle in Frankreich sowie in den französischen Besitzungen befindlichen Deutschen, die von der deutschen Reichsregierung namhaft gemacht werden, auf Verlangen auszuliefern«. Die Künstler und alle anderen Flüchtlinge aus Deutschland saßen also in Marseille, im zuvor noch nicht besetzten Südfrankreich, von nun an in der Falle. Die Ausreise wurde nun von Tag zu Tag schwieriger und unsicherer.

Wie das so oft ist, glaubte auch Fry, in wenigen Wochen seinen Auftrag erledigt zu haben. Doch es wurden 13 Monate daraus: Monate, in denen er zusammen mit einigen Europäern und Amerikanern eine illegale Fluchthilfeorganisation aufbaute. Er musste am Rande der Legalität operieren und hatte auch Kontakte mit der Marseiller Unterwelt, denn wer außer ihr konnte denn Pässe fälschen und Flüchtlinge auf

Schmugglerschleichwegen über die Pyrenäen nach Spanien führen? Wege, über die unter anderem *Franz Werfel* und seine Frau, *Heinrich* und *Golo Mann* sowie *Lion Feuchtwanger* fliehen konnten. Hilfe bekam Varian Fry auch vom tschechischen Konsul, der Papiere lieferte, und von der spanischen Vertretung, die Visumsmarken beisteuerte.

Doch von seinen eigenen Landsleuten, den Amerikanern, bekam er keine Unterstützung. Denn Washington sah ihn als „subversives Element" an, setzte sich *Fry* doch zu oft über diplomatische Regeln hinweg. Am 29. August 1941 wurde Fry verhaftet, und wenig später aus Frankreich ausgewiesen. In den USA wurde er vom FBI überwacht und mit einem Berufsverbot für den Staatsdienst belegt, denn seine Handlung passte nicht in die amerikanische Außenpolitik und zum offiziellen Bild der Vichy-Politik. Als der Krieg zu Ende war, galt er in Amerika als einer, der den „Roten" zur Seite gestanden hatte. Während der McCarthy-Ära geriet er auf die schwarze Liste. Und die Franzosen, die wollten nichts mehr von ihrer beschämenden Kollaboration mit den Nationalsozialisten wissen. Fry saß in der Falle, wie zuvor schon seine Schützlinge. Seine Frau ließ sich von ihm scheiden, er wurde arbeitslos.

„Nun also kam ein Freund an meinen Tisch (in einem Café in Marseille), ein sehr witziger Mensch, und sagte mir leise, ein Mann wäre im Hotel Splendide abgestiegen, ein Amerikaner, mit einem Haufen Dollar und einer Liste von Leuten, die gerettet werden sollten. „Ihr Name steht auch drauf. Rufen Sie sofort an. Er wartet auf Sie". So erzählt Kobe, der Held in Hans Sahls 1959 erschienenem Roman „Die Wenigen und die Vielen". Inhalt des Buches ist Sahls Flucht vor den Nationalsozialisten und seine Rettung aus dem Marseiller Exil durch Varian Fry.

Adrian Fry starb als einsamer, verarmter und schwer kranker Mann. Zeit seines Lebens hatte er nur eine einzige Ehrung erhalten: Wenige Monate vor seinem Tod war er mit dem Verdienstorden eines Ritters der Ehrenlegion ausgezeichnet worden. Ein gewisser Will Schaber hatte in seinem Nachruf geschrieben: „Mit dem Schmerz um seinen Tod verbindet sich tiefe Dankbarkeit für seine einzigartige Leistung, gleichzeitig aber auch ein Gefühl der Enttäuschung darüber, dass Amerika, das zur ständigen Heimat vieler der von ihm geretteten Kinder Europas wurde, für seinen eigenen Sohn keine Stelle fand, die seines Geistes und Talents würdig gewesen wäre. „Merkwürdig bleibt, dass sich die von Varian Geretteten als nicht sonderlich dankbar erwiesen, die wenigsten sollen sich bei ihm bedankt haben. „Schindlers Liste", der Film, der sich mit einem ähnlichen Schicksal befasst, war ein großer Erfolg. Er hätte genauso gut „Varians Liste" heißen können.

einen Imagegewinn und im folgenden Jahr rund 30% mehr Touristen als im Vorjahr.

2000: Am 27. September wird Francis Vanverberghe, der letzte große Unterweltboss der Stadt, in Paris mit zwei Kopfschüssen hingerichtet. Die Sternstunden des klassischen Gangstertums in Marseille sind nun endgültig Geschichte. Die Mafia soll sich ein neues, schickes Umfeld gesucht haben: Aix-en-Provence.

26.4.2003: In Marseille, dem „Melting Pot" im Süden Frankreichs, wählen 23,3 Prozent der Bevölkerung *Le Pen* vom rechten *Front National.*

Januar 2004: Der Streit um das Kopftuchverbot an französischen Schulen spaltet die Muslime des Landes. Der Marseiller Mufti Bencheikh sieht hinter den Protesten in Frankreich radikale und pseudo-religiöse Kräfte am Werk: „Sie benutzen das Kopftuch als Trojanisches Pferd, um den fortschrittsfeindlichen und politischen Islam hier zu Lande zu stärken, der in arabischen Ländern verheerende Folgen hat." Von den Muslimen in Frankreich seien die meisten gemäßigt und einer schweigender Mehrheit zuzurechnen. Bencheikh befürchtet „eine unheimliche Radikalisierung" unter den bis zu fünf Millionen Menschen in Frankreich, die aus moslemischen Ländern stammen.

16.09.2008: Marseille wird neben der slowakischen Stadt Kosice zur Europäischen Kulturhauptstadt 2013 ernannt.

Sehenswertes

Jean-Claude Izzo (1945–2000) schreibt über die Stadt: „Marseille ist keine Stadt für Touristen. Es gibt dort nichts zu sehen. Seine Schönheit lässt sich nicht fotografieren. Sie teilt sich mit. Hier muss man Partei ergreifen. Sich engagieren. Dafür oder dagegen sein. Leidenschaftlich sein. Erst dann wird sichtbar, was es zu sehen gibt." Wirklich erstrangige Sehenswürdigkeiten gibt es in Marseille im Grunde nicht eine einzige. Und das ist das Schöne an der Stadt: Man kann sich ruhigen Gewissens treiben lassen, im Café sitzen, in den Geschäften stöbern, den Fischverkäufern am Vieux Port zuschauen.

In Marseille, einem Melting Pot *verschiedenster Nationen, ist es schwierig, eine schon seit vier oder fünf Generationen in der Stadt ansässige Familie zu finden.*

Bei jedem großen Bauvorhaben in der Stadt werden Aufsehen erregende archäologische Funde freigelegt. Sie werden, wann immer es möglich ist, an Ort und Stelle belassen und ausgestellt. Ein Beispiel ist das Museum der römischen Docks, das genau am Ort der antiken Kaimauern aus dem 1. Jh. errichtet wurde, oder das Museum für Geschichte von Marseille, das um die Überreste des antiken Hafens herum erbaut wurde.

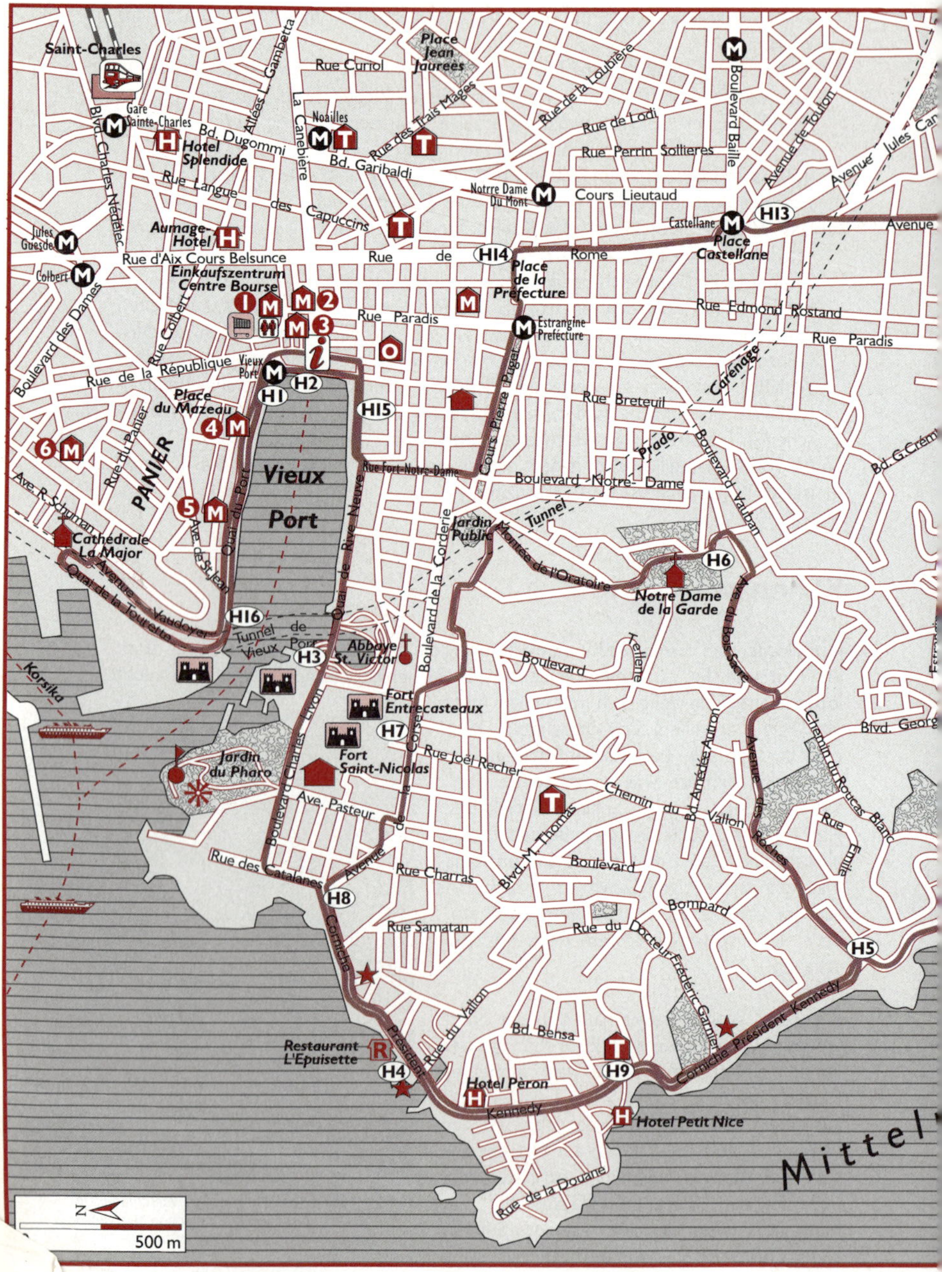
Saint-Charles
Gare Sainte-Charles
Place Jean Jaurees
Rue Curiol
Noailles
Hotel Splendide
Bd. Dugommi
Bd. Garibaldi
Rue des Trois Mages
Rue de la Loubière
Rue de Lodi
Rue Perrin Solliers
Boulevard Baille
Avenue de Toulon
Avenue Jules Can
Notre Dame Du Mont
Cours Lieutaud
Castellane
Place Castellane
Avenue
H13
H14
Rome
Place de la Préfecture
Rue Edmond Rostand
Estrangine Préfecture
Rue Paradis
Allées L. Gambetta
La Canebière
Rue Langue des Capuccins
Aumage-Hotel
Jules Guesde
Colbert
Rue d'Aix Cours Belsunce
Einkaufszentrum Centre Bourse
Rue de
Blvd. Charles Nedélec
Boulevard des Dames
Rue Colbert
Rue de la République
Vieux Port
H1
H2
H15
Place du Mazeau
Rue du Panier
PANIER
Ave. R. Schuman
Cathédrale La Major
Avenue Vaudoyer
Quai de la Tourette
Ave. de St. Jean
Quai du Port
Vieux Port
Quai de Rive Neuve
Rue Fort-Notre-Dame
Cours Pierre Puget
Rue Breteuil
Carenage
Prado
Tunnel
Boulevard Notre-Dame
Boulevard Vauban
Bd. G. Crémi
Jardin Public
Montée de l'Oratoire
H6
Notre Dame de la Garde
Ave. du Bois Sacré
H16
Tunnel de Vieux Port
H3
Abbaye St. Victor
Boulevard de la Corderie
Boulevard
Korsika
Fort Entrecasteaux
H7
Fort Saint-Nicolas
Rue Joël Recher
Jardin du Pharo
Boulevard Charles Livon
Ave. Pasteur
Avenue de la Corse
Chemin du Vallon
Bd. Amédée Autran
Avenue des Roches
Chemin du Roucas Blanc
Blvd. Georg
Rue Emile
Blvd. M. Thomas
Rue des Catalanes
H8
Rue Charras
Boulevard Bompard
Rue Samatan
Rue du Docteur Frédéric Garnier
Corniche Président Kennedy
H5
Bd. Bensa
Rue du Vallon
Restaurant L'Epuisette
H4
H9
Hotel Pèron
Hotel Petit Nice
Rue de la Douane
Mittel
500 m
N

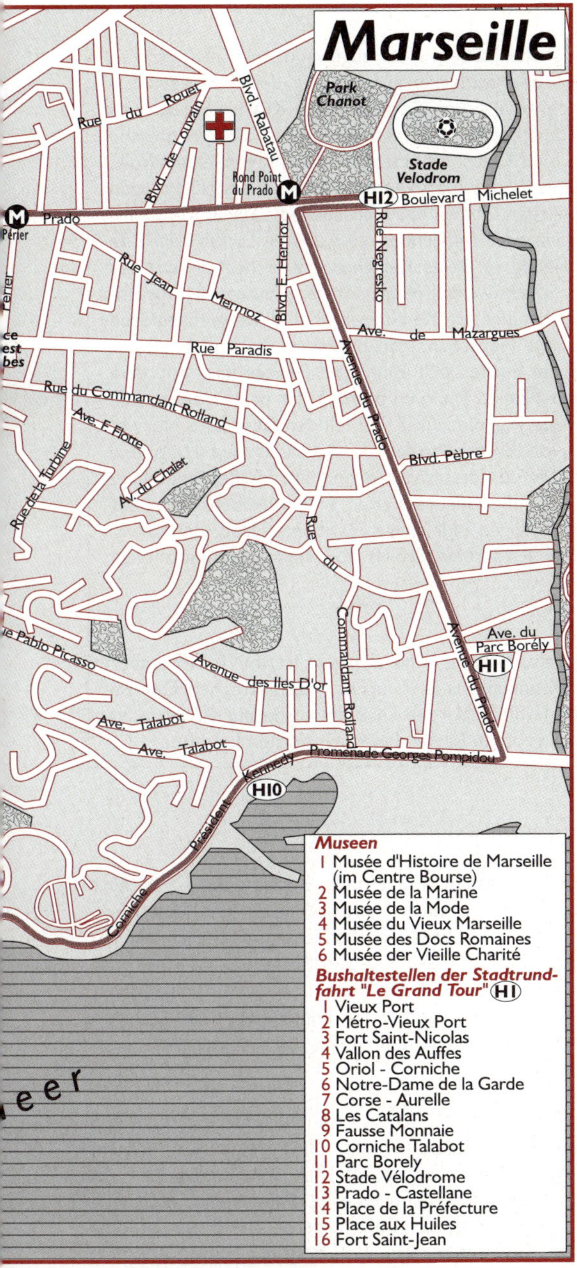

Hinweis

So groß und ausgedehnt Marseille auch ist, die touristisch interessanten Viertel liegen rund um den Vieux Port, dort beginnen auch die Ausflugsfahrten per Bus oder Schiff. Auch ist es einfach, sich in der Metro zurechtzufinden, zumal sie nur über zwei Linien verfügt.

„Marseille, ein blendendes Amphitheater, baut sich um das Rechteck des Alten Hafens auf" schrieb der Publizist *Siegfried Kracauer* (1889–1966) über diese faszinierende Stadt. Ein Einwohner heute nennt sie einen Brillanten, der nicht aufhört, zu blinken.

Für *Alexandre Dumas* war der Vieux Port der merkwürdigste Hafen, den er je gesehen habe. Kaum zwei ähnlich gekleidete Menschen würde man hier sehen und keine zwei Männer antreffen, die die gleiche Sprache sprechen.

Geboren in Marseille...
Wie Marseille selbst, der Welt und dem Meer zugewandt, war auch *Pytheas*, ein griechischer Geograph und Entdecker aus Massalia, dem heutigen Marseille. Um 330 v. Chr. zog er aus, um die nördlichen Küsten Europas zu erkunden. Es gab damals Berichte über den fernen Norden, die in mythische Urzeiten zurückreichten. Die Griechen erzählten damals von einem Volk, den *Hyperboreern*, die „jenseits des Nordwinds" lebten. Einem glückseligen Volk, frei von den gewöhnlichen Qualen der Menschen, die *Pindar* folgendermaßen beschrieb: *„Mit glänzenden Lorbeerkränzen auf ihren Locken halten sie ihre Gastmahle in purer Freude ab. Keine Krankheiten erreichen sie, und der furchtbare Tod ist nicht das Schicksal dieser heiligen Rasse."* Pytheas als Wissenschaftler wollte allerdings handfestere Kenntnisse über diese grenzenlosen nördlichen Gebiete und ihre Menschen. Man nimmt an, dass einer seiner Gründe für diese Reise die Suche nach Zinn war. *Pytheas* kam mit dem Bericht von einer Insel mit Namen Thule im Norden der damals bekannten Welt zurück, möglicherweise war die „Insel" ein Teil der Westküste Norwegens. Er berichtet auch von Bernstein, den er vermutlich auf Helgoland gefunden hatte, und den er als erster zutreffend als fossiles Baumharz beschrieb. Seine Werke über die Gegebenheiten an den Außenkanten der Erde sind leider verloren gegangen. Nur einige Fragmente „Über den Okeanos" sind erhalten, jedoch wird seine Schrift von verschiedenen antiken Autoren erwähnt.

Gestorben in Marseille...
Ein ebenfalls sehr weit gereister Mann, *Arthur Rimbaud*, ist am 10. November 1891 in einem Marseiller Krankenhaus an Knochenkrebs gestorben. Der am 20. Oktober 1854 in Charleville geborene Dichter wurde nur 37 Jahre alt und gilt heute als eines der größten Rätsel der französischen Literatur.

Rund um den Vieux Port (alter Hafen)

Herz der Stadt

Er ist das Herz von Marseille, gesäumt von Hotels, Restaurants, Cafes, auch Museen sind hier zu finden. Ab hier beginnen Stadtrundfahrten und fahren Ausflugsboote zu vorgelagerten Inseln ab. Und hier findet allmorgendlich ein fast schon legendärer Fischmarkt statt, der in seinen Ausmaßen allerdings kleiner ist, als man vermutet. Bis ins 19. Jahrhundert war dieser *calanque*-förmige Hafen, dessen Kais unter *Ludwig XIII.* angelegt wurden, ein bedeutender Handelshafen. Heute ankern hier in erster Linie Yachten und Ausflugsboote, aber auch noch einige malerische Fischerboote.

Zwei Forts bewachen die Hafenausfahrt: rechts am Ende das *Quai du Port* das *Fort St.Jean*, das auf einen Donjon der Johanniter aus dem 12. Jahrhundert zurückgeht und 1448–52 von *König René* erneuert wurde. Im Jahre 2006 sollen hier die Bauarbeiten für das geplante *Musée de la civilisation européenne et de la Méditerranée* beginnen, die Museumseröffnung ist für 2008 angedacht. Auf der anderen Seite steht das *Fort St. Nicolas*. Die Forts wurden im Auftrag von Ludwig XIV., dem

Sonnenkönig, gebaut, der hier nicht nur die Stadt vor Feinden, sondern auch sich selber vor aufmüpfigen Städtern schützen wollte. Im Fort St.Nicolas residiert heute die Fremdenlegion.

Wo eine Bronzetafel am Quai des Belges *daran erinnert, dass hier wahrscheinlich erstmals griechische Seeleuten den Boden Galliens betraten, legen die Schiffe zum* Câteau d´If *und zu den* Calanques *ab.*

Belsunce-Viertel und Canebière

Was haben die *Canebière* und die Hamburger Reeperbahn gemeinsam? Beide Straße sind nach den einst für den Hafen bestimmten Hanf-Tauen benannt. Die *Canebière* entstand während des Zweiten Kaiserreichs, als Marseille durch seine Kolonien in Algerien und Indochina sowie der Eröffnung des Suezkanals zu großem Wohlstand kam. Zu Zeiten der Französischen Revolution stand hier die Guillotine, im Jahr 1934 wurde dann König Alexander von Jugoslawien hier ermordet. Heute ist es vorbei mit der einstigen Pracht, heute ist sie nur noch eine Aneinanderreihung von Boutiquen und Schuhgeschäften. Abends wenn die Rollgitter vor den Läden heruntergelassen sind, ist sie nur noch von Gruppen junger Araber, einigen Polizisten und Touristen bevölkert. Nördlich von der *Canebière* liegt das Immigrantenviertel *Belsunce*, ein buntes Völkergemisch mit farbenprächtig gewandeten Einwanderern aus dem Maghreb und Schwarzafrika, aus Armenien und dem Libanon. Die allerdings werden nach und nach durch Sanierung in die Rand- und Elendsgebiete der Stadt abgedrängt. Doch noch ist hier das pralle Leben mit exotischen Geschäften und Lokalen zu Hause, aber auch spärlich bekleidete Damen, die in Hauseingängen mit rauchiger Stimme zahlende Kundschaft anlocken. Und auch das hat die Canebière mit der Reeperbahn also gemeinsam, zumindest in ihren Hintergassen.

buntes Völkergemisch

Hinweis
Wenn Sie das Belsunce-Viertel erkunden, sollten Sie teuren Schmuck und den prall gefüllten Geldbeutel im Hotel lassen.

Westlich des Vieux Port

- **Quartier du Panier** (panier = Korb)

Noch hängt hier die Wäsche zum Fenster heraus, noch lebt hier ein Völkergemisch von den Antillen, aus Vietnam und Nordafrika. Aber schon sieht man vereinzelt schicke Städter hier, denn „eine lang anhaltende Entwicklung hat sich ins Gegenteil verkehrt: Wer es sich leisten konnte, kehrte der Altstadt von Marseille früher den Rücken und ließ sich am Rand der zweitgrößten Stadt Frankreichs nieder. In die freien Wohnungen zogen Einwandererfamilien aus Nordafrika. Heute fahren die Möbelwagen in die umgekehrte Richtung. Es ist wieder schick, in die Altstadt zu ziehen. Einer weiterer Trend macht sich bemerkbar: Seit

schicke Städter ziehen ein

die Hauptstadt in rund zwei Stunden mit dem TGV erreichbar ist, steigen die Immobilienpreise". (Immobilienteil der Süddeutschen Zeitung vom 14. Februar 2003)

Le Panier westlich des *Vieux Port* ist das größte erhaltene Altstadtviertel Marseilles. Noch im 19. Jahrhundert standen in diesem historischen Zentrum über dem alten Hafen fünfzehn Mühlen, drei davon sind übrig geblieben. In einem der weiß gestrichenen Mühlentürme wurden Wohnungen eingerichtet, die beiden anderen sind Denkmäler. Vor dem Zweiten Weltkrieg traf sich hier die Marseiller Unterwelt, im Zweiten Weltkrieg fanden hier Hunderte von jüdischen und anderen Flüchtlingen zunächst Zuflucht vor der Polizei und den Nazis. Die Stimmung der Exilanten zwischen Hoffnung und Verzweiflung hat *Anna Seghers* in ihrem Roman „Transit" sehr eindrucksvoll geschildert. Zu dieser Zeit rettete der Amerikaner Varian Fry viele Verzweifelte und ermöglichte ihnen die Flucht. Dem *Panier* schlug die letzte Stunde, als die deutsche Wehrmacht auch den Süden Frankreichs besetzte. Einen Tag lang konnten die Einwohner ihre Habseligkeiten packen – um dann am Ausgang von der französischen Polizei und der SS empfangen und in das Lager Fréjus gebracht zu werden. 3.500 der Flüchtlinge wurden dann von der SS in Konzentrationslager deportiert. Aus „hygienischen Gründen" wurde auf persönlichen Befehl Himmlers im Februar 1943 der untere Teil des *Panier* in die Luft gesprengt, eine Aktion, die von Propagandaminister *Goebbels* persönlich gefilmt wurde. Zeitzeugen wissen aber zu berichten, dass die Deutschen nur der Arm dieser Aktion waren, ihr Hirn sollen französische Immobilienspekulanten gewesen sein, die unter dem Deckmantel des Kriegs an diese begehrten Grundstücke in Hafenlage kommen wollten.

Zuflucht

deutscher Arm, französisches Hirn

Noch hängt die Wäsche an den Hauswänden im Panier-Viertel

Gebaut mit dem Geld, das nach der Eroberung Algeriens im Jahr 1853 reichlich nach Marseille floss, ist die Cathédrale la Major mit einer Länge von 141 m einer der größten Kirchenbauten des 19. Jahrhunderts (der Kölner Dom misst 144,58 m).

• Cathédrale La Major

Schon von weitem sollten muslimische Besatzungen der aus dem Orient und Asien ankommenden Schiffe erkennen: Hier in Marseille ist christlicher Boden. Und so ragt die *Cathédrale La Major* wie ein Leuchtturm christlichen Glaubens aus der tristen Hafengegend auf, in der die Kathedrale seltsam fremd wirkt. *Walter Benjamin* nannte das 140 m lange Kirchenmonstrum *Cathédrale*

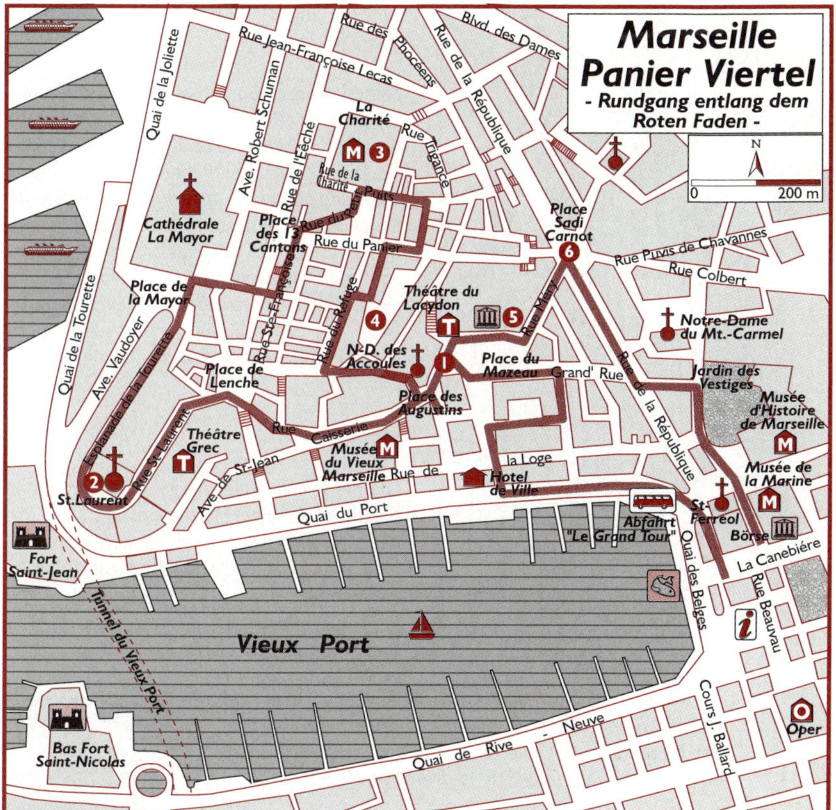

1. Place Daviel

Hier laden einige Restaurants und eine Teestube (s. „gelbe Seiten") zur Rast.

2. Kirche Saint Laurent

Beim Fort Saint-Jean steht die im Zweiten Weltkrieg stark beschädigte romanische Kirche Saint-Laurent, erbaut aus rosa Stein im Jahr 1150 in einem wunderbar schlichten und auf jegliche Ornamente verzichtenden romanisch-provenzalischen Stil. Die Seitenkapellen stammen aus dem 15. und 16. Jahrhundert, der achtseitige Turm aus dem 18. Jahrhundert. Die nummerierten Bodenplatten in Saint-Laurent waren ursprünglich Grabsteine.

3. Vieille-Charité

(s. „Museen")

4. Place des Moulins

Klein, intim, gemütlich – und wie so manch eine deutsche Fußgängerzone überflüssigerweise mit Kübelpalmen möbliert. Von den ehemals 15 Mühlen sind noch drei übrig geblieben. Im Maison du Refugé in der rue des Honneurs Nr. 1 waren einst Mädchen mit „schlechtem Lebenswandel" untergebracht.

5. Hotel-Dieu

Ehemaliges städtisches Krankenhaus aus dem 18. Jh. mit einer schönen Treppe vom Architekten Esprit Brun.
Das Spital aus dem 18. Jahrhundert und der Hof der „Accoules" mit der Kapelle des "Galvaire", einem mit einer Kuppel gekrönten Rundbau, fallen bei einem Bummel durch das malerische Viertel am Alten Hafen besonders auf. Hier wurde im 17. Jahrhundert durch einen Chirurg namens *Daviel* erstmals der graue Star entfernt.

6. Place Sadi-Carnot

Auf dem sonst nicht sonderlich charmanten Platz verströmt das Café Parisien noch viel Flair aus der Wende vom 19. zum 20. Jahrhundert.

Noch ist das Panier-Viertel kein überrestauriertes In-Viertel. Noch...

La Major einen „Religionsbahnhof" mit Schlafzügen in die Ewigkeit.

Neben diesem pompösen romanisch-neobyzantinischen Prachtbau könnte man fast die daneben stehende alte Kathedrale aus dem 12. Jahrhundert übersehen, die auf ein spätantikes Baptisterium zurückgeht. Beim Bau der neuen Kathedrale stand diese etwas im Weg und so sind nur noch der Chor, das Querschiff und ein Joch erhalten geblieben. Sie birgt einen Reliquienaltar von 1073, einen Lazarus-Altar aus dem 15. Jahrhundert und ein Fayence-Relief mit der Kreuzabnahme von *Luca Della Robbia*.

Moderner Hafen

Die modernen Hafenanlagen befinden sich im Nordwesten. Eine Hafenrundfahrt kann man bis zum Schiffstunnel von *Le Rove* unternehmen. Interessant ist eine Wanderung über die Außenmole.

Les Docs

Zugang über das Backsteingebäude schräg gegenüber dem Ausgang der Metro-Station „Joliette". Der Bürokomplex mit einem Restaurant und Café ist frei zugänglich.

Der „Erdhof" in Les Docs

vier Elemente

Die alten, behutsam restaurierten 7-stöckigen Backsteinspeicher am Hafen haben vier Höfe, die den vier Elementen zugeordnet sind: Erde (mit Palmen), Wasser (der komplette Hof besteht aus Wasser), Luft (nach oben offen) und Feuer (mit vier Lampen in der Mitte). In das Gemäuer sind die schwedische Botschaft und viele Firmen eingezogen, die in ihrem Namen die Worte *Mediterranée* und *Maritim* tragen.

Östlich des Vieux Port

• Abbaye de St. Victor

Beim Besuch der Kirche findet gerade ein Trauergottesdienst statt. Würdevoll tragen vier Männer den Sarg mit Marie durch das Seitenschiff nach vorne zum Altar. Schön sei sie gewesen, Marie, die der Herrgott so früh, allzu früh zu sich

Bureau Méditerrané
heißt das Mammutprojekt am neuen Hafen, in dem bis zum Jahr 2010 auf 300 Hektar Bürogebäude, Kulturprojekte und Firmen der Mikroelektronik entstehen sollen. E i n ehrgeiziges Projekt hat Marseille schon verwirklicht: Die Stadt ist bereits die Nr. 1 unter den Kreuzfahrthäfen Europas.

genommen habe. Hier und da ein Augenwischen in der Trauergemeinde – und dann – ein junges Mädchen in Jeans springt nach vorne und pudert das Gesicht des Pfarrers: In St.Victor wurde gerade ein Film gedreht. Wie so oft in Marseille.

Die wehrhafte, in sich verschachtelte Abtei – sie wurde im 14. Jahrhundert zu einem Bestandteil der Hafenfestung ausgebaut – ist wahrlich filmreif genug. Sie wurde im 5. Jahrhundert n. Chr. von *Johann Cassianus* auf dem Grab des Heiligen *Viktor* errichtet. Der war ein Märtyrer, der zwischen zwei Mühlsteinen zu Tode gemahlen wurde und seither als Schutzheiliger der Müller (und auch der Seeleute) gilt. Die Kirche wurde, nachdem Sarazenen sie weitgehend zerstört hatten, im Jahr 1040 wiederaufgebaut.

geheimnisvolle Katakomben

Neben der Eingangstür führt eine Treppe zu den Katakomben hinunter, ein dunkles, geheimnisvolles Gewirr von Kapellen, Kammern, Nischen und Gängen, die zu den ältesten christlichen Sakralräumen Frankreichs zählen. Der Legende nach soll hier der heilige *Lazarus* zusammen mit seiner Schwester *Maria-Magdalena* gelebt haben, nachdem sie mit dem Boot in der Provence gestrandet waren. Die Grotte des Heiligen *Victor* erkennt man noch an den grünen Kerzenresten, einem Grün, das sonst nur für königliche Siegel verwendet werden durfte! Neben einer schwarzen Madonna sind noch verschiedene Sarkophage, auch von Märtyrern, zu sehen. Alljährlich Anfang Februar findet zu Mariä Lichtmess eine Prozession zur Schwarzen Madonna statt, die mit einer Segnung in der ehemaligen Klosterbäckerei *Four des Navettes* endet.

Abbaye St.Victor – ein wehrhaftes Gemäuer mit einer faszinierenden „Unterwelt"

• Parc du Pharo

Südlich der Hafenausfahrt erstreckt sich auf einer Anhöhe der *Parc du Pharo* mit dem ehemaligen Schloss der Kaiserin *Eugénie* (Gemahlin *Napoleons III.*), die hier, wenn überhaupt, nur eine einzige Nacht geschlafen hat. Von hier aus liegt einem der *Vieux Port* zu Füßen, und die monströse *Cathédrale la Major* wirkt selbst von dieser Warte aus recht beeindruckend.

• Basilique Notre-Dame-de-la-Garde

Protzbau

Ein neo-byzantinischer Protzbau hoch oben über der Stadt, der, wenn schon nicht durch seine Schönheit, so wenigstens durch seine Ausmaße beeindruckt. 1,10 m misst der Handgelenksumfang (!) des Jesuskindes auf der Kuppel der Kirche, der Sockel unter dem Jesuskind und seiner Mutter Maria ist stolze 12,50 m hoch und der Glockenklöppel wiegt immerhin 387 kg. Die Kirche selbst steht auf dem höchsten Punkt der Stadt auf 154 Meter. Solche und andere gewichtige Daten sind auf einem Schild vor der Kirche zu lesen, die anstelle einer 1214 errichteten Kapelle als Teil der großen Bauprojekte des Second Empire im Jahre 1864 eingeweiht wurde. Die zuvor erwähnte, weithin sichtbare Goldfigur zeigte Schiffern oft den rettenden Weg. und so brachten viele Seeleute Schiffsmodelle und Votivtafeln in die Kirche. Unter anderem bedankten sich da einige *dames télégraphistes* bei der Muttergottes, dass sie sie und ihre Familien 1884 vor der Cholera beschützt hatte. Anders als die pompöse Architektur der Basilika ist die der Krypta schlicht – der Architekt wollte den Gegensatz zwischen dem einfachen Leben der Jungfrau Maria und der Herrlichkeit des Himmels unterstreichen. *Notre-Dame-de-la-Garde* gilt heute als Wahrzeichen von Marseille. Tagsüber hat man von hier oben einen überwältigen Ausblick. Am schönsten aber ist die Basilika im warmen Schein der untergehenden Sonne.

im Schein der Abendsonne

Museen

Insgesamt 33 Museen hat Marseille derzeit zu bieten, hier eine Auswahl:

• Centre de la Vieille Charité

Die Charité ist wohl eines der prächtigsten Armenhäuser Europas, 1671 von *Pierre Puget*, einem Schüler *Berninis* errichtet. Um einen rechteckigen Hof gruppieren sich die drei Geschosse des Hospizes, die sich innen zu Arkadengalerien öffnen. Hier wurden Kranke, Arme und Obdachlose untergebracht, aber auch Familien aus dem wegen des Börsenbaus abgerissenen Viertels am Vieux Port. Mittelpunkt des Ensembles ist die Barockkapelle im Hof, die 1704 in elliptischer Form mit eiförmiger Kuppel errichtet und 1863 durch eine klassizistische Vorhalle mit korinthischen Säulen ergänzt wurde. 1962 wurde das Gebäude wegen Baufälligkeit evakuiert und 1985 als Haus für Kunst, Photographie, Konzerte und Ausstellungen wiedereröffnet.

Das Centre de la Vieille Charité *birgt einige sehenswerte Museen und ein empfehlenswertes Café.*

• Musée d´Archéologie de Méditerranéenne – Museum für Mittelmeer-Archäologie

Das Museum ist in drei Schwerpunkte aufgegliedert:

- **Ägyptische Sammlung –** Die außergewöhnlich schöne Sammlung in Räumen, die einem ägyptischen Tempel nachempfunden sind, gilt nach dem Louvre als die bedeutendste ägyptische Sammlung Frankreichs. Unter anderem sind hier mumifizierte große und kleine Krokodile sowie ein 5,64 m langer Papyrus mit dem Totenorakel aus der 26. Dynastie (664–525 v. Chr.) zu sehen. Die

Wenn nichts anderes angegeben (und nicht gerade Bauarbeiten stattfinden), sind die Museen tgl. außer montags und feiertags geöffnet: im Winter 10–17 Uhr und im Sommer 11–18 Uhr.

Sammlung geht auf *Antoine-Barthélemy Clot* zurück, einen Arzt, der in der Zeit der Restauration (nach der napoleonischen Ära) eine Zeitlang in Ägypten arbeitete.

- **Klassische Antike** – Die Abteilung der klassischen Antike zeigt die großen Geschichtsthemen im Mittelmeerraum: der Nahe Osten, Zypern, Griechenland, Groß-Griechenland, Eturien. Hier ist besonders die Sammlung zu zwei Jahrtausenden der Geschichte Zyperns mit 185 Exponaten sehenswert.
- **Prähistorische Lokalgeschichte** – Diese Sammlungen sind um die Überreste von *Roquepertuse* gruppiert, einem wichtigem Zentrum der keltisch-ligurischen Kultur. Besonders interessant sind die Pfeiler mit übereinander angeordneten Schädelmulden, in denen man mumifizierte Köpfe aufbewahrte.

• Museum für afrikanische, ozeanische und amerikanisch-indianische Kunst

In einem dunklen Raum sind hier vor schwarzem Hintergrund afrikanische Masken indirekt angeleuchtet – sehr mystisch! Der Gründer der Sammlung, *Pierre Guerre* (1910–1978), hatte schon mit 12 Jahren seine erste afrikanische Maske gekauft. Ein greller Gegensatz dazu sind die leuchtend bunten Masken und Figuren aus Südamerika.

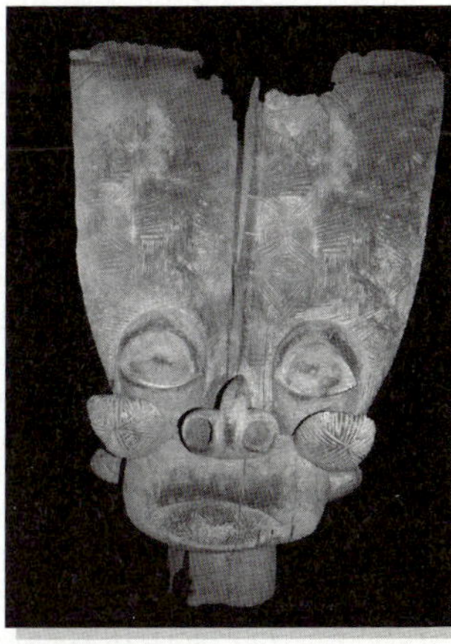

Etwa einen Meter groß ist diese Batcham-Maske aus dem östlichen Kamerun. Weltweit soll es nur noch ein Dutzend dieser Masken geben. Die Sammlungen Ozeaniens und Amerikas umfassen unter anderem Zeremoniell-Paddel, Masken und Schrumpfköpfe.

• Musée de la Marine et de l´Economie (Marinemuseum)

Das Museum ist in der ehemaligen, 1852–60 erbauten Börse untergebracht. Die Stiche, Gemälde und Modelle des Museums zeigen die Wirtschaftsgeschichte der Hafenstadt seit dem 16. Jahrhundert. Hinter der Börse haben neue Ausgrabungen bedeutende Funde aus Marseilles frühgeschichtlicher Zeit zutage gebracht.

• Musée de la Mode

Marine und Mode – beides sind wichtige Marseiller Themen und so liegt denn auch das Modemuseum neben dem Marinemuseum. 6.000 Haute-Couture-Kleider aus der Zeit von 1945 bis heute lagern im Modemuseum. Zum Fundus gehören allein von Chanel über 100 Modelle, weiterhin viele Entwürfe von *Lagerfeld*, *Gaultier* und *Rabanne*. Die Kleider werden in Wechselausstellungen gezeigt. Wann hat man schon Gelegenheit, so hautnah Haute-Couture Mode zu sehen?

Und die kann auch für Modemuffel ganz interessant sein, wie zum Beispiel in der *Balmain-Ausstellung* des Jahres 2003. Sehr sehr merkwürdige Kleider waren hier teilweise zu bestaunen, Kleider, die grübeln lassen, wer sich diese denn angetan hat und unter welchen ödipalen oder sonstigen Komplexen ihr Schöpfer *Erik Mortensen* denn so gelitten hatte. Mortensens Psyche konnte nicht geklärt werden, aber die Frage, wer die Kleider getragen hatte: Niemand – es waren nur Modelle für den Laufsteg.

• Palais Longchamp

Ein grandios-pompöser **Bau** aus dem Second Empire mit Säulengang und Triumphbogen. Das Palais bildet den prachtvollen Abschluss eines nicht mehr in Betrieb befindlichen Kanals, mit dem der Ingenieur *Franz Mayor de Montricher* nach der verheerenden Trockenheit von 1834 Wasser aus der Durance in die von Bevölkerungsexplosion gezeichnete Stadt leitete (Bauzeit von 1862–69). Was gibt es an diesem Gebäude nicht alles zu bestaunen: allegorische Darstellungen der Durance, von Korn und Wein, zwei Renaissance-Eckbauten, einen römischen Triumphbogen, italienischen Palazzo-Stil, eine der Peterskirche in Rom nachempfundene *Bernini-Galerie* ...

Außerdem sind rechts und links des Palais Longchamp einige Museen untergebracht:

Musée des Beaux-Arts – Museum der schönen Künste

im linken Flügel des Palais Longchamps

Das Museum wurde im Jahr 1800 gegründet, um einen Teil der Beutekunst aufzunehmen, der von den Truppen der Revolution und *Napoleon Bonaparte* zusammengeraubt wurde. Nun war Napoleons Geschmack nicht immer der sicherste und entsprechend pathetisch sind manche der Riesengemälde dieses Museums.

grausige Detailfreude

Ausgestellt sind unter anderem italienische, holländische, flämische und französische Gemälde des 16. bis 19. Jahrhunderts, darunter vier Bilder von *Rubens*. Weiterhin schöne Hafenszenen von *Joseph Vernet* und Werke von *Ingres* und *David*. Von geradezu grausiger Detailfreude sind die beiden großen Bilder, die die große Pest von 1720 zeigen. Etwa in der Szene, wo ein kleines Kind noch an der Brust seiner toten Mutter liegt. Der katalonische Künstler *Michel Serre* (1658–1733) hat die Bilder seinerzeit von einem im Hafen verankerten Schiff aus gemalt und die Wirklichkeit sehr gut dargestellt. Da das Rathaus am alten Hafen heute noch genauso aussieht wie auf dem Bild, kann man sich das gut vorstellen.

Vorbild des Vincent van Gogh

Im ersten Stock sind hauptsächlich französische Malereien des 18. und 19. Jahrhunderts zu finden. Aber am interessantesten sind zweifellos die mit kräftigem Pinselstrich gemalten Bilder des zeitlebens unverstandenen und durstigen *Adolphe Monticelli* (1824–86), denn sie waren – wie man unschwer erkennen kann – Vorbilder des großen *Vincent van Gogh*. Die 36 kleinen Bronzebüsten französischer Parlamentarier sind nach Karikaturen des berühmten Satirikers *Honoré Daumier* (1808–79) angefertigt. Weil er den Bürgerkönig *Louis-Philippe* lächerlich gemacht hatte, musste er zur Strafe ein halbes Jahr hinter schwedischen Gardinen sitzen.

Musée d´Histoire Naturelle – Naturkundemuseum
im rechten Flügel des Palais Longchamp

Das etwas verstaubt wirkende Museum mit dem Charme der Naturkundemuseen des 19. Jahrhunderts beherbergt einen ganzen Zoo an ausgestopften Tieren, daneben auch Säuger der Vorzeit und mineralogische Sammlungen. Es war noch die Zeit, als man sich mehr für das Aussehen der Tiere interessierte als für deren Verhalten.

- **Musée Grobet-Labadié**

schräg gegenüber dem Palais Longchamnp

Das Museum besitzt die intime Atmosphäre eines Stadtpalais aus dem 19. Jh. mit den Sammlungen eines Paares von Kunstliebhabern, dem Musiker *Louis Grobet* und *Marie Louise Labadié*. Zu sehen sind Skulpturen, Gemälde und Zeichnungen, Möbel, Wandteppiche und Fayence vom 13. bis zum 18. Jahrhundert.

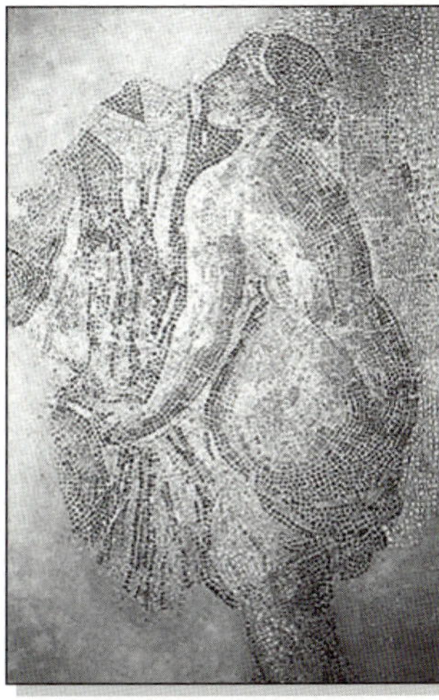

Stolz auf ihre üppigen Formen scheint die schwarze Schöne gewesen zu sein, die auf einem Mosaik aus dem 3. Jahrhundert abgebildet ist.

- **Musée du Vieux Marseille**

Neben provenzalischen Trachten sind hier auch Krippen aus dem 18. Jahrhundert und eine Sammlung von Tarot-Karten zu sehen, die früher in Marseille hergestellt wurden. Der Tarot von Marseille war der berühmteste Tarot des 18. und 19. Jahrhunderts, einer Zeit, als in Marseille viele Spielkarten-Hersteller ansässig waren. Ein eigener Raum ist der großen Pest von 1720 gewidmet, ein anderer dem Marseille des 19. Jahrhunderts.

- **Musée des Docks romains**

In der Antike reichte das Meer weiter ins Landeinnere als heute. So lagen auch die Hafenanlagen etwas weiter im Landesinneren. Überreste davon hat man bei Bauarbeiten gefunden. Entdeckt wurden auch römische Lagerhallen aus dem 1. bis 3. Jahrhundert. In den in den Boden eingelassenen Tonbehältern wurden einst Wein, Öl und Getreide gelagert.

- **Musée d'Histoire de Marseille** und **Jardin des Vestiges**

Reste eines Wracks

Als in den 1970er Jahren das Einkaufszentrum *Centre Bourse* gebaut wurde, stieß man auf die Reste des – bis dato unbekannten – alten Hafens von Marseille. Und noch besser: Man fand das Wrack eines römischen Handelsschiffes, gebaut aus verschiedenen Hölzern: der Kiel aus Zypressenholz, die Dübel und Bolzen aus Olivenbaum und grüner Eiche, der Vordersteven aus Schirmkiefer, die Beplankung und Innenverkleidung aus Lärche und Aleppo-Kiefer. Interessant ist auch eine Amphore aus dem 3. Jh. n. Chr. mit penibel eingeschichteten Sardinen. In der

Zangen für die Kranken

Abteilung „Mittelalterliche Geschichte" ist ein Türwächterviertel aus dem 13./14. Jahrhundert zu sehen. Weiterhin informiert das Museum über die große Pestepidemie von 1720, in den Vitrinen liegen unter anderem Zangen, mit denen man die Pesttoten am Handgelenk greifen konnte oder Zangen, mit denen man Kranken die heilige Kommunion oder die letzte Ölung geben konnte.

grüne Lunge

Man gelangt durch das Museum in den **Jardin des Vestiges**, wo Teile der Stadtmauer, der Kaianlagen und Straßen des griechischen Massalia freigelegt wurden. Ein ruhiges, grünes Plätzchen mitten in der Stadt.

- **Musée de la Moto – Motorradmuseum**

Das Motorradmuseum ist in einer ehemaligen Mühle, einem schönen Beispiel der Industriearchitektur vom Ende des 19. Jh. untergebracht. Die Sammlung zeigt die Entwicklung der Technologie und der Mechanik von 1898 bis heute.

Moderne Kunst sieht man im **Fonds régional d´art contemporain (FRAC)**. Neben diesem renommierten Zentrum für Gegenwartskunst, untergebracht in einem ehemaligen Kloster, zeigt auch das **Musée d´Art Contemporain** moderne Kunst (ab 1960), ausgestellt sind unter anderem Werke von *César*, *Rauschenberg* und *Balkenhol*.

- **Musée Cantini**

Moderne und zeitgenössische Kunst hinter den Mauern eines *Hôtel particulier*. Unter anderem hängen hier Werke von *Ernst*, *Giacometti*, *Kandinsky* und *Balthus*.

- **Musée des Arts et Traditions Populaires du Terroir Marseillais**

1928 im *Château-Gombert* (im Norden von Marseille) von *Julien Pignol* eingerichtetes Museum, *Pignol* war Mitglied der berühmten *Félibres*. Thema dieses Museum ist das Leben in der Region um Marseille vom 17. bis zum 19. Jahrhundert. Zum Museum gehört das Restaurant *La Table Marseillaise*.

Corniche Präsident J. F. Kennedy

malerisches Vallon des Auffes

Diese Höhenstraße entlang des Meeresufers beginnt bei der kleinen Bucht *Anse des Catalans* (Strandbad). Sie führt durch das malerische kleine Tal *Vallon des Auffes*, schneidet die Landzunge *Pointe d´Endoume* ab, auf der das Aquarium liegt, und gelangt dann zu dem weitläufigen *Parc Borely*. Nach dem *Prado* geht sie in eine Straße über, die um das *Cap Croisette* läuft und nach 12,5 km in *Callelongue* endet.

Parc Borély

französischer und englischer Garten

Ein Park, der Drehort für Filme von *Marcel Pagnol* war, der kann nur schön sein. Inmitten der Anlage, bepflanzt als formaler französischer und englischer Landschaftsgarten, steht das Schloss *de Borély*, errichtet von einem reichen Kaufmann

INFO Cité Radieuse – die Stadt der Verrückten

Boulevard Michelet, Metro 2 bis Métro-Station Round-Point-du-Prado, weiter mit Buslinie 21. Die Ladenpassage im dritten Stock des Gebäudes und die Dachterrasse sind frei zugänglich (falls die Terrasse geschlossen ist, auf jemanden warten, der die Codenummer kennt oder im Hotel Corbusier nachfragen). Im Corbusier-Hotel im 3. Stock kann man auch um die Besichtigung einer der Wohnungen bitten. (Das geht unkompliziert, der Rezeptionist geht mit nach oben und zeigt die Wohnung.) Am besten kommt man unter der Woche, wenn sowohl das ganze Haus als auch die Dachterrasse mit Leben erfüllt sind.

Ach, hätte er doch geschwiegen und nicht von „Wohnmaschinen" geredet, die perfekt wie Flugzeuge oder Autos funktionieren. Dann hätte an seiner Schöpfung vielleicht nicht so hartnäckig das Etikett der Maschine, des Technischen geklebt. Dann hätte man vielleicht eher verstanden, dass *Le Corbusier* hier die Vision hatte, kollektive und individuelle Notwendigkeiten menschlichen Miteinanders zu vereinen. Wohneinheiten nach der Art eines Einfamilienhauses sollten in eine große, vertikal geschichtete Gemeinschaft eingebettet werden. Wohnen, Einkaufen, Erholen, Bilden – alles unter einem Dach. Sogar an ein Hotel für die Besucher der Bewohner hatte er gedacht. Diese Lebensform sollte dank ihrem gut organisierten System den horizontal angelegten, althergebrachten Wohngemeinschaften der Städte oder Vorstädte nicht nur ebenbürtig, sondern sogar überlegen sein und durch die enge Verschachtelung die das Haus umgebende Natur erhalten. Schon 1922 hatte *Le Corbusier* seinen Plan für „eine zeitgenössische Stadt von drei Millionen Einwohnern" entwickelt – und das zu einer Zeit, als das Lebensmodell Stadt dem Lebensmodell Dorf als weitaus unterlegen galt.

> *„Ein Ereignis von umwälzender Bedeutung: Sonne, Raum, Grünflächen. Wenn man will, dass die Familie in der Intimität der Stille und der Natur gemäß lebt .., tut man sich zu 2.000 Personen zusammen, nimmt sich bei der Hand, geht durch eine einzige Türe zu vier Lifts für je 20 Personen ... Man wird so Abgeschlossenheit und die unmittelbare Verbindung von außen und innen genießen. Die Häuser werden 50 m hoch sein. Kindern, Jugendlichen und Erwachsenen steht der Park um das Gebäude herum zur Verfügung. Die Stadt wird im Grünen liegen und auf dem Dach befinden sich Kinderkrippen."*
> Le Corbusiers Vision der zukünftigen Cité Radieuse

Die französische Regierung hatte *Le Corbusier* den Auftrag gegeben, einen Marseiller Wohnblock als Prototyp zu errichten, Kosten spielten keine Rolle. 138 m lang, 25 m breit und 56 m hoch ist das 1952 eingeweihte „soziale Laboratorium", in dem 900 Bewohner in 337 Apartments lebten. Das Gebäude erinnert in den Dachaufbauten entfernt an einen Ozeandampfer. Die Marseiller konnten sich jedoch mit Corbusiers Haus auf Betonstelzen nicht anfreunden. Denn durch diese hatte das Haus das im Süden Frankreichs so wichtige Erdgeschoss verloren. Jahrelang galt es eher als eine zweitrangige Adresse, bis in den 1970er Jahren für den steinernen Ozeandampfer der Kurswechsel begann und es wieder schick wurde, hier zu leben. Nicht nur Wohlhabende, sondern auch Intellektuelle wohnen hier gerne. Das Corbusier-Haus ist mittlerweile ein Wallfahrtsziel junger Architekten, denn was bei *Le Corbusier* eine er-

Cité Radieuse
Corbusier-Haus

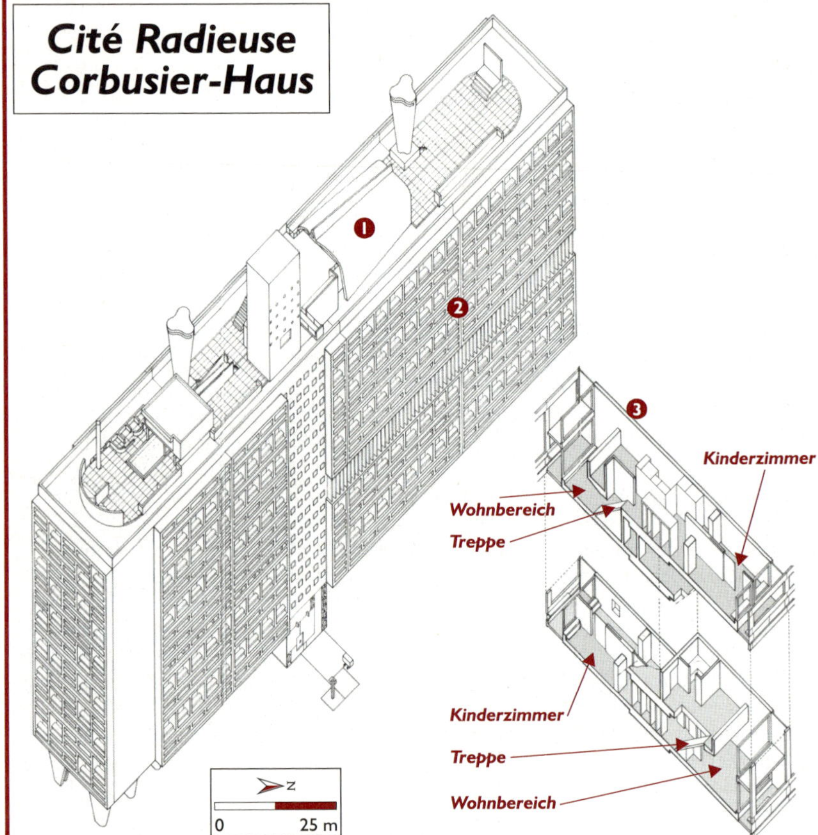

1 **Dachterrasse**
Auf dem 18. Geschoß wurde die Dachterrasse, dem Deck eines Ozeandampfers vergleichbar, mit verschiedenen Gemeinschaftseinrichtungen ausgestattet: Kinderspielplatz, Kindergarten, Sporthalle für Erwachsene, ein kleines Planschbecken, Freilichttheater und sogar mit einer 300 m langen Laufstrecke.

2 **Apartments**
Der Wohnblock enthält 337 Apartments. Sie sind in 23 verschiedene Typen unterteilt (sowohl für Singles als auch für große Familien) entsprechend der Aufteilung ihrer drei genormten Elemente. Der Wohnraum ist zweigeschossig mit einer lichten Höhe von 4,88 m und hat ein Fensterelement von 3,66 m Breite. Die Terrassentüren sind aufklappbar und haben eine hölzerne Türschwelle, auf der man sitzen kann. Ein weiteres Detail: Die Fensterfront ist perspektivisch angelegt.

3 **Küche**
Wichtig war eine optimale Raumausnutzung, wobei - damals ein Novum - die Hausfrau während des Kochens mit ihrer Familie und den Freunden kommunizieren konnte. Die Boxen vor der Tür waren für Milch, Baguettes und die Zeitung gedacht. Alles war durchgeplant bis hin zu einem ausziehbaren Gemüsebrett.

staunliche Leichtigkeit ausstrahlt, verkam bei den Nachahmern meist zu seelenlosen Betonklötzen.

Dass das Corbusier-Haus bis heute nicht unumstritten ist, zeigt vielleicht am besten der vom Office de Tourisme von Aix-en-Provence herausgegebene „Führer für Reisende", in dem über das *Quartier Mazarin* in Aix zu lesen ist: „Hier drückt sich die Atmosphäre von Aix aus: feierlich, ohne schwerfällig zu werden, raffiniert, ohne arrogant zu sein [...] Dieses Gleichgewicht erinnert an die Notwendigkeit, in der Architektur Ordnung und Unordnung, Vorschrift und Initiative, durchdachte Klassik und überschwänglichen Barock in Einklang zu bringen. Es ist eine Lehre, die die funktionalistischen Architekten der Nachkriegszeit nicht berücksichtigen wollen. Vielleicht wird deshalb die „Cité Radieuse" von Le Corbusier von den gebürtigen Marseillern das „Haus des Fada" (Verrückten) genannt?" Vielleicht ja, aber vielleicht haben die Leute vom Touristenbüro von Aix einfach nur *Le Corbusier* nicht verstanden. Er selbst nannte es „la Maison du Bonheuer" (Haus des Glücks). Vielleicht war *Le Corbusier* kein Verrückter, sondern einfach ein Mensch, der neue Wege ging. Er wäre nicht der Einzige in der Geschichte der Provence.

Übrigens: Die Fertighausfirma Weber Haus im badischen Rheinau hat seit Sommer 1993 das „modulare Hauskonzept Option" im Programm. Es erinnert stark an die Wohnungen im Corbusier-Haus und schon bald, nachdem „Option" auf dem Markt war, wurde es ein Verkaufsschlager. Und so könnte dieser Wohncontainer, den man liebt oder hasst, doch eine Verwirklichung von Le Corbusiers Traum einer Wohnwelt ohne Zersiedlung und Landschaftsvernutzung sein. Allerdings nicht in der vertikalen, sondern in der variablen Variante.

in den Jahren 1767–1778. Ganzjährig tummeln sich hier Jogger, einmal jährlich schaut ganz Frankreich gespannt auf die hier stattfindenden Weltmeisterschaften im Boule-Spiel. Aber auch Pflanzenfreunde kommen auf ihre Kosten: im Rosengarten oder im tropischen Gewächshaus.

Das moderne Marseille

• Friche La Belle de Mai

nördlich des Bahnhofs Saint-Charles
23, rue Guibal und 41, rue Jobin, Tel. 04/95049503, Fax 04/95049500, www.lafriche.org

«Friche» bezeichnet eigentlich brach liegendes Ackerland; in diesem Fall handelt es sich jedoch um eine riesige, sich über drei separate Areale erstreckende ehemalige Tabakmanufaktur. Heute ist sie ein alternatives Kulturzentrum mit Veranstaltungen aller Art.

Einige Stadtteile von Marseille

• L'Estaque

„Es ist wie eine Spielkarte: rote Dächer vor blauem Meer", pries *Paul Cézanne* im Juli 1876 gegenüber *Camille Pisarro* das Fischerdorf Estaque westlich von Marseille. An seinen Freund *Emile Zola* schrieb er: „Ich habe ein kleines Haus in Estaque gemietet, ein wenig oberhalb des Bahnhofes [...] Wenn man gegen Sonnenuntergang die Anhöhe besteigt, hat man einen schönen Panoramablick vor dem Hintergrund von Marseille und den Inseln, das alles des Abends in einen sehr dekorativen Effekt gehüllt". Cézannes Besuch sollte der Anfang der modernen Landschaftsmalerei und der klassischen Moderne überhaupt sein. Andere Künstler sind *Cézanne* gefolgt: *Renoir, Braque, Dufy, Derain, Friesz* und *Marquet.* Ansichten des damaligen Fischerdorfes hängen heute in den größten Museen der Welt.

Beginn der klassischen Moderne

Heute ist l´Estaque ein kleiner malerischer Hafen, umgeben von ein bisschen Dorf und einem dicken Gürtel von Wohnsiedlungen, Rückzugspunkt der aus dem Stadtzentrum verdrängten Immigranten. Örtliche Spezialität sind (meist samstags) die *„chichi frégi"*, längliche Krapfen aus Mehl, Wasser und sehr viel Fett, die wegen ihrer Form nach einem provenzalischen Slangwort für das männliche Geschlecht benannt sind. Unter der Woche kann man hier sehr günstige Mittagsmenüs bekommen.

• Quartiers chauds

Die sogenannten „heißen Viertel" im Norden der Stadt stammen aus den 1960er Jahren und sind eine entsprechende Ansammlung von Wohnklötzen, wie sie sich *Le Corbusier* sicherlich nicht vorgestellt hat. Diese Viertel sind gewiss keine pittoresken Touristengegenden, sondern ein sozialer Brennpunkt, bewohnt größtenteils von Immigranten aus Algerien. Von hier stammt aber auch *Zinedine Zidane*, und der ist immerhin der teuerste Fußballspieler aller Zeiten, seine schnellen Beine gingen seinerzeit für 500 Millionen Francs über den Rasen.

heiße Viertel

Inseln vor Marseille

• Frioul-Inseln

Die Inselgruppe in Sichtweite von Marseille umfasst die Inseln *Pomegues* und *Ratonneau* (die beiden sind durch die Mole eines gemeinsamen Hafens miteinander verbunden),

> Schon im 18. Jahrhundert mussten die Schiffe, bevor sie in den Hafen von Marseille eingelaufen sind, zuerst für 40 Tage auf den *Frioul-Inseln* in Quarantäne liegen. An die 500 Schiffe alljährlich waren es, die in den Hafen der *Ile Pomegues* eingelaufen sind. Hier wurden im Hospital Caroline die vom Fieber befallenen Matrosen behandelt. Viele Schiffe und Menschen produzieren über drei Jahrhunderte auch viel Abfall – im Hafen von *Pomegues* wurden über zwei Meter Abfall gefunden: von Geschirr und Töpfen bis hin zu holländischen Pfeifen aus Gouda aus dem 17. und 18. Jahrhundert. (War jemand gestorben, warf man seine Pfeife ins Meer, die dort auf dem Boden zerbrach. Von diesem Brauch kommt der Ausdruck „casser sa pipe" – seine Pfeife zerbrechen – für sterben.)

die Mininsel *Tioulen* und das ebenfalls sehr kleine Eiland *If*. Von diesen vier Inseln sind *Ile Ratonneau* und *Ile Pomegues* die weitaus größten, sie waren einst königliche Jagdreviere und wurden Anfang des 19. Jahrhunderts als Quarantänestation benutzt, da dort ein „reinigender" Wind blasen würden. Auf *Ile Ratonneau* sind noch Ruinen des Caroline-Krankenhauses übrig geblieben, hier waren einst die an Gelbfieder Erkrankten untergebracht. Am bekanntesten und berühmtesten von der Gruppe ist das Felsinselchen *If* mit dem gleichnamigen Château.

Quarantäne

- **Insel If mit Château d'If**

Hinkommen: im Sommer fahren mehrmals täglich Ausflugsboote ab dem Quai des Belges in 30 Minuten zur Insel hinüber.
Da man während der Überfahrt meist ziemlich kräftigen Winden und Wasserspritzern ausgesetzt ist, sollte man sich entsprechend kleiden.

Die Festung (traumhafter Ausblick!), sehr passend nach der Eibe – dem Totenbaum – benannt, wurde 1524–28 als Vorwerk zum Schutz der Marseiller Bucht erbaut, kriegerische Handlungen haben im *Château d'If* allerdings nie stattgefunden. Ab 1634 saßen dann hier Gefangene ein, von denen die Edlen das Privileg hatten, in den weniger feuchten Zellen im oberen Stock zu schmoren und somit die größte Überlebenschance zu haben. Die anderen verließen das Château meist schon vor Ende ihrer Haftzeit, liegend im Leichensack. Marschall *Vauban* hatte einmal das Gefängnis besucht und anschließend geschrieben:, er habe „wegen der vielen Gefangenen, die sich dort aufhielten", das Innere nicht sehen können.

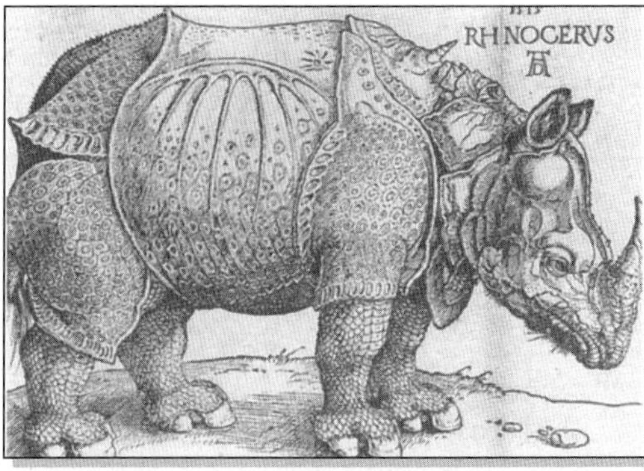

Als König François I. *die bis dahin unbewohnte Insel* If *besuchte, traf er dort ein einsames Nashorn an. Das war ein Geschenk eines indischen Maharadschas an den König von Portugal, der, wie bei Gastgeschenken ja oft üblich, dieses wieder weiter verschenkte und zwar an den Papst. Der hatte wohl gerade niemanden, an den er das Nashorn weiterreichen konnte und so landete das Tier auf* If *und wurde somit der erste Einwohner des felsigen Inselchens.*

Château d'If „beherbergte" unter anderem:

· als ersten Gefangenen einen Ritter namens *Amseln*, der erwürgt in seiner Zelle starb;

· 3.500 Protestanten, die in den Jahren 1545 bis 1750 zu den Galeeren verurteilt wurden;

· einen gewissen *Niozelles*, der sechs Jahre aufgebrummt bekam, weil er unverschämterweise in des Königs Anwesenheit den Hut aufbehalten hatte;

· einen Seemann, der seinen Kapitän angegriffen hatte und dafür 30 Jahre Strafe verbüßte;

· den jungen *Mirabeau*, der hier wegen seiner Schulden auf Befehl seines Vaters sechs Monate eingesperrt war. *Mirabeau* äußerte sich sehr löblich über den Komfort seiner Zelle und hatte auch am Essen nichts auszusetzen. Böse Zungen behaupteten, seine Zufriedenheit hätte viel mit den Reizen der Kantinenwirtin zu tun gehabt,

· einen unzüchtigen Einsiedler, der auf dem Scheiterhaufen endete, sowie einen jesuitischen Polemiker;

· den Kapitän des Schiffes „Grand Saint-Antoine", das 1720 die Pest nach Marseille gebracht hatte;

· politisch Internierte von 1848.

· Der *Mann mit der eisernen Maske* und der *Marquis de Sade* haben – entgegen anderer Berichte – das Château nie betreten. Auch gibt es keinerlei historischen Nachweis, dass *Abbé Faria* und *Edmond Dantès* aus dem Werk „Der Graf von Monte Christo" von *Alexander Dumas* hier wirklich eingesessen sind. Was aber nichts macht, denn es gibt im Château d'If ein Loch, durch das der Graf von Monte Christo (angeblich) gekrochen ist – das sollte Beweis genug sein!

Edmond Dantès, *der Romanheld aus dem „Graf von Monte Christo", legte sich an Stelle der Leiche seines Gefährten Abbé Faria in dessen Leichensack, ließ sich mitsamt dem Sack ins Meer werfen und konnte so aus* Chateau d'If *entkommen.*

• Inseln des Riou-Archipels

Taucherparadies

Hier irgendwo auf diesen kargen Inseln südlich von Marseille soll sich der Mafiapate *Jacques der Verrückte* zur Ruhe gesetzt haben. Die *Ile Maire* wurde bis auf den letzten Grashalm von Ziegen abgeweidet. Auf den *Iles de Jarre et de Jarron* lagen Pestschiffe in Quarantäne und von hier nahm die Pestepidemie von 1720 ihren Ausgang. Die *Ile de Riou*, die steilste dieser Inseln war früher für ihre Wanderfalken berühmt, der letzte wurde 1971 abgeschossen. Heute ist sie noch Nistplatz großer Vogelkolonien. Sie wird auch *Ile aus Rats* – Ratteninsel – genannt, und gilt als ein Taucherparadies. Hier liegen die „Impériaux" mit Flach-, Mittel- und Hochseezonen, hier sind Zackenbarsche, Hornkorallen und rote Korallen zu entdecken.

Zwischen Marseille und Cassis liegt das traumhaft schöne Gebiet der Calanques – ein Bade-, Kletter-, Wander- und Taucherparadies.

14. ENTLANG DER KÜSTE IN DAS MASSIF DE LA SAINTE BAUME

Die Calanques

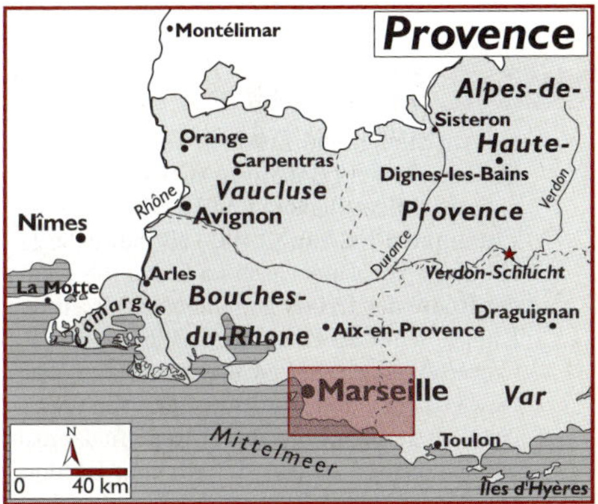

© igraphic

Ob die *Calanques* (calanco = schroff, steiler Hang) nun zu Marseille oder zu Cassis gehören, mag den beiden Städten überlassen bleiben, die jeweils diese Naturschönheiten für sich reklamieren. Die tief in die Kalksteinfelsen eingeschnittenen *Calanques* mit ihrem türkis schimmernden Wasser sind auf jeden Fall die Hauptattraktion des rauen Küstenabschnitts zwischen Marseille und Cassis. Es sind ehemalige Flusstäler, die nach den großen Eiszeiten des Quartärs durch den ansteigenden Meeresspiegel überschwemmt wurden. Solche Schwankungen des Meeresspiegels haben sich durch den Wechsel von Eiszeit und Zwischeneiszeit der letzten zwei Millionen Jahren ergeben. Als dann vor 10.000 Jahren das Wasser zum letzten Mal auf eine Durchschnittshöhe von 100 m anstieg, überflutete es auch von den Urmenschen bewohnte Höhlen – eine von ihnen wurde mittlerweile gefunden, die legendäre *Grotte Cosquer*.

ehemalige Flusstäler

Die Calanques sind meist nicht länger als 1,5 km und setzen sich unter dem Meeresspiegel fort. Sie sind mit den *arbers* der Bretagne vergleichbar, aber nicht mit den norwegischen Fjorden, da diese durch Gletscher gebildet wurden.

Das Massiv der Calanques, mit einer Fläche von 5.000 Hektar, ist seit 1975 ein Naturschutzgebiet. Hier ist es an manchen kalten Tagen, wenn durch das nur wenige Kilometer entfernte Marseille der Mistral peitscht um 10 Grad wärmer als in der Stadt. Durch die Sonneneinstrahlung auf die kahlen Felswände und die vor dem Mistral geschützte Lage herrscht hier ein warmes Mikroklima, in dem seltene tropische Pflanzen sogar die Kälteperioden des Quartärs überlebt haben. Pflanzen- und Tierfreunde finden hier seltene Gattungen wie das Gouffé-Gras. Die Calanques sind ein bevorzugter Ort für Wanderer, Kletterer, Taucher und Kajakfahrer.

Entlang der Küstenlinie, an der die Calanques liegen, führt der Wanderweg GR98 (mit Varianten 98A und 98B) von Callelongue (hier endet die befestigte Straße) nach Cassis. Wer entlang der Küste wandern will, folgt dem bei der Calanque de

Port Miou beginnenden GR98B, etwas mehr im Hinterland verläuft der GR98A. Die etwa 28 km lange Route führt in 11 bis 12 Stunden an steil aufragenden Felsen vorbei auch zu den verstecktesten Calanques.

Die besten französischen Alpinisten wie *Gaston Rebuffat, Lionel Terrey* (1930er und 40er Jahre), *Patrick Edlinger* (1980er) und

Redaktions-Tipps

- **Anschauen und Erleben**: Von den *Calanques*, den fjordartigen Einbuchtungen zwischen Marseille und Cassis, gilt die **Calanque d´En-Vau** (S. 483) als die schönste. Die Fahrt von Cassis nach La Ciotat führt auf der **Route des Crêtes** an Frankreichs höchster Klippe, dem **Cap Canaille** (S. 485), vorbei. Cineasten pilgern in La Ciotat zum **Kino Eden** (S. 487), denn dort wurde der erste Kinofilm der Welt gezeigt. Ruhe und Frieden findet man auf dem **Gros Cerveau** (S. 490) nahe Bandol. Das **Massif de Ste.Baume** (S. 493) gilt – dank religiöser Verehrung seit undenklichen Zeiten – heute als der einzige noch erhaltene provenzalische Wald. In der schönsten gotischen Kathedrale der Provence, in **Saint-Maximín-la-Sainte-Baume** (S. 494), ruhen die Reliquien der heiligen Maria Magdalena in einem überaus kunstvoll gearbeiteten Sarkophag.
- **Übernachten**: In einer ruhigen Straße in Cassis wartet das Hotel **Le Clos des Aromes** mit Zimmern im provenzalischen Stil und einem schattigen Innenhof auf. Am Ostrand von La Ciotat führt eine Treppe zur von Klippen gesäumten **Calanque de Figuerolles**, wo man in einer **„unabhängigen Republik“** übernachten kann. Gémenos ist ein wunderbarer Ausgangspunkt für Entdeckungen dieser Region! Und hat zwei empfehlenswerte Herbergen: für den schmaleren Geldbeutel **Le Provence** und für den besser gefüllten **Hotel-Restaurant Le Relais de la Magdelaine** – ein wahrlich filmreifes Anwesen.

© graphic

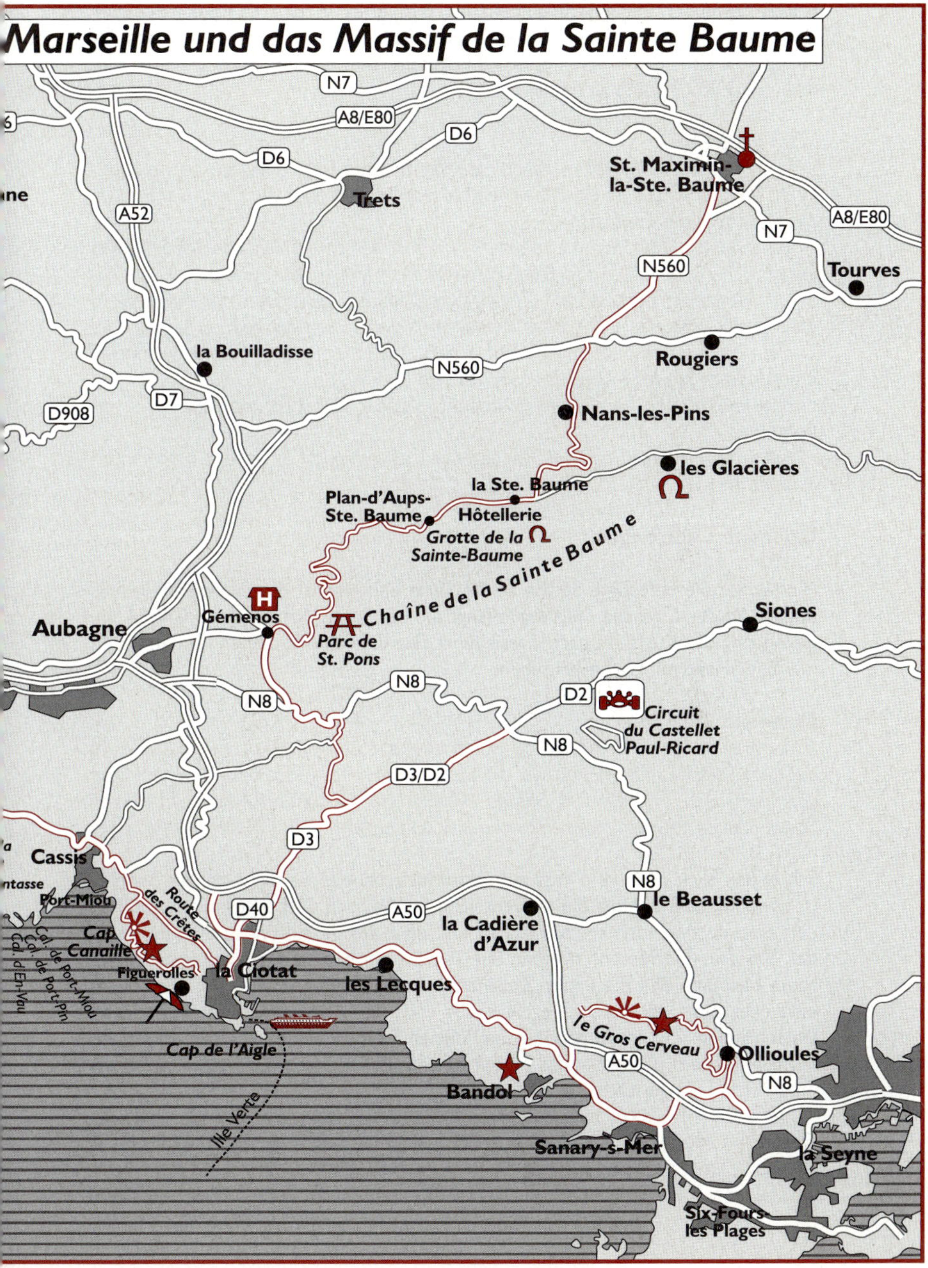
Marseille und das Massif de la Sainte Baume
N7
A8/E80
D6
D6
St. Maximin-
la-Ste. Baume
Trets
A52
A8/E80
N7
N560
Tourves
la Bouilladisse
N560
Rougiers
D7
D908
Nans-les-Pins
les Glacières
la Ste. Baume
Plan-d'Aups-
Ste. Baume
Hôtellerie
Grotte de la
Sainte-Baume
Chaîne de la Sainte Baume
Gémenos
Aubagne
Parc de
St. Pons
Siones
N8
N8
D2
Circuit
du Castellet
Paul-Ricard
N8
D3/D2
D3
Cassis
Port-Miou
Route
des Crêtes
Cap
Canaille
Cal. de Port-Miou
Cal. de Port-Pin
Cal. d'En-Vau
N8
le Beausset
D40
A50
la Cadière
d'Azur
Figuerolles
la Ciotat
les Lecques
Cap de l'Aigle
le Gros Cerveau
Ollioules
A50
N8
Bandol
Ile Verte
Sanary-s-Mer
la Seyne
Six-Fours-
les-Plages

Francis Legrand (1990er) trainierten und trainieren an den Küstenklippen der Calanques. Wenn die Alpen längst eingeschneit sind, kann man hier noch im milden und sonnigen Klima klettern – insgesamt sind an den Felsen um Marseille mehr als 3.000 Routen zu finden.

Hinweise

· Ab Marseille gibt es Fahrten zu den meisten Calanques, aber ohne Badestopp. Von Cassis aus ist ein Badeaufenthalt vorgesehen, aber die Fahrt führt nur in die Calanques des Ostmassivs.

· Besonders in den Sommermonaten werden bei den Calanques häufig Autos aufgebrochen. Man sollte also keine Wertsachen im Wagen zurücklassen.

· Mit Ausnahme der direkten Zugangswege zu den Calanques, der Fußwege in Meeresnähe und des GR ist das Wandern in dieser Gegend vom 1. Juli bis zum zweiten Samstag im September nicht erlaubt. Als Orientierungshilfe für Wanderer empfiehlt sich die IGN-Karte Nr. 169, Maßstab 1:15.000)

· Pflanzen pflücken, abseits der Wanderwege gehen, Rauchen und Feuer sind verboten!

· Auf jeden Fall muss man auf Wanderungen ausreichend Getränke mitnehmen, da es keine Trinkwasserstellen gibt.

Calanque Callelongue

Hier endet die befestigte Straße ab Marseille und hier ist die Endhaltestelle des Busses. An der *Calanque Callelongue* fängt die berühmte Wanderroute GR98A an, die entlang der Küste bis nach Cassis führt. Die Calanque hat einen kleinen Hafen mit einer Handvoll Fischerhäuschen.

Calanque Sormiou

Von Marseille über die Avenue du Hambourg und Chemin de Sormiou. Das Auto auf dem Parkplatz lassen, von wo die Straße gesperrt ist. Zur Calanque geht man von hier aus zu Fuß etwa ½ Stunde Hinweg und ¾ Stunde Rückweg. Man kann Sormiou auch mit dem Auto erreichen (nur von September bis Mitte Juni).

Schon der Blick oben vom Pass auf das türkisfarbene Meer der *Calanque Sormiou* ist atemberaubend. Auch die kurvenreiche Straße nach unten ist interessant. Aus der Zeit, als hier noch Landwirtschaft betrieben wurde, sind noch die Überreste der *bancaous* (Terrassen) sichtbar. Die Familie, die das Land um Sormiou besaß, baute hier um 1894 die ersten *Cabanons* – heute sind es an die 100 Hütten, ein niedliches Dorf mit roten Ziegeldächern und mit wildem Wein überwachsenen Gartenlauben. Zur Idylle gehören ein kleiner Strand und ein winziger Hafen. Im *Restaurant Lunch* plätschert das Mittelmeer an die Terrasse, hier gibt´s – natürlich – herrliche Fischgerichte.

Calanque Morgiou

Ab Marseille wie oben beschrieben nach Sormiou fahren, beim Intermarché nach links abbiegen und vorbei am Gefängnis Baumettes der Beschilderung „Calanque Morgiou" folgen. Ab dem Parkplatz beim Einbahnstraßenschild etwa 45-minütiger Abstieg zur Calanque.

INFO

Groß wie ein Taschentuch – die Cabanons in den Calanques

Das *Cabanon*, eine Art Wochenendhaus, gehört zum historischen Erbe von Marseille. Es entstand und entwickelte sich ab dem 19. Jahrhundert, als die Stadt immer größer und reicher wurde. In Wirklichkeit ist es mehr als nur eine einfache Hütte oder Gartenlaube, wo Werkzeug und Geräte abgestellt werden, mehr als ein kleines Haus, wo man ab und zu wohnt, wenn man den Acker bearbeitet, zur Jagd geht oder angelt. Das *Cabanon* ist mehr als nur das, es ist ein wichtiges Zeugnis der Freizeitkultur aller sozialen Schichten. Dieser Baustil ist die Folge einer etwas ungeordneten Bebauung in den Hügeln, aber vor allen in den *Calanques*.

Das *Cabanon* ist eine bescheidene Konstruktion zu ebener Erde, groß wie ein „Taschentuch". Viele der *Cabanons* sind heute verschwunden, trotzdem lebt der Mythos noch, und mit ihm diese sympathische Lebensart, ganz typisch für Marseille. In einigen bürgerlichen Kreisen ist man sogar stolz darauf, ein *Cabanon* zu haben (tatsächlich ist es meistens nur gemietet) oder, wenn es nicht anders geht, sonntags zum *Cabanon* eines Freundes zu gehen.

Relativ wenig besuchte *Calanque* mit kleinen Badebuchten, kleinem Hafen und Restaurant. Hier lässt es sich gut sein! Übrigens wird hier alle zwei Jahre im Juni das „Fest der Esel" gefeiert, im Gedenken an die Zeit, als man auf dem Eselsrükken zu seinem „Cabanon" geritten ist. Der genaue Termin allerdings wird streng geheim gehalten.

Calanque Sugiton

Ab Marseille nach Luminy über den Boulevard Michelet und auf dem Parkplatz nahe der Ecole d´Art et d´Architecture parken. Von dort über den Waldweg etwa eine Stunde zur Calanque gehen.

Das türkisfarbene Wasser der Calanque ist von wild zerklüfteten, hohen Klippen umgeben, man blickt von hier auf vorgelagerte Inselchen. Wer in der *Calanque Sugiton* baden möchte, kann Bikini und Badehose getrost zu Hause lassen.

Calanque Le Devenson

Zwischen den *Calanques Sugiton* und *d'En-Vau* liegt die Steilküste *Falaise du Devenson* mit 320m hohen Klippen. Hier sticht auch die markante Felsnadel *Aiguille de l´Eissadon* in den provenzalischen Himmel.

Calanque d´En-Vau

Ab der D559 auf Höhe des Militärcamps der Route Gaston-Rébuffat folgen, die bis zum Parkplatz de la Gardiole führt (wo schon beutegierige Automarder lauern!). Von hier aus führt der GR98B auf einem schönen Weg zur Calanque (ca. 2,5 Stunden hin und zurück). Ab Cassis über Port-Miou und Port-Pin sind es etwa 2 Stunden Gehzeit.

INFO Die Grotte Cosquer und das Rätsel der drei Pinguine

Henri Cosquer ist von Beruf Tauchlehrer und von Geburt Bretone, also stur wie ein Maulesel. Und so ließ sich der dickschädelige Taucher nicht davon abbringen, dass es in den *Calanques* doch überflutete Höhlen geben müsste. Also erforschte *Henry Cosquer* in seiner Freizeit jedes Fleckchen Küste zwischen Marseille und Cassis, tauchte in jede Höhle und schlängelte sich in jede Felsspalte. Acht Jahre lang, bis er endlich im Juli 1991 eine wahrhaft sensationelle Entdeckung machte: Felsmalereien in einer 37 m unter dem Meeresspiegel verborgenen unterseeischen Höhle nahe der Spitzes des *Cap Morgiou*. Genauer gesagt: eine „versunkene Kathedrale der Höhlenmalerei" mit altsteinzeitlichen Zeichnungen und Gravuren.

Dargestellt sind neben Pferden, einem Steinbock und einem mit einem eindrucksvollen Geweih bewehrten Hirsch (einem Riesenhirsch der ausgestorbenen Spezies *megalocerox giganteus*) auch Robben. Sie sind allerdings von Zeichnungen von waffenähnlichen Gegenständen überlagert, und so weiß man nicht, ob es sich um Kegel-, Mönchs- oder gar um gefleckte Robben handelt. Weiterhin sind unzählige Handabdrücke zu sehen. Manche von ihnen mit allen fünf Fingern, die meisten aber mit nur drei vollständigen Fingern, wobei Daumen und Zeigefinger immer ganz abgebildet waren. Man kennt solche Hände auch von anderen heiligen Höhlen, interpretiert sie als eine Geheimsprache, die heute niemand mehr versteht. Andere Wissenschaftler sagen, es seien die Hände von kranken Menschen – noch ist sich die Forschung nicht einig, was sie wirklich bedeuten. Dann gibt es noch Dutzende geometrischer Zeichen, sexuelle Symbole sowie eine außergewöhnliche Ritzzeichnung eines eigenartigen Robbenmenschen, der von einem gefiederten Wurfgeschoss durchbohrt wird.

Nun gibt es einige Bücher, in denen auch von Darstellungen von Pinguinen zu lesen ist. Merkwürdig, merkwürdig – wie sollen die Südfranzosen der damaligen zoolosen Zeit von diesen Südpol-Tieren gewusst haben? Es waren nicht etwa in Sachen Steinzeit unbedarfte Schreiberlinge, die diese Mär von den drei Pinguinen in die Welt gesetzt haben. Nein, es waren Wissenschaftler: Die französischen Höhlenspezialisten *Jean Courtin* und *Jean Clottes* hatten 1991/1992 in verschiedenen Fachzeitschriften von der Darstellung dieser Tiere in der *Grotte Cosquer* berichtet. Und zwar schrieben sie sehr richtig von *pingouins*. Nur: In der französischen Sprache versteht man darunter nicht nur Pinguine mit Fräcken, sondern auch andere Vögel, das heißt, mit *pingouin* war ein etwa 70 Zentimeter großer Vogel namens *Alke* gemeint. Der war einst in prähistorischer Zeit am Mittelmeer heimisch, war recht mollig und hatte zwei kurze Beine und zwei Flügel. Er war ein Zwitterwesen zwischen Vogel und Fisch, da er seine Nester auf dem Land baute, aber im Meer lebte. Heute gibt es ihn nicht mehr, da der letzte seiner Art am frühen Morgen des 3. Juli 1844 auf einem felsigen Inselchen vor Island ausgerottet wurde. Die Darstellung dieses Tieres in der Grotte Cosquer ist in der Höhlenmalerei einzigartig.

Die Grotte ist für die Öffentlichkeit nicht zugänglich; seit sich hier ein tödlicher Unfall ereignet hat, ist ihr Eingang zugemauert.

Steil abfallende Felswände umrahmen das smaragdgrüne Wasser der berühmtesten und schönsten Calanque, wo man auch an einem Kieselstrand baden kann; der Strand liegt allerdings den ganzen Tag im Schatten. Die bizarren Felsen der *d'En-Vau*, unter anderem der „Gottesfinger", sind der älteste erschlossene Klettergarten der Calanques und bietet weit über 200 verschiedene Anstiege.

schönste Calanque

Klettergarten

Calanque Port-Pin

Zufahrt über den Col de la Gardiole, etwa 3 Stunden Gehzeit hin und zurück, ab Cassis geht man etwa eine Stunde.

Eine breite Calanque mit einem kleinen Sandstrand. Die Calanque verdankt ihren Namen den Pinien, die sich im Felsen festkrallen. *Port-Pin* wird auch gerne von lärmenden Schulklassen heimgesucht.

Calanque Port-Miou

Hinkommen: Vom Hafen von Cassis in einer etwa halbstündigen Wanderung erreichbar. Alternative: bis zu einem kleinen Parkplatz am Ende der Calanque fahren und dort auf einen freien Platz hoffen!

Mit 1,2 km die längste der Calanques. Sie wird nicht nur von zahlreichen Ausflugsbooten angefahren, sondern auch von vielen Fußgängern besucht, da sie am leichtesten zugänglich ist. Die Idylle wird nicht nur vom Ausflugsrummel, sondern auch von einem stillgelegten Steinbruch getrübt, der bis 1981 in Betrieb war. Steine aus der *Calanque Port-Miou* wurden unter anderem im Sockel der Freiheitsstatue von New York oder im Suez-Kanal verbaut. Mit oder ohne Hüllen lässt es sich hier auf flachen Steinplatten in der Sonne baden. Auf dem Weg zum *Pointe Cacau* passiert bzw. hört man den *Trou du Souffleur* (Loch des Flüsterers), eine geologische Besonderheit.

längste Calanque

!!! **_Vorsicht_**

An den steil ins Meer abfallenden Felsen kleben so manche Seeigel!
Am Parkplatz bei der Calanque Port-Miou schleichen besonders gerne die zweibeinigen Automarder herum!

Cassis (ⓘ s. S. 131)

Einwohner: 8.070, Höhenlage: 10 m

Überragt von Frankreichs höchstem Küstenkliff, dem *Cap Canaille*, wirkt der Hafen von Cassis noch kleiner und intimer, als er eigentlich ist – zumindest außerhalb der Sommermonate, während derer Cassis (besonders an Wochenenden) ein zwar pittoresker, aber auch sehr überlaufener Hafenort ist. Bekannte Maler haben hier ihre Inspiration gefunden, unter anderem *Derain, Dufy* und *Matisse*. Westlich von Cassis liegen die schönsten Strände.

Dem Namen nach ist Cassis durch seine ca. 175 Hektar große Weinanbaufläche am *Cap Canaille* bekannt. Hier wurde schon im 11. Jahrhundert Wein gekeltert und im Jahre 1936 erhielt Cassis die erste A.O.C.-Klassifizierung. Am bekanntesten ist neben den Rosé- und Rotweinsorten der trockene und frische Weißwein, der sehr gut zur *Bouillabaisse* und zu anderen Fischgerichten passt.

> *„Tau qu´a vist Paris/ Se noun an vist Cassis/ Pòu dire: N´ai´ren vist“*
> *(Sahst du auch Paris/ Und sahst nicht Cassis/ so kann man sagen, du sahst nichts),*
> dichtete einst der Literaturnobelpreisträger Frédéric Mistral in provenzalischer Sprache.

Hinweis

Im Sommer und dann speziell am Wochenende ist Cassis von einer gigantischen Touristenwoge überflutet.

Man sollte nirgendwo in der Provence Wertsachen oder Gepäck im geparkten Auto lassen, hier aber ganz besonders nicht.

Sehenswertes

Im **Musée des Arts et Traditions populaires – Volkskundemuseum –** ist von archäologischen Funden wie Amphoren und alten Münzen über regionale Maler, bis hin zu Dokumenten zur Geschichte von Cassis alles versammelt, was man halt so sammeln kann.

Le Château – das Schloss: Es wurde von den Grafen von Baux ums Jahr 1225 errichtet. In den Folgejahren wurde das Gebäude zum Schutz vor den häufigen Piratenüberfällen mehr und mehr zur trutzigen Burgstadt erweitert. *Brigitte Bardot* wollte angeblich anfang der 1960er Jahre das Gebäude kaufen, aber der damaligen Besitzerin, der Kirche, war der Ruf der Schauspielerin dann zu anrüchig. Heute ist es im Besitz der Reifendynastie *Michelin* und kann von innen nicht besichtigt werden.

Traumhaft ist der Blick vom Cap Canaille, 362 m über dem Meer gelegen und Frankreichs höchste Klippe.

Route des Crêtes

Alexandra David-Néel, die große Tibetforscherin, die die letzten Jahre ihres Lebens in der Provence verbrachte, diese große Reisende pflegte meist den längsten (in Kilometern und in Zeiteinheiten!) Weg von A nach B zu nehmen. Bei der Fahrt von Cassis nach La Ciotat sollte man es unbedingt mit der Forscherin halten! Am schnellsten wäre die Fahrt durch das Landesinnere auf der D559, am schönsten ist aber die 15 km lange Strecke entlang der schmalen und kurvenreichen *Corniche des Crêtes*. Die Straße schraubt sich oberhalb der Küste zum fast 400 m hohen *Canaille* und bietet vor allem am Nachmittag einen herrlichen Blick auf die Küstenlinie von den *Calanques* bis zum *Cap Croisette* und zu den Inseln *Riou*, *Calseraigne* und *Jarre*. So schön und wild und einsam ist es hier, dass man fast vergessen könnte, wie bevölkert unten die Côte d´Azur ist. Noch im Jungpaläolithikum lagen diese Klippen noch einige Kilometer landeinwärts. Geologisch bestehen sie aus abwechselnden Schichten von Kalk und Puddinggestein.

La Ciotat (ⓘ s. S. 131)

Einwohner: 31.000, Höhenlage: 0

La Ciotat mit seinem weiten Hafenbecken ist ruhiger, weniger besucht und nicht so idyllisch wie Cassis mit seinem kleineren überschaubareren Hafen. Die Werft von La Ciotat erfuhr in den 1970er Jahren wie andere Werften auch eine Krise, von der sie sich nicht mehr erholen sollte – man sieht es den Anlagen mit ihren rostigen Wracks an. An dieser windgeschützten Küste hatten zu Beginn des letzten Jahrhunderts einige Künstler Heilung gesucht, neben dem vom Rheuma geplagten *Dufy* verbracht vor allem *Juan Gris* seine Winter hier. Von der schreibenden Zunft war es *Stendhal*, der sich hier aufgehalten hatte.

Ruhig und gelassen geht es in La Ciotat zu.

Wunderschön zum Bummeln und Flanieren ist die Fußgängerzone in der *Rue Des Poilus*, die an der Promenade des alten Hafens (Vieux Port) beginnt.

Le Musée Ciotaden: Ein Stadtmuseum im ehemaligen Rathaus, einem wuchtigen Bau, der 1863 im lange schon vergangenen Stil der Renaissance erbaut wurde. Hier ist die Geschichte der Stadt von der Frühzeit bis ins 20. Jahrhundert dokumentiert. Und natürlich geht es auch um ein Thema, das bis vor kurzem für La Ciotat sehr wichtig war: den Schiffsbau.

Sie hatten den ersten Kinofilm der Welt gedreht: die Brüder Lumière.

Kino Eden

Boulevard Clémenau (er verläuft nördlich des Office du Tourisme am Ufer, das Kino steht hinter der Feuerwehr bei der Ampel)

Die Zuschauer, die hier am 21. September 1895 nichts ahnend in ihren Kinosesseln saßen, sahen plötzlich einen Zug auf sich zu rasen. Sie fürchteten sich gar sehr und flüchteten voller Panik hinter ihre Sitze, um sich zu retten. Solche Szenen reißen heute niemanden mehr vom Sessel hoch, aber die Leute damals sahen etwas noch nie Dagewesenes: Die **erste Filmvorführung** in einem Kino. Und zwar über einen Zug, der in einen Bahnhof einfährt: „L´Entrée du train en gare de La Ciotat", von den Brü-

Panik im Kino

dern *Lumière* aus Lyon im Bahnhof von La Ciotat gedreht. Der Film mit dem Zug ist nicht der erste Kinofilm der Geschichte, den hatten die Brüder *Lumière* schon im März 1895 gedreht, „La Sortie de l'usine Lumière" hieß er.

Das Eden ist das älteste Kino der Welt, seit 1982 zwar geschlossen, aber es gibt Überlegungen, es wieder zu öffnen.

Ile Verte

grüne Insel

Abfahrt vom alten Hafen im Juli und August alle halbe Stunde, im Mai, Juni und September jede Stunde. Dauer der Überfahrt etwa 15 Minuten.
Die vorgelagerte, nicht nur dem Namen nach sehr grüne Insel ist ein nettes Ausflugsziel für ein Picknick oder ein Bad in einer der beiden Miniatur-Calanques. Eine Sehenswürdigkeit gibt es auch auf der 430 m langen und 260 m breiten Insel: die Ruinen des *Fort Géry*. Und dann ab ins Inselrestaurant zum Mittagessen!

Bandol (ⓘ s. S. 131)

Einwohner: 7.900, Höhenlage: Meereshöhe

Ein Seebad mit Villen und Palmenpromenade, eingekuschelt in die Hügel ringsum und vor den Winden des Mistral geschützt. Unter Weinkennern ist Bandol für seine Weine bekannt; besonders sein feiner kraftvoller Rotwein genießt einen guten Ruf. In den ersten Jahrzehnten des 20. Jahrhunderts hielten sich in Bandol verschiedene Künstler auf, unter anderem *D. H. Lawrence*, der Autor von „Lady Chatterly", der hier im Herbst 1929 für einige Monate in der *Villa Beau Soleil* am *Chemin de Littoral* wohnte.

Insel mit Museum

Vor Bandol liegt die **Ile de Bendor**, sie ist im Besitz des Pastis-Herstellers *Paul Ricard*, der hier ursprünglich ein Leben wie *Robinson* führen wollte. Aber da dem Wollen ja immer jenes unbequeme Sollen folgt, verzichtete er dann doch auf die entbehrungsreiche Robinsonade und baute sich statt dessen hier ein provenzalisches Fischerdorf. Auch ließ er ein Museum zu Ehren seines Lebenswerkes, bzw. des Hochprozentigen, einrichten und 8.000 schöne Flaschen mit Weinen und Spirituosen aus 43 Ländern der Erde ausstellen. Auf die Insel fahren im Sommer halbstündlich Boote hinüber.

Sehenswertes in der Umgebung von Bandol

In **Sanary-sur-Mer**, 4 km südöstlich von Bandol, einem ehemaligen Fischerort, fanden im Zweiten Weltkrieg emigrierte Intellektuelle wie *Heinrich* und *Thomas Mann, Lion Feuchtwanger, Berthold Brecht* und *Walter Benjamin* Zuflucht.

INFO Mit den Füßen nebeneinander – Pétanque

Pétanque, eine Variante des *Jeu provençale*, ist die Geschichte eines Mannes, der sich auch durch Krankheit nicht das Spiel seines Lebens verdrießen ließ. Es ist die Geschichte von *Jules Le Noir*, der gegen Ende des 19. Jahrhunderts in La Ciotat lebte. Monsier *Le Noir* litt so sehr an Rheuma, dass er für das *Jeu provençale* weder die nötige Kraft noch die nötige Schnelligkeit besaß. Denn beim *Jeu provençale* muss man die Kugel nach einem Anlauf 20 Meter weit schießen. Also begann *Jules le Noir*, seine eigene Variante zu spielen. Statt wie beim klassischen *Jeu provençale* den Ausfallschritt zu machen und drei Schritte Anlauf zum Schuss zu nehmen, verkürzte er kurzerhand die Wurfdistanz auf 6 bis 10 Meter und spielte ohne Anlauf im Stehen. Nach und nach gesellten sich weitere Spielpartner zu ihm. So wurde im Sommer 1910 an der Strandpromenade von La Ciotat das Boule-Spiel geboren. Anders als beim *Jeu provencale*, das präparierte Bahnen erfordert, darf der Platz beim *Pétanque* schief und schräg und löchrig sein – das erhöht die Spannung und somit die Spielfreude. Ziel aller Würfe ist ein kleines Kügelchen aus Buchsbaumholz, das Schweinchen (*Cochonet*) genannt wird, in Erinnerung an die Römer, die schon eine Art Pétanque gespielt haben sollen — allerdings zielten die statt auf eine hölzerne Kugel auf ein Spanferkel. Die Kugeln der Spieler, die *Boules*, sind aus Eisen und haben eine geriffelte Oberfläche, so dass jeder seine Kugel wiedererkennen kann. Einerseits muss man beim *Pétanque* seine Kugel möglichst weit an das „Schweinchen" werfen, andererseits gilt es, eine andere wegzustoßen. Meister im *Pétanque* wissen beides zu vereinen.

„Perdre la boule" (das Boulespiel verlieren) bedeutet im übertragenen Sinn, den Verstand zu verlieren.

„Es ist ein faszinierendes Spiel. Und in der Provence spielt es eine große Rolle. Hier heißt es Pétanque, das bedeutet auf provenzalisch „Füße zusammen". Es gibt da eine Redensart, über deren Herkunft ich mir schon seit langem Gedanken mache. Wenn man beim Boule verloren hat, dann heißt es embrassez Fanny, also die „Fanny küssen". Fanny ist die Darstellung eines jungen Mädchens, das seinen Rock hebt und einen hübschen Teil seines Rückens blicken lässt. [...] Boule spielt man so andächtig, wie die Priester den Rosenkranz beten. Vielleicht hat es ein wenig Ähnlichkeit mit dem englischen Cricket. Ich meine, dieses Spiel endet nicht mit Brutalität, sondern mit Humor und guter Laune."
Der Romancier Lawrence Durrell

„Pétanque ist das schönste Spiel, das Menschen je erfunden haben. Es ist unser ganz eigener Stolz, dieses entspannte, billige und pazifistische Spiel lanciert zu haben, das nun überall in der Welt in aller Bescheidenheit für die Annäherung der Völker und folglich für den Frieden arbeitet."
Der französische Schriftsteller und Filmregisseur Marcel Pagnol (1895–1974)

Nördlich von Sanary-sur-Mer erstreckt sich der Bergrücken **Le Gros Cerveau**, der große Hirsch, erreichbar über die N8 und den Ort mit dem merkwürdigen Namen Ollioules. Hier oben ist es in den Abendstunden wunderbar ruhig, idyllisch und aussichtsreich. Man fährt einige Kilometer auf der Staubstraße bis zu einer Schranke, parkt dort und geht etwa 30 Minuten bis zum Ende des Weges. Unterwegs kommt man an einer Orientierungstafel vorbei, am Ende der Strecke sind die Ruinen einer ehemaligen Kaserne zu sehen.

ruhig und idyllisch

Alte Festungsanlagen auf dem „Le Gros Cerveau"

Der **Circuit du Castellet Paul Ricard** nördlich von Bandol, ist seit 1970 Sehnsuchtsziel PS-Süchtiger, die hier ihre Proberunden (gegen Gebühr) drehen dürfen, ob auf vier oder auf zwei Rädern. Umgeben ist das Ganze von Pinienwäldern, durchdrungen von dem Geruch nach Abgasen und von einer vibrierenden Atmosphäre. Neben dem Circuit ist ein Hotel der Luxusklasse entstanden, auf dessen Gelände praktischerweise auch der eigene Privatjet geparkt werden kann.

laut und schnell

Aubagne (ⓘ s. S. 131)

Einwohner: 43.000, Höhenlage: 200 m

In die umtriebige, unscheinbare Stadt Aubagne fahren Touristen, die auf den Spuren des Dichters *Marcel Pagnol* wandeln (das Office tourisme hält hierzu Prospekte bereit) oder „Aussteiger", die in die Fremdenlegion eintreten möchten: In Aubagne wurde 1895 *Marcel Pagnol* geboren und hier hat das *1er Régiment Étranger* seinen Sitz, es ist das älteste Regiment der Fremdenlegion. Im gleichen Jahr wie *Pagnol* erblickte hier auch die überall präsente Steingutzikade das Licht der Provence, und ebenso wie der Dichter ist sie hier nicht mehr wegzudenken. In der kleinen Altstadt von Aubagne haben sich in den gewundenen Gassen einige Santon-Ateliers eingenistet.

Legionäre und Santons

Le Petit monde de Marcel Pangol – die kleine Welt Pagnols

Esplanade Charles-de-Gaulle, gegenüber dem Office du tourisme, Tel. 04/42034998, Geöffnet tgl. 9–12.30 und 14.30–18 Uhr.

Der alte Musikpavillon auf der Esplande zeigt die Welt Marcel Pagnols, in Miniaturausführung, wobei anhand von Krippenfiguren, den *santons*, Szenen aus Pagnols Büchern dargestellt sind.

Musée Marcel Pagnol

16, cours Barthélemy, Öffnungszeiten beim Office du tourisme erfragen.

Im Geburtshaus von Marcel Pagnol wurde im Sommer 2003 ein Museum zu seinen Ehren eröffnet.

INFO Marcel Pagnol und das Glück

Der französische Dramatiker, Filmemacher, Regisseur und Schriftsteller *Marcel Pagnol*, geboren am 28.2.1895 in Aubagne und gestorben am 18. April 1974 in Paris, habe eine besondere Fähigkeit zum Glück gehabt – so berichteten die, die ihn kannten. Im März 2001 hat die Zeitschrift *Psychologie* einen Fragebogen veröffentlicht, entwickelt vom dem amerikanischen Psychologen und Glücksforscher *Steven Reiss*. Mal sehen, wie es um Pagnols Fähigkeit fürs Glück stand, der selbst einmal gesagt hatte: „Für den Optimisten ist das Leben kein Problem, sondern bereits die Lösung."

Macht: 1. Im Vergleich mit anderen Altersgenossen bin ich ehrgeizig und karrierebewusst. 2. Gewöhnlich übernehme ich das Kommando, statt mir sagen zu lassen, wo es langgeht: Schon als Schüler begann *Pagnol* im Jahr 1910, sein erstes Theaterstück „Catulle" zu schreiben. Ein Jahr später gründete er zusammen mit seinen Freunden *Ferdinand Avérinos* und *Yves Bourde* eine Zeitschrift. In späteren Jahren erkannte er die technischen Möglichkeiten, die der Tonfilm bot und schuf Filme mit glänzender Besetzung, die ihm internationale Erfolge einbrachten.

Unabhängigkeit: 1. Das Motto „Selbst ist der Mann/die Frau" bestimmt mein Leben. 2. Ich kann auf die Ratschläge anderer verzichten. *Pagnol* verfasste mehrere Traktate über den damals neuen Tonfilm, die jedoch wegen seines Plädoyers für das verfilmte Theater zu heftigen Kontroversen in der Fachwelt führten. Manch einer sah damals den Tonfilm als „abgefilmtes Theater". Der Tonfilm galt als eine kurzfristige Modeerscheinung!

Neugier: Ich bin das, was man „wissensdurstig" nennt. 2. Ich denke viel darüber nach, was Wahrheit bedeutet. Am 4.4. 1946 wurde *Pagnol* als erster Filmer zum Mitglied der *Académie Française* gewählt. Ab 1956 wandte er sich der Niederschrift seiner Kindheitserinnerungen und zweier Romane zu. Nebenher beschäftigte er sich intensiv mit Mathematik. Er befasste sich mit der Konstruktion der *Topazette*, eines kleinen Wagens, bei dem die Ziffer 3 eine besondere Rolle spielte (drei Räder, drei PS, drei Plätze). „Er hatte diese Wissbegierde, die alle Wissenschaftler haben. Er interessierte sich für die wissenschaftlichen Entdeckungen und er interessierte sich für sie als ein Dichter. Eines der Wörter, die Marcel Pagnol berührt haben, die sein Interesse hervorgerufen haben, ist das Wort „Antimaterie", für ihn so eine Art Symbol für den Antichristen", sagte einmal sein Freund *Louis Leprince-Ringuet* über ihn.

Ordnung 1. Ich bin besser organisiert als die meisten anderen Menschen. 2. Ich habe Regeln, die ich befolge. 3. Ich mag es, wenn die Dinge aufgeräumt sind. *Pagnol* kontrollierte seine Filmproduktionsfirma *Auteuers Associés* „wie einen mittelalterlichen Handwerksbetrieb", wie *Jean Renoir* einmal bemerken sollte. *Pagnol* schrieb die Texte, suchte die Schauspieler aus, führte selbstverständlich Regie, drehte mit eigenen Kameras, entwickelte die Filme in den eigenen Labors, um sie schlussendlich in eigenen Kinos zu zeigen.

Beziehungen: 1. Ich brauche andere Menschen, um glücklich zu sein. 2. Man kennt und schätzt mich als humorvollen Zeitgenossen: Nachdem er 1954 in der Abtei St.Michel de Frigolet den Film »L'Elixir du Père Gaucher« gedreht hatte, verband ihn mit dem dortigen Abt *Norbert Calmels* eine 20-jährige, bis zu seinem Tode währende Freundschaft. Wegen seiner genauen Beobachtungsgabe und seiner Fähigkeit zur lebensnahen, oft herben und humorvollen Darstellung von Menschen, Tierwelt und Landschaft, sei es in Dramen, Filmen oder Romanen, gilt *Pagnol* als einer der Wegbereiter des Neorealismus. Er schätzte überdies das Lachen so sehr, dass er sogar einmal eine Abhandlung darüber schrieb. Pagnol wollte nie „Bücherschranktheater" schreiben, denn das war für ihn der „Höhepunkt alles Trostlosen".

Familie: 1. Kinder und Kindererziehung gehören zu meinem Lebensglück. 2. Mit meinen Kindern verbringe ich mehr Zeit als andere Eltern: Aus der am 6.10.1945 mit der jungen Schauspielerin *Jacqueline Bouvier* geschlossenen Ehe gingen 2 Kinder hervor; die kleine Tochter Estelle starb allerdings.

Romantik: 1. Ich kann meine sexuellen Wünsche oft kaum kontrollieren. 2. Ich habe ein sehr intensives Sexualleben. 3. Schönheit ist außerordentlich wichtig für mich: Von den sechs Frauen, die offiziell an seiner Seite waren, war eine schöner als die andere. Über die Liebe sagte er einmal sinngemäß, es gebe sie nicht in Krümeln, sondern nur in Bergen.

Ernährung 1. Im Vergleich mit anderen spielt Essen für mich eine größere Rolle. 2. Ich esse, sooft es geht. An seine Dreharbeiten zu „Régain" erinnerte sich *Pagnol* folgendermaßen: „Wir brachen zu den Hügeln auf, in drei Autos und dem Trosswagen, der einen großen Kochherd, Stühle, Essgeschirr, eine ganze Sippe von Kochtöpfen, einen Bratspieß und den dicken Leon transportierte; letzterer kam mit, um seine Küche einzurichten."

Körperliche Aktivität 1. Ich habe mich schon immer viel bewegt. 2. Wenn ich auf meinen Sport verzichten müsste, wäre ich unglücklich. Schon als Kind streifte er gerne in seiner Umgebung umher, eine Textstelle aus seinem Buch „Eine Kindheit in der Provence" (1957): „Es war leicht, in die Schlucht hinunter zu klettern, aber auf der anderen Seite wieder hinauf zu kommen, erwies sich als unmöglich. Die Entfernung hatte mich über die Höhe getäuscht. Ich ging also weiter am Fuß der steilen Wand entlang, überzeugt, irgendwo einen Kamin zu finden."

Le Musée de la Légion étrangère

Route de la Thuilière (am Stadtrand auf der D2 Richtung Marseille und dann nach rechts entlang der D44 fahren)

So ein klein bisschen Neugierde auf diese mystisch verklärte Organisation bleibt ja doch ... Wer diese befriedigen möchte, der erfährt hier die Geschichte der Fremdenlegion seit ihrer Gründung im Jahr 1831 durch König *Louis Philippe*, ihre derzeitige Mission und ihre berühmtesten Mitglieder: *Ernst Jünger* (1895–1998, er ging 1913 zur Fremdenlegion), *Arthur Koestler* (1905–1983, Journalist, Schriftsteller und Essayist) und *Blaise Cendrars* (französischer Schriftsteller, 1887–1969. Er verlor bei der Legion die rechte Hand).

La maison de celle qui peint: „Das Haus des Malers" steht an der N906 linkerhand nahe dem *Pont de l'Etoile*. Kunterbunt bemalt wie es ist, ist es kaum zu übersehen und gehört selbstverständlich einem Künstler: *Danielle Jacqui*.

„Es gibt eine Zeit, in der dem Herzen das Geheimnisvolle nur räumlich, nur auf den weißen Flecken der Landkarte erreichbar scheint und in der alles Dunkle und Unbekannte eine mächtige Anziehung übt." Mit einem solchen Gefühl im Herzen lässt sich der Held der Romans „Afrikanische Spiele" von der Fremdenlegion anwerben und nach Nordafrika verschicken. Doch dort erfährt er: *„Sie sind noch zu jung, um zu wissen, dass Sie in einer Welt leben, der man nicht entflieht."* Geschrieben hat Ernst Jünger das Werk, das in manchen Teilen autobiographisch sein soll.

Weiter in das Massif de la Sainte Baume

Gémenos (ⓘ s. S. 131)

Die selbst ernannte „Perle der Provence" ist recht hübsch im Ortskern, aber was heißt das schon in der an schönen Orten überreichen Provence. Zumal das Ortsbild – zumindest für Touristen – etwas getrübt wird durch ein ausgedehntes Gewerbegebiet, einer Art provenzalischem Silicon Valley. Was Gémenos für Touristen so interessant macht, ist seine zentrale Lage. Zur Küste mit ihren Calanques sind es ca. 20 km, nach Marseille 34 km, nach Aix-en-Provence 34 km und das *Vallée de St.Pons* beginnt direkt am Ortsrand von Gémenos.

guter Ausgangspunkt

Parc de St. Pons

Ab Gémenos führt die D2 (später D 80) in das Vallée St.Pons. Man stellt das Auto auf dem Parkplatz vor der Brücke ab, ein Fußweg führt dann in den Park mit Picknickbänken, Wiesen und allerlei idyllischen Fleckchen hinein. In der Provence seltene Bäume wie Hainbuchen und Eschen wachsen hier, besonders schön ist es im Frühjahr zur Blüte der Judasbäume. Zu entdecken gibt es noch eine alte Mühle, einen kleinen Wasserfall und die malerische Ruine einer im Jahr 1205 gegründeten Zisterzienserabtei.

Massif de la Sainte-Baume mit der Grotte der Maria-Magdalena

Soll man das glauben? Cäsars Soldaten, die hier Bäume fällen sollten, um eine Flotte gegen Marseille zu bauen, hätten es nicht gewagt, diesen heiligen Wald zu berühren. Vor Schreck erstarrt sollen sie vor der dunklen mystischen Masse dieses Waldes zurückgewichen sein, in dem merkwürdige blutige Riten vollzogen wurden. Klebrig von Blut sollen manche Bäume gewesen sein. *Cäsar* höchstpersönlich habe seinen verängstigten Soldaten mit gutem Beispiel vorangehen müssen. Auch glaub(t)en manche Esoteriker, dass der Wald von Sainte-Baume (provenzalisch: baoumo = Grotte) mit *Agharta*, dem unterirdischen Reich Tibets, in Verbindung stehe. Nicht genug der Merkwürdigkeiten: Man hatte entlang eines Schattens, den der Gipfel des Berges am Mittsommertag wirft, eine Reihe von Orient nach Okzident ausgerichteter Gräber gefunden.

mystisch und merkwürdig

Aber auch die Christen haben sich was einfallen lassen: Hier in einer Grotte habe die biblische Maria *Magdalena* zusammen mit *Lazarus* und *Martha* nach ihrer Landung in der Camargue ein Büßerleben geführt. Schon in frühchristlicher Zeit wurde diese heilige Höhle eine Wallfahrtsstätte, die aber bereits um 800 n. Chr. in Vergessenheit geriet. Um 1300 ließen sich Dominikaner nahe der Grotte nieder, und die Wallfahrten setzten wieder ein. Wer an einen Baum des Waldes rührte, wurde exkommuniziert, so berichtet die Legende. Seit undenklichen Zeiten wird in diesem Wald kein Nutzholz geschlagen, sondern es werden nur abgestorbene Bäume entfernt. Neben mächtigen alten Buchen, die den Hauptbestand bilden, trifft man auf viele weitere Baumarten wie Ahorn, Ulme, Esche, Espe, Pappel und Eibe sowie viele Pflanzenarten wie Narzisse, Kornelkirsche, Kugelblume, Männertreu, Bingelkraut und Goldregen. Dank der religiösen Verehrung, die Sainte-Baume immer genoss, ist dies heute der einzige noch erhaltene typische provenzalische Wald.

typisch provenzalisch

Heute ist die mystische Vergangenheit von Sainte-Baume – zumindest an Sommersonnentagen – nicht immer nachvollziehbar. Anfänglich breite und gebahnte Wege führen zur Grotte. (Und das Gerade verträgt sich nun mal wenig mit den verschlungen Pfaden des Geheimnisvollen.) Die Grotte, die 1822 wieder instand gesetzt worden ist, liegt in einer Kalksteinwand – *Maria-Magdalena* hat hier 33 Jahre (nach einer anderer Version 30 Tage) ihres Lebens in Buße verbracht, der Ort dieser Buße liegt im Felsen drei Meter über dem Hauptaltar. Der Reliquienschrein soll noch Gebeine der Maria-Magdalena enthalten. Am 21./22 Juli wird zu Ehren der Heiligen ein Fest gefeiert. *(Hinkommen: ab Kreuzung Carrefour des Trois Chênes an der Kreuzung der D80 und D95 über den bequemen Chemin des Rois, ca. 1½ Stunden. Über die Passstraße D2 und die Hôtellerie la Ste-Baume, von hier aus verläuft ein Fußweg (hin und zurück etwa eine Stunde).*

In ihrer Todesstunde wanderte *Maria-Magdalena* zum heute sogenannten *Petit Pilon*, wo ihr ihr Reisegefährte *Maximius* das letzte Abendmahl reichte. Auf den 994 m hohen, sehr aussichtsreichen Gipfel führt ein etwa 30-minütiger Weg hinauf.

In wirtschaftlicher Hinsicht war das *Massif de la Sainte-Baume* vom 17. bis ins 20. Jahrhundert ein wichtiger Produzent von Kühleis, hier soll es die größte Anzahl von **Eiskellern** ganz Mitteleuropas geben. Quellwasser wurde in künstlich angelegte Wasserbecken geleitet, bis es gefroren war und verkauft werden konnte.

Saint-Maximin-la-Sainte-Baume (Basilika) (ⓘ s. S. 131)

Die von außen unscheinbare Basilika Saint-Maximin-la-Sainte-Baume birgt in ihrem Inneren nicht nur eine der größten, sondern auch eine der schönsten gotischen Kirchen der Provence. Schon im 5. Jahrhundert war hier ein Kloster, um die Reliquien Maria *Magdalenes* sowie der Heiligen *Maximius*, *Marcellus* und *Sidonius* aufzunehmen. Während der Sarazeneneinfälle im 8. Jahrhundert versteckte man die Reliquien derart gründlich, dass sie später kein Mensch mehr finden konnte. Erst im Jahr 1279 wurden sie wieder entdeckt, von *Karl von Anjou*, der sich auch andernorts in der wundersamen Reliquien-Auffindung einen Namen gemacht hat. Zwar gab es im burgundischen Vézélay ebenfalls seit Jahrhunderten

schönste gotische Kirche

Gebeine der *Magdalena*, aber in einigen Versionen der Magdalenen-Legende taucht der Name *St. Maximin* auf. Also ließ *Karl von Anjou* hier nachforschen, eine Krypta wurde entdeckt und in ihr einige Sarkophage. Und in einem von ihnen lag die heilige *Magdalena*, mit einem frischen Fenchelzweig zwischen ihrem Kiefer und einer mumifizierten Stelle an der Stirn, an der sie *Jesus Christus* am Auferstehungstag einst berührt hatte, „denn ich bin noch nicht aufgefahren zum Vater...". Diese Tatsache, die Machtstellung von *Karl von Anjou* (und vielleicht etwas Kleingeld), waren dem Papst Argument genug, um die hier gefundenen Gebeine als die einzig wahren Magdalenen-Reliquien anzuerkennen. Eine florierende Wallfahrt konnte beginnen, denn immerhin lag hier das drittwichtigste christliche Grab der Welt, nach dem von *Jesus Christus* in Jerusalem und dem des *Petrus* in Rom.

Groß wie eine Kathedrale ist die Basilika von Saint Maximin-la-Sainte-Baume, aber sie wurde nie vollendet, Westfassade und Glockenturm fehlen.

Karl von Anjou ließ ab 1295 die heutige Basilika bauen, die Bauarbeiten zogen sich bis ins Jahr 1532 hin. Da das Gotteshaus große Menschenmassen fassen musste, geriet es entsprechend groß: Das Langhaus misst stolze 72,6 m in der Länge, 37,20 m in der Breite und 28 m in der Höhe. In der engen Krypta aus dem 4. Jh. stehen die Sarkophage (4./5. Jh.) der Heiligen *Magdalena (mit Darstellung der Prophezeiung und der Verleugnung des Petrus)*, *Maximin (dargestellt sind Ereignisse aus der Kindheit Jesu und der Petrusgeschichte)*, *Marcellus* und *Sidonius*, überaus kunstvoll mit reliefartigen Bibelszenen geschmückt. Weiterhin sind hier vier im 5. Jh. entstandene Marmor- und Steinplatten zu sehen, deren Umrisszeichnungen das Opfer Abrahams, Daniel in der Löwengrube und zwei betende Figuren zeigen.

prächtige Sarkophage

Übrigens: Zur Zeit der Revolution wurde die Basilika von *Lucien Bonaparte*, einem jüngeren Bruder Napoleons, vor dem Zugriff des berüchtigten Volkskommissars Barras gerettet. Denn *Bonaparte*, Vorsitzender der örtlichen Jakobinervereins, hatte in der Kirche ein Futtersilo eingerichtet. Als die Orgelpfeifen eingeschmolzen werden sollten, ließ er die *Marseillaise* spielen – die dadurch erhaltene Orgel ist noch heute in der Kirche zu sehen. Dass *Lucien Bonaparte* in seinen Memoiren von dieser Geschichte nichts geschrieben hat, ist wiederum eine ganz andere Geschichte ...

Blutrache

In *Saint Maximin-de-la-Sainte-Baume* war einst auch ein Kristallgefäß mit einer roten Substanz aufbewahrt. Genauer gesagt: mit Christi Blut. Das war auf einige Kieselsteine geflossen, als er am Kreuz hing, und Maria Magdalena hatte die Kiesel aufgesammelt und aufbewahrt. Bis sich dann an einem Karfreitag das Blut von den Kieselsteinen verflüssigte und in besagtem Kristallgefäß aufbewahrt wurde. Zwei Männer stahlen das Gefäß im Jahr 1904 und erlagen alsbald einem rätselhaften Leiden. Das Kristallgefäß ist bis heute verschollen.

15. DURCH DIE VERTRÄUMTE HAUTE-VAR

Überblick

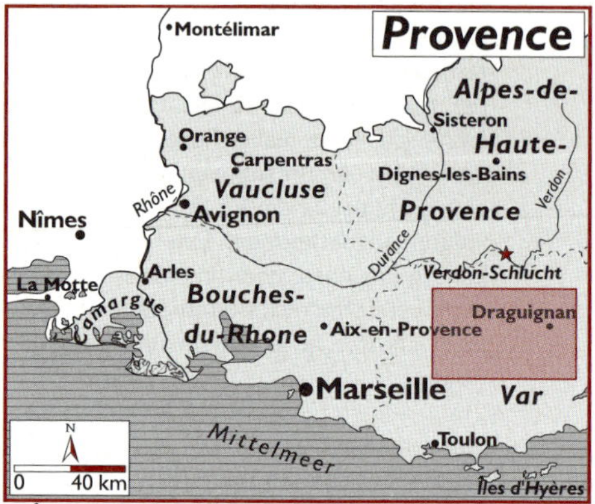

© igraphic

Abgelegen, wenig bekannt und dünn besiedelt ist die Haute-Var, die – abgesehen von der Abtei Thoronet – keine großen Sehenswürdigkeiten bietet, genauer gesagt, keine b e k a n n t e n Sehenswürdigkeiten. Dass hier mal viele Menschen gelebt haben müssen, zeigt ein Blick auf die Landkarte: Über die Haute-Var ist ein dichtes Netz aus vielen kleinen Dörfern gespannt.

Bis ins 19. Jahrhundert galt diese Gegend als ein bevorzugtes Land, war es doch durch seine hohe Lage vor Plagen wie Piraten, Überschwemmungen und Malaria geschützt. Die Kehrseite der Medaille waren ein schlechtes Ackerland und fehlende Arbeitsplätze im Winter. Als im ausgehenden 19. Jahrhundert der Tourismus an der Küste modern wurde, wanderten viele Einwohner dorthin ab. Zurück blieb eine Gegend, die noch heute unter hoher Arbeitslosigkeit leidet und heute noch in touristischer Hinsicht eher eine *terra incognita* ist – also eine Gegend für Entdecker, die hier nicht nur äußerst pittoreske Dörfer, sondern auch Naturschönheiten wie Schluchten oder Wasserfälle finden!

Westliche Haute-Var

Brignoles (ⓘ s. S. 131)

Einwohner: 13.000, Höhenlage: 220 m

ältestes Monument

Im Mittelalter war Brignoles die Sommerresidenz der Grafen der Provence, aus dieser Zeit sind noch die historischen Tore, enge Gassen, Stiegen und Stufen, Plätze und Brunnen erhalten. Im Palais der Grafen an der *Place des Comtes de Provence* ist heute das Stadtmuseum *Musée du Pays Brignolais* untergebracht. Mit dem berühmten **Sarkophag de la Gayolle** birgt das Museum das älteste christliche Monument Galliens, der Sarkophag von erstaunlicher Qualität stammt aus dem 3. Jahrhundert und wurde vermutlich aus Italien importiert. Weiterhin sind im Museum vor allem Kunstwerke und einfache Gebrauchsgegenstände aus der Vergangenheit der Stadt ausgestellt. Alljährlich in der ersten Aprilhälfte findet in Brignoles die Weinmesse statt, die bereits seit 1921 veranstaltet wird. Brignoles ist besonders aus der Vogelperspektive sehr interessant: Ihr alter ovaler Grundriss ist fast vollständig erhalten.

In den Steinbrüchen von Candelon im Süden von Brignoles wird ein rotbrauner bis violetter Marmor gebrochen: **Rose de Brignoles**, ein berühmter natürlicher Marmor, der während einer Million Jahre im Kalkstein gereift ist. Schon die Römer hatten diesen Marmor verbaut, der nie alt oder verwaschen wird und besonders bei Regen rosarot leuchtet (ein Tipp fürs provenzalische Ferienhaus!).

berühmter Marmor

Nördlich der Stadt steht ein **Dolmen** (ausgeschildert) auf etwa 650 m Höhe. Das letzte Wegstück ist nicht ausgeschildert, man folgt der breiten Feuerschneise bis zum Dolmen (ausgerüstet mit gutem Schuhwerk und viel Spürsinn und Geduld).

Redaktions-Tipps

Mit dem berühmten **Sarkophag de la Gayolle** (S. 496) birgt das Museum von Brignoles das älteste christliche Monument Galliens. Konzerte und Zimmer unter einem Klosterdach findet man in der **Abbaye de la Celle** (S. 497), wo auch Wein verkauft wird. **Le Thoronet** (S. 498), die dritte der „drei provenzalischen Schwestern", ist romanische Architektur pur. Nordwestlich von Draguignan locken die **Gorges de la Pennafort** (S. 502) nicht nur geologisch Interessierte, sondern auch Wanderer und Angler an. Herrlich kühl ist es im Sommer in der Höhle von **Villecroze** (S. 503) und wunderbar schattig auf der Terrasse der **Auberge des Lavandes**. Einfach nur pittoresk ist das kleine Dörfchen **Châteaudouble** (S. 502). Der Garten des Schlosses von **Entrecasteaux** (S. 503) wurde vermutlich von keinem Geringeren als dem großen Gartenarchitekten *Le Nôtre* angelegt. Strahlend türkisfarben leuchtet das Becken, in das der Wasserfall von **Sillans-la-Cascade** (S. 504) fällt. Nordwestlich von Sillans ist das einzige Hotel von **Fox-en-Amphoux** eine gute Empfehlung, nicht nur der Zimmer, sondern auch der Küche wegen.

Umgebung von Brignoles

Abbaye de La Celle, 2,5 km südwestlich von Brignoles gelegen. Der Überlieferung nach soll hier schon zur Zeit des heiligen *Cassian* ein Kloster bestanden haben, und der lebte immerhin im 5. Jahrhundert nach Christi. Sicher ist, dass das Kloster zu den ältesten der Provence gehört. Seit dem 12. Jahrhundert wohnten hier Benediktinerinnen, im Jahr 1660 wurde die Gemeinschaft aufgelöst – die Nonnen, Töchter aus gutem Hause, sollen doch gar zu viele Liebschaften mit Männern aus der Umgebung gehabt haben! Während der Französischen Revolution wurde das Kloster verkauft, um von nun an das Schicksal manch anderer Klöster zu teilen: es diente als Bauernhof. Heute sind noch die romanische Kirche und Klosterbauten aus dem 17. Jahrhundert sowie Reste des Kapitelsaales und des Kreuzganges erhalten. In der Abtei werden heute Konzerte gegeben, der provenzalische Stargastronom *Alain Ducasse* hat ein wunderbares **Hotel** eröffnet und das **Maison des vins des coteaux varois** widmet sich der ehrenvollen Aufgabe, die Weine der 28 Gemeinden zwischen Grignoles und Sainte-Baume zu vermarkten.

Wein, Weib und Gesang

Musée du Santon in Le Val, 4 km nördlich von Brignoles. Es ist in einem Backhaus aus dem 12. Jahrhundert untergebracht, in dem noch bis zu Beginn des 20. Jahrhunderts die Einwohner von Le Val ihr Brot gebacken haben. Zu den hier ausgestellten Santon-Krippen gehört ein ganzes Dorf, in dem jedes Haus be-

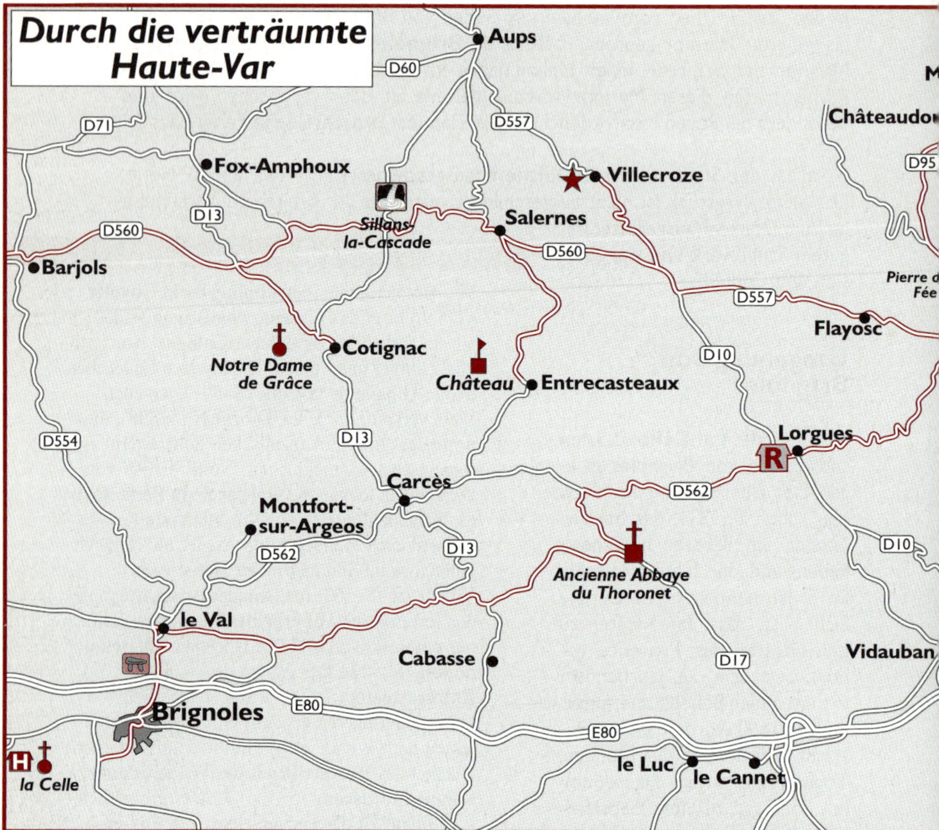

© graphic

wohnt ist. Die Krippe wurde im 19. Jahrhundert in sechsjähriger Arbeit hergestellt.

Le Thoronet

Tel. 04/94604390. Geöffnet April bis Ende Sep. Mo. bis Sa. 9–19 Uhr, So. 9–12 und 14–19 Uhr, Okt. bis Ende März 9–12 und 14–17 Uhr.

Le Thoronet, eine der „drei provenzalischen Schwestern", wurde im 12. Jahrhundert von Zisterziensern inmit-

In Le Thoronet

ten eines riesigen Eichenwaldes erbaut. Wie ihre Schwestern auch, ist sie frei von schmückendem Zierrat, sie ist allein Stein, Form und Licht – eine ins Extreme getriebene Einfachheit. Le Thoronet gilt als Ideal der Baukunst der Zisterzienser.

Von den drei provenzalischen Schwestern ist Le Thoronet nicht nur die älteste, sondern auch die in architektonischer Hinsicht vollendetste und in sich geschlossenste. Das mag auch an der für damalige Verhältnisse relativ kurzen Bauzeit von nur drei Jahrzehnten (1160–1190) liegen. Zu Beginn des 13. Jahrhunderts lebten hier etwa zwanzig Mönche und einige Dutzend Laienbrüder. Schon zwei Jahrhunderte später begann die Abtei zu verfallen, die Baulichkeiten verkamen immer mehr, dennoch hielten es 1790 immerhin noch sieben Mönche hier aus.

Das Runde und das Eckige

Das Runde (das Göttliche) und das Eckige (das Irdische) wollten die Zisterzienser miteinander verbinden. Und so sind überall in ihren Bauten klare Linien und Ecken und runde Formen zu finden. Nur der Kreuzgang von Le Thoronet ist nicht rechtwinklig angelegt – man weiß nicht, ob die Mönche seinen Grundriss dem Baugrund angepasst oder auf einem alten Fundament gebaut haben.

Im Zuge der Französischen Revolution wurde die Abtei wie so viele andere auch geschlossen, und dem Verfall preisgegeben. *Prosper Mérimée* (der im Übrigen sonst nicht sonderlich viel mit romanischer Baukunst anfangen konnte) rettete dann das Kloster, um es restaurieren zu lassen.

Die dreischiffige Klosterkirche ist von außerordentlicher Schlichtheit, getreu den Vorstellungen der Zisterzienser frei von Dekor, Plastiken und Gemälden (die Plastiken, die man heute hier sind, sind jüngeren Datums), um die Mönche nicht von ihren Gebeten abzulenken. Eine Besonderheit von Le Thoronet ist das Brunnenhaus an der Nordseite des Kreuzgangs, des zweifellos schönsten Teils der Anlage.

Mönche leben hier keine mehr, das Kloster hat sich aber im weltlichen Sinne seine spirituellen

„Wo Farbe und Figur verboten waren, drängte die Steinbehandlung zu neuer Vollendung. Schlichtheit und geometrische Klarheit der Form wird zum Ideal erhoben", schrieb Wolfang Braunfels in seinem Werk „Abendländische Klosterbaukunst".

mittelalterliche Musik

Wurzeln bewahren können. Hier finden alljährlich „Internationale Begegnungen mittelalterlicher Musik" statt (an der Kasse werden CDs mit dieser Musik verkauft.

Lorgues (ⓘ s. S. 131) ist ein kleines, touristisch wenig bekanntes Städtchen mit fast 8.000 Einwohnern. Enge Gassen, mittelalterliche Häuser und ein noch wenig restauriertes Stadtbild – das sind nicht die Gründe, warum Lorgues einen gewissen Ruhm besitzt. Lorgues ist bekannt für seinen König, der heißt *Bruno* und die Schätze seines Reiches sind die Trüffeln. Mehr zu *König Bruno* in den gelben Seiten unter Lorgues.

Denkmalschützer
Prosper Mérimée (1803–1870) galt als einer der kultiviertesten Menschen seiner Zeit. Er war zugleich Schriftsteller, Historiker, Kunstkenner und Archäologe. 1845 wurde er zum Inspektor historischer Denkmäler ernannt, eine Tätigkeit, die er 25 Jahre ausfüllte. Dabei reiste er durch Frankreich, besuchte restaurierungsbedürftige Kulturdenkmäler und organisierte ihre Wiederherstellung. Mérimée wurde mehrmals mit dem Kreuz der Ehrenlegion ausgezeichnet und war Mitglied der *Académie Française*. Zu den bekanntesten Novellen von *Prosper Mérimée* gehören *Carmen* und Mateo Falcone.

Östliche Haute-Var

Draguignan (ⓘ s. S. 131)

Einwohner: 35.000, Höhenlage: 181 m

Der Legende nach waren Pilger im 5. Jahrhundert auf ihrem Weg zum Kloster Lerins einem riesigen Drachen begegnet (Draconicus = römischer Eigenname, auch: Draconico = Drache). Der hauste in dem sumpfigen Gebiet, wo heute der Nartuby fließt. In ihrer Bedrängnis riefen die Pilgersleute *Hermentaire* herbei, einen heiligen Einsiedler aus der Gegend. Er tötete das Untier, die noch übrig gebliebenen Heiden traten flugs zum Christentum über und *Hermentaire* wurde später der erste Bischof von Antibes. Heute fallen an dem Städtchen die breiten Alleen und Boulevards auf, Mitte des 19. Jahrhunderts von *Baron Haussmann* angelegt, der hier schon mal üben konnte für seine spätere Umgestaltung der französischen Hauptstadt Paris. Provenzalisches Flair ist in Draguignan kaum zu finden, dafür aber einige schicke Geschäfte entlang der Boulevards und eine entspannt-lebhafte Atmosphäre. In den 1970er Jahren wurde Draguignan zu einer der wichtigsten Garnisonsstädte Frankreichs.

schöne Geschäfte

Garnisonsstadt

Die **Altstadt** drängt sich mit winkligen Gassen um den Hügel, auf dem sich der **Tour de l'Horloge** (Ende 17. Jh.) erhebt. Sehenswert sind **zwei malerische Plätze**: Der *Place du Marché* mit zwei Brunnen und herrlichen Platanen sowie der *Place aux Herbes* mit dem Tor *Porte Romaine*.

Le Musee des Arts et Traditions Provençales

Dieses Museum mitten in der Altstadt von Draguignan ist eines der wichtigsten und bekanntesten für provenzalische Kunst und Traditionen. Lebens- und Arbeitsbedingungen der *Moyenne Provence* bis Anfang des Jahrhunderts werden hier auf drei Stockwerken dargestellt: Weizen-, Wein- und Olivenanbau, Herstellung von Korken, Bienenzucht, Seidenraupenzucht und vieles mehr.

Umgebung von Draguignan

Der mächtige Dolmen Pierre de la Fee

Pierre de la Fee-Dolmen

1 km nordwestl. von Draguignan in Richtung Gorge du Verdon, ausgeschildert

Der mächtige Dolmen aus drei aufrecht stehenden Steinen und einem horizontal gelagerten Stein wird auf ein Alter von 4.500 Jahren geschätzt. Die Steinplatte auf den drei

„Chateau Beckham“ steht in Südfrankreich

Sie kamen, sahen und kauften: Victoria und David Beckham 34 Zimmer, Swimmingpool und eigene Weinberge. Die Familie Beckham mag es feudal, auch im Urlaub.

London – Auf einem Trip an die Französische Riviera vor drei Wochen waren Victoria und David Beckham auf das Anwesen aufmerksam geworden. 1,5 Millionen Pfund (umgerechnet 2,2 Millionen Euro) hat sich das Superstar-Ehepaar seine neue Unterkunft kosten lassen, berichtet die „Daily Mail“ am Donnerstag. Ein Sprecher des Paares bestätigte den Kauf, ohne weitere Einzelheiten zu nennen. Die Luxusvilla hat 34 Zimmer, einen Swimmingpool, eine Kapelle und eigene Weinberge – eben *„alles, was eine junge Familie sich wünschen kann“*, heißt es in dem Blatt. Das Gut St.Vincent bei Bargemon (Provence) wurde im 19. Jahrhundert erbaut. Für Gäste steht auf dem rund 30 Autominuten von St.Tropez entfernt liegenden Anwesen eine umgebaute Scheune zur Unterkunft bereit. Zwei weitere Luxusherbergen besitzen die Beckhams bereits in England.

„Sie lieben den Süden Frankreichs und verbringen eine Menge Zeit dort unten“, zitiert die „Mail“ eine enge Bekannte des Ehepaares – *„normalerweise im Ferienhaus von Elton John“*. Das steht etwa 75 Kilometer entfernt vom neuen Heim. Erfreut seien sie vor allem über die Lage des Grundstücks: Umgeben von rund hundert Hektar Wiesen und Wald sind sie geschützt vor neugierigen Blicken.

Obwohl weder der Star-Fußballer noch das Spice-Girl französisch sprechen, zeigt sich der Bürgermeister von Bargemon ganz begeistert: *„Sie sind herzlich willkommen“*, sagte Pierre Blanc der Zeitung. *„Wenn sie sich entscheiden sollten, dauerhaft hier herunter zu ziehen, stehen ihnen exzellente Schulen für ihre Kinder zur Verfügung.“*

Auch Tina Turner, George Michael, Joan Collins und der frühere Spice-Girl-Manager Simon Fuller haben Luxusvillen in der Nähe.

Aus einer Zeitungsmeldung vom 8. Mai 2003
Bargemon liegt ca. 10 km nordöstlich von Draguignan

vertikalen Sockelsteinen ist mehr als sechs Meter lang, etwa 4,5 Meter breit und wiegt etwa 25 Tonnen. Erst 1843 erkannte ein dänischer Forscher, dass es sich bei den Dolmen (von Südskandinavien und Norddeutschland über Westeuropa rings um das Mittelmeer und bis weit in den Osten vorkommend) um Gräber handelt; bis dahin wurden die Dolmen als Werk von Riesen und später als Opferstätten betrachtet.

Gorges de Pennafort

Von Draguignan der D562 in Richtung Grasse und dann der D25 in Richtung Le Muy folgen. Zugang: schräg gegenüber des Hotel Pennafort zweigt bei der Brücke ein sehr schmaler Pfad ab. Man geht etwas 15 Minuten die Schlucht entlang, dann kommt man nur noch mit (bescheidenen) Kletterkünsten weiter.

paradiesisch

Kaum bekannt und deshalb sehr idyllisch ist diese Schlucht, die nicht so spektakulär wie die *Verdon-Schlucht*, dafür aber auch für wenig Wandergeübte leicht zugänglich ist. Ein schmaler, überwachsener Pfad führt dem Fluss entlang und gelegentlich auch durch ihn hindurch, festes, wasserdichtes Schuhwerk ist also ratsam. Hier und da ist ein Angler anzutreffen, viele Libellen, Schmetterlinge, Forellen sind die tierischen Begegnungen. Kleine Wasserfälle prasseln in seichte tiefgrüne Tümpel – ein Gefühl von der Welt an ihrem ersten Schöpfungstag.

Geologisch ist die Schlucht eine Besonderheit, weil sie Steine verschiedener Erdformationen aufweist; so findet man hier Gneis und Granit, Diorit und porphyrartige Minerale.

Südlich, in der Nähe von Le Muy (an der D54), gibt es einen weiteren Wasserfall, den **Saut du Capelan**, an dem die Nartuby 35 m in die Tiefe stürzt, in einer Felsspalte verschwindet und erst nach etwa 100 m wieder an die Oberfläche tritt.

Châteaudouble (= doppeltes Schloss)

Einwohner: 400, Höhenlage: 380 m

Gleich einem unerreichbaren Adlernest sähe Châteaudouble aus, ist im Ortsprospekt zu lesen. Wie wahr. Der Ort überblickt die gleichnamige Schlucht, wo in den Höhlen *grotte des chèvres* (Ziegenhöhle), *grottes chauves-souris* (Fledermaushöhlen) und *grotte des Mouret* (Mouret-Höhle) verschiedene prähistorische Tierskelette gefunden wurden. Eines davon liegt auf dem Hügel, das andere am Ufer des Flusses Nartuby. Mit seinen engen Gassen lohnt der Ort auf jeden Fall einen Rundgang.

> Also schrieb Nostradamus: *„Château double, double Château, la rivière sera ton tombeau“* (Château double, doppeltes Schloss, der Fluss wird Dein Grab sein)

Villecroze (ⓘ s. S. 131)

Einwohner: 1.100, Höhenlage: 350 m

Ein charmantes, noch nicht überrestauriertes kleines Städtchen, das schon in spätantiker Zeit besiedelt war. Neben dem Ortsbild ist hier besonders der kleine Park mit seinen Höhlen sehenswert. 700.000 Jahre sind sie alt, entstanden nach der Eiszeit, als das Eis zu schmelzen begann, den Berg hinunterstürzte, dabei Kalk hinterließ und die Pflanzen Schicht um Schicht versteinerten. So entstand eine Mischung zwischen Tuffstein- und Tropfsteinhöhle.

Wie es damals ausgesehen haben könnte, lässt der dünne Wasserfall erahnen, der aus 40 Meter Höhe herabfällt. Den eigenartigen Charakter, den die Höhle heute hat, erhielt sie durch einen gewissen Graf *Nicolas D´Albertas*, der sie 1566 zu einer Rückzugsburg im Falle von kriegerischen Angriffen ausbauen ließ. Im Raum links neben dem Eingang sieht man noch den Kamin, der im Kriegsfall einen Fluchtweg nach oben bot. Nicht mehr vorhanden sind die hölzernen Zwischendecken, die die Räume einstmals aufteilten. Auch heute noch ist die Burg ein Zufluchtsort: in heißen Sommermonaten ist es in der Höhle herrlich kühl!

Zufluchtsort

Salernes

Souvenir gesucht? Es muss ja nicht immer das obligatorische Lavendelsäckchen sein. In Salernes wird schon seit Tausenden von Jahren Töpferei betrieben, immerhin haben Archäologen in der Umgebung des Ortes mehr als 7.000 Jahre alte Töpferwaren aus der Erde gegraben – sie gelten als die ältesten Fundstücke ihrer Art in Westeuropa. Bekannt aber wurde Salernes für seine speziellen Kacheln, die hier seit dem frühen 18. Jahrhundert produziert werden. Die Kacheln, dekorative Töpferei, aber auch schöne Waschbecken gibt´s zum Beispiel in der *Poterie du Château*.

Entrecasteux

Tel. 04/94044395. Ostern bis Okt. täglich außer Sa. eine bis zwei Führungen.

Das größte Schloss dieser Gegend wurde im 16. Jahrhundert auf den Grundmauern einer Vorgängerburg erbaut. Eine der berühmtesten Besitzerinnen des Anwesens war die Tochter von *Madame de Sévigné*, die in das Adelsgeschlecht von Grignan eingeheiratet hatte, zu dessen Besitz des Schloss einst gehörte. Nach dem Niedergang des Adels und einem Beinahe-Abriss durch aufgebrachte Revolutionäre dämmerte das Schloss im Dornröschenschlaf vor sich hin, aus dem es 1974 der Schotte *McGarvie-Munn* weckte und gemeinsam mit seiner Ehefrau restaurierte.

Das war gut für das Schloss, aber schlecht für die Ehe – die McGarvies ließen sich in den 1990er Jahren scheiden. Schon in der Vergangenheit schien das Schloss von Entrecasteux – heute ein Kulturzentrum – kein geeigneter Ort für eine gute Ehe zu sein: Einer der früheren Besitzer wollte im Jahr 1713 seine Ehefrau loswerden, um eine andere zu heiraten und verübte drei Mordanschläge auf seine

Kleinod von Garten

Angetraute: Zuerst versuchte er, sie von der Leiter zu stoßen, dann hatte sie eine vergiftete Suppe zu überstehen und anschließend einige Attacken mit dem Rasiermesser. Ein Kleinod ist der Garten des Schlosses, er soll vom berühmten Gartenarchitekten *Le Nôtre* stammen.

Sillans-la-Cascade (ⓘ s. S. 131)

Einwohner: 480

Ein für die *Haut-Var* typisches sehr hübsches Dorf, das teilweise verlassen ist. Es hat noch Teile seiner Befestigungsmauern sowie ein Schloss zu bieten. Von dort verläuft ein viertelstündiger, beschilderter Weg zu einem Wasserfall, der aus einer Höhe von vierzig Metern in ein betörend türkisfarbenes Wasserbassin rauscht. Im Sommer allerdings ist der Wasserfall eher ein Rinnsaal.

Am Wasserfall von Sillans-la-Cascade

Hinweis

Da die letzten Meter zum Wasserfall eine kleine Kletterei sind, empfiehlt sich festes Schuhwerk.

Cotignac (ⓘ s. S. 131)

Einwohner: 2.000, Höhenlage: 230 m

Noch nicht zum Zweitwohnsitz verkommen, ist Cotignac wieder eines dieser Provence-Dörfer, in dem die Zeit wie konserviert scheint. Wie Schutz suchend schmiegt es sich an eine mächtige 400 m hohe Felswand aus Tuffstein. Über dem von Grotten und Stollen durchzogenen Gestein liegen die Ruinen der Türme des ehemaligen Schlosses von Castellane. Durch Cotiganc führen zahlreiche verwinkelte Gässchen, vorbei an Häusern aus dem 16. und 17. Jahrhundert und fotogenen Brunnen. Zum verlassenen Höhlendorf *Le Rocher* in der Tuffsteinwand hinter dem Dorf führen *Calades* (Treppengassen) hinauf. Beim Näherkommen erkennt man Höhlen, vermauerte Nischen und Scharten im 80 m hohen Tuffstein. Zur Besichtigung freigegeben ist leider nicht das ganze System, sondern nur ein kleiner zweistöckiger Teil. *Geöffnet 10–12 und 14–18 Uhr, im Frühjahr und Herbst nur nachmittags.*

Tuffsteinhöhlen

In der **Galerie musée**, 3, rue d´Arcole, wohnt das lebende Geschichtsbuch des Ortes: *Gabriel-Henri Blanc*, das Original von Cotignac. Seine Vorfahren stammen seit Jahrhunderten aus Cotignac, und er schreibt seit Jahrzehnten akribisch auf, was so alles in Cotignac passiert.

Übrigens ... sollten Ihnen ein Typ über den Weg laufen, der aussieht wie *Robbie Williams*, der britische Popstar, dann könnte es durchaus sein, dass er es leibhaftig ist; er macht hier nämlich regelmäßig Ferien.

1,5 km südwestlich von Cotignac war **Notre-Dame-des-Grâces** auf dem Berg Verdaille die letzte Hoffnung für *Anne von Österreich* und *Louis XIII.*: Die machten 1660 hierher eine Wallfahrt, da sie seit 22 Jahren vergeblich auf Nachwuchs hofften. Die Wallfahrt sollte sich als durchaus erfolgreich erweisen: Neun Monate später kam *Louis XIV.* zur Welt, und der sollte als „Sonnenkönig" berühmt werden ...

heiteres Städtchen

Barjols

Einwohner: ca. 2.400, Höhenlage: 250 m

Ein ausgesprochen heiteres, von Touristen noch wenig besuchtes Städtchen mit pastellfarbenen Häusern. Barjols wurde im 17. Jahrhundert aufgrund seines Wasserreichtums gegründet. 30 Brunnen plätschern hier vor sich hin, man kann sie entlang des *Circuit des Fontaines* entdecken. Die Kirche des Ortes, *Notre-Dame-des-Epines*, stammt aus dem 11. Jahrhundert, beachtenswert ist das Tympanon des innen recht düsteren Gotteshauses. Östlich von Barjols bietet die Burgruine des 500-Seelen-Dörfchens **Pontevès** einen wunderbaren Ausblick.

30 Brunnen

16. ENTLANG DES DURANCE-TALS UND DURCH DIE HAUTE PROVENCE

Überblick

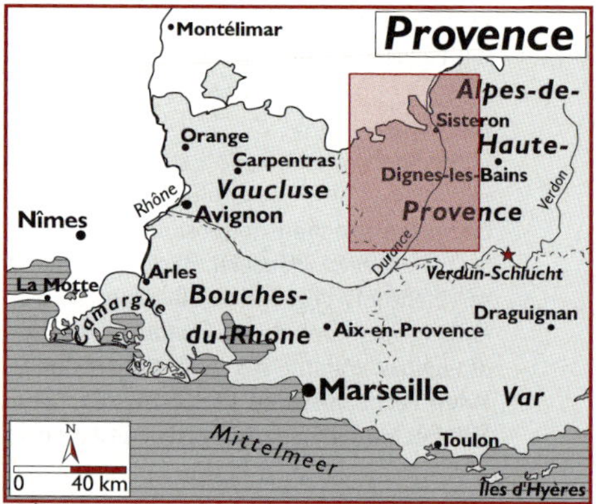

© igraphic

Die „wahre, authentische und reine Provence, deren Bewohner in symbiotischer Einheit mit der sie umgebenden Welt leben" war für *Jean Giono* die Hochprovence, von der er auch sagte, Lavendel sei ihre Seele. Wie die Provence selbst, hat auch die Haute Provence keine exakt festgelegten Grenzen, ihr größter Teil liegt aber östlich der Durance. Die dünn besiedelte Haute-Provence bietet ein abwechslungsreiches Landschaftsbild wie die einsame weltentrückte Hochebene von Albion, auf der anderen Seite aber auch die spektakulären Gorges du Verdon, ein Paradies für Aktivsportler bis hin zum Marathonläufer, denn alljährlich Anfang Oktober findet hier ein Marathon statt. Im vorliegenden Band umfasst sie das Gebiet westlich der Durance mit dem Plateau d´Albion, im Süden bis zum Lac de Sainte-Croix und im Osten bis zum Grand Canyon du Verdon.

dünn besiedelt

Marathon

Noch einmal sei *Jean Giono* zitiert, der 1961 geschrieben hatte: „Ich glaube nicht, dass dies Land je reich werden kann, niemals. Der Boden wirft nichts ab, der Charakter der Menschen ist nicht kommunikativ, ich glaube nicht, dass die Tretmühlen der Industrie viele Menschen anziehen werden." Heute, mehr als 40 Jahre später, hat sich daran im Wesentlichen nichts geändert.

In die Montagne de Lure

Manosque (ⓘ s. S. 131)

Einwohner: ca. 20.300, Höhenlage: 330 m

Gionos Stadt

„Manosque ist eine Stadt der Klöster, eine Stadt der verborgenen Gärten, der Innenhöfe, der Brunnen, der wundervollen Fontänen", schrieb Jean Giono – und hätte hinzufügen können: auch eine Stadt des Schriftstellers *Jean Giono*. Hier lebte und arbeitete er, der wie kein anderer die Provence beschrieben hat und der Manosque das erste seiner Bücher gewidmet hat und in den folgenden meist davon schrieb. Die Stadt fühlt sich dem Erbe des Jean Giono so sehr verpflichtet, dass sie sich zur „Stadt des Buches“ erklärt hat. In der Tat – in Manosque gibt es auffallend viele Buchgeschäfte. In ihrem Inneren ist sie eine Fußgängerzone. Man kommt am besten samstags, wenn die ganze Innenstadt ein einziger großer Markt ist.

Da wo einst die im 19. Jahrhundert abgetragene Stadtmauer verlief, führt heute ein breiter Boulevard um die Stadt. Von dem ehemaligen Mauerwerk erhalten geblieben sind lediglich zwei von ehedem sechs Stadttoren, die **Porte Saunerie** (Prov. saou = Salz) und die **Porte Saubeyran** mit einem pittoresken Glockenkäfig auf dem Turm.

Im **Centre Jean-Giono** auf dem Boulevard Élémir-Bourges wird des großen Sohns der Stadt gedacht mit Ausstellungen wie „Giono und das Kino“ sowie Exkursionen und Stadtrundgängen auf den Spuren Jean Gionos organisiert („Giono, Poet des Olivenbaums“ oder „Giono und die Malerei“). Eine Bibliothek und eine Videothek informieren weiterhin umfassend über den Dichter.

Redaktions-Tipps

- **Anschauen**: Die wunderschönsten Bodenmosaike hat man im Kloster **Ganagobie** (S. 509) entdeckt. Man sollte **Manosque**, die Stadt *Jean Gionos*, samstags besuchen, wenn sich über die ganze Innenstadt ein Markt ausbreitet. Auch wenn das Rätsel von **Simiane-la-Rotonde** (S. 516) gelöst ist, geheimnisvoll wirkt das Bauwerk noch immer. Das archaische **St.Donat** (S. 511) zählt vielleicht zu den ältesten Kirchen der Provence. In **Forcalquier** geht´s, wenn man genau hinschaut, ganz irdisch um Sex (S. 519) and Crime (S. 520). Im Kloster **Notre Dame de Salagon** (S. 518) erschmeckt man mit allen Sinnen die Gewächse alter klösterlicher Gärten. Ein wunderschöner Platz für ein Picknick ist bei der Kirche **Notre-Dame-de Lure** (S. 522).
- **Übernachten**: Fast schon ein kleiner Zoo wartet nahe Forcalquier in der **Ferme Auberge du Bas Chalus** auf Gäste, hier fühlen sich besonders Familien mit Kindern wohl. Fürs kleine Budget ideal ist das **Grand-Hotel** mitten in Forcalquier. Im **Restaurant l´Observatoire** schläft und speist man unter dem reinsten Himmel Frankreichs. Wellness ist im **Hotel-Restaurant l´Observatoire** in Lurs angesagt. Abseits vom Trubel übernachtet man im **Vallée du Jabron**.
- **Einkaufen**: In Banon gibt´s bei **Melchior** neben feiner Wurst auch Banon-Käse, und das Buch zum Käse bei **Joël Gattefossé**. Der führt aber nicht nur touristische Bücher, sondern auch hohe Literatur.

spirituelle Insel

Hinter dem Renaissance-Portal der romanischen Kirche **Notre-Dame-de-Romigier** liegt eine Insel der Spiritualität mitten im lebhaften Städtchen. Dezent aber wirkungsvoll läuft geistliche Musik und die „Sehenswürdigkeiten“ der Kirche sind wirkungsvoll ausgeleuchtet. Die wunderbare Statue der „Schwarzen Madonna“ (6./7. Jh.), die fast überall als eine solche beschrieben ist, hat, nachdem sie in jüngster Zeit gereinigt worden ist, auch die schwarze Patina verloren. Daneben steht ein Sarkophag aus Carrara-Marmor (4./5. Jh.). Über dem Altar hängt sehr wirkungsvoll ein steinernes Friedhofskreuz aus dem 16. Jahrhundert.

Marmorsarkophag, der Legende nach Versteck der Statue

In der **Fondation Carzou** in der Kirche des Couvent de la Présentation, ist eine große Darstellung der Apokalypse zu sehen, gemalt in 7-jähriger Arbeit von *Carzou*, einem gebürtigen Armenier.

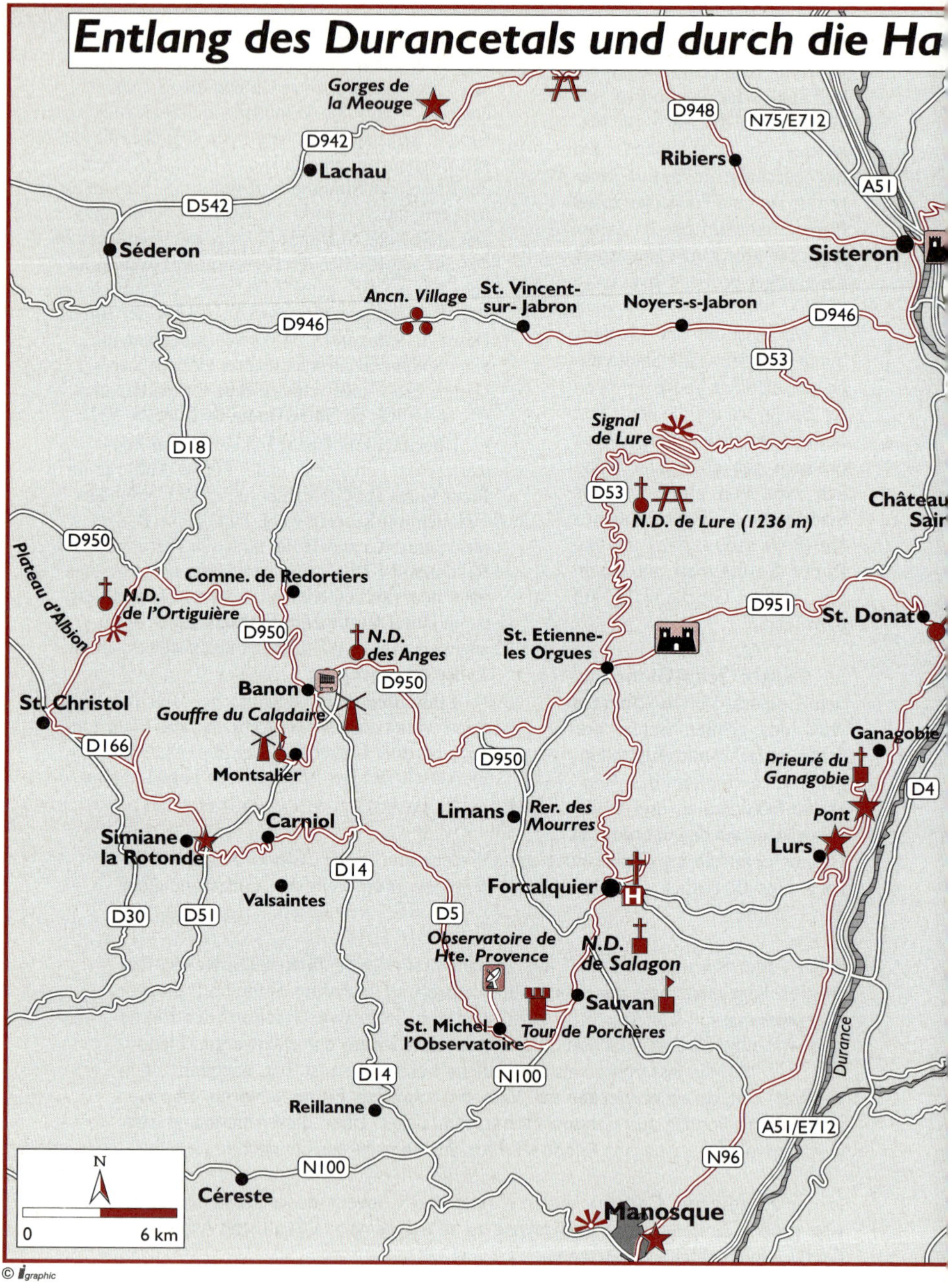
Entlang des Durancetals und durch die Ha
Gorges de la Meouge
D942
Lachau
D948
N75/E712
Ribiers
A51
D542
Séderon
Sisteron
Ancn. Village
St. Vincent-sur-Jabron
Noyers-s-Jabron
D946
D946
D53
Signal de Lure
D18
D53
N.D. de Lure (1236 m)
Château
Sair
D950
Plateau d'Albion
Comne. de Redortiers
N.D. de l'Ortiguière
D950
N.D. des Anges
St. Etienne-les Orgues
D951
St. Donat
Banon
D950
St. Christol
Gouffre du Caladaire
D166
Montsalier
D950
Ganagobie
Prieuré du Ganagobie
D4
Limans
Rer. des Mourres
Pont
Carniol
Simiane la Rotonde
Lurs
D14
Valsaintes
Forcalquier
D30
D51
D5
Observatoire de Hte. Provence
N.D. de Salagon
Sauvan
St. Michel l'Observatoire
Tour de Porchères
Durance
D14
N100
Reillanne
A51/E712
N96
N100
Céreste
Manosque
N
0
6 km

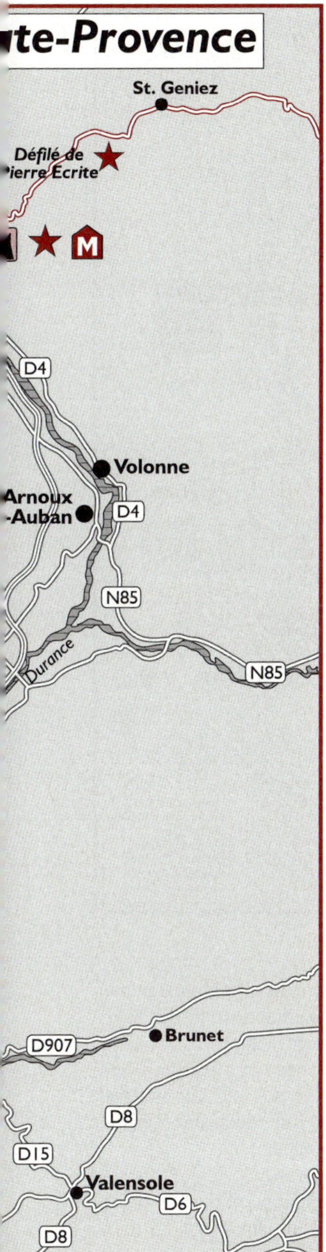

Einen guten Blick auf die Stadt hat man vom **Mont-d´Or** nordwestlich der Stadt, wo außer einem Turm nichts mehr geblieben ist von einem ehemaligen Château der Herzöge der Provence.

Lurs, nördlich von Manosque nahe der D12, wurde im Mittelalter als ideale Zwischenstation zwischen den Kathedralen Forcalquier und Sisteron gegründet, zumal die Lage auf einem Gebirgsvorsprung strategisch äußerst günstig war. Die Ruinen des einst mächtigen Castrums sind noch von dieser Zeit übrig geblieben ebenso wie die prächtig wirkenden, in den 1950er Jahren von Graphikern und Druckern bestens restaurierten Steinhäuser des Ortes. Damals war Lurs auch einer der Schauplätze der mysteriösen *Affäre Dominici* (siehe Info S. 520). Heute steht Lurs unter Denkmalschutz. Die hier ansässigen Künstler organisieren im Sommer verschiedene Kunstausstellungen. Unterkunftstipps für Lurs auf S. 131 unter Forcalquier.

bestens restauriert

Prieure de Ganagobie – Kloster von Ganagobie

www.ndganagobie.com. Geöffnet tgl. außer Mo. 15–17 Uhr. Die Kirche ist auch im Rahmen von Messen zugänglich (gregorianische Gesänge!): Vigles (5 Uhr), Laudes (7 Uhr), Messe (9 Uhr, sonntags 9.30 Uhr), Sexte (12 Uhr), None (13.30 Uhr), Vesper (17.30 Uhr) und Komplete (20 Uhr).

Die auf einem kargen Plateau 600 m hoch über dem Tal der Durance im 10. Jh. gegründete Abtei wurde im 16. Jahrhundert von Hugenotten überfallen und ausgeraubt. Zwar wurde sie wieder aufgebaut, aber nach der Säkularisation verfiel sie dann endgültig. 1897 zog mit benediktinischen Mönchen neues Leben in die Mauern ein. Die Kirche im romanischen Stil der Provence (12. Jh.) besitzt ein sehr schönes, eigenartig gestaltetes Portal, in dessen Giebelfeld archaische Löwen und Greifen eingemeißelt sind.

Bei den Wiederbesiedlungs-Maßnahmen im 19. Jahrhundert hat man unter einer dicken Schuttschicht herrliche Mosaiken aus rotem Ziegelstein, weißem Marmor und einem basaltähnlichen, schwarzgrauen Stein gefunden – sie gelten als die bedeutendsten mittelalterlichen Bodenmosaike Frankreichs. Hier ist ein für die Romanik typisches Thema dargestellt: Der

bedeutendste und größte Bodenmosaike

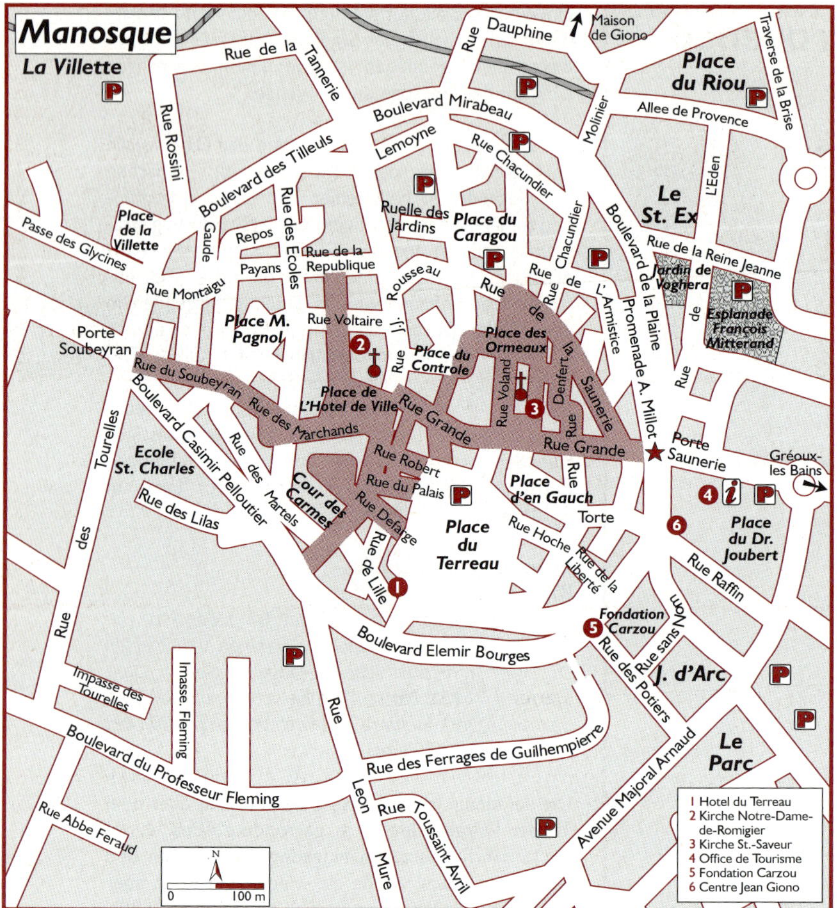

Kampf zwischen guten und bösen Gewalten. Entstanden sind die Mosaiken zwischen 1135 und 1173, wie eine lateinische Widmung dokumentiert. In der linken Apsis prescht ein Ritter mit angelegter Lanze auf einem Schlachtross auf ein geflügeltes Ungetüm zu. Es ist eine der ältesten Darstellungen des heiligen Georg in der abendländischen Kunst. Der Elefant im Hauptchor soll die Gutmütigkeit symbolisieren. (Allerdings ähnelt der Elefant mehr einer Kuh, denn der Künstler scheint niemals einen Dickhäuter persönlich gesehen zu haben.)

Gutmütige Elefantenkuh

Der Kreuzgang ist nicht zugänglich, da er wieder dem dient, wofür er ursprünglich gedacht war: der Kontemplation der Mönche. Man kann ihn allerdings durch eine Verglasung anschauen.

1 Ritter
2 Ornamente
3 Greifen, Löwen u. Fabelwesen
4 Ornamentmuster
5 Elefant
6 Wolf
7 Greif
8 Löwe
9 Fische u. Schütze (Tierkreiszeichen)
10 Löwe
11 Tiere u. Fabelwesen
12 Palmettenornamente
13 Der Heilige Georg besiegt den Drachen
14 Mischwesen
15 Fabeltier
16 Hirsch (Symbol für Christus)

N
0 2,5 m

Nahe dem Kloster sind die **Chapelle St.Martin** und die Reste einer mittelalterlichen Mauer zu besichtigen. Letztere ist das Überbleibsel eines Städtchens, das hier an der Stelle eines kelto-ligurischen Oppidums errichtet wurde. Zur Linken der Klosterkirche führt die von Eichen gesäumte „Allee der Mönche" zu einem Kreuz – von dort aus bietet sich eine atemberaubende **Aussicht** auf die im Tal mäandernde Durance, das Plateau de Valensole und die Gipfel der Alpes de Provence. Am nördlichen Ende des 1.400 m langen Plateaus liegen die Reste eines keltischen Oppidums.

Allee der Mönche

Von Ganagobie führt eine kleine, wenig befahrene Straße über eine 10 m hohe und 30 m lange **römische Brücke** nach Lurs. Sie wurde auch *Pont de la Mort de l'homme* genannt; man nimmt an, dass sich hier so manch einer zu Tode gestürzt hat.

Von der N29 führt ein kleines Sträßchen zur **Kapelle St.Donat**. Von dem Kloster, das hier einst im Mittelalter stand, ist nur das Gotteshaus geblieben. Das aber – und das kommt einem Wunder gleich – ist so erhalten, wie es vor tausend Jahren gebaut wurde, nichts wurde hinzugefügt, nichts verändert. Gebaut wurde es um 1018, man schließt dieses Datum aus einem Manuskript, das in Carpentras aufbewahrt wird und in dem von der Schenkung einer Kirche die Rede ist. Gewidmet ist das Bauwerk dem heiligen *Donatus*, welcher kräftig an der Christianisierung der Provence mitgewirkt hat. Man vermutet, dass er in der Nähe des

wie vor tausend Jahren

INFO Jean Giono – ein fiktives Interview

Herr Giono, wie würden Sie sich selbst definieren?

„Ich bin kein Provenzale. Ich bin nur in der Provence geboren, weil sich meine Eltern hier kennen gelernt und hier geheiratet haben."

Ihr Vater war ja Schuhmacher, Sie selbst sind gelernter Bankkaufmann und heute Schriftsteller. Also ein freier Mann. Bemitleiden Sie Ihren Vater?

„Er konnte einen Schuh ganz allein machen... Welche Freiheit ihm das gab! Er machte die Schuhe, die man bei ihm bestellt hatte; dann nahm er sein Geld, packte sein Bündel und ging! ... Wenn er kein Geld mehr hatte, ließ er sich auf dem Hauptplatz eines Dorfes nieder, und die Leute brachten ihm ihre Schuhe zum Reparieren. So ist er in ganz Europa herumgekommen, ohne dass ihn jemand störte, ohne die geringste Sorge zu haben."

Giono (1895–1970) zählt neben Pagnol und Daudet zu den drei bekanntesten Schriftstellern der Provence. Der überzeugte Pazifist übte herbe Kritik an der Zivilisation des 20. Jahrhunderts. Giono lebte völlig zurückgezogen in Manosque und veröffentlichte zahlreiche Romane, Gedichte und Theaterstücke.

Sie haben die Schrecken des Ersten Weltkriegs erlebt und wähnten sich selbst schon am Rande des Todes. Wie würden Sie den Krieg beschreiben?

„Der Krieg ist keine Katastrophe, der Krieg ist ein Mittel zum Regieren. Der kapitalistische Staat kennt keine Menschen aus Fleisch und Blut, er kennt nichts anderes als Rohmaterial für die Produktion von Kapital, und um Kapital zu produzieren, braucht er gelegentlich den Krieg."

Ein Leben lang haben Sie sich von großen Städten fern gehalten. Warum?

„In der Stadt ist vielleicht das geistige Leben interessanter, aber anderswo gibt es diese herrliche Erziehung durch die Natur, die einem wunderbare Dinge gibt, das Wesentliche, Brot, Wasser. Die wesentlichen Dinge sind rein."

Sie haben ja nicht nur über die Haute-Provence geschrieben, sondern auch in ihrem Buch „Louis, der Sohn der Camargue" über die so ganz andere Camargue. Was ist die Camargue für Sie?

„Die Camargue ist ein Deltagebiet, der Ablageplatz eines Flusses und sein Schlupfwinkel. Bald hierhin fließt er rasch, findet keine Zeit, nachdenkliche Betrachtungen anzustellen. Bis hierhin lebt er. In diesem Delta aber geht es mit ihm zu Ende; hier wird er sich im Meer verlieren, und dagegen sträubt er sich, er schlendert, teilt und windet sich her und hin; er überlegt, zögert und besinnt sich. Alles, was er hierhin entführt hat, nimmt er nun vor, mischt es durcheinander und lässt es sich verwandeln, und darauf ist er stolz. Was er seinen Ufern entrissen hat, wird zu Lehm, Humus, Sand. Was er vorher tötet, versucht er hier wieder entstehen zu lassen; was in ihm umgekommen ist, erweckt er zu neuem Leben."

Nach den großen Themen Krieg, Stadt und Land nun eine Frage zu den Frauen: Erinnern Sie sich, wie Sie einmal die Beine und den Gang eines provenzalischen Mädchens beschrieben haben?

„Als mollig, hart und marmorn. Ihr Gang war Musik."

Wie sehen Sie selbst Ihr Werk?

„Ich habe für das Leben geschrieben. Ich habe das Leben geschrieben. Ich wollte alle Welt vom Leben trunken machen. Ich wollte das Leben wie einen schäumenden Sturzbach dahinbrausen und tosen lassen, damit er sich über alle diese trockenen und verzweifelten Menschen stürze, sie mit den kalten, grünen Wellen schlagendes Lebens peitsche, ihnen das Blut unter die Haut treibe, sie mit Frische, Gesundheit und Freude überwältige und mit sich fortschwemme."

Und andere?

Da zitiere ich Peter de Mendelssohn, der im Nachwort meines Buches „Ernte", geschrieben hatte: „Die überwältigende Ähnlichkeit, ja innige Verwandtschaft zwischen Gionos engerer Heimat, Manosque, dem Tal der Durance, dem Luregebirge und der Landschaft Homers wird jedem unverzüglich offenbart, der auch nur einen Tag in ihr verbringt, und je tiefer man sich in ihr verliert, desto eindringlicher offenbart sie ihr antikisches Gesicht."

Herr Giono, man könnte Sie ja einen Moralisten nennen. Was ist für Sie ein wertvoller Mensch?

„Das habe ich am besten in meinem Buch „Der Mann der die Bäume pflanzte" beschrieben: Damit der Charakter eines Menschen wahrhaft außergewöhnliche Qualitäten offenbare, muss man das Glück haben, seine Tätigkeit während vieler Jahre beobachten zu können. Und wenn dieses Tun frei ist von jeglichem Eigennutz und die ihn leitende Idee von beispiellosem Edelmut, wenn ferner sicher feststeht, daß er nirgends woher Dank erwartet, und wenn er zu dem allem auf der Welt sichtbare Spuren hinterließ, dann hat man unfehlbar einen unvergesslichen Charakter vor sich."

Ihre Prognose für die Zukunft?

„Die Luft, das wird ein ungeheurer Luxus werden."

Herr Giono, können Sie uns zum Abschluss unseres Gespräches noch einen Ratschlag mit auf den Weg geben?

„Man darf eine handelnde Person, einen Menschen nicht isolieren. Man darf nicht die üblichen Saatkörner in ihn legen, sondern muss ihn zeigen, wie er ist, das heißt: durchquert, durchtränkt, schwer und leuchtend von Essenzen und Einflüssen, vom Gesang der Welt. Für den, der eine Zeitlang in einem der kleinen Weiler unseres Berglands gelebt hat, ist es völlig überflüssig, zu sagen, dass die Berge in den Gesprächen der Menschen einen besonderen Rang einnehmen. In einem Fischerdorf ist es das Meer, in einem Dorf in der Ebene sind es die Felder, die Äcker, die Wiesen. Man kann den Menschen nicht isolieren, und er ist auch nicht isoliert: Das Antlitz der Erde ist in seinem Herzen. Und bevor wir das Interview beenden, gebe ich Ihnen noch ein Wort mit auf den Weg: Die Sonne scheint niemals so schön wie an dem Tag, an dem man sich auf den Weg macht."

Klosters beerdigt wurde. Unter den vielen romanischen Kirchen in der Provence zählt St.Donat nicht nur zu einer der ältesten, sondern auch mit seiner archaisch-primitiven Formensprache zu einer der interessantesten.

> *„An den Hängen gegenüber dem Durancetal liegt das Dorf von Banon. Zwischen beiden die Einsamkeit."*
> Jean Giono

Limans, zwischen St.Etienne-les-Orgues und Forcalquier, ist eigentlich ein kleiner und unbedeutender Ort. Wenn er nicht die prächtigsten und schönsten Taubenhäuser weit und breit hätte, deren älteste auf das 14. Jahrhundert zurückgehen. Auch die Taubenhäuser sind vor dem Mistral geschützt und habe eine geschlossene Rückseite.

prächtige Taubenhäuser

Banon (ⓘ s. S. 131)

Einwohner: ca. 880

Wie auch in anderen Orten der Provence drängen sich die hohen Häuser von Banon eng zusammen als eine Art Ersatz für eine echte Stadtmauer. Banon ist bekannt für seinen feinen in Kastanienblätter gewickelten Ziegenkäse, der durch *Jules Verne* und *Frédéric Mistral* in die Literatur eingegangen ist. Er wird hier unter anderem bei *Chez Melchio* im Ortszentrum verkauft.

Umgebung von Banon

Fährt man auf der D950 durch Banon, und dann auf der D6 weiter nach Norden, passiert man die archäologische Ausgrabungsstätte und kommt nach 5 km nach **Le Contadour**, einem alten Hirtendorf auf 1.100 Meter Höhe. Verstreut um Le Contadour liegen einige *Bories*, die Ruinen eines verlassenen Dorfes und einige

Dorfruinen

Abgründe tun sich auf

Eine Besonderheit dieser Gegend sind die 200 Abgründe (Aven oder Gouffre) in der dürren Kalk- und Karstlandschaft. Durch diese Schlucklöcher (Ponore) dringt Regenwasser tief ins Kalkgestein ein, löst es und bildet unterirdische Höhlensysteme und Wasserläufe, die dann als starke Quelle am Karstrand austreten. Eine solche Quelle ist die *Fontaine der Vaucluse*.

- Westlich von Banon gähnt ein 700 Meter tiefes Loch, der **Gouffre du Caladaire**, in den noch bis in die frühe Neuzeit Verbrecher hineingeworfen wurden. Allerdings mussten sie sich eines ganz schlimmen Verbrechens schuldig gemacht haben, damit sich die stundenlange Rumpelei per Karren durch die Wildnis auch lohnte. Der Gouffre du Caladaire gilt als der tiefste dieser Erdlöcher, er wurde bis jetzt bis zu einer Tiefe von 700 Metern erforscht.
- Südlich von Sault liegt ein ebenfalls berühmter Aven, der **Aven Saint-Jean Nouveaux**, der bislang in einer Tiefe von 350 Metern ausgelotet wurde.

Wer sich für diese, für einen Nicht-Höhlenkundler an sich unspektakulären Erdlöcher interessiert, sollte in der Bücherei Le Bleuet in Banon vorbeischauen, der Besitzer kennt sich sehr gut aus.

Mühlen (am Parkplatz gibt es ein kleines Informationsbüro). Von hier führen einige Wanderwege durch diese einsame Gegend, die schon *Jean Giono* inspirierte.

Zwei Kilometer östlich von Banon weiter auf der D950 empfiehlt sich ein Picknick in **Notre Dame des Anges**.

Südlich von Banon, ab der D51 über die D401 zu erreichen, liegt das Ruinendorf des alten **Montsalier**. Besonders im Winter ein eindrucksvoller Anblick sind die Ruinen der drei Windmühlen, die hier auf dem Kamm stehen.

Wallfahrtskirche Notre-Dame-de l´Ortiguière

Menschen gegen Monster

(Auf die Kirche weist am Straßenrand der D34 ein sehr unscheinbares Schild hin. Die Seitentüre der Kirche ist meist offen.) Wieder so eine Kirche: mystisch und beinahe magisch. Die Konsolen in der vorromanischen Apsis zeigen den Kampf des Menschen gegen Monster (ein recht passendes Motiv für diese Gegend, in der einst Atomraketen lagerten).

Plateau d´Albion

Ende der Welt

Unwirtlich ist diese Hochebene, mit einem Gefühl vom Ende der Welt, bedeckt mit schier endlosen Getreidefeldern, und nur hier und da von einem einsamen Gehöft besiedelt. Durchkreuzt von breiten Straßen, die ins Nirgendwo zu führen scheinen. In den 1960er Jahren wurden auf ihnen die schweren Interkontinentalraketen befördert, die hier unterirdisch stationiert waren. Die Straßen sind geblieben, die Raketen nicht: Seit 1996 wurde mit ihrer Verschrottung begonnen – gegen den Widerstand der Bevölkerung, die eine weitere wirtschaftliche Verödung des kahlen und windigen Landstrichs befürchtete.

Geblieben ist die Stimmung, die *Jean Giono* in einem Gespräch im Jahre 1968 so trefflich mit Worten zu skizzieren wusste: „Und wenn es auch nur die Sonne ist und die Stille. Mittags, im Sommer, in diesen großen, ganz nackten Einsamkeiten auf dem Plateau d´Albion, man fürchtet sich geradezu, man wird erdrückt von einer Kraft, die um so vieles größer ist als unsere eigene".

St.Christol

Der kleine Ort am Rande des Plateau d´Albion birgt eine Kirche aus dem 12. Jahrhundert, gegründet von Benediktinern der Abtei St.Andréde Villeneuve-lès-Avignon. Hier ist die von einer Halbkuppel überwölbte Apsis mit schönen Skulpturen sehenswert: Die Säulen zeigen interessante Motive, unter anderem einen Löwen mit dem Kopf eines Greises, wobei der Löwe für die Macht und

Zahlensymbole
Der reich geschmückte Kirchenaltar von St.Christol ist auf seiner Vorderseite voller Zahlensymbolik:
Die 3 Bogen stellen die drei theologischen Tugenden dar: Glaube, Hoffnung und Barmherzigkeit.
Die 4 halbkreisförmigen Sockel der kleinen Säulen könnten als die 4 Kardinaltugenden gedeutet werden: Mut, Gerechtigkeit, Umsicht und Enthaltsamkeit.
Die Zahl 7 (4 + 3) erinnert an die 7 Gaben des Heiligen Geistes und die Einheit von Himmel und Erde.

der Greis für die Weisheit steht. Auch die Darstellungen des Altars sind von großer symbolischer Kraft: die Brunnenmündungen stehen für die Ströme des ewigen Lebens, das sich auf die Erde ergießt (in halbkreisförmige Becken), aus der dann wiederum das ewige Leben (dargestellt als Efeu) wächst.

Simiane-la-Rotonde (ⓘ s. S. 131)

Einwohner: 500, Höhenlage: 650–700 m

La Rotonde

Merkwürdig, merkwürdig: dicht umringt von romanischen Bauwerken der Umgebung ist diese Rotunde. Von allen anderen romanischen Bauten kannte man ihre Geschichte, nur nicht von diesem runden, von außen wie ein umgestürzter Blumentopf aussehenden Trutzgemäuer. Generationen von Kunsthistorikern und Archäologen haben versucht, sein Geheimnis zu lüften. War es der Wehrturm einer Burg, ein Prunksaal oder der Versammlungsraum eines Ordens? Dick und abwehrend die Mauern, kreisförmig sein Umfang, geheimnisvoll die Steinfratzen im Kuppelsaal – La Rotonde ist ein Bauwerk von einer ganz eigenen Magie. Wer in dieser Anlage steht, auf sein Inneres hört und hier so gar nichts Spirituelles spürt, sondern ein fernes Waffengeklirr zu vernehmen meint – dessen Gespür war richtig: Denn die rätselhafte Rotonde hat ihr Geheimnis doch noch preisgegeben. Wissenschaftliche Untersuchungen in den 1970er Jahren haben ergeben, dass es sich dabei um den Turm einer Burganlage handelt. Und eine Urkunde, aufbewahrt in Saint-Victor in Marseille bestätigt dies, denn das Dokument aus dem Jahr 1031 erwähnt sie zum ersten Mal als *castrum Simiane* – La Rotonde war schlicht und einfach ein Wehrturm, wenn auch ein ganz besonders schöner.

La Rotonde, die schöne und wehrhafte mit dem geheimnisvollen gewissen Etwas

Lange vernachlässigt, ist heute dieses romanische Bauwerk wieder bestens restauriert. Alljährlich von Juli bis August finden hier beliebte Kammermusikfesttage statt und gelegentlich auch das Totenmahl eines verdienten Menschen.

> ☞ ***Hinweis***
> *Die sandigen Muren (Schlammstrom) über Carniol sind sehr fossilienreich.*

Kirche und Observatorium St. Michel de Haute-Provence

Auf dem höchsten Punkt des Ortes St. Michel-l´Observatoire steht die gleichnamige romanische Kirche. Ein bescheidener Bau, der im 16./17. Jahrhundert durch Anbauten erweitert wurde. Am östlichen Pfeil der Südfassade des romanischen

Teils gibt die folgende lateinisch anmutende Inschrift bis heute Rätsel auf: NEMILI VISEPIUS/IVLIUS STAT BISSEINIS II DIEb V: Interessant auch das romanische Weihwasserbecken mit Löwen mit Teufelsköpfen.

2 km weiter liegt das schon von weitem sichtbare, 1937 errichtete Observatorium eines der bedeutendsten astronomischen Forschungszentren Europas. Hier ist der Himmel besonders klar, da weder Industrie noch große Städte in der Nähe sind, also kein Smog und wenig nächtliche Lichter da sind. Jährlich garantiert dieser Landstrich durchschnittlich 265 sternklare Nachthimmel. Allerdings ist der Himmel über St. Michel zunehmend durch Luftfeuchtigkeit umflort, da die ehemals unfruchtbaren Trockengebiete heute bewässert werden. Hier wurden in den vergangenen Jahren neue Planeten entdeckt, unter anderem der erste Planet außerhalb unseres Sonnensystems: 1995 der „51 Pegasi", ein höllenähnlicher Ort, „von Strahlung gegrillt und von immensen Gezeitenkräften geknetet". 1998 folgte dann die Entdeckung von „14 Herculis" und „Gliese 876". Hobbyastronomen können es den großen Forschern nachtun und durch ein Teleskop mit einem Durchmesser von 1,93 m himmelwärts blicken.
Führungen von Okt. bis März Mi. 15 Uhr, von April bis Sept. Mi 14 und 16 Uhr. Am ersten Sonntag im Monat zusätzlich um 9 und 11 Uhr. Tel. 04/92706400, Fax 04/92766205, www.obs-hp.fr.

Abbaye de Valsaintes

600 Rosensorten

In der 1189 von 12 Zisterziensern des Klosters Silvacane gegründeten Abtei Valsaintes in Boulinette blühen auf 600 Meter Höhe mehr als 600 verschiedene alte und neue Rosensorten. Und als ob soviel Schönheit nicht genügt, kann man von einem kleinen Observatorium (auf Nachfrage) tausend Sternlein sehen.

Le château de Sauvan
Nahe Notre Dame de Salagon, an der N100. Tel. 04/92750564. Führungen Juli und August tgl. außer Sa. um 15.30 Uhr. 1. Sept. bis 30. Juni Do., So. und feiertags um 15.30 Uhr.

klassizistisches Schloss

„Petit Trianon de Provence" wird das Schlösschen aus dem Jahr 1720 auch genannt. Es gilt als eines der seltenen Beispiele des Klassizismus in der Provence mit noch erhaltenem Mobiliar aus dieser Zeit. Es ist umgeben von einem französischen Garten und bewacht von steinernen Löwen. In den zwei Etagen des Schlösschens sind ein großer Kamin, Fayencen, eine Bibliothek und ein Musiksalon aus dem 18. Jahrhundert zu sehen. Ein 45 m langer Gang verbindet die einzelnen Räume. Bei solchen Entfernungen versteht man, warum einer der Altvorderen zu Pferde bis in sein Zimmer ritt – dessen Hufabdrücke bis heute zu sehen sind.

La tour de Porchères

Auf der anderen Seite der N100 zweigt ein Schottersträßchen (beim steinernen Marterl) zu diesem Turm ab, der eher einer kleinen Festung ähnelt, obwohl damals im Mittelalter hier überhaupt keine Grenze verlief. Da über den Turm keinerlei Unterlagen existieren, kann man nur vermuten, dass es sich um eine Art

Beobachtungsturm gehandelt hat. Ende des 16. Jahrhunderts breitete sich um das Gemäuer eine kleine Siedlung mit etwa 10 Häusern aus. Im August 1631 wurde das Dorf komplett verlassen – die Bewohner waren ein Opfer der Pest geworden.

Vierhundert Meter südlich von Notre-Dame-de-Salagon überspannt eine **archaische Steinbrücke** aus dem 12. Jahrhundert das Flüsschen Laye. Sie ist Teilstück eines uralten Handelsweges, der schon in hellenistischer Zeit aus der Lombardei über Sisteron nach Apt, Arles und weiter nach Spanien führte. Heute ist die Brücke ein wunderbar idyllischer Platz für ein Picknick.

La Tour de Porchères – auch wenn keinerlei schriftliche Unterlagen darüber existieren, so könnte es sich bei diesem Turm aufgrund seiner Bauweise um einen Turm der Tempelritter handeln.

Notre-Dame-de-Salagon

3 km südlich von Forcalquier an der N100. Tel. 04/92757050, www.musee-de-salagon.com. Geöffnet Feb., März, April tgl. 14–17 Uhr, Mai 10–12.30 und 14–18.30 Uhr, Juni, Juli, Aug. tgl. 10–10.30 Uhr, Sept. tgl. 10–12.30 und 14–18.30 Uhr, Okt. tgl. 14–17 Uhr, Nov., Dez. jeweils So 14–17 Uhr.

Im Sommer sollte man Salagon gegen Abend besuchen, da es tagsüber nur sehr wenig Schatten bietet, am Abend dagegen die nach Südwesten gerichtete Fassade in einem magischen Licht zu erstrahlen scheint.

Meist sieht man ja von alten Klöstern heute nur noch deren Mauern. Notre Dame-de-Salagon, ein Benediktinerkloster aus dem 12. Jahrhundert, zeigt aber noch einen für die damalige Klosterkultur wichtigen Bestandteil: den Klostergarten. Denn das ganze Mittelalter hindurch waren neben den Zisterziensern auch die Benediktiner die Heger und Pfleger der Gartenkultur Europas. Sie pflanzten die Blumen und Kräuter allerdings nicht wegen ihrer Schönheit, sondern wegen ihres (tatsächlichen oder nur angenommenen) Wertes als Heilpflanze. Der Garten von Salagon ist in verschiedene Bereiche aufgeteilt (und leider nur auf französisch beschriftet):

- in einen **mittelalterlichen Garten** *(jardin médiéval)* mit mehr als 300 verschiedenen Planzen, wobei 88 von ihnen im berühmten *Capitulaire de villis* aufgeführt sind, einer Art Musterordnung für königliche Landgüter der Karolingerzeit.
- einen mittelalterlichen **Gemüse- und Obstgarten** *(potager-verger de la noria)*
- in einen **Duftgarten,** hauptsächlich mit traditionell in der Haute-Provence verwendeten Gewürz- und Duftpflanzen.
- und einen **modernen Garten** *(le jardin des temps modernes)* mit Pflanzen der fünf Kontinente. Hier geht es unter anderem um ihren Nutzen als Färbe- und Nahrungsmittel, als Insektizid, Schmuck oder ihren Einsatz in Haushalt und Kosmetik.

Die Kirche von Notre Dame-de-Salagon vereint in sich romanische Einflüsse der südlichen Provence (wie gedrungene Proportionen und Kahlheit) mit Anklängen an die römische oder byzantinische Antike im Dekor. Typisch für die Haute-Provence sind das schöne Portal mit dreifacher Bogenwendung, Säulen, Palmetten und Flechtwerk – es zählt zu den schönsten Schöpfungen romanischer Plastik in dieser Gegend. Die Heiligendarstellung auf der West- und Südwand des Hauptschiffes stammen aus dem 14. Jahrhundert; zu erkennen ist unter anderem noch ein großer heiliger Christopherus und im Tympanon eine Jungfrau Maria.

schönes Portal

Forcalquier (ⓘ s. S. 131)

Einwohner: 4.370, Höhenlage: 550 m

So nah und doch so fern: Nur ein kurzer Abstecher von der A51 hinauf auf diesen Kalksteinfelsen und man betritt die weite einsame Welt der Hochprovence mit ihrem kleinstädtischen Vorposten Forcalquier (Font Calquier = Brunnen auf dem Kalksteinfelsen). Betriebsam und gleichzeitig verschlafen, pittoresk gewundene Gässchen, noch keine auf Hochglanz renovierten Häuser, schon vom Tourismus entdeckt und doch für sich geblieben – Forcalquier ist ein ganz eigenartiger, sehr reizvoller Ort. Der Geist von Eigensinn und Eigenart geht auf eine lange Geschichte aufmüpfigen Widerstandes zurück: Im 12. Jh. war der Ort das Herz eines eigenen kleinen Staates und regierte über die Dörfer der Umgebung. Selbst eine eigene Währung hatte der Ministaat. Doch lange währte die Freiheit nicht, 1380 fiel Forcalquier in die Hände von *Raimund von Turenne*. Der war für seine Grausamkeit berühmt und soll seine Opfer auf die Burgmauer getrieben und zum Sprung in die Tiefe gezwungen haben – er wollte sich an ihrer Todesangst weiden. Melancholisch-malerisch wie das Städtchen heute ist, wurden hier Szenen des Films „Der Husar auf dem Dach" mit *Juliette Binoche* gedreht.

Drehort

Man könnte Zweideutiges denken, wenn man die Darstellung auf dem Brunnen an der Place Saint-Michel in Forcalquier sieht. Von offizieller Seite aus meint man allerdings, das Ganze sei nicht eindeutig, da es sich auch um ein Kinderspiel der damaligen Zeit handeln könnte, bei dem sich die Kleinen an den Beinen festhielten und mit Purzelbäumen die Wiese herunterrollten.

Ungemein mächtig für einen so kleinen Ort überragt die romanische, ehemals einschiffige, im 13. Jahrhundert zu einer dreischiffigen **Kathedrale** umgestaltete Notre-Dame den Ort. Obwohl Forcalquier niemals Bischofssitz war, erhielt die Kirche aufgrund der Eigenständigkeit von Forcalquier immerhin den abgeschwächten Titel Concathédrale, ein in Frankreich einzigartiges Phänomen. Die Orgel der Basilika gilt übrigens als eine der klanglich schönsten der Provence. Hinter der Kirche erhebt sich das Stadttor, von hier aus winden sich die Gassen des mittelalterlichen Stadtkerns nach oben. Einen Blick wert sind auch die beiden **Brunnen in der Altstadt** an der Place du Bourguet und besonders der an der Place Saint-Michel: Er wurde von einem gewissen *Pierre Garcin* anno 1511 erbaut und zeigt – ohlala – zwei Menschlein in der „Position 69". Die Darstellung auf dem Brunnen ist nur eine Kopie, das Original befindet sich im Rathaus.

Das 1236 gegründete **Couvent des Cordeliers am** Boulevard des Martyrs ist eines der ältesten Franziskanerklöster der Provence. *(Führungen Juli und Aug. tgl. 11, 14.30 und 16.30 Uhr.*

Juni und Sept. Mo., Do. und Sa. 15.30 Uhr. Öffnungszeiten zu anderen Zeiten beim Office de Tourisme erfragen). Die Geschichte des Klosters war nicht immer rühmlich: Auf Weisung des Papstes betätigten sich die Franziskaner als Inquisitoren gegen die als Ketzer verfolgten Katharer. Religionskriege und Revolution ließen nicht viel vom Kloster übrig, später diente es zeitweise sogar als Bauernhof. In den 1960er Jahren wieder restauriert, ist es heute ein Museum, besonders interessant sind das Refektorium, das Skriptorium, die Bibliothek und der Kapitelsaal.

eigenwilliger Friedhof

Von der **Zitadelle**, Sitz jener oben erwähnten Herrscher des unabhängigen Forcalquier, ist nicht mehr viel erhalten. Doch wegen des Rundumblicks lohnt sich der etwa zehnminütige Aufstieg hinauf zur Ruine. Am nördlichen Stadtrand liegt der **Friedhof**, ein eigenwilliger Irrgarten aus haushohen Buchsbaumhecken. Hier liegen Vater, Mutter und Tochter Dominici begraben – Genaueres zur Affaire Dominici im folgenden Exkurs.

INFO French murder mystery: Die Affaire Dominici

Heiß war es an jenem Augusttag 1953, als der 62-jährige britische Wissenschaftler *Jack Drummond,* seine Frau *Anne* und seine zehnjährige Tochter *Elisabeth* beschlossen, ihr Zelt am Ufer des Flusses Durance aufzustellen. Stunden später wurden sie nahe der N96 bei Lurs tot aufgefunden, erschossen und erschlagen „wie die Tiere". Damit begann einer der spektakulärsten und bis heute nicht endgültig geklärten Mordfälle Frankreichs, über den mehr als ein Dutzend Bücher und Tausende Artikel geschrieben wurden. 1973 wurde dann nach einem Manuskript von Jean Giono der sehr sehenswerte Film „Die Affaire Dominici" mit *Jean Gabin* gedreht – *Jean Giono* sah den angeblichen Mörder der Drummonds als Vertreter der eigenartigen, schwer verständlichen Mentalität der Haute-Provence.

Noch heute sind die meisten Orte der Provence in Französisch und Provenzalisch ausgeschildert. Gaston Dominici aus Lurs beherrschte nur wenige Worte Französisch, die mit dem Fall befassten hingegen kein Provenzalisch – was die eh schon verwickelte Affaire Dominici noch komplizierter machte.

Damals, 1953, wurde schnell ein Täter gefunden, der 76-jährige *Gaston Dominici* aus Lurs, der nahe dem Tatort auf seinem Hof La Grande Terre lebte und nicht den besten Ruf genoss. Sein Sohn Gustave hatte *Elizabeth Drummond* tot am Fluss aufgefunden und die Polizei verständigt, die dann auch die beiden anderen Drummonds und die Tatwaffe im Fluss Durance entdeckte. Die Ermittlungen ergaben ein Geflecht aus widersprüchlichen Aussagen: Die *Dominicis* schworen, die *Drummonds* nie gesehen zu haben, andere behaupteten, beobachtet zu haben, wie die *Drummonds* bei den *Dominicis* um Wasser gebeten hatten. *Gaston Dominicis* Söhne erzählten, ihr Vater habe gestanden, die Engländer getötet zu haben. Der Vater seinerseits gab anfänglich auch die Tat zu, auch wollte er ein Techtelmechtel mit *Anne Drummond* gehabt haben – um bald darauf seine Aussage zu widerrufen: Er habe mit dieser nur seine Familie „schützen" wollen. Während der Untersuchungen spaltet sich der Familienclan der Dominics in verschiedene Fraktionen, Gaston wurde verdächtigt, ein anderes Familienmitglied decken zu wollen. Erschwerend bei den Ermittlungen war die Tatsache, dass *Gaston Dominici* nur Provenzalisch und so gut wie kein Französisch sprach. Doch im November 1954 wurde er nach einem Indizienprozess zum Tod durch die Guillotine verurteilt, das Todesurteil aber nicht vollstreckt – der Fall war zu öffentlich, zu unklar. Nach heftigen Protesten aus der Bevölkerung begnadigte ihn der damalige *Präsident Charles de Gaulle. Gaston Dominici* verstarb 1967 in einem Altersheim in Digne – und nahm sein Geheimnis mit ins Grab.

Alles schien geschrieben und gezeigt über diesen mehr als 50 Jahre zurückliegenden Mordfall – bis 2002 der Amateurhistoriker *William Reymond* neue, überraschende Fakten über den Fall herausfand und ein Buch darüber schrieb. Laut Reymond habe *Gaston Domiinci* gar kein Mordmotiv gehabt. Das aufgefundene Gewehr sei nicht seines gewesen und er hätte sowieso nicht damit umgehen können. Nie aufgeklärt wäre auch der eigenartige Fall von *William Bartkowski*, einem Finsterling, der einige Zeit später in Deutschland inhaftiert wurde und von sich aus angab, einer der Drummond-Mörder gewesen zu sein. Auch habe die Obduktion der Leichen ergeben, dass die Einschusswunden von *Sir Jack* und *Lady Ann* tatsächlich verschieden groß waren, dass also mindestes zwei Waffen benutzt worden waren. Und mindestens vier Dorfbewohner wollten damals zur Tatzeit am Tatort neben den Drummonds andere Fremde gesehen haben.

„They were lovely in their lives, they are not divided" steht auf den Grabkreuzen (Grab Nr. 236) der Familie Drummond geschrieben, die auf dem sehenswerten Friedhof von Forcalquier begraben sind. „Die drei Kreuze sind absichtlich so ungefüge, nicht glatt und gerade; es ist, als stecke noch ein stummer Schrei in ihnen, und diese schlichte und doch so beredte Andeutung ist wirkungsvoller als jede Schilderung, als alle Worte", schreibt Hermann Schreiber sehr treffend über diese Grabstätte.

Und noch eine Merkwürdigkeit: *Sir Jack Drummond* war damals nicht zum ersten Mal in Lurs, denn schon in den Jahren 1947, 1948 und 1951 hatte er den Ort besucht, einen Ort, der zumindest seinerzeit nicht von großem touristischen Interesse war. Aber: Etwa 10 km von Lurs entfernt gab es damals eine Chemiefabrik, in der Insektizide hergestellt wurden, die während des Kalten Krieges wegen ihres militärischen Potenzials gefürchtet waren. Zwei Tage vor seinem Tod hatte sich *Sir Jack* in Lurs mit einem gewissen *Father Lorenzi* getroffen, einem gefeierten Widerstandskämpfer des Zweiten Weltkriegs. Warum sollte ein bekannter britischer Wissenschaftler einen ehemaligen französischen Widerstandskämpfer treffen? Ein weiteres eigenartiges Detail: *Sir Jacks* Kamera wurde nie gefunden. Und so meint *Reymond* zusammenfassend: „Ich glaube nicht, dass *Gaston Dominici* der dreifache Mörder von Lurs war. Ich glaube, die Familie war nur ein Teil des Puzzles, eine Schachfigur im Kampf zwischen den führenden Wissenschaftlern des Westen und des Ostblocks. Doch eines halten wir für ziemlich sicher: *Jack Drummond* war ein Spion."

Ca. 3 km nördlich von Forcalquier befindet sich entlang der **äußerst aussichtsreichen D12** eine **bizarre Mondlandschaft**, mit den *Mourres* genannten Felsen (kurz vor der Müllkippe nach der scharfen Linkskurve findet man rechts einen bizarren Felsdurchbruch).

Montagne de Lure

Höhe: 1.300 bis 1.800 m, Verlauf: in west-östlicher Richtung ab Sisteron.

Einsam, archaisch und mystisch wirkt die Landschaft dieses mächtigen Bergrükkens zwischen Durance und Ventoux. *Jean Giono* sah gar einen liegenden mythologischen Stier in dieser kargen und rauen Landschaft mit Geröllfeldern und Wacholderheiden. Die Hänge der Lure sind seit Jahrhunderten unter professionellen Kräutersammlern berühmt, weswegen sie auch die **Apothekerwiese** genannt werden.

Wie viele Wallfahrtsorte ist auch die Kirche Notre-Dame-de-Lure ein magischer Ort. Still, ruhig und in sich gekehrt, ein stärkender Ort der Kraft, im wahrsten Sinne des Wortes, denn hier lässt es sich herrlich picknicken unter Linden, Nussbäumen und Buchen.

Eine schmale Straße windet sich in steilen Serpentinen bis kurz unter den *Signal de Lure*. Etwa zehn Gehminuten sind es von der Kammstraße zum höchsten Punkt, dem *Signal de Lure* auf 1.826 Meter Höhe. Folgt man der Straße weiter, kommt man zum ehemaligen **Chalaisianer-Kloster Notre-Dame-de-Lure,** von der noch die Kirche und ein Nebengebäude erhalten sind.

ruhiges Tal

Vallée du Jabron: Nördlich der *Montagne de Lure* und südwestlich von Sisteron erstreckt sich dieses Tal, das ein wunderbar idyllischer Ausgang für Wanderungen in dieser Gegend ist. Ruhig ist das Tal, einem örtlichen Hotelier sogar zu ruhig. Im zerfallenen mittelalterliche Bergdorf **Le Vieux-Noyers** oberhalb von Noyers-sur-Jabron blieb die romanische *Ѐglise Notre-Dame-De Béthléem-et-Sainte-Euphémie* aus dem beginnenden 13. Jahrhundert erhalten.

> *„Von der Höhe des Lure sieht man die ganze magische Haute Provence sich entfalten: von den Alpen zum Sainte-Baume-Massif, vom Sainte-Victoire-Gebirge zum Pelvoux, von Cavaillon nach Sisteron. Dieses ganze Land des Lavendels, voller Kastanienwälder, Weidengehölz, Olivenhaine, Brombeergesträuch, raucht, schnarcht, brummt, schläft und wird flach im Wind. [...] dies Land mit seinen kleinen Ameisenhaufen scharfsichtiger, stummer Bauernschaften, mit seinen Herden, seinen Einöden. [...] Pan hüllte mich in die Glücksschauer, so wie der Wind das Meer streichelt".*
> Jean Giono

Sisteron (ⓘ s. S. 131)

Einwohner: 7.200, Höhenlage: 482 m

Für diejenigen, die über die *Route Napoléon* in Richtung Süden fahren, beginnt hier die Provence, stilgerecht eingerahmt von steilen Felswänden beiderseits des Flusses Durance, der sich hier beim *Rocher de Bau-*

me den notwendigen Felsdurchbruch in den Süden geschaffen hat. Das trutzige Sisteron war schon immer das Einfallstor von Norden her in die Haute-Provence: *Napoleon* ging den umgekehrten Weg und passierte auf seinem berühmten Marsch von der Mittelmeerküste nach Paris die Engstelle von Sisteron. Doch die Besatzung der Zitadelle rührte keinen Finger und ließ ihn ziehen. Von der Terrasse der Burg hat man den besten Ausblick auf Sisteron und die Felsenge und den Zusammenfluss der Flüsse Buech und Durance – flaschengrün der erste und eher schlammig-grau der zweiter.

Napoléons Marsch

Alpin ist die Gegend nördlich von Sisteron, mediterran wird sie südlich der Stadt. Kulinarisch hat sich Sisteron einen Namen gemacht: Liebhaber von Lammfleisch wissen, das die Stadt für aromatisches und zartes Lammfleisch steht, zertifiziert mit dem rotem Qualitätssiegel „Agneau de Sisteron". Aber auch Vegetarier kommen auf ihre Kosten: Der Ziegenkäse, der auf dem Markt von Sisteron verkauft wird, wird als der beste weit und breit gerühmt. Die Stadt lebt einerseits vom Tourismus – Sisteron hat neben der Zitadelle eine lebhafte Altstadt zu bieten – andererseits ist die Schafzucht ein wichtiger Einkommenszweig.

Lamm aus Sisteron

Hier ist das Tor zur Provence, hier, wo die Felsen von Sisteron wie auf die Stadt hinabzufließen scheinen.

Westlich der Stadt ist das **Tal des Jabron** zu entdecken, östlich verläuft die D3 entlang des Jabron als **„Straße der Zeit"** (s.u.).

Von der Durance bis an die rue Droite verläuft ein Gewirr enger, teilweise überwölbter Gässchen, *andrônes* genannt.

Zitadelle

Äußerst eindrucksvoll über der Stadt thront diese Burg, die schon vor dem 11. Jahrhundert existierte. In ihrer heutigen Form entstand sie im 16. Jahrhundert und wurde 1944 von Bomben der Alliierten teilweise zerstört, die eigentlich die deutschen Besatzungssoldaten hätten treffen sollen, statt dessen töteten sie 300 Einheimische und zerstörten die Zitadelle zu großen Teilen. Von den Schäden des Krieges ist heute nichts mehr zu sehen. Zeitweise schmachteten hinter den dicken Mauern des Burgturms (donjon) Gefangene wie der spätere polnische König *Johann-Kasimir*, der hier ab dem 13. Februar 1639 „dem Nordwind ausgesetzt" war, „welcher im Februar gegen diese Mauern sauste" und „später an der Hitze, welche uns Juni frühzeitig brachte" litt. Auch musste er „die Plagen rauer Soldaten ertragen".

Zwischen dem Nordportal von Sisteron und der Burg verläuft eine 350 Stufen zählende Treppe, die zwischen 1842 und 1860 in den Felsen gehauen wurde

(Zugang zwischen der Achaugette du Diable, der Teufels-Warte, und dem Nordwall). Im Burggelände warten Pappfiguren – Soldaten, Herzöge, Napoleon und seine Generäle – um den Besuchern ihre Geschichte zu erläutern (per audioguide). Im Burgmuseum ist ein eigener Raum *Napoleons* Rückkehr von der Insel Elba gewidmet, weiterhin sind verschiedene Pferdekutschen zu sehen.

Die Zitadelle von Sisteron in einer Darstellung von 1639

An der **Place du Dauphiné** oberhalb der Durance zwischen den Kalkfelsen Rocher de la Citadelle und Roche de la Baum verläuft die Grenze zwischen Dauphiné und Provence. An der Südwand der Felswand führt ein schmales Sträßchen zu der Grotte Tour de l´Argent. Sie kann allerdings auch per pedes auf einem Teilstück des GR6 in etwa 1½ Stunden erwandert werden.

Kathedrale Notre-Dame-des Pommiers

Der Name der romanischen Kirche leitet sich vom Lateinischen ab und ist ein Hinweis auf das Gelände *ponemurum* vor der Stadtmauer, auf dem die Kirche steht. Sie gilt als ein schönstes Beispiel provenzalischer Romanik (ein Etikett, mit dem auch so manch andere Gemeinde ihre romanische Kirche versieht). Die Kirche aus dem 12. Jahrhundert, deren Bau 60 Jahre dauerte (1160–1220), wurde wohl nach den Plänen eines lombardischen Meisters errichtet und war Teil eines Bischofssitzes. Im 16. Jahrhundert wurde das etwas nüchterne Gebäude mit einer Kapelle und Gemälden etwas ausgestaltet. Im Inneren überrascht die dunkle, kryptenhafte Atmosphäre des dreischiffigen Gotteshauses.

Le Musée du Soutisme Baden-Powell – Pfadfindermuseum Baden-Powell

Lange Zeit galten sie ja als etwas altbackene Vereinigung, nun sind sie wieder stark im Kommen: die Werte vermittelnden Gruppen der Pfadfinder, die mittlerweile mehr als 33 Millionen Mitglieder auf der ganzen Erde zählen. Das Museum erinnert an ihren Gründer *Robert Baden Powell* (1857–1941).

> *„Sisteron ist wahrlich eine Perle der Provence, eine schwülstige, dicke Barockperle, entstanden aus der unermüdlichen Wut eines Wildbachs."*
> Jean-Louis Vaudoyer (Schriftsteller und Fremdenlegionär)

Musée TerreTemps und die „route du Temps" (Straße der Zeit)

Man sollte sich die Zeit nehmen für dieses Museum, das in einer Kapelle aus dem 17. Jahrhundert untergebracht ist. Hier geht es um nichts Geringeres als um die Zeit und wie der Mensch versucht, sie zu messen: mit Sand- und Sonnenuhren, Atomuhren und sprechenden Uhren. Aber auch wie die Natur selbst Spuren der Zeit hinterlässt, mit Jahresringen, in den Bäumen Radioaktivität in den Felsen. Und dass sich die Erde dreht, beweist ein nachgebautes Foucault´sches Pendel, das von der Decke hängt.

Zeitmesser

Weil die Zeit (vielleicht) ja wie ein langes Band verläuft, führt vom Museum eine **Straße der Zeit** entlang der D3 über St. Geniez nach Digne-les-Bains (im Winter allerdings oft zugeschneit und von Ende November bis März ab dem Col de Font-Belle gesperrt). Eine wunderschöne Strecke, vorbei an herrlichen Aussichtspunkten und Schluchten. Man sieht hier den „Pierre écrite" vor Saint-Geniez, die Ferme aux Sangliers (einen Minizoo mit Tieren der Region wie Hirschen, Mufflons und Wildschweinen) und dann nach dem Ort Authon eine kuriose, einem spitzen Ei ähnelnde Steinskulptur, geschaffen vom englischen Landart-Künstler *Andy Goldsworthy*. In der schottischen Wahlheimat des Künstler heißen diese Steinhaufen Cairn, mit ihnen markierten Hirten und Wanderer ihre Wege. So soll auch diese Steinskulptur ein Wegweiser sein, allerdings durch die Eiform ein bewusst instabiler – warum auch immer.

Stein mit Inschrift

Am Engpass **Défilé de Pierre-Ècrit** ist linker Hand an der Felswand eine Inschrift des römischen Präfekten *Claudius Postumus Dardanus* zu sehen. Sie stammt aus dem 5. Jahrhundert, also aus dem Ende des Römischen Reichs und hält die Bekehrung von Dardanus zum Christentum fest.

Auf der Tafel ist auch eine **Théopolis**, also eine Gottesstadt, erwähnt. In sie zogen sich Menschen während des 15. Jahrhunderts in die Einsamkeit zurück, um dort ihren eigenen Glauben zu leben – man trifft das ja öfter in der Provence an. Die Gottesstadt von Sisteron harrt allerdings bis heute ihrer Entdeckung und Ausgrabung.

Ein schmales, in den Felsen gesprengtes Sträßchen führt durch die Gorges de la Méouge *vorbei an zahlreichen Wasserfällen und türkisfarbenen Felsbecken.*

Gorges de la Méouge

Nördlich von Ribiers in Le Plan nach links abzweigen.

Nordwestlich von Sisteron verläuft die malerische Schlucht der Méouge (prov. Méouge – honigfarbenes Wasser). Idyllisch in der Vor- und Nachsaison, ist die Schlucht im Sommer leider meist hoffnungslos überlaufen. Das schönste Stück der 40 km langen Méouge ist nur etwa 10 km lang. Entlang der als „Réserve biologique" klassierten Naturschönheit führen mehrere Wanderwege, neben der Flora und Fauna gibt es das nur noch von zwei Familien bewohnte, im 19. Jahrhundert verlassene Dorf Pomet zu entdecken.

17. DAS PLATEAU VON VALENSOLE

Route de la Lavande zum Canyon de Verdon

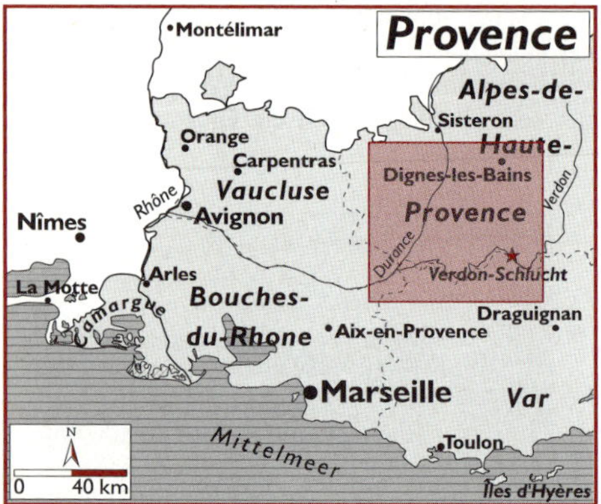

© graphic

Gréoux-les-Bains (ⓘ s. S. 131)

Schon die Römer ließen hier ihre gicht- und rheumageplagten Knochen von dem 42 °C warmen Wasser der Griselis-Quelle umspülen und *Jean Giono* sah Gréoux als wirkungsvolles Mittel gegen „ennui" (= Verstimmung, Überdruss, Ärger, Langeweile).

Und auch Mirabeau, der dicke Revolutionär, wusste Gutes aus Gréoux zu berichten: „Nichts Besseres gibt es für das Glück, für den Frieden, für die Regelung eines heiteren Gedankens."

Heute ist Gréoux von der lebhaft-entspannten Atmosphäre, wie sie Kurorten eigen ist. Zu sehen gibt es hier die romanische Dorfkirche Notre-Dame des Ormeaux und die Ruine einer Templerburg aus dem 12. Jahrhundert.

Allemagne-en-Provence

(ⓘ s. S. 131)
Einwohner: 380,
Höhenlage: 450 m

gestohlen und missverstanden

Vermutlich gibt es kein Ortsschild in ganz Frankreich, das so oft gestohlen wird wie das von Allemagne-en-Provence. Und vielleicht auch keines, das so oft missverstanden wird. Denn Allemagne-en-Provence ist alles andere als ein kleines Deutschland in der Provence. Bis 1953 hieß es einfach Allemagne, der

1970 entdeckte man hinter einer Mauer im Schloss von Allemagne-en-Provence eine zugemauerte Fensteröffnung, auf der auf altprovenzalisch ungelenk geschrieben steht: „Maurer Marenon, 1720 im Jahre der großen Pest". Noch weiß man nicht, was die Inschrift genau bedeutet und ob Marenon vielleicht ein Pestopfer war und hinter der Mauer begraben liegt.

Zusatz en-Provence kam hinzu, weil die Einwohner von Allemagne den Spott ihrer Landsleute nicht mehr ertragen mochten. Verständlich, nach den Kriegen, die Deutschland und Frankreich hinter sich hatten. „Deutschland in der Provence" ist also eine babylonische Sprachverwirrung, denn der Name leitet sich wohl vom lateinischen *ara magna* (großer Altar) ab, vielleicht auch von der keltischen Fruchtbarkeitsgöttin *Andarta*, von Deutschland auf jeden Fall nicht. Irgendwie schade, denn die schlechteste Verbindung wäre das nicht.

Redaktions-Tipps

- **Erleben und anschauen**: Die Gegend zwischen **Valensole** (S. 527) und Puimoisson ist im Juli und August ein lila leuchtendes Lavendelfeld. Das moderne, nicht nur für Kinder interessante **Musée de Préhistoire** (S. 528) ist dem Leben unserer prähistorischen Vorfahren gewidmet. Die **Verdon-Schlucht** (S. 533) gilt als eine der spektakulärsten Landschaften Europas. Nördlich von Digne-les-Bains ruhen unter Glas die Knochen eines *Ichthyosaurus* (S. 547) und eine Felswand an der Straße ist über und über mit **Ammoniten** (S. 547) bedeckt. Und eine Fahrt mit dem **Pinienzapfenzug** (S. 545) ab Digne-les-Bains in Richtung Nizza, die muss einfach sein! Steinerne Mönche stehen in **Les Mées** (S. 548) an der Durance.
- **Übernachten**: Im liebenswert-skurrilen **Renaissanceschlösschen von Allemagne-en-Provence** sind die Suiten größer als manche Stadtwohnung. In die nicht preiswerte aber prachtvolle **La Bastide de Moustiers** reisen manche Gäste per Helikopter an. Ein Haus, in dem sich ein Raumfahrer (und somit ein Himmelskundiger) wohl fühlt, das muss ja gut sein – und preisgünstig ist Olgas Manzins **Chambres et Table d´Hôtes Gite Rural** obendrein!

Der Ort hat etwas Liebenswürdiges an sich; er wirkt ebenso malerisch-heiter, wie das **Renaissance-Schlösschen** in seiner Mitte *(Tel. 04/92774678, Führungen von April bis Okt. tgl. um 16 und 17 Uhr)*. Und dort ist dann doch ein Stückchen Deutschland-en-Provence zu finden, denn die Besitzerin des Schlösschens ist eine Deutsche. Mit ihrem belgischen Ehemann pflegt und hegt sie dieses steinerne Kleinod und hat hier auch einen schönen Rahmen für ihre Sammlerstücke: unter anderem auch schaurig-schöne Fayencen aus den 1960er Jahren, hart an der Grenze zum Kitsch.

Erbaut wurde das Schloss von der Familie de *Castellane* (1280–1718) als Verteidigungsfort. Aus dem Mittelalter stammen die zahlreichen Schießscharten, die skurril-originellen Löwen-Katzen auf dem Dach kamen erst zwischen 1850 und 1860 hinzu. Das Schloss gilt als ein wunderbares Beispiel für den Übergang von der Verteidigungsburg zum Wohnpalast. Nach 1947 wurde das Schloss ein Ferienlager. Heute kann man hier auch Suiten mieten.

Valensole (ⓘ s. S. 131)

Einwohner: 2.358, Höhenlage: 580 m

Da liegt ein Duft in der Luft: es ist der von Lavendel, auf dem Plateau von Valensole gibt es die größten Lavendelfelder der Provence. Am besten zu erschnuppern und am leuchtendsten in den frühen Morgenstunden der Monate Juli *Lavendelduft* und August (nach der Ernte etwas nachzuernten ist übrigens erlaubt). Valensole selbst liegt halbkreisförmig am Hang, gekrönt von der romanischen Kirche. Der Brunnen (17. Jahrhundert) am Place Thiers steht unter Denkmalschutz.

Auch ein Museum hat Valensole zu bieten: das Musée Vivant de l´Abeille – Imkereimuseum, wo man sich über die Herstellung des Lavendelhonigs kundig machen kann. *Route de Manosque, Mo. geschl., geöffnet Juni bis Aug. tgl. 10–19 Uhr, Feb. bis März und Sept. bis Dez, Di.–Sa. 8–12, 13.30–17.30 Uhr geöffnet. Eintritt frei.*

Hinweis
Am strahlendsten leuchtet das Meer der Lavendelfelder zwischen Puimoisson und St. Jurs.

Wer´s glaubt
Man schrieb den 1. Juli 1965. Der Landwirt *Maurice Masse* arbeitete gerade auf seinem Lavendelfeld in der Nähe von Valensole, als er ein seltsam pfeifendes Geräusch hörte. Als er aufblickte, sah er ein Gefährt, das wie ein Rugbyball mit einer Kuppel aussah und auf sechs Beinen stand. Dem entstiegen zwei Wesen, die der gute *Monsieur Masse* anfänglich für Lavendel stehlende Dorfbuben hielt. Doch es waren Humanoiden mit großen Glatzköpfen, aus deren lippenlosen Mündern seltsame Gurgellaute quollen. Nach einer Weile des gegenseitigen Anstarrens bestiegen sie wieder ihr Gefährt und schwebten von dannen. Die Stelle aber, wo das Raumfahrzeug gestanden hatte, war feucht, obwohl es nicht geregnet hatte. Auch fanden sich hier seltsame, geometrisch angeordnete Vertiefungen. Zehn Jahre lang sollten hier keine Lavendelpflanzen mehr gedeihen. *Maurice Masse* selbst, bis dato eher unauffällig, hatte von nun an für längere Zeit das Schlafbedürfnis eines Murmeltiers, kein Wunder, hatte er doch beim Anblick der Außerirdischen einen ganz ganz tiefen Frieden empfunden. Die örtlichen Honoratioren, der Gendarm, der Pfarrer und der Bürgermeister kamen nach eingehender Untersuchung zu dem Ergebnis, dass *Maurice Masse* die Wahrheit erzählt hatte.

Musée de Préhistoire in Quinson

Geöffnet Mitte Juni bis Mitte Sept. tgl. 10–12 Uhr. Im übrigen Jahr tgl. außer Di. 10–18 Uhr. Führungen zur Grotte de la Baume Bonne im Juli und August. www.museeprehistoire.com.

Sir Norman Foster, der auch das Maison Carée in Nîmes gestaltet und den Berliner Reichstag umgestaltet hat, hat auch hier seine unverwechselbaren Spuren hinterlassen. Das im April 2001 eröffne-

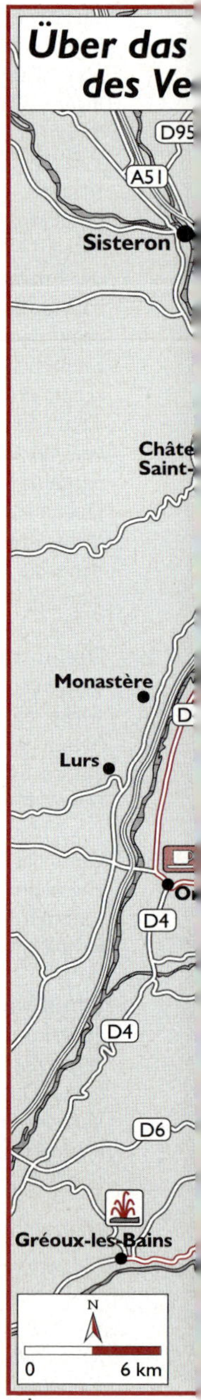

© graphic

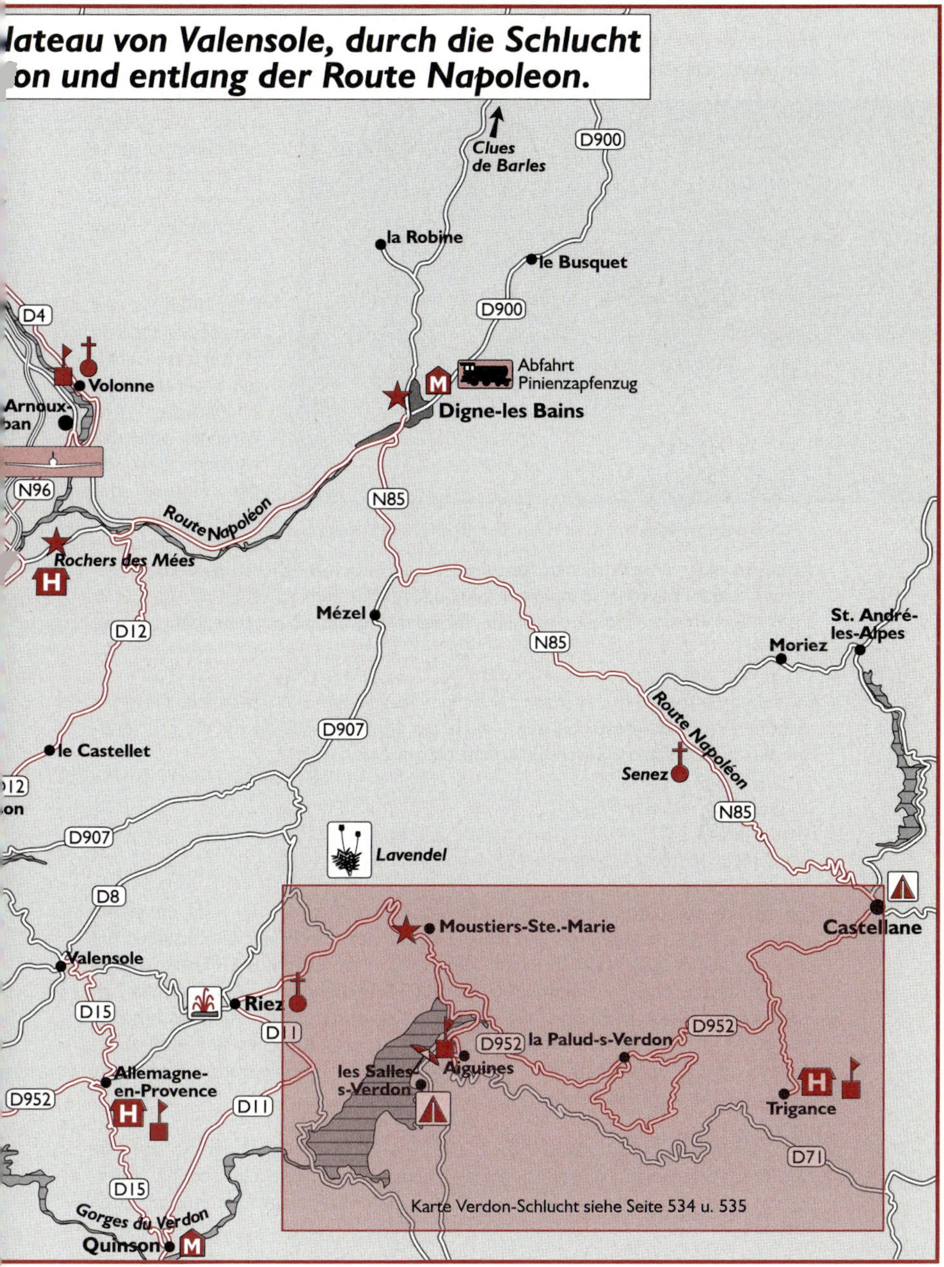
lateau von Valensole, durch die Schlucht
on und entlang der Route Napoleon.
D900
Clues de Barles
la Robine
le Busquet
D900
D4
Volonne
Abfahrt Pinienzapfenzug
Digne-les Bains
N96
Route Napoléon
N85
Rochers des Mées
Mézel
D12
N85
St. André-les-Alpes
Moriez
Route Napoléon
D907
le Castellet
Senez
N85
D907
Lavendel
D8
Moustiers-Ste.-Marie
Castellane
Valensole
D15
Riez
D11
D952
la Palud-s-Verdon
D952
les Salles-s-Verdon
Aiguines
Allemagne-en-Provence
D952
D11
Trigance
D71
D15
Gorges du Verdon
Quinson
Karte Verdon-Schlucht siehe Seite 534 u. 535

te Museum gilt als größtes Museum der Vorgeschichte Europas. Minimalistisch-dramatisch sind seine Außenmauern und auch im Museumsinneren wusste *Norman Foster* die Atmosphäre des Besonderen zu schaffen. Das Gebäude ist zum größten Teil unterirdisch angelegt, schließlich zeigt es ja die Geschichte unserer Höhlen bewohnenden Vorfahren.

Zwei unserer Vorfahren bei der Hausarbeit im Musée de Préhistoire

Dass hier in der Umgebung so viele Hinterlassenschaften unserer vorgeschichtlichen Altvorderen gefunden wurden, liegt an der Flutung des Stausees in den 1950er Jahren. Wie damals in nicht ungefährlichen Rettungsaktionen noch möglichst viele Funde gerettet wurden, zeigt ein spannender Film, der im Museum zu sehen ist. Auch über unsere Vorfahren selbst gibt es Filme, modern und mit überraschenden Effekten gemacht.

Zu sehen sind neben den obligatorischen Faustkeilen auch Beispiele für erste „Schöner-Wohnen"-Bestrebungen – auch der älteste Nachweis für die Erbhierarchie der menschlichen Gesellschaft ruht hier in einer Vitrine.

Riez (ⓘ s. S. 131)

Einwohner: ca. 1.800, Höhenlage: 525 m

Die älteste Stadt der Region Alpes-de-Haute Provence wurde wohl im ersten Jahrhundert n. Chr. gegründet. An diese Zeit erinnern noch vier Granitsäulen mit korinthischen Kapellen, die in einem kleinen Park am Ufer des Colestre stehen. Zu römischer Zeit lebten wohl an die 20.000 Menschen hier. Zu christlicher Zeit war Riez ein Bistum, 439 fand hier sogar ein Konzil statt. Im Verlauf des Mittelalters zogen sich die Einwohner der Stadt in die sicheren Anhöhen des St. Maxime-Hügels zurück, um Anfang des 14. Jahrhunderts in die nie ganz aufgegebene Siedlung im Tal zurückzukehren.

Stuckarbeiten

Im Ortszentrum sind noch Gebäude aus dem Mittelalter und der Renaissance erhalten: Wer einige Haustüren öffnet, wird drinnen vielleicht schöne Stuckdecken sehen: Riez war in früheren Zeit für seine hervorragenden Stuckarbeiten bekannt.

Musée Lapidaire – Baptisterium

Neben der Taufkapelle von Aix-en-Provence zählt auch das Baptisterium von Riez zu den **ältesten Sakralbauten Frankreichs**. Vermutlich wurde es schon im 5. Jahrhundert neben der, heute zerstörten, Bischofskirche erbaut. Der von außen würfelförmige Bau mit einem kegelförmigen Dach hat im Inneren einen achteckigem Grundriss, in dessen Mitte das ebenfalls achteckige Taufbecken steht, umgeben von antiken korinthischen Säulen.

ältester Sakralbau

Moustiers-Sainte-Marie (ⓘ s. S. 131)

Einwohner: 630, Höhenlage: 634 m

Der Ort entspricht beinahe dem chinesischen Idealbild nach der Lehre des Feng Shui: von hohen, kahlen Felswänden flankiert und geschützt und mit einem See in der Nähe. Ein Ort wie aus einem Traum. Offiziell einer der schönsten Orte Frankreichs. Und sehr gut besucht, nicht nur weil er so schön ist, sondern auch weil er direkt auf dem Weg zur ebenso schönen Verdon-Schlucht liegt.

Moustiers (monasterium = Kloster) ist uralt, denn 435 siedelte hier der heilige *Maximinus* einige Mönche in den Bergen an. Sie hausten vermutlich in Grotten und erbauten davor eine kleine Marienkapelle. Aus Furcht vor räuberischen Einfällen gaben die Mönche ihre Niederlassung jedoch auf; erst im 11. Jahrhundert kamen wieder Brüder aus Lerins und gründeten hier ein Priorat. Später wurde Moustiers zu einem wichtigen Verwaltungszentrum der Grafen der Provence, war entsprechend stark befestigt und hatte, wie alle größeren Städte der Region, eine eigene kommunale Regierung. Moustiers erlebte im 17. Jahrhundert dank seiner weltweit berühmten Fayencewaren eine Blütezeit. Die Fayencenherstellung hatte Moustiers dem Sonnenkönig *Ludwig XIV.* persönlich zu verdanken. Der war es leid, seinen Adel von goldenem und silbernen Geschirr essen zu sehen, konnte man das Geld doch besser anlegen: *Ludwig XIV.* ließ also das Geschirr einziehen und einschmelzen, um Geld in die Staatskasse zu bekommen. Der Adel seinerseits wollte seine Gäste weiterhin auf edlem Geschirr bewirten – und tafelte von nun auf Fayence-Geschirr aus Moustiers.

edles Gäste-geschirr

Prominente Kunden der hier zu Spitzenzeiten an die 700 Brennöfen zählenden Fayence-Industrie waren unter anderem Monsieur *Richelieu* und Madame *Pompadour*. Ein Mönch aus dem italienischen Faienza soll es gewesen sein, der die Kunst der Fayenceherstellung nach Moustiers gebracht hatte. Die Fayence-Industrie florierte bis zur Mitte des 19. Jahrhunderts, dann kam das Geschirr aus der Mode, bis der letzte Betrieb 1874 seine Pforten schloss. Eine Tradition schien für immer verloren gegangen. Doch 1927 erfuhr das Fayence-Handwerk eine Wiederbelebung – bis heute. Voraussetzung zur Herstellung des Tongeschirrs sind die aus den Bergen kommenden Wasserläufe *Rioul* und *Malre*. Sie teilen die Stadt in mehrere, zum Teil stark ansteigende Viertel, die untereinander durch zahlreiche Brücken verbunden sind. Über die Geschichte und Technik der Fayencen von Moustiers kann man sich im **Musée Historique de la Faïence** informieren. Dort sind Fayencen aus drei Jahrhunderten ausgestellt. Aber eigentlich ist der ganze Ort eine Fayencemuseum, wo in den Werkstätten die Fayencen mit dem

wieder-belebte Tradition

hand-bemalt klaren und lichtstarken Blau als Markenzeichen hergestellt und handbemalt werden. Nur diese dürfen sich als echte *Moustiers-Fayence* rühmen.

Hinweis

Moustiers ist gut, sogar sehr gut besucht. Also in den Sommermonaten den nächstbesten Parkplatz beim Dorf nehmen und ins Dorf laufen.

Vom einstigen Kloster von Moustiers, das während der Revolution aufgelöst wurde, existiert heute nur noch die festungsartige **Kirche Notre-Dame-de-Beauvoir** aus dem 12. Jahrhundert. Vom Ort führt ein etwa 20-minütiger steiler Kreuzweg die Schlucht hinauf zur Kirche, in der zahlreiche Votivtafeln hängen. Der steile Aufstieg lohnt sich nicht nur wegen des Ausblicks von hier oben, sondern auch wegen der ganz eigenen Atmosphäre der alten Kirche. Hierher kamen einst Familien, die ein totgeborenes Kind hatten und es nicht kirchlich begraben lassen durften, da das Kleine ja nicht getauft war. An diesem Ort hoffte man auf ein Lebenszeichen des Kindes, damit es getauft und dann beerdigt werden konnte – und so der ewigen Verdammnis in der Hölle entging.

Als Dank für seine Befreiung aus sarazenischer Gefangenschaft soll ein Johanniter namens Blacas im 13. Jahrhundert über der Schlucht von Moustiers-Sainte-Marie eine 227 Meter lange Kette mit einem Stern aufgehängt haben, die angeblich noch heute die Schlucht überspannt. Aber, oh Wunder: Auch auf dem obigen Gemälde von Jean-Antoine Constantin (um 1800), einem sehr detaillierten Landschaftsbild von Moustiers, das in der Arme-Seelen-Kapelle der Pfarrkirche von Moustiers hängt, ist die Kette nicht zu sehen. Wo immer sie auch in den vergangenen Jahrhunderten gewesen war: Die heutige wurde 1957 über der Schlucht aufgehängt, sie ist aus Neusilber, 220 Meter lang, wiegt 18 Kilo und hat einen Durchmesser von 1,17 Metern.

Rund ums Dorf verlaufen etwa 10 beschilderte **Rundwege**. Einer davon führt vom Dorf an den Wasserfällen des *Rioul* und einer mittelalterlichen Steinbrücke vorbei zu Olivenbaum-Terrassen, stets mit Blick auf die Gipfel der Haute-Provence.

am Lac de Sainte-Croix

• Aiguines

Einwohner: 200, Höhenlage: 820 m

Malerisch am Eingang zur Verdonschlucht (Rive gauche – linkes Ufer) liegt Aiguines, am Fuße des Col d'Illoire, der auf über 1.200 m ansteigt. Der Ort soll eine griechische Gründung sein, der Name steht für „Stadt der Ziegen". In den letzten Jahrhunderten war Aiguines für seine Drechsler bekannt. Die stellten bis zum

Zweiten Weltkrieg neben Haushaltsgegenständen auch Boulekugeln her. Zu deren Herstellung benötigten die Drechsler die Wurzel des Buchsbaums, der auf den umliegenden Hügeln wuchs. Und zwar als Busch mit großen, harten und knorrigen Wurzeln. Wer sich für dieses sehr spezielle Thema interessiert, kann dies im örtlichen **Musée des Tourneurs** tun.

Das **Schlösschen von Aiguines** (in Privatbesitz) stammt aus dem 17. Jahrhundert; mit seinen roten Ziegeldächern, seiner quadratischen Form und seinen weißen Ecktürmchen zeigt es sich sehr markant und ist laut *Jean Giono* „ein überaus schönes Exemplar von unvergleichlicher Erhabenheit". Unterhalb von Aiguines bei der *Galatas-Brücke* mündet der schmale Faden der Verdon in den großen Talkessel. *markant*

- **Les-Salles-sur-Verdon** (ⓘ s. S. 131)

Einwohner: 130

Wenn etwas Neues entsteht, muss meist etwas Altes verschwinden. Das Neue war der Stausee Lac de Sainte-Croix, der 1972 das alte Dorf Les-Salles-sur-Verdon überflutete und zur Gründung des neuen Les-Salles-sur-Verdon am Seeufer führte. Mit der Entschädigung für ihre überfluteten Häuser waren damals die meisten Les-Saller sehr unzufrieden, als hochgradig baufällig habe man diese ungerechterweise erklärt und auch habe man nicht berücksichtigt, wie fruchtbar und wie reich an Trüffeln das Land rund um das Dorf gewesen sei. *fruchtbar*

Die Les-Saller konnten dem Lauf der Zeit nichts entgegensetzen, sondern nur einiges ins neue Dorf hinüberretten: Den Brunnen, die beiden Waschhäuser, den Gedenkstein für die Toten (angeblich auch die Toten selbst), die Kirchenglocken, die Kirchturmuhr, den Hahn auf der Kirchturmspitze, zahlreiche behauene Steine (wie z.B. Haustüreinfassungen), alte Dachziegel und alte Balken. Auf jeden Fall: Im See nach dem alten Dorf zu tauchen, soll zwecklos sein, es wurde damals Stein um Stein abgetragen.

Gorges du Verdon – Verdon-Schlucht

Länge: 25 km, Tiefe: 250 bis 700 Meter, Breite: oben teilweise nur 200 m, unten 6 m

Wie eine gewaltige Wunde klaffen die *Gorges du Verdon* in der Erdoberfläche, eingegraben vor 2 Millionen Jahren durch die Fluten des Verdon in den geologischen Bruch eines Kalkplateaus. In schwindelerregender Tiefe schlängelt sich der Fluss wie ein jadegrünes Band durch die Schlucht. Bis zu 700 Meter tief grub sich der Verdon in den weichen Jura-Kalk, ehe er nach einundzwanzig Kilometern in den Lac de Sainte-Croix mündet. Bevor die Wassermassen durch den Bau der Staustufen reguliert werden konnten, war es ein nahezu unmögliches Unterfangen, den Canyon zu durchqueren, da der in etwa 2.800 Meter Höhe im *Massif des Trois Evêches* entspringende Verdon mit mehr als 800 Kubikmeter Wasser pro Sekunde herunterstürzen kann. Erst 1905 wurde der bis dahin als unerforschbar geltende Schlund erkundet: Der Geologe und Hydrograph *E. A. Martel* führte die Expedition, die sich zu Fuß und mit Rettungsringen ihren Weg bahnte. Übrigens: *jadegrün*

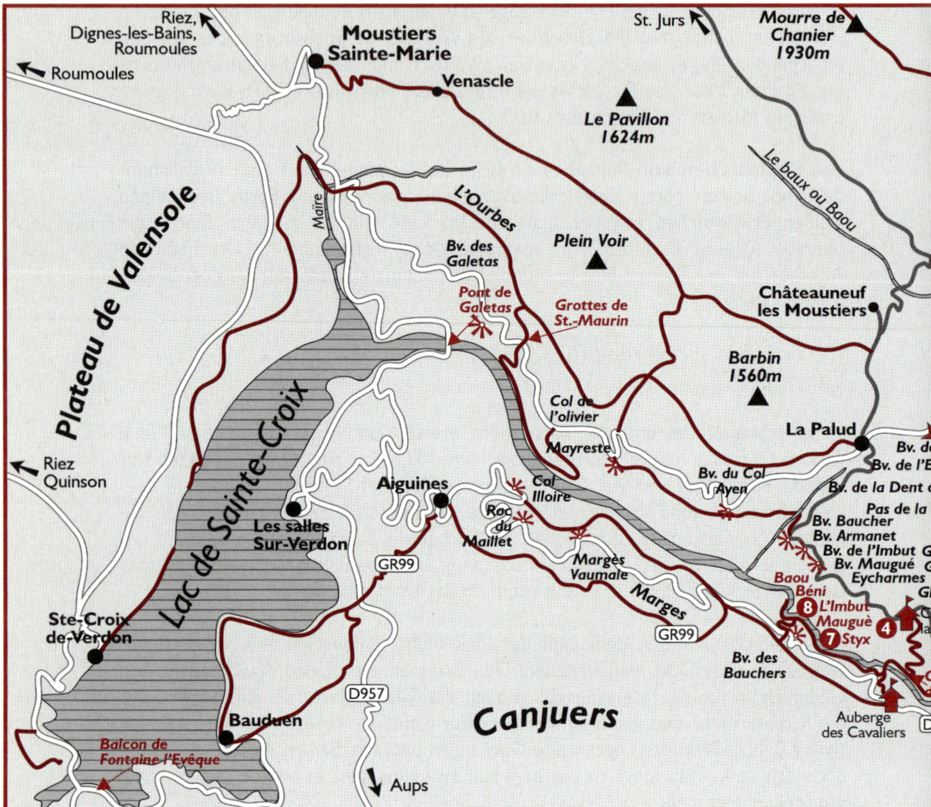

1 Route des Crêtes
Über die 1973 angelegte, 23 km lange Route des Crêtes (D 23) kommt man dem Abgrund des Verdon am nächsten. Die Schlaufe zweigt am rechten Ufer bei La Palud-sur-Verdon von der D 952 ab. In schwindelnder Höhe folgt ein Aussichtspunkt auf den anderen - die Straße klettert bis auf 1459 Meter. Die Route des Crêtes ist zum größten Teil Einbahnstraße und nur im Uhrzeigersinn durchgehend zu befahren (die Zufahrt östlich von La Palud nehmen!). Einkehren kann man beim Chalet de la Maline, ab dort auch Zugang zum Sentier Martel.

2 Belvedere d l´Escalès
Beim Belvedere d l´Escalès kann man mit etwas Glück Freeclimber an den senkrecht abfallenden Felswänden hangeln sehen.

3 Point Sublime
Er gilt als der Aussichtspunkt, der einen der schönsten Blicke in die zerklüftete Schluchtenlandschaft bietet. Von hier führt der Weg GR4, der Sentier Martiel (benannt nach dem Entdecker der Verdonschlucht), in die Schlucht hinab .

4 Sentier Martel
Der ca. 14 km lange Martel-Weg ist Teil des wesentlich längeren Wanderweges GR4 durch die Verdonschlucht. 5 bis 6 Stunden benötigt man bis zum Point Sublime. Der Weg ist sehr beliebt und führt über Schwindel erregende Felsen und schmale Engpässe. An der Baume Feres führt er über eine Eisenleiter.

5 Balcons de la Mescla
Von hier überblickt man die grandiose Mescla (von provenzalisch "sich mischen"), womit der Zusammenfluß von

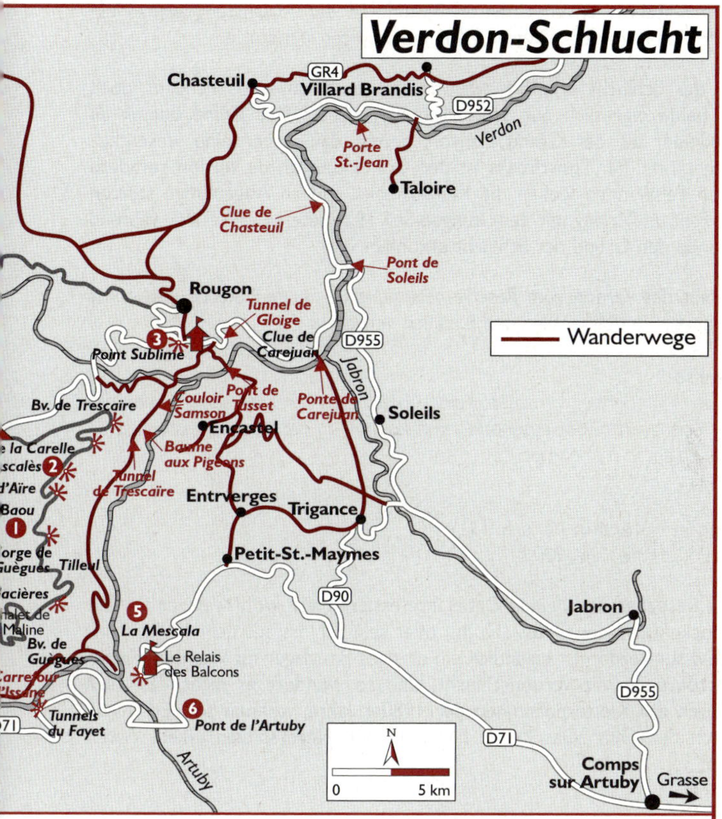

Verdon und Artuby gemeint ist. Inmitten von steilen Felswänden verlässt der Artuby hier seinen Canon und der Verdon windet sich um einen messerscharfen Kamm. Hier ist 1928 der Geistliche Pascal, einer der ersten Erforscher des Verdon, ertrunken. Die Fluten des Verdon gaben seine Leiche erst nach einem Jahr wieder frei.

6 Corniche Sublime (Südroute) - Pont d l´Artuby
Ein Postkartenausblick nach dem anderen und eine schwindelnd hohe Brücke, der Pont de l´Artuby, erwarten einen auf dieser Strecke. Von der 110 m langen und 182 m hohen Brücke, deren Stahlkonstruktion den Artuby in einem einzigen Bogen kühn überspannt, stürzen sich gerne Wagemutige mit dem Bungeeseil in die Tiefe.

7 Styx – Höllenfluss
Inmitten des großen Canyons hat sich hier der Verdon einen kleinen Canyon gegraben. Aus mehreren Verwitterungsschächten besteht der enge Einschnitt, so eng, dass gerade mal eben ein Kajakboot hindurch passt.

8 L´Imbut
Der Name geht auf das provenzalische *Imbucaïre* zurück, was soviel wie Trichter bedeutet. Hier stürzt sich der Fluss in die Felsspalte und verschwindet auf 150 Meter Länge, wo er sich in drei unterirdischen Gängen seinen Weg bahnt.

Ein für *Martel* absolut unverzichtbarer Bestandteil der Ausrüstung war – ein eiserner Vorrat an Rum oder Cognac, Wein und üppiger Proviant.

Der Name der Schlucht erinnert zwar an sein amerikanisches Pendant, doch lassen sich beide eigentlich nur schwerlich vergleichen. Der *Grand Canyon du Verdon* ist kleiner als der Grand Canyon, besitzt dafür aber eine wesentlich üppigere Vegetation. Für Sportfreaks ist der Grand Canyon du Verdon geradezu ideal: An den Felswänden kleben die Kletterfreaks, andere Wagemutige stürzen sich an der *Pont de l'Artuby* mit dem Bungee-Seil 182 Meter in die Tiefe, während Wanderfreunde den Grund der Schlucht erkunden.

klettern

wandern

Da das Gebiet des Verdon zum *Réserve géologique de Haute-Provence* gehört, ist hier das Sammeln von Mineralien und Fossilien verboten.

!!! Hinweise
Nie den Wanderweg verlassen! Keine Abkürzungen machen. Den Verdon nur auf Brücken überqueren (Schleusenöffnungen können zu flutartigen Wassermassen führen). Taschenlampe mitnehmen.

- **La Palud-sur-Verdon** (ⓘ s. S. 131)

Einwohner: 300, Höhenlage: 900 m

Die meisten Besucher des kleinen Ortes interessieren sich wohl weniger für den schönen Glockenturm des Ortes (12. Jh.) oder sein Schloss aus dem 17. Jahrhundert: La Palud-sur-Verdon ist eigentlich ein einziges Basislager für Wander-, Kajak- und Klettertouren in die Verdonschlucht. Und so wundert es nicht, dass hier *Patrick Edlinger*, das Kletterphänomen der 1980er Jahre, wohnen soll. Er wurde damals durch den Film „Das Leben hängt an den Fingerspitzen" (kein Witz!) weltberühmt.

Route Napoléon nach Digne-les-Bains

Trigance (ⓘ s. S. 131)

Einwohner: ca. 150, Höhenlage: 800 m

Oben die Burg, mit der die Grafen der Provence einst den Zugang zur Verdon-Schlucht kontrollierten, heute ein Luxushotel, unten das Dorf, heute so altertümlich wie eh und je und im Winter oft eingeschneit. Mittendrin der namenlose Dorfplatz mit einer großen Platane, einem Café und einer wunderbaren Bäckerei, die köstlichen Krokant und neben allerhand Krempel auch Wanderkarten führt. Ein Platz wie eine Bühne und man selbst im Café mitten im Dorfleben in erster Reihe sitzend, irgendwann kommt hier jeder aus dem Dorf mal vorbei, auch der Bürgermeister von Trigance, zugleich Hotelier und Koch. Natürlich gibt es hier auch die betuchten Ferienhausbesitzer, aber auch die jungen Familien, für die Monsieur le Maire baufällige Häuser als preisgünstige Sozialwohnungen renovieren ließ. Durch das Dorf verläuft der *Sentier historique*, und wer eine Seitentür

Auf der Bühne des Dorfes

der Dorfkirche öffnet, blickt nach unten auf ein Minimuseum, wo so allerhand kirchliche Schätze zusammen getragen wurden Von der Kirche schlängelt sich ein botanischer Lehrpfad hinunter ins Tal des Jabron. In Trigance kann man es sich wohl sein lassen.

Castellane (ⓘ s. S. 131)

Einwohner: 1.550, Höhenlage: 723 m

Eingebettet zwischen 16 Campingplätzen liegt Castellane (lat. salinae = salzhaltige Quellen), das sich also folgerichtig als „Hauptstadt des Campings" bezeichnet. Die Einwohnerzahl des idyllischen Städtchen-Dorfes steigt in den Monaten Juli und August gerne mal auf das Zwanzigfache an, und dann wird es ziemlich eng im Ort. Die vielen Campingplätze und damit seine vielen Besucher verdankt Castellane seiner idealen Lage nahe der Verdon-Schlucht, denn die ist für Wanderer, Kletterer und Wassersportler gleichermaßen ein wahres El Dorado. Der prominenteste Besucher der Stadt war *Napoleon*, der hier sich hier am 3. März 1815 mit einem Frühstück stärkte, bevor er zu seiner spektakulären Überquerung der Alpen in Richtung Norden aufbrach.

Camping in Castellane

Anfang September 2001 geriet Castellane in die lokalen Schlagzeilen, als dort eine 33 m hohe, 1990 illegal errichtete Statue eines „kosmoplanetarischen Messias" der umstrittenen Mandarom-Sekte zerstört wurde. Die Mitglieder der auch in Castellane ansässigen Sekte verglichen diese Zerstörung gar mit der Sprengung der Buddha-Statuen durch die Taliban!

Die mit einer Marienstatue gekrönte Notre-Dame-du-Roc ist kein sonderlich interessantes Bauwerk, aber der herrliche Ausblick lohnt den schweißtreibenden Aufstieg.

La chapelle Notre-Dame-du-Roc

Ab der Ortsmitte führt hinter der Pfarrkirche ein ansteigender etwa 30-minütiger Weg entlang dem Pilgerweg zur Kapelle Notre-Dame-du-Roc, 184 m über Castellane gelegen. Er führt an Ruinen der alten Stadt Petra Castellan vorbei, in die sich zur Zeit der Germaneneinfälle die Bewohner flüchteten. Von der spätmittelalterlichen Stadtbefestigung aus dem 14. Jahrhundert sind noch nahe der Kirche zwei Türme und zwei Stadttore erhalten. **Festungscharakter** hat auch die **romanische Kirche St.Victor** aus dem ausgehenden 12. Jahrhundert, sie ist das älteste Gebäude der Stadt.

Le Musée Sirènes Fossiles und das Vallée des Sirènes

Anhand von Schautafeln, Skulpturen und Gemälden wird im **Musée Sirènes** das Wesen und Leben der Seekühe (= Sirènes) dargestellt. Diese Tiere lebten einst in Küstennähe in warmen Gefilden und ernährten sich von Wasserpflanzen. Noch interessanter als das Museum ist ein **Besuch des Vallée des Sirènes**, 6 km nordwestlich von Castellane am *Col des Lèques*. Ein etwa 30-minütiger, ausgeschilderter Spazierweg führt vom Wanderparkplatz an 40 Millionen Jahre alten Versteinerungen von Seekühen vorbei, die als weltweit einzigartig gelten (bequemes Schuhwerk und die Mitnahme von Wasser empfehlenswert).

Alte Knochen
Als der Geologe *de Lapparent* im Jahre 1938 in der Gegend um Castellane herumstreifte, wurde er nahe dem Weiler Taulanne tatsächlich fündig: Er entdeckte versteinerte Gebeine von Seekühen. Wie sich 1994 herausstellen sollte, handelte es sich dabei um das weltweit reichste und umfassendste Vorkommen dieser Fossilien.

Le conservatoire des Arts et Traditions populaires – Volkskundemuseum

Ein kleines Museum, das die Geschichte des Ortes und der Umgebung dokumentiert. Wie ein Schild am Eingang erläutert, ist das Museum Schauplatz eines wichtigen historischen Ereignisses: *Napoleon* nahm hier das oben erwähnte Frühstück ein!

Sehenswertes in der Umgebung

Der schmale und acht Kilometer lange **Lac de Castillon** nördlich von Castellane ist bei Wassersportlern sehr beliebt, **Saint-André-les-Alpes** am nördlichen Ausläufer des Sees ist hingegen in Gleitschirmflieger-Kreisen bekannt, da hier die thermischen Verhältnisse sehr gut sind.

Gleitschirmfliegen

Eine landschaftlich schöne Strecke verläuft von Castellane nordwestlich entlang der **Route Napoleon** nach **Barrême,** sie führt über den 1.148 m hohen **Col des Leques** und den eindrucksvollen **Clue de Taulanne** (pittoresker Felsdurchbruch und Wasserfall), um dann in einer sanfteren Gegend mit dem Dorf **Senez** zu münden. In das Dorf fährt man über eine geschwungene Brücke aus dem 17. Jahrhundert. Kaum zu glauben, aber das Minidorf Senez war vor etwa 200 Jahren Sitz eines Bischofs und somit ist die romanische Kirche **Notre-Dame-de l´Assomption** (12./13. Jh.) eine Kathedrale. Den Schlüssel zur schlichten, aber mit wertvollen Wandteppichen ausgestatteten ehemaligen Kathedrale erhält man im Haus am unteren Dorfende gegenüber dem Brunnen.

Wasserfall

Route Napoléon...
„Wie ein Adler von Kirchturmspitze zu Kirchturmspitze" will Napoleon mit seinen Getreuen nach Norden gezogen sein. Zweieinhalb Tage brauchte er, um auf seiner Flucht im März 1815 von der Insel Elba von Golfe-Juan bei Cannes auf unwegsamen Pfaden, durch Schluchten und Pässe über 1.100 m Höhe nach Castellane am Verdon zu gelangen. Aus den alten Saumpfaden ist die *Route Napoléon* geworden, die bis Grenoble reicht. Sie gehört zu den landschaftlich schönsten Straßen Frankreichs.

Digne-les-Bains (ⓘ s. S. 131)

Einwohner: ca. 17.000, Höhenlage: 608 m

Die Stadt unterliegt sowohl alpinen als auch mediterranen Witterungseinflüssen und hat somit ein sehr günstiges Klima. Digne les Bains, am Zusammenfluss der „warmen Wasser" und des Flusses Bléone gelegen, ist seit der Antike für die therapeutischen Qualitäten seiner Quellen bekannt. Heute ist es ein stark besuchtes Thermalbad, wo am Fuße des Saint-Pancrace-Felsens Quellwasser mit Chlorid-, Schwefel- und Natriumgehalt entspringt. Es soll Linderung bei Krankheiten der Luftwege, Hals-Nasen-Ohren-Leiden und Rheumatismus bringen.

therapeutische Quellen

Jardin botanique des Cordeliers

Eine ruhige grüne Oase im ehemaligen Franziskanerkloster **Collège Maria Borely**. Hier wachsen an die 500 Arten von Gewürz- und Arzneipflanzen, die meisten stammen aus der Gegend.

Fondation Alexandra David-Néel

27, Avenue Maréchal Juin (in Richtung Nizza)

Die Führung geht durch die einzelnen Räume des Hauses, wo man sich jeweils niederlässt, einmal auch im Schneidersitz. Zu sehen sind Alexandra David-Néels Reiseutensilien wie Kameras, buddhistische Kultobjekte und ihr Arbeits-Schlafstuhl, denn in den letzten 20 Jahren ihres Lebens legte sie sich zum Schlafen nicht mehr hin und ist auch an ihrem Schreibtisch sitzend gestorben. Im Ausstellungsraum sind unter anderem zu bewundern: ein sehr seltenes Sand-Salz-Mandala, ein

INFO Eine Frau ging ihren Weg – Alexandra David Néel

Welche Frau, welch Leben! Andere, weniger starke Menschen wären schon an diesen Eltern zerbrochen. An dem Vater, einem sparsamen Calvinisten und der Mutter, einer bigotten und geizigen Katholikin, die ihrem Mann noch auf dem Totenbett ein frisches Kopfkissen verweigert hatte, obwohl ihr Schrank von frischen Überzügen überquoll. Alexandras Mutter mochte ihren Mann nicht und ihr Kind schon gar nicht, denn das hätte eigentlich ein Sohn und späterer Priester werden sollen. Etwas, was sie ihre Tochter auch ständig spüren ließ.

Louise Eugénie Alexandrine Marie David, geboren am 24. Oktober 1868 in Saint Mandé, suchte schon als Kind „die wahren Freunde ... die Bäume, die Gräser, die Sonnenstrahlen, die Wolken, die in der Dämmerung oder im Morgengrauen am Himmel schweben, das Meer, die Berge", wie sie später einmal sagen sollte. Ihre Erziehung in den düsteren und engen Mauern einer Karmeliterklosterschule sollte sie für ihr Leben neugierig machen auf die weite Welt da draußen. Nach ihrer Schulausbildung kam sie in London in Kontakt zu einem Kreis durchgeistigter Gnostiker und befasste sich mit Esoterik, las die Upanischaden und die Bhagavad-Gita, hörte erstmals Begriffe wie "Karma" und "Nirvana". 1889, nach einer schweren seelischen Krise, hatte sie ihre erste Begegnung mit Buddha. Nun wusste sie, was sie wollte: Ihr Ziel war von nun an die Überwindung des Leidens, die Befreiung vom Ich, um göttlich zu werden.

„...Wie uns gemeldet wird, soll es einer Französin gelungen sein, Lhasa zu betreten, eine für Ausländer verbotene Stadt. Es handelt sich um Madame Alexandra David-Néel, die 1911 Frankreich verlassen hat...", vermeldete die Agentur Havas im Januar 1925 – es war eine Weltsensation.

Nach einer Erbschaft konnte sie dann zum ersten Mal nach Indien, Ceylon, Indochina und Südchina reisen. Bis ihr das Geld nach zwei Jahren ausging und sie sich ihren Unterhalt als Sopranistin in den französischen Kolonien verdiente. Dort begegnete sie dem "ersten und einzigen" Mann ihres Lebens: *Philippe Néel*, einem Ingenieur und Lebemann mit dem Gebaren eines englischen Lords. *Philippe Néel* lud sie auf seine Yacht Hirondelle ein und schickte ihr Gedichte. „Das Bild einer süßen Erinnerung kommt mit dem Gedanken an Dich / auf der Spur, die Du hinterließest. Warum fürchtest Du Dich, zurückzukehren?" Die 36-jährige Feministin und der 43 Jahre alte Schürzenjäger heirateten und Alexandra gab auf seinen Wunsch hin sogar ihre Karriere als Sängerin auf. Später allerdings fand sie einen Karton mit seinen Liebesbriefen, mit denen er noch weitere Damen auf der Hirondelle beglückt hatte: Sie war nicht die einzige, die das Gedicht mit dem „Bild einer süßen Erinnerung" erhalten hatte ...

Außer der Musik hatten die beiden keine gemeinsamen Interessen. „Am Anfang unserer Verbindung, wenn ich versuchte, dir von Philosophie oder Soziologie zu erzählen, hast du dich entweder geärgert oder du hast mir die Beine gestreichelt, während ich sprach", sollte Alexandra ihm später einmal vorwerfen. Schon einen Monat nach der Hochzeit ging das Paar getrennte Wege: „Aber ich habe es dir ja gleich gesagt: Ich bin nicht hübsch, bin nicht fröhlich, bin dir keine Frau, und es ist nicht vergnüglich an meiner Seite ... Warum warst du nur so beharrlich,

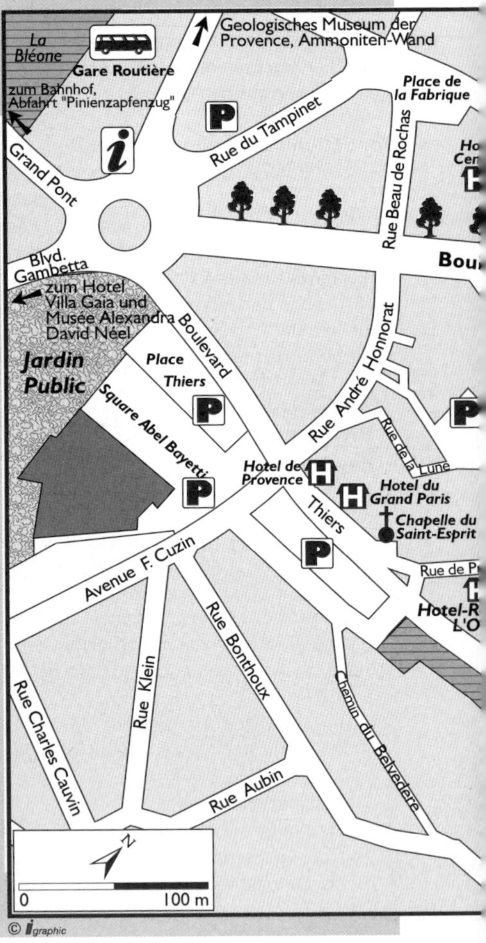

© graphic

so starrköpfig?" schrieb sie ihm aus Paris und: „Wir haben zweifellos eine einmalige Ehe geschlossen; wir haben eher aus Bosheit als aus Zärtlichkeit geheiratet. Das war sicher eine Torheit, aber es ist nun einmal geschehen. Es wäre klug, unser Leben entsprechend einzurichten, wie es zu Leuten unserer Veranlagung passt. Du bist nicht der Mann meiner Träume, und ich bin wahrscheinlich noch weniger die Frau, die du brauchst.“ In ihren Reisetagebüchern notierte sie: „Eine sonderbare Vermählung, die unsere, wir haben eher aus Bosheit denn aus Zärtlichkeit geheiratet. Ein Wahnwitz, gewiss, doch nun ist es geschehen." Und doch sollte diese Ehe 38 Jahre lang bis zu Philippes Tod halten, obwohl, oder besser vielleicht, weil die Ehe der beiden mehr auf dem Papier bestand: In diesen langen Jahren hatten sich die beiden mehr als 3.000 Briefe geschrieben. Miteinander gelebt haben sie nur wenige Monate.

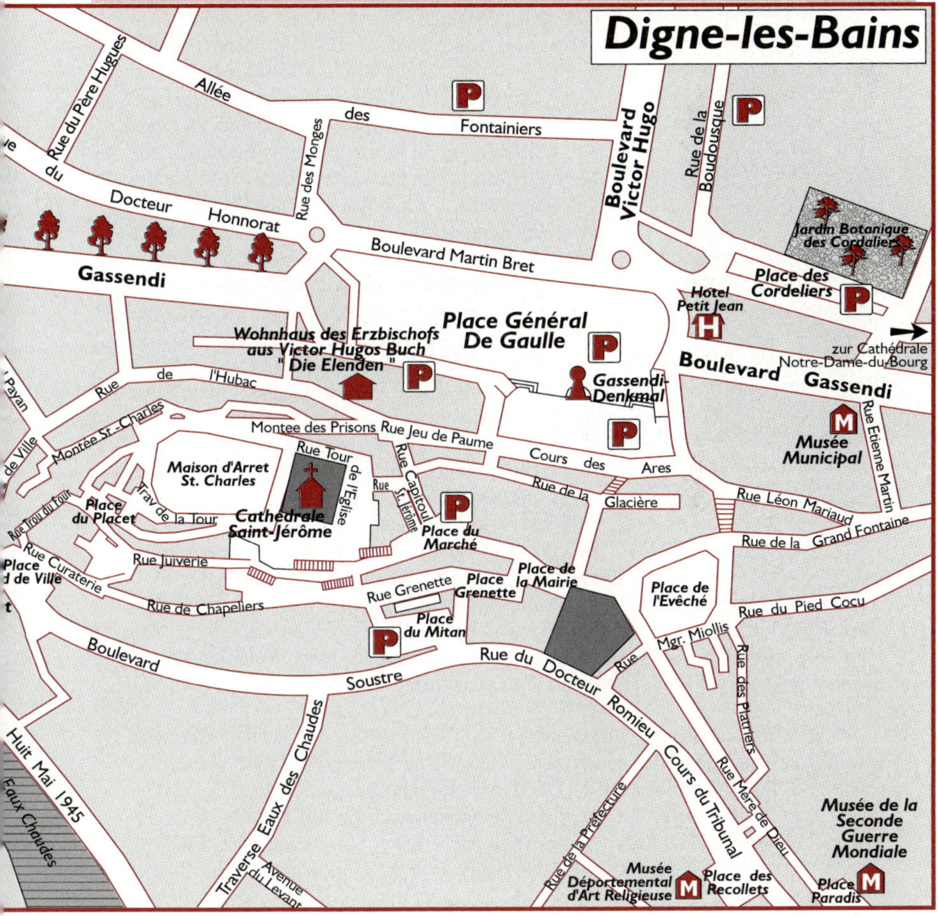

Nach Philippes Tod äußerte sie „Ich kenne keinen Mann, den ich gegen ihn hätte eintauschen mögen, aber, wie Buddha sagt: Ans Haus gefesselt zu leben ist doch ein arges Schicksal."

Mit 43 Jahren brach sie 1911 zu der Reise ihres Lebens auf, zuerst nach Indien und dann nach Ceylon, wo sie die Vedanta-Philosophie studierte. Im Gepäck hatte sie neben einer Zinkbadewanne einen Forschungsauftrag des französischen Erziehungsministeriums und eine Predigt Buddhas. Nur wenige Monate wollte sie wegbleiben – es wurden 14 Jahre daraus. „Es scheint, als ob ein guter Geist vor mir hergeht, um mir alle Türen zu öffnen und alle Dinge zu vereinfachen", spürte sie schon zu Beginn ihrer Reise. Der Geist, der vor ihr herging, führte sie in die prächtigen Paläste der Maharadschas von Nepal und Sikkim, inmitten von halbnackten Saddhus in düstere Hindu-Tempel, und ließ sie die Bekanntschaft des 13. Dalai Lama, Gottkönig der Tibeter, machen, der ihr riet: „Lernen sie tibetisch!" Alexandra folgte ihm. Für mehr als zwei Jahre zog sie sich in eine Einsiedelei in 3.900 Metern Höhe an der Grenze zwischen Nord-Sikkim und Tibet zurück. Dort oben, in der "Schneewohnung" im Himalaja, hatte sie ihren Meister gefunden. Ein weithin gerühmter Eremit erklärte sich bereit, für sie seine selbstgewählte Einsamkeitsperiode von drei Jahren, drei Monaten und drei Tagen zu unterbrechen und sie zu unterweisen. Welch große körperliche und psychische Kraft *David-Néel* besaß, zeigt folgende Geschichte: Der Eremit fühlte sich durch ihre ständigen bohrenden Fragen etwas genervt. Um sie loszuwerden, ließ er David-Néel die Übung *Tumo* absolvieren. Das hieß in diesem Falle, sie sollte sich nackt ausziehen, ein nasses Leintuch um sich wikkeln und das Tuch allein durch die Kraft ihres Geistes wieder trocknen. Des Eremiten Rechnung ging nicht auf: Wider Erwarten schaffte sie es, den Stoff zu trocknen, sogar viermal hintereinander! In der Folgezeit lernte Alexandra nicht nur fließend tibetisch sondern studierte auch die Schriften tibetischer Mystiker. Von dort oben, umgeben von Siebentausendern, erschien ihr der Erste Weltkrieg im fernen Europa „wie ein Kampf zwischen Ameisenarmeen".

Alexandra David-Néel mit ihrem Reisegefährten und Adoptivsohn Yongden. Buddhistische Gewaltfreiheit soll ihr fremd geblieben, zuweilen soll sie mit Yongden und anderen sehr herrisch umgegangen sein.

Doch ihr Ziel war Lhasa, dorthin wollte sie. Koste es, was es wolle. Alexandra wurde von einer fixen Idee beherrscht: „Allen Hindernissen zum Trotz", so schrieb sie, wollte sie die verbotene Stadt Lhasa zu Fuß erreichen, „um zu zeigen, was der Wille einer Frau vermag." Der Weg von Südwesten nach Zentral-Tibet blieb ihr aus politischen Gründen verwehrt. Dann würde sie es eben von Nordosten versuchen, über einen "kleinen Umweg", der dann läppische neun Jahre dauern sollte. Immer mit Lhasa als Ziel, reiste sie mit Bahn, Schiff, Pferd und Jak-Karawane über Indien,

Japan, Korea und quer durch die aufständischen Provinzen Westchinas nach Kum-Bum, wo sie 1918 ankam und drei Jahre blieb. Mittlerweile 52 Jahre alt, verließ sie im Februar 1921 die von Seuchen und Bürgerkrieg gebeutelte Klosterstadt am Rande der Grassteppe. Die Reise dorthin war für sie das Abenteuer ihres Lebens, über das sie das Buch „Mein Weg durch Himmel und Hölle" schrieb. Mit ihrem Begleiter, dem dreißig Jahre jüngeren Tibeter *Aphur Yongden*, den sie später mit nach Frankreich nahm und adoptierte, verbrachte Alexandra zwei Jahre in einem Himalaja-Kloster auf 4.000 Meter Höhe. Dort bekam sie den Namen "Leuchte der Weisheit". Nach jahrelangen Entbehrungen, einem Dasein als Bettelpriester mit Russ verdrecktem Gesicht und mit Tusche schwarz gefärbtem Haar, nach Überfällen von Straßenräubern, Durst, Hunger und Schlafmangel erreichte Alexandra David-Néel am 28. Februar 11924 als erste weiße Frau Lhasa, die Hauptstadt Tibets. "Ich akzeptiere prinzipiell keine Niederlage, um was es sich auch handle", war ihr lapidarer Kommentar.

Nach ihrer Rückkehr wurde sie als „die Frau auf dem Dach der Welt" mit Auszeichnungen überhäuft und später wurde – was sie besonders gefreut hatte – das Gymnasium von Digne-les-Bains nach ihr benannt.
Alexandra kaufte in Digne nun ihre Villa, die sie „Samten Dzong" nannte, „Festung der Meditation". Hier, in der Abgeschiedenheit, widmete sie sich der Aufarbeitung ihres während ihrer Reisen gesammelten Materials. Aber 1936 bis 1946 zog es sie wieder in die Ferne. Sie reiste nach Indien, zum Himalaja, nach China, Japan, Korea und Tibet. Ihr Reisebegleiter *Yongden* starb 1955 im Alter von 50 Jahren. Die Forscherin, die bis zum letzten Augenblick ihres langen Lebens im vollen Besitz ihrer geistigen Kräfte blieb, ließ noch mit 100 Jahren ihren Reisepass verlängern und redigierte noch in den letzten Monaten ihres Lebens das Buch „L'Individualisme Intégral".

Am Montag , den 8. September 1969 um 3.15 Uhr in der Frühe, starb Alexandra David-Néel. *„Nach einem Jahrhundert vielfältiger, fruchtbarer und unermüdlicher Tätigkeit ist Alexandra David-Néel in den Frieden und die Heiterkeit des Nirwana eingegangen, dessen Geheimnis und Verlockung sie ihr ganzes Leben zu ergründen versucht hat. Die Feuerbestattung findet heute morgen im Kolombarium von Marseille statt."*
Méridional; 11. September 1969

Ansichten über Alexandra David-Néel

„Diese verflixte Glocke! ... Das aufdringliche, schrille Läuten, begleitet von mehreren Stockschlägen, brachte ihre unbändige Kraft, ihren unbeugsamen Willen, ihren beispiellosen Despotismus zum Ausdruck."
Marie-Madelaine Peyronnet, Vertraute und Mädchen-für-alles
„Diese Frau ist ein Genie, aber nicht zu ertragen."
Violette Sydney, Freundin

Einsichten der Alexandra David-Néel

„Vielleicht trennen dich nur wenige Minuten vom Tod und du hast noch nicht einmal zu leben begonnen. Worauf wartest du!"
„Ich könnte hundert Jahre alt werden und würde mich nie langweilen."
„Tantriker sagen über Fleischesser: In der Verschmelzung, die derjenige, der isst, auslöst, ist das gegessene Fleisch nicht untätig, denn es trägt in sich die Eigenschaften des Tieres, dem das Fleisch entnommen wurde."

gewebtes Seiden-Gold-Mandala, in fünf Monaten von einem Team von vier Webern gearbeitet und 10 kg schwer. Weiterhin ein ranzig riechendes, sehr farbenfrohes *Tormas*, ein religiöse Gebilde, das die Mönche aus Tsampa (geröstetem Gerstenmehl) und eingefärbter Butter herstellen.
Gelegentlich führt *Marie-Madeleine Peyronnet*, David-Néels ehemalige Sekretärin und Vertraute; man begegnet der hoch gewachsenen Dame auch manchmal im angeschlossenen Tibetladen.

Tipp
Wer sich für die überaus faszinierende David-Néel interessiert, sollte dieses Haus unbedingt besuchen – und zwar bald. Denn wie lange noch darf man in die einzelnen Räume gehen und sich auf den Kissen niederlassen, auf denen schon die große Tibetforscherin gesessen hat?!

Museen

Im **Musée de la Seconde Guerre Mondiale** sind in einem alten, aus dem Jahre 1939 stammenden Schutzraum Exponate zur Geschichte des Zweiten Weltkrieges, der Besatzung und der Résistance in der Haute-Provence zu sehen.

religiöse Objekte

Dem Kriegsmuseum gegenüber liegt das **Musée des arts religieux**, *2, rue du Trulus, Tel. 04/92367500*, untergebracht in einer früheren Chapelle des Pénitents. Die Exponate stammen aus dem katholischen Raum: unter anderem reich bestickte liturgische Gewänder aus der Zeit vom 17. bis zum frühen 20. Jahrhundert und andere religiöse Objekte.

Das **Musée de Digne** zeigt in einem Hospiz aus dem 16. Jahrhundert auf vier Etagen Objekte zu Wissenschaft, Geschichte, Botanik, zu *Pierre Gassendi* sowie dem Maler *Ètiennne Martin* und zu provenzalischen Malern des 19. Jahrhunderts.

Unweit davon steht die **Grande Fontaine**, das Wahrzeichen von Digne-les-Bains aus dem Jahr 1829.

Die Kathedrale **Saint-Jérôme** hoch über der Stadt stammt aus den Jahren 1490 bis 1500, wurde Mitte des 19. Jahrhunderts vergrößert und mit einer neuen Prunkfassade ausgestattet.

Physiker und Mathematiker

Die frühere Kathedrale **Notre-Dame-du-Bourg** nordöstlich des Zentrums von Digne an der D 900 in Richtung Seyne stammt aus den 13. Jahrhundert, und dient heute als Friedhofskirche. Im Inneren der Kirche sind noch Freskenreste aus dem 14. bis 16. Jahrhundert erhalten. Das kirchliche Mobiliar in diesem Gotteshaus wurde in den Jahren 1995–1998 von dem kanadischen Künstler *David Rabinowitch* für diese Kirche geschaffen, da von der ursprünglichen Innenausstattung nichts mehr erhalten geblieben war. In Notre-Dame-du-Bourg wirkte als Kanoniker der Physiker und Mathematiker *Pierre Gassendi* (1592–1655), dessen Naturphilosophie zu den Grundlagen des modernen Weltbilds zählt, er gilt in seiner Auffassung von Zeit und Raum als Vorläufer Newtons und Kants. Gassendi stand in engem Kontakt mit Descartes, vertrat aber anders als dieser eine mechanistische Physik. Er war der erste Mensch, der den Durchgang des Merkurs vor der Sonne beobachtete. Anlässlich dieser Beobachtung hatte er voller Freude an *Wilhelm Schickard* in Tübingen geschrieben: „Der listige Merkur wollte vorbeigehen, ohne wahrgenommen zu werden; er war früher eingetreten als man es erwartete, aber er konnte nicht entkommen, ohne entdeckt zu werden; ich habe ihn gefunden und ich habe ihn gesehen; was niemandem vor mir widerfahren war, am 7. November 1631, morgens." Auf dem Place Charles de Gaulle ist der Astronom in Bronze gegossen zu sehen.

listiger Merkur

INFO Pinienzapfen zupfen entlang dem Pinienzapfenzug

Alles üble Nachrede: Bei seiner Jungfernfahrt soll sich der Pinienzapfenzug so schwer mit den Steigungen getan haben, dass die Passagiere aussteigen mussten und Pinienzapfen zupfen, die dann verheizt wurden. Nach einer anderen Version soll der Zug so langsam sein, dass man während der Fahrt Pinienzapfen aufsammeln kann. Das stimmt nicht! Denn wenn sich die Pinienzapfenbahn in die Kurven legt und rasante 70 Stundenkilometer Fahrt macht, dann ist das Geschwindigkeit pur. Hörbar und spürbar! Dann geht es in brausender Fahrt entlang des Flusses Var durch Täler und Schluchten, über mehr als 50 Brücken und Viadukte und durch kurze und lange Tunnel, vorbei an einem Dutzend herrlich gelegener Dörfer und an abgelegenen Nestern bis hinunter nach Nizza unten an der Küste. Und selbst wer unterwegs mal müssen muss, muss auf keinen Ausblick verzichten; denn von dort gibt´s einen Exklusivausblick auf die Schienen. Auch für Eisenbahn-Freaks hat die Strecke einiges zu bieten, unterwegs steht noch altes „Material" neben den Schienen.

Entlang der Pinienzapfenbahn liegen – der Name sagt es schon – zahllose Pinienzapfen. Vom fast schon alpinen Digne-les-Bains fährt die liebenswerte Pinienzapfenbahn hinab nach Nizza zu den Palmen der Côte d´Azur. 150 km ist die Strecke lang und die Fahrt dauert ca. 3 Stunden.

Die Pinienzapfenbahn wurde Ende des 19. Jahrhunderts als Schmalspurbahn (Schienenbreite 1 Meter) gebaut, denn nur so konnten die Erbauer die engen Kurven der Strecke bewältigen. Seinerzeit wurden die Lokomotiven noch mit Dampf betrieben, heute fahren dieselbetriebene Triebwagen. Doch auch die alte Lok faucht und dampft zu bestimmten Terminen in den Sommermonaten auf dem zentralen Teilstück zwischen Puget-Theniers

An der Strecke liegen einige stillgelegte kleine Bahnhofsgebäude wie der Bahnhof von Moriez, in dem die Zeit schon lang still steht. Man winkt einfach, um mitgenommen zu werden.

und Annot, im August auch mehrmals von Digne-les-Bains nach Puget-Theniers.

Nach einer wechselvollen Geschichte, mehrmals sollte die Bahn stillgelegt werden, wird sie seit 1980 wieder betrieben. Mitte der 1990er Jahre zerstörte ein Hochwasser die Strecke an über 40 Stellen und riss eine ganze Brücke mit sich – 15 Monate lang war die Bahn ganz oder teilweise außer Betrieb. Heute ist die Pinienzapfenbahn eine gut besuchte Touristenattraktion, die man mit einem Wort beschreiben kann: Liebenswert und gemütlich. Die Schaffner sind freundlich, es herrscht eine angenehme Atmosphäre des „Jeder kennt jeden."

Streckenverlauf: Digne-les-Bains – Plan d´Eau des Férréols – Gaubert le Chaffaut – Golf – St. Jurson – Chabrières – Barrême (in fossilienreicher Gegend mit geologischem Museum und 500 Einwohnern) – Moriez (mit immerhin 180 Einwohnern!) – St. André-Les Alpes (schönster Streckenabschnitt, der Zug erklimmt stolze 1.022 m Höhe) – Allons-Argens –Thorame-Haute – Méailles – Le Fûgeret – Les Lunières – Annot – Les Scaffarels – St. Benoit – Pont de de Gueydan – Entrevaux (sehr fotogene Burg) – Puget Théniers (toll gelegen) – Touët-sur-Var (tibetisch anmutendes Dorf) – Malaussène-Massoins – La Tinée – La Vésubie – Saint-Martin-du-Var – Colomars-La Manda – Lingostière – La Madeleine – Nizza CP

Sehenswertes in der Umgebung von Digne-les-Bains

Réserve Géologique de Haute Provence – Geologisches Museum der Haute-Provence

drei Wege Vom Parkplatz führen drei Wege (ca. 10 Gehminuten) hinauf zum Museum, der Sentier des Cairns, der Sentier de L´eau (die Kugeln unterhalb der Kaskade sind keineswegs eine interessante geologische Formation, sondern eine Installation von *Jean Luc Parant*: die 5.000 Kugeln sollen den Kosmos und seine Planeten symbolisieren und das Wasser darüber die Mutter allen Lebens) und der *Sentier des Remparts*. Im Erdgeschoss lohnt die **Foto-Installation Parterre III** einen genauen Blick. Pflanzen wurden in Formen von stilisier-

Die Sterne von Saint-Vincent – kleine, schwarze Kalksterne, Teil des Fußes eines „Meereslilie" genannten Stachelhäuters. Dieses 185 Millionen Jahre alte Fossil lebte in den Meeren des Mesozoikums bei Digne les Bains. Berühmtheit erlangte es unter den geschickten Händen eines Goldschmiedes, der sie in Gold und Silber fasste. Die Einwohner von Digne steckten sie sich als Erkennungszeichen an.

ten Blättern eingepflanzt, am Ende des Projekts war von den ursprünglichen Formen nichts mehr zu sehen. Die Künstlerin wollte damit zeigen: Die Natur lässt sich eben nicht zähmen. In den oberen Räumen sind schier gigantische Ammoniten, diverse andere Versteinerungen und einige Aquarien mit lebenden Fischen sowie ein Videofilm zu sehen.

ungezähmte Natur

Dalle aux ammonites – Die Ammonitenplatte

Diese spektakuläre, 350 m^2 große Platte liegt unweit des Geologischen Museums direkt linker Hand der Straße. Sie ist dicht an dicht mit den Abdrücken von mehr als 1.550 Ammoniten bedeckt (allerdings gibt es hier sehr unterschiedliche Zählungen), die 130 Millionen Jahre alt sind. Die Ammoniten sind nach dem ägyptischen widderköpfigen Gott *Amun* benannte Fossilien mit einem in bis zu 12 Windungen aufgerollten Kalkgehäuse, die wie die Dinosaurier zu Ende der Kreidezeit ausgestorben sind. Vermutlich wurden im Erdmittelalter, also vor etwa 185 Millionen Jahren die leeren Schalen der Kopffüßler in eine Mulde auf dem Meeresboden geschwemmt. Mit der Auffaltung der Alpen wurde dann diese Schicht in Schräglage gehoben.

Über und über mit Ammoniten ist diese Felswand bei Digne-les-Bains bedeckt.

Nicht nur Schulklassen stehen hier – und staunen mit zurückgelegtem Kopf!

Zum versteinerten Ichthyosaurier und anderen Versteinerungen

10 km nördlich von Digne-les-Bains bei La Robine *(an einem Wanderparkplatz an der D 900 parken, dann in einem etwa einstündigen Fußweg einem markierten Pfad folgen)* kommt man nach dem Weg durch eine Mondlandschaft aus schwarzem Mergel zu einem versteinerten Skelett eines **Ichthyosauriers**, eines Reptils, das in den Meeren des Mesozoikums lebte. 4,50 m lang und rund 85 Millionen Jahre alt war das Tier, das heute unter einer Glasplatte ruht.

uraltes Reptil

Folgt man der D 900 weiter, so sind nach dem Weiler **Esclangon** 20 Millionen Jahre alte Fußabdrücke von Vögeln erhalten, die hier wohl über eine Sandbank gelaufen sind. Die **Clues de Barles** weiter nördlich sind an der engsten Stelle der Schlucht nur einige Meter breit, so dass kaum noch ein Sonnenstrahl in diese Tiefe vordringt. Bei den **Clues des Verdaches**, weiter hinten im Tal sind dann an die 300 Millionen Jahre alte, versteinerte Pflanzen zu sehen.

Abstecher auf das Plateau de Valensole zwischen Malijai und Oraison
(ⓘ s. S. 131)

Ein netter Abstecher ist eine Tour über das Plateau de Valensole auf der D 12 zwischen Malijai an der Route Napoleon im Norden und Oraison an der D 12 im Süden. Die Straße führt durch eine einsame Gegend mit großen Lavendelfeldern und den beiden kleinen Orten **Puimichel** (Lebensmittelladen, Bar und Geschäft) und **Castellet**. In Puimichel werden Teleskope hergestellt; hier, abseits der großen Städte und deren Lichter, ist der nächtliche Himmel besonders klar.

klarer Himmel

Der kleine Abstecher endet im 4.000-Seelen-Städtchen **Oraison** (4.100 Einwohner), einsam an der imaginären Grenze zwischen dem Lavendelland und dem Olivenland gelegen. Beim Schlendern durch das etwas langweilig wirkende Städtchen entdeckt man eine gotische Kirche aus dem 17. Jahrhundert, eine romanische Brücke und ein Renaissanceschloss. Oder man folgt einem der ausgeschilderten Rundwege: zum Beispiel dem nicht mal einstündigen Spazierweg entlang den neun Brunnen von Oraison, dem botanischen Lehrpfad oder dem **Wanderweg**, wo man die einheimische Flora entdecken kann.

wildes Wesen

Aus Oraison stammt *Jean-Marc-Gaspard Itard*, ein 1774 geborener Spezialist für Kinderpsychologie und HNO-Erkrankungen. Bekannt wurde er durch den „Wilden von Avyron", einen 1799 in Südfrankreich in Avyron (westlich des Reisegebietes dieses Buches) entdeckten Menschen mit den Bewegungen und der Behaarung eines wilden Tieres. Dr. Itards Versuche, das Wesen zu „zivilisieren" zeigten auch nach fünf Jahren keinen großen Erfolg. *Dr. Itard* schloss daraus, dass ein in Isolation aufgewachsenes menschliches Wesen sogar vielen Tieren unterlegen wäre, da diese durch Instinkte dem Leben in der Natur angepasst wären. Victor, das wilde Wesen, verbrachte den Rest seines Lebens unter Aufsicht und verstarb 1828 im Alter von knapp 40 Jahren. Im Ort selbst, und zwar im Schloss, forschte *Louis Pasteur* 1868 nach der Ursache für die Krankheiten des Maganans, des Seidenwurms. Für Rennsportinteressierte interessant: In Oraison hat sich *Ari Vatanen*, der finnische Rennfahrer, niedergelassen.

Das haben sie nun davon: Vor langer langer Zeit waren diese Steine Mönche, die sich sittlich wenig gefestigt zeigten und hübschen, halb bekleideten Damen nachschauten. Darob sehr erzürnt, verwandelte sie ihr Abt in diese Steine, die noch heute mit dem Gesicht zum Felsen hier stehen und die Büßer von Mées genannt werden.

Büßer von Mées im Tal der Durance

Im frühen Mittelalter drangen nordafrikanische Seeräuber in die Täler der Seealpen vor, wurden aber – nicht zuletzt aufgrund kräftiger Fürbitten der örtlichen Mönche – von den Einheimischen überwältigt. Die Männer erschlugen die Sarazenen und führten deren Frauen und Töchter gefangen mit sich fort. Als nun die Truppe am Kloster vorbeikam, hatten die Damen – aus welchen Gründen auch immer – nicht mehr sonderlich viel Textiles am wohlgeformten Leib. Wie die Mönche sie nun so sahen, konnten sie das Starren nicht lassen und auch nicht so manch eine anerkennende Bemerkung unterdrücken – die auch der Abt entsetzt hörte. Er, der zuvor den Himmel um Beistand gegen die Sarazenen gebeten hatte, bat nun wiederum um dessen Hilfe, diesmal aber gegen seine eigenen Mönche. Der Himmel hatte ein Einsehen und die lüsternen Mönche wurden in die Felsen verwandelt, die noch heute hier stehen.

Am Lac L´Escale

Südlich von Sisteron verbreitert sich die Durance, durch einen Damm gestaut, zum 4 km langen **Lac l´Escale**. Der See ist ein beliebtes Gebiet für Vogelbeobachter, hier tummeln sich Tauchenten, große Kormorane, Blässhühner, Lappentaucher und Stelzvögel wie Graureiher und Seidenreiher. Man zählt übrigens entlang der Durance mehr als 320 Vogelarten.

viele Vögel

Nördlich des Sees, 3 km südlich von Sisteron, liegt an der D 4 das verträumte

Volonne

Einwohner: 1.390, Höhenlage: 450 m

An Sehenswertem gibt es hier die Ruine der romanischen Kirche Saint-Martin (11. Jh.), die nach Bränden mehrmals restauriert wurde, sowie das aus dem frühen 17. Jahrhundert stammende, charmante Château der Seigneurs de Volonne, heute ist hier das Rathaus untergebracht (Zugang zum sehenswerten Treppenhaus von der Seitentür auf der rechten Seite des Schlosses). Angesichts der Stuckszenen im Treppenhaus mit Hirsch, Hengst, Stier, dahingegossen liegender nackter Frau und ausgestrecktem nackten Mann, um sich schießenden Cupidos und einem Vogelpaar in flagranti kann man schon vermuten, dass es in diesem Schlösschen früher durchaus sinnenfroher zuging als in den nüchternen Amtsstuben der heutigen Zeit.

Südlich des Sees, am anderen Ufer, steht das **Château Arnoux** (ⓘ s. S. 131). Die Kapelle **Saint-Jean** in 666 m Höhe oberhalb des Ortes ist zu Fuß oder über eine geteerte Straße zu erreichen. Das wunderschöne Panorama von hier erklärt eine entsprechende Infotafel. Das Segelflugzentrum Saint-Auban, südlich von Château Arnoux, zählt aufgrund der hier besonders günstigen aerologischen Bedingungen zu den berühmtesten Segelflugplätzen der Welt und als wichtigstes Segelzentrum Europas.

durch die Lüfte segeln

> *„Wie seid ihr doch ohne Maß in der Provence! Alles schlägt ins Extreme. Eure Hitze, Eure Abende, Eure Wälder, Eure plötzlichen Regenfälle, Eure Gewitter im Herbst: Es gibt nichts Sanftes und Maßvolles."*
> Madame de Sevigné in einem ihrer Briefe.

Kleines Sprachlexikon

Auf Straßen unterwegs

arret interdit: Halten verboten
attention: Achtung, Vorsicht
danger (de mort): (Lebens-)Gefahr
dangereux: gefährlich
carrefour: Straßenkreuzung
centre ville: Richtung Stadtmitte
cour, cours: Hof, Allee
départ: Abfahrt Ausgangspunkt
déviation: Umleitung
garage: Ausweichstelle, Garage
gravillons: Rollsplitt
hameau: Weiler
impasse: Sackgasse
limitaton de vitesse: Geschwindigkeitsbegrenzung
passage interdit: Durchfahrt verboten
passage protegé: Vorfahrtsstraße
pont: Brücke
priorité (droite): Vorfahrt (von rechts) beachten
rappel: Erinnerung (an vorhergehendes Verkehrsschild)
ralentir, ralentissez: abbremsen
rond point: Kreisverkehr (ist sehr häufig und für die Karten lesenden Beifahrer sehr praktisch, nach dem Motto: „Fahr noch einmal im Kreis herum". Vorfahrt hat, wer im Kreisverkehr ist.)
route barrée: Straße gesperrt
sens unique: Einbahnstraße
serrez à gauche: links fahren
toutes directions: alle Richtungen (eine wirklich geniale Erfindung der Franzosen; denn wer diesem Schild folgt, landet nicht in irgendwelchen Sackgassen, sondern gelangt immer zu weiterführenden Schildern)
travaux: Bauarbeiten
virage: Kurve
voie unique: einspurig

Lebensmittelgeschäfte

Alimentation générale/Epicerie: Tante-Emma-Laden
Boulangerie: Bäckerei
Patisserie: Konditorei
Confiserie: Confiserie
Boucherie: Metzgerei
Charcuterie: Wurstwaren
Poissonerie: Fischgeschäft
Crèmerie: Käsehandlung
Marchand de Vin: Weinhändler

Débit de Vin: Weinhandlung
Supermarché: großer Supermarkt
Hypermarché: noch größerer Supermarkt

Allgemeine Redewendungen

ja: oui
nein: non
bitte: s´il vous plaît
danke: merci
Entschuldigung!: pardon, excusez (-moi)!
Guten Tag!: bonjour!
Auf Wiedersehen!: au revoir!
Gute Nacht!: bonsoir!
wann?: quand?
warum?: pourquoi?
welche/r?: quelle?/quel?
wo: où?
Morgen (Tageszeit): le matin
Nachmittag: l´après-midi
Abend: le soir
Morgen: demain
Heute: aujourd´hui
Gestern: hier
Wie geht es Ihnen?: Comment allez-vous?
Sehr gut, danke: Très bien, merci
Ich freue mich, Sie kennen zu lernen: Enchanté de faire votre connaissance
Wo ist/sind...?: Où est/sont....?
Wie komme ich nach...?: Quelle est la direction pour...?
Wie weit ist es bis...?: Combien de kilomètres d´ici à...?
Sprechen Sie deutsch?: Parlez-vous allemand?
Sprechen Sie englisch?: Parlez-vous anglais?
Ich verstehe nicht: Je ne comprends pas
Sprechen Sie bitte etwas langsamer: Moins vite, s'il vous plaît
Verzeihen Sie!: Excusez-moi!

Höflichkeit ist Trumpf

So lautet die Begrüßung „bonjour, Madame/ Monsieur" und nicht einfach „bonjour". Es schadet auch nichts, wann immer es passt, bitte (s'il vous plaît, Madame) und danke (merci, Monsieur) hinzuzufügen.
Auch sollte man, genauso wie im Deutschen, nicht nur „je veux une chambre" (Ich will ein Zimmer), sondern „je voudrais une chambre" (Ich möchte gerne ein Zimmer) und am allerbesten „j´amerais bien avoir une chambre" (ich hätte gerne ein Zimmer) sagen.

Rund ums Auto

Tankstelle: station d´essence
Werkstatt: garage
Benzin: essence
Diesel: gazole
bleifrei: sans plomb
Panne: panne
Unfall: accident

Zahlen

eins: un [ön], une [ün]
zwei: deux [döh]
drei: trois [troa]
vier: quatre [katre]
fünf: cinq [sãnk]
sechs: six [sis]
sieben: sept [set]
acht: huit [üit]
neun: neuf [nöf]
zehn: dix [dis]
hundert: cent [sã]
tausend: mille
Million: million

Zeit

eine Minute: une minute
eine Stunde une heure
eine halbe Stunde une demi-heure
ein Tag un jour
eine Woche une semaine
ein Monat un mois
ein Jahr un an
Montag: lundi
Dienstag mardi
Mittwoch mercredi
Donnerstag: jeudi
Freitag vendredi
Samstag samedi
Sonntag dimanche

Auf Zimmersuche

Ich suche ein Hotel: je cherche un hôtel
Ich habe ein Zimmer reserviert: j´ai réservé une chambre
Haben Sie noch freie Zimmer?: Avez-vous encore des chambres libres?
- **für eine Nacht**: pour une nuit
- **für zwei Nächte**: pour deux nuits
- **für eine Woche**: pour une semaine

Doppelzimmer: chambre à deux personnes
mit Doppelbett: avec un grand lit
mit zwei getrennten Betten: avec deux lits
Einzelzimmer: chambre single (auch à un lit)
- **mit Bad/Dusche**: avec salle de bains/une douche
- **mit Frühstück:** avec petit déjeuner compris

Wie viel kostet das Zimmer?: Combien coûte la chambre?
Kann ich das Zimmer sehen: est-ce que je peux voir la chambre?
Ich nehme das Zimmer: je prends la chambre
Schlüssel: clef

An der Tankstelle

Wo ist die nächste Tankstelle?: où se trouve la plus proche station-service?
Normalbenzin: l´essence
Diesel: gas-oil

Auf der Post

Ansichtskarte: carte postale
Brief: lettre
Briefmarke: timbre-poste
Briefkasten: boîte aux lettres
Post: poste (P.T.T.)
Telefon: téléphone

Literaturverzeichnis

Die Provence zum Nachlesen, Zuhören oder Zuschauen

Die Literatur über die Provence und die Literatur, die in der Provence entstanden ist, gleicht einem undurchdringlichen Dschungel; die folgende Aufstellung soll einen Weg durchs Dickicht bahnen. Einige der älteren Titel sind leider nicht mehr lieferbar, aber bei Interesse in Bibliotheken oder über Online-Antiquariate (z.B. www.zvab.com) zu bekommen.

Geschichte und Geschichten

- Jean Courtin (2000), **Die vergessene Höhle**. Schauplätze des Romans sind unter anderem: das Tal der Ardèche, die Grotte Cosquer und Chauvret und der Mont Ventoux.
- Edward Gibbon (2003) **Verfall und Untergang des römischen Imperiums**.
- Marlis Zeus (1998), **Provence und Okzitanien im Mittelalter**. Ein historischer Streifzug durch die Geschichte der Provence des 11. bis 13. Jh.
- Wolf von Niebelschütz (1995), **Die Kinder der Finsternis**. Roman
- Jacques Le Goff (2000), **Ludwig der Heilige**.
- Gertrud le Fort (1957), **Der Turm der Beständigkeit**, eindringliche Novelle über Marie Durand, die mit 38 Jahren in Aigues-Mortes inhaftiert wurde. Siehe auch: Emil E. Ronner (1984), **Marie Durand**.
- Barbara Tuchman (2007), **Der ferne Spiegel. Das dramatische 14. Jahrhundert**. Europäische Geschichte des 14. Jahrhunderts.
- Frederik Berger (2006), **Die Provencalin**. Roman um das Massaker an den Waldensern im Lubéron. Alain Corbin (1994), **Meereslust. Das Abendland und die Entdeckung der Küste**.
- Madame de Sévigné (2004) **Briefe**. Mitte des 17. Jahrhunderts aus Grignan an ihre Tochter geschrieben.
- Wilfried Loth (1996), **Geschichte Frankreichs im 20. Jahrhundert**.
- Lion Feuchtwanger (2000), **Der Teufel in Frankreich**, Schilderung der Zustände im Internierungslager Les Milles.
- Fry Varian (1995, neu im Juli 2009), **Auslieferung auf Verlangen**. Buch über die Jahre der französischen Kollaboration mit Deutschland.
- Mehdi Charef (1991), **Harki**, Geschichts-Roman während der Unabhängigkeit Algeriens.

Literaten und Literatur

- Martine Passelaigue; Marlies Müller-Bek (Hg.) (1997), **La Provence, un florilège – Provence-Lesebuch**. Geschichte, Berichte, Gedichte aus der Provence
- Ralf Nestmeyer (Hg.) (2002), **Provence/Côte d´Azur. Ein literarischer Reisebegleiter**: Das Buch bietet einen Einblick, wie Schriftsteller die Provence entdeckten, u.a. Henry Miller über die Toiletten von Avignon
- Nargit Bröhan (Hg.) (1989), **Die Provence. Morgensegel Europas**. Eine Sammlung von Texten berühmter Autoren, die über die Provence geschrieben haben.

- Frenand Braudel, Georges Duby, Maurice Aymard (2005), **Die Welt des Mittelmeers**.
- Francesco Petrarca (1336/1995), **Die Besteigung des Mont Ventoux**.
- Irina Frowen (Hg.) (2005), **Mit Rilke durch die Provence**.
- Jean Giono (2005), **Provence**.Eine Auswahl von Texten des Provenzalen. Vom selben Autor: **Der Mann mit den Bäumen, Melville zum Gruß, Die große Meeresstille**.
- Marcel Pagnol (1955/2008), **Eine Kindheit in der Provence**. Jugenderinnerungen beschreiben seine Chaotenfamilie, die die großen Ferien in Onkel Jules abgelegenem Haus in Estaque verbringen will.
- Marcel Pagnol (1964/2007), **Die Wasser der Hügel**. Ein Dorf in der Hochebene bei Marseille.
- **Victor Hugo (1862/2001), Die Elenden**. Der erste Teil des Buches spielt in Digne-les-Bains – das Haus des Bischofs steht noch heute.
- Yann Queffelec (1989), **Lena in der Nacht**. Ein vibrierender Roman
- Anna Seghers (2007), **Transit**.Marseille aus den Augen eines gestrandeten Flüchtlings: „Dann lief ich über den Belsunce. Die Netze waren zum Trocknen gelegt. Ein paar Frauen, die ganz verloren aussahen auf dem riesigen Platz, flickten an den Netzen. Das hatte ich noch nie gesehen, ich war noch nie so früh über den Belsunce gegangen. Ich hatte bestimmt das Wichtigste in der Stadt noch nie gesehen. Um das zu sehen, worauf es ankommt, muss man bleiben wollen. Unmerklich verhüllen sich alle Städte für die, die sie nur zum Durchziehen brauchen."
- Laurence Wylie (1978), **Dorf in der Vaucluse**. Das Dorf im Buch heißt Peyrane und meintRoussillon.
- Samuel Beckett (1952/2008), **Warten auf Godot**. Samuel Beckett floh 1942 vor den Nazis mit seiner Lebensgefährtin Suzanne Dumesnil-Deschevaux nach Roussillon. Dort hatte er für die Schönheit des Ortes wenig übrig sondern saß tatenlos herum. Angeblich kam ihm hier die Idee zu „Warten auf Godot".
- René Char (1990), **Hypnos**. Aphorismen des Lyrikers Char, der im Zweiten Weltkrieg einer in der Provence operierenden Résistance-Einheit angehörte.
- Julio Cortazar, Carol Dunlop (1996), **Die Autonauten auf der Kosmobahn. Eine zeitlose Reise Paris – Marseille**. Im Sommer 1982 verbrachte das Ehepaar einen Monat auf der Autobahn Paris – Marseille in einem VW-Bus.
- Philippe Jaccottet (2007), **Antworten am Wegrand**. Der Schweizer mit Wohnsitz nahe Grignan beschreibt den anbrechenden Morgen bei den Dentelles de Montmirail oder das Rot reifer Kirschen bei Venasque.
- Claude Simon (1957/2001), **Der Wind**. Roman über die Winde der Provence, der Camargue und des Rousillon.
- Handke, Peter (2006), **Die Lehre der Sainte-Victoire**. Die Wanderungen durch die Provence sind eine Auseinandersetzung mit den Gemälden Cézannes, aber zugleich eine poetische Selbstfindung.
- Lawrence Durrell (2007), **In der Provence**. Beschreibungen des berühmten, in der Provence lebenden Reiseschriftstellers. Vom selben Autor: **Avignon-Quintett** (1989)
- Klaus Harpprecht (2000), **Die Leute von Port Madeleine. Dorfgeschichten aus der Provence**
- Frederik Berger (2005), **Der provençalische Himmel**. Roman über Provence-Aussteiger; spielt am Fuße der Sainte-Victoire nahe dem Ort Beaurecueil.

Liebe und Leidenschaft

- Gustav Sobin (2005), **Das Taubenhaus**
- Elizabeth Falconer (2003), **Auf den Flügeln des Morgens**
- Carol Drinkwater (2003), **Der Olivenhain. Liebe in der Provence**
- Sophie Berard (2002), **Vom Himmel ins Paradies**
- Sophie Berard (2002), **Lavendelnächte**
- Jill Laurimore (2002), **Frühstück in der Provence**
- Uta Danella (1984), **Jungfrau im Lavendel**. Uta Danellas großer Provence-Roman.
- Gustaf Sobin (2000), **Der Trüffelsucher**
- Peter Mayle: **Mein Jahr in der Provence** (2006), **Toujours Provence** (2000) und **Encore Provence** (2001). Empfehlenswert auch die anderen Romane des britischen Provence-Aussteigers.

Mord und Totschlag

- Gisbert Haefs (1983), **Und oben sitzt ein Rabe – Das Doppelgrab in der Provence**
- Pierre Magnan (2004), **Das Zimmer hinter dem Spiegel**
- Pierre Magnan (2000), **Das ermordete Haus** (2006), **Laviolette auf Trüffelsuche** (2004), **Tod unter der Glyzinie** (2004), **Tod in Bronze**
- Bernhard Schlink (2000), **Die gordische Schleife**
- Alexandra von Grote (2002), **Die Stille im 6. Stock**. Geiselnahme im Krankenhaus in Nîmes. Siehe auch: **Das Fest der Taube**
- Alain Dominici, William Reymond (2003), **Lettre ouverte pour la révision**. Schauplatz des Mordes: Lurs nahe Forcalquier.

Jean-Claude Izzo (2007), **Die Marseille-Trilogie: Total Cheops, Chourmon, Solea**. Eine Liebeserklärung an die Stadt und an ihre Menschen. Ihr Held, der «flic banlieue» Fabio Montale, kennt sich nicht nur in Marseilles Unterwelt aus.
Außerdem: **Izzos Marseille** (2003)

Menschen und Marotten

- Birgit Vanderbeke (2005), **Gebrauchsanweisung für Südfrankreich**. Hintergründiges über den Ramadan in Marseille oder was die Provenzalen von Kommissar Derrick gelernt haben.
- Michael Bengel (1999), **Ein Traum von Licht und Farben**. Provençalische Passionen
- Marquis de Sade (1797/2007), **Justine**. Empfehlenswerte Biografien von Maurice Lever (1998), **Marquis de Sade** und Walter Lennig (1965/2002), **Marquis de Sade. Mit Selbstzeugnissen und Bilddokumenten**
- Elmar R. Gruber (2003), **Nostradamus**
- Bernd Hader (2001), **Nostradamus. Ein Mythos wird entschlüsselt**
- Frank Rainer Scheck (1999), **Nostradamus** empfehlenswerte Biografie
- Andreas Schneider (1999), **Das Vermächtnis des Nostradamus** und Valerio Evangelisti (2003), **Dunkles Vermächtnis**. Historische Romane über Nostradamus.
- Günter Berger (2002), **Alexandre Dumas**. Biographie
- Marie-Madeleine Peyronnet, Karin Balzer (2003), **Alexandra David-Neel. Mein Leben mit der Königin des Himalaja**. David-Néels letzte Vertraute

schildert Details aus deren Leben und die ganz besondere Atmosphäre von Samten Dzong in Digne-les-Bains.

Maler und Cineasten

- Stefan Koldehoff (2003), **Vincent van Gogh**
- Nora und Stefan Koldehoff (2007), **Wem hat van Gogh sein Ohr geschenkt?**
- Volker Thehos, **Mit van Gogh in der Provence**. Das „Bilderbuch“ stellt 33 Gemälde van Goghs in Bezug zu 120 Fotos von heute.
- Marie Elisabeth Müller (Hg.) u.a. (2003), **Nach Süden. Über Vincent van Gogh**. CD
- Heinrich Dilly (1996), **Ging Cézanne ins Kino?** Amüsante Spekulationen eines Kunsthistorikers über eine geistige Liaison der Brüder Lumière und Paul Cézanne.

Pflanzen und Tiere

- Claudia und Robert Schnieper (2005), **Reiseführer Natur Südliches Frankreich**
- Jean-Henri Fabre (2003), **Bilder aus der Insektenwelt**.
- Jean-Henri Fabre (2008), **Ich aber erforsche sie mitten im Leben**. Von der Poesie der Insekten.
- Martin Auer (1995/2000), **Ich aber erforsche das Leben**. Die Lebensgeschichte des Jean-Henri Fabre.
- Tegwyn Harris (1982), **Pareys Mittelmeerführer. Pflanzen und Tierwelt der Mittelmeerregion**
- Robert A. Moosleitner und Robert Patzner (2006), **Unterwasserführer Mittelmeer. Fische**

Fossilien und Fundstellen

- Gero von Mooleitner (2002), **Fossilien sammeln in Südfrankreich**
- Jens Edelmann (2003), **Geologische Erscheinungen entdecken und verstehen**

Bunt und bebildert

- Christian Heeb (u.a.) (2007), **Faszinierende Provence**
- **HB Bildatlas Provence** (2008)
- Michel Biehn (1998), **Farben der Provence**
- Helena Attlee, Alex Ramsay (2003), **Die schönsten Landstädte der Provence**
- Jean Courtin (1995), **Grotte Cosquer bei Marseille**

Kunst und Kirchen

- Georges Duby (1991), **Der heilige Bernhard und die Kunst der Zisterzienser**. Mit den Klöstern von Sénanque, Silvacane und Le Thoronet besitzt die Provence drei besonders eindrucksvolle Bauwerke der Zisterzienser.
- Thorsten Droste, **Dauphiné und Haute-Provence** und **Die Provence**, DuMont Kunst-Reiseführer (2006)

• Hans Fegers (1975), **Provence, Côte d´Azur, Dauphiné, Rhône-Tal**, Reclam Kunstführer, Band IV

Küche und Keller

• Martina Meuth, Bernd Neuner-Duttenhofer (2005), **Provence. Kulinarische Landschaften. Küche, Land und Leute**
• Gilles Plazy, Jacqueline Saulnier 1992, **Cézanne bittet zu Tisch. Mit 43 Rezepten aus der provenzalischen Küche**. Jacqueline Saulnier hat über 40 Rezepte von Madame Brémond, der Haushälterin von Cézanne, mit heute erhältlichen Zutaten nachgekocht.
• Michel Biehn 2001, **Kochen mit den Kräutern der Provence. 80 Originalrezepte**. Was nun tun mit den mitgebrachten Kräutern der Provence?
• Gui Gedda und Marie-Pierre Moine (2008), **Die Küche der Provence. Eine Kochschule für Genießer**. Die Zubereitung der provençalischen Spezialitäten wird verständlich erklärt – so kann sich jeder ein Stück Urlaub an den heimatlichen Esstisch holen.
• Diane Holuigue (2003), **Genießer unterwegs. Provence. Rezepte und kulinarische Notizen**

Häuser und Gärten

• Andreas von Einsiedel und Johanna Thornycroft (2003), **Häuser in der Provence: Ambiente und Lebensart**
• Noelle Duck (2002), **Häuser der Provence**. Architektur, Einrichtung, Gärten.
• Sara Walden und Solvi (2002), **Leben in der Provence**
• Marie-Francoise Valéry, Deidi von Schaewen, **Gärten in der Provence und an der Côte d´Azur**

Sprechen und Verstehen

• (2009) Marco Polo Sprachführer, **Französisch**. Wichtige Redewendungen, Gestik, Bilder zum Draufdeuten.
• (2003) Berlitz, **Französisch in 60 Minuten**, CD: Der leichte Sprachkurs mit Musik, um noch kurz auf der Fahrt in die Provence etwas französisch lernen.

Kurven und Touren

• **ADAC-Motorradtourenkarte Seealpen, Provence, Côte d'Azur**
• Andreas Seiler, Andreas Leo Schlüter (1998), Frankreich, Bd.2**, Kurvenspaß in Auvergne, Elsass, Provence, Limousin, Maurienne und in den Seealpen**
• Sylva Harasim und Martin Schempp (2002), **Lust auf Provence, Motorradtouren**
• Stefan Pfeiffer (2000), **Südost-Frankreich per Rad. Provence – Alpen – Cote d'Azur**
• Bettina Klaehne und Carsten Rasmus (Hg.), 1996, **Kompass Radwanderführer**
• **Bikeline Radtourenbuch**: **Radatlas Provence** (2006)

Klettern und Wandern

• Karsten Oezle, Timo Marschner (2003), Mistral 2, **Sportkletterführer Südfrankreich**. Klettertouren zwischen Marseille und Monaco (unter anderem in den Calanques).

• Georg Henke (2007), **Wandern in der Provence**
• Thomas Rettstatt (2006), **Provence – 50 Touren zwischen Ardèche und Verdonschlucht**. Rother Wanderführer
• Georg Henke (1999), **Wandern & Erleben**
• Raoul Revelli (1980), **75 Randonnées pédestres avec le Train des Pignes**. Mehrstündige und mehrtägige Rundwanderungen im Gebiet des Pinienzapfenzugs.

Kind und Kegel

• Ralf Greus (2006/7), Mit dem Wohnmobil durch die Provence und an die Côte d' Azur 1. Der Westen./ Der Osten
• Andreas Lück (2001), **Familien-Reiseführer, Provence mit Côte d' Azur**

Hören und Sehen

• CD: Alphonse Daudet, Alexander Bandilla (2008), **Briefe aus meiner Mühle**, 1 CD. Zum Lesen von Daudet: **Briefe aus meiner Mühle** und **Die wundersamen Abenteuer des Tartarin von Tarascon,** zwei Klassiker der provenzalischen Literatur. Im Zentrum beider Bücher steht der Typus des eitlen und prahlerischen Südfranzosen, der mit Bauernlist und Humor das Leben meistert.
• Film: **Der Husar auf dem Dach** (1995), mit Juliette Binoche, Olivier Martinez, Gérard Depardieu. Italienischer Husarenoberst auf den Flucht vor den Österreichern flieht durch die von der Cholera heimgesuchte Provence des Jahres 1832.
• **Borsalino** (1970), Alain Delon und Jean-Paul Belmondo sind Partner im Marseiller Bandenmilieu der 1930er Jahre.
• **French Connection** (1971), Gene Hackman und Roy Scheider als Buddy Russo und ‚Popeye' Doyle gelingt es in Marseille, das größte internationale Rauschgiftnest aller Zeiten auszuheben.
• **Taxi, Taxi** (2000), Taxifahrer Daniel kurvt durch die Straßen von Marseille.
• **Marius und Jeannette – Eine Liebe in Marseille** (1998): Eine Liebesgeschichte, die im Vorort Estaque spielt. Der Regisseur Guédiguinan, selbst aus diesem Arbeiterviertel stammend, zeigt hier das „wahre und echte" Marseille: Menschen mit Herz und Schnauze.
• **Der Graf von Monte Christo** (1999), Gerard Depardieu, Ornella Muti: Historienschinken über den rachsüchtigen Grafen von Monte Christo, der einst im Chateau d´If bei Marseille schmachtete.
• CD: Alexandre Dumas, Dietmar Mues (2002), **Der Graf von Monte Christo**. 2 CDs
• Gustaf Sobin, Christian Brückner **Der Trüffelsucher** (1999), 4 Kassetten.
• Marcel Pagnol (2002), **Eine Kindheit in der Provence**. 2 CDs.
• Film: **Villa Air Bel** (1987), Regie Jörg Bundschuh. Der prämierte Dokumentarfilm erzählt die Geschichte von Fry und seinen Helfern in Marseille.
• **Die 120 Tage von Sodom** (1975), Regie: Pier Paolo Pasolini: Film nach dem gleichnamigen Buch von Marquis de Sade.
• **Provence. Eine akustische Reise zwischen Grasse und Avignon**. Reisefeature mit Musik und O-Tönen. 1 CD (2008).

Klassik

- (1997) **Forgotten Provence** 1150-1550, CD: Werke von Dia, Blaye, Bornelh & anderen Meistern
- (1998) **Musik aus der Provence.** Vol. 2, Audio CD, Arion
- (1998) **Musik der Minnesänger und Troubadoure,** Audio CD, Arion
- Georges Bizet (1872), **Arlésienne-Suiten**, entstanden aus seiner Schauspielmusik zu dem Drama L´Arlesienne von Alphonse Daudet

Hip Hop und Rap

- Bouga Belicuse aus dem Marseiller Viertel Belsunce brachte Ende der 1980er Jahre den Rap aus New York in die Stadt, von wo aus er sich in ganz Europa verbreiten sollte. Platte **Breakdown**

Chanson

- Gilbert Bécaud, **„Les Marchés de Provence"**, disque d'or

Stichwortverzeichnis

T

Abbildungsverzeichnis